周易(주역)과 만나다 上

증산도상생문화연구총서 16
주역과 만나다 上 - 공자와 일부의 대화 -

발행일: 2021년 3월 22일 초판 발행
2021년 7월 12일 2쇄 발행
글쓴이: 양재학
펴낸곳: 상생출판
펴낸이: 안경전
주소: 대전광역시 중구 선화서로 29번길 36(선화동)
전화: 070-8644-3156
팩스: 0303-0799-1735
홈페이지: www.sangsaengbooks.co.kr
출판등록: 2005년 3월 11일(제175호)

ISBN 979-11-90133-97-5
ISBN 978-89-94295-05-3(세트)

상생출판

孔子
공 자
(BCE 551-BCE 479)

一夫 金恒

일부 김항

(1826-1898)

自彊不息

庚子冬至之節 錄 小愚川

자강불식

건괘 「상전」의 "하늘의 운행이 군세니,
군자는 이를 본받아 스스로 강해지기를 쉬지 않고 닦는다"는 뜻

厚德載物

庚子冬至之節錄 小愚川

후덕재물

곤괘 「상전」의 "땅의 형세가 곤이니,
군자는 이를 본받아 두터운 덕으로 사물을 포용한다"는 뜻

‖ 들어가는 말 ‖

동서양에는 수많은 고전이 존재한다. 인류는 고통에 허덕일 때마다 힘든 현실을 벗어날 수 있을 지혜를 고전에서 배웠다. 고전은 삶에 찌들어 심신이 고달픈 자에게 마음을 맑게 하고, 힘을 불어넣는 옹달샘 같은 역할을 톡톡히 해왔다. 고전이 고전일 수 있는 까닭은 문화와 역사의 길라잡이를 제대로 수행했기 때문일 것이다. 읽기 쉬운 고전이 어디 있으랴마는 『주역周易』은 가장 난해한 책 중의 하나로 손꼽힌다.

『주역』에서 우러나오는 여러 감동 중의 하나는 인간애에 대한 깊은 통찰과 논리의 간결성, 또는 도덕적 가르침을 넘어서 생명의 본원인 천명에 대한 소통 방법에 있다고 할 수 있다. 『주역』이 말하는 소통의 대상은 자연과 역사와 인간사를 지배하는 하늘의 의지를 비롯하여 성인의 고매한 학덕과 인품으로 압축될 것이다. 『주역』을 삶의 모범 답안으로 인정하는 것도 소중하지만, 오히려 세계를 밑바닥에서부터 사유하고 때로는 인생의 질곡을 구제하려는 성현들의 고뇌와 숭고한 실천 의지를 읽고 존경심을 갖지 않을 수 없다.

주역사에는 온갖 고초를 겪은 다음에 인류에게 희망의 메시지를 던진 문화 영웅이 숱하게 등장한다. 주나라 문왕文王(?-?)은 감옥에 갇힌 신세에서 『주역』을 지어 이후 동양철학의 성격을 결정지었고, 소강절邵康節(1011-1077)에 의해 『주역』의 효용성에 매우 밝았다고 평가된 맹자孟子(BCE 372-BCE 289) 역시 수많은 역경을 거친 군자만이 역사적 소임을 맡을 수 있다는 불후의 명언을 남겼다. "하늘이 장차 그 사람에게 큰 일을 맡기려면 반드시 먼저 심지를 괴롭히고, 근육과 뼈를 수고롭게 하고, 육체를 굶주리게 하고, 아무것도 없게 해서 하는 일이 해야 할 일과 어긋나게 만드니 마음을 움직이고 본성을 인내하게 하여 불가능한 일을 더 많이 할 수 있게 해

주기 위함이다.[1]

작은 거인 등소평鄧小平(1904-1997)은 세 번이나 권력에서 밀려나, 65세에 시골 트랙터 공장 노동자로 강등당하는 시련을 겪으면서도 매일 맹자의 글을 외우며 희망의 끈을 놓지 않았다고 전한다. 이것이 바로 큰일을 감당할 자질과 능력을 갖추도록 하늘이 먼저 몸과 마음에 온갖 시련을 준다는 천강대임론天降大任論이다. 맹자의 말은 선비들이 스스로 마음을 추스르고 용기를 북돋았던 글귀다. 만일 현실의 고통이 없었다면 주옥같은 작품들이 세상에 나오지 못했을 것이다. 우리나라의 정약용丁若鏞(1762-1836) 역시 유배지에서 나온 뒤에 『주역사전周易四箋』를 지어 후세에 남겼다.[2] 오죽하면 「계사전繫辭傳」은 우환의식을 바탕으로 『주역』이 씌여졌다고 말했겠는가? 좌절과 실패는 성공을 담보하는 열쇠라는 교훈이다.

예로부터 동양인들은 『주역』을 형이상학과 정치 철학, 윤리관을 수립하는 전거, 또는 사주명리의 이론적 근거를 제공하는 점치는 용도 등 다양한 방면으로 응용하였다. 『주역』은 사서삼경四書三經 가운데 가장 으뜸가는 고전이다. 대한민국 성인 중에서 『주역』을 모르는 사람은 거의 없으나, 『주역』을 제대로 아는 사람은 아주 드물다. 특히 이 땅에서 출현한 김일부金一夫(1826-1898)의 『정역正易』은 전문가조차도 귀에 익지 않은 생소한 단어로 알려져 있다. 『주역』이 세계관과 인생관, 가치관을 정립하는 소중한 고전古典이었다면, 『정역』은 19세기 후반 한국 땅에 혜성같이 등장하여 『주역』을 비판적으로 극복한 형태의 신고전新古典이다. 한마디로 『정역』은 선후천론先後天論을 근거로 『주역』을 새롭게 해석하여 매듭지은 희망의 철학이다.

1) "天將降大任於是人也, 必先苦其心志, 勞其筋骨, 餓其體膚, 空乏其身, 行拂亂其所爲, 所以動心忍性, 增益其所不能."(『孟子』「告子章」上)

2) 司馬遷(BCE 145 혹은 135-BCE 87)은 宮刑을 당하는 혹독한 시련 속에서도 『史記』를 지어 역사에 대한 책임 의식을 고취시켰고, 사유의 망치를 들고 서양철학의 근대성을 열어 제친 철학자 니체(Nietzsche: 1844-1900)의 삶에서 고독과 질병과 가난은 형제보다도 가까웠다. 그가 토해낸 인생의 시련과 절망의 사유에서 우러나온 영혼의 언어는 서양 문명의 새로운 물꼬를 트게 만든 힘이었다.

이 책자는 STB상생방송이 "주역에서 정역으로"라는 타이틀로 방영한 내용을 바탕으로 『주역』과 『정역』을 이해하는 데 도움이 되도록 작성한 것이다. 상생방송국 개국 기념으로 기획한 '주역강좌'는 2006년 여름에서 시작하여 2008년 12월 총 110회로 대단원의 막을 내렸다. 필자에게 『주역』 전체를 방송 강의할 수 있는 기회가 주어진 것은 큰 영광이자 행운이었다.

이때부터 『주역』과 『정역』을 하나로 통합하는 구상을 시작하였고, 더 나아가 『주역』과 『정역』을 동시에 이해할 수 있는 입문서를 소개하려는 뜻을 품었다. 그래서 『주역』의 올바른 이해와 해석 작업에 계절이 언제 바뀌는 지조차 모를 정도로 숨가쁘게 보냈다. 겨울에 시작한 『주역』 읽기에 흠뻑 빠졌다가 어느새 봄이 온 줄 몰랐다는 옛 선비들의 얘기는 『주역』의 권위를 상징하는 말이다.

지금도 컴퓨터로 원고를 집필하면서 선인들과 호흡했던 시간이 가장 기뻤던 추억으로 남아 있다. 알찬 콘텐츠만을 담자는 처음의 계획과는 달리 예상보다 훌쩍 넘은 분량이라 당혹스럽다. 독자와의 만남을 쉽게 하기 위한 장치였을 뿐이라고 변명하고 싶다. 고대의 유산인 『주역』과 우리 한민족의 사유와 논리가 반영된 『정역』을 하나로 묶고자 노력하였다. 『주역』 원문에 『정역』의 혼을 접목시키는 시도는 자칫 『주역』의 가치를 손상시킬 우려와 함께 『정역』의 독창성과 보편성을 마냥 『주역』으로 귀속시키는 오류를 범할 수 있기 때문에 매사가 조심스러웠다. 『주역』의 이해와 설명이 어려운 만큼 『정역』 부분은 아예 중도에 포기할까 망설인 적도 있었다. 사실 『주역』에 대한 『정역』 식 설명도 그리 많지는 않다.

이러한 기획이 성공하면 일거양득이지만, 실패하면 양자를 모두 왜곡시킬 수도 있는 까닭에 때로는 두려움이 엄습했다. 혹시 공자孔子와 김일부의 학문과 공덕을 훼손시키지는 않을까 하고 머뭇거렸다. 하지만 모험을 강행하기로 결심했다. 역사적으로는 분명코 『주역』이 훨씬 먼저 탄생했고, 『정역』은 한참 뒤에 출현하였다. 그러니까 『정역』을 『주역』에 대한 수많은 해설서 중의 하나로 인식하는 것도 어쩔 수 없다. 그러나 원리의 측면에서 『정역』의 논리에 근거하여 『주역』이 만들어졌다고 할 수 있다. 『정역』이 본체의 영역을 다룬 학문이라면, 『주역』은 작용을 전문으로 다룬 학술이기 때문이다. 이 둘은 떼려야 뗄 수 없는 관계로 존재한다. 『주역』이 곧 『정역』이고, 『정역』이 곧 『주역』이다. 주역학자들은 대뜸 뭔 소리냐고 비판할 것이다. 필자가 『정역』의 늪에 빠져 주장하는 것이 아니라, 『정역』을 읽으면 누구라도 금방 알 수 있는 쉬운 문제이기 때문이다. 주역학도들이여! 이 자리를 빌려 『정역』을 한 번쯤은 선입견을 버리고 '있는 그대로' 독파하기를 권장한다. 당장은 『정역』의 위상을 인정하기가 어렵더라도, 비판의 강도는 예전보다 훨씬 약화될 것이라고 확신한다.

> "달걀이 스스로 깨어나면 병아리지만, 남에게 깨어지면 계란 프라이가 된다. 우리는 날마다 스스로 깨어나는 진리의 구도자가 되어야 할 것이다."
> "징기스칸에게 열정(passion)이 없었다면, 촌구석 양치기 목동에 지나지 않았을 것이다."
> "『주역』과 『정역』 공부를 통하여 인문학의 부활을 위한 힘찬 기지개를 켜자."

이 책은 『주역과 만나다』라는 제목으로 이미 출간된 다섯 권의 소책자에 대한 완결판이다. 여기서는 『주역』의 편집 체제를 약간 바꾸었다. 그것은 『주역』에 대한 주자朱子(1130-1200) 이래의 체계가 잘못되어서가 아니라, 『주역』과 『정역』의 통합과 아울러 『주역』을 조금은 쉽게 이해하기 위한 방편으로 다르게 구성하였다. 그렇다고 크게 다르지 않다. 단지 『주역』의 앞과 뒤에 새로운 내용을 첨가했을 뿐이다. 우선 번호를 매겨 각 단락의 성격을 부각시키면서 그 연속성과 차별성을 고려하였다. 가장 먼저 64괘의 순서를 밝힌 정이천程伊川(1033-1107)의 서괘序卦 원문과 번역문을 싣고(1), 괘사(2), 단전(3), 상전(4) 및 초효(5), 2효(6), 3효(7), 4효(8), 5효(9), 상효(10)에다 각각의 소제목을 붙인 다음에 끝 부분에는 전체 의미를 덧붙였다. 마지막으로 김일부의 제자인 이상룡李象龍이 지은 『정역원의正易原義』의 풀이(11)를 부가하였다. 혼동을 일으키지 않았으면 하는 바램이다. 정이천과 이상룡의 해석이 『주역』을 능가한다는 의미가 아니라, 64괘의 순서에 대한 이해도를 높이기 위한 방편이었음을 밝힌다.

그리고 괘사, 「단전」, 「상전」, 64괘 384효, 「계사전」과 「설괘전」의 각 절, 「서괘전」과 「잡괘전」에 대한 소제목과 함께 각 항목의 결론을 압축하는 형식을 도입했다. 오직 가독성을 높이기 위한 목적임을 밝힌다. 제목 붙이는 일이 어렵다는 것을 절감했다. 내용을 모르면 제목은커녕 결론을 도출할 수 없기 때문이다.

지난 몇 년 동안 책의 완성도를 높이기 위해 시간과의 치열한 샅바 싸움을 벌였다. 나름대로 혼을 담았기에 미련은 없다. 통기타 가수 김광석이 부르는 "광야"에 나오는 '뜨거운 남도에서 광활한 만주 벌판'을 들으면서 『주역』과 『정역』의 친구가 되려고 힘을 쏟아 부었다. 책에 대한 평가는 순전히 독자들의 몫이다.

일찍이 사마광司馬光(1019-1086)은 "경서를 가르치는 스승은 만나기 쉬우나, 사람을 인도하는 스승은 만나기 어렵다"고 말했다. 천상에 계신 이정호 박사님(1913-2004)과 유남상 교수님(1927-2015; 석박사 논문의 지도교수로서 필자는 많은 은덕을 입었다.), 권영원 선생님(1928-2018)의 가르침으로 인해 오늘의 필자가 있다는 사실을 한 번도 잊지 않았다. 그저 고개를 숙일 따름이다. 또한 『정역』을 지극히 흠모했던 부모님이 사무치게 그리워진다. 알찬 책이 출간되는 것만이 유일한 보답일 것이리라.

이 책의 집필 과정에 도와준 분들이 있다. 증산도 안경전 종도사님은 방송 강의와 함께 책자 발간에 지대한 관심을 아끼지 않았다. 송인창 교수님은 학부 과정 때부터 지금까지도 후배인 필자를 항상 격려해주었다. 직장 동료인 노종상 박사님과 이재석 박사님의 꼼꼼한 지적을 잊을 수 없다. 이 책의 출간을 필자보다 더 좋아할 전 청주대 송재국 교수님의 모습이 눈에 어른거린다. 최종 교정에 도움을 아끼지 않았던 조기원 박사님의 노고에 감사드린다. 특히 책 편집에 관한 한 타의 추종을 불허하는 상생출판 강경업 팀장님과 조민수 디자이너의 도움이 매우 컸다. 또한 상생방송국 피디를 비롯한 스텝 여러분의 지원에 고마운 마음을 전한다. 그리고 멋진 글씨로 책의 품격을 높여준 소우천小愚川님께 감사드린다. 애틋한 마음으로 좋은 책이 나오기를 기다리는 엄마 같은 누나가 보고 싶다. 또한 삶의 즐거움을 알려준 보문산119시민산악구조봉사대원들의 격려를 잊을 수 없다. 마지막으로 평생 고생만 시킨 아내를 빼놓을 수 없다. 아내의 말없는 뒷바라지가 언제나 가슴을 찡하게 만들었다. 아들 승진과 딸 인선에게도 고마움을 전한다. 사랑하는 모든 분들이 옆에 있기에 고맙고, 고맙기에 늘 용기가 솟았다.

현재 기후 위기와 코로나19의 대유행, 인문학의 붕괴로 인해 전 세계가 혼란과 진통을 겪고 있다. 계층간 소통의 부재로 인해 생기는 사회의 모든 분야가 갈등에 시달리고 있다. 개인과 개인, 사회와 사회, 국가와 국가간의 원활한 소통은 인문학의 부활이 아니고는 치유가 불가능하다. 뜻있는 지성인들은 학문 사이의 벽을 허물고 통섭을 통해 제2의 르네상스를 겨냥하고 있다. 『주역』은 소통의 힘을 알려주는 인류 문화가 낳은 지혜의 보석이다. 아무쪼록 이 책이 인문학의 부흥에 자그마한 디딤돌이 되기를 기대한다.

2020. 12. 2.

양 재 학

차 례

中권의 차례

下권의 차례

1

『주역』이란 무엇인가?

1. 『주역』의 역사, 학술과 점술로 펼쳐지다

『주역』의 역사는 학술學術과 점술占術의 평행선을 걸었다. 학술과 점술은 『주역』의 두 얼굴이라 할 수 있다. 동양철학에서 『주역』이 차지하는 위치는 학문의 최고 원리가 담겨 있는 것으로 인식되어 시대와 더불어 꾸준히 연구되고 발전되어 왔다. 지금도 『주역』에 대한 관심은 그 어느 때보다 고조되어 있다. 과학, 철학, 의학, 문학, 고고학, 민속학, 언어학, 인류학, 건축과 조경 등 여러 방면에 걸쳐 연구 방법은 물론 다양한 학설과 응용 방안으로 나타났다.

일찍부터 『주역』은 『시경詩經』, 『서경書經』과 더불어 동양학의 뿌리가 되는 경전으로 자리잡았다. 특히 명나라에서 『논어』, 『맹자』, 『중용』, 『대학』이 과거시험의 정식 과목으로 채택되자 『주역』은 더욱 사서四書의 원형이 담긴 책으로 평가되어 상한가로 치솟았다.

과거로부터 현재에 이르기까지 『주역』은 두 길을 걸어 왔다. 하나는 학술서이고, 다른 하나는 생활과 밀착된 운명을 감정하는 점서占書가 바로 그것이다. 전자는 지식층의 '최고 이론서'로 이름을 날렸으며, 후자는 재야 학술의 사상적 뿌리로서 종종 신의 의지를 헤아리는 '신서神書'로 불렸다. 지식층의 입장에서 보면 후자는 『주역』에 대한 모독이요, 재야 학자의 입장에서 보면 전자는 사변 철학인 동시에 지배층의 이데올로기를 뒷받침하는 특수서일 뿐만 아니라 실생활에 아무런 도움을 주지 못하는 교과서에 지나지 않는다는 것이다.

주역학은 학술과 점술이라는 평행선을 타고 동양의 역사를 이끌어 왔다. 세계는 수학의 질서로 이루어졌다는 시각에서 연구하는 상수학象數學과, 인간다운 삶에 대한 지침을 내린 지혜의 가르침으로 간주하는 의리학義理學이 학술계의 주류를 형성했다.

또한 이 둘을 함께 고려하는 학파도 형성되었다. 학술으로서의 주역학은 이 세상을 도덕적 이상 사회의 건설이라는 타당성과 당위성을 제시하는 형이상학을 지향했다. 이것이 바로 동양의 선비들이 삶의 지표로 여겼던 『주역』의 본질이었다.

그러나 백성들이 믿었던 도덕의 권위가 땅에 떨어지고, 역사는 일반 백성들의 바램과는 전혀 동떨어진 방향으로 굴러갔다. 특히 운명과 죽음 앞에 무기력한 인간의 정신적 안정을 위해서 『주역』을 이용하는 실용성에 주목하기에 이른다. 그것은 일종의 학술서의 변형으로 태어났다. 학술에 대한 점술은 시대와 더불어 다양한 형태로 나타나 사람들의 관심을 끌었다.

우리는 점술을 통해 과거와 미래가 공존하는 현상을 사회 곳곳에서 찾을 수 있다. 『주역』을 점술로 탈바꿈시킨 사업들이 벤처 기업으로 급상승하는 현실을 목격하기 쉽다. 날마다 인터넷에는 『주역』의 현주소를 대변하는 글들이 쏟아진다. 제목도 거창하다. “점점占占 커져가는 운세 사업”, “한국인과 점占, 인터넷 운수 사이트 호황”, “대학에 관련 학과 개설”, “무속 타운의 형성” 등이 그것이다.

요즈음 대학가에서 『주역』을 연구하는 분위기는 인문학의 퇴조와 맞물리는 현상을 겪고 있다. 『주역』을 전공으로 공부하는 대학원생은 손가락으로 꼽기도 힘들다. 반면에 『주역』을 현실 생활에 응용하려는 젊은 학생들은 전공에 상관없이 수두룩하다. 그들은 점술의 밑바닥에 허구성이 존재한다는 사실에는 무척이나 관대하다.

2. 사회 곳곳에 파고드는 점술의 위력

오늘의 대학은 기업체가 요구하는 인재 양성소로 변질된 지 이미 오래되었다. 기업의 최고 경영자의 사업 구상 또는 인력 채용에는 놀라운 변수가 있다. 어떤 벤처 기업 사장은 얼마 전 의외의 말을 했다. “직원을 뽑거나 사업상 큰 결정을 할 때 무당을 찾아 굿을 합니다.” 평소 온갖 차트와 숫자를 신봉하며 논리로 무장한 엘리트조차 양복 안주머니에 액땜 부적이 있거나, 점술가를 자주 찾는다는 것이다.

특히 문왕팔괘도를 간판으로 내걸은 상담소로부터 구슬점, 타로카드, 대나무 뽑기 등 종류는 매우 다양하다. 첨단 과학과 인터넷 정보 시대가 활짝 열렸음에도 불구하고 점占은 사라지지 않고 운명 산업으로 진화하고 있는 증거가 아닐 수 없다.

직업 점술인들은 젊은이들의 구미에 맞춘 상담은 물론 재태크·입시·이혼 등 전문 영역으로 세분화되어 영업한다. 덕분에 인터넷 ‘운세’ 콘텐츠는 ‘게임’ 다음으로 불티나게 팔린다. 역술인 협회 추산에 따르면, 현재 45만 역술·무속인이 관련된 전체 운명 산업의 경제 규모가 2조원이 넘는다고 한다. 그것은 영화 산업의 규모와 맞먹는다. 운명 산업의 형태도 쇼핑 플라자, 인터넷, 휴대폰 등으로 다양해졌다.

점술 문화는 비즈니스와 접목하여 엄청난 사업으로 뻗고 있다. 심지어 미신으로 여겨졌던 역술이 이제 제도권 교육의 영역으로까지 들어왔다. 최근 전국 대학에 관련 학과가 봇물 터지듯 개설되기 시작했다. 그것은 실용 학문으로 재무장한 형태로 나타나 얼굴경영학과는 관상강의觀相講義를, 장례풍수학과와 풍수명리학과 등은 장례葬禮와 접목시킨 실용 학문으로 학생들을 모으고 있다.

어떤 사주아카데미의 관계자는 “역술은 미래를 예측하는 일종의 ‘예측산업’으로 볼 수 있기 때문에 생활 속 어느 곳에서나 다양한 비즈니스 모

델로 개발이 가능하다"고 말한다.[1)]

그렇다면 점술은 무엇에 근거하는가? 점술은 사주四柱에 기초하는 경우가 보통이다. 사주는 글자 그대로 '4개의 기둥'이라는 뜻이다. 어떤 사람이 태어난 년, 월, 일, 시가 평생을 결정한다는 것이다. '년월일시'에 사람의 운명을 결정짓는 정보가 담겨 있다고 전제하는 것이 사주학의 출발점이다. 사주팔자를 다루는 명리학命理學은 어떤 사람이 태어나는 시간, 즉 어머니 뱃속에서 나와 탯줄을 자르는 순간에 우주의 기운이 쑥 들어온다고 본다. 어머니 뱃속에 있을 때는 선천先天이지만, 탯줄을 자르는 바로 그 순간, 즉 후천後天이 시작되는 순간 하늘에 떠있는 별들의 위치가 어딘가에 따라 그 사람이 받은 에너지가 다르다고 여기는 것이다.

점占은 무언가를 알고 싶어 하고, 어떤 결정을 내려야 할지에 대한 방향을 제시하거나 행동을 정당화하는 역할을 하기도 한다. 인간에게는 불확실한 현실, 불안한 미래에 대해 알고 싶어 하는 본능적 욕구가 있다. 한국인은 유난히 점을 좋아한다는 통계도 있다. 점을 본 뒤에 그 내용에 대한 믿음이 생기면서 예언은 확신으로 바뀌기도 한다. 때로는 역술인이나 점술가와 무속인의 위압적인 태도가 권위와 비슷한 효과를 내는 것을 어떻게 받아들일 것인가?

예배당이나 절간에서 아무리 기도해도 확답은 들을 수 없고, 내세의 행복을 보장한다는 종교에 비해 점은 그 자리에서 곧바로 예언을 들을 수 있는 측면에서 훨씬 빠르고 편리하기 때문에 한국인의 코드와 부합한다는 말도 있다. 역술인이나 무당은 자신의 목소리가 아닌 하늘의 소리를 전달한다고 확신한다. 철학관 앞에 걸린 신장대는 하늘과 교신하는 안테나이자 신탁을 전달하는 상징이다. 점술인들은 자신이 내뱉는 말에 확실한 근거는 내세우지 않고 상대방에게 확신만을 심어준다.

1) 위의 내용들은 2006년 2월 8일에 발간된 『주간조선』에서 발췌한 것이다.

한편 점이나 무속은 생활의 지혜라고 강조하는 경우도 있다. 수천 년 간 농경 사회에서 살아온 조상들의 농점農占은 미신이 아니라 경험 과학을 대신하는 기능도 있었다. 또한 풍수風水, 관상觀相, 수상手相 등은 인간의 수많은 경험과 통계에 기초하여 미래를 예측하는 방법론일 수도 있다. 문헌으로 보면, 점은 신화에서 나왔다. 신부나 목사 또는 승려에게서 삶의 얘기를 들으면 마음이 가라앉는 것처럼, 점술가에게 돈을 주고 점보면 잠시나마 마음이 편안해지는 현상은 인간의 보편적 심리라고 보는 학자도 있다.

하지만 '생활 주역'이 아무리 일상과 친밀감이 있더라도 문화의 중추가 되어서는 곤란하다. 왜냐하면 객관적인 근거가 희박하기 때문이다. 그리고 인간의 합리적 사유를 약화시킬 우려를 넘어서 점술의 사회적 확대는 보편적 가치의 신뢰성을 떨어뜨리는 치명적인 결함이 있다. 다만 일시적인 카운셀링의 효과로서 만족해야 할 것이다.

3. 전통 주역학의 흐름

주역학은 어떻게 전개되었는가? 그것은 시대에 따라 선진역학先秦易學·한대역학漢代易學·송대역학宋代易學·청대역학淸代易學의 형태로 나타났다. 또한 주역학의 전개를 문제 중심으로 보면, 복서역학卜筮易學·상수역학象數易學·의리역학義理易學 등으로 활발하게 논의되어 역철학의 심화를 가져왔다. 상수학파는 다시 순수 수학 이론과 응용 및 하도낙서河圖洛書를 중심으로 하는 도서학파圖書學派로 분화되었다.

리하르트 빌헬름Richard Wilhelm(1873-1930)에 따르면, "역경의 체계는 다차원 세계의 표상이다. 이 세계 내에는 불변하면서 규칙적으로 변화하는 패턴이 있다." 또한 "역경은 우주에 대한 이미지"[2)]라고 했다. 『중국의 과학과 문명』을 쓴 조셉 니담Joseph Needham(1900-1995)은 『주역』을 "상황에 대

2) 리하르트 빌헬름/전영준, 『주역강의』(서울: 소나무, 1996), 26쪽 참조.

한 과학(a science of situations)이며, 괘卦는 별의 운동과 시간의 경과를 체계적으로 관련지어 만들어졌다"[3]고 설명한 바 있다. 그리고 현대 철학자 모종삼牟宗三(1909-1995)은 "64괘는 시간과 공간의 개념을 모두 포괄하는 우주의 표상으로서 세상을 부호로 표시한다는 특성을 지닌다"고 말했다.

증국번曾國藩(1811-1872)[4]은 "각 시대의 학자들은 역을 읽어서 의학에 정통하였다. 역학易學은 의학醫學이다. 의학의 목적은 몸을 조신調身하는 데 있다"고 했다. 남회근南懷瑾(1918-2012)은 "동양 문화를 연구하려면 『주역』으로부터 시작해야 한다. 『주역』은 동양 문화의 원천"이라고 했으며, 국제주역회장을 지낸 성중영成中英은 "『주역』은 우주적인 진리, 문화적인 지혜, 가치의 원천, 예측을 다루는 생명학이다. 『주역』은 동양적인 동시에 세계적이고, 고대적일 뿐만 아니라 현대적이고 미래적인 학문"이라고 말하여 그 가치를 한층 드높였다.

주역학은 자연과 역사와 인간을 종합적으로 다룬다. 만물의 근원을 어떤 측면에서 탐구하느냐에 따라 형이상학, 역사 철학, 윤리학으로 나뉘기도 한다. 또한 주역학은 문제 중심, 시대 중심, 인물 중심, 학파 중심에 따라 다양하게 전개되었다. 하지만 19세기 후반에 등장한 정역사상은 기존의 연구 방법과 내용에 대해 아듀를 선포한다. 우리는 『주역』에서 『정역正易』으로의 방향 전환을 시도한다.

정역사상은 선후천론에 입각한 독창적인 역학이다. 지금도 정역사상을 주역사에 나타난 수많은 학파 가운데 하나로 인식하는 경우가 많다. 정역사상은 우주와 시간의 수수께끼를 파헤친 형이상학이다. 『정역』은 김일부

3) 조셉 니담/이석호 외, 『중국의 과학과 문명(II)』(서울: 을유문화사, 1986), 419-448쪽 참조

4) 太平天國을 진압한 지도자이며 洋務運動의 추진자로서 주자학자이며, 문장가로도 유명하다. 농민과 병사를 중심으로 의용군[湘軍]을 조직하여 태평천국을 진압하였다. 황제와 만주 귀족은 한인 세력의 진출을 두려워하여 그의 활동을 제한하였으나, 청 왕조에 대한 충성을 맹세함으로써 점차 신임을 얻었다. 그는 애국 사상가로 높은 평가와 아울러 혹평을 받기도 했다. 저서로는 『曾文正公全集』, 『曾文正公手書日記』 등이 있다.

개인의 각고의 노력에다가 하늘에서 계시받은 내용을 써놓은 것이다. 정역사상의 주제는 선후천론과 시간론이다. 선후천론과 시간론의 핵심을 다루었다고 무조건 획기적인 사상이 될 수는 없다. 자연과 문명과 인간과 역사의 문제를 근거지우는 시간의 구성 근거를 근본적으로 사유하고 그 과정과 결과를 밝혔기 때문에 과거의 주역학과 성격이 다르다는 것이다.

4. 『주역』에서 『정역』으로 – 공자와 일부의 대화

『정역』은 충청도 연산땅 인내 강변에서 김일부가 말 없는 하늘의 명령을 받고 가슴에 벅차 눈물을 흘리며 쓴 책이다. 이 세상에 『정역』이 처음으로 출생 신고한 것이다. 그것은 당시 한양의 종이값을 올렸던 베스트셀러 문학 작품이 아니다. 정역사상은 시간론의 새로운 지평을 펼친 보석이자 꽃이다.

『정역』은 김일부가 남긴 단 하나의 저술이다. 그것은 과거의 형이상학을 극복하고, 미래의 창조적 전망을 제시했다는 점에서 학술의 위대한 가치가 있다. 특별히 복희역과 문왕역에 숨겨진 원초적 대립과 갈등과 모순을 해소시키는 열쇠인 정역팔괘도를 완성함으로써 인류사의 신기원을 열었던 것이다.

김일부는 단순히 자연 질서의 대변혁만을 외친 사상가가 아니다. 그는 종교와 철학과 과학과 역사를 아우르는 통합의 정신을 잊지 않았다. 인간 삶의 궁극적 가치의 근거인 하늘과 땅의 문제를 회통의 정신으로 집약했던 것이다. 얼핏 보기에 『정역』은 이념성이 강한 담론으로 보일 수도 있다. 『정역』 속에 담긴 내용들은 바로 우리 역사 현실에 구현된다는 구체성, 즉 실재[天道]와 현상[地德]이 결혼하여 '하늘은 생명을 낳고 땅은 완수한다[天生地成]'는 근본 이치를 해명한 점이 압권이다. 오늘날 김일부와 정역사상을 모르는 사람은 없지만, 제대로 아는 이는 아주 드물다. 정역사상의 실상이 있는 그대로 알려지지 않아 안타까울 뿐이다.

여기에는 여러 가지 원인이 있다. 『정역』의 근본 가르침을 충실히 지키면서 오늘의 시대 정신에 부합하고, 일반인이 쉽게 읽을 수 있도록 한글로 옮겨진 참다운 해설서가 없다는 것이 첫 번째 원인일 것이다. 그러니까 『정역』이 무엇이냐고 물으면 손에 잡히는 것이 거의 없다고 한결같이 대답한다. 『주역』 전공자들의 말을 빌리면, 『정역』은 가까워 하기에는 너무 먼 학문이라고 푸념한다. 보물이 보물 대접받을 수 있는 기초 작업이 시급하다. 『정역』은 어느 한 사람만의 독점물일 수 없다. 혼자만 알고 감추는 전유물에 멈춰서는 안 된다. 우리 모두가 알아야 하는 사상인 것이다. 그만큼 대중화가 절실하다.

정역사상을 외형으로만 보면, 너무 초라하기 짝이 없다. 김일부 서거 135년이 지난 현재, 정확한 대차대조표를 작성하여 앞으로 어떤 사업을 해야 하는 지를 점검해야 마땅하다. 또한 새로운 프로젝트가 기획되어야 할 것이다. 그렇다고 선배들의 업적이 전혀 쓸모없다는 말은 아니다. 김일부의 1세대 제자(김황현金黃鉉·김방현金邦鉉·김홍현金洪鉉 형제들, 김정현金貞鉉, 하상역河相易, 염명廉明, 이상룡李象龍, 김영곤金永坤) 등, 2세대 제자(이정호李正浩), 3세대 제자(한동석韓東錫, 유남상柳南相, 권영원權寧遠) 등의 그 공덕과 역할이 컸다. 모두 소중한 분들이다. 우리는 선배들의 연구를 바탕으로 한층 앞장서 나가야 하는 것이 후배의 떳떳한 도리일 것이다.

우선 1세대 제자들의 업적물을 번역하여 소개하는 작업이 가장 먼저 이루어져야 한다고 제안한다. 스승과 직접 호흡을 같이 했던 사람들의 책을 해명하는 작업을 통해서 정역사상의 실체와 김일부의 숨결을 느낄 수 있기 때문이다. 한편 『정역』의 핵심을 인식하는 것과는 별도로 정역사상과 연관된 사이드 스토리(side story), 비하인드 스토리(behind story), 그라운드 스토리(ground story)를 차곡차곡 쌓는 일도 중요하다. 딱딱하기 이를 데 없는 한문투의 문장에 생명력을 불어넣어 이성과 감성을 종합하는 일이 대중화의 첩경이기 때문이다. 더 나아가 김일부의 생애와 사상을 담는 "김항평전金恒評傳"의 저술도 시급한 과제다.

정역사상이 동학보다 못할 이유가 없다. 정역사상의 깊이와 폭이 동학의 그것과 비교해 손색이 없다는 것은 『정역』 자체와 선배들의 저술에 담긴 콘텐츠가 증명하고도 남는다. 다만 현대인들이 이해하기가 너무 어렵다는 것이 중론이다. '목마른 사람이 우물 판다'는 격으로 모르는 사람이 쫓아다니면서 배워야지 별 도리가 없다는 무책임한 발언은 예전에는 통했으나, 지금은 세상이 달라졌다.

전국 대학교의 운영 시스템도 교수와 교직원 중심에서 학생 위주로 바뀌었다. 세일즈 시대인 것이다. 퀴퀴한 냄새나는 창고에 묻힌 서책이 아니라 팔딱팔딱 생기 넘치는 정역사상으로 거듭 태어나야 한다. 새장 안에 갇힌 사상이 아니라, 디지털 문화를 선도하는 『정역』이어야 할 것이다.

배우려는 사람이 오기만을 기다리지 말고 직접 나서야 한다. 발상의 전환은 성공으로 나아가는 발판이다. 그래야만 『정역』의 대중화와 학문적 보편화도 가능할 것이다. 『정역』에는 무궁무진한 아이템이 가득하다. "나의 생각이 옳고 너의 주장은 그르다, 나는 선이요 너는 악이라는 이분법의 전달 방식"만을 고집하는 낡은 사고는 정역사상의 가치를 퇴보시킬 것이다. 더 이상 『정역』을 을씨년스런 초가집에 묻혀두지 말고 고풍스런 품격으로 리모델링한 '문화 살롱'으로 모셔 부활시키자.

5. 김일부는 누구인가?

재야학자였던 김일부金一夫(1826-1898)는 2,500년 동안 난맥상을 보이던 유교와 불교와 선교를 융합하여 일관된 의미로 통합하였다. 『정역』은 일종의 과학철학, 종교철학, 수리철학이다. 서양 정신사를 뒤엎은 니체의 철학이 유럽을 송두리째 흔들어 이후의 예술과 인문학의 물꼬를 텄듯이, 동양의 정신사를 새롭게 장식한 『정역』은 동양의 울타리를 벗어나 세계학으로 발돋움할 수 있는 진리의 노른자다. 정역사상의 대중화는 학계와 문화계를 겨냥해야 한다. 우선은 학계의 긍정적인 반응을 얻기 위한 심도 있는 연구가 필요하다.

김일부는 연산連山[5] 땅에서 만고의 정적을 깬 사상적 혁명가이자 혁명적 사상가이다. 그는 『주역』을 낱낱이 해체한 다음, 다시 재구성하여 유불선 삼교의 가르침을 일원화시킨 철학자다. 『정역』의 주제는 선후천론先後天論이다. 인간은 보통 현재를 중심으로 과거와 미래를 조명하는 데 익숙하다. 즉 선천의 입장에서 후천을 들여다보는 것이 세상 사람들의 습성이다. 뒤집기 기술이 씨름의 묘미이듯이, 정역사상은 후천에서 선천을, 미래에서 현재와 과거를 바라보는 사유의 전환을 요구한다.

천동설天動說을 부정하고 지동설地動說을 주장한 갈릴레오(Galileo: 1564-1642)에 대해 로마 교황청이 지동설을 철회하라고 압력을 행사했던 것은 너무도 유명한 사건이다. 천동설과 지동설은 입장이 전혀 다를 수밖에 없기 때문에 과학자들은 스스로 목숨을 내놓고 논쟁을 벌였던 것이다. 코페르니쿠스(Copernicus: 1473-1543)는 지동설을 입증한 과학의 혁명가였다. 과거의 종교적 믿음에 기초한 천동설이 지동설로 바뀌기에는 오랜 세월이 걸렸다. 교황청은 불과 20여년 전에 처음으로 지동설이 옳다는 사실을 공식으로 인정했다.

사상 혁명가 김일부는 외롭고 고독했다. 그렇다고 아무도 자신을 몰라준다고 세상을 원망하지 않았다. 그는 기존의 학술 체계에 대해 부정을 위

5) 夏나라는 艮卦를 으뜸으로 삼은 '連山易', 商나라는 坤卦를 으뜸으로 삼은 '歸藏易', 周나라는 乾卦를 으뜸으로 삼은 '周易'이다. 충청도 連山은 산이 잇달아 있는 형상으로 이루어져 있다. 하늘과 땅이 가장 가깝게 만나는 지점인 山은 신과 인간이 접촉할 수 있는 신성한 공간인 까닭에 한국인의 號에는 '山'이 많았다. 우리 민족은 恨을 품고 태어나 恨을 풀어야만 하는 독특한 민족이다. 恨은 '忄 + 艮'으로 구성되어 있다. 그것은 艮卦 원리를 가슴에 품어 낡고 묵은 恨을 털어내는 문화가 艮方 연산땅에서 창출되었던 것은 우연한 일만은 아니다.

한 부정이 아니라, 부정을 통해 거대한 긍정의 길로 나아가는 이론을 수립하고자 고뇌했다. 뱁새는 붕새의 높은 뜻을 모른다고 장자莊子는 말했던가. 야속하게도 주위 사람들은 김일부를 '괴짜 선비[六十平生狂一夫]'라고 손가락질 했다. 하지만 그는 온갖 조롱을 한바탕 웃음으로 허공 속으로 날려버렸다. 『정역』은 하늘과 부자 관계를 맺은 김일부가 꿈결같은 대화를 나누고 사색한 결과물이다. 그는 하늘의 의지를 '시간[時]의 명령[命]'이라 표현했던 것이다.

하지만 정역사상에 무지한 얼치기들은 헛된 망상에 기초하여 수립한 이론이라고 폄하한다. 지금도 정역사상에 대한 평가는 천당과 지옥을 오가는 명예와 불명예의 양극단을 걷고 있다. 또한 김일부를 성인聖人으로 추켜세우거나, 후천개벽을 외친 고급 예언가 정도로 이해하고 있다. 어떤 유명인이 김일부를 성인 또는 예언가로 규정했는가에 따라 『정역』의 운명은 마치 상한가와 하한가를 오르내리고 있는 실정이다. 우리는 『정역』에 대한 고무줄 평가보다는 제대로 된 평가에 갈증을 느끼고 있다.

6. 정역사상, 우주사와 시간사와 문명사와 수행의 문제를 하나의 논리로 꿰뚫다

정역사상은 자연과 문명과 인간에 대해 새로운 패러다임을 제시한다. 특히 철학적 발상 자체의 근본적 전환을 요구한다. '상극에서 상생'이라는 우주사宇宙史와, '윤력閏曆에서 정력正曆'으로의 시간사時間史와, 복희팔괘도와 문왕팔괘도에서 정역팔괘도로의 문명사文明史를 일관되게 설명한다. 이는 세계에서 그 유례를 찾을 수 없는 독창적 사유의 극치라 할 수 있다. 동서양 철학에서 시간을 근본 주제로 삼은 경우가 많았으나(아우구스티누스의 종교적 고백의 시간론, 칸트를 비롯한 철학자들, 스티븐 호킹 같은 물리학자들의 견해), 시간의 꼬리가 떨어져나가는(1년 365¼의 윤력에서 1년 360일의 정력으로) 자연의 혁명으로 인한 새로운 우주의 탄생을 논의하지는 못했다.

직선적 시간관과 역사관에 입각한 기독교는 세상의 끝장을 얘기하는 종말론의 범주를 벗어나지 않지만, 『정역』은 체용體用의 극적인 전환을 통해 억음존양抑陰尊陽의 선천 질서가 조양율음調陽律陰의 후천 세상으로 바뀌는 논리를 창안함으로써 종말론의 폐단을 극복한 희망의 철학인 것이다.

인간은 만물을 마구 먹어치우는 시간의 이빨에 속수무책이다. 유형과 무형의 모든 사물은 시간의 먹잇감이다. 시간의 법칙인 생노병사를 비껴갈 수 있는 존재는 아무 것도 없다. 시간은 사물 형성의 근거이자 내용이며 형식이면서 힘이다. 시간과 공간은 자연과 인류 역사의 궁극 원리인 까닭에 『주역』 건괘 「단전」은 "끝마치고 다시 시작하는 것을 크게 밝히면 6위가 시간으로 완성된다[大明終始, 六位時成]"고 강조했던 것이다.

정역사상의 핵심은 시간론에 있다. 김일부는 「대역서大易序」에서 "역이란 책력이니 책력이 없으면 성인도 없고 성인이 없으면 역도 없다[易者 曆也, 無曆無聖, 無聖無易.]"는 새로운 3대 명제를 제시하여 주역학의 근본 문제를 중국 역학과 차별화시켰다. 그 핵심은 선천과 후천의 캘린더 시스템(선천의 '갑기甲己' 중심의 질서에서 후천의 '기갑己甲' 중심 질서로의 전환)이 바뀐다는 논리에 있다. 게다가 천지를 주재하는 '조화옹造化翁의 섭리'를 6갑의 방정식으로 분해하여 추론하였다.

김일부는 『정역』에서 상세하게 설명하지 않았지만, 잃어버린 수행의 방법을 재발견하고 몸소 실천을 통해 수행의 당위성을 입증하는 체계를 세웠다. 인간은 왜 수행해야 하는가? 수행의 목적과 방법은 무엇인가? 등의 근거를 제시하였다. 시간론에 근거한 역도수逆度數(상극 질서 = 낙서의 세계상)와 순도수順度數(상생 질서 = 하도의 세계상)가 바로 그것이다.

인간이 태어날 때는 '위에서 아래'라는 순順의 이치에 의해 어머니 자궁에서 머리부터 나오지만, 살아갈 때는 하늘을 머리에 이고 '아래에서 위로'라는 역逆의 이치에 의해 역경을 겪으면서 살아간다. 그러니까 역逆의 질서는 자연의 신비와 운행을 밝히는 고난의 원리인 것이다.

김일부가 제시한 수행의 결정체는 영가무도詠歌舞蹈다. '영'은 하늘의 섭리를 찬양하는 소리, '가'는 하늘의 의지를 사무치게 깨우친 상태에서 우러나오는 기쁨의 노래, '무'는 하늘의 리듬과 하나된 경지에서 움직이는 춤사위, '도'는 한없는 즐거움에서 마냥 뛰기를 멈추지 않는 몸동작을 가리킨다. 그것은 정신과 육체가 일체화되는 상태인 동시에 인간 심층의 내면에서 솟아나는 노래와 춤동작은 곧 생명의 율동상을 뜻한다. 영가무도가 『정역』의 핵심인가의 여부는 제쳐두더라도, 그것은 정역사상과 연관된 큰 줄거리임을 잊어서는 안 될 것이다.

우주사와 문명사와 인류사는 동일한 원리에 의해 전개된다는 것이 『정역』의 입장이다. 이를 가장 잘 대변하는 것이 괘의 변천사다. 복희팔괘도에서 문왕팔괘도로, 문왕팔괘도에서 정역팔괘도로 진화한다는 것이다. 이렇게 괘도의 변천에 투영된 우주 원리가 변화함에 따라 역사와 문명의 색깔도 달라지는 까닭에 인간의 삶도 여기에 조응해야 마땅하다.

『정역』은 원초적으로 혹은 결과적으로 '올바른 변화(Right change)'를 뜻한다. 우주가 일정한 목적을 가지고 변화해가는 과정이 곧 '원래의 올바른 상태로 되돌아가는(Correct changing for origin)' 것으로서 선천이 후천으로 바뀌는 것은 정당하다는 뜻이다. 자연에서 날마다 일어나는 현상의 변화가 교역交易이라면, 선후천 교체기에는 본체와 작용이 서로의 역할을 바꾸는 변역變易이 이루어진다는 것이다. 이는 불변의 이치만을 탐구했던 동서양 철학에 사형 선고를 내린 것이라 할 수 있다.

『정역』은 삶의 좌표를 시간론에 근거하는 체계를 수립했다는 점에서 가장 세계적인 사상이고, 우리나라에서 정립되었다는 점에서 가장 한국적인 사상이다. 가장 세계적인 것이 가장 한국적인 것이고, 가장 한국적인 것이 가장 세계적이란 말은 『정역』을 두고 하는 말이다. 더욱이 『정역』은 실체론의 사고에 빠졌던 중국 역학을 극복하고, 천지 자체가 일정한 시간대에 옷을 갈아입는다는 사실을 논의하였다. 이는 철학의 근본 문제를 쟁기로 갈아엎는 놀라운 혁신적 사유가 아닐 수 없다.

조선학의 선구자 육당六堂 최남선崔南善(1890-1957)은 원효元曉(617-686)의 위대함을 다음과 같이 부르짖은 바 있다. "원효 이전에 원효 없고, 원효 이후에 원효 없다." 필자는 이를 수정하고자 한다. "일부一夫 이전에 일부 없고, 일부 이후에 일부 없다." "『정역』 이전에 『주역』 있고, 『정역』 이후에 『주역』 없다." 한마디로 한국 사상을 대표하는 사상가로 중세에는 원효가 있었다면, 근대에서 현대로 넘어가는 시기에는 김일부가 존재할 뿐이라고!

그렇다면 김일부의 위상은 어떻게 자리매김 되어야 하는가? 그에 대한 평가는 매우 다양하다. 김일부가 죽은 뒤 성균관의 후신인 모성공회慕聖公會에서는 '성인聖人'으로 추증하였고, 다른 부류에서는 조선조 말 '개벽사상가'의 한 사람으로, 혹은 미래 예측을 고급스런 담론으로 이끈 '예언가'로, 한때는 광산 김씨 문중의 족보에서 이름이 파헤쳐지려했던 '괴물 선비'였다. 이는 어쩌면 김일부의 학문에 대한 다양한 평가일 수도 있다.

미국의 유명한 신화학자 조셉 켐벨(Joseph Campbell: 1904-1987)이라는 학자가 있다. 그는 현대야말로 가장 위대한 신화가 필요한 시기라고 했다. 도시화와 산업화로 인해 고향을 잃은 현대인들에게 어머니 자궁과 같이 포근한 쉼터는 신화 말고는 없다고 강조했다. 현대인이 진정으로 요청하는 인간은 '문화 영웅'일 것이다. 가장 먼저 김일부를 한국의 문화 영웅으로 업그레이드 시키고, 그 다음으로 세계의 문화 영웅으로 수출해야 할 것이다.

정역사상의 연구는 시간과의 싸움이라고 본다. 우선 김일부 1세대 제자들의 문헌을 한글로 옮기는 작업이 필요하다. 이는 정역사상 전반을 이해하는 첫걸음이다. 다음으로 『정역』 자체를 신학, 우주론, 시간론, 생태론, 수리철학, 음양오행론, 수행론, 자연과학, 시스템론, 유불선의 통합 등 다양한 각도에서 심층적으로 분석하는 개별 탐구와 이들을 하나로 묶는 종합 연구가 수반되어야만 정역사상의 전모가 밝혀지리라 확신한다.

2

『주역』을 어떻게 볼 것인가

1. 왜 선후천론인가

앞으로의 문화는 갈등과 모순을 해소시킬 수 있는 통합형의 진리관이 요구된다. 이 문제는 『주역』을 어떻게 볼 것인가라는 물음과 직결된다. 그것은 기존의 도덕 형이상학을 복원하거나 재검토 차원에 머물러서는 안 된다는 것을 뜻한다. 어느 특정 분야에 치우치는 연구는 과거에는 통했을지는 몰라도 앞으로는 유효하지 않다. 종교와 철학과 과학을 통합할 수 있는 궁극의 진리가 미래 문명에 대한 유효한 대안일 수 있기 때문이다.

19세기 최대 수수께끼의 인물인 조선의 김일부는 새로운 형태의 진리관을 제시하여 전통의 세계관과 단절을 선언하였다. 기존의 우주관은 각각의 시대 정신에 부응하는 세계관과 인생관을 도출하는 이념을 제공하는 것에 불과했다는 뜻이다. 지금의 우주는 인간의 힘으로는 어찌 할 수 없는 자연과 시간의 혁명이 일어나는 선후천 교체기라고 말하여 새로운 대안을 제시했다.

현재는 영성의 깨달음을 통한 과학과 종교와 철학을 하나로 융합하는 진정한 우주관이 요청되고 있다. 하지만 각종 종교는 인류 구원이라는 거창한 구호를 부르짖었으나 구두선에 그치고 말았다. 그 이유로서 종교는 절름발이 철학에 기대고 있으며, 철학은 종교적 영성을 자신의 영역에서 배제시켰고, 과학은 실험을 통한 증명과 객관성만을 고수하기 때문이다.

『주역』의 밑바탕에는 하늘과 땅[天地]의 문제가 전제되어 있다. 천지론이 『주역』의 근본 주제라는 뜻이다. 천지는 만물이 생성을 거듭하면서 성숙하는 시공간을 가리키는 명칭이다. 그러니까 천지는 자연 변화의 본원인 것이다. 자연은 끊임없이 변화한다. 그러나 현재까지의 동양학은 천지 자체는 영원불변한다고 진단했다.

왜 선후천이 문제되는가? 진리의 최종 근거는 하늘과 땅이며, 더욱이 하늘은 인식의 뿌리이며 준거이자 시간 질서의 근거이기 때문이다. 천지는 선천과 후천이라는 두 싸이클로 돌아간다. 천지가 태어나기 이전으로부터 현재의 세상을 선천이라 하고, 앞으로 다가올 세상을 후천이라 한다. 현재의 천지가 생겨나기 이전, 산과 바다와 하늘의 별자리가 존재하지 않았던 시공간 탄생 이전의 세계가 선천이다. 이런 의미에서 선천은 경험 이전의 사태이고, 앞으로 전 인류가 맞이해야 할 세계는 후천이다. 선천과 후천은 천지의 두 얼굴인 셈이다.

하지만 선천과 후천의 변화는 완전히 다르다. 문왕팔괘도에 나타난 것처럼, 선천은 생명력이 안에서 밖으로 뻗쳐나가는 분열의 확산 운동을 본질로 하기 때문에 무한 생장의 시대로 불린다. 그러나 정역팔괘도에 나타난 것처럼, 후천은 생명력이 밖에서 안으로 응축됨으로 인하여 만물의 성장을 수렴하고 통일하는 성숙의 시대이다.

아기우주가 탄생한 이래 지금까지 선후천의 교체에 의해 상생과 상극 원리가 인간과 만물을 지배해왔다. 상극은 시공간 안에 존재하는 만물이 서로 대립하고 경쟁하며 발전하는 성장의 원리이다. 상극은 대립과 경쟁과 투쟁을 통한 발전의 질서인 것이다. 인류는 선천이라는 상극의 도가니 속에서 성장하며 문명을 발달시켜 왔다고 하겠다.

하지만 선천과 후천의 교체기에 이르면 생장을 매듭짓고 성숙시키는 원리가 작동한다. 성장이 극한에 이르면 만물은 '극즉반極卽反의 원리'에 의해 반대 방향으로 창조 운동을 시작한다. 지금의 우주는 시간적으로 이미 성숙의 단계에 진입하는 격동기라는 뜻이다. 즉 말 없는 침묵의 우주가 선천을 '퇴거 신고'하고, 후천에 '전입 신고'하는 이사철이다.

2. 소강절, 천지 변화의 시간 프로그램을 읽어내다

천지가 운동하는 시간표를 최초로 작성한 사람은 소강절邵康節(1011-1077)이다. 그는 천지 안팎에서 일어나는 변화의 본질을 훤히 꿰뚫은 탁월한 학자였다. 소강절은 시간의 물결을 타고 움직이는 천지의 변화가 본래부터 4단계의 리듬으로 나타난다는 것에 힌트를 얻었다.

지구는 스스로 하루에 한 번 씩 자전하면서 태양을 안고 한 바퀴 도는데 1년이 걸리고, 달은 지구를 한 바퀴 도는데 약 30일이 걸린다. 따라서 우리는 지구와 태양과 달이라는 3자의 입체 운동의 주기를 바탕으로 시간의 흐름을 객관화할 수 있는 것이다. 지구는 매일 360도의 자전 운동을 함으로써 하루라는 시간대를 형성하고, 이것이 1년 360일 동안 계속 순환하여 1년 4계절의 변화 법칙인 360도×360일 = 129,600도를 빚어낸다.

소강절은 우주가 한 번 문을 열었다가 닫는 커다란 주기를 129,600년으로 삼아 선후천 이론을 수립했다. 선천이 다하면 후천이 시작되고, 후천이 다하면 다시 다음 '우주 1년'의 선천이 시작되는 것이다. 선천과 후천은 우주 1년의 순환 주기 속에서 서로 번갈아가며 머리와 꼬리가 되어 끊임없이 지속된다. 우주 1년을 소강절의 '원회운세설元會運世說'과 결부하여 도표화하면 다음과 같다.

지구1년의 변화		우주1년의 변화	
년年	12달	원元	129,600년(12會)
월月	30일	회會	10,800년(30運)
일日	12시간	운運	360년(12世)
시時	1시간	세世	30년

천지가 일으키는 변화에서 가장 중요한 것은 지구의 1년처럼 우주도 4계절의 변화를 일으키면서 변신한다는 점이다. 소강절은 우주가 129,600년이라는 시간의 수레바퀴를 순환하는 살아 있는 거대한 생명체로 인식했다.

천지 변화의 결정판은 선천이 후천으로 뒤바뀌는 것으로 드러난다. 지금은 선천이 후천으로 전환되는 막바지 징검다리, 즉 선천의 끝자락에 와 있다. 이 때에는 우주 운행의 중심축이 뒤집어져 새 하늘 새 땅이 열리는 과정에서 엄청난 몸부림이 뒤따른다. 그런데 문제는 선후천 변화가 자연의 질서에만 국한되지 않는다는 것에 있다. 그것은 인간과 사회와 역사의 진행 방향, 그리고 문명의 흥망성쇠까지 침투하여 거대한 시간의 물결을 타고 연출되는 장엄한 드라마인 것이다.

3. 선후천 변화와 신

선후천 변화는 우주의 이법 자체로만 이루어지지 않는다. 겉으로 보기에는 일정한 시간의 주기에 따라 우주가 자율 조정 능력에 의해 스스로 변신하는 사건으로 볼 수도 있으나, 실제로 선후천 변화를 주재하는 주인공이 있다. 이를 밝힌 이론이 조선조 후기 개벽사상의 주요 테마였던 신관이었다. 동학을 비롯한 정역사상의 저변에 깔린 주제 역시 신관이다.

"천지간에 가득 찬 것이 신神이니 풀잎 하나라도 신이 떠나면 마르고 흙 바른 벽이라도 신이 떠나면 무너지고, 손톱 밑에 가시 하나 드는 것도 신이 들어서 되느니라. 신이 없는 곳이 없고 신이 하지 않는 일이 없느니라."[6]

이는 신관의 주요 명제에 그치는 것이 아니라 우주관의 핵심이기도 하다. 우주 속에 깃들어 있는 영성의 실체가 바로 신神이기 때문이다. 신성이 바로 모든 생명 현상을 주관하는 활력소다. 그러니까 천지에 가득 찬 신성의 현현顯現이 곧 만물인 것이다. 만물의 모든 곳에는 영혼이 깃들어 있다.

6) 『도전』, 4:6:4-6

천지간 구석구석에 널리 펴져 존재하는 다신多神(자연신과 인격신)들은 천지를 가득 메워 신의 세계를 형성한다. 이러한 신 가운데 나머지 모든 신들을 새로운 창조적 변화로 이끄는 존재가 바로 최고신으로서의 상제인 것이다.

상제는 천지 만물의 시간 질서를 주재하고 우주를 다스리는 인격신인 것이다.[7] 상제는 우주 질서를 주재할 뿐만 아니라 인류 구원이라는 숭고한 목적을 가지고 신도를 통치하고 개입시킨다. 이것이 바로 선후천의 교체가 일어나는 궁극 원인인 동시에 결과라는 점에서 개벽사상의 압권이다.

4. 유교, 종교에서 도덕학으로

유교는 종교(Religion)인가 아니면 공자의 도덕적 가르침(Teaching)을 종지로 삼는 학술인가는 아직까지도 논란의 대상으로 남아 있다. 공자孔子(BCE 551-BCE 479)는 스스로를 새로운 문화의 창시자로 자부하지 않고, 고대 문화의 전달자라고 불렀다. 그래서 풍우란馮友蘭(1895-1990)은 "중국 문화에 대한 공자의 위대한 공헌은 본래 있었던 사회 제도를 합리화시킨 데 있다"고 평가한 바 있다.

동양의 역사에서 은나라와 주나라의 교체에 대해 역사학계는 정치적 사건을 중심으로 연구해 왔다. 그 이면에는 엄청난 진실이 내재되어 있다. 그것은 세계관의 변형이 이 시대에 이루어졌다는 점이다. 육군 소장 출신

7) 김영일, 『정약용의 상제사상』(서울: 경인문화사, 2003), 152-153쪽. "주재한다는 것은 만물을 다스린다는 뜻이다. 원래 주재라는 표현이 이미 어떤 인격적인 면을 전제하고 있다. 주재를 '만물을 두루 다스린다'고 풀이한다면 세계를 다스리는 어떤 인격적인 존재가 반드시 있어야 하기 때문이다. 다산은 주재라는 말을 어디까지나 '의지적으로 다스린다'는 뜻으로 쓰고 있다. 주재라는 속성의 측면에서 보면 하느님(상제)은 자연 현상, 우주의 운행 및 모든 존재를 총괄해서 주재하는 자라고 그는 생각한다. 하느님(상제)의 造化에 의한 만물의 주재는 절대적인 힘을 보이는 것이어서 어떤 것도 잠시라도 그것을 벗어나서 존재할 수 없다. 따라서 다산이 말하는 '天' 혹은 '하느님(상제)' 개념은 마테오리치(Mateo Ricci)가 『천주실의』에서 제시하는 '天主' 개념과 일맥상통하고 있다."

의 서복관徐復觀(1903-1982)은 은나라는 종교 문화, 그리고 주나라는 인문 문화가 성행했다고 말했다. 그래서 학자들은 인간의 이성적 사유에 기초한 주나라의 문화를 실질적인 학문의 출발점으로 삼는 것에 익숙하다. 그것은 공자의 발언이 크게 뒷받침이 되었기 때문이다.

세계의 수많은 종교와 마찬가지로 동양의 원시 종교도 자연 숭배와 정령 신앙에서 비롯되었다. 고대인의 신앙 대상 역시 만물의 창조주인 상제와 함께 자연의 신들을 존중하는 태도를 유지하였다. 고대의 종교에 나타난 숭배의 대상은 세 가지로 압축할 수 있다.

⑴ 최고신인 상제에 대한 신앙: 『서경』은 상제 신앙으로부터 시작하다.

⑵ 일월을 비롯한 자연물에 대한 외경심: 큰 산이나 강, 바람과 비 등도 신격화되다.

⑶ 조상신을 비롯한 인간의 영혼 불멸과 연관된 조상 숭배

상제는 만물의 창조주인 동시에 인간의 생명과 운명, 그리고 사회와 역사를 지배하는 지고무상의 최고신이다. 이후 동양사상의 발전 과정을 추적하면 종교적 천명 사상 → 정치적 천명 사상 → 도덕적 천명 사상으로 전개되어 나타났다. 공자는 도덕적 천명 사상을 체계화한 인물이다. 유교는 우주의 본질이 바로 인仁이며, 그 '인'이 인간의 본성으로 내면화되었다는 휴머니즘의 극치로 정착한다.

이러한 연유에서 유교사상이 윤리적 색채를 띤 것은 당연하다. 원래 일원적 다신관으로 출발하고, 자연은 영성으로 가득 차 있다는 종교적 세계관은 공자에 이르러 도덕 형이상학으로 바뀌었다. 유교의 반종교적 성향은 인륜 관계를 중시하는 인문주의적 방향으로 치닫는다. 그래서 공자는 귀신의 세계에 대해 회의적 태도를 극명하게 드러낸다. 다음은 공자의 귀신관과 인간관을 나타내는 중요한 대목이다.

> “선생님은 괴이한 일, 힘에 관한 일, 난동을 부리는 일, 귀신에 관해서는 말하지 않았다.”[8)]
>
> “계로가 귀신 섬기는 일을 묻자 “사람도 섬기지 못하면서 어찌 귀신 섬기는 일을 할 수 있겠는가?”고 대답했다. 다시 죽음에 대해서 묻자 “아직 삶도 모르는데 어찌 죽은 다음의 세계를 알겠는가?”[9)]

이미 선진 시대에도 공자의 귀신관은 묵자墨子(BCE 479-BCE 381)에 의해 비판받았다. 묵자는 “귀신이 존재하지 않는다고 하면서도 제례를 배운다”[10)]고 하여 고대의 귀신관이 유교에 의해 변형됨을 아쉬워했다. 다만 공자의 귀신관은 송대 성리학으로 계승되어 이기론理氣論의 체계를 보완하는 이론으로 연장되기에 이른다.

공자의 사상은 어둠의 세계인 죽음보다는 밝음의 세계인 삶에 초점이 맞추어져 있다. 그나마 ‘귀신 섬기는 일’을 언급한 것은 귀신 자체를 숭배의 대상으로 간주하는 종교적 심성에서 나온 것이 아니라, 귀신 섬기는 예식을 통해서 인간들로 하여금 도덕관을 확립하려는 의도였다. 인귀人鬼를 제사지냄으로써 ‘효孝’를, 천신天神을 제사지냄으로써 하늘에 대한 공경심을 배양하려는 데 목적[11)]이 있었던 것이다.

유교는 점차 종교보다는 윤리 도덕의 세계를 지향하였다. 공자 이후로는 ‘조상신’에게 제사지내는 의례를 중시여기는 전통이 생겼던 것이다. 그래서 상제는 점차 동양인의 뇌리에서 잊혀져버렸고, 학자들은 다신에 대해서 언급하는 것을 회피함으로써 민간 신앙에 그 자리를 넘겨주기에 이르렀던 것이다.

8) 『論語』「述而」, “子不語怪力亂神.”

9) 『論語』「先進」, “季路問事鬼神, 子曰 未能事人, 焉能事鬼. 敢問死, 曰未知生, 焉知死.”

10) 『墨子』「非儒」, “無鬼而學祭禮.” 고대 귀신관의 원형은 묵자가 고수하고 있는 셈이다. 귀신의 실재를 논증하는 「明鬼」라는 글이 별도로 있다.

11) 『論語』「八佾」, “祭如在, 祭神如神在.” 이에 대해 정이천은 “祭, 祭先祖也. 祭神, 祭外神也. 祭先主於孝, 祭神主於敬.”이라고 풀이하였다.

5. 『주역』의 신

공자 이전에는 생명의 시원을 상제 또는 조상신에게서 찾았다. 멀게는 문명의 시조인 복희씨를 비롯하여 하은주夏殷周 사상을 기록한 『주역』은 우주의 본원뿐만 아니라 모든 생명체의 근원인 상제에 대해서 언급하고 있다. 『주역』에는 상제를 숭배의 대상으로 여긴 곳이 둘이 있고, 상제의 역할과 기능을 설명한 곳이 하나 있다. 전자는 뇌지예괘雷地豫卦(䷏)와 화풍정괘火風鼎卦(䷱)이고, 후자는 「설괘전」에 나온다.

① 우레가 땅에서 나와 떨치는 것이 '예'다. 선왕이 이를 본받아 음악을 짓고 덕을 숭상하여 성대하게 상제님께 제사를 올리고 (그 옆에서) 조상에게 제를 올렸다.[12)]

② 정은 형상이니 나무에 불을 지펴서 밥을 삶는다. 성인이 삶아서 상제님께 제사를 올리고, 크게 삶아서 성현을 기른다.[13)]

③ 제(상제)가 진방에서 나와서, 손방에서 가지런히 하고, 리방에서 서로 바라보고, 곤방에서 힘든 일을 이루고, 태방에서 (천지의) 말씀을 기뻐하고, 건방에서 싸우고, 감방에서 위로하고, 간방에서 (천지의) 말씀을 이룬다.[14)]

12) 16번 雷地豫卦의 「象傳」, "雷出地奮, 豫, 先王以, 作樂崇德, 殷薦之上帝, 以配祖考." 예괘는 정역사상이 강조하는 선후천 변화의 원리가 숨겨져 있다. 선천 15일이 우주 공간에서 無化되어 현실적으로 15일이라는 시간의 꼬리가 탈락되는 이치가 담겨 있는 것이다. 즉 선천 16일이 후천 초하루로 되는 이치가 담겨 있는 까닭에 새로운 천지를 신고하는 의미에서 하늘에서는 번개가 치고 땅에서는 우레가 울리면서 천지를 주재하는 '상제'가 등장하는 것이다.

13) 50번 火風鼎卦의 「彖傳」, "鼎, 象也, 以木巽火亨飪也. 聖人亨, 以享上帝, 以大亨, 以養聖賢." 밥을 지어 먹는 일은 생존의 제 1법칙이다. '나'라는 생명체를 존재하게 하는 근원적 뿌리는 상제라는 것이다. 성인은 정성스런 마음가짐과 태도로 밥을 익혀 먼저 상제님께 제사를 올려 그 은혜에 보답하는 의식을 치러야 한다.

14) 『周易』「說卦傳」 5장, "帝出乎震, 齊乎巽, 相見乎離, 致役乎坤, 說言乎兌, 戰乎乾, 勞乎坎, 成言乎艮." 소강절은 「설괘전」 3장이 복희팔괘도, 5장은 문왕팔괘도라고 규정했으며, 김일부는 「說卦傳」 6장을 정역팔괘도라고 했다. 여기에서 帝는 우주의 주재자인 上帝를 뜻하고, 진방은 동이족이 살던 동방을 가리킨다.

동양의 최고 경전인 『시경』과 『서경』에는 생명의 근원인 상제를 공경하는 태도가 묘사되어 있다. 본래 원시 유교에서 섬긴 '하늘'은 인간과 만물에게 직접 천명을 내리고 만물을 주재하는 '인격천人格天'이었다. 상제는 인간의 생명과 길흉화복과 상벌을 주관하면서 감정을 드러내는 '인격적 하느님'이다. 그런데 공자는 인격적인 상제를 도덕적 본성으로 내면화시켜 종교에서 인문학으로 전환되도록 하였다. 이러한 전통은 이후 동양철학을 한층 사변화의 길로 나아가게 하였다.

한편 다산茶山 정약용丁若鏞(1762-1836)은 유교에서 섬겨온 상제 문화로 되돌아가야 한다는 주장을 펼쳤다. 그는 젊어서 한때 천주교에 심취했으나, 조상을 우상이라 여기고 신주를 불태우는 행태에 분노하여 신앙을 포기했다. 그는 유교의 본질이 상제 신앙에 있음을 깨닫고 주요 경전에 방대한 주석을 달았다. 그리고 성리학의 관념적 천天 개념을 비판하면서 상제를 인격적 존재로 규정하였다. 그러나 정약용의 노력에도 불구하고 상제관은 학계의 주류를 형성하지 못했다. 다만 조선조 후기에 이르러서야 본격적으로 대두되기 시작했다.

한민족의 하느님 신앙은 역사의 모진 시련 속에서 민중의 마음 심층에 깔려 있었다. 19세기 후반에 민족이 내우외환의 위기에 봉착했을 때, 비로소 한민족 정신의 자각이란 간판을 내걸고 출현한 것이 바로 동학東學이다. 1860년 최제우崔濟愚(1824-1864)는 민족의 고난과 위기를 겪으면서 민족 고유 종교의 부활을 꿈꾸었다. 그는 하느님의 신령한 기운을 몸으로 느끼는 강령 체험을 통하여 '시천주侍天主'를 종지로 삼는 동학을 창도하였다.

> "동학혁명이라는 태풍의 눈은 '하느님을 모신다'는 시천주 신앙 체험에 있다. 흔히 동학(천도교)의 종지를 "사람이 하늘이다"라는 의미의 '인내천人乃天'에 있다고 말하지만, '인내천'사상은 어디까지나 '시천주'신앙의 종교철학적인 후대의 해석이지 동학의 종지가 아니다.

동학의 경전인 『동경대전東經大全』에 나타나는 핵심어는 '시천주'이지 '인내천'이 아니다."[15)]

동학의 제1 주제는 '시천주'다. 최고신[天主]을 성심성의껏 받들고 모셔야 한다는 것이 동학의 출발점이자 목표인 것이다. 그러나 최수운의 가르침은 2대 교주 해월海月 최시형崔時亨(1827-1898)의 양천주養天主를 거쳐, 3대 교주 의암義庵 손병희孫秉熙(1861-1921)에 이르러서는 상제관을 완전히 상실하고 '사람이 곧 하늘'이라는 '인내천人乃天' 사상으로 변질되었던 것이다.

6. 『주역』과 간방艮方

최근 '간도수'란 말이 떠오르고 있다. 간도수는 간艮 방위(공간)와 도수度數(시간)가 결합된 개념이다. 도수란 하늘의 이치가 땅에서 이루어진다는 '천도지수天度地數'의 약칭이다. 그것은 하늘의 원리가 이 지상에서 완성된다는 의미로서 우주에 프로그램화된 시간의 선험 원리라고 할 수 있다. 간은 괘의 논리이며, 도수는 천지일월이 운행하는 시간의 DNA를 뜻한다. 이 둘이 결합된 합성어가 바로 간도수인 것이다. 이를 종교적 관점에서 보면, 조화옹의 권능과 조화가 한반도라는 특정한 공간을 중심으로 완성된다는 것으로 정리할 수 있다.

'간艮'은 8괘 가운데 하나다. 『주역』은 건, 태, 리, 진, 손, 감, 간, 곤의 8괘로 우주의 기원과 생성과 발전을 설명한다. 각각의 괘는 그 성격이 다르다. 이들의 유기적 조합으로 64괘가 형성되며, 64괘의 조합은 매우 질서 있게 배열되어 있다. 이들을 어떻게 해석하느냐에 따라 별도의 학설이 성립되어 주역학을 꽃피워 왔다.

주역학의 발전은 복희팔괘에서 문왕팔괘로 이어져 왔다는 것이 전통의

15) 김경재, 『이름 없는 하느님』(서울: 삼인, 2003), 212쪽.

시각이다. 하지만 정역팔괘가 등장함으로써 역의 이치를 이해하는 방식이 달라지게 되었다. 즉 우주는 생, 장, 성의 3단계의 과정을 거쳐 완성된다는 목적론이 바로 그것이다. 복희팔괘는 '생生의 단계', 문왕팔괘는 '장長의 단계', 정역팔괘는 '성成의 단계'를 의미한다. 복희팔괘도는 우주가 태초에 생성되는 모습을, 문왕팔괘도는 분열과정을 통해 성장하는 모습을, 정역팔괘도는 무한 팽창을 거쳐 우주가 성숙하여 완수되는 이치를 상징한다.[16)]

복희팔괘도와 문왕팔괘도와 정역팔괘도의 3자의 차이점은 남북축과 동서축에서 찾을 수 있다. 복희팔괘도의 남북축은 '천지비天地否(䷋)의 형상'을, 정역팔괘도의 남북축은 '지천태地天泰(䷊)의 형상'을 취하고 있다. 전자는 음과 양이 서로 멀어져 조화를 이룰 수 없는 까닭에 만물의 비정상적인 진화를 표현한다. 후자는 음기운은 아래로 내려오고 양기운은 위로 올라가 음양이 교접하여 조화를 이루는 형상이다.

문왕팔괘도는 남북축이 '감리坎離', 동서축은 '진태震兌'로 이루어져 있다. 그것은 물과 불을 표상하는 '감리'가 중심축을 이루어 만물이 성장 일변도로 나아감을 상징한다. 그리고 동서의 '진태'(장남과 소녀의 불균형한 배합)는 감리의 운동을 정상적으로 콘트롤할 수 있는 능력이 원초적으로 부적절함을 나타낸다. 이처럼 천지 운행의 기우뚱한 모습을 표상하는 시스템이 바로 문왕팔괘도인 것이다.

정역팔괘도는 지천태의 남북축이 중심이고, 간태가 동서로 대응하는 방식을 취하고 있다. 특히 문왕팔괘도와 정역팔괘도의 배열을 비교하면, 문

16) 한동석, 『우주변화의 원리』(서울: 대원출판, 1990), 199쪽. 한동석은 괘도의 변천에 따른 물리적 변동과 '금화교역론'의 정합성을 다음과 같이 말한 바 있다. "문왕괘는 지축이 경사진 형상에서 우주 운동을 설명한 도상이며, 정역팔괘도는 지축이 정립된다는 입장에서 취상한 도상이다. 따라서 문왕팔괘도의 시대, 즉 현실의 금화교역은 불완전한 교역이므로 변화가 불가능하지만, 정역괘는 변화가 정상궤도에 오르는 평화시대의 도래"를 논리화한 도상이라 결론짓는다.

왕팔괘도의 '진'이 '간'으로 바뀌면[震變爲艮] 정역팔괘도가 된다. 즉 '간艮'이 어디에 위치하는가를 통해 괘도의 전체 배열과 역사와 문명의 향방이 전환되는 이치를 추론할 수 있는 것이다.

「설괘전」에 따르면, 문왕팔괘도는 '진'에서 시작하여 '간'으로 끝맺는다. '제출호진帝出乎震'이란 말에서 상제의 권능은 '진'에 깃들어 있으므로 문왕팔괘도가 '진' 방위에서 출발하는 것은 당연하다. '3진'의 동방에서 출발한 『주역』은 장남의 권위를 세상에 떨친다. 『정역』에서는 '3은 1과 5의 중中'이라고 했다. 즉 문왕팔괘도의 동방 '3진'은 5의 '절반[中]'에 지나지 않는다. 그만큼 상극 질서를 반영하는 문왕팔괘도의 세계는 좁고 답답하기 이를 데 없다. 따라서 『주역』은 3진에서 출발하여 8간에 와서 종결을 맺어 미제未濟[17]로 끝나는 것이다.

그러니까 『주역』은 무언가 흡족하지 못한 여운을 남기고 있다. 『주역』은 영원한 순환을 지향하는 까닭에 새로운 세상을 잉태하기 위해서는 그 종결 자리인 '8간'에서 바로 후천이 비롯됨을 암시하고 있는 것이다. 그래서 중산간괘重山艮卦(䷳) 「단전」에 "간은 끝맺음이다. 멈출 만하면 멈추고 (시간적으로) 실행할 만하면 실행하여 움직임과 고요함이 항상 시간의 법칙에 어긋나지 않으니, 간괘의 원리가 빛나고 밝다."고 했던 것이다.

'8간'은 후천의 시작점이 되어 선천의 '3진'의 세계를 끝맺는다. 그것은 선천의 닫혀진 세계와는 달리 후천은 완전히 열려진 세계임을 밝힌 것이다. 그래서 김일부는 "8은 15의 중앙이다"[18]라고 했다. '8간'은 1과 5의 중앙인 선천의 '3진'과는 다르게 '십건오곤十乾五坤' 즉 '천지십오天地十五'의 핵심처인 것이다. 따라서 문왕팔괘도에서 정역팔괘도로의 전환은 '3진에서 8간으로'라고 요약할 수 있다. 그것은 선천과 달리 후천의 무대가 얼마나

17) 火水未濟卦는 『주역』 64번째의 괘이다. 이를 암호로 푼다면 6 + 4 = 10이다. 그것은 10의 세계를 지향함을 함축하고 있는 것이다.

18) 『正易』 「十一一言」 "十一歸體詩", "八, 十五中之中."

광대무변한 것인가를 짐작하고도 남는다.

「설괘전」은 정역팔괘도의 형성을 당위론의 차원에서 언급하고 있다. 그것이 왜, 어떤 이유와 과정을 거치면서 가능한 지에 대한 필연성은 생략하고 있다. 이는 정역사상에 이르러 확연하게 밝혀진다. 소강절에 의해 '문왕팔괘도'로 불린 「설괘전」 5장에는 매우 의미심장한 내용이 담겨 있다.

"천지의 주재자인 상제는 진에서 만물을 발동시키며,[19] 손에서 가지런히 하고, 리에서 서로 바라보고, 곤에서 수고로우며, 태에서 기뻐하고, 건에서 싸우고, 감에서 위로하고, 간에서 말씀(logos)이 이루어진다. 간은 동북방의 괘이니 만물이 완성되어 마치는 바이며, 또한 만물이 이루어져 처음으로 시작되는 바이기 때문에 '말씀이 간에서 완성된다."[20]

『시경』이나 『서경』에 자주 나타나는 상제上帝, 제帝, 천제天帝 등이 「설괘전」에서 처음으로 주재자의 의미로 부각되기 시작했다. 그것은 동양의 신관에서 말하는 조물주 또는 인격적 하느님을 가리킨다. 특히 천지의 말씀인 진리가 간방에서 이루어진다는 '성언호간成言乎艮'의 명제에 대해 과거의 학자들은 거의 관심을 기울이지 않았으나, 정역팔괘도는 간괘를 으뜸으로 삼는 체계를 갖추어 새로운 진리관을 펼쳐보였다.

7. 간방과 한민족의 사명

『주역』에서 지구의 방위 또는 각 민족의 터전을 공간적 방위와 연결시켜 최초로 논의한 것은 문왕팔괘도라 할 수 있다. 문왕팔괘도에는 '간'이 동북방에 배치되어 있다. 왜 '간'을 동북방에 놓았으며, 그것은 한민족과 어떤 관계가 있는가?

천문학에서 말하는 방위와 지구의 특정 지역을 연결시켜 정리한 기록을

19) 이에 대한 또 다른 해석으로는 '천제의 권능은 동방의 진에서부터 나온다'라고 할 수 있다.
20) 『周易』 「說卦傳」 5장, "艮, 東北方之卦也, 萬物之所成終而所成始也, 故曰成言乎艮."

찾기는 쉽지 않다. 지구를 살아 있는 생명체로 인식하여 각각의 지역과 팔괘 방위를 직접 연결시켜 논의하기 시작한 것은 최근이다. 특히 간방을 한민족과 연계하여 논의하려면 우선 『주역』의 출현과 맞물린 동북아 문명권의 발상지는 어디이며, 그것을 주도한 혈통은 과연 어떤 민족이었는가의 문제가 먼저 밝혀야 할 것이다. 간방과 한민족은 불가분의 연관성이 있기 때문이다.

「설괘전」에서 말하는 동북방이 한민족과 연관이 있다면, 역사적으로 만주와 요녕성 지방이 한민족의 주거지였음이 전제되어야 할 것이다. 현재 고고학적 발견에 의해 황하 문명을 능가하는 매우 수준 높은 문명이 실재했음이 발표되고 있다. 심지어 고대 동북아시아 문명권의 발상지는 황하 유역이 아니라, 동이 민족이 일궈냈던 홍산 문화가 황하 문명을 잉태시켰다는 강력한 주장이 전세계에 알려지고 있다.

이미 역사학계는 『서경』 「홍범」편에 기록된 역법曆法(Calendar)의 문화가 동이족에서 발원된 것임을 문헌으로 고증하고 있다.[21] 더 나아가 고전에 등장한 오래된 기록일수록 동이족의 문화와 연관되어 있다고 뒷받침한다. 이런 점에서 『주역』의 논리도 동방 한민족의 문화와 연관지어 연구할 필요가 있다.

하나라의 '연산連山'은 간괘를 으뜸으로, 상나라의 '귀장歸藏'은 곤괘를 으뜸으로, 주나라의 '주역周易'이 건괘를 으뜸으로 삼은 점을 주목해야 할 것이다. 여기에는 중대한 의미가 담겨 있다. 그러므로 연산 → 귀장 → 주역으로의 발전 과정은 '간괘'를 머리로 시작하는 『정역』으로 완결된다는 것을 시사한다고 할 수 있다.

『정역』은 천지의 혁명을 얘기한다. 천지의 혁명은 일월의 변화로 나타난다. 선천의 낡은 일월이 물러나고 새로운 일월로 찬란하게 솟구친다는 것

21) 徐亮之, 『中國史前史話』(臺灣: 華正書局, 1979), 246쪽.

이다. 일월의 변화는 새로운 책력을 필요로 한다. 즉 선천 윤력閏曆의 시간의 꼬리가 탈락하여 후천의 정력正曆이 들어선다. 그것은 시간과 공간의 물리적 변화를 통해 이루어진다. 시공의 근본적 변화는 지축 정립으로 직결된다. 지축 정립은 일월의 완성을, 일월의 완성은 천지의 완성을 뜻한다.

3

『주역』의 학술사

1. 기본 원칙

역을 이해하는 데는 변역變易(changing), 불역不易(non-changing), 이간易簡(easy and simple)이라는 세 가지의 기본 원칙이 있다. 우선 역易이라는 글자는 날 '일日' 자와 달 '월月' 자의 합성으로 이루어져 있다. 밤과 낮은 끊임없이 바뀌어 하루와 한 달을 만들어낸다. 밤낮의 규칙적 교체는 일월의 운행에 의해 빚어진다. 그러므로 '변역'은 계속 변화한다는 의미 외에도 크게 변혁한다는 뜻도 있다.

하지만 변역 속에는 바뀌지 않는 불변의 원칙이 있다. 예컨대 하늘은 위에 있고 땅은 아래에 있으며(자연), 부모와 자식 간에는 반드시 지켜야 할 도리(윤리)가 바로 그것이다. 이것을 만고불변의 이치라는 의미에서 '불역'이라 부른다. 옛 사람들은 만물을 빚어낸 부모를 하늘과 땅으로 인식했다[天父地母]. 그래서 하늘땅(천지)은 쉽고[易] 간단한[簡] 법칙으로 만물을 일궈내고 생명을 영속시키는 '이간'의 원리를 소중하게 여겼다. 이것이 바로 『주역』의 세계를 이해하는 변역과 불역과 이간의 법칙인 것이다.

그런데 이 삼자를 '하나'의 개념으로 융합하여 만물의 변화를 설명한 것이 곧 음양론이다. 하늘과 땅 자체가 음양陰陽으로 구성되었기 때문에 유형 무형의 만물 역시 음양의 이치에 의거하여 생성 변화한다. 그것은 만물이 복잡하게 움직이는 이 세상을 설명하는 음양오행론으로 발전하였다. 더 나아가 음양이 동서남북[空間]으로 확대되는 방식을 도표로 압축한 것이 8괘(복희팔괘도와 문왕팔괘도)이며, 또한 시공이 음양오행으로 생성 변화하는 과정을 체계화한 것이 바로 하도낙서河圖洛書다. 이런 의미에서 하도낙서는 천지가 만물을 창조하는 의지와 목적을 기술한 청사진이라 할 수 있다.

『주역』은 주로 만물의 생성 변화를 언급했으나, 『정역』은 천지 자체에 근본적 변화가 오는 이유와 과정을 밝히고 있는 점에서 『주역』에 대한 혁명이라고 할 수 있다. 천지의 근본틀이 바뀐다는 것이 바로 선후천론이다. 김일부는 선후천 교체의 형이상학적 근거를 무극, 태극, 황극의 3극론으로 정립하였다. 그는 새로운 형이상학으로 조선의 근대성을 열어제치는 이론의 근거를 제공한 선각자였다.

2. 역의 명칭과 성립

『주역』이 생기기 이전에도 역이 존재했으나, 현재 전해지는 저술은 남아 있지 않다. 하나라 때는 간괘艮卦로 시작하는 연산역連山易이 있었고,[22] 상나라 때는 곤괘坤卦로 시작하는 귀장역歸藏易이 있었으며, 주나라 때에 이르러 건괘乾卦로 시작하는 지금의 『주역』이 만들어졌다.

사마천司馬遷(BCE145-BCE87)은 "세월로는 세 번의 옛날이 지났고, 사람으로는 세 성인을 거쳤다[時歷三古, 人經三聖]"고 말했다. 역사적으로 상고上古, 중고中古, 하고下古의 시절을 겪었으며, 인물로는 복희와 문왕·주공과 공자의 손을 거쳐 오늘날의 『주역』이 완성되었다고 하였다.

지금의 『주역』은 복희 → 문왕·주공 → 공자의 세 성인을 거쳐서 완결되었다는 주장이 정설로 인정되고 있다. 하지만 정역사상은 복희 → 문왕·주공 → 공자 → 김일부의 단계를 거친다고 주장한다. 이를 괘도의 변천사로 보면 복희팔괘도(8수) → 문왕팔괘도(9수) → 정역팔괘도(10수)의 순서

22) 조셉 니담/이석호 외, 『중국의 과학과 문명(II)』(서울: 을유문화사, 1986), 423쪽. "連山은 '여러 산에서 일어나는 변화의 顯現'이고, 歸藏은 '母胎에서 무덤까지의 流轉과 回歸'이며, 『주역』은 '周代의 변화의 책'이다."

로 정리할 수 있다. 그것은 8수 복희팔괘도는 9수 문왕팔괘도[洛書]를 지향하여 발전하며, 9수의 문왕팔괘도는 10수 정역팔괘도[河圖]를 진화하여 성숙, 완성한다는 것을 뜻한다.

그런데 소강절은 복희팔괘도가 선천이고, 문왕팔괘도는 후천으로 규정하여 『주역』을 선천과 후천으로 나누어 인식하는 이론을 세웠다. 그러나 김일부는 소강절을 비롯한 기존의 선후천관과는 다른 입장을 취한다. 즉 문왕팔괘도의 세계가 선천이고, 그것을 넘어서는 정역팔괘도의 세계가 후천이라는 것이다. 이는 과거의 선후천관을 뒤집는 혁명이 아닐 수 없다.

그것은 정역사상이 과거의 형이상학을 극복한 이론이라는 것을 의미한다. 『주역』의 논리와 사유에 익숙한 학자일수록 정역사상이 낯설거나 충돌을 빚을 수밖에 없는 이유다. 이러한 문제를 해결할 수 있는 방법이 있다. 산모가 껍질이 찢어지는 고통을 감내하지 않고서 아이를 낳을 수 없듯이, 자신이 이해하고 있던 『주역』의 논리를 과감하게 덜어내는 용기와 함께 『정역』에 친근감을 가지고 접근하면 될 수 있다.

3. 「계사전繫辭傳」이란 무엇인가

「계사전」은 공자가 지은 열 개의 글(십익은 10개의 날개) 중의 한 편이다. 십익十翼은 공자가 『주역』 경문經文의 뜻을 알기 쉽게 풀이한 철학적 해설서다. 지금 우리는 십익을 통하지 않고는 『주역』의 핵심을 알기가 매우 어렵다. 『주역』 경문을 '경經'이라 하고, 십익을 '전傳'이라 구분한다. 오늘날의 『주역』 연구 역시 공자의 '이전해경以傳解經'의 방법을 따르는 것이 대부분이다.

역경 본문이 몸통이라면, 십익은 역경을 알 수 있도록 도움을 주는 열 개의 깃털로 이루어진 날개라는 뜻이다. 십익은 열 개의 글로 구성되었다. ①과 ②는 「단전彖傳」 상하上下다. '단彖'이란 질긴 음식물을 잘 끊는 돼지의 어금니에서 파생된 글자로서 괘의 성격을 분명하게 판단한다는 뜻이다. '단사'는 문왕이 괘를 판단하고 분석한 괘사이며, 「단전」은 공자가 다시 부연 설명한 글이다. ③과 ④는 「상전象傳」 상하로서 괘의 전체 형상을 풀이한 괘상卦象과 각각의 6효를 풀이한 효상爻象이 있다. 전자를 대상大象, 후자를 소상小象이라 부른다. ⑤는 건곤괘의 「문언전文言傳」이다. 건은 양, 곤은 음이다. 건은 하늘[天], 곤은 땅[地]이다. 천지의 문제가 워낙 중요하기 때문에 공자는 64괘의 부모에 해당하는 건곤괘에 특별히 '글[文]'과 '말씀[言]'을 덧붙여 설명한 것이다. ⑥과 ⑦은 「계사전繫辭傳」 상하 두 편이다. ⑧은 괘의 성립 근거를 밝힌 「설괘전說卦傳」이다. ⑨는 괘의 순서를 풀이한 「서괘전序卦傳」이다. ⑩은 만물이 서로 뒤섞여 발전한다는 이치를 풀이한 「잡괘전雜卦傳」이다.

「계사전」이란 무엇인가? 계사는 맬 '계繫'와 말씀 '사辭'의 조합어다.[23] 「계사전」은 진리의 언어화를 고뇌한 작품으로서 하늘과 땅의 원리를 문자와 철학으로 해명한 글이다. 「계사전」 상편이 『주역』에 대한 총론이라면, 하편은 각론이라 할 수 있다. 상하편은 각각 12장, 총 24장으로 이루어져 있다. 그것은 1년 24절기를 상징한다.

23) 언어의 속살을 깊이 파고들면 무언가 실재하는 '있다[存在]'와 만난다. 우리말 '있다, 이다'는 곧 영어 'Be 동사'에 해당한다. '있다'는 무엇무엇이 존재한다는 말이고, '이다'는 존재하는 사물에 대해서 속성을 부여하는 말이다. 그러니까 논리적으로는 '있다'가 선행한다. 예를 들어 '이순신은 장군이다'라는 명제가 있을 때, 먼저 '이순신'이라는 존재가 있어야만 이순신에 뒤따르는 속성(이름, 누구의 아버지, 직업 등)들이 뒤따라 나오는 것이다. 『孟子』는 '君臣有義, 父子有親, 夫婦有別, 長幼有序, 朋友有信'의 오륜을 얘기했다. 여기서 말하는 '有'에는 존재와 당위의 문제가 얽혀 있는 것처럼, '繫辭'는 앞 문장과 뒷 문장의 동일성을 연결시키는 접속사이면서 존재와 인식과 가치의 문제를 함축하는 징검다리 역할을 한다. 「繫辭傳」은 易經을 부연 설명한 전문 글이라는 뜻이다. 그래서 서양인들은 「繫辭傳」이 역경 원문을 충실하게 해명한 附錄이란 뜻의 Appendix라고 번역했던 것이다.

4. 학자들은 「계사전」을 어떻게 인식했는가

① 정이천程伊川(1033-1107): “성인이 마음 깊이 쓴 것은 모두 계사전에 담겨 있다. 시와 서는 격언에 불과하다.[聖人用意深處全在繫辭, 詩書乃格言.]”

② 주자朱子(1130-1200): “이 편은 공자가 진술한 계사전이다. 역경 전체의 모습과 그 범례를 통론한 것이다.[此篇乃孔子所述繫辭之傳也. 以其通論一經之大體凡例.]”

③ 호일계胡一桂(?-?): “만약 상하의 경문만 있고 계사전이 없었다면 상수학의 본지는 밝혀지지 않았을 것이며, 그 의리의 심오함도 드러나지 않았을 것이다.[若徒有上下經而无繫辭傳, 則象數之學不明, 理義之微莫顯.]” 그는 「계사전」 이해가 상수론 연구의 열쇠라고 말했다.

> 왕신화王新華: “「계사전」의 최대 공헌은 『역경』에 생명을 불어넣어 옛 사람들이 어떻게 『역경』을 해석하고 중시했는가를 알 수 있게 한다. 「계사전」을 알고난 뒤에는 역이 난삽하여 읽기가 쉽지 않고 접근하기 어려운 신비로운 책이 아니라는 것을 깨닫게 된다.”[24]

24) 王新華, 『周易繫辭傳研究』(臺灣: 文津出版社, 1998), 6쪽.

중천건괘
重 天 乾 卦

하늘의 위대한 창조성

1. 천지의 뜻을 담은 『주역』

『주역』은 하늘과 땅과 인간의 진리에 대한 체계적 설명을 도모한다. 옛 사람은 "역은 천도의 내용을 미루어 인간의 도리를 밝힌 것"[1)]이라고 규정했다. 『주역』의 본질은 하늘의 수수께끼와 인간 삶의 목적을 밝히는 것에 있음을 알 수 있다.

천도는 지도와 인도를 함축하는 『주역』의 최고 명제이다. 이는 노장철학에서 말하는 자연과는 어느 정도 거리를 두고 이해해야 한다. 『주역』에서 말하는 천도는 자연 현상의 배후에 존재하는 무형의 신비스런 신성神聖과 지고무상한 능력 또는 궁극적 원리를 뜻한다. 천도는 지도와 인도를 떼어놓고 논의될 수 없다. 천도의 발현처가 바로 땅의 세계이며, 땅을 삶의 터전으로 삼고 있는 인간은 하늘과 땅의 원리를 근간으로 삼기 때문이다. 이들은 삼위일체적 관계로 존재한다.

『주역』에 나타난 '천天'은 ① 자연 현상으로서의 높고 푸른 하늘, 즉 감각으로 포착되는 유형의 하늘, ② 만물 생성의 근원으로서의 궁극적 존재, ③ 하늘을 운행시키는 주재자[上帝] 등 다양한 의미가 있다. 보통 『주역』의 상경上經은 천지의 이법, 하경下經은 인사를 말한다고 설명한다. 건곤괘乾坤卦에서 감리괘坎離卦까지의 30괘는 천지지도天地之道, 31번의 함괘咸卦와 곧바로 이어지는 항괘恒卦에서 미제괘未濟卦와 기제괘旣濟卦는 수화水火를 중심으로 인간사의 당위와 행위를 언급하고 있다. 함괘咸卦는 남녀(부부)의 사랑으로 결합된 가정과 그 확대판인 사회의 도리를 말하고, 기제괘旣濟卦와 미제괘未濟卦는 완성과 미완성을 뜻한다. 특히 『주역』이 63번에 기제괘를, 가장 마지막에 미제괘를 안배한 것은 우주의 영원한 순환을 상징한다.

상경은 주로 천도를 중심으로 설명하고, 하경은 윤리 도덕적 측면을 다루었다. 이런 까닭에 상경의 29, 30번째의 괘는 수화水火를 나타내는 감괘

1) 『四庫全書』 「總目提要」, 易類, "易以推天道, 以明人事."

坎卦와 리괘離卦가 장식하고, 이들의 활발한 교호 작용으로 인하여 형성되는 세계를 사회 윤리적으로 풀이한 것이 바로 하경의 큰 줄거리이다. 우주 원리에서 가장 중요한 것은 천지수화天地水火이다. 만물의 으뜸은 천지이고, 그것의 역동적 작용이 수화水火이기 때문이다. 물[水]은 하늘의 아들이며, 불[火]은 땅의 딸이다. 물은 하늘에 근거를 두고 있기 때문에 항상 위에서 아래로 내려오며, 불은 땅에 근거를 두고 있기 때문에 아래에서 위로 올라가는 속성을 지닌다. 물과 불, 음양의 승강으로 인해 이 세상은 생명이 약동하는 것이다.

시공 안에서 가장 큰 것은 하늘[天]과 땅[地]이고, 하늘의 원리를 대행하는 것은 바로 해[日]·달[月]·바람[風]·우레[雷]이며, 땅의 원리를 바탕으로 대행하는 것은 뫼[山]·연못[澤]이고, 인간 생활에서 가장 필요한 것은 물불[水火]이다. 『주역』은 이 8가지로 우주의 근원과 변화를 설명하는 준거로 삼았다. 이것을 시공간에 배열한 것이 바로 복희팔괘도이다.

8괘에서 건곤을 제외한 나머지 6괘는 건곤에서 파생된 부모와 자식 사이와 같다. 8괘를 거듭하여 성립된 64괘도 모두 건곤을 모태로 하여 생겨난 것이다. 건곤괘만 순음순양純陰純陽으로 이루어져 있으며, 나머지 62괘는 모두 음양이 그물망(net work)처럼 조직적으로 구성되었다. 64괘 384효는 만물의 실상을 표현한 상징체인 것이다. 이런 까닭에 「계사전」에서는 건곤을 으뜸으로 삼아 만물이 분화 성장하는 시초로 단정했던 것이다.[2)]

왜 건곤의 이치가 중요한가? 『주역』은 천지지도天地之道를 객관적이고 합

2) ① 『周易』 「繫辭傳」 하편 6장, "건곤은 역을 이해하는 관문이자 첩경이다[乾坤其易之門耶]." ② 「繫辭傳」 상편 12장, "세상의 깊고 그윽한 세계에 들어가는 문(Gate)이다[乾坤其易之縕耶]. 건곤이 무너지면 역의 이치를 헤아릴 수 없다[乾坤毁則無以見易]. 역을 볼 수 없으면 건곤이 그 작용이 멈추어 기능할 수 없다[易不可見則乾坤幾乎息矣]." ③ 「繫辭傳」 상편 7장, "건곤이 제자리를 잡으니 역도가 천지 안에서 운행하고 기능한다[乾坤成列而易行乎其中]." ④ 「繫辭傳」 상편 1장, "건곤의 덕인 易間法則으로 세상의 모든 이치를 다 깨달을 수 있다[易間而天下之理得矣]."

리적으로 모사複寫했기 때문이다. 『주역』은 천지에 근거한다. 『주역』의 이치는 천지의 질서에 어긋나는 것이 없다. 천지의 변화를 포괄하는 까닭에 세상의 모든 것은 『주역』의 이치에서 벗어나지 않는다.[3)]

동양학의 주제는 『주역』의 범위와 동일한 궤도를 걷는다. 『주역』에 담긴 지혜는 정치와 역사를 비롯하여 생활 곳곳에 침투하기에 이르렀다. 여가를 즐기는 정원의 구조까지도 『주역』 이론에 비추어 조성하였을 정도로 『주역』은 사유의 발전소였다. 『주역』은 동양인의 생각과 행동 방식을 지배하는 강력한 영향력을 지니게 되었던 것이다.

천지의 교감에 의해 만물이 생성 변화한다. 천지에서 일어나는 두드러진 현상은 끊임없는 변화이다. "천지는 가득 찼다가 빈다. 때(시간의 정신)와 더불어 줄어들거나 늘어난다."[4)] "줄어들고 늘어나며 찼다가 비는 것은 하늘의 운행이다."[5)] 시간의 흐름에 따라 자연은 끊임없이 소식영허消息盈虛한다. 낮과 밤의 길이, 음과 양의 길이는 계절에 따라 소식한다. 그 현상은 해와 달에서 볼 수 있다. 초하루와 보름을 기점으로 찼다가 기울고 기울었다가 다시 찬다. "소식영허는 곧 변화를 의미한다. 변화야말로 천지와 자연의 참모습이다."[6)]

서양의 아리스토텔레스를 중심으로 하는 실체론자들은 변화 속에서 불변자를 찾아헤맸다면, 『주역』은 '변화의 영속성'을 강조한다. 뇌풍항괘雷風恒卦에서는 "천지지도는 항구하여 그침이 없다[天地之道, 恒久而不已]"라고 하여 세상에는 고정불변한 이치는 없다고 말했다. 정이천程伊川은 '수시변역隨時變易'의 대원칙을 세워[7)] 천지가 항구적으로 변화하여 종말로 끝맺지

3) 『도전』 2:20:3-5. "하늘이 이치를 벗어나면 아무 것도 있을 수 없느니라. 天地開闢도 음양이 四時로 순환하는 이치를 따라 이루어지는 것이니 천지의 모든 이치가 易에 들어 있느니라."
4) 55번 雷火豐卦의 「단전」, "天地盈虛, 與時消息."
5) 23번 山地剝卦의 「단전」, "消息盈虛, 天行也."
6) 곽신환, 『주역의 이해』(서울: 서광사, 1990), 80쪽 참조.
7) 『易程傳』 恒卦 「彖傳」, "天下之理, 未有不動而能恒者也. 動則終而復始, 所以恒而不窮.… 故恒非一定之謂也. 一定卽不能恒矣. 唯隨時變易乃常道也."

않는다는 것을 설명했다.

괘에는 시간, 공간, 인간이라는 3자의 관계성이 입체적으로 투영되어 있다. 공간은 '공존의 질서'이며, 시간은 '계기의 질서'이며, 인간은 '시간과 공간을 주체적으로 응용하여 역사를 창출하는 존재'이다. 『주역』은 시간과 공간과 인간을 천지인 삼재三才라 부른다. 이러한 3재에다가 음양의 부호를 거듭하는[六爻重卦] 진리의 전개를 일정한 패턴으로 보여주고 있다.

『주역』은 만물의 변화무쌍한 변화의 얼굴을 음과 양으로 압축한다. 남성과 여성, 위와 아래, 낮과 밤, 산성과 알카리성, 사랑과 미움, 기쁨과 슬픔, 삶과 죽음, 어둠과 밝음, 선과 악, 안과 밖, 열림과 닫힘, 역사의 흥성과 쇠망 등 음양은 대립과 통일을 포괄하면서 끊임없이 변화하는 천지 변화의 방정식이라고도 할 수 있다.

이처럼 하늘과 땅은 음양의 신[陰陽不測之謂神]이라는 모습으로 다가온다. 서양의 헤라클레이토스는 신의 양면성을 다음과 같이 찬양했다.

"신은 낮인 동시에 밤이며,
겨울인 동시에 여름이다.
그는 전쟁인 동시에 평화이며,
풍족함인 동시에 결핍이다."[8)]

신의 얼굴은 둘이다. 신은 양면성으로 자신을 드러내지만, 그 의지는 엄

8) 라즈니쉬/손민규, 『서양의 붓다(헤라클레이토스 강론)』(서울: 태일출판사, 1999), 131쪽. "헤라클레이토스는 그리스철학에서 이방인이었고 아웃사이더였다. 그는 그리스에서 깨달은 사람으로 알려진 것이 아니라 '모호한 사람', '어둠의 인간', '수수께끼를 내는 사람'으로 알려졌다. 특히 아리스토텔레스는 그를 "기껏해야 시인에 지나지 않으며, 인격적으로 결점이 있음에 틀림없다. 생물학적으로 무엇인가 잘못된 사람이다. 그가 그토록 모호하고 역설적인 방식으로 말하는 것은 그 때문이다"고 혹독하게 평가한다. "만약 헤라클레이토스를 받아들였다면 서양의 역사는 완전히 달라졌을 것이다. 그러나 아무도 그를 이해하지 못했으며, 그는 서양사상의 주된 흐름에서 동떨어진 인물이 되었다. 만일 동양에서 그가 태어났다면 거대한 나무가 되었을 것이다."(위의 책, 10-12쪽 참조)

연히 하나일 따름이다. 하나에 근거해서 둘로 기능하여 스스로의 의지를 세상에 드러낸다. 둘의 특성을 강조하면 이분법(dichotomy)에 빠질 위험이 있고, 하나만을 고집하면 독단과 획일성에 빠지기 쉽다. 『주역』은 양자를 동시에 겸비하여 긴장과 충돌을 해소할 수 있는 중용과 조화의 논리를 가르친다.

2. 건괘의 성격 : 원형이정

乾은 **元**코 **亨**코 **利**코 **貞**하니라
건 원 형 이 정

건은 크고 형통하고 이롭고 올바르다(건괘의 성격은 원형이정이다).

이 명제는 복희씨가 그었다는 막대기 6개에 대한 문왕의 풀이다. 원형이정元亨利貞은 생명의 본질을 규정한 『주역』의 황금률이다. 현토를 어떻게 다느냐에 따라 『주역』의 성격이 확연히 달라진다. 주자는 '원형元亨코 이정利貞하니라'고 띄어 읽는 방식을 취한다. 그는 건의 성격에 대해 '크게 형통하여 올바르게 되어 이롭다'고 하여 건괘의 내용을 점서占書로 인식한다. 왜냐하면 주자의 주역관은 복서를 중심으로 상수와 의리를 종합했기 때문이다. 우리나라에서 발간된 책을 보면 현토가 두 가지로 나뉜다. 하나는 주자의 점서적 풀이이고, 다른 하나는 중국의 정이천程伊川과 조선의 이퇴계李退溪의 풀이인 의리적 해석이 그것이다.

우리는 후자를 지향한다. 그것은 우주 질서의 보편성, 합리성, 인간 본성의 내부 구조, 역사의 진행 등을 일원적으로 설명하는 명제이기 때문이다. '원'[9]은 시공의 태초성과 시원성을 뜻한다. 통한다[通]는 '형'은 우주의 항구적 지속성, 마땅하다[宜] 또는 이롭다는 뜻의 '이'는 우주 운동의 목적성을, 올바르다는 뜻의 '정貞(正)'은 우주 운행의 정당성을 가리킨다.

9) 『周易』에서 크다[大]는 시간적 개념이고, 넓다[廣]는 공간적 개념이다.

따라서 원형이정은 우주의 본질(天道의 내용)과 가치의 당위 근거와 행위의 타당성을 규정하는 말이다. 원형이정은 각각 독립적인 성격을 지니지만, 전체적인 유기적 관계 속에서 움직인다. 그 근원을 소급해 올라가면 원형이정은 '원元'으로 귀속된다. 그래서 공자는 「단전」에서 '건원乾元'이라고 호칭했던 것이다.

'원元'이란 모든 것의 래원인 우주의 본체, 만물의 시초를 뜻하는 개념이다. '형亨'은 막히면 통한다는 '궁즉통窮則通'의 원칙에 따라 앞으로 진행하여 이롭지 않음이 없도록 형통한다는 뜻이며, '이利'는 우주 운행의 중간 과정에서는 갖가지 혼돈과 질곡과 고난이 도사리고 있지만 결과적으로는 만물이 각각 존재 의미를 드러내는 경지를 가리킨다. '정貞'은 우주의 운행이 올바르게[正] 구현된다[10]는 의미이다.

'원형이정'은 우주 운행의 작용이 4상적四象的인 구조를 지닌다는 개념이다. 이런 까닭에 원형이정은 건괘의 4덕四德이라 불린다. 원형이정은 시간 질서인 자연의 4계절, 공간 질서인 동서남북, 인간 본성인 인의예지, 역사의 발전 단계인 흥망성쇠 등의 모든 문제를 포괄한다. 이에 기초하여 4상四象의 중앙인 토土가 부가되는 5행설이 등장함으로써 『주역』은 동양 철학의 근간으로 성립하기에 이른다. 이를 도표화하면 다음과 같다.

4덕四德	원元	형亨	이利	정貞
4시四時	춘春	하夏	추秋	동冬
4방四方	동東	남南	서西	북北
인성人性	인仁	예禮	의義	지智
오행五行	목木	화火	금金	수水

10) 乾卦의 朱子註, "元大也, 亨通也, 利宜也, 貞正而固也. 文王以爲乾道大通而至正, 故於筮得此卦, 而六爻皆不變者. 言其占, 當得大通而必利在正固, 然後可以保其終也. 此聖人所以作易敎人卜筮, 而可以開物成務精意, 餘卦放此."

어린아이들이 배우는 『소학小學』에서 "원형이정은 천도의 보편적 이치요, 인의예지는 인간 본성의 떳떳한 벼리이다[元亨利貞은 天道之常이오 仁義禮智는 人性之綱이라]"라고 하여 천지가 둥글어가는 방향과 인간이 걸어가야 하는 길이 근원적으로 동일함을 말했다.

외우내환의 조선조 말기에 태어나 일제 강점기와 해방 이후 우리나라의 정신적 구심체였던 다석多夕 유영모柳永模(1890-1981)는 한국 기독교의 관점에서 '원형이정'을 다음과 같이 풀이한 바 있다.[11]

원형이정은 유교에서 밝힌 하느님[乾]의 4덕이다. 주희朱熹는 이를 생물의 성장 과정으로 풀이했다. 이것은 참으로 어불성설의 잘못이 아닐 수 없다. 주희가 하느님을 모르는 신맹자神盲者임을 드러낸 것이다. 이러한 잘못은 유교를 무신론으로 이끄는 엄청난 비극을 불러왔다. 원형이정은 하느님과 만물의 영장인 사람과의 관계를 밝힘으로써 하느님의 성상性狀을 밝히고 있다.

'원元'이란 하느님은 만물의 으뜸이라는 뜻이다. 하느님[乾]이 만물의 밑동이 되고 비롯이 된다. 예수가 하느님을 아버지라고 표현한 것이나, 노자가 어머니라 표현한 것도 같은 뜻이다. 하느님이 아버지[根元]임을 알면 하느님의 아들[元子]이 된다. 하느님을 아버지로 알면 고아도 정신적 고아가 아니며, 하느님이 아버지임을 모르면 어버이가 살아 있어도 정신적인 고아이다. 옛날에는 임금의 아들을 원자元子라 했지만, 본래는 하느님의 아들[얼나]이 원자이다.

'형亨'이란 뚫림이다. 하느님은 뚫림이다. 하느님은 얼이시라 못 뚫을 것이 없다. 그러므로 아니 계시는 곳이 없다. 얼(성령)은 시간과 공간을 초월하기에 시간과 공간이 없다. 그러므로 무소부재無所不在하시고 무시부재無時不在하시다. 이것이 하느님의 성질인 '형'이다. 기도하고 참선하고 묵식默識하는 것은 하느님과 형통하여 하느님의 아들의 생명인 얼을 받는 것이

11) 박영호, 『다석사상으로 본 유교[다석사상전집 6]』(서울: 두레, 2002), 362-364쪽

다. '형'은 아래와 위가 통하는 것이다. 우리는 하늘과 통하고 만물과 통해서 마침내 형통하게 된다. '형'은 향享과 같다. 제향祭享이라 하여 하늘에 제사를 지내고 제물을 음복飮服하는 것을 말한다. 하느님께 제사(기도)드리는 이상의 행복은 없다.

'이利' 남는 것을 사람들이 무척 좋아한다. 홍익공리弘益公利는 그대로 인仁이다. 하느님은 사람들을 이롭게 한다. 멸망의 생명인 제나[自我]를 가지고 오면 영원한 생명인 얼나[靈我]를 주신다. 이것이 하느님이 베푸시는 홍익이다. 이보다 더 이로운 일은 없다. 이보다 수지가 좋은 장사는 없다. '이利'는 벼 화禾 변에 칼 도刀를 했다. 씨를 뿌리고 거둔다는 뜻이다. 조 한 알이 1천 5백 배로 늘어난다. 이렇게 이로운 것은 없다. 『주역』에서 말하는 '이利'는 서로 많은 도움을 준다는 이익이다.

'정貞'은 곧다는 뜻이다. '정' 자는 반듯하게 놓아야 하는 '솥 정鼎 자'에서 따왔다. '정貞'은 곧이 곧장 똑바로 서는 것이다. 하늘을 향해 똑바로 나아가는 것이 곧 '정'이라고 했다. 진주조개가 진주를 품고 키우듯이 하느님의 아들을 품고 키우는 것이 곧이 '정'이다. 하느님의 아들로부터 나오는 하느님의 뜻이 나의 삶의 목적이 되고 가치가 된다. 그 목적을 추구하고 가치를 구현하는 것이 곧이[貞]다.

이밖에도 원형이정에 대한 수직적 풀이도 가능하다. 왜냐하면 생명과 만물의 최종 근거는 하늘에 있기 때문에 인간을 포함한 만물은 수직 관계가 성립된다. 여기에는 종교적 관념이 밑받침되어 있다. '원'은 하늘이 위에서 아래로 베푸는 생명의 은혜, '형'은 생명의 원천인 하늘에 올려받치는 정성스런 제물 또는 성심성의誠心誠意, '이'는 그 결과로 얻은 결실과 수확을 공평하게 분배하는 의로움[義], '정'은 일련의 과정을 끝맺고 길흉의 결과를 갈무리하는 단계를 뜻한다.

건괘는 천지의 보편성과 합리성을 담지한다. '원형이정'은 각각 시공간의 태초성, 지속성, 목적성, 정당성을 의미한다.

3. 초효 : 잠룡

初九는 **潛龍**이니 **勿用**이니라
초 구　잠 룡　　물 용

초구는 잠겨진 용이니 쓰지 말라.

초효는 논산 훈련소에서 기초 군사 훈련을 받고 있는 병사와 비슷한 처지를 말한다. 제식 훈련도 받지 않는 훈련병은 곧바로 전쟁에 투입될 수 없다. 물 속에 깊숙이 숨어서 시간을 기다리는 심정으로 스스로 연마하고 실력을 배양하는 단계를 가리킨다.

건괘의 효사는 잠룡潛龍 → 현룡見龍 → 군자君子 → 혹약재연或躍在淵 → 비룡飛龍 → 항룡亢龍의 단계로 설명한다. 과연 이 6단계는 무엇을 의미하는가? 왜 하필이면 6단계의 과정으로 만물의 생성을 표현하는가? 그것은 시공간 안에서의 사물의 발전 단계를 설명하는 『주역』의 독특한 방식이다. 이 문제에 대해 지금까지 연구된 결과를 소개하면 다음과 같다. ① 만물의 생성사다. ② 시공이 최초로 펼쳐진 이후의 우주사다. ③ 문명의 발달사다.[12] ④ 역사의 수레바퀴를 비유한 것이다. ⑤ 인생의 길 또는 행복에 이르는 길이다. ⑥ 행동 심리학과 발달 심리학에서 주장하는 인간 의식의 발전사를 설명한 것 등이 있다.

'용은 머리는 보이지만 결코 꼬리를 드러내지 않는다'는 말이 있다. 용은 머리에서 불을 뿜으면서 비를 내리는 등 온갖 조화를 일으킨다. 용은 우주 생명의 본래의 기능인 변화를 상징하는 동물이다. '쓰지 말라'는 것은 쓸 만한 효용 가치가 없다는 말이 아니다. 비록 잠재 능력은 풍부하지만 시기

12) 건괘의 6효의 발전을 '龍'의 상승에 초점을 맞추어 제왕 문화 창업의 6단계 모델로 풀이한 학설이 주목을 끈다. 傅隸樸, 『周易理解』(대만: 中華書局, 1972), 9쪽 참조. 潛龍의 상태에서 출발하여 위로 올라가면서 문명화의 과정을 거친다는 것이다. '龍'은 변화무쌍하기 이를 데 없는 신성한 동물이다. 기독교에서는 용을 마귀라고 규정하지만, 원래 용은 고대인의 신앙 대상이었다. 용은 陸海空을 자유자재로 움직이면서 변화와 조화를 일으키는 유일한 존재이다.

가 무르익지 않은 어떤 특정한 기간에는 나아가지 말라는 훈계이다.

만물은 시간과 더불어 변화한다. 『주역』은 시간의 중요성을 철저히 깨우친다. 제갈량諸葛亮(181~234)이 젊어서 병법을 익힌 것은 장래에 유용하게 쓰기 위해서였다. 아직 세상에 출세하기는 시기가 무르익지 않았고, 자신이 모실 주인이 아직 구체적으로 나타나지 않았기 때문이다. 누워서 시간을 기다린 현자라는 의미에서 와룡선생臥龍先生이라 하지 않았던가! 이는 수양의 단계를 가리킨다.

시간의 여유를 가지고 실력을 배양하라.

4. 2효 : 현룡

九二는 **見龍在田**이니 **利見大人**이니라
구 이 　 현 룡 재 전 　 　 이 견 대 인

구이는 용이 넓은 대지에 출현하니, 대인을 만남이 이롭다.

『주역』 읽기에서 가장 중요한 것은 초효와 4효, 2효와 5효, 3효와 상효의 대응 관계를 살피는 일이다. 음 자리에 음이 있고, 양 자리에 양이 있을 경우가 가장 이상적이다. 그 중에서도 2효가 음이고, 5효가 양일 경우가 최상이다. 한편 건괘는 순수 양효로만 구성되어 있기 때문에 2효가 비록 음 자리에 양이 있더라도 부정不正은 아니다. 여기서의 '대인'은 5효에서 말하는 '대인'을 가리킨다. 땅의 자리에 있는 2효가 세상에 나아가기 위해서는 하늘에 있는 5효를 만나 도움이 있어야 이롭다는 뜻이다.

대지는 생명의 모태이다. 어머니는 자식을 위해 자신의 영양분을 고스란히 넘겨준다. 사람이 잠잘 때도 어머니의 자궁에 있는 형태로 자는 것이 가장 편하다는 말이 있다. 밭[田][13]은 먹거리를 챙길 수 있는 공간이다. 네

13) 南懷瑾/신원봉, 『易經雜說』(서울: 문예출판사, 1998), 221-222쪽. "밭 田 자에서 위가 트이면 由가 되고, 아래가 트이면 甲이 되며, 위아래가 다 트이면 申이 된다. 이 申 자 옆에다 示

모난 땅을 구획 정리한 모습이 밭이다. 밭을 어떻게 일구느냐에 따라 희망찬 내일을 기약하느냐 아니면 배짱이와 같은 하루살이로 끝나느냐가 결정된다. 따라서 '현룡見龍'은 자기 점검의 단계이다.

누구나 자신에 대한 점검은 의무 사항이다.

5. 3효 : 군자 - 선후천의 새로운 시각

九三은 **君子終日乾乾**하여 **夕惕若**하면 **厲**하나 **无咎**리라
구삼 군자종일건건 석척약 여 무구

구삼은 군자가 하루종일 온 힘을 다하고, 저녁에도 근심하고 두려워하면 위태로우나 허물은 없을 것이다.

3효에서 가장 중요한 사항은 용龍이 나타나지 않고, 군자가 등장한다는 점이다. 3효를 제외한 나머지 다섯 효는 '용(변화의 힘인 생명의 기능)'이 주제어지만, 3효만 유독 인간이 주어이다. 이것이 건괘의 수수께끼다.

이는 선후천론의 시각에서 보아야만 그 의미가 극명하게 드러난다. 3효가 끝나는 자리가 선천이고, 4효가 시작하는 자리는 후천이기 때문이다. 3효는 하괘에서 가장 위험한 자리에 있다. 3효는 선천에서 후천으로 넘어가는 과정이 너무도 위태롭고[厲] 긴박한 자리인 까닭에 두려울[惕] 수밖에 없는 것이다. 군자는 선후천 원리를 깨달은 존재이므로 외롭고 고독하다. 고독하지만 항상 진리가 곁에 있기에 외롭지 않다[德不孤, 必有隣]. 결국 3효는 시간의 변화 원리를 깨닫기 위해서는 철저한 자기 반성과 함께 실천이 절실하게 요구된다는 가르침이다.

왜 3효에서 저녁[夕]과 두려움[惕]을 언급할까 궁금하다. '두려움[惕]'은

를 붙이면, 하늘로부터의 계시라는 神이 된다. 神은 위아래가 모두 트인 것이다. 이에 반해 鬼 역시 田에서 유래된 것이나 위로는 통할 수 없게 되어 있다. 그래서 아래로만 내닫는데 이것이 바로 鬼이다. 電과 우레 雷 역시 田으로부터 나온 것이다. 하늘에서는 물이 떨어지고 땅 아래에서는 우레가 친다. 우레가 아래로 내달으면 전기[電]가 된다.

하괘의 마지막 효에서 상괘의 첫 효로 바뀌는 직전의 상태에서 '때'의 위험성을 깨달아 근신하라는 경고이다. '저녁'은 하루종일 밖에서 일하다가 집으로 돌아와 휴식하는 때이다. 위태로움[厲]은 저녁에 생기는 까닭에 두려운 마음으로 경계하라는 뜻이다. 건괘 3효는 양이 양 자리에 있지만 중용[中爻]이 아니다. 더구나 안에서 밖으로 건너가는 자리이므로 위험하기 짝이 없다.

그래서 「계사전」 하편 9장에서는 '3효는 흉한 내용이 많고 4효는 두려운 내용이 많다[三多凶, 四多懼]'고 했다. 또한 하괘 3효가 음효로 변하면 태괘兌卦가 된다. 태괘는 문왕팔괘도의 서방에 위치하기 때문에 태양이 서쪽으로 기우는 의미의 저녁[夕]이 등장하는 것이다. 한편 태兌는 「설괘전」에서 '태는 기쁨이다[說也]'고 했듯이, 가을에 열매를 수확하는 기쁨을 묘사했다.

3효에는 '용龍'이 등장하지 않고, 유독 '군자君子'가 나타난다. 주역은 '때의 위험성'을 깨달아 근신하는 자세를 권고한다.

5. 4효 : 혹약

九四는 **或躍在淵**하면 **无咎**리라
구사 혹약재연 무구

구사는 혹 뛰어서 연못에 있으면 허물이 없을 것이다.

'혹或'은 스스로의 위상을 의심하여 다시금 자기 확인하라는 뜻이다. 초효와의 대응을 보면, 초효는 잠룡의 상태이고, 4효는 초효를 보고 개구리가 올챙이 시절을 뒤돌아보는 심정으로 최상의 상황을 엿보는 형상이다. 하괘를 건너서 상괘에 있지만 아직 초보 단계에 지나지 않고, 양이 음 자리에 있어 중용[中]를 획득하지 못했다. 한 번쯤 연못에서 스카이 콩콩을 시도하지만 연못 속으로 다시 은신하는 까닭에 허물이 없다는 것이다.

현재의 위치를 뒤돌아보는 자기 확인의 중요성을 말한다.

6. 5효 : 비룡

九五는 **飛龍在天**이니 **利見大人**이니라
구오 비룡재천 이견대인

구오는 훨훨 나는 용이 하늘에 있으니, 대인을 보는 것이 이롭다.

5효는 양이 양 자리에 있고, 상괘의 중용이기 때문에 지극히 높고 올바른 위치를 얻었다. 건괘 5효는 임금의 자리로 비유된다. 청나라 건륭제乾隆帝는 건괘 5효의 내용처럼 청나라가 '융성隆盛'할 것이라는 의도에서 이름

젊은 시절의 율곡

조선조 철학자 율곡栗谷 이이李珥(1536-1589)는 16세 때에 어머니를 여위었다. 젊은 나이에 존경해 마지 않는 어머니 신사임당을 잃은 율곡은 하늘이 무너지고 땅이 꺼지는 슬픔을 이기지 못했다. 어머니를 여윈 율곡은 사는 것 자체에 회의를 느꼈다. 어머니 상을 끝내자마자 봉은사奉恩寺에 들어가 불경에 흠씬 빠졌다. 이는 당시로서는 매우 파격적인 사건이었다. 숭유억불崇儒抑佛이 조선조 성립의 정책였기 때문에 율곡이 불경을 읽는다는 사실 하나만으로도 한양의 논란거리가 되기에 충분했다. 유학이 몸에 밴 율곡으로서는 어머니의 죽음은 인생의 전환점을 가져오게 했던 것이다.

율곡은 19세에 마침내 금강산에 들어가 참선 공부를 하기에 이른다. 어느 날 율곡은 깊은 계곡에서 혼자 수행하고 있는 스님을 찾아갔다. 그는 스님에게 공자와 석가 가운데, 누가 더 훌륭한 가르침을 베풀었는가를 물었다. 스님은 "공자라는 사람은 석가와는 비교가 안 되는 속인俗人에 지나지 않는다"고 하면서 "유교에도 마음이 곧 부처[卽心是佛]라는 명제가 있느냐?"고 반문했다. 율곡은 맹자의 "사람의 본성은 선하다"는 말을 인용하면서 "마음이 바로 부처"라는 말과 다름없다고 대답했다. 그러자 스님은

붙였다는 얘기가 전한다.

하괘의 2효는 신하, 상괘의 5효는 임금을 상징한다. 5효 임금은 2효 신하를 만나 현자를 얻고, 2효 신하는 자신을 알아주는 임금을 만나서 이롭다. 그 이로움은 두 사람만의 경우에 그치는 것이 아니라 온 천하에 혜택이 돌아가므로 진정으로 이로운[利] 것이다. 유방劉邦은 소하, 장량, 한신과 같은 현신을 얻어 천하를 통일할 수 있었다. 당태종 이세민李世民에게도 명신이 많았다. 그는 어려서부터 유가의 심오함, 도가의 민첩함, 법가의 냉혹함, 병가의 모험심, 종횡가의 실리 등 제왕학을 두루 익혔다. 이세민은

곧장 묻기를 색色(사물의 현상 세계)을 초월한다는 말과 공空이 무슨 뜻인지 알겠느냐고 물었다. 율곡은 "『중용中庸』 12장은 '소리개가 하늘을 높이 날고 물고기는 깊은 물에서 뛴다[鳶飛戾天, 魚躍于淵]'라고 했는데, 같은 뜻이 아니겠는가"라고 했다. 스님은 깜짝 놀라 "정신계의 일을 현상계에 비길 수 있겠는가?"라고 물었다.

스님은 율곡이 보통 인물이 아님을 뒤늦게 깨닫고 "그대는 여늬 선비가 아니로다. 그대라면 나를 위해서 '연어鳶魚'를 운으로 떼어 시를 지어 줄 수 있을 것이다. 나의 간청을 들어주기 바란다"라고 요청했다. 율곡은 "물고기가 뛰고 소리개가 날으니 아래와 위가 하나로다. 그것은 공도 아니요 색도 아니다. 스스로 웃음지으며 나를 바라보니, 홀로 서 있는 숲 속에 해는 이미 기울었네[魚躍鳶飛上下同, 這般非色亦非空, 等閑一笑看身世, 獨立斜陽林木中]"라는 시를 선물로 주었다.

율곡은 어머니를 잃고서 방황했다. 불교를 통해 위안을 받으려 했으나, 오히려 불교의 가르침에서 삶과 죽음의 방정식을 놓고 허망감을 느꼈다. 율곡은 젊은 나이에 유교로 돌아와 삶과 죽음을 비롯한 정신과 육체, 형이상과 형이하를 구분짓는 이분법의 강박감에서 벗어났다.

위징魏徵·방현령房玄齡 등의 도움을 받아 정관의 치세貞觀治世라 일컬어지는 태평성대를 이룩하였다. 그가 공명정대한 제왕으로 불리게 된 배경에는 그를 능가하는 신하들이 항상 곁에서 보좌했기 때문이다. 2효와 5효는 명군과 명재상의 관계이다.

건괘 5효 양이 음으로 변하면 하늘에서 불이 타오르는 화천대유괘火天大有卦(䷍)[14]가 된다. 그리고 하괘 2효 양이 음으로 변하면 불이 하늘을 향해 타오르는 천화동인괘天火同人卦(䷌)가 된다. 대유괘의 '대大'와 동인괘의 '동同'이 결합되면 동양의 이상적 공동체인 '대동세계大同世界'가 형성된다. 그리고 '대大'와 '인人'을 결합하면 '대인大人'이 만들어진다. 또한 15번 지산겸괘地山謙卦를 거쳐 16번 뇌지예괘雷地豫卦에 이르러 "하늘과 땅이 천도에 순응하여 움직인다. 그러므로 해와 달의 운행이 올바르게 운행하고 4계절이 어긋나지 않는다[天地以順動, 故日月不過而四時不忒]"라는 내용이 뒤따른다. 이처럼 64괘의 모든 주제들을 전체적으로 세팅해서 이해해야만 『주역』의 궁극적 메시지가 진정으로 밝혀질 수 있다.

5효는 최상의 조건을 갖춘 위상을 뜻한다.

7. 상효 : 항룡

上九는 **亢龍**이니 **有悔**리라
상 구 항 룡 유 회

상구는 지나치게 높은 용이니, 뉘우침이 있을 것이다.

너무 높이 올라간 용은 불운하다. 극도로 높은 자리는 일반인이 접근하기 어려워 외롭기 짝이 없다. 아무리 귀해도 뜻을 같이하는 동료도 사라진다. 상효는 동료들에게서 너무 이탈했기 때문에 후회가 기다린다는 말이

14) 9(양의 극한수) + 5(건괘의 5효) = 14번째의 위대한 소유라는 뜻의 大有卦가 되는 우연의 일치가 생긴다.

다. 항룡의 단계에 이르면 뒤로 넘어져도 코가 깨지는 형국이다.

좋은 일이 계속되는 이치는 이 세상 어디에도 없다. 그토록 아름답던 양귀비와 클레오파트라도 말년에 불행한 죽음을 맞이했고, 로마도 하루아침에 망했다. 불행 뒤에는 행복이 기다린다고 한다. 하지만 행복은 그리 오래가지 않는다. 인생에서 유종의 미를 거둔다는 것이 참으로 어렵다는 것을 주변에서 종종 본다. 처음과 끝을 잘 마무리하라는 것이 상효의 가르침이다.

지나치게 높은 지위에 오르면 뉘우침이 생긴다.

8. 머리가 없다[无首]는 의미는 무엇인가?

用九는 **見群龍**하되 **无首**하면 **吉**하리라
용구 견군룡 무수 길

9를 사용함은 뭇 용을 보되 머리가 없으면 길할 것이다.

이 구절에서 우리는 『주역』이 상수에 근거하여 도덕적 의리를 연역하고 있음을 엿볼 수 있다. 동서양에서 수학은 보이지 않는 것을 보이게 하는 유일한 학문으로 여기는 전통이 있다. 서양인들은 수학을 '신神의 베틀'이라고 하여 수학의 중요성을 강조했다. 하지만 '용구用九'에 대한 과거의 해석들은 천편일률적으로 변화를 이끄는 용은 머리가 보이지 않아야 길하다고 풀이한다. 매우 우스꽝스런 풀이가 아닐 수 없다. 그 이유를 여러 각도에서 살펴보자.

❶ '용구用九'[15]에서 9는 상수역학에서 말하는 양의 최대 분열수를 지칭하는 개념이다. 양의 극대화는 곧이어 음의 수렴 작용으로 대체됨을 암시

15) 「文言傳」에서는 "乾元用九, 乃見天則(건원이 아홉 수를 쓰는 데서 하늘의 항구적 법칙을 깨달을 수 있다"라고 하여 건원의 배후를 10무극으로 시사한다. 김일부는 1태극에서 10무극의 방향으로 나아가는 운동을 '逆生', 반대로 10무극에서 1태극의 방향으로 나아가는 운동은 '倒生'으로 규정했다.

하는 대목이다.

❷ 양의 분열과 성장에 의해 만물은 다양한 현상으로 전개한다. 태초의 '일자一者의 세계'에서 '다자多者의 세계'로 접어들어 복잡다단한 변화의 세계를 형성하기 때문에 '군룡群龍'이라 했던 것이다.

❸ '머리가 없으면[无首]'은 우선 문법적으로 조건절이다. '머리가 없으면'이라는 것을 다른 말로 표현한다면 '꼬리는 있어야 한다(시간의 꼬리, 즉 윤력閏曆)'라든가 '우주변화는 간단없이 지속되어야 한다.' 혹은 '우주변화는 목적이 있다' 등이 가능할 것이다.

❹ 10수라는 '머리가 없으면' 1의 태극은 존재해야 한다. 1태극의 음양운동이 지속되어야만 '길'하다는 것이다.

❺ 이를 3극론(무극, 태극, 황극)에 대입시켜 논의한다면, 생명의 바다인 무극이 자신의 존재 목적을 전개하는 방식은 10수에서 9, 8, 7, 6의 도생倒生의 순서를 밟는다. 그래서 건괘의 작용을 '용구법칙用九法則'이라 부르는 것이다.

❻ 건원乾元(생명의 바다인 10무극)은 다자의 세계를 창조한다. 우주 창조는 일정한 목적이 있다. 그 목적을 달성하기 위해서는 건원 이외에도 곤원坤元이라는 짝이 있어야 한다. 건원과 곤원은 일정한 시간대에 자신들의 얼굴을 바꾼다. 이것이 바로 선후천변화라는 우주의 근본틀의 전환이다.

❼ '머리가 없으면'을 뒤집으면 '꼬리는 있어야 한다'일 것이다. 변화의 꼬리를 남기는 것 중에서 가장 핵심적이고 근본적인 것이 바로 시간의 꼬리이다. 시간의 꼬리를 『정역』은 '윤력閏曆'이라고 했다. 왜 시간의 꼬리가 생기는가? 이것이 동서양 철학자들이 고민했던 최대의 화두였다. 이는 시간의 본질과 직결된다. 시간의 본질은 무엇이며, 그것은 현실적으로 어떻게 나타나며, 공간과는 어떻게 결합하는가? 시간은 객관적 존재인가, 인간의 주관적 산물인가? 시간이 객관적 존재라면 그것을 아는 방법은 무엇인가? 먼저 『주역』의 표현 방식에 주목해야 한다.

❽ 『주역』에 따르면, 진리의 시간화 방식이 투영된 하도낙서와 진리의 공간화 방식이 투영된 복희팔괘도가 있다. 『서경書經』은 '일월성신의 운행을 역법과 상수로 정리하여 공경하게 백성들의 삶의 시간을 베풀라[曆象日月星辰, 敬授人時]'[16]는 명제가 있다. '일월성신의 운행을 역[曆]하는 방법과 상[象]하는 방법으로 시간 질서를 밝혀 백성들이 살아가기 쉽도록 캘린더를 작성하도록 했다는 것이다.

여기서 가장 중요한 문제는 '역曆'을 캘린더로 인식해서는 안 된다는 점이다. 일반적인 의미에서 캘린더의 구성 법칙(천문학의 탐구 영역인 자연과학적 방법), 즉 태양과 달의 주기적 운행에 맞추어 만든 것은 캘린더이지만, 『주역』 속에 깊숙이 숨겨진 이치인 시간의 본질을 가리키는 '역曆'은 캘린더 구성의 근거를 뜻한다. 양자를 혼동해서는 안 된다. 전자는 태양과 달과 별들의 운행 현상을 일상 생활에 도움이 되는 시간표를 작성하는 법칙을 뜻하는 체용론에서의 '작용[用]'의 측면을 가리킨다면, 후자는 체용론에서의 '본체[體]', 즉 본체의 구조를 의미하기 때문에 양자는 판연하게 다른 차원인 것이다.

❾ 시간의 꼬리는 상극 질서에서 비롯되는 대표적 현상이다. 자연적으로는 지축의 경사를 가져오고, 문명적으로는 인간의 무한 욕망과 탐욕이 빚어내는 전쟁과 살육의 역사를 가져온 장본인이며, 인간적으로는 각자의 본성을 그대로 구현시키지 못하는 원초적 굴레였다. 이 모든 것은 시간의 꼬리, 즉 시간의 수레바퀴가 윤력閏曆과 정력正曆(상극과 상생)이라는 두 얼굴로 드러내기 때문에 나타나는 운명의 쇠고랑이다. 이런 의미에서 '군룡群龍'을 정역사상의 논리로 환원시킨다면 원력原曆, 윤력閏曆(366의 윤역과 365¼의 윤역), 정력正曆(360일)이라는 시간 변화의 다양한 얼굴[龍]이라고 할 수 있다.

16) 『書經』「虞書」"堯典"에 나온다.

⑩ 마지막으로 '머리가 없으면 길하다[无首吉]'는 문제에 대해 『정역』 연구의 권위자인 이정호의 해설을 들어보자.

> "(건乾은) 아홉을 쓰는데 무리 용을 보았지만 (용으로) 머리하지 말아야[17] 길하다. 아홉이라는 수는 천도天數의 끝이요, 낙서와 문왕팔괘도의 종수終數이며, 일一·삼三·오五 생수生數를 합한 수이다. 그러므로 양수의 극이요 선천의 종지수終止數이다. 이것을 태양太陽 또는 노양老陽이라고도 한다. 육六·칠七·팔八·구九의 성수成數 중에서 7과 8이 소양少陽과 소음少陰인데 비하여 9와 6은 노양老陽과 노음老陰이기 때문이다. 선천이 역생逆生한 마감수數요 후천으로 도성倒成하기 일보직전인 단말적 수數이다. 역생과정逆生過程이 여기에서 끝나면 선천은 그대로 종말을 고하게 된다. 그러나 천도天道는 순환무단循環無斷하고 연면약존連綿若存하여 결코 어느 시점에서 종언하지 않고 다시 그것을 계기로 하여 다음 생명을 전개하게 되니 이것이 선천의 도성倒成을 이어받은 후천의 도생倒生인 것이다. 아홉수數는 이 후천도생의 엄청난 탄생을 계기짓는 선천의 마지막 수數요, 기사환생의 영변불측靈變不測한 변화를 일으키는 장본이다. 한마디로 낙서선천洛書先天에서 하도후천河圖後天으로 넘어서는 디딤돌이다. 그러므로 선천 속에 후천을 싸고 있는 『주역』의 건괘乾卦는 하도의 10을 건乾의 체體로 삼고 낙서의 9를 용用으로 하여, 10건乾이 머금고 있는 모든 변화의 상相을 노양수老陽數 9의 가변성을 빌어 나타내고 있다."[18]

매사에 끝마무리를 잘하라!

17) 龍은 12地支로는 '辰'에 해당된다. 戊辰(초효), 庚辰(2효), 壬辰(3효), 甲辰(4효), 丙辰(5효), 戊辰(상효) 등의 '辰'으로 머리하지 말고 癸亥, 乙亥, 丁亥, 己亥, 辛亥 등의 '亥'로 시작해야, 즉 辰으로 머리하지 말고 亥로 머리하여야 한다는 뜻이다. 그래야 亥子丑의 3원 운동에서 亥子丑寅卯의 5원 운동으로 전환될 수 있다. 5運이 6氣로 변하여 길하다는 뜻이다.

18) 이정호, 『正易과 一夫』(서울: 아세아문화사, 1985), 206-207쪽.

9. 단전 1 : 만물의 으뜸, 건원

彖曰 大哉라 **乾元**이여 **萬物**이 **資始**하나니 **乃統天**이로다
단왈 대재 건원 만물 자시 내통천

단전에 이르기를 위대하도다! 만물의 으뜸인 건원이여! 만물은 그것을 바탕으로 시작되나니 이에 하늘을 거느리도다.(통솔하다, 섭리하다, 주관하다, 통괄하다)"

공자가 지었다는 건괘 「단전」은 64괘를 압축한 총결론에 해당된다. 「단전」은 「계사전」과 더불어 『주역』에서 가장 철학적 성격이 짙다. 「단전」은 먼저 '건원형이정乾元亨利貞'을 순차적으로 설명한다. 천지의 본질로서의 생명[乾元]은 하늘보다 큰 것이 없기 때문에 '위대하도다'라고 찬탄한 다음에, 원형이정을 통솔하는 으뜸인 '건'을 앞세워 '건원'이라 호칭하였다. '건원乾元'은 우주 만유의 근원, 시공간이 최초로 출현한 경계, 천지를 통괄하는 궁극적 본체, 생명의 래원 등의 개념을 함축한 하늘의 가장 으뜸가는 원리를 뜻한다. 한마디로 만물의 시작이 모두 건원의 작용에서 비롯되었다는 것이다.

'만물자시萬物資始'에서 '시始'는 태초의 시간성 또는 하늘의 씨앗이라는 뜻이다. 이를 바탕으로 만물이 최초로 생겨나며, 또한 가장 으뜸가는 '건원乾元'이 하늘을 섭리 주재한다는 것이다. 하늘은 시간과 공간 자체인 동시에 그것을 주재하여 시간의 흐름을 이끌어가는 최고 원리이다. 이것이 바로 『주역』의 핵심인 천도天道인 것이다.

만물의 형성을 궁극적인 시원처로부터 설명하고 있다. 일자로부터 다자의 세계로 전개되는 과정을 해명한 『주역』의 핵심이 담겨 있다.

10. 단전 2 : 건원의 창조력

雲行雨施하여 **品物**이 **流形**하나니라
운 행 우 시 품 물 유 형

구름이 가고오고 비가 베풀어져 모든 만물이 형체를 갖춘다.

구름은 한 곳으로 뭉쳐 일어나며, 비는 위에서 아래로 내린다. 구름과 비는 바람에 의해 전달된다.[19] 바람은 우편배달부이다. 어디에서 어디로 무엇을 배달하는가? 바람[風: 생명 에너지]은 중간에 배달 사고가 일어나지 않도록 함으로써 천지의 생명력을 세상 구석구석에 전달한다.

'구름이 가고오고 비가 베풀어져'는 음양이 본격적으로 작동하기 시작하여 수증기는 하늘로 올라가 구름이 되고, 구름이 서로 맞부딪쳐 비를 내려 만물을 촉촉히 적셔준다는 뜻이다. 비의 혜택으로 만물은 생기가 북돋고 형체를 갖추게 되는 것이다. '건원'에서 최초로 생성이 시작되어 다자의 세계로 접어들게 되면(보편에서 개체로, 본체에서 현상으로 전개되는 이치) 사물은 각각 다른 형태로 나뉘어지게 된다. 수많은 호랑이 새끼들 중에서 성질과 크기가 똑같은 것은 하나도 없듯이.

구름이 만들어지는 것, 비가 내리고 우레가 생기는 것 등 온갖 변화는 모두 건원의 작용으로부터 비롯된다. 그것이 작동하면 각양각색의 만물이 만들어지는 것[品物流形]이다.

건원의 창조력은 무궁하다.

11. 단전 3 : 천지의 끝마침과 시작을 크게 밝히면

大明終始하면 **六位時成**하나니 **時乘六龍**하여
대 명 종 시 육 위 시 성 시 승 육 룡

19) 구름, 비, 바람은 한국사상의 신비적 주제이다. 단군설화에서도 雨師, 雲師, 風伯이 등장하는 것도 이러한 사상적 배경 때문이다.

以禦天하나니라
이 어 천

천지의 끝마침과 시작을 크게 밝히면[20] 여섯 위상이 시간으로 이루어진다. 마침내 시간에 의거하여 여섯 용을 타고서 온 세상을 다스린다.

'종시終始'는 단순 반복하는 순환론을 뜻하지 않는다. 그것은 만물이 출현한 최초의 순간에서 종말을 향해 줄달음치는 직선형의 시종始終이 아니다. 끝나는 점에서 다시 시작한다는 종시에는 『주역』의 시간관이 반영되어 있다. 『주역』이 말하는 시간관의 정체는 기상대에서 만드는 정확한 캘린더 제작이 목표가 아니다. 그것은 현행 캘린더가 왜 음력과 양력으로 분리되는지를 아주 근본적인 질문을 던지는 데서 출발한다.

종시론은 자연의 객관성에 토대를 둔 시간론이다. 하지만 시간은 인간의 사유가 만들어낸 주관적 산물이라는 견해가 줄곧 주장되어 왔다. 지금은 20세기의 천재, 아인슈타인의 상대성이론이 발표된 이후에 상대적 시간관이 설득력 있게 받아들여지고 있는 실정이다. 특히 현대 과학은 시간의 화살이라는 주제에 빗대어 시간의 직선적 흐름에 힘을 실어주고 있다.

20) 이 구절에 대한 해석은 대체로 만물의 생성을 순환론적 입장에서 풀이하는 게 보통이다. 우리나라에 잘 팔리는 책들의 번역을 여기에 잠시 소개하도록 한다. ① "처음과 끝을 환희 밝히면 六位가 때에 따라 이루어진다."(박일봉, 『주역』, 서울: 육문사, 1989, 40쪽) ② "마치고 시작함을 크게 밝혀서 여섯 지위가 때에 따라 이루어지니 때에 맞추어 여섯 용을 타고 온 세상을 다스린다."(김흥호, 『주역강해』1, 서울: 사색, 2003, 19쪽) ③ "큰 밝음의 시작과 끝은 여섯 자리의 시간에 의해서 이루어진다. 시간이 여섯 용을 타고 하늘을 다스린다."(高懷民/정병석, 『주역철학의 이해』, 서울: 문예출판사, 1996, 178쪽) ④ "시간의 흐름은 여섯 단계로 나뉘어져, 여섯 용이 끄는 수레를 타고 천체를 운행한다."(南懷瑾/신원봉, 『易經雜說』,서울: 문예출판사, 1998, 232쪽) ⑤ "乾의 도는 만물이 생겨나서 소멸함을 크게 밝히고, 여섯 자리가 각각 때에 맞게 이루어지고, 여섯 용이 때에 맞게 올라감으로써 하늘의 도에 부응함을 보여준다."(정진일 편역, 『주역』, 서울: 서광사, 1998, 29쪽) 이 번역물들의 내용을 분석하면, 시간론의 관점에서 풀이하려는 노력을 엿볼 수는 있다. 과연 종시론의 내용이 무엇인가라는 문제 의식은 아직 갖추지 못한 것으로 보인다. 이 세상에 순환하지 않는 사물은 아무 것도 없다. 『주역』의 가치는 여기에 머무를 수 없다. '시간의 끝과 시작을 크게 밝힌다'는 의미는 무엇인가? 시간의 수수께끼를 해명하려고 『주역』과 『정역』이 이 세상에 나타난 것이다.

그것은 과거에서 현재로, 현재에서 미래로 일방향적으로 흐른다는 것이다. 이는 『주역』이 말하는 시간의 순환론과는 별개의 과학적 시간관이다. 종시론의 요지에 따르면, 시간은 선후천이라는 거대한 순환의 과정에서 창조적인 직선 방향으로 전진한다는 것이다.

『주역』의 세계관이 역동적임을 시사하는 단어가 있다. 움직일 동動은 무거울 중重과 힘 력力의 합성어다[重 + 力 = 動]. 중력은 움직이는 무거운 힘이란 뜻이다. 우리가 경험하는 중력은 전혀 느낄 수 없다. 하지만 거시 세계에서의 중력은 서로 끌어당기는 힘이 엄청나다. 예컨대 바다에서 조수간만의 차이가 일어나는 까닭은 지구와 달이 서로 끌어당기는 힘에 의해서 나타난다는 것은 기초 상식이다. 중력은 겉으로 보기에는 부드러운 손길 같지만, 생명 현상의 근본틀로 작용하고 있다. 중력을 통하여 세계는 살아 있다는 것을 알 수 있다.

현재는 브라이언 그린(Brian Greene: 1963~현재)이 우주의 근본 구조와 시공간의 근원에 대한 최첨단 초끈이론인 M-이론으로 결론지은 해명이 주목을 끌고 있다. "물질과 에너지의 존재는 시공간의 굴곡을 결정하며, 그 근처를 지나가는 모든 물체들의 경로는 눈에 보이지 않는 시공간의 굴곡에 따라 좌우된다. 이것이 바로 아인슈타인이 생각했던 '중력의 작용 원리'이다. 그는 곡면기하학을 이용하여 여러 행성들의 운동 궤적과 멀리 있는 천체에서 방출된 빛이 휘어진 시공간을 지나면서 그리는 궤적을 계산할 수 있었다. 즉 중력이 전달되는 원리와 과정을 규명함으로써 뉴턴의 고전적 중력 이론을 능가하는 최신 버전의 중력 이론으로 입지를 굳히게 되었다. 일반상대성이론은 중력의 전달 과정을 설명하는 수학적 모델을 제시함으로써, 중력의 전달속도와 관련된 정보를 제공하였다. 중력은 시공간의 곡률을 변화시키는 것으로 자신의 존재를 나타낸다. 아인슈타인은 시공간의 왜곡이 중력장에 의한 결과라고 생각했다. 뉴턴과 특수상대성이론에서 말하는 시공간은 '사건이 발생하고 진화하는 우주적 무대'였다면,

일반상대성이론에서 말하는 시공간은 '우주의 진화 과정에 깊숙이 개입한 변화의 장본인'였다. 후자를 통하여 시간과 공간을 바라보는 기존의 시각을 완전히 바꿔 놓았던 것이다. 지구는 태양에 의해 휘어진 시공간의 굴곡을 따라 움직이므로 태양 주변에서 원운동을 할 수밖에 없다. 현재 대부분의 물리학자들은 시공간이 운동의 기준이라는 아인슈타인의 결론을 받아들이고 있다. 시공간은 무형의 추상적 개념이 아니라, 실제로 존재하는 '그 무엇'이다."[21]

지금까지 알려진 연구에 따르면, 가장 작은 부피에 가장 많은 밀도가 집중되어 빛조차도 빠져 나갈 수 없기 때문에 검게 보이는 블랙홀이 바로 태양이다. 태양의 블랙홀에 의해서 중력의 왜곡 현상이 나타나고, 중력의 왜곡에 따라 지구를 비롯한 행성들은 정원 궤도가 아닌 타원 궤도를 도는 것이다. 그러니까 우리는 종시론의 문제를 시공간과 중력의 함수 관계에 초점을 맞추어 현대적 관점에서 연구해야 할 필요가 있다.

주역의 주제는 시간론이다.

12. 단전 4 : 천지의 틀이 바뀌는 건도 변화

乾道變化에 **各正性命**하나니 **保合大和**하여 **乃利貞**하니라
건도변화 각정성명 보합대화 내이정

건도가 변화하여 모든 사물의 본성과 하늘의 사명을 올바르게 한다. 각종 사물의 존재 이유와 가치들을 보존하면서 이들을 통합하여 커다란 화합을 이루어 이롭고 올바르게 된다.

『주역』 사상의 최종 메세지는 이 문장에 압축되어 있다. 첫째는 '건도변화乾道變化'이고, 둘째는 '보합대화保合大和'이고, 셋째는 '이정利貞'이다.

21) 브라이언 그린/박병철, 『우주의 구조 - 시간과 공간, 그 근원을 찾아서』(서울: 승산, 2005), 122-131쪽 참조.

건도는 천도이다. 천도는 지도와 인도를 포괄한다. 따라서 건도가 변화한다는 것은 천지가 변화한다는 뜻이다.[22] 천지가 변화한다는 것은 곧 천지의 근본 틀이 바뀐다는 뜻이다.

건도변화乾道變化의 결과적 표현이 '각정성명各正性命'이다. 문법적으로 볼 때, '건도변화'가 과거적인 규정이라면, '각정성명'은 '곤도변화坤道變化'를 전제한 현재 또는 미래에 일어날 미래적 규정이라 할 수 있다. 건도가 변화하여 인간을 포함한 모든 사물들의 본성과 존재 의미와 가치와 만물에게 부여된 사명이 올바르게 된다[各正性命]는 것이다.

'보합대화保合大和'는 결코 가볍지 않은 술어이다. 보통의 번역은 '크게 화합함을 보전하고 합한다'는 것이다. 하지만 보전한다[保]는 다양한 개체성은 배제의 대상이 아니라 오히려 적극 보호한다는 뜻이다. '합한다[合]'는 것은 각종 특수성들과 고유성을 포용하여 근본적 입장에서 '하나'로 융합한다는 뜻이다. 특수성과 개체성을 무시하고 진정한 통합이 이루어지겠는가?[23]

'보합대화保合大和'의 경지가 이루어져야 현실의 새역사가 펼쳐질 수 있다. 그러므로 '이정利貞'은 천지의 최종목표라고 할 수 있다.

건도의 변화는 곧 천도의 변화이다. 건도가 변화하면 곤도가 된다. 건도에서 곤도로의 변화가 '각정성명各正性命'의 결과로 나타난다. 이는 주역학의 혁신적 해석이다.

22) 坤卦 「文言傳」은 '乾道變化'의 명제를 이어받아 "(구체적으로) 천지가 변화하면 초목(모든 사물)이 번성한다[天地變化, 草木蕃.]"라고 화답했던 것이다.

23) 민주 사회는 불특정 다수의 관심과 이익을 통합하는 것이 최대의 관건인데 반해서, 무조건 특수성과 개체성을 말살하고 하나로 통합하려는 전체주의적 사고는 독재와 결부되는 아주 위험한 발상이다. 개인의 천부적 자유와 능력을 무시하는 태도는 사회의 암적인 요소이다. 발전을 기대할 수 없다. 인류 역사에서 언제 어디서 전체적 통합이 이루어졌는가? 이에 대한 논의는 이념적으로 활발하게 진행되었지만, 실제로는 인류 역사에서 한 번도 실행된 적이 없다. 위의 명제는 사실적 차원에서 접근되어야 마땅하다.

13. 단전 5 : 10토土 세계의 출현

首出庶物에 **萬國**이 **咸寧**하나니라
수 출 서 물 　 만 국 　 함 녕

모든 사물에 머리가 나옴으로써 만국이 평안하다.

건도는 9수가 쓰이는 낙서의 시대이다. 앞에서도 살핀 바와 같이, 건도는 '머리가 없으면 길[无首吉]'한 세계이다. 앞으로 숨겨졌던 최고의 머리, 정역사상에서 말하는 10무극의 세계가 펼쳐지면 온 세상이 평안하다.[24] 이것이 바로 한동석의 『우주변화의 원리』에 상세하게 논리가 전개된 '10토土' 세계의 출현이다.

'머리와 꼬리'가 이 문장의 핵심에 해당된다. 이 문제는 8수 복희괘에서 9수 문왕도로 성장하고, 다시 문왕괘에서 10수 정역괘로 성숙되는 발전과정으로 이해한다면, 그동안 『주역』계에서 잊혀졌던 상수론의 신비가 겨울의 긴 잠에서 깨어날 수도 있다. 여기에는 선천 낙서와 후천 하도가 그 사상적 배경으로 자리잡고 있음을 확신할 수 있는 대목이다.

그러면 과연 '머리'는 무엇인가? 그것은 10무극이다. 무극이 펼쳐지면 정역사상이 그토록 꿈꾸었던 무극대도無極大道의 세계가 건설되는 것이다. 이런 의미에서 건원乾元은 바로 천지의 말씀(logos)이자 진리이다.

하늘이 만물을 주재하여 온 세상이 평안하다.

24) 이에 대해 김석진은 매우 시사적인 얘기를 한다. "머리가 나온다는 '날 出'을 보면 山을 거듭한 글자로서 重山艮이 되는데, 간은 동북방인 우리나라를 말합니다. 즉 우리나라에서 성인이 나와 온 세상이 평안한 후천시대를 맞이한다는 뜻이죠. 한 가지 증거를 대자면 선천 七艮山 자리에 후천괘로 六乾이 오는데, 이것은 머리[乾爲首]가 간방에서 나오는[出] 것을 입증합니다. 함녕의 咸 또한 후천에 해당하는 下經의 머릿괘로서 소남소녀가 혼인하고 山澤이 기운을 통하여 동서양이 하나되는 후천시대를 뜻하고 있습니다."(김석진, 『대산 주역강의』1, 서울: 한길사, 2001, 172쪽).

14. 대상전 : 자강불식

象曰 天行이 **健**하니 **君子以**하여 **自彊不息**하나니라
상왈 천행 건 군자이 자강불식

하늘의 운행이 굳세고 건실하니, 군자는 이를 본받아 스스로 건실해지기를 쉬지 않는다.

역의 진리 체계는 수리론과 상징론과 의미론으로 이루어진다. 수리론은 『주역』 전체의 기반이며, 상징론은 『주역』의 설명 체계이며, 의미론은 수리론과 상징론에 온축된 내용을 언어로 논리화한 것이다. 그래서 십익十翼 중에서 「상전象傳」이 차지하는 중대성은 매우 크다. 「상전」은 64괘 각각의 괘와 효의 형상에 대한 의미를 풀이한 것이다. 괘상을 자세히 설명한 것을 대상전大象傳이라 하고, 효상을 설명한 것을 소상전小象傳이라 한다. 대상전은 천도와 가치의 당위성을 연결하는 주체를 '군자君子', '선왕先王', '후后', '대인大人', '상上'이라 했는데, 이런 이유에서 『주역』을 군자학이라 부르는 것이다.

건괘 「상전」의 내용은 동양적 진리의 성격을 결정짓는 불멸의 명제이다. 하늘의 운행[天行]은 객관적인 하늘의 이법으로서 그것의 두드러진 현상을 해와 달이 대표한다. 태양은 자체의 연료로 스스로를 태우면서 탄생 이후부터 한결같이 돌아가고 있다. 한 번도 싫증낸 적이 없으며, 모든 생명체에게 빛과 생기를 불어 넣어줌에도 불구하고 뽐내지도 않는다. 항상 소임을 착실히 지키면서 만물에 에너지를 보내주고 있다. 이것이 바로 하늘의 운행인 천도이다.

위 인용문의 논리는 천도天道 - 인간人間 - 행위行爲의 구도이다. 인간이 가장 신뢰할 수 있는 참된 이치는 천도天道일 뿐이다. 그것은 진리인 동시에 믿음의 대상이다.[25] 항구적인 보편적 진리에 대한 굳건한 믿음에서 우

25) 『周易』 「繫辭傳」 하편 1장에서는 '天地之大德曰生'이라고 했으며, 노자도 "人法地, 地法天,

러나오는 행위야말로 인간의 영혼을 맑고 깨끗하게 치유하는 치료약이다.

천도는 가치 창출의 근원인 까닭에 하늘과 땅 사이에 사는 인간은 천도의 방식대로 살아가는 길이 최선의 방법이다. 그것은 선택 사항이 아니라 의무인 동시에 당위이다. '하늘의 운행이 건실함[天行健]'[26]은 사실판단事實判斷이며, '스스로 강해지기를 쉬지 않음[自彊不息]'은 가치판단이다. 천도는 객관적인 사실이고, 그 가치를 판단하는 주체는 인간이다. 가치는 천도에 연원하는 것이다. 그것은 인간의 주체적 자각을 통한 천도(존재)와 당위의 일치를 뜻한다. 하늘은 자신을 속이면서 운행하지 않는다. 인간 역시 스스로를 속이면서 살아서는 안 된다. 자신의 마음을 속이는 것은 하늘을 속이는 일이기 때문에 '천벌을 받는다'는 말이 생겨났던 것이다.[27]

『주역』은 진리에 대해서 스트레스를 주지 않는다. 진리와 인간을 만나게 해주기 때문이다. 아무리 자연 이법일지라도 인간이 참여하는 진리인 까닭에 진리와 인간 사이에 갈등과 충돌이 일어나지 않는다. 하늘과 땅과 인간은 삼위일체적 존재이기 때문이다.[28] 오늘날 생태론자들이 주장하는 환경친화적인 자연관은 『주역』의 생명관에서 벌써 싹트고 있었던 셈이다. 생태계 파괴에서 비롯된 지구의 기상 이변은 인간이 저지른 재앙[人災]이다.

현대인들은 인디언의 삶의 방식에서 깨우침을 얻고 있다. "대지는 조상으로부터 물려받은 것이 아니라 우리의 다음 세대에게서 잠시 빌린 것임을 우리는 잊지 않았다. 그래서 그것을 소중히 다뤄 다음 세대에게 돌려

天法道, 道法自然"이라고 하여 자연의 이법에 충실할 것을 권유하였다. 하늘은 최고의 지존으로서 본받음의 대상이다. 『주역』의 가르침에서 사람됨의 정신을 배울 수 있는 것이다.

26) '健'은 건괘 3효의 '君子終日乾乾'의 뜻이다.

27) 『도전』, 4:102:9-15, "欺心이면 欺天이네 … 마음을 속이지 말라."

28) 라즈니스/류시화, 『달마어록 강의』(서울: 정신세계사, 1995), 32-33쪽 참조. 라즈니쉬는 기독교의 폐단을 다음과 같이 지적한 바 있다. 그는 기독교의 본질과 교회 안에서 만들어진 체계를 성직자들이 혼동하는 것에서부터 기독교의 불행은 시작되었다고 한다. "믿음은 사람들을 장님으로 만들뿐이다. 믿음은 결코 그대의 눈이 될 수 없다. 믿음은 그대에게 빛을 주는 것이 아니라 편견과 이데올로기를 가져다 줄 뿐이다. … (원죄에 의해) 죄인은 불필요한 죄의식으로 고통을 받고 있고, 성자는 '나는 너희들보다 거룩하다'는 불필요한 에고로 고통을 받고 있다."

줘야 한다는 것을, 우리는 자연을 완성된 아름다움으로 여겼으며, 그것을 파괴하는 것을 신에 대한 모독이라고 생각했다."[29)]

한편 "생명계가 조직되는 과정과 패턴에 주목하면서 인간을 자연과 구분하지 않고, 모든 생명체의 본질적 가치를 인정하는 심층 생태학이 새로운 과학적 패러다임에 이상적인 철학적 근거, 나아가서는 영적인 근거까지 제시해줄 수 있다. 미래 사회를 설계하는 원칙은 자연이 생명의 그물을 유지하기 위해서 진화시켜온 조직 원리와 일치해야 한다"[30)]는 주장이 제기되고 있다.

천도 - 인간 - 당위의 구도는 동양적 세계관의 불후의 명제이다.

15. 소상전 : 하늘의 덕성은 9수를 으뜸으로 삼지 않는다

潛龍勿龍은 **陽在下也**오 **見龍在田**은 **德施普也**오
잠룡물용 양재하야 현룡재전 덕시보야
終日乾乾은 **反復道也**오 **或躍在淵**은 **進**이 **无咎也**오
종일건건 반복도야 혹약재연 진 무구야
飛龍在天은 **大人造也**오 **亢龍有悔**는 **盈不可久也**오
비룡재천 대인조야 항룡유회 영불가구야
用九는 **天德**은 **不可爲首也**라
용구 천덕 불가위수야

'잠룡물용'은 양이 아래에 있음이다. '현룡재전'은 덕을 베풂이 넓음이다. '종일건건'은 도를 반복하여 실천함이다. '혹약재연'은 나아감에 허물이 없음이다. '비룡재천'은 대인의 지음이다. '항룡유회'는 가득 차서 오래하지 못함이다. 9라는 수로 작용함은 하늘의 덕은 머리로 하지 못함이다.

「소상전」은 「대상전」의 의미를 부연설명하여 밝히고 있다. 「소상전」의 결론은 마지막 단락에 집중되어 있다. 공자는 초효의 구체적인 힘을 뜻하

29) 류시화 편저, 『나는 왜 너가 아니고 나인가』(서울: 김영사, 2003), 11쪽.
30) 프리초프 카프라/강주헌, 『히든 커넥션』(서울: 휘슬러, 2004), 11-14쪽 참조.

는 양陽이라는 글자를 사용하여 에너지의 흐름을 6단계로 설정하고 있다. 6효는 곧 에너지의 경로와 단계를 상징한다.

9는 양의 극한수인 까닭에 상효는 '양이 가득 차서 극한에 이르면 오래가지 못한다'고 말했다. 오래가지 못하기 때문에 새로운 순환 운동, 즉 '삼천양지三天兩地'에서 '삼지양천三地兩天'의 운동 방식으로 바뀐다는 것을 시사한다. 이런 연유에서 하늘의 품성[天德]은 9수로 으뜸(머리)삼지 않는다고 확인했다.

『주역』은 양효인 9수를 원칙으로 삼는다. 하지만 '9로 머리를 삼지 말라'는 것은 10을 머리로 삼으라는 뜻이다. '항룡亢龍'의 단계에 이르면 다시 원래의 위치로 돌아간다. 이것이 바로 9에서 10으로 넘어가 다시 시작한다는 '종시終始'의 원리이다. 그것은 멈추지 않는 영원한 순환이다. 상효의 '오래가지 못한다[亢龍有悔, 盈不可久也]'는 말은 선천이 오래가지 못함을 시사하는 발언이다. 선천의 병든 천지는 치유를 통해서만 거듭날 수 있다. 9수를 쓰는 선천은 최고의 으뜸이 될 수 없다고 말한 것이다.

건괘는 양효를 '9'라는 수로써 규정하는데, 9는 으뜸이 되지 못하므로 10무극을 머리(으뜸)로 삼아야 한다는 것을 시사한다.

16. 문언전 1-1 : 원형이정

文言曰 元者는 **善之長也**오 **亨者**는 **嘉之會也**오
문 언 왈 원 자 선 지 장 야 형 자 가 지 회 야
利者는 **義之和也**오 **貞者**는 **事之幹也**니
이 자 의 지 화 야 정 자 사 지 간 야

원은 선의 으뜸이요, 형은 아름다움의 회합이요, 이는 의리의 화합이요, 정은 모든 일의 줄기이다.

「문언전」은 하늘의 뜻을 인간의 내면 품성으로 집약시킨 철학 체계이다.

천문과 인문이 결혼하여 인문학의 지평이 창출된다는 것이 곧 「문언전」이다. '문文'은 밤하늘에 새겨진 하늘의 뜻, '언言'은 하늘의 언어와 소리를 말로 서술했다는 뜻이다. 그러므로 문언은 진리의 말씀이다. 공자는 원형이정元亨利貞의 네 글자에 함축된 의의를 하나하나씩 해석하였다.

원元은 계절로는 봄이다. 원元은 만물을 소생시키는 으뜸가는 생명력과 모든 선을 포용하는 최고선이다. 형亨은 계절로는 여름이다. 여름은 생명의 약동이 최고조에 도달하는 시기이다. 나무는 땡볕 속에서도 무럭무럭 자라 가지와 잎이 축 늘어질 정도로 몸집이 커진다. 무한 성장하는 생명체들에게는 자율의 질서가 필수적이다. 따라서 여름의 정신을 예禮라 한다. 이利는 계절로는 가을이다. 가을은 생명을 성숙시켜 열매를 맺게 한다. 좋은 씨앗에서 발아된 종자와 쭉정이에서 피어난 종자들이 가을에 이르면 결판이 난다.

가을은 정의를 상징한다. 정의는 시공간을 초월하여 불변의 가치를 대변하기 때문에 의로움의 화신으로 불린다. 정의는 불의와 양립할 수 없다. 하지만 불의를 용서할 수 있어야 한다. 정의는 불의에 대해 눈감는 것이 아니라 용서하는 데에 진정한 가치가 있다. 개과천선의 기회를 주는 것이다. 정의는 의로움이 화합하는 덕목이다. 정貞은 계절로는 겨울이다. 겨울은 가장 좋은 씨앗을 저장하여 다음의 봄을 기약하면서 갈무리한다. 봄, 여름, 가을의 정신을 온전하게 저장하는 지혜는 겨울에서 찾을 수 있다.

춘하추동과 동서남북과 인의예지는 원형이정의 내용이다. 춘하추동은 시간, 동서남북은 공간, 인의예지는 인간 본성을 뜻한다. 원형이정은 시간과 공간과 인간을 관통하고 이들을 아우르는 원리의 총화인 것이다. 그래서 원元은 모든 선의 으뜸인 최고선最高善이다. 서양의 플라톤(Platon: BCE 427~BCE 347)도 우주의 궁극적 존재를 선善의 이데아(Idea)라고 하였다. 생명의 시원은 '원元'에서 비롯되지만, 이것이 작용으로 드러날 때는 4상四象의 미학적 구조를 갖는다.

'형亨'은 만사가 두루 형통한다는 뜻이다. 왕성한 여름의 에너지는 하늘을 뚫을 기세로 거대한 힘을 자랑한다. 한 그루의 나무를 보라. 줄기와 가지와 잎이 햇빛을 가릴 정도로 무성하다. 하지만 줄기와 가지와 잎은 무질서하게 번지는 것이 아니라 프랙탈의 원리에 따라 나무의 본성을 유감없이 드러낸다. 무질서의 질서라는 말이다.

여름의 화려함 속에는 매우 단순하고 명료한 이치가 담겨 있다. '형'의 원리를 통하여 복잡성 속에서 간결성을 발견할 수 있다는 말이다. 복잡다단한 변화와 무질서의 형태도 알고 보면 그 속에 질서가 내재되어 있다. 그래서 '아름다움의 회합'이라고 했다. 『주역』은 화려한 언사를 사용하지 않는다. 불교는 부정의 부정을 통한 긍정의 논리를 취한다. 시비의 양극성의 초월을 강조하는 부정의 미학이다. 하지만 『주역』의 가르침은 온갖 상대성을 포용하는 긍정의 미학[31)]이다.

『주역』은 천도의 내재화(자연의 인간화)를 강조하여 하늘의 질서인 예를 내면화하라고 가르친다. 예는 타율적인 규범이 아니다. 단지 아름다울 뿐이다. 흔히 예는 자유를 구속한다는 순자荀子의 거추장스러운 예학禮學을 연상하기 쉽다. 『주역』의 예학은 천지의 질서에 근거한다. 현상 세계를 움직이는 질서는 복잡하지만, 그 근거는 매우 단순하다. 형亨은 복잡한 예의 질서를 하나로 관통시킨다. 하나로 관통시킨 입장에서 보니까 '아름답다[嘉].' 서양의 피타고라스가 우주를 아름답게 배열된 수학적 질서라고 말한 것은 의미심장하다.

'이利'는 벼 화禾와 칼 도刀의 합성어다. 한 여름의 폭염을 이겨낸 벼의 알곡은 칼로 잘려져 사람의 신성한 먹거리로 신성시된다. 가을은 심판의 계절이다. 심판은 정의가 생명이다. 축구에서도 선수가 반칙하면 심판관은 처음에는 옐로카드를 내밀어 기회를 한 번 더 준다. 두 번째 반칙 때에는

31) '만물을 낳고 낳은 것이야말로 생명의 본질이다[生生之謂易].' 『周易』은 생명의 지속성을 변화의 차원에서 논의한다.

어김없이 레드카드를 내밀어 선수를 내쫓는다. 축구장을 난장판으로 만들기 때문이다. 규범에 어긋나는 행위와 부정 행위를 솎아내는 작업이 심판의 임무이다.

정의는 불의를 물리쳐야 한다. 그렇다고 정의의 칼로 온통 불의를 대청소하면 그 사회는 숨쉬기조차 어렵다. 정의에 따뜻한 온기가 서려야 한다는 말이다. 법률에 호소하는 정의는 법정에서 권위를 갖는다. 하지만 정의는 따뜻한 감성적 측면과 이성적 측면을 함께 갖추어야 모든 이들이 동감한다. 그래서 「단전」은 커다란 화합[保合大和]을 내세웠던 것이다. '화이부동和而不同'이 되야지 '동이불화同而不和'[32]가 되어서는 안 된다. '이利'는 다수의 공감대를 바탕으로 개인의 이익이 보장되는 건강한 질서가 진정한 화합이다.

'정貞'은 계절로는 겨울이다. 겨울은 가을에 거둔 알곡 중에서 가장 좋은 것을 골라 내년 봄농사의 씨앗을 저장하는 계절이다. 씨앗에는 유전자 정보가 박혀 있다. 그만큼 생명의 저장고이자 근간이라는 뜻이다. 그래서 계 모임의 운영자 또는 연락자를 간사幹事라 부르는 것이다. 뿌리가 깊지 않거나 바람에 흔들리는 나무는 제대로 설 수 없듯이, '정'은 사물의 굳건한 중심[33]을 이룬다.

마이클 슈나이더(Michael Schneider)는 동서양 수학에 나타난 '4'의 의미를 인문학적 측면에서 읽어냈다. "모나드의 점點에서 디아드의 선線과 트리아드의 면面으로, 즉 0차원에서 2차원으로 옮겨가면서 '창조 과정'이 드러

32) 일시적 협약으로 꾸민 일치는 오래 가지 않기 때문에 진정한 화합이 불가능하다는 것이 '同而不和'다. '和而不同'은 각각의 개체성이 보장된 상태에서 전체의 화합이 깨지지 않는 것을 뜻한다. 이는 유교가 지향하는 의로운 사회의 모델이다.

33) '元亨利貞'에 대한 朱子의 주석, "元者生物之始, 天地之德莫先於此, 故於時爲春, 於人則爲仁, 而衆善之長也. 亨者生物之通, 物至於此莫不嘉美, 故於時爲夏, 於人則爲禮, 而衆美之會也. 利者生物之遂, 物各得義不相妨害, 故於時爲秋, 於人則爲義, 而得其分之和. 貞者生物之成, 實理具備隨在各足, 故於時爲冬, 於人則爲智, 而爲衆事之幹, 幹木之身, 而枝葉所依以立者也." 겨울과 봄에 해당하는 '仁'과 '智'는 인간 본성의 핵심축임을 알 수 있다.

난다. 테트라드Tetrad는 모든 것의 틀을 제공한다. 테트라드의 기하학은 자연 속에서 무생물과 생물의 형태 사이의 경계에서 나타난다. 정사면체는 최소한의 입체이기 때문에 가장 안정된 형태이다. 피타고라스학파는 네 변이 똑같은 정사각형은 '정의'를 나타낸다고 하였다. 동서남북의 네 방향의 바람도 지구의 네 구석을 향해 분다. 두 개의 분점分點과 두 개의 지점至點을 지나며 태양 주위를 도는 지구의 위치를 기준으로 1년을 4계절로 나눔으로써 공간과 시간을 4등분할 수 있다. 4의 속성은 안정되고 단단한 지구와의 연관성을 암시한다. 석가는 "세상은 그 속에 진리가 나타나 머물 수 있도록 생겨났다"고 했다. 문화권에 상관없이 정사각형은 대지의 여신을 나타내는 가장 주요한 상징으로 사용되었다. 테트라드의 원리는 자양분을 주고 기르는 측면을 나타낸다. 즉 만물을 낳고 만물에 필수적인 물질로 옷을 입히고, 똑같이 성장을 북돋는다. 자연의 형태들은 어머니와 아버지의 양쪽으로부터, 즉 물질과 패턴의 결합으로부터 생겨난다. 옛사람들은 이러한 형체화 과정을 베짜기로 상징했다. 씨실과 날실, 곧 남성과 여성이 극점에서 교차하는 것을 상징한다. 토마스 헨리 헉슬리에 따르면, "체스판은 세상이고, 말들은 우주의 현상이며, 게임의 규칙은 자연의 법칙이다." 괴테는 "미美는 자연의 비밀스런 법칙이 표출된 것"이라 했다. 모든 창조는 양극성에서 비롯된다. 모든 탄생은 양과 음, 빛과 어둠, 남성과 여성, 신과 여신, 전기와 자기, 기하학적 형태들이 생겨나는 베시카 피시스의 두 원의 상호 침투를 통해 일어난다. 수數는 세상의 형태와 에너지의 원천이다. 에너지의 분배는 확실한 경로를 따라 일어나며, 그 경로는 기하학적 작도를 통해 연구할 수 있다. 자연의 패턴은 3차원 공간의 수학에 기초한다. 본질적으로 자연의 창조 과정은 입체를 탄생시킴으로써 그 열매를 낳는다. '우주는 영혼이 외면화된 것이다.' 고대 철학자들은 내면의 삶이 자연 자체의 화음에 따라 배열되어 있다고 보았다. 자연과 기하학과 자신들의 삶에서 똑같은 원리들을 발견했기 때문이다. 수학 철학자들은 3과 4가

섞이는 곳에서 자신의 모습을 보았다. 이러한 3과 4의 동시성은 우리 자신의 청사진이다. 즉 삼각형은 '천상'인 내면 깊은 곳의 신성한 삼위일체를 나타내고, 그 아래에 있는 정사각형은 인간의 본성과 외부의 신체를 이루는 4원소를 나타낸다.[34)]

원형이정은 생명의 본질이다. 군자는 이것을 자신의 근원적 생존 방식으로 삼는다.

17. 문언전 1-2 : 군자와 인의예지

君子體仁足以長人이며 **嘉會足以合禮**며
군 자 체 인 족 이 장 인 　 가 회 족 이 합 례
利物이 **足以和義**며 **貞固足以幹事**니
이 물 　 족 이 화 의 　 정 고 족 이 간 사
君子行此四德者라 **故**로 **曰乾元亨利貞**이라
군 자 행 차 사 덕 자 　 고 　 왈 건 원 형 이 정

군자는 인을 체득해서 다른 사람을 길러낼 수 있으며, 아름다움을 모아서 예에 합치시키며, 사물을 이롭게 함에는 의리에 조화될 수 있도록 하며, 매사에 올바르고 굳은 의지로 일을 합당하게 처리한다. 군자는 이 네 가지 덕을 실천하는 사람이다. 그러므로 '건을 원형이정'이라 하는 것이다.

이 글은 존재론, 인식론, 가치론과 수행론을 동일 지평 위에서 논의하고 있다. 이 문장의 주어는 군자다. 천지의 생명인 '원'을 인간 주체화하는 것이 '체인體仁'이다. 천지 생명을 하늘의 입장에서 보면 '원'이지만, 인간의 입장에서 보면 '인仁'이라는 것이다. 체인이란 낱낱이 분석하여 인식한다는 말이 아니다. 그것은 생명[元]의 정신을 자신의 근원적 생존 방식으로 삼는다는 의미로 이해하는 것이 옳다.

34) 마이클 슈나이더/이충호, 『자연, 예술, 과학의 수학적 원형』(서울: 경문사, 2002), 61-90쪽 참조.

천지의 생명을 자기의 주체성으로 깨닫는 것이 바로 '체인'이다. 하늘이 본성으로 부여해 준 것이 바로 인仁이기 때문에 그것은 천도의 인간 주체화의 원리인 셈이다. 『주역』은 천도를 깨달을 수 있는 근거를 인간 본성에 둔다. 하늘이 인간에게 천부적으로 내려준 것이 도덕적 본성[天命之謂性]이며, 그것의 내용이 바로 인의예지인 것이다.

성리학에서는 천지가 만물을 낳는 마음을 '생명의 의지[生意]'로 표현했다. 군자는 천지가 만물을 낳는 이치를 나의 실존성의 최종 근거로 체험하여 다른 사람들을 길러내는[君子體仁足以長人] 의무가 있다.

군자는 하늘의 으뜸가는 마음을 인간 본성으로 깨닫는 존재, 즉 천도의 객관성과 목적성을 자신의 주체성으로 삼는다. 또한 군자는 천도를 사회적으로 구현하는 일을 역사적 사명으로 인식하고 실천한다. 군자는 벼슬과 명예와 권위와 돈보다는 인의예지라는 도덕적 가치를 사회적으로 구현하는 지성인이다.

'예'는 사회의 균형을 유지하는 규범이다. 예는 '하늘의 이치가 새겨진 무늬 혹은 문장[天理의 節文]'이다. 예학은 자연학과 인간학은 두 가지 성격을 동시에 겨냥한다. 하늘의 질서를 인간의 질서로 내면화하여 만물을 이롭게 하면 하늘의 의리에 부합할 수 있다. 그래서 맹자는 '친친인민애물親親仁民愛物'의 경지에 도달할 수 있는 사람이 군자라고 극찬했다. 군자의 목표는 의義(Justice)가 구현되는 대동사회의 건설에 있다. 대동사회란 의리가 지켜지는 사회이다.

「문언전」에는 인의예지仁義禮智 중에서 '지智'가 배제되어 있다.[35] 지혜는

35) 인의예지에서 왜 '智'만을 구체적으로 언급하지 않았을까? 이러한 궁금증에 대해서 학자들은 나름로의 견해를 내놓았다. 하지만 시원스런 결론은 없다. 다만 씨앗이 정보를 담고 있다는 것을 실마리로 삼아 겨울은 봄, 여름, 가을에 대한 숨겨진 질서로 인식하는 것이 대부분이다. 생명의 씨앗 속에 담긴 '智'의 수수께끼를 후대인들에게 유산으로 남긴 공자의 고뇌를 읽을 수 있다. 오행론에서 북방의 1·6水는 봄과 여름의 분열 운동과 가을의 성숙 운동을 갈무리하는 통일 운동의 회귀처다.

인간 의식의 심층에 내재화되어 있는 까닭에 외부의 사물과 접촉하기 이전에는 밖으로 잘 표출되지 않는다. 의식은 감각적 지식에 기대거나 내면적 영혼에 침잠하려는 경우가 있다. 전자에 치중하면 과학적 지식의 획득에 유리하며, 후자는 깨달음과 도덕적 세계를 존중한다. 지혜를 어떻게 사용하느냐에 따라 욕망을 향해 줄달음치거나 혹은 도덕 세계의 건설이라는 숭고한 정신을 갖도록 하는 갈림길으로 나뉜다.

'지智'는 지식을 수동적으로 인지한다는 뜻이 아니다. 오히려 감추어진 본래적 인성人性을 끄집어내 올바르게 세계를 이해하고, 올바른 가치를 실천하도록 유도하는 덕목이다. 외부 사물에 유혹당하지 않도록 의지를 올바르게 다져야만 사회의 중추적인 지성인[幹事]이 될 수 있다. 「문언전」은 확고부동한 진리 체험, 행동 규범에 대한 목표를 제시한 군자학이다. 결국 원형이정의 도덕성을 사회적으로 구현해야 한다는 소명 의식을 일깨우고 있다.

원형이정은 가치의 근거로서 군자가 구현해야 하는 역사적 좌우명이다.

18. 문언전 2-1 : 잠룡물용

初九曰 潛龍勿用은 **何謂也**오 **子曰 龍德而隱者也**니
초구왈 잠룡물용 하위야 자왈 용덕이은자야
不易乎世하며 **不成乎名**하여 **遯世无悶**하며
불역호세 불성호명 둔세무민
不見是而无悶하여 **樂則行之**하고 **憂則違之**하여
불견시이무민 낙즉행지 우즉위지
確乎不可拔이 **潛龍也**라
확호불가발 잠룡야

초구에 이르기를 '잠긴 용이니 쓰지 말라'는 것은 무엇을 말함인가. 공자가 말하기를 용의 덕을 갖추고 있으면서 세상에 드러내지 않고 숨어 있는 사람으로서 세속적 가치에 영합하여 마음을 바꾸지 않으며, 세상에 이름이 알려지는 것을 구하지도 않는다. 세상을 피해서도 불평거리가 없

으며, 자기의 옳음을 세상이 몰라줘도 전혀 속상함이 없기 때문에 즐거우면 행하고 걱정되면 그만둔다. 그 뜻이 확고부동하여 뽑을 수 없는 것이 잠룡이다.

이 구절은 효사에 대한 설명으로서 '공자가 말하기를[子曰]'은 제자들이 스승인 공자의 말을 기록한 것이다. 초효의 설명은 '준비된 지도자의 품성과 자질'을 제시한다. '은자隱者'는 두 가지의 해석이 가능하다. 하나는 '자者'를 불특정 명사로 번역한 '어떤 것(thing)'이란 뜻이 있다. 넓은 의미에서 '용의 덕을 갖추었으되 숨어 있는 것'이라고 풀이한다. 다른 하나는 '자者'를 혼탁한 세상을 도피하여 '숨어 있는 사람'으로 번역한 경우다. 양자는 모두 옳지만, 여기서는 은인자중하여 자기 수양과 힘을 비축하는 사람을 뜻한다.

하늘의 양은 용이다. 용은 조화 능력을 가진 신비한 동물이기에 용의 덕을 지닌 군자는 난세와 태평성대를 막론하고 세상에 기여해야 한다. 아직 때가 무르익지 않아 숨어 지낼 따름이다. 주변의 상황이 불리하더라도 굳센 의지로 외부의 유혹을 차단한다.[36] 굳이 세상에 나아가 이름을 떨치려고 하지도 않는다. 오직 은인자중하여 세속 일에 관여하지 않는다. 또한 낙관적인 까닭에 마음의 동요도 일어나지 않는다.

'잠룡물용潛龍勿用'의 '물勿' 자에 깊은 뜻이 있다. 쓸 수 없다는 불가능도 아니요, 써서는 안 된다는 금지의 말도 아니다. 오직 시간의 정신에 입각하여 앞으로 불쑥 나아가지 않음을 가리킨다. 그것은 결코 상황 논리가 아니다. 상황 논리는 단지 편의주의적 발상에서 비롯된 핑계에 불과하기 때문이다. 좋으면 나아가고 싫으면 나아가지 않는 행동은 현대 다원주의의 폐단과 직결되는 논리이다. 상대적 가치에 물든 사회는 꼬리에 꼬리를 무는 혼돈의 연속에 지나지 않는다. 매우 민주적인 구호인 것 같지만, 그

36) 『도전』 11:198:3-5. "元亨利貞에 두 길이 있으니 功은 닦은 데로 가고 罪는 지은 데로 가느니라. … 時時로 지은 죄는 하늘이 벗기려 해도 못 벗기고, 시시로 닦은 공은 하늘이 뺏으려 해도 못 뺏느니라."

속에는 세상을 어지럽히는 개인주의와 이기주의가 밑바탕되어 있다.

'물勿'은 금지하라는 경고가 아니다. '때의 중요성'을 깨달으라는 교훈이다. 교훈은 알기는 쉽지만 실천은 어렵다. 노장사상은 세상이 어지러우면 물러나고, 세상이 잘 다스려지면 정치에 뛰어들라고 가르친다. 이것은 역사에 대한 반역이다. 물론 상황이 불리한데도 불구하고 맹목적으로 뛰어드는 일은 어리석다. 그렇다고 상황이 불리하면 무조건 은둔하는 것도 옳지 않다.

『주역』의 가르침은 '중용의 정신'으로 압축할 수 있다. 중용中庸은 양극단으로 치닫는 폐단을 해소시키는 포용의 논리이다. 시간의 정신이 허락하여 나아갈 때는 반드시 나아가고, 나아가지 말아야 할 때는 나아가지 말아야 한다. 나아가야 할 때는 나아가지 않고, 도리어 나아가지 말아야 할 때는 무턱대고 나아가는 것은 시간의 정신에 위배된다. 상황 판단은 쉽지만 그것을 실천에 옮기는 매우 어렵다.[37] 이처럼 중용은 '시간의 본질'을 깨달아야 삶의 방식으로 터득될 수 있는 것이다.

시간의 정신에 따라 때를 기다린 이로 추앙받는 역사적 인물이 있다. 그는 강태공姜太公이다. 강태공은 자기를 알아주는 사람을 찾기 위해서 바늘 없는 낚시질로 세월을 보냈다고 한다. 그는 물고기를 낚은 것이 아니라 시간을 낚았다. 알맞는 시간과 알맞는 역사 현실과 준비된 인간이 만나는 것을 김일부는 '시명時命'이라 했다. 시간[時]은 시계바늘이 가리키는 과학적 시간이 아니라, '자연사적 시간으로서의 때'를 가리킨다. '명命'은 일정한 시간대에 하늘이 그 의지를 표출하는 명령이다. 그것은 군자에게 주어지는 '역사적 사명'으로 나타난다.

37) 『周易』 52번 艮卦의 내용은 시간의 정신에 따라 실천하는 것이 얼마나 어려운 것인가를 알게 한다. "간은 그침이다. 때가 그칠 때면 그치고 때가 행할 때면 행한다. 움직이고 고요함에 때의 정신을 잃지 않으니 그 도가 밝게 빛난다[艮止也, 時止則止, 時行則行, 動靜不失其時, 其道光明]"라고 하여 인식과 행위의 준거가 시간의 정신에 있음을 강조한다.

군자는 결코 세속적 가치에 물들어서는 안 된다. 그러나 실천력은 마음 속에 굳게 뿌리박아야 한다.

19. 문언전 2-2 : 현룡재전

九二曰 見龍在田利見大人은 **何謂也**오
구이왈 현룡재전이견대인 하위야
子曰 龍德而正中[38]**者也**니 **庸言之信**하며 **庸行之謹**하여
자왈 용덕이정중 자야 용언지신 용행지근
閑邪存其誠하며 **善世而不伐**하며 **德博而化**니
한사존기성 선세이불벌 덕박이화
易曰 見龍在田利見大人이라 하니 **君德也**라
역왈 현룡재전이견대인 군덕야

구이에 이르기를 '용이 넓은 대지에 출현하니 대인을 만남이 이롭다'는 것은 무엇을 말함인가. 공자가 말하기를 용의 덕으로 올바르면서 모든 일에 적중하는 것이다. 일상의 말을 믿음직스럽게 하고 일상의 행실에 신중하여 간사한 것을 막아 그 성실함을 자신의 실존성으로 삼으며, 세상을 잘 다스려도 뽐내지 않고 덕을 널리 베풀어 교화한다. 역에서 '용이 넓은 대지에 출현하니 대인을 보는 것이 이롭다'고 한 것은 군덕이다.

건괘 2효는 음 자리에 양이 있기 때문에 부정不正이다. 비록 2효 양이 음 자리에 있으나 중용[中爻]을 지킨다. 주자에 따르면, 중도[中]는 정도[正]를 내포할 수 있는 반면에, 정도는 중도를 내포할 수 없다. 그만큼 중도가 정도보다 중요하는 것이다. 중도(중용)가 생명의 본질이기 때문이다. 과거 학자들이 『주역』을 '중정지도中正之道'라고 불렀던 것은 틀린 말이 아니다.

38) 『周易』에서 '正中'과 '中正'은 다르면서도 같다. 正은 가치론적인 개념이며, 中은 본체론적 개념이다. 맹자는 공자의 정신을 '時中之道'라고 했다. 시간성의 원리를 깨달아 실천했다는 것이다. 시간성의 원리에 합당한 것을 '中'이라 하고, 거기에 합당하게 실천하면 결과적으로 '올바른 행위[正]'가 되는 것이다. 따라서 '정중'은 그 행위가 중용의 정신과 일치하는 것이고, '중정'은 시간성의 원리에 따른 행위는 저절로 가치론적 표준에 합당한 상태를 지적한 말이다.

『주역』은 2효와 5효의 대응 관계를 살피는 일이 매우 중요하다. 2효는 신하, 5효는 군주의 자리이다. 따라서 2효는 지도층의 품성과 자질을 설명한 것이라 할 수 있다.

군자가 세상에 나아가 일하려면 언행일치를 좌우명으로 삼아야 한다. 도덕 의식이 바깥으로 나타난 것이 바로 말과 행동이다. "말은 마음의 소리요, 행동은 마음의 자취이다."[39] 요즈음은 신용카드가 사람의 신뢰성을 가늠질하는 척도가 된지 오래다. 은행에 돈이 없을 때는 사람노릇도 불가능하다. 돈이 믿음을 낳는 풍조가 현대 사회의 특징이다. 말도 필요 없고 행동도 쓸모 없다. 오직 돈이면 다 되는 사회다. 아무리 옛말에 "돈만 있으면 처녀불알을 살 수 있다"고 했지만 돈은 건강 사회의 지표가 될 수는 없다. 가장 믿음직한 사회는 입에서 나온 말이 지켜지고, 올바른 행동이 표창받는 사회여야 한다.

『주역』의 지식론과 실천론은 '지행합일知行合一'을 지향한다. 지식은 언어로 기술된다. 습득된 지식은 다시 언어로 환원된다. 언어와 행위가 일치되었을 때 비로소 그 지식과 행위는 고결한 가치를 갖는다. 그러니까 믿음은 말과 행동에서 나오는 것이다. 자사子思가 지은 『중용』이라는 책이름도 정중正中에서의 '중'과 '용언지신庸言之信, 용행지근庸行之謹'의 '용'을 합해서 만들어진 것을 주목할 필요가 있다.

'한사존기성閑邪存其誠'의 내용을 살펴보자. '사邪'란 외부로부터 오는 유혹 또는 자신의 무의식의 심층에서 우러나오는 사특하고 간사한 마음과 행동거지를 뜻한다. '성誠'은 『중용』에 나오는 "성은 사물이 저절로 이루어지는 원리이다. 성이란 만물을 생성하는 마침과 시작이다. 하늘의 원리가 진실무망하지 않으면 만물의 존재 가치가 실현되지 못한다[誠者自成也, 誠者物之終始, 不誠無物](25장)라는 말이 대변한다. 성실성[誠] 자체는 하늘의

39) 『도전』 3:97:5. "오직 言德을 잘 지키라. 덕 중에는 언덕이 제일이니라."(『도전』, 8:28:2)

원리이다. 그러므로 군자는 하늘의 원리를 자신의 본성으로 삼아 군건하게 보존하고 밝혀야 하는 것이다.

군자는 가슴에 화려한 장미꽃을 달지 않는다. 꽃은 영광의 표징이다. 군자는 보이지 않은 곳에서 선행을 베풀 뿐이다. 그러니까 선행을 자랑하지 않는다. 선행은 흔적이 없지만 알 사람은 다 안다. 군자의 향기는 구석구석 퍼진다. 군자는 도덕의 향기로 널리 천하를 교화하여 악을 제거하고 사회의 건강을 증진시킨다.[40)]

왜 2효에서 '군덕君德'을 말하는가? 2효는 신하의 위치이고, 5효는 인군人君의 자리이다. 하지만 이들의 덕은 같다. 다만 때[時間]과 상황[空間]이 다를 뿐이다. 2효에서 말한 '이견대인利見大人'에서의 대인은 5효의 인군이다.

군자는 '하늘의 원리를 자신의 실존성의 근거'로 보존하여 도덕의 향기를 널리 펼치는 존재이다.

20. 문언전 2-3 : 언제나 노력하는 군자

九三曰 君子終日乾乾夕惕若厲无咎는 **何謂也**오
구 삼 왈 군 자 종 일 건 건 석 척 약 려 무 구 하 위 야

子曰 君子進德修業하나니 **忠信**이 **所以進德也**오
자 왈 군 자 진 덕 수 업 충 신 소 이 진 덕 야

修辭立其誠이 **所以居業也**라 **知至至之**라 **可與幾也**며
수 사 입 기 성 소 이 거 업 야 지 지 지 지 가 여 기 야

知終終之라 **可與存義也**니 **是故**로 **居上位而不驕**하며
지 종 종 지 가 여 존 의 야 시 고 거 상 위 이 불 교

在下位而不憂하나니 **故**로 **乾乾**하여 **因其時而惕**하면
재 하 위 이 불 우 고 건 건 인 기 시 이 척

雖危나 **无咎矣**리라
수 위 무 구 의

40) 자본과 패권으로 움직이는 현대 정치판에서 통용되지 않는 시대에 뒤떨어진 표어로 들리지만, 힘으로 세상을 통치하는 위정자들의 허구를 비판하는 잣대가 바로 '德性'임을 잊어서는 안 된다.

구삼에 이르기를 '군자가 하루종일 온 힘을 다하고 저녁에도 근심하고 두려워하면 위태로우나 허물이 없으리라'라 한 것은 무엇을 말함인가. 공자가 말하기를 군자는 덕 쌓는 일에 나아가고 세상일을 닦는다. 충신은 덕을 진전시키는 것이요, 말을 닦고 하늘의 성실성을 세움은 세상일에 참여하는 바이다. 이를 데를 알아서 이르므로 기미와 함께 할 수 있으며, 마칠 때를 알아서 마치므로 의리를 보존할 수 있다. 이런 까닭에 높은 자리에 있어도 교만하지 아니하며, 낮은 자리에 있어도 조바심내지 않는다. 그러므로 부지런히 힘써서 그 때(시간의 정신)로 인해 두려워 하면 비록 위태하나 허물이 없을 것이다.

3효는 군자가 닦을 학문의 성격과 수양, 처신에 대해 설명했다. 3효는 양이 양 자리에 있으나, 하괘의 끝에 있기 때문에 지나치게 강하여 위태로운 형국이다. 더욱이 3효는 선천 하괘의 끝자락에서 후천 상괘의 시작점으로 넘어가기 직전이므로 매우 위험한 때이다.

그러므로 군자는 덕성 쌓기에 온 힘을 기울여야 한다. 주자는 충忠을 '자신의 본성을 찾아서 닦는 것을 충이라 한다[盡己之謂忠]'고 했다. 오행론에서 믿음[信]은 인의예지를 주관하는 중앙에 위치한다. 자신과 하늘에 대한 믿음[忠信]이 모든 일의 조건이기 때문이다. 하늘의 진리인 원형이정을 믿어서[信] 인간 내면화했을 때 비로소 인의예지가 되는 것이다. 하늘은 순응하는 자에게 호의를 베풀며, 인간은 하늘을 믿어 의심치 않는다.[41]

'충신'은 군자가 되는 필요 조건은 될 수 있으나, 충분 조건은 될 수 없다. 시간의 정신에 대한 깨달음과 두려움이 전제되기 때문이다. 시간의 타이밍을 파악하기 위해서는 사태의 조짐과 기미[幾]를 살필 줄 알아야 한다. 삼가는 마음으로 적절한 시간을 깨달으면 머물고 나아가는 시기는 저

41) 이런 점에서 『周易』은 이성에 호소하는 진리 체계가 아니라 하늘에 대한 믿음에 기초한다. 「繫辭傳」 상편 10장에서는 "天之所助者順也, 人之所助者信也, 履信思乎順."이라 하여 『주역』은 하늘에 대한 경건성과 믿음을 기초로 하는 종교 철학임을 분명히 했다.

절로 알 수 있다. 그러면 자신이 의도한 행위는 '의義'와 합치할 수 있다.

왜 하필 3효에서 '기미'와 '의'를 강조하는가? 주지하다시피 3효는 4효로 넘어가는 막바지 단계이다. 급격한 상황에 적응할 수 있기 위해서는 먼저 변화의 징후를 알아야 할 것이다. 그 전제가 바로 '시간의 절도성에 대한 민감성[因其時而惕]'이다. 시간 흐름의 목적을 분명히 깨달아야 두려운 상황에서도 정신을 차릴 수 있다. '의義'의 근거는 시간의 목적성에 있다. 의義는 오행에서 서방의 금金을 가리킨다.

여름에서 가을로 바뀌는 사건을 『정역』은 '금화교역金火交易'이라 불렀다. 금과 화가 바뀌는 사건이 바로 선후천의 변화이다. 그것은 천지가 자율적으로 옷을 갈아입는 몸부림이다. 극심한 몸부림을 겪어야 새로운 천지로 거듭날 수 있다. 선후천 변화의 징후를 미리 알면 두려움 속에서도 희망을 찾을 수 있다. 그 후에 펼쳐지는 경지가 바로 '의로운[義] 세계'이다.

3효는 군자가'진덕수업進德修業'하여 때의 적절성을 체득하고, 변화의 조짐을 쉽게 알 수 있으면 의리를 보존할 수 있다는 인간의 무한한 잠재력을 드높였다.

군자에게 의리의 준거는 '시간의 정신'이다.

21. 문언전 2-4 : 시간의 정신을 깨달아야

九四曰 或躍在淵无咎는 **何謂也**오 **子曰 上下无常**이
구 사 왈 혹 약 재 연 무 구 하 위 야 자 왈 상 하 무 상
非爲邪也며 **進退无恒**이 **非離群也**라 **君子進德修業**은
비 위 사 야 진 퇴 무 항 비 리 군 야 군 자 진 덕 수 업
欲及時也니 **故**로 **无咎**니라
욕 급 시 야 고 무 구

구사에 이르기를 '혹 뛰어서 연못에 있으면 허물이 없을 것이다'라 한 것은 무엇을 말함인가. 공자가 말하기를 오르고 내림에 항상함이 없는 것은 사특하고자 함이 아니며, 나아가고 물러감에 항상함이 없는 것은 무

리를 떠나려 함이 아니다. '군자가 덕 쌓는 일에 나아가고 세상일을 닦는다'는 것은 때에 맞추고자 하는 것이다. 그러므로 허물이 없는 것이다.

4효는 혹 점프해서 연못에 있는 형국이다. 위로 5효를 향해 전진하지만, 시기가 부적절해서 다시 내려와 초효의 제자리로 돌아가는 것을 의미한다. 이처럼 4효가 오르락내리락 하는 처신은 아래에 있는 나머지 양효들의 시각에서 보면, "혹시나 어떤 사특한 일을 벌이는 것은 아닌지?" 하고 의혹의 눈총을 보내는 것이다. 다만 시험삼아 점프할 뿐이다. 실제로는 앞으로 나아갔다 뒤로 물러났다 하면서 제자리걸음하는 행동은 동료(같은 양효들)과 헤어지려는 의도가 전혀 아니었다. 모두가 공동 운명체이기 때문이다.

4효의 행동이 항상된 원칙[恒]에 어긋나는 것으로 보이나, 사실은 세상일에 관심을 가지고 덕을 쌓으면서 시간의 적절성을 엿보는 까닭에 허물이 없다는 것이다. 변화에는 질적 변화와 양적 변화가 있다. 질적 변화는 인간적 삶의 양식이 본질적으로 바뀌는 것을 뜻한다. 질적 변화는 시도 때도 없이 아무렇게 이루어지지 않는다. 반드시 '때(시간)'[42]가 개입된다. 때가 허락해야지 때가 허락하지 않으면 만사불성이다. 석가모니는 6년이라는 고행이 필요했고, 예수도 광야에서 40일의 금식 기도와 영혼의 수행이 필요했던 것처럼 시간이 개입된다는 것이 4효의 가르침이다.

한마디로 '욕급시欲及時'란 시간 흐름의 절도성과 마디, 즉 시간의 목적성과 일치하려는 부단한 노력을 뜻한다. 그것은 인간 본성 안에서 시간의 본질을 하늘의 섭리로 체험하는 극적인 사태를 말한다. 이는 날짜대로 그냥 사는 기계적인 반복된 삶에서 터득되는 것은 아니라, 하늘의 의지를 읽는 일종의 의식 혁명을 통해서 일어난다.

42) 대부분의 번역서들은 "군자가 덕을 쌓고 학문을 닦는 것은 시대 상황에 맞도록" 하는 일반적 행위 정도로 풀이한다. 아주 유치한 번역이다. 『주역』이 기껏해서 입신양명을 위한 시간 조절의 방법을 일깨우는 책에 지나지 않는다는 말인가!

'시간의 목적성'에 부합하고 덕을 쌓아야 허물짓지 않는다.

22. 문언전 2-5 : 비룡재천

九五曰 飛龍在天利見大人은 **何謂也**오 **子曰 同聲相應**하며
구오왈 비룡재천이견대인 하위야 자왈 동성상응

同氣相求하여 **水流濕**하며 **火就燥**하며 **雲從龍**하며
동기상구 수류습 화취조 운종룡

風從虎라 **聖人**이 **作而萬物**이 **覩**하나니 **本乎天者**는
풍종호 성인 작이만물 도 본호천자

親上하고 **本乎地者**는 **親下**하나니 **則各從其類也**니라
친상 본호지자 친하 즉각종기류야

구오에 이르기를 '나는 용이 하늘이 있으니 대인을 보아 이롭다'는 것은 무엇을 말함인가. 공자가 말하기를 같은 소리는 서로 응하고 같은 기운은 서로를 구한다. 물은 습한 곳으로 흐르고 불은 건조한 곳으로 나아간다. 구름은 용을 따르고 바람은 범을 따른다. 성인이 일어남에 만물의 도가 드러나니(보통의 풀이로는 '만물이 우러러본다'), 하늘에 근거하는 것은 위로 친하고 땅에 근거하는 것은 아래에 친하다. 그러므로 만물은 각각 그 부류를 따른다.

건괘 5효는 『주역』의 총결론에 해당된다. 5효는 생명의 시작점인 동시에 완결점을 상징하기 때문이다. 하늘의 입장에서는 만물을 주재하는 상제의 자리이고, 국가의 입장에서 보면 임금의 자리이며, 시간적으로 보면 우주가 변화하는 자리이다. 5효는 상괘의 중용으로서 나머지 5개 효들에게 추앙받는 존귀한 위상이다. 5효는 하늘과 땅의 믿음은 물론 세상의 신뢰를 한몸에 받는 존재를 의미한다.

최근 몇 년 동안 자주 찾는 산 계곡에 어느 날인가 갑자기 '개' 사육장이 생겼다. 한 마리가 목청껏 부르짖으면 나머지 개도 따라 호응한다. 범골 계곡이 온통 개소리로 가득 찬다. 개가 울면 개가 따라 울지 닭이 따라 울

지 않는다. 닭은 새벽에 운다. 그 때는 동네의 모든 닭들이 이구동성으로 '꼬끼오' 하고 울기 시작하면서부터[同聲相應] 늦잠꾸러기들의 새벽잠을 깨운다. '유유상종類類相從'이란 말이 새삼 실감난다.

'동기상구同氣相求'의 질서를 가장 잘 대표하는 것은 음양론이다. 양은 양이고 음은 음이다. 하지만 음 속에 양이 있고 양 속에 음이 있는 까닭에 음은 양을 찾고 양은 음을 찾는다. 물은 높은 데서 낮은 데로 흐르며, 불은 항상 낮은 곳에서 높은 곳으로 타오르는 현상[水流濕, 火就燥]은 자연의 항구적인 법칙을 가리킨다. 물이 높은 곳으로 흐르고, 불이 낮은 곳으로 흐르는 현상은 절대로 없다.

용이 용솟음치면 떼구름이 일어나고, 호랑이가 훌쩍 뛰면 바람이 따라서 분다[雲從龍, 風從虎].[43] 육해공의 지배자 용과 지상의 왕자 호랑이가 동시에 일어나면 새로운 창조력을 발휘할 수 있다.[44] 이러한 일련의 변화 현상은 결국 복희팔괘도에서 문왕팔괘도로 전환되는 이치가 건괘 5효에 내포되어 있다. 이는 아주 흥미로운 문제다. 위에 언급된 천지 운동의 내용을 정리하면 다음과 같다. 기氣 → 수화水火 → 우레를 동반하는 구름과 바람의 시스템으로 천지는 역동적으로 움직임을 설명한다.

'성인작이만물도聖人作而萬物覩'에 대한 해석은 두 가지가 있다. 하나는 성인이 일어나니 만물이 우러러본다는 것이고, 다른 하나는 성인의 출현으로 말미암아 만물의 진리가 밝게 드러난다는 것이다. 우리는 후자를 겨

43) 우리네 선조들은 대문에 '龍虎'라는 휘호를 새겼다. 명예와 부와 건강이 들불같이 일어나라는 염원이 듬뿍 담겼다. 용과 호랑이 싸움을 龍爭虎鬪, 또는 龍虎相搏이라고 하여 힘이 대등한 세력간의 다툼이 일어나기 직전의 상태를 일컫게 되었다.

44) 단순히 '끼리끼리 모인다'는 뜻만을 가리키지 않는다. 문왕팔괘도를 보면, 서남방에는 여성괘의 손괘·리괘·곤괘·태괘가 끼리끼리 몰려 있고, 동북방에는 남성괘인 건괘·감괘·간괘·진괘가 몰려 있다. 이들은 대국적인 측면에서 여성과 남성이 대립하고 있는 형국을 이룬다. 하지만 세부적으로 분석한다면 문왕괘는 중남과 중녀인 감괘와 리괘만 음양짝을 이룰 뿐 나머지는 모두 윤리적 패륜 현상을 나타낸다. 이처럼 문왕괘는 대립과 부조화를 통해 만물이 성장함을 표상하고 있다.

냥한다. 왜냐하면 성인에 처음으로 동양의 인문학이 창출되었으며, 또한 『주역』은 성인학을 지향하기 때문이다. 여기에는 복희씨가 문명을 개창한 뒤로 만물의 이치가 차츰 밝혀지기 시작했다는 의식이 깔려 있다.

진리는 성인을 통해 드러난다. 성인은 낙서원리, 즉 상수론에 의거하여 세상의 이치를 설명했다.

23. 문언전 2-6 : 항룡유회

上九曰 亢龍有悔는 **何謂也**오 **子曰 貴而无位**하며
상구왈 항룡유회 하위야 자왈 귀이무위

高而无民하며 **賢人**이 **在下位而无輔**라 **是以動而有悔也**니라
고이무민 현인 재하위이무보 시이동이유회야

상구에 이르기를 '높이 있는 용이니 뉘우침이 있다'는 것은 무엇을 말함인가. 공자가 말하기를 귀하지만 자리가 없으며, 높으나 다스릴 백성이 없으며, 현인이 아래에 있으되 도울 수가 없다. 그러므로 움직이면 움직일수록 뉘우침이 있다.

상효는 건괘에서 더 이상 올라갈 수 없는 가장 높은 자리에 있다. 과거를 회상하면서 옛날의 영광을 못잊어 하는 모양이다. 이를테면 상효는 이성계가 실질적 권한을 아들 이방원에게 물려주고 스스로 뒷방에 물러앉은 형국이다. 비서관만 주위를 지킬 뿐 실제로 다스릴 백성이 하나도 없다. 실질적 권한은 5효에 있기 때문이다.

그래서 2효와 3효와 4효의 신하들이 오직 5효만을 따를 뿐, 상효에는 관심조차 두지 않는다. 서산을 바라보고 눈물만 흘린다. 그러니까 움직이면 움직일수록 뉘우침만 생긴다.

뉴욕은 전세계 자본을 움직이는 증권시장이 있다. 뒷골목의 할렘가 뿐만 아니라 미국이 자랑하는 세계에서 가장 높은 빌딩이 즐비하다. 뉴욕의

빌딩 꼭대기에는 상류층들이 거주한다. 건물 내부는 직장인들의 컨디션을 위해 화려하게 꾸며진 최고의 인테리어가 눈부시게 반짝인다. 하지만 지하실과 옥상은 초라하기 짝이 없다. 휴식 공간으로 사용하기에도 불편하다. 밝음이 있으면 어둠이 있는 세상사를 반영한다. 선악이 공존하는 도시가 뉴욕이다. 지하실은 곰팡이냄새가 진동하며, 날개가 없으면 옥상에서 떨어질 수조차 없다.

모든 사물은 극한에 도달하면 반드시 기울기 마련이다.

24. 문언전 3 : 건괘가 9수를 쓰는 이유

潛龍勿龍은 **下也**오 **見龍在田**은 **時舍也**오 **終日乾乾**은
잠룡물용 하야 현룡재전 시사야 종일건건
行事也오 **或躍在淵**은 **自試也**오 **飛龍在天**은 **上治也**오
행사야 혹약재연 자시야 비룡재천 상치야
亢龍有悔는 **窮之災也**오 **乾元用九**는 **天下治也**라
항룡유회 궁지재야 건원용구 천하치야

'잠겨 있는 용은 쓰지 말라'는 것은 아래에 있기 때문이요, '나타난 용이 밭에 있다'는 것은 시간의 정신에 맞추어 멈추라는 것이요, '종일토록 힘쓰고 힘쓴다'는 것은 훌륭한 일을 행함이요, '혹 뛰어오르거나 연못에 있다'는 것은 스스로 시험함이요, '나는 용이 하늘에 있다'는 것은 위의 다스림이요, '항룡이니 뉘우침이 있다'는 것은 재앙의 궁극이요, '건원이 9를 사용함'은 천하가 다스려짐이다.

이 글은 「문언전」의 3절의 내용이다. 2절을 이어서 때와 위치의 변화를 다루면서 수양론을 거론하고 있다. 초효의 '잠룡'은 맨 아래(공간)에 있기 때문에 아직 (시간)은 행동으로 옮길 상황이 아니라는 판단이다. 2효의 '현룡'은 충분히 준비하여 현실에 나왔으나, 사태를 관망하면서 대기하는 상태[時舍; 시간을 머금고 있는 상황]를 뜻한다. 3효는 하루종일 노력하는 군자

의 힘쓰는 태도[行事]를 지적한 것이며, 4효가 혹은 뛰어보고 혹은 깊은 곳에 잠겨 적극적으로 나서지 않음은 장차의 도약을 위해 자신의 가능성을 시험하는[自試] 일이다. 상위에 올라 아랫사람을 다스리는 5효 '비룡'은 인생의 황금기[上治]를, 상효 '항룡'은 올라갈 곳이 없는 극한 상황에 이르러 재앙이 생겨 뉘우친다[窮之災]는 뜻이다.

건괘가 9수를 쓰는 목적을 무엇인가? 천하를 평화롭게 다스리기 위한 방법론을 일깨우려는 의도가 묻어 있다. 9는 양의 극한이다. 양 에너지가 극도로 넘치면 음 에너지로 전환하는 것이 음양의 법칙이다. 강剛이 변하면 유柔이며, '용구用九'가 변하면 '용육用六'이다.

천하를 다스리는 경영에는 강유의 조화가 필요하다. 강한 자는 부드럽게 다루고, 약한 자는 강성하게 키워야 험난한 세상을 살아갈 든든한 밑천이 될 수 있다. 지도자는 강유를 겸비해야만 천하에 관용과 엄정한 정치를 시행할 수 있다[天下治也]고 『주역』은 가르친다.

『주역』은 생명이 성장하는 모습을 공간적으로 여섯 단계(용龍의 변화), 시간적으로는 구九로 표상한다.

25. 문언전 4 : 하늘의 원리를 아는 방법

潛龍勿用은 **陽氣潛藏**이오 **見龍在田**은 **天下文明**이오
잠룡물용 양기잠장 현룡재전 천하문명
終日乾乾은 **與時偕行**이오 **或躍在淵**은 **乾道乃革**이오
종일건건 여시해행 혹약재연 건도내혁
飛龍在天은 **乃位乎天德**이오 **亢龍有悔**는 **與時偕極**이오
비룡재천 내위호천덕 항용유회 여시해극
乾元用九는 **乃見天則**이라
건원용구 내견천칙

'잠용물용'은 양기가 잠복해 있기 때문이며, '현룡재전'은 천하가 문명화함이며, '종일건건'은 시간과 더불어 함께 실천함이며, '혹약재연'은 건도

가 혁신함이며, '비룡재천'은 하늘의 덕에 자리함이며, '항룡유회'는 시간대가 극한에 도달함이며, 건원의 용구 법칙에서 하늘의 법칙을 깨달을 수 있다.

이 대목은 앞 절을 다시 상세하게 풀이한 「문언전」 4절의 내용이다. 초효는 양 에너지가 깊숙이 감추어진 모습이다. 2효 군자가 중용[中爻]의 덕을 배풀기 때문에 천하가 문명의 혜택을 입는다. '천하의 문명화[天下文明]'를 언급하는 건괘는 『주역』의 문호이다. 이를 지수사괘地水師卦의 왕도사상王道思想에서 그 근거를 찾을 수 있다.[45]

'문명'이란 하늘의 걸음걸이가 겉으로 드러난 형태, 즉 밤하늘에 새겨진 '무늬[文]'와 해와 달의 '밝음[明]'의 결합어다. 『주역』이 말하는 문명화 과정은 하늘의 원리에 근거해서 이루어져야 한다는 것을 원칙으로 삼는다. 그러니까 지수사괘 「상전」에서는 "땅 속에 물이 있음이 사이니, 군자가 이를 본받아 온 무리를 포용하여 기른다[地中有水師, 君子以, 容民畜衆.]"고 하여 천도에 근거한 교화 원칙으로 세상을 이끌 것을 말했다.

『주역』의 핵심은 시간론[與時偕行]이다. 시간[時]의 어원이 해[日]의 운행은 토기운土氣運의 마디[寸]에 의해 이루어진다는 점에서 보더라도 시간성의 문제가 『주역』의 핵심임을 알 수 있다. 시간의 전개 과정을 알아서 시대인식을 분명히 헤아리고, 현실의 흐름에 거슬려서는 안 된다는 의미가 반영되어 있다. 이것이 바로 『주역』의 교훈이다. 왜 3효에서 시간의 중요성을 말하는가? 그것은 3효는 시간 질서가 바뀌는 문턱이기 때문이다.

45) 地水師卦의 主爻는 2효이다. 지수사괘는 2효를 중심으로 해석되어야 한다는 말이다. 지수사괘의 하괘 2효, 즉 감괘(☵)의 2효는 건괘 2효를 근거로 생겼기 때문이다. 「단전」에서는 "'사'는 무리요 곧음은 올바름이다. 능히 무리를 올바르게 하면 왕이 될 수 있다. … 剛中(2효는 음 자리에 양이 있기 때문에 剛이며, 한편 2효는 내괘의 中이므로 5효의 음에게 강중으로 대응한다)으로 감응한다. 험난함을 행하여 순응한다. 이것으로 천하를 훈육하므로 백성이 이에 따른다[師, 衆也, 貞, 正也, 能以衆正, 可以王矣. 剛中而應, 行險而順, 以此毒天下而民, 從之.]"고 하였다.

‘건도가 변혁한다[乾道乃革]’는 명제는 건도가 변화하여 현상 세계가 다양해진다는 것과 건도 자체가 변화한다는 풀이가 있다. 건괘 3효는 시간의 중요성을, 4효에서는 건도가 변화할 것을 밝히고 있다. 건도가 변화하면 무엇이 어떻게 되는가? 단적으로 말해서 건도가 변화하면 결과적으로 곤도의 세계로 나타난다. 그래서 49번 택화혁괘澤火革卦는 ‘역법의 이치를 다스려 시간성의 구조를 밝힌다[治曆明時]’고 했던 것이다.

‘치력治曆’이란 캘린더를 작성하여 백성들의 농사짓기에 도움을 베풀라는 당면 과제에 한정되지 않는다. 그것은 건도의 변화가 어떤 과정을 거쳐 곤도로 변화하는지에 대한 근거를 밝히라는 뜻이다. 단순히 하괘에서 상괘로 도약하는 변화 원리를 아는 데에 머물러서는 안 된다.

건괘 5효는 하늘과 짝할 수 있는 자질을 갖춘 주인공이다[飛龍在天, 乃位乎天德]. 상효는 건괘의 끝자락에 있다. 시간의 흐름은 선악을 비롯하여 잘난 사람과 못된 사람을 가리지 않는다[亢龍有悔, 與時偕極]. 강철을 녹슬게 만드는 것은 산소가 아니라 시간이다. 노화老化의 비밀을 간직한 시간은 모든 것의 근원이므로 아무도 비껴 갈 수 없다.

‘건원이 아홉수를 사용하는 것에서 하늘의 법칙을 볼 수 있다[乾元用九, 乃見天則]’는 말은 상수론자들이 『주역』의 구조를 이해하는 중요한 단서가 되는 명제이다. 건괘의 요지는 이 문장에 모두 담겨 있다고 해도 과언이 아니다. 김일부에 따르면, 문왕팔괘도는 ‘용구用九’가 작동하는 시대의 청사진(Blue Print)이다. 문왕팔괘도의 운용 법칙은 낙서원리와 공통적으로 9수를 사용하고 있다. 다만 문왕팔괘도는 괘도의 형식, 낙서는 오행론의 형식으로 설명하는 것이 다를 뿐이다. 낙서원리는 『서경』의 홍범洪範이라는 것이 일반적 통설이다. 홍범구주의 핵심은 5황극에 있다. 이 점에서 건괘의 5효[飛龍在天]은 5황극인 셈이다.[46)]

46) “홍범” 본문은 45글자로 이루어져 있다. 45수의 낙서(작용)는 55수의 하도(본체)를 전제 삼아 주름잡혀 있음을 시사한다. 또한 「문언전」 5효의 ‘同聲相應’에서 ‘各從其類也’까지의 총

기자箕子가 무왕武王에게 전수했다는 홍범구주洪範九疇에 '임금이 인간의 궁극적인 법칙을 세운다[皇建其有極]'이란 말이 있다. 이를 기존의 번역과 다르게 풀이하면 다음과 같다. '새로운(new) 극이 있음[有極]'을 깨달아 무극과 태극 이외의 황극을 세우라는 말이다. 즉 건원이 9수를 쓰는 원리를 바탕으로 아직은 펼쳐지지 않은 하늘의 숨겨진 10수의 원리를 밝히라는 뜻이다. 10무극이 전제되어 9수를 쓴다는 것임을 「문언전」은 분명히 밝히고 있다.

특별히 4효 '건도의 변화[乾道乃革]'를 중심으로 시간의 변화를 강조한다.

26. 문언전 5-1 : 만물 창조의 목적

乾元者는 **始而亨者也**오 **利貞者**는 **性情也**라
건원자 시이형자야 이정자 성정야
乾始能以美利로 **利天下**라 **不言所利**하니 **大矣哉**라
건시능이미리 이천하 불언소리 대의재

만물 생성의 근원인 건원은 시초가 되어 형통해진다. 이롭고 올바름은 성정이다. 건은 처음부터 능히 아름다운 이익으로 천하를 이롭게 한다. 이로운 바를 말하지 않은 것이 위대하도다!

5절은 '건원'의 의미를 풀이하는 것으로 시작한다. '시이형자야始而亨者也'는 만물이 창조되는 순간부터 형통한다는 뜻이다. 만물 탄생의 시초부터 크게 이롭게 할 수 있는 씨앗이 배태되어 있다는 것이다. 만물 창조의 목적은 '이로움[利]'과 '형통[亨]'에 있다. 접속사 '이而'는 문법적으로 앞문장과 뒷문장을 연결한다. 시작과 형통은 단절되었다가 다시 이어진다는 말이 아니라, 지속적으로 형통을 지향하면서 운동한다는 뜻이다.

'원元'은 만물이 소생하는 봄의 덕성을 상징한다. 봄에 만물이 생겨나고

글자수가 45자이다. 낙서의 九宮數를 모두 더한 수 또한 45이다.

여름에 길러지는데, 여기서는 묶어서 표현하였다. 이정利貞은 가을과 겨울의 덕성이다. 겨울의 씨앗이 봄에 싹을 트고 여름에 길러진 다음에 가을에는 열매맺는다. 열매는 다시 자신의 씨앗으로 다시 환원되기 때문에 가을을 결실의 계절이라 부르는 것이다.

'원元'이 우주의 본체라면, '형亨'은 작용이다. 이정利貞은 그 작용의 과정과 목적인 셈이다.[47] 성정性情은 '원형'의 구체적 현실태이다. 또한 '성'이 본체라면 '정'은 작용이다. 여기에서 송대 성리학의 근본 주제인 본체와 작용, 이성과 감성의 문제가 성립된다.[48] 이를 뒤집어보면 인간의 이성과 감성의 통합을 통해서만 '건乾'의 원리를 파악할 수 있다는 것이다. 여기서 주역학의 인문학적 지평이 활짝 열렸다.

만물을 형통하게 하고 이롭게 하는 하늘의 창조력을 언어로 상징화하는 작업은 쉽지 않다. 건은 아름답게 천하를 이롭게 하지만, 결코 자신의 은공을 내세우지 않는다. 참으로 위대하다고 하지 않을 수 없다. 현대 사회는 이익으로 찌들었다. 이익이 없으면 눈길조차 주지 않는다. 이익은 물질을 풍요롭게 하지만 영혼을 갉아먹는다. 건괘에서 말하는 '이익'은 만물을 이롭게 하는 공리주의적 성격이 짙다. 그렇다고 공리주의적 이익이 하늘이 베푸는 이로움을 담보할 수는 없다. 하늘은 말 없이 모든 생명을 책임지기 때문이다. 그래서 위대하다.[49]

건도는 이로움에 대한 미학의 원칙으로 만물을 전개시킨다.

47) 주자는 이에 대해 "收斂歸藏, 乃見性情之實"이라고 한다.
48) '性'이든 '情'이든지간에 마음 '心'이 주제어이다. 性 = 心 + 生, 情 = 心 + 靑(혜능은 인간의 自性을 淸淨心이라고 하여 '원래부터 세속에 찌든 먼지가 낄 틈이 없다'고 말한다)의 구조를 갖는다. 이것이 바로 동양학의 심성론이다. 본성이 근원적인 존재인가, 아니면 마음의 작용을 통해서 본성을 인식할 따름이냐는 논쟁이 불거졌다.
49) Kant는 'Es ist Gut'라고 조용히 외치면서 죽었다. 죽기 전에 측근에게 포도주 한 잔을 부탁했는데, '그 맛이 좋다'라고 풀이하는 경우가 있다. 하지만 삶을 마감하면서 내 인생에 그런대로 만족했다는 풀이가 설득력을 얻고 있다. 『주역』의 시각에서 "세상은 살아갈 만한 가치가 있었다"는 의미로 풀이하면 비약일까?

27. 문언전 5-2 : 생명의 씨앗

大哉라 **乾乎**여 **剛健中正純粹精也**오
대재 건호 강건중정순수정야
六爻發揮는 **旁通情也**오 **時乘六龍**하여 **以御天也**니
육효발휘 방통정야 시승육룡 이어천야
雲行雨施라 **天下平也**라
운행우시 천하평야

위대하도다! 하늘이여! 강·건·중·정·순·수는 천지 생명의 씨앗이다. 여섯 효가 권능을 발휘함은 하늘의 의지를 두루 통하는 것이요, 때때로 (시간에 맞추어) 여섯 용을 타고서 하늘을 주재하니 구름이 흐르고 비가 베풀어져 천하가 평안해진다.

이 글은 하늘의 창조성을 여섯 종류로 나누어 찬탄한 내용이다. '강剛'은 하늘의 실체가 금강석처럼 단단하여 다른 어떤 것으로 대체될 수 없다는 뜻이다. 『금강경金剛經』은 불교의 진리를 금강석으로 비유한다. 진리는 다이아몬드처럼 단단하여 다른 어떤 것으로도 깨뜨릴 수 없다는 말이다. '건健'은 하늘의 의지가 쉼이 없이 굳센 양상을, '중中'은 만물의 핵심을, '정正'은 모든 것의 중심이면서 제자리를 올바르게 지키는 진리의 파수꾼을 상징한다. '순純'은 불순물이 섞이지 않은 깨끗한 성질이고, '수粹'는 너무도 순결해서 하나일 따름이다. 이 여섯 가지를 통틀어 말하면 천지 생명의 순수 엑기스를 뜻하는 '정精'이다.

모든 생명의 씨앗인 정精에서 분화되어 여섯 효에 적용된 것이 바로 '강건중정순수剛健中正純粹'의 덕이다. 따라서 '정精'은 천지의 순수한 음양의 '일기一氣'라 할 수 있다. 그 중에서 건괘 5효가 이를 대표한다. 그만큼 황극의 역할이 중요하다는 것을 암시하는 대목이다.

건괘의 6효가 서로 뒤바뀌면서 변화를 이끌어내는 것이 바로 '방통'이며, 그것이 드라마처럼 연출되어 나타난 것이 바로 현실이다. 그러므로 만

물은 건의 작용(function)에 의해 이루어지는 것이다.

건도는 시간[時乘]을 핵심으로 생명의 씨앗을 퍼뜨린다.

28. 문언전 6-1 : 군자의 요건 1

君子以成德爲行하나니 **日可見之行也**라 **潛之爲言也**는
군자이성덕위행 일가견지행야 잠지위언야
隱而未見하며 **行而未成**이라 **是以君子弗用也**하나니라
은이미현 행이미성 시이군자불용야

군자는 덕의 완성을 행위로 삼기 때문에 날마다 볼 수 있는 것이 행위이다. '잠'이란 말은 숨어서 드러나지 않으며, 행위가 아직 이루어지지 않은 것이다. 이런 까닭에 군자가 쓰지 않는 것이다.

이 글은 「문언전」 6절로서 건괘의 성격을 결론짓는 소중한 내용이다. 초효에 따르면, 군자는 도덕의 함양과 인격 완성을 행위의 목표로 삼는다. 군자의 행위는 날마다 생활하는 가운데 드러난다. 도덕과 실천의 결합이다. 실천에 연결되지 않은 지식은 사회 정화에 전혀 도움되지 않는 관념에 불과하기 때문이다. 머리 속에서 맴맴 도는 지식은 아무리 정합적인 이론이라 하더라도 실용적 삶에 효과가 없다.

군자는 인격을 완성하고 실천하는 존재이다.

29. 문언전 6-2 : 군자의 요건 2

君子學以聚之하고 **問以辨之**하며 **寬以居之**하고
군자학이취지 문이변지 관이거지
仁以行之하나니 **易曰 見龍在田利見大人**이라 하니
인이행지 역왈 현룡재전이견대인
君德也라
군덕야

군자는 열심히 배워서 지식을 축적하고, 물어서 옳고 그름을 분변하고, 너그러운 포용력으로 거처하고, 어짐으로써 실천한다. '역에서 나타난 용이 밭에 있으니 대인을 보아서 이롭다'고 한 것은 군덕이다.

2효는 군자의 자격 요건과 학문 방법론을 말한다. 지식쌓기, 물음, 포용력, 어짐 등은 군자학의 필수 과목이다. 노자는 "학문은 날마다 쌓아가는 것이며, 도道는 날마다 덜어내는 것"이라고 했다. 하지만 군자는 하나하나씩 묻고 지식을 쌓음으로써 학문 세계는 넓어지고 한없이 깊어진다.

원래 학문이란 말은 물어서 배운다는 뜻이다. 그래서 공자는 자기와 뜻을 달리하는 노자에게서도 배웠다. 물음의 대상은 넓으나 그 귀결처는 생명의 본원이다. 천지 생명의 시작과 끝을 알면 옳고 그름의 판단도 명료해진다는 뜻이 배어 있다.

지식만 가지고는 군자의 요건이 완비되지 않는다. 반대편까지도 포용하는 넓은 아량이 필요하다. 진정한 최고 경영자는 때로는 계급장을 떼고 부하 직원과 허심탄회하게 조직의 앞날에 대해 토론할 자세를 갖추어야 한다. 가슴을 활짝 열고 모든 것을 받아들여야 한다. 포용력은 상대방의 마음을 편안하게 만들기 때문이다. 군자의 행위 준칙은 '인仁'이다. 그 인仁은 천지의 도덕성이기 때문이다.

군자는 학문을 닦고, 포용과 너그러움을 사회에 구현하는 존재이다.

30. 문언전 6-3 : 군자의 요건 3

九三은 **重剛而不中**하며 **上不在天**하며 **下不在田**이라
구삼 중강이부중 상부재천 하부재전
故로 **乾乾**하여 **因其時而惕**하면 **雖危**나 **无咎矣**리라
고 건건 인기시이척 수위 무구의

구삼은 강성함이 거듭하고 적중하지 못하여 위로는 하늘에 있지 않고 아

래로는 밭에 있지 않다. 그러므로 힘쓰고 힘써 시간의 정신에 의거하여 두려워하면 비록 위태로우나 허물이 없을 것이다.

3효의 위상은 소속처가 불분명하다[上不在天, 下不在田]. 이미 주거지는 떠났으나, 아직 목적지에 도달하지 못하고 헤매는 신세다. 이런 때일수록 시간적 상황을 주시하면서 현실 타개를 위해 힘써야 한다.

군자는 시간의 정신을 꿰뚫어 자신을 반성한다.

31. 문언전 6-4 : 군자의 요건 4

九四는 **重剛而不中**하여 **上不在天**하며 **下不在田**하며
구사 중강이부중 상부재천 하부재전
中不在人이라 **故**로 **或之**하니 **或之者**는 **疑之也**니 **故**로
중부재인 고 혹지 혹지자 의지야 고
无咎니라
무구

구사는 강성함이 거듭하고 적중하지 못하여 위로는 하늘에 있지 않고 아래로는 땅에 있지 않고, 가운데로는 사람에 있지 않다. 그래서 '혹시'라 했으니, '혹시'란 의심하는 말이므로 허물이 없는 것이다.

4효 역시 불안정한 비상 시기이다. 4효는 양이 음 자리에 있고 중용도 아니다. 머물 곳이 어딘지도 모른다[上不在天, 下不在田, 中不在人]. 사방이 온통 의심 투성이일지라도 자신의 처지를 아는 까닭에 허물은 생기지 않는다.

스스로를 성찰하는 일이 성공의 관건이다.

32. 문언전 6-5 : 건괘의 총결론 - 대인의 경계

夫大人者는 **與天地合其德**하며 **與日月合其明**하며
부대인자 여천지합기덕 여일월합기명

與四時合其序하며 **與鬼神合其吉凶**하여 **先天而天弗違**하며
여사시합기서 여귀신합기길흉 선천이천불위
後天而奉天時하나니 **天且弗違**온 **而況於人乎**며
후천이봉천시 천차불위 이황어인호
況於鬼神乎여
황어귀신호

대저 대인은 천지와 더불어 그 덕을 합하며, 일월과 더불어 그 밝음을 합하며, 사시와 더불어 그 순서를 합하며, 귀신과 더불어 길흉을 합한다. 하늘보다 앞서가도 하늘이 어기지 않으며, 하늘보다 뒤로 해도 하늘의 시간을 받든다. 하늘이 또한 어기지 않는데, 하물며 사람이며 귀신이랴!

건괘의 총결론이 담긴 5효는 하늘의 아들[天子]에 해당된다. 5효는 대인의 궁극적 경지를 밝혀 주역학의 최종 목표가 성인聖人(=大人)에 있음을 분명히 한다.[50] 대인은 천지 질서와 하나된 존재이다. 천지 질서와 대인 사이에는 조그마한 간격이 없다. 대인은 온 세상을 밝히는 일월의 운행, 춘하추동의 질서, 귀신의 활동으로 인해 드러나는 길흉 현상과 일치하는 도성덕립道成德立한 존재이다.

그러니까 앞 2절의 '동성상응同聲相應에서 각종기류야各從其類也'까지의 글자수가 낙서 수 45자인 것과 마찬가지로 6절의 '부대인자夫大人者'에서부터 '황어귀신호況於鬼神乎'까지의 글자수는 하도 수인 55자이다.[51] 이처럼 공자는 이미 「문언전」에서 하도낙서의 원리로 선후천 변화의 수수께끼를 풀어야 한다는 것을 아주 은밀하게 숨겨놓았던 것이다.

역학의 선후천론은 「문언전」에서 비롯되어 수많은 논쟁을 불러일으켰다. 우리의 앞선 세상이 선천이고, 현재 우리가 사는 세계가 후천이라는 견해가 있다. 그 반대로 현재가 선천이고, 다음 세계가 후천이라는 견해가

50) 대인에 이르는 길을 가르치는 『大學』은 건괘 5효에서 비롯되었으며, 『中庸』은 곤괘에서 비롯되었다. 이처럼 유교의 경전은 『주역』에 기초한다.
51) 김일부는 선천 낙서 수 45와 후천 하도 수 55의 합 100을 '一元數'라고 했다.

있다. 소강절은 전자의 대표자이며, 『정역』과 증산도사상은 후자의 입장이다. 전자는 성리학자들이 주로 이용하는 학설이며, 후자는 기존의 논리를 완전히 뒤집는 파격성을 지닌다. 엄청난 파괴력이기 때문에 전통 학설에 익숙한 사람들에게서 좀처럼 받아들여지지 않고 있는 실정이다.

대인(성인)은 하늘의 원리대로 살아가기 때문에 그의 행동 하나하나가 모두 하늘의 원리에서 벗어나지 않는다. 70대에 도달한 공자의 완숙한 경지를 흔히 '마음이 하고자 하는 행동 하나하나가 도덕 법치에 어긋나지 않았다[從心所欲不踰矩]'라 한다. 그것은 진리와 생명과 '내'가 하나로 결합되었기 때문에 무의식적 행위조차도 하늘의 섭리와 부합한 상태를 말한 것이다.

대인은 시간의 정신을 꿰뚫은 존재이므로 하늘의 명령을 생명의 복음으로 간주하고, 그것의 실천을 유일한 사명으로 여긴다. 심지어 대인의 행위는 귀신이 하는 일과 하등 다를 바 없다는 것이다.

건괘 5효에는 시간론의 요체가 압축되어 있다. 선후천 변화는 인간 심성 내부에서 이루어진다는 견해가 있다. 동학이 주장하는 인간 개벽이 바로 그것이다. 동학은 인간 개벽의 타당성을 확보하기 위해 건괘를 하나의 방편으로 이용한 것에 불과하다. 인간의 근거는 하늘의 시간에 달려 있다. 만약 하늘의 시간[天道]에 선후천 변화의 원리가 담지되어 있지 않다면 인간 개벽도 공염불에 불과하다. 오늘의 동학은 의식 혁명을 통해 사회 개혁과 문화 운동을 부르짖는 방향으로 나갈 수밖에 없다.

소강절의 선후천관은 김일부의 사상과는 다르다. 소강절 선후천 사상의 요지는 선천 이전의 세계에 동참하려는 데에 포커스가 맞추어져 있다. 소강절이 말하는 '선후先後'는 형용사적 의미를 갖는다. 정역사상이 말하는 '선후先後'는 천지의 근본틀이 바뀐다는 역동적인 동사의 뜻으로 새겨야 옳다. 그러니까 소강절과 김일부는 매우 가까운 것 같지만 오히려 내용적 측면에서는 더 멀다.

양수의 극한인 9와 건괘 5효에 대한 심도 있는 논의는 다음과 같다. 선천 낙서의 세계는 9수로 이루어져 있고, 그것의 핵심축은 5황극이다. 하지만 앞에서 살폈던 것처럼, 9수의 근거는 하도의 10무극이다. 하도는 도생倒生의 순서로 시간이 흘러가는 것을 표상한다. 하도에서의 황극은 선천의 5황극이 아니라, 6황극이다. 9수의 중심은 5이지만, 도성덕립十一成道된 11의 중심은 6이기 때문이다. 그러므로 정역사상은 황극대도인 것이다. 10무극을 중심으로 보면 무극대도이고, 6황극을 중심으로 보면 황극대도이다. 그러니까 무극대도가 황극대도이고, 황극대도가 곧 무극대도인 것이다. 무극이 생명의 바다라면, 황극은 생명의 추진력이다. 무극대도가 펼쳐지기 위해서는 황극의 '자가 발전'이 없이는 불가능하다.[52]

5효는 건괘의 총결론이다. 주역은 천지 질서와 하나되는'성인'이 되라고 가르친다.

33. 문언전 6-6 : 『주역』을 배우는 목적

亢之爲言也는 **知進而不知退**하며 **知存而不知亡**하며
항 지 위 언 야　지 진 이 부 지 퇴　지 존 이 부 지 망

知得而不知喪이니 **其唯聖人乎**아
지 득 이 부 지 상　기 유 성 인 호

知進退存亡而不失其正者 其唯聖人乎인저
지 진 퇴 존 망 이 불 실 기 정 자 기 유 성 인 호

'항'이란 말은 나아갈 줄만 알고 물러날 줄은 모르며, 사는 것만 알고 망할 것을 모르며, 얻는 것만 알고 잃는 것은 모르는 것이니 오직 성인만이 가능할 뿐인저! 진퇴존망을 알아서 그 올바름을 잃지 않는 사람은 오직 성인뿐이로구나!

상효에 나타난 글은 성인을 찬양한 글귀이다. '항亢'은 천도에 대한 저항

52) 이정호, 『正易과 一夫』(서울: 아세아문화사, 1985), 31쪽. "5황극 자체에 결함이 있어서가 아니라, 그 體인 10무극이 없어서 그 조화를 잃고 있기 때문이다."

을 뜻한다. 성인은 흥망성쇠를 거듭하는 역사의 정신에 위배되는 행동을 하지 않는다. 성인은 시간의 정신에 적중하는 행위[時宜性]를 바탕으로 현실에 발을 담근다.

성인이 현실에 발 담그는 방식은 아주 간단명료하다. 성인은 시대 상황을 전혀 고려하지 않고 현실 참여를 무턱대고 고집하지 않는다. 언제나 시간 흐름의 목적성에 근거하여 현실에 대응한다. 이것이 바로 '시중지도時中之道'이다. 『주역』의 핵심은 '중도中道'의 터득에 있다. 그렇다고 가치 중립적 태도를 고수하라는 말은 결코 아니다. 이것도 저것도 아닌 어정쩡한 중간 또는 색깔론의 함정에 빠진 중도론은 『주역』의 종지에 어긋난다.

중도中道는 가치 중립의 판단이 아니라, 도리어 고도의 가치 판단이 요구되는 문제이다. 그것은 시간 의식이 개입되지 않고는 성립될 수 없다. 시간의 정신에 부합하는 중도中道가 아니고는 '올바름[正]'이라는 판단도 설 수 없다. 중도는 곧 하늘의 올바른 말씀(Logos)이기 때문이다. 『주역』을 배우는 목적은 '진퇴존망득실進退存亡得失'이라는 여섯 글자에 배어 있는 하늘의 소리를 체험하는 삶에 있는 것이다.

성인은 중정의 도리를 실천한 인류의 선각자이다.

정역사상의 연구자 이상룡李象龍은 건괘의 성격을 다음과 같이 설명한다.

䷀ 乾字는 取天行健이라 自一日至十日而又至十日하여
건자 취천행건 자일일지십일이우지십일

重複不息하니 以東方甲乙之氣化生萬物이나 而人爲首出也라
중복불식 이동방갑을지기화생만물 이인위수출야

俗稱朝朝仡仡之象亦一義也오 而獨陰不能生成萬物이니
속칭조조흘흘지상역일의야 이독음불능생성만물

故로 乾所以次巛也
고 건소이차곤야

'건' 자는 '하늘의 운행이 건실하다'는 의미를 취한 것이다. 1일에서 10일까지 다시 10을 거듭해서 쉬지 않아 동방 갑을甲乙의 기가 만물을 화생하지만 인간이 으뜸가는 존재로 태어났다. 세속에서 말하는 아침마다 고개를 들어 문안 인사를 올리는 모습 역시 그 의미의 하나다. 음 홀로는 만물을 생성시키기 불가능하므로 건은 ᆺ 다음에 위치하는 것이다.

彖曰 乾元亨利貞은 十土始闢하니 乃見其正固之極也라
단왈 건원형이정 십토시벽 내견기정고지극야

단전 '건은 원형이정'이라는 것은 10토가 처음 열려 옳음의 궁극 경계를 볼 수 있다는 말이다.

象曰 君子以, 自彊不息은 聖人之體天也라
상왈 군자이 자강불식 성인지체천야

상전 "군자는 이를 본받아 스스로 건실해지기를 쉬지 않는다"는 것은 성인이 하늘을 주체화한다는 뜻이다.

初九, 潛龍勿用은 少不可變也라
초구 잠룡물용 소불가변야

초구 "잠긴 용이니 쓰지 말라"는 것은 아주 적어 변화가 불가하다는 뜻이다.

九二, 見龍在田은 陽德文明하여 運値□×也오
구이 현룡재전 양덕문명 운치 야
利見大人은 應時首出也하여 由下而升上也라
이견대인 응시수출야 유하이승상야

2효 "용이 넓은 대지에 출현한다"는 것은 양덕이 문명하여 그 운의 값어치가 □×이라는 것이요, "대인을 만남이 이롭다"는 것은 시간의 섭리에 부응하여 가장 먼저 나와 아래로부터 위로 올라가는 것을 말한다.

九三, 君子終日乾乾, 夕惕若, 厲, 无咎는 人行天道하여
구삼 군자종일건건 석척야 여 무구 인행천도

晝鍛夜鍊而慥慥也라
주단야련이조조야

3효 "군자가 하루종일 온 힘을 다하고, 저녁에도 근심하고 두려워하면 위태로우나 허물은 없다"는 것은 사람이 천도를 실천하여 밤낮으로 연마하는 활달한 모습이다.

九四, 或躍在淵, 无咎는 陽獻大淵은 陰曆之時也라
구사 혹약재연 무구 양헌대연 음력지시야

4효 "혹 뛰어서 연못에 있으면 허물이 없을 것이다"라는 것은 양이 큰 연못에 나아가는 것은 음력의 시간대를 뜻한다.

九五, 飛龍在天은 天戊兮己兮여 御天而親政也오
구오 비룡재천 천무혜기혜 어천이친정야

利見大人은 天下得君也라
이견대인 천하득군야

5효 "훨훨 나는 용이 하늘에 있다"는 것은 하늘의 무토戊土와 기토己土여! 하늘을 통솔하여 직접 정사를 베푼다는 것이요, "대인을 보는 것이 이롭다"는 것은 천하가 임금을 얻는 것을 뜻한다.

上九, 亢龍有悔는 ▣變爲--이오 當日復之己元也라 用九는
상구 항룡유회 변위 당일복지기원야 용구

陽爻名九龍이니 則老變而生數九老成數▣老也라
양효명구룡 즉노변이생수구도성수 노야

見群龍无首, 吉은 戰乎乾坤하여 互變而爲正也니 文言見上이라
견군룡무수 길 전호건곤 호변이위정야 문언견상

상효 "지나치게 높은 용이니 뉘우침이 있을 것이다"라는 것은 ▣이 변해서 --이 되는 것이요, 태양이 다시 회복해 기르를 으뜸으로

삼는 것이다. '9를 사용함'은 양효는 아홉 용을 명칭으로 쓴다는 뜻이다. 노양이 변해서 9의 노양수 □의 오래된 것을 가리킨다. "뭇 용을 보되 머리가 없으면 길할 것이다"라는 것은 건곤이 싸워서 서로 변해서 올바르게 된다. 「문언전」 위에 보인다.

『정역원의』 나타난 64괘의 순서

이상룡은 선천과 후천의 교체에 따른 64괘의 순서를 『주역』과 다르게 배열하였다. 『정역원의』에 등장하는 64괘의 순서가 왜 『주역』 64괘의 질서와 다르며, 그 논리적 필연성은 어디에 있는가의 문제가 밝혀져야만 이상룡의 주장이 타당성 있게 받아들여질 수 있을 것이다. 그가 제시한 64괘 배열 원칙에 대한 근거를 비롯한 상세한 해명 과정은 알기 어렵지만, 정역사상의 외연을 넓히기 위해서는 반드시 짚고 넘어가야 할 문제이다.

『주역』은 상경 30괘, 하경 34괘로 이루어졌다. 반면에 『정역원의』는 상경이 34괘, 하경은 30괘로 이루어져 『주역』과 상하가 뒤바뀌어 있음을 발견할 수 있다. 『정역원의』에 나타난 64괘의 순서를 읽기 쉽게 정리하면 다음과 같다. 괄호가 없는 숫자는 『정역원의』의 순서이고, 괄호 안의 숫자는 『주역』의 순서다. 예컨대 '1(/32), 뇌풍항괘'에서 1은 『정역원의』의 순서를, '32'는 『주역』 32번 뇌풍항괘를 가리킨다. 이들을 비교하면 재미 있는 결과를 얻을 수 있을 것이다.

『정역상경正易上經』

1(/32), 雷風恒卦 뇌풍항괘 → 2(/31), 澤山咸卦 택산함괘 → 3(/46), 地風升卦 지풍승괘 →
4(/45), 澤地萃卦 택지췌괘 → 5(/5), 水天需卦 수천수괘 → 6(/6), 天水訟卦 천수송괘 →
7(/4), 山水蒙卦 산수몽괘 → 8(/3), 水雷屯卦 수뢰둔괘 → 9(/50), 火風鼎卦 화풍정괘 →
10(/49), 澤火革卦 택화혁괘 → 11(/42), 風雷益卦 풍뢰익괘 → 12(/41), 山澤損卦 산택손괘 →
13(/16), 雷地豫卦 뇌지예괘 → 14(/15), 地山謙卦 지산겸괘 → 15(/34), 雷天大壯卦 뇌천대장괘 →
16(/33), 天山遯卦 천산돈괘 → 17(/55), 雷火豐卦 뇌화풍괘 → 18(/56), 火山旅卦 화산여괘 →

19(/40), 雷水解卦 → 20(/39), 水山蹇卦 → 21(/58), 重澤兌卦 →
뇌수해괘 수산건괘 중택태괘

22(/57), 重風巽卦 → 23(/18), 山風蠱卦 → 24(/17), 澤雷隨卦 →
중풍손괘 산풍고괘 택뢰수괘

25(/47), 澤水困卦 → 26(/48), 水風井卦 → 27(/52), 重山艮卦 →
택수곤괘 수풍정괘 중산간괘

28(/51), 重雷震卦 → 29(/22), 山火賁卦 → 30(/21), 火雷噬嗑卦 →
중뢰진괘 산화비괘 화뢰서합괘

31(/27), 山雷頤卦 → 32(/28), 澤風大過卦 → 33(/64), 火水未濟卦 →
산뢰이괘 택풍대과괘 화수미제괘

34(/63), 水火旣濟卦
수화기제괘

『정역하경正易下經』

35(/2), 重地坤卦 → 36(/1), 重天乾卦 → 37(38), 火澤睽卦 →
중지곤괘 중천건괘 화택규괘

38(/37), 風火家人卦 → 39(/35), 火地晉卦 → 40(/36), 地火明夷卦 →
풍화가인괘 화지진괘 지화명이괘

41(/13), 天火同人卦 → 42(/14), 火天大有卦 → 43(/23), 山地剝卦 →
천화동인괘 화천대유괘 산지박괘

44(/24), 地雷復卦 → 45(/12), 天地否卦 → 46(/11), 地天泰卦 →
지뢰복괘 천지비괘 지천태괘

47(/7), 地水師卦 → 48(/8), 水地比卦 → 49(/44), 天風姤卦 →
지수사괘 수지비괘 천풍구괘

50(/45), 澤地萃卦 → 51(/54), 雷澤歸妹卦 → 52(/53), 風山漸卦 →
택지췌괘 뇌택귀매괘 풍산점괘

53(/25), 天雷无妄卦 → 54(/26), 山天大畜卦 → 55(/60), 水澤節卦 →
천뢰무망괘 산천대축괘 수택절괘

56(/59), 風水渙卦 → 57(/9), 風天小畜卦 → 58(/10), 天澤履卦 →
풍수환괘 풍천소축괘 천택리괘

59(/19), 地澤臨卦 → 60(20), 風地觀卦 → 61(/61), 風澤中孚卦 →
지택림괘 풍지관괘 풍택중부괘

62(/62), 雷山小過卦 → 63(/30), 重火離卦 → 64(/29), 重水坎卦
뇌산소과괘 중화리괘 중수감괘

이상룡은 『주역』의 상경과 하경의 순서를 바꾸는 것으로부터 시작한다. 그는 64괘가 새롭게 전개되는 이론적 근거를 『정역』의 순역順逆 논리에서 찾았다. 순역은 시간의 진행 방향과 에너지 흐름의 경과와 질서를 수의 패턴으로 표현한 것이다. 선천이 과거에서 현재를 거쳐 미래로 흐르는 역逆의 과정이라면, 후천은 미래에서 출발하여 현재를 거쳐 과거로 흐르는 순順의 과정이다. 그러니까 『정역원의』는 후천이 항구불변하다는 의미의 항괘에서 시작하여 음양 교감을 뜻하는 함괘가 이어받는 형식을 취하였다. 그리고 『정역상경』의 마지막은 『주역』의 속을 뒤집어 미제괘에서 기제괘의 방향으로 진행하는 방식을 취하였다. 『주역』 64괘가 끝없는 순환을 나타내기 위해 기제괘 다음에 미제괘를 배열한 것을, 『정역상경』은 선후천 교체에 의해 이 천지는 미결 상태로 영원히 순환한다는 의미의 미제괘에서 생명을 완수한다는 의미의 기제괘로 끝맺었던 것이다.

『정역하경』 역시 곤괘로부터 시작하여 곧바로 건괘가 계승하는 형식을 취한다. 그것은 『주역』에 대한 일종의 혁명이다. 선천의 남성 위주 또는 양(하늘 위주의) 세상이 여성 위주 또는 음(땅 위주의) 세상을 뜻하는 후천으로 바뀐다는 『주역』에 대한 혁신적 사유를 제안한 것이다. 그것은 김일부가 펼친 『정역正易』의 논지와 일치한다고 하겠다. 예를 들어 건괘乾卦에서 곤괘坤卦로 진행되는 것이 역逆의 논리(낙서洛書 선천)라면, 거꾸로 곤괘에서 건괘로 진행되는 것은 순順(하도河圖)의 논리(후천)이다. 『정역원의』는 후자의 논리를 시종일관 지키고 있다.

중지곤괘
重地坤卦

땅의 무한한 포용력

1. 건의 창조성과 곤의 포용성

동양 문화는 하늘과 땅에 대한 인식의 역사였다. 하늘은 만물을 생장수장生長遂藏시키는 근원적 이치요, 또한 만물 형성의 형이상학적 근거로서 자신의 의지를 자연 현상으로 드러낸다. 땅은 실질적으로 만물을 생육하는 공간이요 환경이며 터전이다.

하늘이 만물을 창조하는 뜻과 이치와 힘이라면, 땅은 실제로 만물을 길러내는 광활한 자연이라 하겠다. 따라서 자연은 하늘과 땅의 교감으로 인해 조화 공용이 이루어지는 생명의 집이다. 서양의 스피노자(Spinoza: 1632-1677)도 능산적能産的 자연自然과 소산적所産的 자연自然을 구분하여 자연 현상의 근원을 능산적 자연에 둔 바 있다.

땅의 덕은 수용성(the Receptive)에 있다. 그것은 하늘의 덕인 건의 창조성(the Creative)을 아무런 조건 없이 받아들이는 순수한 정신을 뜻한다. 땅의 원리는 대지에 구체화되어 나타난다. 대지는 경작지로서 천상의 씨앗[種子]을 몸체로 받아들여 형상을 이루는 미덕이 있다.[1]

2. 곤괘 - 건에서 곤으로

坤은 **元**코 **亨**코 **利**코 **牝馬之貞**이니 **君子**의 **有攸往**이니라
곤 원 형 이 빈마지정 군자 유유왕

先하면 **迷**하고 **後**하면 **得**하리니 **主利**하니라
선 미 후 득 주리

西南은 **得朋**이오 **東北**은 **喪朋**이니 **安貞**하여 **吉**하니라
서남 득붕 동북 상붕 안정 길

곤은 크고 형통하고 이롭고 암말의 올바름이니, 군자가 갈 바를 둔다. 먼저 가면 아득하고, 뒤에 가면 얻으리니 이로움을 주장한다. 서남쪽에서는

1) 『周易』 42번 風雷益卦의 단전에는 "하늘은 이치로서 생명을 베풀고 땅은 만물을 생겨나게 하니 그 이익됨이 방소가 없다. 무릇 益의 도는 때와 함께 행해진다.[天施地生, 其益无方, 凡益之道與時偕行.]"

벗을 얻고 동북쪽에서는 벗을 잃는데, 편안하고 올바라서 길하다.

건괘에서 말하는 원형이정은 하늘의 4덕이다. 하늘과 짝하는 곤괘 또한 하늘을 본받아 원형이정을 말한다. 하지만 '암말[牝]'을 덧붙인 점이 다르다. '암말의 올바름이 이롭다'는 것은 무슨 뜻인가? 우선 말[馬]에 대한 동양 문화의 이해가 선행되어야 한다. 첫째, 암말은 숫말을 잘 따른다. 말은 한 번 짝을 이루면 절대 바꾸지 않는 정조와 순결의 대명사다. 둘째, '암'컷은 수컷보다 강하고, 어머니는 여자보다 강하다는 모성애를 뜻한다. 셋째, 건의 능동성을 수동적으로 받아들이는 포용력을 가리킨다.

'빈마牝馬'는 일차적으로 온순하고 유순하여 '복종하다'는 뜻으로 새길 수 있다. 복종이란 단어는 전통 사회의 낡은 유산이라는 부정적 인상이 들지만, 여기서의 '복종'이란 상대방[乾]과 동심일체가 되어 생명을 탄생시키는 숭고한 정신[德合无疆]이 담겨 있다.

땅은 크고[元], 형통하고[亨], 이롭고[利] 부드럽게 순응하는 암말같은 올바른 덕이 있기 때문에 군자가 나아갈 바의 지혜를 제공한다. 건과 곤의 차이점을 정이천은 다음과 말했다. "곤은 건의 짝이다. 4덕은 같지만, 정貞의 성격은 다르다. 건이 강하고 굳은 것을 올바름으로 삼는다면, 곤은 부드럽고 순응하는 것을 올바름으로 삼는다. 암말은 부드럽게 순응하고 건실하게 움직이는 이미지를 취해서 '암말의 올바름'이라 한 것이다."[2)]

곤의 성격은 하늘의 춘하추동이라는 시간 질서에 발맞추어 땅에서 생장수장生長收藏하는 현상으로 나타난다. 이런 이유에서 건괘는 '생명의 근원[萬物資始]'라 했으며, 곤괘는 구체적으로 '생명이 생겨나는 것[萬物資生]'이라 했던 것이다.

사람은 가고 싶은 곳을 어디든지 간다. 그렇다면 군자는 도대체 어디로

2) 『易程傳』, "坤, 乾之對也. 四德同而貞體則異. 乾以剛固爲貞, 坤則柔順而貞, 牝馬柔順而行健, 故取其象曰牝馬之貞."

간다[君子有攸往]는 말인가? 이 구절은 선후천론의 입장에서 바라보지 않으면 해석이 어렵다. 군자의 행선지는 '후천'이다. 선천을 '굳 바이'하고 후천으로 가는 것이 궁극 목표라는 것이다. 이는 뒷 구절의 내용이 증명한다. 그리고 빈마牝馬는 왜 정결하고 유순해야 하는가? 그것은 군자가 타고 갈 말[馬]이기 때문이다. 말은 깨끗한 곳에서 잠자고 생활하며 청결한 건초를 먹고 산다. 이는 묵은 기운을 털고 새로운 정신과 육체로 거듭나야 한다는 뜻으로 풀이하면 될 것이다.

"먼저 가면 아득하여 길을 잃고, 뒤에 가면 얻을 것이니, (그것이) 이로움을 주장한다[先迷, 後得, 主利]." 이 명제는 건괘에서 말한 '건도가 변혁하고 또는 건도 자체가 변화한다[乾道乃革, 乾道變化]'는 선후천론의 시각에서 보면 다음과 같다.

첫째, 억음존양抑陰尊陽의 선천을 따르면 아득하여 정신을 잃고, 조양율음調陽律陰의 과정을 거친 다음에 펼쳐지는 후천을 따라 가면 이로움을 얻을 것이다.

둘째, 건도가 변화하면 '만물의 항구적인 이로움을 주장한다[主利]'는 뜻이 있다. 건도가 곤도로 변화하면 이롭다는 것은 사물의 진정한 존재 의미가 밝혀질 뿐만 아니라, 천지의 정신이 온전히 구현되는 것을 뜻한다.

셋째, 왜 선천의 길은 아득한가? 이는 건괘의 "9를 사용함은 뭇 용을 보되 머리가 없으면 길하리라[用九, 見群龍, 无首吉]"는 명제와 연결해서 이해해야 옳다. '용龍은 지지地支로는 진辰이다.' 후천은 진辰으로써 으뜸(머리)으로 삼지 말라[无首]는 뜻이다. 정역사상의 기본틀은 선천의 '갑기甲己' 질서가 후천의 '기갑己甲' 질서로 뒤바뀌는 논리가 전제되어 있다. 그러니까 선천은 '갑기야반생갑자甲己夜半生甲子'의 원칙이 통용되고, 후천은 '기갑야반생계해己甲夜半生癸亥'의 원칙이 통용되는 것이다. 그러므로 건괘의 6효는 계해, 갑자, 을축, 병인, 정묘, 무진의 순서로 진행된다. 곤괘는 건괘를 이어받기 때문에 기사, 경오, 신미, 임신, 계유, 갑술로 진행된다. 그런데 후천은 '진술축미辰戌丑未'에서의 축판丑板[3]으로 시작되기 때문에 건의 원형이정은 을축, 병인, 정묘, 무진이며, 곤의 4덕은 시간적으로 도생역성倒生逆成의 방향에서 진행되는 까닭에 곤괘의 '원형이빈마지정元亨利牝馬之貞'은 계유,[4] 임신, 신미, '경'오의 방향으로 진행된다.

넷째, 이들은 결국 경오庚午에서 만난다. 따라서 빈마牝馬는 경오庚午의 '말[馬]'을 가리키는 것이다. 그래야만 선천을 아무런 미련 없이 뒤로 하고, 후천의 '경오마庚午馬'를 타고 신나게 달리는 것이다.

『정역』에서는 태양의 운행을 건乾으로, 달의 운행을 곤坤으로 설명한다. 태양은 블랙홀에서 뿜어내는 빛을 스스로 쏟아낸다. 하지만 달은 태양의 빛을 받아서 그림자를 비출 뿐 스스로는 빛을 내지는 못한다. 이런 점에서 본다면 해와 달은 주종관계主從關係임이 분명하다. 현실적으로 해와 달은 23.5도 기울어진 지구에 영향을 미쳐 밤과 낮을 만들고 춘하추동의 4계절을 이룬다. 그러니까 정역사상은 해와 달 이야기를 주요 화두로 삼았던 것이다.

태양을 중심으로 지구와 달이 공전하며, 달은 또한 지구를 한 바퀴 도는데 29.5일이 걸린다. 한 달의 중간인 15일을 중심으로 볼 때, "훗보름 15일 동안은 달이 해보다 앞서 가므로 점점 어두워져서 그믐에 가서는 완전히 어두워지고, 선보름 15일 동안은 달이 해의 뒤를 따라가므로 차차 밝아져서 보름에 가서는 완전히 밝아진다. 즉 해와 달의 관계에서 달[陰]이 해[陽]보다 앞서 가면 점점 빛을 잃고, 달[陰]이 해[陽]의 뒤를 따라가면 차차 빛을 얻는다. 여기서 '선미후득先迷後得'의 현상을 볼 수 있다."[5]

다음은 '서남득붕, 동북상붕, 안정길[西南得朋, 東北喪朋, 安貞吉]'의 명제를 살펴보자. 이는 정역사상에서 말하는 '이서남이교통理西南而交通, 기동북이고수氣東北而固守'라는 원리에서 풀이해야 제대로 매듭이 풀릴 수 있다. 하

3) 『도전』 2:144:4, "후천은 축판이니라."
4) 癸酉는 天根宮이다.
5) 이정호, 앞의 책, 216-217쪽.

도와 낙서는 서방과 남방이 바뀌어 있다. 그것의 실상이 바로 '금화교역金火交易'이다. 서남이 후천을 가리킨다면, 동북은 선천을 가리킨다.

곤괘는 '유순한 암말'에 초점을 맞추어 이해해야 한다. 괘사 역시 선후천의 시각에서 들여다보아야 옳다.

3. 단전 1-1 : 곤원 - 만물의 생성력

彖曰 至哉라 **坤元**이여 **萬物**이 **資生**하나니 **乃順承天**이니
단왈 지재 곤원 만물 자생 내순승천
坤厚載物이 **德合无疆**하며 **含弘光大**하여 **品物**이
곤후재물 덕합무강 함홍광대 품물
咸亨하나니라
함형

단전에 말하기를 지극하도다! 곤의 으뜸됨이여! 만물이 바탕하여 생겨나니 이에 순응하여 하늘을 이어받는다. 곤의 덕은 두터워 만물을 모두 실어주는 덕이 끝이 없도록 광활한 곳까지 합하며, 내적으로 머금는 것은 한없이 넓고 외적으로 빛나는 것은 지극히 커서 품물이 다 형통한다.

건괘는 '위대하도다[大哉]'라 하여 시간의 공간적인 확대의 뜻을 찬탄했으나, 곤괘는 '지극하도다[至哉]'라 하여 하늘에 대한 땅의 포용성과 순수성의 지극함을 찬양했다. 하늘은 생명을 내려주고 땅은 그 생명력을 이어받아 만물을 생겨나게 하고 일궈낸다. 결국 건과 곤이 결합해서 생명을 처음으로 낳는 것[始生]이다.

땅은 하늘 아래에 있는 유형무형의 모든 것을 싣는다. 생명 활동의 시공간적 무대가 바로 땅이다. 땅의 성격은 두텁다. 두터워야 모든 것을 실을 수 있기 때문이다. 땅이 모든 물건을 싣는 범위는 항상 하늘의 원리와 부합한다. 즉 건의 의지를 실현하는 곤의 작용은 끝이 없다[德合无疆].

'덕합무강'은 하늘의 창조성에 부합하는 땅의 미덕을 의미한다면, '행지

무강行地无疆'은 만물을 키워내는 땅의 무한한 힘을 암말이 드넓은 땅을 힘껏 뛰어다니는 모양에 비유하여 말한 것이다. 한마디로 하늘에 대한 땅의 수용력과 생성력이 끝이 없다는 것을 뜻한다.

땅은 하늘의 질서를 받아들여 만물을 일궈내는 포근한 생명의 터전이다.

4. 단전 1-2 : 땅의 질서를 본받아야

牝馬는 **地類**니 **行地无疆**하며 **柔順利貞**이 **君子攸行**이라
빈마 지류 행지무강 유순이정 군자유행
先하면 **迷**하여 **失道**하고 **後**하면 **順**하여 **得常**하리니
선 미 실도 후 순 득상
西南得朋은 **乃與類行**이오 **東北喪朋**은 **乃終有慶**하리니
서남득붕 내여유행 동북상붕 내종유경
安貞之吉이 **應地无疆**이니라
안정지길 응지무강

암말은 땅의 종류이니 땅을 경영함에 지경이 없으며, 유순하고 올바라서 이로움은 군자가 행하는 바이다. 먼저 가면 혼미하여 도를 잃고, 뒤에 가면 순응해서 항상됨을 얻는다. 서남에서 벗을 얻음은 같은 무리와 더불어 행함이요, 동북에서 벗을 잃음은 마침내 경사가 있다. 편안하고 올바라서 길함은 땅의 순응함이 경계가 없는 것이다.

암말은 땅에 속한 동물이다. 암말은 푸른 초원에서 놀다가 지평선까지 맘껏 달린다. 땅은 하늘과 결합하면 어마어마한 생성력을 갖는다. 땅의 덕행이 광활하다는 뜻이다. 이처럼 부드러운 손길로 만물을 올바르게 하고 이롭게 하는 땅의 이치를 본받는 것은 군자의 길이다.

아무리 급해도 거북이는 토끼를 앞지를 수 없다. 음이 양을 앞서면 혼돈에 빠져 질서가 무너진다. 건도의 시간 원리를 부드럽게 이어받아야 곤도의 항상된 공간적 질서가 세워질 수 있다는 가르침이다.

'서남득붕西南得朋'은 음의 집에서 동류끼리 모여 지낸다는 뜻이며, '동북

상붕東北喪朋'은 양의 집인 동방과 북방에서 벗들을 잃지만(혼돈을 겪는다 뜻) 한참 후에는 좋은 일이 있다는 뜻이다. 결국 곤도의 세계로 접어들어 안정되어야만 길한 징조가 무궁할 것이다.

곤은 건의 생명 의지를 이어받아 무궁한 생명의 질서를 펼쳐낸다.

5. 대상전 : 군자의 행동 방식

象曰 地勢坤이니 **君子以**하여 **厚德**으로 **載物**하나니라
상 왈 지 세 곤 군 자 이 후 덕 재 물

상전에 이르기를 땅의 형세가 곤이니, 군자는 이를 본받아 두터운 덕으로 만물을 싣는다.

건괘에서는 군자로 하여금 무형적인 하늘의 운행 질서를 본받는 삶을 주문했으나, 땅의 원리를 말하는 곤괘에서는 구체적인 땅의 형세에 비추어 군자의 행동 방식을 설명한다. 하늘은 땅 위의 모든 것을 물샐틈없이 덮고, 땅은 하늘 아래의 모든 것을 빠짐없이 싣는다. 그렇다고 『주역』에서 말하는 천지가 갇힌(닫힌, 폐쇄된) 세상이라는 뜻은 아니다. 아버지 하늘은 모든 생명의 씨앗이며, 어머니 땅은 뭇 생명체의 실질적인 텃밭이다.

건괘(☰)의 막대기는 양으로 가득 메워져 있다. 그것은 일관성을 뜻한다. 하지만 곤괘(☷)의 막대기는 가운데가 모두 비워져 있다. 그것은 포용성을 뜻한다. 그러니까 곤괘는 물건을 싣는 수레에 비유할 수 있다. 땅은 하찮은 물건을 싣는데도 싫증내지 않는다.

땅의 힘은 한없이 넉넉하다. 땅은 옥토이든 황무지이든 씨앗을 뿌리면 생명체를 일궈낸다. 가정에서 어머니의 역할이 그렇다. 어머니의 사랑과 포용성은 두께로 잴 수 없다. 천도의 법칙을 이어받는 것이 바로 대지의 정신인 까닭에 군자는 덕성을 두텁게 하고 사랑을 듬뿍 베풀어야 한다.

하늘이 아버지로서 생명의 씨앗이라면, 땅은 하늘 아래의 모든 생명체의 어머니(밭)이다. 땅은 독초와 약초를 가릴 것 없이 만물을 따뜻하게 포용한다.

6. 소상전 1-1 : 자연의 변화를 알아야

初六은 **履霜**하면 **堅氷**이 **至**하나니라
초육 이상 견빙 지
象曰 履霜堅氷은 **陰始凝也**니 **馴致其道**하여
상왈 이상견빙 음시응야 순치기도
至堅氷也하나니라
지견빙야

초육은 서리를 밟으면 단단한 얼음이 머지않아 이른다. 상전에 이르기를 '서리를 밟으면 단단한 얼음이 이른다'는 것은 음이 처음으로 엉김이니, 도를 길들여 이루어서 단단한 얼음에 이른 것이다.

이는 주공周公이 지은 효사와 그에 대한 공자의 해석이다. 순수 음으로 구성된 곤괘 초효는 음이 양 자리에 있다. 건괘는 분열과 성장을 상징한다면, 수렴과 성숙을 상징하는 곤괘 초효는 가을과 겨울에 빗대어 설명하고 있다.

서리를 밟으면 곧 얼음 어는 계절이 다가온다는 것을 공자는 음陰이 처음으로 엉겨 차츰 굳어지는 형상이라고 풀이했다. 길들이다, 순종하다는 뜻의 '순馴'은 말 마馬와 내 천川의 합성어이다. 시냇물은 위에서 아래로 흐른다. 물은 커다란 돌이 앞을 가로막으면 돌을 휘감으면서 밑으로 흘러간다. 자연 법칙을 따른다는 뜻이다. 말은 깨끗한 잠자리와 싱싱한 건초를 주는 마부의 명령을 잘 듣는다. 이처럼 자연은 서리를 내린 다음에는 어김없이 얼음이 얼도록 한다. 그러니까 24절기에서 상강霜降 다음에 겨울의 시작인 입동立冬이 뒤따르는 것이다.

자연은 인간에게 한없는 생명 사랑을 베푼다. 인간은 자연에서 삶의 지혜를 터득한다. 우리가 잠든 사이에도 세상은 변화한다. 자연의 움직임은

한 번도 질서를 어긴 적이 없다. 때문에 먼저 오는 조짐을 보면, 지금의 상황을 알 수 있고, 미래를 환하게 꿰뚫을 수 있도록 근신하라는 교훈이다.

변화의 조짐을 알면 현재와 미래를 꿰뚫을 수 있다.

7. 소상전 1-2 : 땅의 생명력

六二는 **直方大**라 **不習**이라도 **无不利**하니라
육이 직방대 불습 무불리

象曰 六二之動이 **直以方也**니 **不習无不利**는 **地道光也**라
상왈 육이지동 직이방야 불습무불리 지도광야

육이는 곧고 방정하고(모나서) 크기 때문에 익히지 않아도 이롭지 않음이 없다. 상전에 이르기를 육이의 움직임이 곧고 방정하니, '익히지 않아도 이롭지 않음이 없음'은 땅의 도가 빛나는 것이다.

곤괘의 2효는 음이 음 자리에 있다. 그리고 하괘의 중효中爻인 까닭에 유순하고 중정中正('중'은 내괘의 중앙, '정'은 음이 음 자리에 있는 것)이므로 가장 좋은 언사들이 담겨 있다.[6]

왜 곤괘의 2효에 '곧고 방정하고 큰 덕성[直方大]'이 등장하는가? 곤괘의 주효主爻는 2효이다. 얼핏 보면 유순함과 곧음은 모순일 수도 있다. 강건한 하늘의 덕에 순응한 결과로 인해 땅에서도 '곧음[直]'의 성격이 그대로 보존되기 때문에 결코 모순이 아니다. 땅은 굳은 심지로서 생명을 키운다. 어머니가 자식을 키울 때는 무조건 응석을 받아주지 않는다. 자식에게 엄할 때는 아버지보다도 훨씬 더 냉정하게 혼줄을 낸다. 이것이 어머니의 지극한 사랑이기 때문에 '곧고 방정하고 위대하다'[7]라고 하였다.

6) 하늘은 위에 있기 때문에 건괘는 상괘의 中爻인 5효가 主爻이다. 이와는 다르게 땅은 아래에 있기 때문에 하괘의 中爻인 2효가 곤괘의 主爻가 된다.

7) 또한 『周易』 7번 地水師卦에는 '直方大'를 현실적으로 설명한 좋은 예가 있다. 그것은 正義에 입각한 명분[直]과 엄정한 규율[方]을 세워서 위대한 통솔력[大]으로 군사를 이끌고 전쟁터에 나아가는 지도자의 늠름한 기상을 나타내고 있다.

땅의 창조적 생성력은 지대하다. 하늘은 땅에게 강요하지 않는다. 원래부터 하늘과 땅은 떼어놓을 수 없는 짝이기 때문이다. 하늘의 원리는 땅에게로 직접 이행된다. 하늘의 의지는 땅에서 이루어지므로 땅은 하늘이 하는 일에 거스름이 없다는 말이다. 그래서 땅은 익히지 않아도 이롭지 않음이 없는 것이다.

건괘의 2효는 감괘坎卦(☵)의 주효主爻이며, 곤괘 2효는 리괘離卦(☲)의 주효가 된다. 하늘은 물의 아버지이고 땅은 불의 어머니다. 그러니까 물은 어김없이 위에서 아래로 흐르고 불은 예외 없이 아래에서 위로 올라간다. 물은 흐르는 방법을 배우지 않아도 저절로 흐른다는 뜻이다. 배우는 사람은 물의 속성을 따라 익히면 된다.[8]

땅의 창조적 생명력은 곧고 방정하고 위대하다.

8. 소상전 1-3 : 대행의 논리

六三은 **含章可貞**이니 **或從王事**하여 **无成有終**이니라
육삼 함장가정 혹종왕사 무성유종

象曰 含章可貞이나 **以時發也**오 **或從王事**는 **知**[9]**光大也**라
상왈 함장가정 이시발야 혹종왕사 지광대야

육삼은 아름다움(빛나는 것)을 품어 가히 올바르게 함이니, 혹 천하사를 좇아서 이룸은 없으나 마침은 있다. 상전에 이르기를 '아름다움을 품어 올바르게 함'은 때에 맞추어 발함이요, '혹 천하사를 좇음'은 땅이 맡은 일(앎)이 빛나고 큼이다.

곤괘의 3효는 음이 양 자리에 있으며, 또한 선천에서 후천으로 넘어가는

8) 『周易』 29번 坎卦의 卦辭에 '習'坎이란 말이 나온다.
9) 주자는 『周易』 「繫辭傳」 1장에 나오는 '건은 크게 시작하는 것을 주장한다[乾知大始]'에서의 '知'를 "知猶主也. 乾主始物, 而坤作成之"라고 풀이했다. 그는 '知'를 생명 에너지를 창조하고 주재하는 뜻으로 읽었다.

문턱에 해당된다. 하괘와 상괘의 관계는 양에 대한 음이며, 아버지에 대한 어머니이며, 임금에 대한 신하이며, 남편에 대한 아내의 도리를 뜻한다. 자기 역할에 충실하는 것은 상대방에 대한 배려일 뿐만 아니라 자신의 성숙을 가져오는 지름길이다.

음과 어머니와 신하와 아내의 아름다움은 자신의 능력과 지혜를 가슴에 품고 겉으로 드러내지 않는 '내면적인 아름다운 품성[含章]'에 있다. 땅은 아름다운 것을 많이 품고서도 뽐내는 법이 결코 없다. 마치 어머니가 아이에게 젖을 물리는 것과 유사하다. 젖을 주는 어머니의 모습을 한없이 아름답다. 그것은 바로 어머니만의 올바른 행동[可貞]이다. 아내는 자식을 길러내고 남편은 집안을 번성시킨다. 아내는 아내의 소임을 다하고 남편은 남편의 책임을 다한다. 그것이 부부의 도리이다. 남편이 하는 일을 아내가 앞장 서 뺏을 수는 없다. 아내는 남편이 하는 일을 받아들여 가정사를 매듭짓기 때문에 더욱 빛난다[无成有終].

땅(신하, 아내, 어머니, 음)은 속에 아름다움을 품고 있다가 때에 맞추어 바깥으로 표출한다. 아버지는 영광의 주인공이지만, 어머니는 자식들에게 무조건적인 사랑을 베푼다. 어머니는 내면에 뜻을 품고 있다가 때가 이르면 바깥으로 아버지를 돕기 때문에 그 빛남은 더욱 오래 지속되고 기쁨은 더 커질 수밖에 없는 것이다.

⚝ 곤은 항상 건을 대행하여 사물을 완성하는 내면적인 아름다운 능력을 갖추고 있다.

9. 소상전 1-4 : 심법의 소중함

六四는 **括囊**이면 **无咎**며 **无譽**리라
육사 괄랑 무구 무예

象曰 括囊无咎는 **愼不害也**라
상왈 괄랑무구 신불해야

육사는 주머니를 묶어매면 허물도 없고 명예도 없을 것이다. 상전에 이르기를 '주머니를 묶어매면 허물이 없음'은 신중하여 해로움을 받지 않는 것이다.

곤괘 4효는 하괘에서 상괘로 간신히 건너왔으나, 아직 위태로운 처지에서 벗어나지 못했다. 올챙이가 개구리가 되었지만 아직은 아기개구리일 따름이다. 아기개구리는 자기를 스스로 지켜야 한다. 조심하고 신중하고 삼가서 행동해야 한다. 호주머니의 주둥이를 꼭 졸라매는 것처럼 노출된 위험을 스스로 보호해야 한다.

입을 함부로 놀리지 않으면 허물을 짓지 않는다. 비록 허물은 없지만 너무 조심스러워 명예도 없다. 입은 먹고 말하는 생리 기관이다. 입은 좋은 말 나쁜 말을 가리지 않는다. 입은 온갖 불행이 싹트는 씨앗이다. 남에 대해 나쁜 말을 하면 허물을 짓게 된다. 그렇다고 허물을 짓지 않으려고 입을 꼭 다물면 명예를 얻을 수 없다.

이 문장의 요지는 마음가짐[心法]과 말조심에 있다. 하지만 정의와 인류 구원을 위한 말은 반드시 해야 한다. 그렇지 않으면 지도층과 지식인으로서는 직무유기일 것이다. 불의를 보고서 말을 하지 않으면 비록 허물은 없을지언정 역사에 대한 책임 회피이다. 의사 표시는 분명한 언어를 사용해야 한다. 입에서 한 번 뱉은 말은 다시 담을 수 없기 때문이다.[10]

불의를 보고서도 뒷짐만 지고 있는 지식인은 '부유腐儒'이다. '부유'는 정신이 완고하여 사회에 쓸모 없는 선비를 지적한 용어다. 썩은 선비는 『순자荀子』「비상非相」에 나온다. 그는 항상 대세 타령만 하고, 권력의 향배에는 민감하게 대응하여 마침내는 남들보다 먼저 부와 명예를 거머쥔다. 또

10) "말은 마음의 소리요, 행동은 마음의 자취라. 말을 좋게 하면 복이 되어 점점 큰 복을 이루어 내 몸에 이르고, 말을 나쁘게 하면 화가 되어 점점 큰 재앙을 이루어 내 몸에 이르느니라."(『도전』, 3:97:5-6)

한 개인의 이익 추구에만 급급하여 시비를 아예 가리지 않고, 의리를 헌신짝처럼 버리기 일쑤이다. 동서를 막론하고 불의를 보고서도 아랑곳하지 않거나, 미란다 원칙을 목숨보다 소중히 여겨 침묵으로 일관하는 행위 등에 대한 준엄한 경고였다. 곤괘 4효는 지식인들에게 묵은 기운을 털어내라고 가르친다.

공자는 '부유'와 유사한 이를 향원鄕愿이라고 불렀다. 공자는 향원을 미친 사람[狂人]보다도 못한 사람이라고 했으며, 맹자는 "그들을 비난하려 해도 들어서 비난할 것이 없고, 공격하려 해도 공격할 구실이 없으나 세속에 아첨하고 더러운 세상에 합류한다. 또한 집에 있으면 충심과 신의가 있는 척하고 나아가 행하면 청렴결백한 척한다. 그래서 사람들이 다 좋아하고 스스로도 옳다고 생각하지만 그들과는 더불어 요순의 도에 들어갈 수 없다"라고 했다.

'부유'는 입단속에만 급급하여 할 말을 하지 않는다. 못하는 것[不能]이 아니라 하지 않는다[不爲]. 기회주의적 발상이 아닐 수 없다. 입을 꼭 다물기 때문에 도덕적 비난과 법적 제재를 피할 수 있다. '부유'는 세상을 무임 승차하면서 편안하게 산다. 그것은 시대 상황에 얹혀사는 비열한 행위이다. 부정과 부조리에 대해서도 모른 척한다. 혼탁한 세상에서는 현자로 비칠 수도 있다. 차라리 그의 입은 열쇠 없는 자물통이다. 지식인으로서는 빵점이다.

마음가짐의 소중함과 말조심을 일깨우다.

10. 소상전 1-5 : 땅의 아름다움

六五는 **黃裳**이면 **元吉**이리라
육 오 황 상 원 길
象曰 黃裳元吉은 **文在中也**라
상 왈 황 상 원 길 문 재 중 야

육오는 누런 치마이면 크게 길하리라. 상전에 이르기를 '누런치마이면 크게 길함'은 문채가 가운데에 있기 때문이다.

곤괘 5효는 상괘의 주인공이다. 건괘 5효는 임금의 자리인데, 곤괘 5효는 임금의 짝인 왕비를 가리킨다. '황상黃裳'은 누런치마이다. 보통 옷을 의상衣裳이라 하는데, '의衣'는 윗도리, '상裳'은 아랫도리를 뜻한다. 옛날에는 바지 대신에 치마를 입었기 때문에 '상裳'이라 하는 것이다.

건괘의 5효는 '비룡재천飛龍在天, 이견대인利見大人'이라 하여 아주 좋은 징조를 얘기했는데, 곤괘에서는 '원길元吉'이라 하였다. 원元은 현재의 시점에서 과거로 소급해 올라가서 만나는 으뜸가는 생명의 시원처를 말한다. 원元은 으뜸 이외에도 시간의 시초라는 의미가 있다. 그러니까 '원길元吉'은 원초적으로 크게 형통하여 길하다는 뜻이다. 이밖에도 '대길大吉'이란 말도 있는데, 그것은 결과적 용법으로 사용된다. 현재를 중심으로 보면 앞으로 좋을 것이라는 미래적 사실을 규정하는 개념이다.

곤괘 5효는 음이 양 자리[不正]에 있다. 그것은 음 속에 양이 태생적으로 자리잡고 있는 양상을 뜻한다. 3효에서는 깊숙이 아름다운 것이 빛난다[章]고 했는데, 5효에서 '문채文彩가 그 가운데에 내포되어 있다[文在中也]'라고 한 것은 땅의 원리 자체에 근본적으로 아름다운 문채가 아로박혀 있음을 뜻한다.

곤괘의 형상은 텅 비어 있는 모습(☷)이다. 그것은 건의 덕성을 모두 받아들일 수 있는 무한한 포용력을 상징한다. '무늬[文]'는 단순한 색깔(color)의 뜻이 아니라, 건의 창조력에 대한 곤의 생성력의 아름다운 질서를 가리키는 개념으로 볼 수 있다.

건의 창조력에 순응하는 곤의 생성력을 밝히고 있다.

11. 소상전 1-6 : 새로운 세상으로

上六은 **龍戰于野**하니 **其血**이 **玄黃**이로다
상육 용전우야 기혈 현황

象曰 龍戰于野는 **其道窮也**라
상왈 용전우야 기도궁야

상육은 용이 대지 위에서 싸우니 그 피가 검고 누렇다. 상전에 이르기를 '용이 대지 위에서 싸우는 것'은 그 도가 다했기 때문이다.

곤괘의 마지막에 있는 상효는 음 기운이 지나쳐 통제 불가능한 극한 상황을 뜻한다. 왜 갑자기 파국 직전의 검고 누런 피가 등장하는가? 검은 색이 막막한 하늘의 빛깔이라면, 곤괘 5효의 색은 누런빛이다. 누런빛은 주지하다시피 하도의 중앙에 있는 황극의 색깔이다.[11] 하늘과 땅이 맞부딪쳐 새로운 세계를 창조하려고 요동치는 모습이다. 그래서 곤괘 상효는 선후천 교체기의 카오스 상황을 묘사했던 것이다.

김일부[12]에 따르면, 건괘는 '체십용구體十用九', 곤괘는 '체오용육體五用六'에 근거하여 건괘는 9수를 쓰고 곤괘는 6을 쓴 것으로 단정했다.[13] 건괘에서는 '건원용구乾元用九'라 했으며, 곤괘에서는 6을 쓰지만 그 본체는 5임을 알려주고 있다. 즉 선천의 황극은 5이지만, 후천의 황극은 6이다. 이 대목은 선천의 5황극이 후천의 6황극으로 전환되는 과정에서 하늘과 땅에 엄

11) 북경에 있는 紫禁城은 온통 누런색이다. 황제가 머무는 신성한 공간은 누런색으로 치장되었다.

12) 김일부는 세계의 극치를 들여다본 뛰어난 수리 철학자이다. 서양의 피타고라스는 수학과 신비주의를 통합한 혁명가라고 할 수 있다. "피타고라스는 서양 문화의 뿌리 부분에 자리하고 있다. 그는 최초의 철학자 중 한 사람으로서 과학자이며 教主이다. 피타고라스학파가 제시한 원리들을 기둥삼아 오늘날의 세계가 세워질 수 있었다." 존 스트로마이어/이정현, 『피타고라스를 말하다』(서울: 퉁크, 2005), 9쪽.

13) 『周易』 뿐만 아니라 정역사상도 '음양짝'의 논리가 핵심이다. 이러한 음양짝에는 造化와 調和가 동시에 내포되어 있다. 調和는 음양 현상의 겉모습 또는 造化(창조적 변화)로 인해 만들어지는 결과물이라는 뜻이 있다. 우리는 이 두 가지를 동시에 겨냥한다.

청난 재앙[其道窮也]이 있을 것을 암시한다.

그러면 건의 역동적 창조력을 상징하는 용龍 또는 말[馬]이 왜 소[牛][14]의 집으로 와서 빈마牝馬로 변신하여 요동치는가? 다시 말해서 하늘은 왜 이 땅에 와서 곤의 생성력과 맞부딪쳐 종말 현상을 얘기하는가? 그것은 하늘의 원리가 땅에서 완수되는 체계를 밝히기 위해서이며, 천지 변화는 하늘과 땅의 교접으로 이루어지는 합작품이기 때문이다. 새로운 틀을 조성하기 위해서는 반드시 대파국을 거쳐야 비로소 안정되는 것을 시사한다.

음 기운이 지나쳐 통제 불능의 상황을 묘사하고 있다.

12. 소상전 2 : 위대한 완성

用六은 **利永貞**하니라
용육 이영정

象曰 用六永貞은 **以大終也**라
상왈 용육영정 이대종야

6을 사용함은 오래도록 올바르게 함이 이롭다. 상전에 이르기를 '6을 사용함이 오래도록 올바르다'는 것은 큰 마침이기 때문이다.

『주역』은 9수로 건괘의 이치를 밝히고, 6수로 곤괘의 이치를 밝힌다. 『주역』은 왜 곤괘를 '육六'으로 설명하는가? 그 이유에 대해 알아보자.

❶ 6은 지수地數인 2, 4, 6, 8, 10의 중심(핵심)이다.

❷ 6은 생수生數인 2와 4의 합이다.

❸ 6은 성수成數에서 노음수老陰數(태음수太陰數)이다.

❹ 5는 낙서에서 생수의 끝이라면, 6은 하도에서 성수의 끝이다. 5는 낙서에서 생성의 시원수 1과 생성의 극한수 9의 중심이다.

❺ 낙서의 역생도성逆生倒成하는 중심(1, 2, 3, 4, ⑤, 6, 7, 8, 9)이 5황극이라

14) 『周易』 「說卦傳」, "乾爲馬, … 坤爲牛"

면, 하도의 도생역성倒生逆成(10, 9, 8, 7, ⑥, 5, 4, 3, 2, 1) 하는 다섯 번째 자리는 6황극이다.

❻ 이런 점에서 건괘 '용구用九'의 근거는 하도의 10인 까닭에 건괘는 '체십용구體十用九', 곤괘 '용육用六'의 근거는 낙서의 5인 까닭에 곤괘는 '체오용육體五用六'이라 할 수 있다.

❼ 결국 "6을 사용함이 오래도록 올바라서 크게 마칠 수 있다[用六永貞, 以大終也]"는 이유는 단순한 의미의 6이 아니라, 하도의 6황극을 겨냥한 것이라 할 수 있다.

보통은 '크게 마친다[大終]'를 음이 극한에 이르면 양으로 바뀐다는 의미로 해석한다. 순수 음인 곤괘가 극한에 도달하면 순수 양인 건괘로 바뀐다는 것이다. 옳은 지적이다. 여기에는 왜 6을 써야만 항구적으로 이로울 수 있으며, 크게 마칠 수 있는가에 대한 본질적 물음이 생략되었다. 따라서 하도낙서의 논리로 해명하는 것이 보다 타당하다.

곤괘가 '6'을 사용함은 5황극에 근거한다. 아울러 곤의 세계에서 위대한 결실을 맺는다는 메시지가 담겨 있다.

13. 문언전 1 : 곤도 - 시간의 방정식

文言曰 坤은 **至柔而動也剛**하고 **至靜而德方**하니 **後得**하여
문언왈 곤 지유이동야강 지정이덕방 후득
主而有常하며 **含萬物而化光**하니 **坤道其順乎**인저
주이유상 함만물이화광 곤도기순호
承天而時行하나니라
승천이시행

문언에 이르기를 곤은 지극히 유순하되 움직임은 강건하고, 지극히 고요하되 그 덕은 방정하다. 뒤에 가면 얻어서 주장하여 항상됨이 있으며, 만물을 품어 조화로움이 빛난다. 곤의 도가 순응함인저! 하늘을 이어받아 시간의 법칙으로 운행하도다.

건의 움직임은 강건한 반면에 곤의 움직임은 유순하다. 곤의 성격 또한 두 얼굴을 갖는다. 고요할 때는 유순하지만, 움직일 때는 강성한 에너지를 뿜어낸다. 운동을 멈춘 고요할 때의 덕성은 방정하다. 곤의 성격은 곧잘 소 또는 여성에 비유된다. 소[陰]는 매우 유순한 동물이다. 비록 행동은 느리지만 부지런히 일하는 때는 무척 힘이 세다. 여성은 부드럽지만 아이를 낳을 때는 어디서 그 힘이 나오는지 의심스러울 정도로 강하다. 여자는 노냥 바쁘다. 남편 뒷바라지는 물론 아이들 공부 챙기느라 온종일 허리 필 날이 없다. 그러면서도 그 공덕을 자신에게로 돌리지 않는다. 여성의 미덕이다.

음[坤]이 움직이지 않을 때는 고요하여 적막하다. 하지만 밖으로 움직일 때는 양陽 못지않게 굳센 모양이 여자가 행동할 때의 야무지고 똑바른 것과 흡사하다. 부드러움이 강한 것을 이긴다는 뜻이다. 곤 속에 이미 건의 원리가 담지되어 있기 때문이다.

앞의 것을 보낸 다음 뒤에 얻으면 주인공이 되어 항상성을 지닐 수 있다[後得, 主而有常]. 곤도坤道의 이치는 건도를 순응하는데 목적이 있다. 하늘이 섭리하는 시간의 법칙을 받들어 만물을 포근하게 감싸는 곤도의 작용은 빛난다.

곤도는 하늘이 주재하는 시간 원리에 순응하여 움직인다.

14. 문언전 2-1 : 도덕적 인과율

積善之家는 **必有餘慶**하고 **積不善之家**는 **必有餘殃**하나니
적선지가 필유여경 적불선지가 필유여앙

臣弑其君하며 **子弑其父非一朝一夕之故**라
신시기군 자시기부비일조일석지고

其所由來者漸矣니 **由辨之不早辨也**니 **易曰**
기소유래자점의 유변지부조변야 역왈

履霜堅氷至라 하니 **蓋言順也**라
이상견빙지 개언순야

선을 쌓은 집안은 반드시 생각하지 않은 여분의 경사가 있고, 불선을 쌓은 집안은 반드시 생각하지 않은 재앙이 있다. 신하가 군주를 죽이고 자식이 아비를 죽이는 것은 하루 아침과 저녁의 연고가 아니요, 그 유래한 바가 점진한 것이니 분변할 것을 일찍 분변하지 못함에서 비롯된 것이다. 역에 이르기를 '서리를 밟으면 굳은 얼음이 이른다'고 했는데, 이는 순리를 말한 것이다.

이 대목은 「문언전」 2절로서 효사에 대한 상세한 설명을 덧붙인 금과옥조의 글이다. 특히 초효의 내용은 유교의 윤리와 동양인의 삶의 전형을 보여준다. 무릇 세상살이는 자그마한 원인에서 발단하여 뚜렷한 결과로 나타나게 마련이다. 『주역』은 굳이 악惡을 즐겨 말하지 않는다. 악이라 하지 않고 불선이라 말한 이유는 순자의 성악설과 맹자의 성선설이 싹튼 배경과 무관하지 않다.

원인 없는 결과는 없다. 『주역』에서 말하는 삶의 인과율因果律은 지엄하다. 착한 일을 쌓다보면 경사스런 축복이 넘치고, 불선은 쌓다보면 파도처럼 밀려오는 재앙을 피할 길이 없다. 곤괘는 미처 몰랐던 조상의 삶은 '나'의 모습에서 알 수 있고, 자손들의 미래는 '나'의 행동거지에 달려 있다고 가르친다. 도덕적 삶이 화복禍福을 결정하는 기준인 것이다.

『주역』의 도덕적 인과율에 따르면, 선을 쌓은 집안이나 불선을 쌓은 집안은 반드시 화복이 당대 혹은 자손들에게 미친다. 신하가 임금을 죽이고, 자식이 아비를 죽이는 연고는 오랜 시간을 거쳐 점차 진행되어 왔다. 하루 아침에 살인을 저지르지 않는다는 뜻이다. 일찍부터 선과 불선의 싹을 분변하지 않으면 일이 벌어질수록 막을 방도가 없다. 아무리 작은 악도 그대로 두면 나중에는 커다란 죄악으로 변질되는 것을 지적한 말이다.

『명심보감明心寶鑑』 첫머리에 나타난 글귀는 인간의 악한 행위는 언젠가 인과응보의 심판을 받는다고 경종을 울린다. "착한 일을 하는 사람에게 하늘은 복을 내려 보답하고, 불선한 일을 하는 사람에게는 하늘이 화를 내려 보답한다."[15] 선과 악은 원초적인 짝꿍이다. 몸이 움직이면 항상 그림자가 따라 다니듯이, 음양과 선악은 결코 양립하여 존재할 수 없다. 원인과 결과는 영원히 동행한다. 선의 원인이 있으니까 복이 뒤따르고, 악행을 저지르면 그 결과는 반드시 재앙으로 나타난다. 선한 행위에 재앙이 오고, 악한 행동에 복이 뒤따르는 일은 없다. 하늘은 인과율에 위배되는 보답을 하지 않는다.

선이 악으로 바뀔 수 없는 이치와 마찬가지로 악이 선으로 둔갑할 수 없다. 선악의 씨앗을 잘 분변해서 작은 선은 큰 선으로 키우고, 크나큰 악이 아니라고 사소한 악을 저질러서는 안 된다. 선악은 하늘의 그물망을 피할 수 없다. '서리를 밟으면 굳은 얼음이 온다[履霜堅氷至]'는 말은 작은 악이 번지기 전에 애당초 싹둑 잘라버리라는 교훈이다.

곤괘의 작동 방식은 건괘에 대한 순응[順]이다. 악을 퇴치하는 일 역시 하늘의 이치에 순응하는 행위라는 뜻이다. 자그마한 씨앗이 나중에는 큰 복으로 자랄 수 있고, 큰 재앙을 가져올 수도 있다. 주자에 따르면, '순順'은 옛날에는 삼갈 신愼과 통용되었다. 악의 씨앗이 싹트기 전에 과감하게 잘라내야 한다.[16]

곤괘 초효는 음 에너지가 아래에서 위로 올라가면서 차츰 강성해지려는 출발점이다. 그것은 가을에 첫서리를 밟을 즈음에는 곧 얼음이 꽁꽁 얼어붙는 겨울이 닥쳐오는 것을 아는 것과 같다. 초효 음은 흉함이 싹트는 시초로서 큰 일은 작은 것으로부터 비롯되고, 은밀한 것은 시간이 흐르면 점차 드러나는 것을 비유한 것이다. 악의 조짐은 보이자마자 미리 막아야 한다. 작은 선이라도 멈추지 말고 쌓아 나가고, 사소한 악행은 처음부터 행해서는 안 된다. 선악을 분간하는 능력을 배양하여 선은 키우고 악은 서슴

15) 『明心寶鑑』「繼善」, "子曰 爲善者, 天報之以福, 爲不善者, 天報之以禍."
16) 『周易本義』, "古字, 順愼通用, 按此當作愼, 言當辨之於微也."

없이 쳐내야 한다.

『주역』의 인과응보설을 들여다볼 수 있는 소중한 글이다.

15. 문언전 2-2 : 내면과 외면의 가치

直은 **其正也**오 **方**은 **其義也**니 **君子敬以直內**하고
직 기정야 방 기의야 군자경이직내
義以方外하여 **敬義立而德不孤**하나니
의이방외 경의립이덕불고
直方大不習无不利는 **則不疑其所行也**라
직방대불습무불리 즉불의기소행야

곧음은 올바름이요, 방정함은 의로운 것이다. 군자는 공경으로써 안을 곧게 하고 의리로써 밖을 방정하게 한다. 공경과 의리가 확립되면 덕은 외롭지 않는다. '곧고 방정하고 큼은 익히지 않아도 이롭지 않음이 없다'는 말은 곧 실천하는 바를 의심하지 않는 것이다.

곧을 직直은 정직을 뜻하고, 반듯하고 모날 방方은 의롭다는 뜻이다. 곧음과 올바름이 결합하여 정직이란 말이 생겼다. 『주역』은 내면적 가치와 외면적 가치의 통합을 외친다. 어느 하나만을 강조하면 절름발이 가치에 불과하다. 정직은 내면적 가치요, 의리는 외면적 가치다. 군자는 이 두 가지를 곁들여야 할 의무가 있다.

군자는 공경함으로써 안으로는 내면성을 곧게 하고[敬以直內], 의로운 가치를 밖으로 실천하여 방정하게 드러낸다[義以方外]. 군자는 안팎으로 공경과 의리를 곧고 방정하게 실천하면 남이 알아주지 않더라도 외롭지 않다[敬義立而德不孤]. 비록 화려한 행동을 아닐지언정 진정 마음 속으로 따르는 사람이 많아진다. 군자는 홀로 고독을 즐기지 않는다. 고결한 덕성이 뒷받침된 군자에게는 이웃이 생기게 마련이다.[17] 공경과 의리를 갖춘

17) 『論語』「里仁」, "子曰 德不孤, 必有隣."

군자에게는 추종하는 사람이 있으므로 외롭지 않다는 뜻이다.

정직(honesty)의 반대말은 거짓이다. 정직은 양심의 부름을 받아 진리의 길로 나아가는 소중한 지팡이다. 영국 속담에 "하늘은 정직한 자를 지킨다(Heaven protects the just)"는 말이 있다. 정직은 자신을 속이지 않는 것으로부터 싹튼다. 그래서 공자는 "인간의 본성은 원래 정직이다. 곧지(정직하지) 않고도 생존할 수 있는 것은 요행으로 화를 면할 따름이다"[18]라고 했다.

공경 없는 의리는 쓸데 없는 다툼을 일으키고, 의리 없는 공경은 공허하기 짝이 없다. 『마의태자麻衣太子』의 작가 춘원春園 이광수李光洙(1892-1950)는 '의리'를 통해 나라 잃은 민족의 설움을 달랬다. "너는 의리를 위하여 죽는 졸병이 될지언정 사욕을 위하여 사는 영웅이 되지 말라. 한 번 누구에게 몸을 허하였거든 죽기까지 그에게 충성하라. 오직 만민이 도탄에 든 때에만 대의의 칼을 들지니, 이것은 탕무湯武의 일이어니와 저마다 할 바 아니니라."

곧음과 방정함과 위대함은 어머니 대지[坤]가 만물을 키워내는 성품이다. 어머니 땅은 아버지 하늘의 능력을 그대로 승계했기 때문에 배우지 않아도 만물을 이롭게 하는 능력을 발휘할 수 있다[不習无不利]. 만약 하늘의 뜻과 능력을 의심한다면 땅의 생성력 역시 의혹의 대상이 될 수밖에 없기 때문이다. 가정에서 남편과 아내는 트러블을 일으키지 않는다. 남편의 자질을 신뢰하지 않는 아내의 마음가짐은 동반자로서의 자격 상실이다. 의심은 불행의 불씨인 것이다.

곤의 성격은 곧고 의롭다. 인간은 공경으로 내면을 곧고 올바르게 하고, 의로움을 밖으로 실천해야 하는 신성한 의무가 있다.

18) 『論語』「雍也」, "人之生也直, 罔之生也, 幸而面."

16. 문언전 2-3 : 땅의 진리

陰雖有美나 **含之**하여 **以從王事**하여 **弗敢成也**니 **地道也**며
음수유미 함지 이종왕사 불감성야 지도야
妻道也며 **臣道也**니 **地道**는 **无成而代有終也**니라
처도야 신도야 지도 무성이대유종야

음은 비록 아름다움이 있으나, 이를 머금고 천하사에 종사하여 감히 이루지 못한다. 땅의 도이며 아내의 도이며 신하의 도이다. 땅의 도는 이룸이 없고 대신하여 끝마침이 있을 뿐이다.

이 대목은 곤괘 3효의 '아름다움을 머금음[含章]'에 대한 상세한 설명이다. 낮이 있기에 밤이 오는 것처럼 세상에는 독불장군이 없다. 음과 양은 언제 어디서든지 동행한다. 다만 양이 적극적 운동이라면, 음은 소극적인 운동을 주도하는 것이 다를 따름이다. 양의 활동이 화려하다면, 음의 활동은 아름답다.

땅은 자신의 아름다움을 품고서 바깥으로 자랑하지 않는다. 다만 하늘의 행위를 따라가는 일을 맡는다[陰雖有美, 含之, 以從王事]. 땅은 독자적으로 움직여 성공을 이루지 않는다[弗敢成也]. 하늘 없는 땅은 존재 의미가 없고, 남편 없는 아내는 가슴이 썰렁하며, 임금 없는 신하는 골목대장에 불과하다. 땅은 하늘에게 위대한 영광을 돌리고, 아내는 남편에게 그 공로를 돌려 자존심을 세워주고, 신하는 임금에게 빛나는 업적을 돌린다.

영광을 타인에게 돌리는 마음씨는 참으로 아름답다. 또한 자신보다는 타인을 위한 봉사만큼 아름다운 일이 없다. 자신을 바쳐 전체를 성공시키는 까닭에 한층 값지고 오래갈 수 있다. 땅은 말 없이 하늘을 대신하여 생명을 길러내 성숙시키면서 그 공로는 아낌없이 하늘에게 맡긴다[地道, 无成而代有終也].

곤의 아름다움은 순응과 대행으로 더욱 빛난다.

17. 문언전 2-4 : 천지변화

天地變化하면 **草木**이 **蕃**하고 **天地閉**하면 **賢人**이 **隱**하나니
천지변화　초목　번　천지폐　현인　은

易曰 括囊无咎无譽라 하니 **蓋言謹也**라
역왈 괄랑무구무예　개언근야

천지가 변화하면 초목이 번성하고, 천지가 닫히면 현인이 숨는다. 역에 이르기를 '주머니를 묶어매면 허물도 없고 명예도 없다'고 했는데, 대개 삼가함을 말한 것이다.

건괘 4효 괘사는 '뛴다[躍]', 효사는 '나아감[進]', 「문언전」은 '건도가 바뀐다[乾道乃革]'고 말하여 하괘에서 상괘로 넘어와 상황이 바뀌었음을 표현했다. 곤괘 4효 역시 하괘에서 상괘로 넘어온 상태인 까닭에 천지변화를 얘기한다. 건괘 「단전」의 '건도가 변화한다[乾道變化]'는 말과 곤괘의 '천지가 변화한다[天地變化]'는 뜻은 매우 무거운 주제가 아닐 수 없다.

건괘의 '건도변화'와 곤괘의 '천지변화'에 대한 해석은 두 가지가 있다. 하나는 건도가 변화함으로써 만물의 존재 이유가 밝혀지고 목적이 달성되며, 천지가 변화하여 초목이 번성한다는 해석이다. 이는 시간적 관점에서 건도의 변화 '이후', 또는 천지의 변화 '이후'에 초점이 맞추어진 전통적인 풀이다. 다른 하나는 선후천론의 입장이다. 건도 '자체'가 변화한다, 또는 천지 '자체'가 변화한다는 뜻이다. 건도乾道는 곤도坤道로, 천지天地는 지천地天으로 그 근본틀이 변화한다는 것이다. 이 둘의 해석에서 일어나는 차이점은 엄청난 파괴력을 갖는다. 이것이 바로 『주역』과 『정역』이 극명하게 나뉘는 분기점이다.

만약 후자의 입장이라면, '초목이 번성한다[草木蕃]'는 의미도 만물이 새롭게 탄생한다 또는 새로운 문명이 출현한다는 의미로 확대해서 풀이할 수 있다. 그리고 '천지가 닫히면 현인이 숨는다[天地閉, 賢人隱]'는 명제 역

시 두 가지 해석이 가능하다. 세상이 어지러워 혼란하면 현인들이 은둔하여 말을 삼간다는 해석은 전통적인 방법이고, 선천과 후천이 교체할 즈음에는 아무리 현인일지라도 어찌 할 바를 몰라 말 조심할 수밖에 없다라는 풀이는 선후천론의 해석이다.

세상이 열린[開物] 뒤에 천지는 열리고 닫히는 운동을 반복할 뿐, 천지의 문이 닫혀서 막힌 적이 없다. '닫혔다[閉]'를 폐쇄되었다는 의미로 한정하는 것은 『주역』의 본지와 어긋난다. 차라리 암울한 군주와 소인들이 득세하여 현인이 잠시 도피하는 상황으로 풀이하는 것이 훨씬 낳을 것이다. 선후천 교체기이든 정치적 카오스의 상황이든, 언어 사용의 신중성을 지적한 점은 하등 다를 바가 없다.

하괘에서 상괘로 진입하는 단계인 까닭에 '천지변화'를 언급한다. 이 때에는 근신이 최고의 덕목이다.

18. 문언전 2-5 : 아름다움의 극치

君子黃中通理하여 **正位居體**하여
군 자 황 중 통 리 정 위 거 체
美在其中而暢於四支하며 **發於事業**하나니 **美之至也**라
미 재 기 중 이 창 어 사 지 발 어 사 업 미 지 지 야

군자는 땅의 원리에 적중하고 만물의 이치에 통하여 올바른 자리에 몸을 바로잡는다. 아름다움이 그 가운데에 있어 온몸에 빛나며, 사업으로 나타남은 아름다움의 지극함이다.

이것은 곤괘 5효에 나타난 '황상黃裳'에 대한 철학, 미학적 해명이다. 황黃은 오행론에서 중앙의 누런색, 중中은 천지의 핵심을 뜻한다. 군자는 동서남북 사방을 총괄하는 이치를 꿰뚫고, 항상 올바른 위치에서 천지의 궁극적 이법을 주체화하는 사명감을 온 몸으로 터득한 존재이다.

군자는 주변인(marginal man)에 머물러서는 곤란하다. 언제나 사회 공동체의 중심인(the central figure)이 될 책임이 있다. 하늘이 내린 역사적 사명을 수행하기 위해서는 기본적인 소양이 필요하다. 군자는 만물이 생성하는 핵심 원리[中]를 아름답게 승화시켜 그것을 세상에 펼칠 수 있는 능력을 배양해야 한다[君子黃中通理, 正位居體, 美在其中而暢於四支]. 이것이 바로 온몸으로 최고보다는 최선을 실천하는 군자의 아름다움이다. 곤괘 5효는 만물의 궁극 원리를 온 천하에 번지도록 하는 실천력[發於事業]을 강조한다. 이 점에서 『주역』은 철학과 미학과 실천론을 동일 지평에서 논의한 종합 학문이라고 할 수 있다.

중용[中]은 '극極'이므로 황중黃中은 황극皇極이다. 황극의 주도 아래 만물의 존재 의미와 가치가 올바르게 작동한다. 이것이 바로 아름다움의 극치이다.

19. 문언전 2-6 : 새로움의 창조

陰疑於陽하면 **必戰**하나니 **爲其嫌於无陽也**라
음의어양 필전 위기혐어무양야
故로 **稱龍焉**하고 **猶未離其類也**라 **故**로 **稱血焉**하니
고 칭룡언 유미리기류야 고 칭혈언
夫玄黃者는 **天地之雜也**니 **天玄而地黃**하니라
부현황자 천지지잡야 천현이지황

음이 양을 의심하면 반드시 싸운다. 양이 없음을 의심하기 때문이다. 그러므로 용이 부른다. 오히려 그 동류를 떠나지 못한다. 그러므로 피라 일컫는다. 무릇 '현황'은 천지의 뒤섞임이다. 하늘은 검고 땅은 누르다.

이 글은 상효 용의 싸움[龍戰]에 대한 철학적인 분석이다. 『주역』은 음이 양을 따르는 것을 원칙으로 삼는다. 곤괘 상효는 음 에너지가 커질만큼 커져 양 에너지로 전환되기 직전의 상태다. 음이 양의 집까지 넘보는 단계이

기 때문에 음과 양이 싸우는 상황에 이르렀다. 음이 양을 뒤따라가야 함에도 불구하고 상효 음은 양이 아닌가 의심할 정도로 극한에 도달했다.

외형상 곤괘에서 양 에너지는 전혀 찾을 수 없다. 상효 음이 극단에 이르러 금방 양과 건곤일척의 싸움을 벌일 태세다. 용은 원래 건괘의 전유물였다. 하지만 음이 양과 거의 비슷한 지경에 도달했기 때문에 '용'이라 불렀던 것이다. 음 기운이 극성한 상효는 진짜 용은 아니기 때문에 옛 동료들과 헤어질 수는 없다[猶未離其類也].

전쟁이 일어나면 주위는 온통 피바다를 이룬다. 음과 양이 진정으로 싸워 피를 흘린다는 뜻이 아니라, 음양은 원초적으로 같은 피를 나눈 형제인 까닭에 '혈血'이라 칭한 것이다. "본래 곤과 건은 혈맥이 서로 이어진 천지의 동류同類였기 때문이다."[19]

'현황玄黃'은 하늘의 색깔이 검다는 '현'과 땅의 색깔이 누렇다는 '황'의 합성어다. 천지현황天地玄黃에 대한 해석은 세 가지가 있다. 하나는 에너지가 넘치는 음이 양과 치열하게 다퉈 피를 흘려 상처 입는 상황을 지적한 것이다. 다른 하나는 음양이 교접하여 만물을 창조하고 화생시키는 경계, 마지막으로 선천에서 후천으로 넘어가는 과정에서 일어나는 대격변을 상징한다. 이처럼 천지현황에 얽힌 이야기는 무궁무진한 아이디어를 제공한다.

주지하다시피 『천자문』은 천지현황으로부터 시작한다. 250개의 사언절구四言絶句 형식으로 구성된 『천자문』은 천지의 원리, 사람이 지켜야 할 도리, 처세와 역사의 교훈 등을 망라한 동양학의 보물이다. 천天과 현玄, 지地와 황黃, 우宇와 홍洪, 주宙와 황荒의 대귀는 『주역』에서 비롯되어 나타난 동양의 우주관을 대변하는 명언이다.

음양의 교합을 '싸움'으로 비유하였다. 천지의 부딪침은 새로운 질서의 창조를 뜻한다.

19) 남회근/신원봉, 『역경잡설』(서울: 문예출판사, 1998), 313쪽.

정역사상의 연구자 이상용李象龍은 곤괘의 성격을 다음과 같이 설명한다.

䷁巛字는 象陽炁貫陰也니 乾陽━而實하고 巛陰╍而虛하니
곤자 상양기관음야 건양 이실 곤음 이허

容得天許多炁之透乎其中之理也라 坤字는 從土從申이니
용득천허다기지투호기중지리야 곤자 종토종신

申은 酉也오 土는 未也라 姬聖人八卦再交하니
신 유야 토 미야 희성인팔괘재교

而坤退未申間之義也라 夫註經之三畫六畫과 卦之名을
이곤퇴미신간지의야 부주경지삼획육획 괘지명

朱子皆以坤字書之而用之라 子會者는 坤字也니
주자개이곤자서지이용지 자회자 곤자야

則包羲始交之坤과 文王再交之坤은 至理存焉이라
즉포희시교지곤 문왕재교지곤 지리존언

一體一用而易有閏正하고 且正易泰來之度니
일체일용이역유윤정 차정역태래지도

故로 巛爲下經之首也라
고 곤위하경지수야

곤巛 자는 양기가 음을 꿰뚫는 것을 상징한다. 건괘의 양 ━은 실하고, 巛괘의 ╍는 텅비어 하늘의 수많은 기炁가 이들을 관통하는 이치를 포용한 것이다. 곤 자는 흙 토土와 펼 신申에서 온 것이다. 신은 닭[酉]이요 토는 미未인데, 문왕이 8괘를 거듭 곱해서 곤괘가 미와 신 사이로 물러난 것을 뜻한다. 대저 경전 주석의 3획과 6획 및 괘의 명칭을 주자朱子는 巛 자로 쓰고 사용하였다. 자회子會의 뜻은 곤坤 글자에 있다. 포희씨가 처음으로 교차한 곤과 문왕이 다시 교차한 곤 속에 지극한 이치가 담겨 있다. 본체와 작용 속에 역의 윤력과 정력이 있고, 또한 정역의 지천태地天泰의 도수가 오는 원리가 있으므로 巛은 하경下經의 첫머리가 된다.

彖曰 坤元亨利牝馬之貞은 道泰起丑이 地德光午也오
단왈 곤원형이빈마지정 도태기축 지덕광오야

君子有攸往은 得行其道也오 先迷后得은
군자유유왕 득행기도야 선미후득

坤先而理會坤后而象著也오 西南得朋은 陰宗正位也오
곤선이리회곤후이상저야 서남득붕 음종정위야

東北喪朋安貞吉은 陽居陽位하고 陰類相從也니라
동북상붕안정길 양거양위 음류상종야

단전 "곤이 크고 형통하고 이롭고 암말의 올바름이다"는 것은 지천태地天泰의 도가 축丑에서 일어남은 지덕이 오午에서 빛남이요, "군자가 갈 바가 있다"는 것은 그 도를 터득하여 실천한다는 것이요, "먼저 가면 아득하고 뒤에 가면 얻는다"는 것은 뜻을 먼저 이해해야 곤은 그 뒤에 형상으로 드러난다는 뜻이요, "서남쪽에서 벗을 얻는다"는 것은 음이 정위를 종지로 삼는다는 것이고 "동북쪽에서는 벗을 잃는데, 편안하고 올바라서 길하다"는 것은 양이 양의 위치에 있고, 음의 종류는 서로 따른다는 것이다.

象曰 君子以, 厚德載物은 后妃之聖德也라
상왈 군자이 후덕재물 후비지성덕야

상전 "군자는 이를 본받아 두터운 덕으로 만물을 싣는다"는 것은 후비后妃의 성스러운 덕이다.

初六, 履霜, 堅氷, 至는 天風生陰也라
초육 이상 견빙 지 천풍생음야

초효 "서리를 밟으면 단단한 얼음이 머지않아 이른다"는 것은 하늘의 바람이 음을 생한다는 뜻이다.

六二, 直方大, 不習无不利는 理之自然也라
육이 직방대 불습무불리 리지자연야

2효 "곧고 방정하고 크기 때문에 익히지 않아도 이롭지 않음이 없다"는 것은 이치의 자연스러움이다.

六三, 含章可貞, 或從王事, 无成有終은 宮五配十이
육삼 함장가정 혹종왕사 무성유종 궁오배십

內助終彰也라
내조종창야

3효 "아름다움을 품어 가히 올바르게 함이니 혹 천하사를 좇아서 이룸은 없으나 마침은 있다"는 것은 (괘도의 안 중앙을) 5와 10으로 배합한 것은 내부가 도와 빛나도록 끝마친다는 뜻이다.

六四, 括囊, 无咎, 无譽는 土囊生風을 戒其陰旺也라
육사 괄낭 무구 무예 토양생풍 계기음왕야

4효 "주머니를 묶어매면 허물도 없고 명예도 없을 것이다"라는 것은 (5행의) 토가 바람 생기게 하는 것은 음이 왕성해지는 것을 경계한 것이다.

六五, 黃裳, 元吉은 地政有時也라
육오 황상 원길 지정유시야

5효 "누런 치마이면 크게 길할 것이다"라는 것은 땅이 펼치는 정사는 일정한 시간대가 있다는 뜻이다.

上六, 龍戰于野는 四方中央備而爲×雷動交薄也오
상육 용전우야 사방중앙비이위 뇌동교박야

其血, 玄黃은 𡥈變亥宮인데 水는 玄이요 土는 黃也라
기혈 현황 곤변해궁 수 현 토 황야

用六은 陰爻名이니 六老則用變하고 而生數六老成數×老也라
용육 음효명 육노즉용변 이생수육노성수 노야

利永貞은 坤之乾而位北하니 上元无量也라
이영정 곤지건이위북 상원무량야

文言之文과 文字之文은 釋其字義也라
문언지문 문자지문 석기자의야

상효 "용이 대지 위에서 싸운다"는 것은 4방과 중앙이 갖추어져 ✖이 되어 우레가 움직여 얇게 교합한다는 것이요, "그 피가 검고 누렇다"는 것은 곤이 해궁亥宮으로 변하는데 물은 검고 토는 누렇다는 것이다. '6을 사용한다'는 것은 음효의 명칭으로 육노六老가 작용으로 변한다는 것이고, 생수는 육노六老이고 성수는 ✖노老이다. "오래도록 올바르게 함이 이롭다"는 것은 얏이 건으로 가서 북쪽에 위치하는 것은 상원이 무량한 것이다. 「문언」의 문과 문자의 문은 그 글자 뜻을 해석한 것이다.

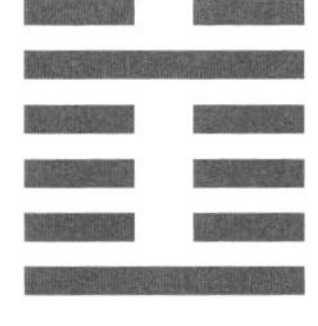

수뢰둔괘
水雷屯卦

생명 탄생의 어려움

1. 생명은 하늘이 내린 축복인 동시에 고통 : 둔괘

정이천은 중지곤괘重地坤卦(䷁) 다음에 만물 형성의 첫 번째 단계인 수뢰 둔괘水雷屯卦(䷂)가 오는 이유를 다음과 같이 말한다.

屯은 序卦曰有天地然後에 萬物生焉하니
둔　서괘왈유천지연후　만물생언

盈天地間者惟萬物이라 故受之以屯하니 屯者는 盈也오
영천지간자유만물　고수지이둔　둔자　영야

屯者는 物之始生也라 하니라 萬物始生하여 鬱結未通이라
둔자　물지시생야　만물시생　울결미통

故로 爲盈塞於天地之間하니 至通暢茂盛이면 則塞意亡矣라
고　위영색어천지지간　지통창무성　즉색의망의

天地生萬物하니 屯은 物之始生이라 故로 繼乾坤之後라
천지생만물　둔　물지시생　고　계건곤지후

以二象言之하면 雲雷之興은 陰陽始交也오
이이상언지　운뢰지흥　음양시교야

以二體言之하면 震始交於下하고 坎始交於中하니 陰陽相交라
이이체언지　진시교어하　감시교어중　음양상교

야 乃成雲雷하니 陰陽始交하여 雲雷相應而未成澤이라 故로
내성운뢰　음양시교　운뢰상응이미성택　고

爲屯이니 若已成澤則爲解也라 又動於險中하니 亦屯之義라
위둔　약이성택즉위해야　우동어험중　역둔지의

陰陽不交則爲否요 始交而未暢則爲屯이니
음양불교즉위비　시교이미창즉위둔

在時則天下屯難未亨泰之時也라
재시즉천하둔난미형태지시야

"둔괘는 「서괘전」에 '천지가 있은 연후에 만물이 생겨나니, 천지 사이에 가득 찬 것은 오직 만물이다. 이런 까닭에 둔괘로 이어받으니, 둔이란 가득 참이요 둔은 만물이 처음으로 나온 것이다'라고 했다. 만물이 처음 생겨나 꽉 막혀 통하지 못하기 때문에 천지 사이에 온통 막혀버렸으니, 통창하고 무성함에 이르면 막힘의 뜻이 없어진다. 천지가 만물을 낳으니 둔은 사물이 최초로 생겨난 것이다. 그러므로 건곤괘의 뒤를 이은 것이다. 두 형상으로 말하면 구름과 우레가 일어남은 음과 양이 처음으로 사귐이다. 두 실체로 말하면 진이 처음 아래에서 사귀고 감이 처음 가운데서 사귀었으니, 음양이 서로 사귀어야 구름과 우레를 이룬다. 음과 양이 처음 사귀어 구름과 우레가 서로 감응했으나 연못[비]을 이루지 못했기 때문에 둔이 된 것이다. 만약 이미 연못을 이루었으면 해괘가 된다. 또한 험난한 가운데 움직이니 역시 둔의 뜻이다. 음과 양이 사귀지 않으면 비괘가 되고, 처음에는 사귀지만 통창하지 못하면 둔괘가 된다. 시간에 있어서 천하가 험난과 고난에 허덕여 형통하지 못하는 때이다."

「서괘전」은 서양의 창조론과 뚜렷한 차이를 보이는 동양의 창세론을 소개한다. 전자는 조물주가 아무 것도 없는 텅 빈 상태인 없음[無]에서 있음[有]을 만들어냈다는 유일신관에서 비롯된 창조설이다. 후자는 어떤 특정한 신이 우주를 창조했다는 것이 아니라, 시간과 공간의 터전인 천지는 스스로의 원칙에 의해 존재하면서 만물을 빚어낸다는 생성론적 창세론이다.

우주는 언제 어떤 과정을 거치면서, 왜 시작되었을까? 우주의 크기는 얼마이며, 어떻게 생겼는가, 우주는 무엇으로 만들어졌을까라는 호기심 어린 물음은 인류 역사 이래로 줄곧 제기되어 왔다. 이는 광활한 우주를 연구하는 학자들의 골칫거리였다. 현대 우주론의 스타트는 빅뱅 우주론이 끊었다. 이론가들은 빅뱅이 일어난 후 태초의 3분 동안에 일어난 핵 반응의 과정에 기초해 우주의 화합물을 설명하곤 한다.

빅뱅으로 탄생해 팽창하고 냉각되어 물리적 퇴화의 길을 걸어 어떤 마지막 상태로 진행하거나, 또는 대재앙으로 붕괴한다는 우주의 기초적인 시나리오는 과학적으로 꽤 잘 정립되어 있다. 우주는 순간적으로 만들어졌다는 것이 현대 우주론의 결론이다. 순간적으로 창생된 우주는 어렵게 만들어져 서서히 지금의 우주로 진화되었다는 것이다.

"빅뱅 이후의 첫 1초간이 우주적 분기점의 역할을 했다. 그 시간 이후에 우주의 온도는 지구의 물리학이 적용되고 실험을 통해 확인할 수 있을 만큼 충분히 내려갔다. 처음 1초 동안 일어난 우주적 과정들, 즉 기본 입자들 및 물리적 과정들을 완벽하게 재생할 수 없기 때문에 우주의 역사를 재구성하기는 힘들다. 처음 1초는 초기 우주의 상황에 의해 우주 내의 헬륨의 양이 결정되는 시기였다. 우주 내의 헬륨의 양은 당시의 우주 팽창 방식을 알 수 있는 직접적 단서이기도 하다. 그러나 이것은 우주가 탄생한 지 1초 지난 뒤에 일어난 모든 사건을 이해하게 되었다는 의미는 아니다."[1)]

하늘과 땅이 처음으로 결합해 만물이 생겨나는 태초에는 어려움을 겪는다. 아직은 모든 것이 영글지 않았기 때문에 '어렵게[屯]' '머무는[屯]' 형상을 뜻한다. 괘의 구조로 본다면 위(☵)는 어렵고 위험을 뜻하는 물[水]이 있고, 아래(☳)는 우주가 생성되자마자 우렁차게 소리치는 천둥소리를 나타내는 우레가 있다. 이를 합하여 수뢰둔괘水雷屯卦라 부른다. 우레가 물 속에 잠긴 모양으로서 험난한 조짐이 앞을 가로막고 있어 움직이기 어려운 양상을 뜻한다. 하지만 물밑에서는 새로움을 창조하는 역동적 움직임을 느낄 수 있다. 꽁꽁 언 땅바닥 속에서 나무의 뿌리가 내리기 시작하여 봄을 기약하는 모양이다.

애당초 세상의 모든 것은 쉽게 이루어지지 않는다. 그것은 역사가 증명한다. 창업자는 불굴의 각오로 나라를 세워 다음 계승자에게 자리를 넘겨준다. 그 계승자는 창업자의 혁명 정신을 이어받아 국가를 안정된 반석에 올려놓아 꽃피운다. 조선의 창업은 이성계와 그 아들 이방원이 피비린내 나는 국내외 정세를 겪고서 이루어낸 산물이다. 세종과 성종은 선대왕들의 고난과 역경을 바탕으로 조선왕조의 기틀을 완비했다. 자연과 사회와

1) 존 배로/최승언·이은아, 『우주의 기원』(서울: 두산동아, 1997), 72-73쪽 참조.

문명도 이런 범주에서 벗어나지 않는다.

우리 주위의 자연물에는 무턱대고 이름 지어진 것은 없다. 흔히 한반도의 산꼭대기에는 천왕봉天王峯과 비로봉毘盧峯이 있어 이 땅이 부처님의 자비가 서린 불국토가 되기를 염원한 조상들의 꿈이 담겨 있다. 대전 부근에 대둔산大芚山이 있다. 대둔산은 생명 탄생에는 반드시 큰 고통이 뒤따른다는 뜻이 있다. 대둔산은 온통 바위로 이루어진 산이다. 바위는 듬직하다. 듬직하기 때문에 다른 산에 비해 화려하지 않다. 속설에 의하면 바위산은 수도하기 좋은 터라고 한다. 용솟음치는 하늘 기운과 땅 기운이 대둔산에 뭉뚱그려 있는 까닭에 정신과 육체 단련에 더 없이 좋은 천혜의 산인 셈이다.

김일부의 2세대 제자로서 정역사상 연구의 확고한 기반을 다져놓은 사람은 이정호李正浩(1912-2004)다. "그는 정역正易을 만든 김항金恒의 계승자로서 일생 『주역』을 공부한 사람이다. 이정호가 유영모선생을 자주 찾아와서 서로 알게 되었는데, 『주역정의周易正義』를 가만히 읽어보니 그도 기독교인이다. 그래서 그는 둔괘屯卦를 예수 그리스도라고 했다. 둔자屯字의 글자 모양이 땅 속에서 싹이 나오는데 너무 힘들어 뿌리가 구부러진 모양이다. 그래서 죽음과 생명을 나타낸다. 죽음과 생명을 표시하는 인간으로 태어난 분이 바로 예수 그리스도이다."[2)]

평생 정역꾼 노릇을 자랑삼은 이정호는 곧잘 예수와 일부선생의 관계를 다음과 같이 말한 바 있다. "정역에 의하면 곤책수坤策數 144는 15가 존공尊空된 사상분체도四象分體度라 하여 태兌가 맡고, 건책수乾策數 216은 일원추연수一元推衍數라 하여 간艮이 그 용用을 맡아 있다. 태兌의 상은 양羊이며 선천에는 소녀少女이기 때문에 어린 양羊이다. 간艮의 상은 구狗이며 후천에

2) 김흥호, 『周易講解 1』(서울: 사색, 2003), 101-102쪽. 한편 재차 확인할 사항이지만, 그는 중년기에 잠시 통일교 운동의 핵심자로 활동했다고 전해진다. 그의 책 곳곳에 종교를 긍정적으로 연관지어 서술한 것은 아마도 젊어서부터 몸에 밴 것으로 추정된다.

는 간艮이 변하여 진震이 되므로 용감하고 충직한 개이다. 성서聖書에 의하면 인자人子 예수는 하나님의 독장자獨長子로서 어린 양羊으로 비유되어 이스라엘의 12지파支派 144천千을 건질 책임을 졌으나 불행히도 당시의 유대인에게 버린 바 되어 인생의 절반인 아까운 나이에 십자가의 한 점 피로 사라지고 3일만에 부활하여 하나님의 우편에 승천昇天하였다 한다. 그리고 그 제자들에게 성령聖靈을 보내어 다시 오기를 굳게 약속하였다 한다.

그 후 1,800년, 아시아의 간방艮方 아침의 나라 충청도 간성艮城(지금의 연산連山) 땅에 (뇌풍雷風)항恒이라 일컫는 일부一夫가 병술년丙戌年(1826)에 나서 무술년戊戌年(1898)에 세상을 떠났으니, 그는 이상하게도 생졸년生卒年이 다 같이 개(술戌)해이고, 또 개(술戌)를 나타내는 간국艮國인 우리나라에, 그것도 연산連山으로 표시되는 간역艮域에 태어났으며, 일생의 후반을 정역正易(간역艮易)의 제작과 그 선포에 전념하였다. 그가 정의입신精義入神하여 고무진신鼓舞盡神하노라 가무歌舞에 열중하면 주위 사람들이 그를 가리켜 '개짖는 소리'를 한다고 하였으니, 그것은 마치 일찍이 공자孔子가 조국인 노나라를 떠나 주류천하할 때에 정인鄭人이 그를 가리켜 '집잃은 개'와 같다고 한 것과 흡사하다. 이상하게도 공자의 생졸년도 또한 술년戌年(경술庚戌-임술壬戌)이라 하니 또한 '개'와 관계가 있다.

어쨌든 인자人子가 어린 양羊으로서 곤坤의 책수策數에 해당하는 수數를 태兌에 책임져 오늘날에 이르렀다면 그 뒤를 이어 일부一夫가 건乾의 책수策數 216에 해당하는 수數를 간艮에서 맡아 전후前後 건곤乾坤의 책수策數를 합하여 360 정역正易을 이루었으니, 이는 참으로 우리에게 깊은 뜻을 전해주는 것이라 하겠다. 무릇 건책乾策이 곤책坤策 없이 360을 이루지 못하듯이 곤책坤策 또한 건책乾策 없이 360을 이루지 못함은 다시 말할 것도 없다. 그러므로 인자人子가 곤책수坤策數에 해당하는 144천千의 책임을 다하였다 하더라도 360 건곤수乾坤數를 완성하려면 누군가가 나머지 건곤수乾策數에 해당하는 '216'을 맡아야할 것은 분명한 사실이다. 이 수數 즉 일원추연수

一元推衍數를 가지고 하나님의 영광으로 오신 분이 바로 일부선생이니 이 점을 또한 믿지 아니할 수 없다."[3]

둔괘의 상괘는 서광이 비치기 이전의 모습, 검은 구름이 짙게 깔려 금방 비를 내리려는 찰나의 움직임을 나타낸다. 하괘는 위에서 내리는 굵은 빗줄기를 뚫고 만물이 어렵게 출생하는 신고식을 치르고 있는 조짐을 표상하고 있다. 탄생의 고통은 축복으로 이어진다. 어린아이의 울음은 생명 탄생의 축하를 알리는 팡파레이다. 결국 둔괘는 초목이 싹이 나고 생기가 충만한 내용으로 가득 차 있다.

하지만 초목은 이제 막 싹이 트기 시작했을 뿐 아직은 튼튼하게 자리잡지는 못했다. 그래서 "둔은 크게 형통할 것이다. 곧고 바르게 행동해야 이롭다"고 전제하는 한편에, "갈 곳이 있어도 가지 말아야 한다"고 경종을 울리고 있다. '제후를 세워야 이롭다[利建侯]'고 한 것은 특히 인생과 역사의 앞날은 쉽게 내다볼 수 없는 까닭에 끊임없이 준비하고 성실하게 노력하면 지도자의 자격을 갖출 수 있는 것이다.

2. 둔괘 : 존재의 세계에서 당위의 세계로

屯은 **元亨**코 **利貞**하니 **勿用有攸往**이오 **利建侯**하니라
둔 원형 이정 물용유유왕 이건후

둔은 크게 형통할 것이다. 곧고 바르게 행동해야 이롭다. 갈 곳이 있어도 가지 말아야 한다. 제후를 세워야 이롭다.

이 구절은 문왕이 지은 괘사이다. 하늘과 땅의 기운이 처음으로 결혼하여 생겨나는 만물은 부모격인 건곤乾坤의 원형이정元亨利貞의 정신을 그대로 이어받아 나오는 까닭에 둔괘에서 원형이정을 언급한 것이다.

생명이 최초로 탄생되는 축복의 시기이므로 크게 형통하지만[元亨], 태

3) 이정호, 『正易과 一夫』(서울: 아세아문화사, 1985), 399-400쪽.

어나고서부터는 스스로의 힘과 능력을 바탕으로 올바르게 살아야 하기 때문에 '곧고 바르게 행동해야 이롭다[利貞]'고 한 것이다. 만물은 각기 태어난 순간부터 나름대로의 존재 의미와 가치와 삶의 방식이 있음을 가르치는 내용이다. 이는 동양철학의 영원한 화두인 존재와 당위의 일치를 제시한다.

부모격인 천지 즉 건곤은 음양의 순수 에너지이다. 순수한 에너지가 운동을 시작함으로써 비로소 음양의 균형과 불균형이 나타난다. '둔屯'은 음과 양이 교합하기 시작하여 처음으로 현실과 가치의 세계가 드러남을 시사한다. 그러니까 퇴계는 '원형元亨코 이정利貞하니'라고 현토를 달았던 것이다. 이는 괘사에 대한 점서적 표현이 아닐 수 없다. 그것은 존재의 세계에서 당위의 세계로 접어들었으며, 또한 사실의 세계와 가치의 세계가 동일차원으로 존재함을 밝히는 대목이기도 하다.

원래 원형이정은 건괘에 함유된 4가지의 덕목이다. 원형이정은 시간적으로는 봄과 여름과 가을과 겨울을, 공간적으로는 동서남북을 가리킨다. 원형이정은 시간과 공간을 통할하는 에너지의 순환적인 흐름을 뜻한다.

'제후를 세움이 이롭다[利建侯]'는 명제는 정치적 발언인 동시에 동양철학의 독특한 논리이다. 우주론적으로 보아서 천지의 대행자는 일월이며, 일월의 대행자는 인간이라는 것이 동양인의 정서였다. 인간과 만물의 궁극적 본원이며, 생명의 근원인 하늘[天]의 아들이자 만 백성의 아버지이며 최고 통치자는 천자天子다. 천자는 그 통치 권력의 정당성을 하늘에게서 보장받는다는 것이 바로 왕권신수설의 골자이다. 더 나아가 어려운 창업의 시초에는 경륜이 많은 대리인이 나서 이끄는 것이 훨씬 이롭다는 것이다.

둔괘에는 건괘의 정신인 '원형이정'이 그대로 전입되었고, 발가벗은 자연상태에서 정치와 윤리를 포함한 문명의 세계로 접었들었음[利建侯]을 얘기한다.

3. 단전 : 생명 창조에서 하늘의 의지를 알 수 있다

彖曰 屯은 **剛柔始交而難生**하며 **動乎險中**하니
단 왈 둔 강 유 시 교 이 난 생 동 호 험 중
大亨貞은 **雷雨之動**이 **滿盈**일새라
대 형 정 뇌 우 지 동 만 영
天造草昧에는 **宜建侯**요 **而不寧**이니라
천 조 초 매 의 건 후 이 불 녕

단전에 이르기를 둔은 강한 것과 부드러운 것이 처음으로 만나 어렵게 생겨나 험난한 가운데 움직이니, '크게 형통하고 올바름'은 우레와 비의 움직임이 가득하기 때문이다. 하늘이 초매를 만드는 데는 마땅히 제후를 세워야 하고 평안하지 않은 것이다.

「단전」은 '둔屯'에 대한 개념 규정으로 시작한다. 둔이란 우주가 카오스로부터 비롯됨을 시사한다. 현대 과학의 혁명을 이룬 분야가 바로 '카오스 이론'이다. 카오스의 발견은 복잡다단하기 이를 데 없는 현상을 일목요연하게 보여주는 창문 역할을 한다. 카오스는 '혼돈混沌'을 뜻한다. 혼돈은 무조건의 무질서를 의미하지 않는다. 혼돈은 어둡고 무질서의 상태에서 생명을 잉태하여 만물을 창조하려는 어떤 질서를 감지할 수 있는 경계를 가리킨다.

"'카오스(chaos)'는 본래 우주의 질서, 전체의 질서, 세계의 질서 등을 뜻하는 그리스어인 '코스모스(cosmos)'의 반대말로 등장하였다. 따라서 카오스는 혼돈, 무질서, 무한이라는 뜻을 품고 있다. 또 카오스는 그리스어 'khaos'에서 나왔는데, 이 말은 '크게 벌린 입'이라는 뜻이었다. 아마도 온갖 질서를 한 입에 삼켜서 갈피를 잡지 못하는 블랙홀과 같은 혼돈의 세계를 상징하기 위한 말이었다."[4)]

우리는 뜻하지 않은 어떤 첫경험을 '난생 처음'이라고 표현한다. 순수

4) 김용운, 『카오스의 날갯짓』(서울: 김영사, 1999), 66쪽.

양괘의 건乾과 순수 음괘의 곤坤이 결합하여 최초로 나타나는 땅의 기운이 바로 '강유剛柔'라는 실체다. 강유의 다양한 형태의 결합에 따라 온갖 만물이 어렵게 탄생하는 것이다[動乎險中].

생명의 씨앗이 싹트면 아직 어리고 나약하여 위험에 노출되기 쉽다. '우레와 비의 움직임이 가득하기 때문에 크게 형통하고 올바르게 행동함이 이롭다'는 말은 건곤의 내면에 깊숙이 감추어진 생명 창조의 의지에서 만물의 존재 의미와 가치를 실현시키고자 하는 하늘의 본성을 읽을 수 있다.

우레는 우주 최초의 동력이며, 물은 생명의 근원을 표상한다. 우레와 물이 서로 교호하여 천체가 형성된다. 점차 천체가 안정되면서 오늘날의 지구가 만들어졌다. 지구의 높은 부분은 산이 되고, 낮은 부분에는 물이 흐른다. 이를 형상화하여 '둔屯'이라 하는 것이다. 그러니까 『주역』은 자연세계의 분화를 언급하는 둔屯으로부터 시작하여, 사회와 역사의 시작을 언급하는 몽蒙으로 연결시킨다.

건乾과 곤坤이 결혼하여 음양이 강유剛柔라는 실체로 결합하여 만물이 처음으로 생겨나는 양상을 묘사하였다. 우레(☳)와 비구름(☵)이 카오스의 요동처럼 '정중동靜中動'의 상태에서 움직이는 형국이다. 에너지가 가득 차 금방 무엇인가를 만들어내려는 의지를 엿볼 수 있는 대목이다.

하늘이 만물을 최초로 생겨나게 할 때에는 『천자문千字文』의 '천지현황天地玄黃'이라는 단어가 지적하듯이, 극심하게 어렵고 어두운 혼돈 상태에서 빚어진다. 가정과 사회와 역사와 문명의 출발도 시련과 역경을 겪고 난 뒤에 탄탄대로의 길을 걷는 것을 익히 알고 있다. 영국 속담에 "잔잔한 바다에서 훌륭한 뱃사공이 만들어지지 않는다"는 말이 있다. 어려움에 단련되면 될수록 모든 일은 잘 끌러낼 수 있다[大亨貞].

"하늘이 초매를 만드는 데는 마땅히 제후를 세워야 하고 평안하지 않다[天造草昧, 宜建侯, 而不寧]"에 대한 번역은 매우 구구하다. 『비지구해원본주역備旨具解原本周易』은 주희의 말을 빌려 다음과 같이 말한다. "하늘이 창조하려고 할 때는 어지럽고 어두우므로 마땅히 후侯를 세우고 편안히 여기지 못한다."[5] 초매草昧는 그 빛깔이 검고 모습은 흙비가 쏟아지는 듯하여, 비유하자면 장차 새벽이 오려고 하지만 아직 새벽은 오지 않은 때에 사물이 미처 구체적으로 나타나지 않은 상태를 가리킨다. "하늘이 초매를 짓는 데는 마땅히 제후를 세워야 하고 편안치 아니하니라."[6] "캄캄한 혼돈의 위기 속에 구세주는 평안할 수 없다."[7] "천조초매天造草昧하다. 후侯를 세워야 할 때로 아직 안녕의 때가 아니다."[8] "천조가 어지럽고 어두울 때는 마땅히 제후를 세울 것이요, 그렇지 않으면 편안치 못할 것이다."[9] "하늘의 창조는 처음에는 혼란할 것이니 제후를 세우는 것이 마땅하나 편안치는 못하다."[10] "하늘이 세상을 만드는 것은 간략하고 애매하다. 제후를 세우는 것이 마땅하지만 편안한 것은 아니다."[11]

이를 선후천의 시각에서 종합하면 다음과 같다. "하늘이 처음으로 만물을 만들 때는 어둡고 혼돈의 상태이므로 마땅히 제후를 대리인으로 세우고, 편안히 여기지 말아야 한다." 여기서의 관건은 '편안하지 않다[不寧]'이다. 천지 창조 이래 인간과 역사와 문명과 자연은 진보의 과정을 거쳤다. 우주 창조의 설계도인 하도의 밑그림에서 출발한 우주는 낙서 상극질서의 과정을 거쳐 진화하기 때문에 온갖 역경과 고난을 겪을 수밖에 없다. 그러니까 편안할 수 없는 것이다.

'둔'은 카오스로부터 비롯되었다. 둔괘는 자연 세계의 분화에서 출발하여 사회와 문명과 역사의 전개를 얘기한다.

5) 『備旨具解原本周易』(서울: 조선도서주식회사), 193쪽 참조.
6) 김석진, 『대산 주역강좌 1』(서울: 한길사, 2001), 259쪽.
7) 김흥호, 『주역강해 1』(서울: 사색, 2003), 103쪽.
8) 박일봉, 『주역』(서울: 육문사, 1989), 75쪽.
9) 이가원, 『주역』(서울: 평범사, 1980), 68쪽.
10) 기세춘, 『주역』(서울: 화남, 2002), 169쪽.
11) 蘇軾/성상구, 『東坡易傳』(서울: 청계, 2004), 76쪽.

4. 상전 : 경륜의 목표를 세상의 구원에 두라

象曰 雲雷屯이니 **君子以**하여 **經綸**하나니라
상 왈 운 뢰 둔　　군 자 이　　경 륜

상전에 이르기를 구름과 우레가 둔이니, 군자가 이를 본받아 경륜한다.

둔괘의 형상은 위로는 구름이 가득 차 있고, 아래에서 우레가 일어나려는 이미지로 이루어져 있다. 이제 막 생명의 감로수인 비가 내려 만물이 태어나려는 형국이다. 모든 일은 물밑에서 이루어진다. 물밑 작업이 활발한 사업이야말로 번창한다. 물밑 작업이 바로 경륜이다. 경륜이란 옷감을 짜는 일이다. 가로와 세로를 촘촘하게 짜야 좋은 옷감이 될 수 있듯이, 매사에 체계적이고 조직적으로 준비해야 일을 성공시킬 수 있다.

소강절邵康節의 아들인 소백온邵伯溫은 『황극경세서皇極經世書』의 편집 체제에 얽힌 사전적 의미를 다음과 같이 기술하였다. "(크게 보아서) 하늘의 시간을 인간사에 징험하는 것이고, … 다시 인간사를 하늘의 시간에 징험하는 것이다."[12] 하늘의 시간에서 인간의 도덕 행위의 근거를 연역하고, 역사 전개의 타당성을 하늘의 시간에 비추어 증거하려는 의지가 반영되어 있다고 한다.

소백온은 『황극경세서』의 문자적 의미를 풀이한다. "지극히 커서 언어로 담을 수 없는 것을 황皇이라 하고, 보이는 세계와 보이지 않는 세계를 통틀어 그 궁극적인 핵심을 중中이라 하고, 옳고 그름의 근거이자 지극히 올바른 것을 경經이라 하고, 온갖 변화에 상통함을 세世라 일컫는다. 천지의 큰 중은 지극히 올바르고 온갖 변화에 상응함에 일정한 방향이 없는 것을 도라 한다."[13]

12) 『皇極經世書』 「邵伯溫述皇極經世書論」, "天時而驗人事者也. 人事而驗天時者也."
13) 앞의 책, 「邵伯溫經世四象體用之數圖說」, "至大之謂皇, 至中之謂極, 至正之謂經, 至變之謂世, 大中至正應變無方之謂道."

한강백韓康伯은 『주역』에 대해 "지난 시대의 옛 학자들은 건괘乾卦에서 리괘離卦까지를 상경上經이라 하여 천도天道를 다루었으며, 함괘咸卦에서 미제괘未濟卦까지는 하경下經으로서 인간사를 다루었다." 만약 상경이 선천이라 한다면, 하경은 후천이다. 상경은 순수 음양괘인 건곤괘를 제외하면 실질적으로는 3번 둔괘屯卦에서 시작하고, 감괘坎卦와 리괘離卦를 제외한다면 실질적으로 상경은 28번 대과괘大過卦에서 끝맺는다고 할 수 있는 것이다.

생명을 가지고 태어난 이상, 세상을 경영하는 원대한 꿈을 키워야 할 것이다.

5. 초효 : 처음부터 올바른 가치를 갖추어야

初九는 **磐桓**이니 **利居貞**하며 **利建侯**하니라
초구 반환 이거정 이건후

象曰 雖磐桓하나 **志行正也**며 **以貴下賤**하니 **大得民也**로다
상왈 수반환 지행정야 이귀하천 대득민야

초구는 움직이지 않고 제자리에서 맴도는 반환이니 올바른 데에 거처함이 이롭고 제후를 세움이 이롭다. 상전에 이르기를 비록 '반환'하지만 항상 올바른 것을 행할 것에 뜻을 두며, 귀한 것으로써 천한 곳인 아래로 내려오니 크게 백성을 얻는다.

초효는 둔괘屯卦의 주인공[主爻]이다. 초효는 건괘 초효를 이어받은 둔괘의 핵심이다. 그것은 복희괘의 안에서 밖으로 에너지가 분출하는 최초의 상태에서 형성된 것을 상징한다. 이는 가정에서 장남에 해당한다. 초효가 앞으로 나아가고자 해도 가장 아래에 있고, 위로는 감괘坎卦(☵)의 험난함이 있으므로 우레가 사방으로 뿜어내지 못하고 제자리에서 맴도는 모습이다.

에너지가 안에서 밖으로 솟구쳐 물건을 생겨나게 하려는 원시 상태의 움직임을 동양 천문학에서는 지구의 자전과 공전으로 설명하고 있으며,

이를 복희팔괘도와 연관하여 '좌선우행左旋右行'으로 비유했다. 그것은 회전축을 중심으로 돌아가는 맷돌과 다르지 않다. 맷돌의 회전은 자전이며, 잠시도 쉼 없이 돌아가는 맷돌 위에서 걸어가는 개미의 걸음은 공전에 해당된다. 맷돌과 개미의 비유는 하늘과 땅의 운동이 서로 연결되어 있으며, 하늘과 땅의 운동에서 온갖 자연 현상이 빚어진다는 것이다.

'반환磐桓'은 『주역』의 기원과 깊이 연관되어 있다. 하나는 한민족의 시조인 단군檀君을 가리킨다는 점이고,[14] 다른 하나는 동양 신화의 아버지인 반고盤古라는 것이다. 둘 다 고대 한민족의 역사와 결부되어 있다. 전자는 직접적 언급이고, 후자는 간접적 언급이다. 현재 이것을 밝힐 수 있는 결정적인 증거는 없다. 다만 『주역』은 동이 민족의 정신 세계와 결부되어 씌어졌다는 사실을 간접적 방법과 심증적으로만 접근할 수 있을 따름이다.

반환磐桓과 반고盤古[15]의 의미는 매우 가깝다. 반환은 겨울의 긴 수면 기간을 거쳐 두꺼운 지표를 뚫고 나오는 싹처럼 근원에서 처음으로 나타나

14) 김흥호, 앞의 책, 102쪽. "磐은 磐古라는 가장 오래된 神이랄까 神人의 이름이고, 桓이란 환인, 환웅, 환검의 桓이다. 그래서 磐桓에는 세 가지 뜻이 있다. ① 하나님의 아들(예수 그리스도), ② 반석과 큰 나무(흔들리지 않는 것, 진리), ③ 머뭇거림, 주저함이다.

15) 김선자, 『중국신화 이야기』(서울: 아카넷, 2004), 16-40쪽 참조. "아득한 옛날 모든 것을 품고 있는 알 같은 우주 속에서 거인 盤古가 잠들어 있었다. 반고를 감싸고 있던 달걀 모양의 우주 내부의 기운들이 가만가만 움직이기 시작한 것이다. 반고는 하늘과 땅을 만들어낸 신이 아니다. 하늘과 땅은 저절로 생겨났다. 반고를 둘러싸고 있던 기운들이 아래위로 나뉘면서 저절로 생겨난 것이다. 반고는 천지를 '만들어낸' 신이 아니라 다만 갈라진 하늘과 땅이 다시 붙지 않도록 역할만을 했을 뿐이다. 그런데 瑤族 사이에 전승되는 盤古皇 신화에서 반고황은 묘족 신화에서보다 더욱 위대한 신으로 등장한다. 그야말로 전지전능한 신이다. 어떤 학자는 반고의 원래 이름이 '盤'인데 이 말은 인도신화의 '梵'에서 온 것으로 반고 신화는 인도와 불교의 영향으로 생겨난 것이라도 말한다. 특히 반고는 천지개벽과 관련있는 신으로 부각된다. 한편 지금 중국의 河南城 泌陽縣에 있는 盤古山에는 당나라 때 처음으로 세워진 반고 사당이 있다. 반고를 천지개벽의 신이자 중화 민족의 근원이라고 여겨 그가 하늘과 땅을 열었다고 전해지는 장소인 하남 비양현을 민족의 성소로 만들려는 움직임이 활발하게 일어나고 있다. 2002년 초 湖南城 沅陵縣에서 반고의 동굴로 여겨지는 '盤古洞'을 발견했다는 사실을 대대적으로 보도했다. 반고의 천지개벽은 그저 단순한 신화가 아니라 '역사적 진실'이라는 것이다. 신화를 그저 신화로 보는 것이 아니라 역사적 사실로 바라보는 일부 중국학자들의 접근 방식은 재고되어야 마땅하다."

는 생명력을 상징한다.

"반환磐桓은 반환盤桓으로도 쓰인다. 첫째는 도연명의 귀거래사歸去來辭에 나오는 '무고송이반환撫孤松而盤桓'의 뜻 즉 지의부진遲疑不進, 배회불거徘徊不去의 뜻이요, 둘째는 반고盤古의 '반盤'과 환인桓因, 환웅桓雄, 환검桓儉 등의 '환桓'과의 합자어로 보는 것이다. 반환盤桓은 고대의 신인神人이니 상제上帝의 장자長子이며, 간민艮民의 선조요 그 통치자였다. 건곤시교乾坤始交로 태어난 장자長子인 반환盤桓은 처음의 경륜에서 과행육덕果行育德, 음식연락飮食宴樂, 작사모시作事謀始, 용민휵중容民畜衆의 과정을 겪어서 비로소 현비顯比로 수출비린首出比鄰하여 건만국建萬國 친제후親諸侯하게 되는 것이다. 그래서 서괘序卦의 둔屯은 잡괘雜卦의 비比에 해당하는 것이라 하겠다."[16]

『주역』과 『서경』의 기록에 따르면, 만물의 창조는 신화적인 전승과 결부되어 나타난다. 그것이 바로 반환磐桓에 얽힌 이야기다. 반환은 단순히 카오스의 요동 상태만을 가리키지 않는다. 반고는 세상의 시작(만물의 형성)[17]과 최초의 인간을 얘기하는 원형신화原型神話의 주인공이다.

다시 앞으로 돌아가서 얘기하자. 앞에는 초구의 험난함이 가로막고 있기 때문에 잠시 때를 기다리는 것이 이롭다[利居貞]. 나약하기 이를 데 없는 음효의 맨 아래에 내려와 백성들을 평안하게 하는 제후를 세우는 것이 이롭다[利建侯].

비록 초효가 어려움을 겪고 있지만[雖磐桓], 양陽이 양의 자리에 있기 때문에 그 뜻을 올바르게 행하고자 한다[志行正也]. 초효는 가장 유순柔順하고 중정中正의 위치에 있는 2효에 마음이 끌리어 원래의 짝인 4효에게로 곧바로 나아가지 못하고 머뭇거리는 모습이다.

『주역』에서 가장 중요한 개념 중의 하나가 바로 중中과 정正이다. 둔괘

16) 이정호, 『周易正義』(서울: 아세아문화사, 1980), 6-7쪽 참조

17) 『正易』 첫머리는 盤古로부터 시작한다. 생명의 씨앗이며, 인류 최초의 조상으로 알려진 반고로부터 三神一體的으로 분화되어 나타난 것이 天皇, 地皇, 人皇이다. 김일부가 과연 반고를 우주의 시초로 보았는지, 아니면 '중국신화의 韓國化'를 시도했는지는 더 연구할 문제다.

초효에서 말하는 정正은 우주 진화의 목적은 올바른 세계[正]의 건립에 있으며, 사회적 진보의 가치 또한 올바른 정의가 구현되는 대동 세계에 있음을 가르치고 있다.

인간 생명의 본질은 올바름의 추구에 있다.

6. 2효 : 시련을 겪은 다음의 행복을 누려라

六二는 **屯如邅如**하며 **乘馬班如**하니 **匪寇**면 **婚媾**리니
육이 둔여전여 승마반여 비구 혼구

女子貞하여 **不字**라가 **十年**에야 **乃字**로다
여자정 부자 십년 내자

象曰 六二之難은 **乘剛也**오 **十年乃字**는 **反常也**라
상왈 육이지난 승강야 십년내자 반상야

육이는 앞으로 나아가지 못하여 걷기 어려우며, 말을 탔다가 도로 내리니, 도적이 아니면 청혼해 오리니 여자가 올바르게 곧아서 시집가지 않다가 십년 만에야 시집을 가는도다. 상전에 이르기를 육이의 어려움은 강함을 탔음이요, '십년 만에 시집감'은 떳떳함으로 돌아옴이다.

'둔여屯如'는 어렵고 곤란한 모양, '전여邅如'는 앞으로 나아가기 어려워 왔다갔다 하는 모양, '반班'은 같을, 내릴, 헤어지는 모양, '자字'는 시집갈, 혼인을 허락한다는 뜻이다.

2효는 음효로서 내괘의 중도[中]를 얻고, 음효가 음의 자리에 있기 때문에 정正이며, 또한 외괘의 5효와 상응한다. 따라서 2효 자신은 완벽한 조건을 갖추었다. 하지만 둔屯 자체가 어려운 시기이고, 아래 초효인 양陽을 타고 있는 까닭에 5효[陽]를 만나는 데 큰 어려움에 봉착한 상황이다. 이것이 바로 둔여전여屯如邅如의 뜻인 것이다.

『주역』에서는 음효가 양효 위에 있는 경우를 말에 올라탔다[乘馬]고 한다. 「설괘전」에서도 양효로만 이루어진 건괘乾卦를 말에 비유했다. '반여班

如’는 말에서 내려와 그 말과 나란히 서 있는 모습을 형용한 것으로 음양 짝인 5효는 멀리 떨어져 있고, 초효는 바로 아래에서 청혼하는 형국이기 때문에 2효가 초효의 말을 탔다가 다시 내리는 상황을 묘사한 것이다.

그런데 자세히 살피니까 초효는 2효를 위험에 빠뜨리는 도적이 아니라, 오히려 열렬하게 청혼하는[匪寇婚媾] 존재이다. 부드럽게 순응하는 여성만의 고유한 중정의 덕으로 정조를 지키고 초효의 청혼을 완곡히 물리쳐 시집가지 않다가 원래의 제짝인 5효에게 십년 만에 시집간다[十年乃字].

이를 상수론으로 살펴보자. 복희팔괘도에서 감수坎水는 6이고, 진뢰震雷는 4로서 이들의 합은 10이다. 10은 10수 하도를 뜻한다. 복희팔괘도에는 8까지의 수가 나타나는데, 복희팔괘도는 9수 문왕팔괘도를 지향한다. 낙서 9수의 문왕팔괘도는 10수 정역팔괘도를 지향한다. 정역팔괘도는 10수 하도의 구체적 실현을 압축한 형상이다.

원래 ‘십十’은 시간과 공간이 입체적으로 교차하는 십자가의 모양을 띤다. 십자가의 센터가 시공간적으로 확산하여 자연과 인간과 문명이 통일되는 이상적 경지를 묘사한 것이다. 그러니까 ‘십년 만에 시집간다’는 말은 만사가 형통한다는 뜻과 직결된다.

「상전」에서 2효의 어려움은 강함을 탔음이요, ‘십년 만에 시집감’은 떳떳함으로 돌아옴이라고 말한 것은 2효와 5효의 결합이 상도常道임을 의미한다. 이제까지의 어둠과 어려움과 곤경을 떨쳐버리고 밝음의 길로 접어드는 것이 원래 자연의 법칙이다. 왜냐하면 『주역』에서 말하는 가장 이상적인 감응은 음이 음 자리에 있는 2효가 양이 양 자리에 있는 5효가 결합하는 것이다. 그러니까 상수론에서 가장 이상적인 수인 10이 둔괘屯卦에 등장하는 까닭도 여기에 있는 것이다.

주자朱子는 ‘10은 수의 극한[十, 數之終也]’이라고 했다. 에드먼드 윌러는 “새로운 세계의 입구에 서 있는 구세계를 떠날 때, 그들은 두 세계를 동시에 보았다”고 했으며, 필롤라오스는 “수의 행동과 본질은 10의 개념에 담겨 있는 힘으로 측정해야만 한다. 왜냐면 이것(힘)은 매우 크고, 모든 것을 포용하고, 모든 것을 이루고, 인간의 삶뿐만 아니라 신과 하늘의 삶의 근본이자 안내자이기 때문이다"라고 했다.

오비디우스에 따르면, "10이라는 수는 옛날부터 아주 높이 받들어졌다. 수를 세는 손가락의 수도 10이고, 숫자들은 10까지 증가한 다음, 거기서 다시 새로운 순환이 시작된다"고 하였다. 또한 산스크리트 만트라[呪文]는 "넘어가고 넘어가도다. 저 너머로, 저 너머의 너머로 넘어가도다. 깨달음을 얻은 여행자를 환호하며 맞이하라!"고 하여 10수 세계의 경지를 암시했다.[18)]

만사형통의 지름길은 강유의 결합에 의한 중용의 실천에 있다.

7. 3효 : 진퇴의 결정은 시간 체험을 바탕으로

六三은 **卽鹿无虞**라 **惟入于林中**이니 **君子幾**하여 **不如舍**니
육삼 즉록무우 유입우임중 군자기 불여사

18) 마이클 슈나이더/이충호, 『자연, 예술, 과학의 수학적 원형』(서울: 경문사, 2002), 323-346쪽 참조. "10은 전체의 반복을 나타낸다. 10은 그 속에 수들의 두 부모(1과 2)와 그 일곱 자식(3에서 9까지)을 포함하고 있다. 10은 함께 모여 각각 자신의 원리를 동시에 펼쳐보이고 있는 원형들의 전체 가족의 초상화이다. 모든 수들의 성질을 나타내는 10은 수 자체의 문턱을 넘어서서 각 부분들을 합한 것보다 더 큰 공동 상승작용(synergy)을 나타낸다. 10에 의해 표현되는 모든 것들을 포함하는 이 원형은 그리스의 황금 시대부터 데카드(Decad)로 불렸다. 데카드는 그 아래에 있는 모든 수를 포함하고 조화시키기 때문에 '세계' 또는 '하늘'이라고 불렸다. 10은 모든 것을 포함하는 '완전'을 나타낸다. 10의 성질을 이해하는 것은 곧 모든 것을 아는 것과 같다. 데카드는 모나드에서 엔네아드에 이르기까지 모든 원형적 원리들을 담고 있는 창조 과정의 패러다임이다. 10은 피타고라스학파에서 완성과 새로운 시작을 상징하는 '완전수'로 취급되었다. 전 세계의 신화와 종교에서는 완성과 확대된 힘과 새로운 시작의 상징으로 데카드가 사용된 예가 풍부하다. 10의 출현은 종종 여행의 완결과 정화를 위한 아홉 겹의 경험 뒤에 근원으로 돌아가는 것을 나타낸다. 그래서 이암블리코스에 의하면, 옛사람들은 '영원히 흐르는 자연'을 데카드에 대한 은유로 사용하였다. 왜냐하면 데카드는 모든 종류의 만물의 영원 불변의 본질이기 때문이며, 우주 만물은 데카드와 호응하여 완성되고 조화로우며 가장 아름다운 한계를 지니기 때문이다. 10으로 가는 단계는 어떤 넓은 틈을 뛰어넘는 것이라기보다는 계속 존재해온 내재적인 통일성과 전체성을 인식하는 것이다. 데카드는 통일성이 또 다른 차원에서 나타나는 것, 곧 모나드가 다시 반복하는 것이다."

往하면 **吝**하리라
왕 인

象曰 卽鹿无虞는 **以從禽也**오 **君子舍之**는 **往**하면
상왈 즉록무우 이종금야 군자사지 왕

吝窮也라
인궁야

육삼은 사슴 사냥에 몰이꾼이 없음이다. 오직 숲 속에 깊이 들어갈 따름이니 군자는 기미를 살펴서 그치는 것만 같지 못하니, 가면 인색해질 것이다. 상전에 이르기를 '사슴 사냥에 몰이꾼이 없음'은 새를 쫓아감이요, '군자가 그치는 것'은 가면 인색하고 궁색해짐이다.

3효는 음이 양의 자리에 있다. 음이 음에 만족하지 않고 욕심이 넘쳐 함부로 움직이려는 형상이다. 3효는 양의 자리에 양이 있지 않고 음이 있으며, 중용[中]의 위상도 확보하지 못했다. 3효와 상응하는 상효 역시 음인 까닭에 대응해주지 못하는 형세다.

3효의 이웃인 5효는 이미 2효와 상응하고, 초효 역시 4효와 상응한다. 이것은 마치 몰이꾼 없이 사슴사냥에 나가는 것과 흡사하다. 사슴을 포획해야 하는데 길 안내자가 없다. 옛날에 임금이 사냥나갈 때는 사냥꾼보다는 몰이꾼이 더 많았다. 몰이꾼이 사냥감을 어떻게 모느냐에 따라 그날 사냥의 성공 여부가 결정되었던 것이다. 몰이꾼 없는 사냥은 먹이감을 얻기는커녕 길을 잃고 헤맬 뿐이다. 마찬가지로 세상은 음양짝이 있어야 하듯이 혼자 살 수는 없는 것이다.

3효는 내괘에서 외괘로 넘어가는 중간에 존재한다. 내괘의 끝자락에 있으면서 우레로 움직이려고 욕심을 내지만 외괘의 험난함을 미리 밝혀 분별해서 그쳐야 한다는 것이다[君子幾, 不如舍]. 성인을 지향하는 군자는 그 징조를 깨달아 제자리에 멈추지만, 소인은 함부로 나아가 오히려 일을 그르치는 상황에 빠진다[往吝]. 군자다운 인격자가 되기 위해서는 나아가고 물러가는 시간 의식을 올바르게 분별해야 하는 지혜와 그것을 실천할 수

있는 덕성의 힘이 필요하다는 것을 일깨우고 있다.

몰이꾼 없이 사슴사냥 하는 것은 하늘을 나는 새를 쫓는 것과 같다. 우리나라 굴지의 기업인 S그룹이 한국을 경제적으로 지배할 수 있었던 까닭은 총수의 측근에 뛰어난 인재가 많기 때문이다. 총수 혼자서 영업과 금융과 한꺼번에 지배할 수 없다. 총수는 영업 전략을 짜면 된다. 나머지는 측근과 현장에서 뛰는 사원이 하면 된다. 총수는 시세의 흐름에 민감하게 대처하고 주위에 사람을 많이 끌어 모으면 되는 것이다.

군자는 당연히 그 조짐을 살펴서 그치니[君子舍之], 가면 갈수록 인색해지거나 더욱 곤궁해질 것을 알기 때문이다[往, 吝窮也]. 그러니까 자신을 옆에서 도와줄 사람을 찾아야 한다.

진퇴의 시기를 깨닫는 지혜는 실천력이 좌우한다.

8. 4효 : 언제 어디서나 가치 판단에 주목하라

六四는 **乘馬班如**니 **求婚媾**하여 **往**하면 **吉**하여
육사 승마반여 구혼구 왕 길
无不利하리라
무불리
象曰 求而往은 **明也**라
상왈 구이왕 명야

육사는 말을 탔다가 다시 내리니 혼인길을 찾아서 가면 길해서 이롭지 않음이 없을 것이다. 상전에 이르기를 '찾아서 감'은 밝게 함이다.

4효의 이웃사촌은 5효이지만, 상응 관계가 아니기 때문에 결혼 상대자가 아니다. 더욱이 4효는 험난함을 표상하는 외괘의 맨 아래에 있고, 양효인 5효의 아래에 있다. 또한 4효는 2효와 유사하게 말에 올라탄 형국이지만, 내괘의 초효와 상응하기 때문에 '때'를 기다리고 있는 군자를 마주하고자 말에서 내리는 모습이다.

도대체 『주역』에서 '때[時間]'를 기다린다는 말은 무슨 뜻인가? 무작정 시간을 하염없이 기다린다는 말인가? 아니면 시세의 흐름을 읽는 재주를 키워야 한다는 뜻의 다른 말인가? 또한 그것은 상황 논리를 부추기는 얘기가 아닌가. 『주역』에서 시간을 지적하는 명제는 '시의성時義性'이다. 그것은 어떤 상황이든지간에 정확한 판단에서 비롯된 강력한 실천력을 발동시키는 지혜와 힘을 가리킨다.

이것이 바로 유가의 화두인 '중中'의 핵심이다. 유가의 시간관은 중 사상으로 압축할 수 있다. 중中은 현대 윤리학에서 말하는 상황 윤리와는 근본적으로 다르다. 상황 윤리란 시공간의 지배를 받는 윤리를 말한다. 하지만 '중'의 윤리는 시대와 장소가 다르더라도 언제나 그 상황에 맞게 올바른 가치 판단을 근거로 삼는다. 그러니까 꼭 4효에서 청혼해 올 때까지 기다렸다가 나서는 것이 현명하다고 말했던 것이다. 상황 윤리가 개인의 주관적 판단에 연유한 윤리적 규범이라면, '중'의 윤리는 비록 개인이 내리는 주관적 판단일지언정 그 밑바탕에는 시공간을 보편적으로 가로지르는 객관성에 뿌리박힌 판단에 연유하기 때문에 인식하기가 쉽지 않다.

아성亞聖이라 불리는 맹자孟子는 공자孔子를 일컬어 '성지시자聖之時者'라고 추존했다. 공자는 나아갈 때는 나아고 물러날 때는 물러날 줄 아는 유일한 성인이라는 것이다. 64괘의 가르침은 시간 의식과 함께 시간의 활용을 가르친다. 여기서 말하는 시간의 활용은 자본주의적 시각에서 돈으로 환원시켜 이용하는 수단적 가치를 뜻하지 않는다. 그것은 오히려 시간의 근거와 유래, 시간의 본성을 깨달아 삶의 유효한 방법을 터득하려는 지혜에서 비롯되었다. 더욱이 시간의 정신이 순환이냐 직선이냐에 따라 삶의 지침을 달라질 수밖에 없기 때문에 시간의 본질 인식은 애당초 '중'의 이념과 뿌리깊게 연결되어 있다.

특히 유가의 중中과 연관된 시간관에는 선후천론이 가장 깊숙이 숨겨진 이치로 작동하고 있음을 간과해서는 안 된다. 예컨대 『주역』 64괘 중 제일 첫 번째 괘인 건괘乾卦의 마지막 효인 상효上爻는 오늘의 세계를 표상하고 있다. 인류는 지금, '높이 올라간 용이니 후회함이 있으리라[亢龍有悔]'고 말한 건괘의 '극한 상황[亢]'의 시간과 공간[時位]에 처해 있다.

『주역』의 명제를 오늘의 시대 인식으로 비유한 것은 인간의 오만과 탐욕으로 빚어진 '자연의 최대 재앙'인 생태계 파괴와 사회의 양극화 현상을 비롯한 전쟁 상황 등은 '항亢(극도의 치우침의 때)'를 처방하기 위한 하늘과 땅이 내리는 경고등이라 할 수 있다.

건괘에서 얘기하는 '시간과 공간[時位]'은 어떤 현대적 의미의 내포와 외연을 갖는가? 유교에서 말하는 시위성時位性은 한마디로 '중中'이다. 맹자에 따르면, '중中'이란 화살을 쏘아 과녁 한가운데에 적중하는 것이다. 그는 중中의 역동성을 활쏘기에 비유하였다. 도덕적 판별 능력과 실천력을 체득한 군자가 그 시대 상황에 적중하도록 결정하는 것이 바로 중中이다.

중은 시공간이라는 보편적 원리에서 벗어난 임시 방편의 권모술수가 결코 아니다. 그것은 현실에 대한 도의 구체적 적용이다. 시대 정신에 부합하도록 최선을 다해서 분별하고 판단하는 지혜인 것이다. 위의 언급들은 한결같이 합리성과 도덕적 판단에 기초한 시간 의식[19]이다. 종교와 선후천론의 입장에서 이야기하는 시간 의식이란 자연과 문명과 인간에 대한

19) 김승혜, 『유교의 時中과 그리스도교의 식별』(서울: 바오로딸, 2005), 67-75쪽 참조."예수에게 때(kairos)는 성부에게서 받은 소명, 곧 하느님 나라를 선포하고 실현해야 할 그의 사명과 직결되어 있다. 기독교에서 말하는 '때가 찼다'는 말에는 두 가지 의미가 있다. 첫째는 자연적 결실의 때를 가리킨다. 여기에는 심판의 의미가 내포되어 있다. 둘째는 직접적으로 마지막 심판의 때를 가리키는 경우이다. 기독교는 심판의 시간을 항상 준비하고 있으라고 말한다. 때를 안다는 것은 하느님의 뜻을 식별한다는 것이다. 특히 공관복음에서 때(kairos)는 하느님 나라의 도래와 직결되어 있어서 하느님이 방문하시는 때라는 신론적 성격이 강하다. 이에 비해 요한복음에서 때(kairos)는 인간이 선택해야 할 결단의 순간을 지칭하고, 시간(라틴어 hora는 hour, time, season의 뜻이다)은 예수의 죽음과 영광의 시간이라는 그리스도론적 색채가 짙다. 우선 kairos라는 용어가 요한복음에서는 공관복음에서 예수가 말한 '나의 때'와 대비되는 '세상의 때'라는 명암이 갈리는 시간 개념으로 발전한다. 변화에 민감한 식별을 통해 전통이 심화되고 현실 속에 내포되어 있는 다양한 충돌 요소들이 조회를 이룰 수 있다. 그래서 맹자는 時中의 능력을 최고의 성덕으로 높였던 것이다.

급격한 전환을 얘기한다.

주역사상이 제시한 시간론의 화두는 '시의성時義性'에 있다. 그것은 어떤 상황에서든지 올바른 가치 판단과 강력한 실천력을 발동시키는 지혜와 힘을 뜻한다.

9. 5효 : 어려운 시기에는 실력을 배양해야

九五는 **屯其膏**니 **小貞**이면 **吉**코 **大貞**이면 **凶**하리라
구오 둔기고 소정 길 대정 흉
象曰 屯其膏는 **施未光也**라
상왈 둔기고 시미광야

구오는 그 넉넉한 은혜가 어려우니 조금 올바르게 나아가면 길하고 크게 고집하면 흉할 것이다. 상전에 이르기를 '기름진 것이 어렵다'는 것은 베풂이 빛나지 못하기 때문이다.

5효는 양이 강건중정剛健中正의 덕을 갖추어 인군의 위치에 있다. 비록 2효와 정응正應의 관계이지만, 어렵고 험난한 시기에 있다. 다른 모든 괘에서 5효의 내용은 대체로 긍정적인 언표로 이루어져 있으나, 둔괘는 워낙 처음의 어려움이 있는데다가 험한 물(☵) 속에 갇혀 있다. 때문에 백성들은 누가 인군인지를 알 수 없는 까닭에 그 은택을 아래에 베풀 수 없는 형국이다.

어려운 시기에는 은인자중하여 실력을 길러야 한다. 그렇지 않고 대규모의 사업을 꾀한다면 일을 그르치기 쉽다. 그러니까 외괘 감괘坎卦[물, ☵]는 북방 겨울의 '정貞'이기 때문에 효사에 '둔기고屯其膏'와 '정貞'이 등장하는 것이다.

힘든 고비에는 작은 일에 만족하고, 큰 일을 도모해서는 안 된다.

10. 상효 : 슬픔과 기쁨은 순환한다

上六은 **乘馬班如**하여 **泣血漣如**로다
상육 승마반여 읍혈연여
象曰 泣血漣如이어니 **何可長也**리오
상왈 읍혈연여 하가장야

상육은 말을 탔다가 내리는 것과 같으니 피눈물을 흘리는도다. 상전에 이르기를 '피눈물을 흘리니' 어찌 오래 갈 수 있겠는가.

상효는 바로 밑의 5효를 타고 있으나[乘馬] 상응 관계가 아닌 까닭에 말에서 내려와야 하는 상황이다. 특히 험난함의 극한에 이르렀고 내괘의 3효와도 상응 관계를 이루지 못한 까닭에 외롭게 피눈물을 뚝뚝 흘리는 형국이다.

암컷과 숫컷이 사이좋게 짝지어 있지 않고, 따로따로 떨어져 이별하는 모습이다. 워낙 슬프고 애처로워 피눈물을 흘리는 형상이다. 전환기에는 실망하지 말고, 스스로를 높이어 새로운 희망의 메시지에 의지하여 삶의 자세를 다져야 할 것이다. 하지만 종말 현상은 오래가지 않는다. 머지않아 피와 눈물은 기쁨과 웃음으로 바뀔 것이다. 시간은 순환하기 때문이다.

그래서 정이천은 "괘는 만물이 살아가는 모습을 총괄적으로 담아놓은 부호이며, 효는 만물이 살아가는 과정을 하나하나씩 토막내어 시간적인 변화로 형상화시킨 것이다"[20]라고 말했다.

시간의 순환 앞에서 감정은 아무런 의미가 없다.

20)『易程傳』屯卦, "屯難窮極, 莫知所爲, 故至泣血顚沛如此, 其能長久乎. 夫卦者事也, 爻者事之時也, 分三而又兩之, 足以包括衆理, 引而伸之, 觸類而長之, 天下之能事畢矣."

정역사상의 연구자 이상룡李象龍은 둔괘의 성격을 다음과 같이 설명한다.

朱子曰 屯은 物始生而未通之意니 故其爲字가
주자왈 둔 물시생이미통지의 고기위자
象艸穿地始出而未申也라 하니라 爲卦水旺於上하고
상초천지시출이미신야 위괘수왕어상
雷動於下하니 則天開子會하여 陽生子月할새
뇌동어하 즉천개자회 양생자월
混混沌沌而陽未回泰하니 物未暢亨之時也라
혼혼돈돈이양미회태 물미창형지시야
至子水退位하고 亥雷鳴夏하여 萬物嘉會而通暢하니
지자수퇴위 해뢰명하 만물가회이통창
則天下之屯蒙이 變以爲泰亨文明之世니 故屯所以次蒙也라
즉천하지둔몽 변이위태형문명지세 고둔소이차몽야

주자는 "둔은 만물이 처음 나와서 아직 펼쳐지지 못했다는 뜻이다. 그러므로 그 글자가 풀이 땅을 뚫고 처음 나와 아직 펴지지 못한 것을 본뜬 것이다"라고 하였다. 괘의 형성에서 물은 위에서 왕성하고 우레는 아래에서 움직여 하늘이 자회子會에서 열리고 양은 자월子月에서 생겨나므로 혼돈 상태에서 양이 아직은 커지지 못하여 만물이 펼쳐져 형통하지 못하는 시기이다. 자수子水가 자리에서 물러나고 해뢰亥雷가 여름철을 드날려 만물이 아름답게 모여 활짝 통하여 펼쳐져 천하의 둔몽屯蒙이 변하여 크게 형통하는 문명의 세월이 된다. 그러므로 둔괘가 몽괘 다음에 놓인 것이다.

彖曰 屯, 元亨, 利貞, 勿用有攸往, 利建侯는 聖人首出에
단왈 둔 원형 이정 물용유유왕 이건후 성인수출
繼天而立極也라 天造艸昧는 天地肇判에 人文未闢也라
계천이입극야 천조초매 천지조판 인문미벽야

단전 "둔은 크게 형통할 것이다. 곧고 바르게 행동해야 이롭다. 갈 곳이 있어도 가지 말아야 하고 제후를 세워야 이롭다." 성인이 가장 먼저 나와 하늘의 뜻을 이어받아 인륜의 푯대를 세운 것이다.

'하늘이 초매를 만든 것'은 하늘과 땅이 아직 나뉘지 않았을 때로서 인문이 아직 열리지 않은 것을 뜻한다.

象曰 君子以하여 經綸은 天下方屯에 未可遽進也라
상왈 군자이 경륜 천하방둔 미가거진야

상전 "군자가 이를 본받아 경륜한다"는 것은 천하가 바야흐로 머뭇거리니 아직은 앞으로 나아갈 수 없다는 뜻이다.

初九, 盤桓, 利居貞은 德合君人而居下需時也라
초구 반환 이거정 덕합군인이거하수시야

초효 "움직이지 않고 제자리에서 맴도는 것이 반환이다. 올바른 데에 거처함이 이롭다"는 것은 군자와 보통사람이 덕을 합하여 아래에 거처하면서 시간이 필요함을 말한다.

六二, 屯如邅如, 乘馬班如는 判之庚午하고 而用之甲子也라
육이 둔여전여 승마반여 판지경오 이용지갑자야
十年, 乃字는 己日乃政也라
십년 내자 기일내정야

2효 "앞으로 나아가지 못하여 걷기 어려우며, 말을 탔다가 도로 내린다"는 것은 '경오'에 판가름나고 갑자에서 사용된다는 것이다. "십년 만에야 시집을 간다"는 것은 '기일'에 정사가 베풀어진다는 뜻이다.

六三, 卽鹿无虞, 惟入于林中은 濟屯无傑하여 柅于林叢也라
육삼 즉록무우 유입우임중 제둔무걸 니우임총야

3효 "사슴 사냥에 몰이꾼이 없다. 오직 숲 속에 깊이 들어갈 따름이다"는 뛰어난 사람 없이 건너는 것은 무성한 숲 속에 들어가는 것과 같다.

六四, 求婚媾, 往, 吉은 上下交際也라
육사 구혼구 왕 길 상하교제야

4효 "혼인길을 찾아서 가면 길하다"는 것은 상하가 교제한다는 뜻이다.

九五, 屯其膏는 左右小人이 壅蔽聰明也라
구오 둔기고 좌우소인 옹폐총명야

5효 "그 넉넉한 은혜가 어려움"은 주변의 소인들이 총명한 사람을 가로막기 때문이다.

上六, 乘馬班如, 泣血漣如는 午極新出하여 傷莫控訴也라
상육 승마반여 읍혈연여 오극신출 상막공소야

상효 "상육은 말을 탔다가 내리는 것과 같으니 피눈물을 흘리도다"는 것은 오午의 시대가 극한에 이르러 새로운 것이 나와 원통함을 알릴 수 없도록 상처 입는다는 뜻이다.

산수몽괘
山 水 蒙 卦

사람은 반드시 배워야

1. 사람은 왜 무엇을 배워야 하는가 : 몽괘

정이천은 수뢰둔괘水雷屯卦(䷂) 다음에 산수몽괘山水蒙卦(䷃)가 오는 이유를 다음과 같이 말한다.

> 蒙은 序卦에 屯者는 盈也오 屯者는 物之始生也니 物生必蒙이라
> 몽 서괘 둔자 영야 둔자 물지시생야 물생필몽
> 故受之以蒙하니 蒙者는 蒙也니 物之穉也라 하니라
> 고수지이몽 몽자 몽야 물지치야
> 屯者는 物之始生이니 物始生穉小하여 蒙昧未發하니
> 둔자 물지시생 물시생치소 몽매미발
> 蒙所以次屯也라 爲卦艮上坎下하니 艮은 爲山爲止요
> 몽소이차둔야 위괘간상감하 간 위산위지
> 坎은 爲水爲險이라 山下有險하니 遇險而止하여 莫知所之가
> 감 위수위험 산하유험 우험이지 막지소지
> 蒙之象也라 水는 必行之物이로되 始出하여 未有所之라
> 몽지상야 수 필행지물 시출 미유소지
> 故로 爲蒙이니 及其進則爲亨義라
> 고 위몽 급기진즉위형의

"몽괘는 「서괘전」에 '둔은 가득 참이요, 둔은 사물이 처음으로 나오는 것이다. 사물이 처음으로 생겨나면 반드시 어리기 때문에 몽괘로 이어받았다. 몽은 어리다는 뜻으로 사물이 어린 것이다'라 하였다. 둔은 사물이 처음 생겨난 것이니 사물이 처음으로 생겨 어리고 몽매하여 개발되지 못했기 때문에 몽괘가 둔괘 다음이 된 것이다. 괘의 형성은 간이 위에 있고, 감은 아래에 있다. 간은 산과 그침이며, 감은 물과 험남함이다. 산 아래에 험난이 있으니 험난함을 만나 그쳐서 갈 바를 알지 못하는 것이 몽의 형상이다. 물은 반드시 가는 사물이지만 처음 나와서는 갈 바가 없기 때문에 몽이 되었다. 나아감에 이르면 형통의 뜻이 된다."

몽괘는 교육의 중요성과 방법을 강조하고 있다. 갓 태어난 어린아이는 부모를 통해 경험적 지식을 터득하지 않고는 제대로 성장할 수 없다. 아직 어린 까닭에 매사에 어둡다. 몽괘는 어리석음을 벗어나려면 모름지기 배워야 한다고 가르친다.

'몽蒙'에는 어리다, 어리석다, 깨우치다 등의 뜻이 있다. 깊은 산 속 옹달샘에서 발원한 조그마한 물줄기가 바다를 만들듯이, 선생이 어린아이를 차근차근 길러나가는 것이 곧 몽괘의 취지이다. 그래서 예전부터 교육을 일컬어 계몽蒙養, 훈몽訓蒙이라 했으며, 열심히 배우는 어린 학생을 동몽童蒙이 불렀던 것이다. '격몽擊蒙'이란 어둠을 때려서 깨우친다는 말이다.

이이李珥(1536-1584)는 학문의 목적은 성인聖人을 지향하는 데 있다고 말한다. 그는 성인이 되는 것을 배우는 학문이 바로 성학聖學이라고 규정하였다. 성학의 내용이 곧 유학儒學이다. 유학은 인간 주체성을 근거로 자연에의 순응을 통한 합일을 꾀하면서, 능동적인 수기치인修己治人을 통하여 천인합일을 궁극 목적으로 삼는 학문이다.[1] 성인은 어려서부터 배움과 교육을 통해서 이루어진다. 그러니까 유학은 공자로부터 줄곧 '맨 밑바닥에서부터 배워서 궁극적인 경지에 도달한다[下學而上達]'는 이념이 공부의 요체로 작용하였던 것이다.

유학의 교육론은 산수몽괘山水蒙卦에 근거한다.[2] 율곡은 『격몽요결擊蒙要訣』[3]을 지어 인간이 왜 배워야하는가와 배움의 목표를 제시했다. "처음으로 배우는 사람은 반드시 뜻을 세워야 하는데, 자신도 성인이 되리라고 마음먹어야 한다. 대개 보통 사람과 성인을 비교하면 그 근본 성품은 한 가

1) 장숙필, 『栗谷 李珥의 聖學硏究』(서울: 고려대학교 민족문화연구소, 1992), 11-31쪽 참조. "聖學은 正學, 爲己之學, 道學, 實學을 내용으로 삼는다."

2) 옛날에는 태어나서 오륙 세가 지나면 千字文을 배우고, 그 다음에 啓蒙篇, 童蒙先習 혹은 童蒙須知 등을 배웠다. 『동몽선습』은 조선조 명종 때 朴世茂가 짓고, 그 뒤 宋時烈이 跋文을 지어 어린이 교재로서 유익한 책이다.

3) 『栗谷全書』 38권 중 27권에 있다. '擊蒙'이란 무지몽매한 이들을 일깨워 계몽해주는 교육을 일컫는 말이며, '要訣'은 아주 중요한 핵심이라는 뜻이다.

지요 둘이 아니다."

인간이 태어날 때부터 가지고 있는 도덕적 성품을 모르면 어둠[蒙]이고, 본성을 알아서 그것을 사회적으로 실천하면 밝은[明] 것이다. 불교에서도 자신의 본성에 무지한 것을 무명無明이라 한다. 도덕적 본성이 아닌 육체적 본능을 참나로 착각하는 이는 어둠의 사람이다. 동물적 본능을 참나가 아니라고 물리치는 것이 바로 '격몽擊蒙'인 것이다. 그러므로 격몽은 극기克己와 다르지 않다.

에고를 물리치고 참나로 거듭 태어나는 것이 군자이다. 이를 불교에서는 견성見性이라 한다. 격몽擊蒙과 견성見性은 배움의 시작이요 배움의 목표인 셈이다. 사람들은 진리를 따르지 않고 격몽을 잃어버린 채 욕망의 오랏줄에 묶여 어둠 속에 헤매고 있다. 온갖 못된 짓을 마다하지 않고, 타인들 앞에서 거룩한 체하는 것은 죄악일 따름이다.

2. 몽괘 : 교육은 백년대계

蒙은 **亨**하니 **匪我求童蒙**이라 **童蒙**[4]이 **求我**니 **初筮**이어든
몽 형 비아구동몽 동몽 구아 초서
告하고 **再三**이면 **瀆**이라 **瀆則不告**이니 **利貞**하니라
고 재삼 독 독즉불곡 이정

몽은 형통하니 내가 동몽을 구하는 것이 아니라 동몽이 나를 구함이니 처음으로 점치거든 알려주고 두 번 세 번 점치면 더럽히는 것이다. 더럽히면 알려주지 않으니 바르게 함이 이로운 것이다.

교육의 주체는 가르치는 선생이고, 그 대상은 학생이다. 몽괘는 교육을 강조하기 때문에 선생을 위주로 설명하고 있다.[5] 그러니까 '선생인 내[我]

4) 몽에 얽힌 단어는 꽤 많다. 童蒙은 어린아이, 啓蒙은 어둠을 밝힌다, 蒙利는 이로움을 입힌다는 뜻이다.

5) 『周易』은 여러 곳에서 교육을 강조한다. 예컨대 山水蒙卦와 山雷頤卦는 순수한 교육 이론

가 가르칠 어린 제자[童蒙]을 구하는 것이 아니라, 배워야 할 동몽이 나(선생)를 구해야 하는 것이다'라고 말했던 것이다.

학생은 선생에게서 가르침을 받아 사회와 국가의 기둥이 된다. 학생과 선생은 지식과 인격과 믿음 관계로 형성된다. 이렇듯이 동양의 교육은 전인 교육이 밑바탕으로 작용하고 있는 것이다.

학생이 선생을 신뢰하지 않으며, 교육 내용과 인품에 대해 회의한다면 교육의 성과는 전혀 기대할 수 없다. 열심히 가르쳐주었는데도[初筮告] 불구하고 의심을 내비치면서 자꾸 묻는 것은 선생을 모욕하는 행위이고, 더 나아가 신성한 교육 자체를 모독하는 것이기 때문이다[再三瀆]. 그런 학생에게는 선생 역시 대응하지 않아도 된다[瀆則不告]는 것이다. 선생과 학생, 부모와 자식, 고용인과 피고용인, 상사와 부하, 장군과 병사, 아내와 남편 등을 비롯하여 모든 인간 관계의 기본은 믿음이다.

점占치는 행위의 목적은 신의 일을 아는 것에 있다. 개인의 운명을 미리 알려는 행위는 신에 대한 모독이다. 점의 대상은 질병, 재앙, 기후, 추수, 제사, 국가의 흥망성쇠 등의 큰일이다. 묻는 이는 신의 뜻을 대행하는 정인貞人이다. 정인은 인간이 판단할 수 없는 내용에 대해서 최고신인 상제 또는 조상신에게 묻는다. 그만큼 신의 결정은 권위를 가질 수밖에 없다.

점치는 도구에는 1년생 띠풀과 그 뒤 띠풀의 대용품으로 사용된 대나무가지가 있고, 거북이 등껍질이나 소뼈를 불에 구워서 그 균열 상태를 보고 길흉을 판단하는 것이 있다. 후자의 방법으로 점의 내용을 기록한 것이 그 유명한 갑골문이다. 점을 칠 때는 한 번이어야 한다. 자신이 원하는 내용이 아니라고 계속 두세 번 점친다는 것은 신을 의심하고, 점 행위 자체를 모독하는 행위이기 때문이다.

을, 地水師卦는 정치적 교화 원리를, 澤地萃卦와 重風巽卦와 雷山小過卦는 종교적 교화 원리를 언급한다.

山水蒙卦 산수몽괘

몽괘의 주연은 선생이고 조연은 학생이다. 2효는 가르치는 선생이고, 5효는 배우는 학생이다. 나[我]는 2효, 학생인 동몽童蒙은 5효다. 선생에게는 권위가 주어진다. 옛날에는 왕의 아들인 왕자조차도 스승을 사부師傅라고 존경했다. 지금은 스승은 없고 직장인 선생만 판친다. 지위와 돈으로 선생의 권위를 손상시킬 수 없다. 선생과 학생 사이에는 믿음과 권위와 사랑으로 뭉쳐야 할 것이다.

몽괘는 유교 교육론의 근거를 제공한다. "어진 자는 산을 좋아하고 지혜로운 자는 물을 좋아한다"는 공자의 발언 역시 몽괘에서 말하는 교육 방법의 하나라고 할 수 있다.

3. 단전 : 유교의 교육은 성인을 지향한다

彖曰 蒙은 **山下有險**하고 **險而止蒙**이라 **蒙亨**은 **以亨行**이니
단왈 몽 산하유험 험이지몽 몽형 이형행
時中也오 **匪我求童蒙童蒙求我**는 **志應也**오
시중야 비아구동몽동몽구아 지응야
初筮告는 **以剛中也**오 **再三瀆瀆則不告**는 **瀆蒙**일새니
초서고 이강중야 재삼독독즉불고 독몽
蒙以養正이 **聖功也**라
몽이양정 성공야

단전에 이르기를 몽은 산 아래에 험한 것이 있고, 험해서 그치는 것이 곧 몽이다. '몽은 형통한다'는 것은 형통함으로써 행함이니 시간적으로 적중함이요, '내가 동몽을 구하는 것이 아니라 동몽이 나를 구한다'는 것은 뜻이 응함이요, '처음으로 점치거든 알려준다'는 것은 강과 중용으로써 행함이다. '두 번 세 번 점치면 더럽히는 것이요, 더럽히면 알려주지 않는다'는 것은 몽을 더럽히기 때문이므로 몽으로써 바른 것을 기름은 성인의 공로이다.

몽蒙은 산(☶) 아래에 험한 물(☵)이 있는 까닭에 안으로는 험난해서

제자리에 맴도는 형국이다. 한 치 앞도 예측할 수 없는 상황에 직면해서도 '형통한다[蒙亨, 以亨行]'는 것은 무슨 뜻인가? 그것은 '시중時中'으로 판단하고 실천하기 때문이다. 원형이정에서 '형통[亨]'은 계절로는 여름에 해당된다. 그것은 사물의 절도성을 뜻하는 예禮의 정신을 대변한다. 질서에 알맞는 행위를 하기 때문에 형통할 수밖에 없다. 그러니까 온갖 변화 속에서도 올바름을 잃지 않는 실천력이 동반되기 때문에 '시중時中'[6]을 언급하는 것이다.

몽은 어리기 때문에 어리석다는 뜻이다. 어찌 할 줄 모르는 무지몽매한 상태가 곧 몽蒙이다. 몽매한 것이 형통하다는 것은 무슨 말인가? 무엇을 어떻게 할지 모를 때는 배우면서 기다리는 길 뿐이다. 먹고 놀면서 시간을 축내는 것이 아니라, 시대 상황에 알맞은 덕목을 키우고 시간의 정신(때)에 민감하게 대응하는 삶이다. 그것은 '진인사대천명盡人事待天命'의 자세와 다르지 않다.

『주역』에서 '시중時中'이란 말은 몽괘蒙卦에 한 번 나온다. 나머지는 대부분 '시행時行(시간에 맞는 자연의 변화, 시간에 알맞은 행위, 유효적절한 시간적 상황 판단과 실천력)'이란 용어로 많이 쓰인다. 시중이란 「계사전」 하편 5장에 나타난 바와 같이 '적절한 시간에 알맞게 움직이기[待時而動]' 위해서는 우선 변화의 기미와 징조를 주도면밀하게 살피는 자세가 필요한 것이다.

배움을 통해 어리석음을 벗어나 마침내 깨어난 사람으로 다시 태어난다. 『주역』의 의하면, 어리석음은 혼자의 노력으로 깨뜨려지는 것이 아니라 훌륭한 선생님의 지도 아래서 이루어진다[蒙以養正, 聖功也]. 교육의 목적과 방법은 모두 '올바름[正]'에 있다. '양정養正'은 인간의 도덕적 품성과 마음과 육체적 생명력을 올바르게 기른다는 뜻이다. 그래서 맹자는 호연

6) '時中'은 언제 물러나고 언제 나아가는 지에 대한 시간의 적절성(timing)에 근거한 행위를 뜻한다. 항상 제때에 맞는 제대로의 행위를 하는 사람을 오직 孔子뿐이다. 맹자는 이런 공자의 위대성을 '시간의 본성을 밝힌 성인[聖之時者]'라고 찬양하였다.

지기浩然之氣를 외쳤던 것이다. 호연지기를 기른다는 것은 곧 건전한 몸으로 마음을 길러 주체성을 회복하는 길이다[養心, 養性, 養]. 이를 밝힌 이가 바로 성인이다.

성인은 정치적으로 성공한 제왕이 아니라, 인간 삶의 표본을 밝힌 문화의 지도자이다. 성인은 영원한 생명의 원리를 깨달아 모든 사람들에게 풍요로운 도덕적 삶의 길을 열어준 공덕이 있다[聖功]. 그는 한낱 지식의 습득이나 전달에 있는 것이 아니라, 진리는 무엇이고 어떻게 실현하는가를 고민하였다. 성인의 교육관은 언제나 올바른 가치를 가르치는 것, 사람다운 사람이 되도록 하는 것에 목적이 있다. 유가에서는 누구든지 배우면 성인의 경지에 이를 수 있다는 인간의 선천적 도덕성을 중심으로 논의를 전개했던 것이다.

교육의 목표는 시간의 본성과 작용(시중時中)을 주체적으로 깨닫는 것에 있다.

4. 상전 : 덕을 기르고 과감하게 행동하라

象曰 山下出泉이 **蒙**이니 **君子以**하여 **果行**하며
상 왈 산 하 출 천 몽 군 자 이 과 행
育德하나니라
육 덕

상전에 이르기를 산 아래에 샘이 솟아나는 것이 몽이니, 군자가 이를 본받아 과감하게 행동하며 덕을 기르느니라.

공자는 일찍이 어진 이는 산을 좋아하고 지혜로운 이는 물을 좋아한다[仁者樂山, 知者樂水]라고 말했다. 명산의 조건은 산이 높고 계곡이 깊으며 물이 많고 맑아야 한다는 점이다. 몽괘에서 말하는 산수山水는 단순히 산과 물을 가리키지 않는다. 깊은 산 속의 옹달샘에 연원한 자그마한 물줄기가 바다를 이루듯이, 진리의 샘은 확장되어야 마땅함을 뜻한다.

진리의 샘물은 처음에는 어린애 오줌처럼 가느다랗게 시작한다. 이것이 작은 내를 이루고 다시 소용돌이치는 강물을 이루고, 강물은 모여 넓디넓은 바다를 이룬다. 물은 갖가지 사연을 안고 위에서 아래로 흐른다. 물은 아무 거침없이 흐르기도 하지만, 거대한 바위에 막혀 돌아가거나 또는 협곡을 만나서는 모든 것을 휩쓸 듯이 거칠게 숨을 몰아가면서 흐르기도 한다.

옹달샘물은 높은 산을 넘고 넓은 강을 건너 마침내 바다에 이르는 험난한 과정을 거친다. 이를 본받아 자신의 행동을 과감하고 용기있게 결정하며,[7] 수심 깊은 바다를 본받아 덕을 함양한다. 배우기 위해서는 어떠한 어려움도 이겨야 한다. 특히 과거의 잘못된 인습과 묵은 기운을 과감하게 털어내는 용기[果行]와 더불어 내면의 덕성을 두텁게 쌓는 공부를 해야 한다.[8] 배움의 목표는 개인의 영달이나 부귀영화를 찾는 것에 두어서는 안 된다. 덕을 기르는 데 굼뜨면 안 되고 잽싸게 실천해야 한다.

내면에 잠겨 있는 본성에 근거하여 배우고 가르치며, 배우기 위해서는 어떤 어려움도 이겨내야 할 것이다.

5. 초효 : 칭찬은 교육의 효과를 높이는 처방약

初六은 **發蒙**호되 **利用刑人**하여 **用說桎梏**이니 **以往**이면
초 육 발 몽 이 용 형 인 용 탈 질 곡 이 왕

7) 석가는 스스로의 의지에 따라 성불하겠다는 동기를 이끌어내어 自力으로 궁극적 깨달음을 얻었다. 일종의 외재적 카리스마를 지닌 종교적 신봉자에 의존해서는 안 된다는 것이다. 臨濟禪師는 "부처를 만나면 부처를 죽여라"고 제자들에게 가르침을 베풀었던 것이다. 석가의 6년 苦行을 '果行', 成佛을 '育德'으로 해석하는 이도 있다.

8) 성인은 지혜의 적음이 아닌 덕의 상실을 근심한다[聖人不患智寡, 患德之有失焉]. 유가의 성인은 지모보다는 도덕적 가치의 수양을 중요시했다. 세상을 다스리는 지혜가 모자란 것이 결점이지만, 오히려 덕행이 부족한 것이야말로 가장 치명적인 결함이다. 재능만 있고 덕이 없으면 끝내 인생의 방향을 잃고 방황하게 된다. 이런 사람은 남에게도 자기에게도 모두 유해하다. 지혜의 추구도 중요하지만 덕의 육성이야말로 더욱 중요하다. 단순히 지모만을 강조하면 반드시 仁愛의 마음을 잃게 되고, 덕이 부족하면 세상일에 너그럽지 못하게 된다." 마수추안/김호림, 『멈춤의 지혜』(서울: 김영사, 2005), 25쪽.

吝하리라
인

象曰 利用刑人은 **以正法也**라
상왈 이용형인 이정법야

초육은 어린아이를 계발시켜야 하되 사람을 형벌로 다스려 질곡 벗김이 이롭다. 형벌로만 계속하면 잘못이다. 상전에 이르기를 '이용형인'은 올바른 법을 쓰는 것이다.

어린이를 배움의 길로 인도하여 성숙된 인격자가 되도록 가르쳐야 한다는 당위성과 방법을 제시하고 있다. 초효는 하괘의 맨 아래에 위치하기 때문에 매우 몽매한 상태이다. 하지만 선생을 상징하는 2효 바로 밑에 존재하는 까닭에 어린이의 계몽은 아주 쉽다. 발몽發蒙이 곧 계몽啓蒙'인 것이다. 결국 초효는 교육 이론의 철학적 근거를 밝히고 있다.

무지몽매한 어린이를 일깨우기[發蒙] 위해서 선생님은 처음에는 권위와 위엄으로써 엄한 형벌로 가르치다가[利用刑人, '시간이 흐르면 점차로 발에 채우는 족쇄나 손목을 묶는 쇠고랑을 풀어주어 부드러운 교육 프로그램으로 바꿔나간다[用說桎梏]. 체벌 위주의 교육에서 차츰 전인 교육으로 전환해야 교육의 극대화가 가능하다는 발상이다. 고래도 칭찬을 들으면 춤춘다는 말이 있듯이, 회초리에서 칭찬의 언어로 바뀌어야 한다.

규격화된 시간표에 의해 진행되는 엄격한 교육은 일시적인 효과는 엄청 크다. 하지만 시간이 흐를수록 그 효과는 반감된다. 교도소에서 일어난 일이다. 엄한 형벌을 받고 출소한 죄수들이 다시 범죄를 저질러 다시 감옥으로 돌아오는 확률이 80%이 육박한다는 뉴스가 있다. 교도소는 교도소의 안전과 보안을 위해서만 행정을 펼쳤지 정작 죄수들이 사회에 나가 일할 수 있는 재교육은 실시하지 않아 사회에 적응하는 능력을 키워주지 못했다. 그리고 틀에 박힌 정신 교육만 했지 감성 능력의 향상에는 전혀 힘을 기울이지 않았기 때문에 범죄자가 줄어들지 않았다는 평가이다.

체벌에 의존하는 기간이 길어서는 안 된다. 오히려 학생의 자율성을 드높이고 사랑으로 감싸는 교육이 뒤따라야 한다. 회초리를 들어야 할 때는 회초리를 사정없이 휘둘러야 하고, 칭찬할 때는 아낌없이 칭찬과 상을 주어야 한다. 회초리와 칭찬, 당근과 채찍은 아주 적절히 사용하는 것이야말로 선생의 노하우이다. 체벌은 체벌로 끝나야 한다. 체벌은 교육의 수단이지 목적이 되어서는 안 된다. 체벌의 목적은 사람다운 사람으로 키우기 수단으로 사용될 때 아름답다.

'정법正法'이란 객관적이고 보편타당한 정도正道이다. 바를 '정正'은 한 일一 자와 그칠 지止의 합성어다. '정正'은 하늘과 땅, 음과 양, 남자와 여자, 선생과 학생, 임금과 백성이 하나로 통일된다는 뜻이다. '법法'은 물 수水 변에 갈 거去 자의 합성어다. 물이 가는 길은 항상 일정하다. 물은 위에서 아래로 흐른다. 정법의 기준은 위에서 아래로 흐르는 물처럼 시공간을 초월한 보편성을 갖추어야 한다.

그러니까 정법正法은 산이 항상 그 자리에 서 있고, 물은 위에서 아래로 흐르는 성질을 닮은 몽괘의 형상과 똑같다. 공자는 만물의 다양한 법칙을 하나로 꿰뚫었다[吾道一以貫之]라고 했는데, 그것이 바로 생명의 법칙인 '인仁'이다. 인仁은 온유하고 포근하고 어질며 사랑으로 만물이 이루어졌다는 의미로 확대된다.

몽괘 초효는 동양 교육 철학의 이론적 근거를 제시한다.

6. 2효 : 교육의 생명은 사랑

九二는 **包蒙**이면 **吉**하고 **納婦**면 **吉**하리니 **子克家**로다
구이 포몽 길 납부 길 자극가

象曰 子克家는 **剛柔接也**라
상왈 자극가 강유접야

구이는 몽매한 사람을 포용하면 길하고, 부인을 받아들이면 길하리니, 자

식이 집을 다스리도다. 상전에 이르기를 '자식이 집을 다스린다'는 것은 강과 유가 교접함이다.

2효는 몽괘의 주인공[主爻]이다. 또한 내괘의 중용[中]으로 뛰어난 실력과 훌륭한 인품을 지닌 선생을 표상한다. 그리고 2효는 5효와 상응할 뿐만 아니라 주위의 초효와 3효와 4효를 포용하여 교화하면 길하다[包蒙吉]. 특히 유순한 5효를 아내로 맞이하면 더욱 길하다[納婦吉].

'포몽包蒙'은 선생님이다. 선생의 지도는 크게 둘로 나눌 수 있다. 계란을 병아리로 부화시키는 선생이 있고, 또 하나는 병아리를 어미닭까지 기르는 선생이 있다. 계란을 병아리로 깨우는 선생님을 '포몽包蒙'이라 하고, 병아리를 어미닭으로 만드는 선생님을 상효의 '격몽擊蒙'이라 부른다. 그러니까 2효의 포몽包蒙은 진리를 깨닫게 하고, 상효의 격몽擊蒙은 도道에 통하게 하는 방법이라 할 수 있다. 진리에 통하게 하려면 채찍이 필요하다. 이것이 격몽이다. 2효는 한없이 따스하게 포용한다. 이렇게 포몽과 격몽은 같은 선생이지만 그 성격이 전혀 다르다.[9)]

어린이는 사랑으로 감싸 키워야 한다. 어려서 사랑을 많이 받은 이가 남에게 사랑을 듬뿍 줄줄 안다. 교육은 인생의 성장 과정과 일맥상통한다. 아버지가 할아버지의 뜻을 잇고, 아들이 아버지의 뜻을 이어받아 다시 자식에게 전해주는 것이 우리네 인생살이다. 아들이 아버지에게 가는 것이 아니라, 아버지가 아들에게 오는 것이다(2효가 5효에게 일방적으로 나아가는 것이 아니라, 오히려 2효가 5효를 맞아들이는 형태). 그래서 사랑은 '내리사랑'이라 했다. 사랑은 자식과 손자에게 내려가는 것이지, 위로 올라가는 것이 아니라는 것이다. 위로 올라가는 것은 효도이다.

몽괘는 장가들어 가정을 이루는 이치[納婦]을 말하고 있다. 그것은 남녀가 성장하여 집안을 다스린다[子克家]는 것과 같다. 내괘의 중도[中]를 얻

9) 김흥호, 앞의 책, 128쪽 참조.

은 양효인 2효가 외괘의 중도[中]를 얻은 음효인 5효와 결혼하여 세대주가 되어 책임지고 가정을 꾸린다는 뜻이다.

중용이 전제된 포용력은 교육의 황금률이다.

7. 3효 : 교육의 가치는 옳음[正]에 있다

六三은 **勿用取女**니 **見金夫**하고 **不有窮**하니 **无攸利**하니라
육삼 물용취녀 견금부 불유궁 무유리

象曰 勿用取女는 **行**이 **不順也**라
상왈 물용취녀 행 불순야

육삼은 여자를 취하지 말 것이니 돈 많은 남자를 보고 자기 몸을 보존하지 못하면 이로울 바가 없다. 상전에 이르기를 '여자를 취하지 말라'는 것은 행실이 순응하지 않음이다.

3효는 음이 양의 위치에 있기에 실위失位(존재론적, 가치론적 부정위不正位)한 까닭에 중용[中]을 얻는 데 실패했다. 중中과 정正을 동시에 확보하지 못했으므로 행실이 올바르지 못한 여자와 같기 때문에 현모양처로서는 부적격이다. 마치 2효[金夫]를 타고 있는 형상이므로 돈 많은 남자에게 몸을 맡겨도 스스로를 지키지 못하므로 결국 이로울 게 없다는 뜻이다.

3효는 외괘와의 대응 관계를 살펴 상효에 의지해야 한다. 3효는 내괘(☵)의 중정中正을 벗어났기 때문에 자신의 몸단속에 겨를이 없고[不有窮], 시간 많고 돈 많은 이웃인 2효에게 눈웃음치는 꼴이다. 원래 2효는 돈 많은 사람이 아니다. 다만 3효의 험난한 상태에서 보니까 2효가 졸부로 보이는 것이다.[10] 자기 파트너인 상효와 짝을 이루어야 함에도 불구하고 곁에 있는 2효에게 쉽게 마음을 준다. 결국에는 몸까지 망치고 만다[无攸利].

10)『易程傳』, "三以陰柔處蒙闇, 不中不正, 女之妄動者也. 正應在上, 不能遠近, 近見九二, 爲群蒙所歸, 得時之盛, 故捨其正應而從之, 是女之見金夫也. 女之從人, 當由正體, 乃見人之多金, 說而從之, 不能保有其身者也, 无所往而利矣."

정숙보다는 물질적 가치를 채우려는 여자는 가까이 해서는 안 된다는 것을 강조하고 있다. 자격상실이다.

몽괘의 여섯 효 중에서 유독 3효에서만 '몽蒙'이라는 글자가 없다. 3효의 여자를 취하지 말라고 권고한 것은 그 행실이 불순하기 때문이다. 그만큼 깨우치고 가르칠 만한 자격을 상실했기 때문이다.

중용을 벗어나면 자기 몸단속하기에도 바쁘다.

8. 4효 : 선생과 제자 없는 인생은 고독하다

六四는 **困蒙**이니 **吝**토다
육사 곤몽 인
象曰 困蒙之吝은 **獨遠實也**라
상왈 곤몽지린 독원실야

육사는 곤궁한 몽이니 인색할 것이다. 상전에 이르기를 '곤몽지린'은 홀로 그 본질에서 멀리 떨어져 있음이다.

나무 한 그루가 사방이 꽉 막힌 공간에서 더 이상 쑥쑥 자라지 못하는 이미지가 바로 '곤困[口+木 = 困]이라는 글자다. 4효는 음이 음 자리에 있지만, 초효와 상응하지 못하고 양효(2효와 상효)와도 이웃하지 못하기 때문에 매우 곤혹스런 처지에 놓여 있는 형세이다.

이런 경우는 친척이나 친구도 없는 처량하기 짝이 없는 외톨이 신세이다. 세상에는 자폐아가 되고 싶어 되는 사람은 그 누구도 없다. 자폐증은 대인기피증으로 연결되기 쉽다. 그러니까 외로움만이 동반자일 수밖에 없다. "아내를 가지면 물건을 나누어야지만, 친구를 사귀면 얻는 것이 많아진다"는 속담이 있듯이 '반갑다! 친구야!'를 외칠 수 있는 기쁨이 최고다.

몽괘에서 오직 2효만이 남을 가르칠 수 있는 선생님 구실을 할 수 있다. 4효는 어둡고 나약하고 또한 2효로부터 아주 멀리 떨어져 있다[獨遠實].

상응 관계를 형성하는 초효 역시 음이므로 실제적인 도움을 주지 못한다. 아주 답답한 처지이다. 곤몽困蒙은 고독한 인생이다.

진정한 스승은 중용의 소유 여부에 달려 있다

9. 5효 : 마음의 문을 열고 가르치고 배워야

六五는 **童蒙**이니 **吉**하니라
육오 동몽 길
象曰 童蒙之吉은 **順以巽也**일새라
상왈 동몽지길 순이손야

육오는 어린 몽이니 길하다. 상전에 이르기를 '동몽지길'은 순응하고 공손하기 때문이다.

5효는 음의 자격으로 외괘의 중中에 있다. 비록 '중'의 위상을 확보하고 있으나, 음인 까닭에 내괘 2효와 화합하여 협조를 구해야 한다. 높은 자리에 있으면서도 아래에 있는 선생님의 가르침을 받아 공손하게 따르니 동몽童蒙의 자격[11]을 갖추어 또한 길하다.

2효와 5효는 선생과 학생의 관계이다. 그들은 권위와 믿음으로 맺어진 아버지같은 선생, 자식같은 제자이다. 혈연으로 얽힌 관계가 아니라 마음으로 소통하는 관계이다. '따를 순順'은 신뢰가 없으면 성립되지 않는다. 그렇지 않으면 돈이나 권력에 따라 움직이는 복종일 따름이다. 공손할 '손巽'은 바람[風]이다. 바람은 하늘과 땅이 살아 있음을 증거하는 에너지의 흐름이다. 우리말에서 '바람난다'는 것은 서로가 마음의 문을 열어[open mind] 의사가 소통됨을 뜻한다.

순종은 최고의 덕목이지만, 교만은 최대의 죄악이다. 순종은 마음의 행

11) 5효의 '童蒙'에 대한 해석은 두 가지이다. 하나는 '어리고 어리석은 자', 다른 하나는 '가장 으뜸가는 제자'이다. 여기서는 후자이다. 왜냐하면 『周易』은 단독적으로 풀이해서는 안 되고, 상응 관계를 살펴 해석해야 하기 때문이다. 그래서 程伊川도 '舍己從人, 順從也'라고 했다.

복이지만, 교만은 불행으로 이끄는 원흉이다. 2효는 가르치는 주체이며, 5효는 가르침을 받는 또다른 주체이다. 그러니까 2효에서는 '포몽包蒙'이라 했으며, 5효에서는 '동몽童蒙'이라 했던 것이다. 동몽이 길한 까닭은 순종으로 공손하기 때문이다.

스승과 제자는 인격의 소통이 먼저이고 지식은 나중이다.

10. 상효 : 교육의 콘텐츠는 자연의 이치에 의거해야

上九는 **擊蒙**이니 **不利爲寇**요 **利禦寇**하니라
상구 격몽 불리위구 이어구
象曰 利用禦寇는 **上下順也**라
상왈 이용어구 상하순야

상구는 몽매한 어린이를 깨우침이니 도적이 됨은 이롭지 않고 도적을 막음이 이롭다. 상전에 이르기를 '이용어구利用禦寇'는 상하가 순리를 따름이다.

상효는 양이 맨 위에 있다. 몽매한 학생을 일깨우는 방법이 지나치게 강력함을 상징한다. 안으로는 나약한 음들을 엄정하게 다스려 도적에 협조하지 않도록 하며, 밖으로는 도적으로부터 보호해야 한다. 내부적으로 양인 2효가 선생으로서 나머지 음들을 가르치고, 외부적으로는 양인 5효가 밖으로부터 죄악을 일으키는 본능의 유혹에 빠지지 않도록 하여 내외가 일치되는 훈육이 성공하도록 한다. 교육은 가르치는 선생과 배우는 학생이 서로 의기투합하여 정진하는 것이 성공의 지름길이다.

몽괘는 2효와 상효는 훈장이고, 나머지 음효들은 학생이다. 선생이 회초리를 들고 엄하게 가르치는 것은 학생을 위한 것이지, 선생 자신의 권위를 내세우기 위해서가 아니다. 선생은 학생이 자신을 능가하기를 바라고, 학생은 선생을 뜻을 받들어 스승을 능가하는 것이 스스로의 목표로 삼아

열심히 배워야 한다. 이러한 '윈윈(Win-Win) 작전'이야말로 교육의 숭고한 목적이 아니겠는가.

몽괘는 네 종류의 학생과 두 종류의 선생으로 교육을 설명한다. "맨 처음의 발몽發蒙, 이어서 포몽包蒙, 특별한 이름은 없지만 돈에 미쳐서 세상에 빠진다 해서 금몽金蒙, 그리고 인몽困蒙, 동몽童蒙, 격몽擊蒙 등이 있다. 옛날부터 선생이 엄하면 격몽擊蒙이라 해서 그 사람을 타일렀고, 학생 중에서 가장 좋은 학생은 동몽童蒙이라 불렀다. 가장 불쌍한 학생은 인몽困蒙, 세상의 부귀영화를 탐하는 학생은 금몽金蒙이라 했다. 그리고 형벌을 받는 학생은 발몽發蒙이라 했다. 진정한 선생이 되려면 '산하출천山下出泉'의 모습에서 찾아야 한다. 자기 속에서 진리의 말씀이 샘물처럼, 강처럼 흘러야 한다. 그래서 '산하출천山下出泉'이라 했던 것이다. 옛날 선생들의 이름에는 '산山'이라는 글자가 많았다. 산이란 자기의 입장을 확실하게 가지는 것을 말한다. 공자가 '삼십이립三十而立'한 것처럼 확실한 입장을 가지는 것이 산山이다. 산수山水라는 두 글자 속에 선생의 모든 비밀이 다 들어 있다."[12]

교육은 성공의 지름길인 까닭에 상효에서조차 '위 아래가 서로 소통한다[上下順]'는 유교의 최고의 이상 경계를 제시하고 있다. 몽괘에 등장하는 교육론은 동양의 지식인에게 곧바로 영향을 미쳤다. 예컨대 주희朱熹(1130-1200)는 『역학계몽易學啓蒙』을 지어 역의 세계를 쉽게 접근하도록 유도했고, 우리나라 율곡은 『격몽요결擊蒙要訣』을 지어 공부의 요체와 방법을 상세히 제시했다.

학생들이여, 회초리를 두려워말라!

12) 김흥호, 앞의 책, 133-134쪽 참조.

정역사상의 연구자 이상룡李象龍은 몽괘의 성격을 다음과 같이 설명한다.

蒙은 穉也오 昧也라 故在文從艸從冢이니 冢蒙通幼也라
몽 치야 매야 고재문종초종총 총몽통유야
艸始出地上일새 穉昧屯難之義也라 爲卦水出山下하니
초시출지상 치매둔난지의야 위괘수출산하
蒙昧而未有所之者가 導水之世也라 水性就下하여
몽매이미유소지자 도수지세야 수성취하
萬折于歸者니 天下文明而亨通之時也라 夫蒙昧心險하면
만절우귀자 천하문명이형통지시야 부몽미심험
則鬧訟起하고 文明易直하면 則不待聽訟而自无하나니라
즉료송기 문명이직 즉부대청송이자무
蒙所以次訟也라
몽소이차송야

"몽은 어림이요 어두운 것이다. 문자로는 풀 초艸와 무덤 총冢이므로 무덤과 어림은 어린애와 통한다. 풀이 땅 위에 처음 나올 때는 어리고 어둡기 때문에 어렵다[屯難]는 뜻이다. 괘로는 물이 산 아래서 나와 어리고 어리석어 가는 바가 없어 물이 이끄는 대로 가야 하는 시기이다. 물의 본성은 아래로 내려와 만 번 꺾여도 돌아갈 곳으로 돌아가므로 천하 문명이 형통하는 시간대를 말한다. 대저 어리고 어두우면 마음이 위태로워져서 시끄러운 송사가 일어나고, 문화가 밝아서 쉽고 곧으면 소송을 듣기를 기다리지 않아도 저절로 없어진다. 그래서 몽괘가 송괘 다음인 것이다."

彖曰 蒙, 亨, 匪我求童蒙. 童蒙, 求我는 明之在我也라
단왈 몽 형 비아구동몽 동몽 구아 명지재아야
蒙以養正은 聖神之心法也라
몽이양정 성신지심법야

단전 "몽은 형통하니 내가 동몽을 구하는 것이 아니라 동몽이 나를 구하는 것"은 밝히는 것이 나에게 있다는 뜻이다. '몽으로써 올바른 것을 기름'은 성신聖神의 심법이다.

象曰 君子以, 果行, 育德은 日新又新也라
상왈 군자이 과행 육덕 일신우신야

상전 "군자가 이를 본받아 과감하게 행동하며 덕을 기른다"는 것은 날마다 새로워지고 또 새로워지는 것을 뜻한다.

初六, 發蒙, 利用刑人, 用說桎梏은 刑措之化에 由於用刑也라
초육 발몽 이용형인 용탈질곡 형조지화 유어용형야

초효 "어린아이를 계발시키되 사람에게 형벌로 다스려 질곡을 벗김이 이롭다"는 말은 형벌로 다스리는 교화는 형벌을 사용하는 것에서 비롯한다.

九二, 包蒙, 吉, 納婦, 吉, 子克家는 含弘光大하여 妻子好合也라
구이 포몽 길 납부 길 자극가 함홍광대 처자호합야

2효 "몽매한 사람을 포용하면 길하고, 부인을 받아들이면 길하리니, 자식이 집을 다스리도다."라는 말은 내적으로 머금는 것은 한없이 넓고 외적으로 빛나는 것은 지극히 커서[含弘光大][13] 아내와 자식의 좋은 화합을 뜻한다.

六三, 勿用取女, 見金夫, 不有躬, 无攸利는 女子之失節也라
육삼 물용취녀 견금부 불유궁 무유리 여자지실절야

3효 "여자를 취하지 말 것이니 돈 많은 남자를 보고 자기 몸을 보존하지 못하면 이로울 바가 없다." 여자가 정절을 잃은 것을 말한다.

六四, 困蒙, 吝은 局暗羞吝也라
육사 곤몽 인 국암수린야

4효 "곤궁한 몽이니 인색하도다"라는 것은 형편이 어두워 부끄럽고 인색한 것을 뜻한다.

13) 『周易』 坤卦, "彖曰 至哉! 坤元. 萬物資生, 乃順承天, 坤厚載物, 德合无疆. 含弘光大, 品物咸亨."

六五, 童蒙, 吉은 賴下也라
육오 동몽 길 뢰하야

5효 "어린 몽이니 길하다"는 말은 아래를 신뢰하는 것을 뜻한다.

上九, 擊蒙, 不利爲寇, 利禦寇는 嚴猛得宜하여 乃有歸義也라
상구 격몽 불리위구 이어구 엄맹득의 내유귀의야

상효 "몽매한 어린이를 깨우침이니, 도적이 됨은 이롭지 않고 도적을 막음이 이롭다." 엄하고 용감하여 마땅함을 얻는 것이 곧 의리로 돌아가는 것을 뜻한다.

수천수괘
水天需卦

때를 기다리며 준비하라

1. 시간의 본성에 따라 진리를 받아들여라 : 수괘

정이천은 산수몽괘山水蒙卦(䷃) 다음에 수천수괘水天需卦(䷄)가 오는 이유를 다음과 같이 말한다.

> 需는 序卦에 蒙者는 蒙也니 物之穉也니 物穉면 不可不養也라
> 수　서괘　몽자　몽야　물지치야　물치　불가불양야
> 故受之以需하니 需者는 飮食之道也라 하니라
> 고수지이수　수자　음식지도야
> 夫物之幼穉는 必待養而成이니 養物之所需者는 飮食也라
> 부물지유치　필대양이성　양물지소수자　음식야
> 故로 曰需者는 飮食之道也라 하니라 雲上於天은 有蒸潤之象이
> 고　왈수자　음식지도야　운상어천　유증윤지상
> 니 飮食은 所以潤益於物이라 故로 需爲飮食之道니
> 음식　소이윤익어물　고　수위음식지도
> 所以次蒙也라 卦之大意는 須待之義어늘
> 소이차몽야　괘지대의　수대지의
> 序卦는 取所須之大者耳라 乾健之性은 必進者也어늘
> 서괘　취소수지대자이　건건지성　필진자야
> 內處坎險之下하여 險爲之阻라 故로 須待而後進也라
> 내처감험지하　험위지조　고　수대이후진야

"수괘는 「서괘전」에 '몽은 어림이니 사물이 어리다는 것이다. 사물이 어리면 기르지 않을 수 없으므로 수괘로 이어받았다. 수는 음식의 도이다'라고 했다. 무릇 사물이 어린 것은 반드시 길러주기를 기다려 이루어지니, 사물을 기를 때에 필요한 것은 음식이다. 그러므로 '수는 음식의 도'라 한 것이다. 구름이 하늘로 올라감은 증기가 오르고 윤택한 모습이 있으니, 음식은 물건을 윤택하고 유익하게 한다. 그러므로 수괘는 음식의 도인 까닭에 몽괘 다음이 된 것이다. 괘의 대의는 모름지기 기다린다는 뜻인데, 「서괘전」은 필요한 것 중에서 큰 것을 취했을 따름이다. 건괘의 건실한 성격은 반드시 나아가는 것인데, 감괘는 험난함의 아래에 처하여 험난함이 가로막고 있기 때문에 기다린 뒤에 나아가는 것이다."

수괘需卦의 상괘는 물을 상징하는 감坎(☵)이고, 하괘는 하늘을 상징하는 건乾(☰)이다.[1] 안으로는 강건하게 전진하는 모습이고, 밖으로는 험난한 고비가 앞에 있음을 표상한다. 힘차게 앞으로 나아가려는데, 위험이 도사리고 있기 때문에 잠시 한숨을 돌리고 적절한 시간을 기다리라고 일깨운다.

교육은 인내를 가지고 기다려야 한다. 그렇지 않으면 우물가에서 숭늉 찾는 꼴이 된다. 그러니까 교육을 '백년지대계百年之大計'라 했다. 어린아이가 금방 어른으로 성장할 수는 없다. 마찬가지로 교육의 성과는 금방 나타나지 않는다. 시간이 걸린다. 사람이 먹는 음식 역시 오랜 시간 동안 재료를 다듬어 요리하고 익혀야 한다. 특히 국민 음식 짜장면은 오래 기다린 다음에 먹을수록 맛있다. 주방장은 일부러 한참 뜸 들인 후에 짜장면을 낸다고 한다. 오래 기다렸다 먹는 짜장면은 곱빼기도 모자란다.

2. 수괘 : 하늘에 대한 두터운 믿음

需는 **有孚**하여 **光亨**코 **貞吉**하니 **利涉大川**하니라
수 유부 광형 정길 이섭대천

수는 두터운 믿음이 있어 빛나고 형통하며 올바르게 하여 길하다. 큰 내를 건너는 것이 이롭다.

'부孚'는 성실한 믿음, 하늘에 대한 참 믿음이 마음 한 가운데 있음을 뜻하는 글자다. 변치 않는 믿음으로 기다려야[需] 한다. 무엇을 어떻게 기다려야 하는가? 믿음을 가지고 시간을 기다려야 한다. 그것은 희망의 메시

1) 한장경, 『周易·正易』(서울: 삶과 꿈, 2001), 171쪽. "需는 乾이 正北의 水中에 있어 北極의 天位에 一天의 大水가 있는 象인데, 水는 天上에 恒存하는 物이 아니므로 需卦의 水는 天上에서 始生하는 水의 象이 되고 天上에서 始生하는 水는 곧 乾坤에서 始生하는 屯蒙의 水이니 그러므로 北極 天位에는 만물의 씨를 含有한 一天의 生命水가 있는 것이다."

지이기 때문이다. 하늘에 대한 믿음이 없으면 『주역』은 무너진다. 그래서 인의예지신 5덕 가운데 하늘의 말씀을 마음에 새긴 믿음[信 = '亻'+ '言']이 중앙을 이루고 있는 것이다. 나머지 4덕은 믿음에 근거한 본성이다. 이는 인간을 종교적 존재로 본 증거가 아닐 수 없다.

동양의 미니사전인 『설문說文』은 "부는 믿는 것이다[孚, 信也]"라고 했다. 『시경詩經』「대아大雅·하무下武」에서는 "길이 천명에 짝하시어 왕의 믿음을 이루셨다[永言配命, 成王之孚]"고 하여 믿음을 마음의 본성으로 직결시켜 이해하고 있다. 하늘의 의지를 굳게 믿고 기다리면서 실천한다면 매사가 빛나고 형통하며, 그것은 올바른 행위로 구현되어 길하다는 것이다. 믿음 없는 기다림은 맹목적이고 공허하다. 하늘에 대한 믿음은 마음의 중심[2]이며 의리의 준거이다. 공자는 『논어論語』「학이學而」에서 "믿음이 의리에 가깝도록 하면 약속한 말을 실천할 수 있다[信近於義, 言可復也]"고 했듯이, 하늘의 법칙[存在]과 인간 본성의 외재적 표출을 이어주는 징험이 바로 믿음과 실천[當爲]인 것이다.

하늘은 자신이 빚어낸 만물을 환하게 비춰주고, 그 존재 의의를 드러내도록 한다[光亨]. 곧을 정貞은 올바를 정正이다. 곧고 올바르다는 것은 내괘(☰)는 양이 굳건하게 지키고 있으며, 외괘의 5효는 위험[☵] 속에서도 양이 양 자리에 있으므로 중용[中]을 얻어 길하다는 것이다.

'이섭대천利涉大川'이란 무엇인가? 대천은 현실적인 큰 강을 가리키는 것이 아니다. 그것은 시간의 강을 뜻한다. 내괘가 선천이라면 외괘는 후천이다. 내괘에서 외괘로 넘어가는 원리를 밝히는 체계가 곧 선후천론이다. 따라서 다른 차원의 시공간의 세계로 넘어갈 때 새로운 생명으로 태어날 수 있는 까닭에 『주역』은 '이롭다[利]'는 가치론의 표현을 사용한 것이다.

시간의 강과 의식의 강을 융합하는 능력을 배양해야 할 것이다.

2) 주자는 "부는 믿음이 생명의 중심에 있는 것[孚, 信之在中者也]"라고 풀이한다.

彖曰 需는 **須也**니 **險**이 **在前也**니 **剛健而不陷**하니
단왈 수 수야 험 재전야 강건이불함
其義不困窮矣라 **需有孚光亨貞吉**은 **位乎天位**하여
기의불곤궁의 수유부광형정길 위호천위
以正中也오 **利涉大川**은 **往有功也**라
이정중야 이섭대천 왕유공야

단전에 이르기를 수는 기다림이다. 험난함이 앞을 가로막고 있으니, 굳세고 튼튼히 하여 빠지지 않게 하니 그 뜻이 곤궁에 빠지지 않는다. '수는 두터운 믿음이 있어 빛나고 형통하며 올바르게 하여 길하다'는 것은 하늘의 지위에 올라서 정중으로 실행하기 때문이다. '큰 내를 건너는 것이 이롭다'는 말은 가면 공로가 있을 것이다.

수괘는 기다림의 미학을 고취시킨다. 그것은 시간의 흐름에 순응하라는 말과 다르지 않다. 교육과 음식 만드는 이치와 마찬가지로 기다림이 필요할 때는 반드시 기다려야 한다는 것을 가르치고 있는 것이다. "일찍 일어나는 강아지가 뜨거운 '응가'를 먹고, 늦게 잠자리에 들면 반짝이는 별빛을 볼 수 있다"는 말처럼 더 잘 비유되는 표현은 없다.

공자는 수需를 '반드시 필요하다[須]'고 했으며, 주자는 '기다리다[須]'라고 풀이했다.[3] 내괘와 외괘는 서로가 서로의 존재 근거다. 즉 음양짝이다. 선후천론의 시각에서 보면, 외괘는 미래적인 후천[前]이고, 내괘는 과거와 현재의 선천이다. 선천에서 후천으로 넘어가는 데는 암초와 같은 커다란 위험에 노출되어 있다[險在前也]. 하지만 내괘의 세 효들이 모두 양인 까닭에 강하고 건실하므로 쉽게 위험에 빠지지 않는다는 것이다. 비록 위험천만한 강물이 앞을 가로막더라도 곤궁하지 않는다.

"건乾은 천天이므로 험중險中에 있으되 강건剛健하여 함陷치 아니하니 양陽이 음중陰中에서 건재健在하여 함陷치 아니하는 것은 진뢰震雷이므로 수需

3) 『周易本義』, "需, 待也, 以乾遇坎. 乾健坎險, 以剛遇險而不遽進, 以陷於險, 待之義也."

水天需卦 수천수괘

에 진뢰震雷의 상象이 있는 것이오. 수需가 반역反易하여 송訟이 되면 천天과 수水가 위행違行하여 천기天氣가 지地에 하강下降하여 손풍巽風의 상象이 되니 그러므로 수송需訟에는 뇌풍雷風의 상象이 되니 그러므로 수송需訟에는 뇌풍雷風의 상象이 있는 것이오. 그 까닭에 수需 초구初九에 뇌풍雷風 항恒을 말한 것이며, 수송需訟에는 천天이 뇌풍雷風을 합한 '천행건天行健'의 상象이 있고, 천행건天行健의 뇌풍雷風은 '상박상패相薄相悖'치 아니하는 것이므로 그 음양陰陽의 의義가 화和하여 음陰이 양陽을 엄揜하여 곤困하거나 양陽이 음陰에 함陷하여 궁窮하거나 하지 아니하는 것이니 이것이 '기의불곤궁其義不困窮'의 뜻이다."[4)]

'믿음을 가지고 기다리니 빛나고 형통하고 올바르게 행동함이 길하다'는 것은 하늘의 지위에 올라서 정중正中이 되기 때문이다. 하늘의 지위[天位]는 양이 양 자리에 있으면서 중용을 얻은 5효를 가리킨다. 천위天位는 상제上帝 혹은 천제天帝가 거처하는 자리를 상징하기도 한다.

그러니까 '큰 강을 건널 수 있다.' 상괘인 감괘(☵)의 험난한 물길을 건넌다는 것은 아주 큰 일에 해당된다. 모험을 즐기려면 시간의 흐름에 순응하고 여유를 가져라! 기다림이 필요할 때는 믿음을 가지고 기다려야 한다. 믿음[有孚]을 바탕으로 빛나고 형통하여[光亨], 올바라서 길함[貞吉]이 있기 때문에 '이섭대천利涉大川'이 가능한 것이다.

하늘에 대한 믿음이 없으면 『주역』은 무너진다. 믿음 없는 기다림은 맹목적이고 공허하다. 진리에 대한 믿음이 바로 마음의 중심이며 의리의 준거인 것이다.

4. 상전 : 기다림의 미학

象曰 雲上於天이 **需**니 **君子以**하여 **飮食宴樂**하나니라
상왈 운상어천 수 군자이 음식연락

4) 한장경, 앞의 책, 171쪽.

상전에 이르기를 구름이 하늘에 오르는 것이 수이다. 군자는 이것을 본받아 음식과 연회를 즐긴다.

상괘(외괘), 즉 물[坎,☵]은 구름 또는 비도 된다. 구름이 잔뜩 껴야 비가 오기 때문에 수뢰둔괘水雷屯卦에서도 '운뢰둔雲雷屯'이라고 했다. 하괘(내괘), 즉 건乾(☰)은 하늘이다. 구름이 하늘에 올라가 시커멓게 변한다. 곧바로 비를 쏟아 붓지 않지만 머지않아 비가 될 것이므로 잠시 때를 기다리라는 것이 수괘의 가르침이다.

먹장구름이 뭉쳐 있기에 비를 기다리는 모습이다. 군자는 이러한 자연현상을 본받아 여유롭게 먹고 마시며 심포지움을 열면서 때를 기다리면 된다. 한참을 기다리다 보면 하늘은 비를 내려 만물을 촉촉이 적셔 준다.

정역사상의 대가인 이정호는 기독교의 입장에서 수괘를 다음과 같이 설명한다.

"우리는 유령劉玲과 같이 주덕酒德을 송頌할 것이 아니라, 도연명과 같이 태백太白과 같이 애주愛酒를 할 것이다. 모름지기 구오九五의 말과 같이 음식飮食은 정貞하여야 길吉하다. 중정中正을 벗어나서는 안 되는 것이다. 특히 술의 경우는 더욱 그러하다. 그래서 미제未濟 상구上九에도 '유부우음주有孚于飮酒니 무구无咎 … 유기수濡其首면 유부有孚라도 실시失是라(술을 마시는 일에서도 믿음을 유지하면 허물이 없지만, 그 머리를 적시면 믿음을 가지더라도 옳음을 잃을 것이다).' 또한 상전에 '음주유수飮酒濡首는 역부지절야亦不知節也(술을 마셔 머리를 적신다는 것은 절도節度를 모른다는 말이다).'라고 하여 그 중정의 절도에 어긋남을 경계한 것이라 하겠다. 구름을 타고 올라간 물은 다시 구름을 타고 내려와 비가 되어 천지만물을 먹여 살리듯이 구름 위에 높이 들린 인자人子는 다시 구름을 타고 내려와 천하 만인의 선악심판善惡審判을 하는 것이다. 그것이 바로 '운상어천雲上於天'의 수需요, 천여수위행天與水違行의 송訟인 것이다. 수송需訟은 인자人子의 재림再臨이며 선별選別의 심판審判인 것이다. 인자人子가 승천昇天하여 상제上帝의 우편右便에 정좌定座함이 유부광형정길有孚光亨貞吉이요, 이것이 천위天位에 위치하여 정중正中함이라. 그 만인의 죄고罪苦를 대속代贖하여 내리는 은총恩寵이 바로 주식酒食인 것이다. 수구오需九五의 수우주식需于酒食이 바로 그것이다. 우리는 그의 떡을 먹을 것이요 그의 술을 마실 것이다. 그래서 그의 피와 살로 마시고 먹어서 장차 이르려는 대심판大審判에 참여치 않고 타작打作 마당의 알곡과 같이 가린 바되어 하늘의 영광을 누릴 것이요, 불행히 늦게 회개悔改한 자도 작사모시作事謀始하여 처음에 바로 자복自服하여 용서容恕를 구할 것이요, 더욱 불행히 그것조차 못한 자 일지라도 심판도중審判途中 일지라도 항복降服하고 심판자審判者와 화해和解할 것이요, 끝까지 위행違行하여 반역反逆하는 자는 아무리 무량무변無量無邊한 대자대비大慈大悲로도 더할 수 없이 영원한 심연深淵의 나락 속에 쭉정이와 같이 던져질 것이다(입우연야入于淵也). 그래서 송訟은 '유부有孚면 질窒하여 척惕하고 중中이면 길吉코 종終이면 흉凶하리라(믿음만 믿고 추진하면 막혀서 애를 태울 것이니 중中에 들어맞으면 길하지만 끝까지 하면 흉하다) 하였으니, 단전에도 '송불가성訟不可成(송사訟事는 가히 이루지 못할 것이요)'이라 하고, 송괘訟卦 초효初爻의 상전象傳에도 '송불가장야訟不可長也(송사는 오래하지 못할 일이라)라 하였으니, 상제上帝의 민생을 염려함이 이와 같이 지엄지밀至嚴至密함을 생각할 때 우리는 새삼 천은성덕天恩聖德의 망극罔極함을 깨닫지 않을 수 없을 것이다.

더구나 수需에서 구름타고 올라간(운상어천雲上於天) 인자人子가 송訟에서 구름타고 내려오니(천여수위행天與水違行) 그 내리는 곳이 바로 대간산도의문大艮山道義門이라, 그곳을 관觀(䷓)이라 하여 성인聖人인 신神의 말씀(신도神道)으로 설교設教하여 천하가 다 감복感服한다 하였다. 과거의 넓은 천지에 성인聖人도 났지만 이 천수송天水訟의 구름타고 내리는 대심판주大審判主와 같이 신의 말씀으로 설교設教할 성인聖人은 없는 것이다. 왜냐하면 구궁九宮 이하의 유형지리有形之理에 달達한 말씀은 인도人道에 그칠 뿐 신도神道라고 할 수 없으며 십무문十无門이 통관된 무형지경无形之景에 통하는 말씀이라야 비로소 신도神道라고 할 수 있기 때문이다. 인자人子는 천지개벽天地開闢 이래 상제上帝의 독장자獨長子로서 항상 그 우편右便에 있다가 이번에 대간판주大艮判主(청송주聽訟主)의 사명을 띠고 자상하하自上下下할 때는 틀림없이 대관문大觀門의 대간산大艮山에 강림할 것은 명백한 사실이다. 그래서 서괘序卦의 송訟은 잡괘雜卦의 관觀이며, 서괘序卦의 수需는 잡괘雜卦의 임臨으로 '임관지의臨觀之義는 혹여혹구或與或求라(임과 관의 뜻은 혹시 주거나 혹시 구하는 것이다)'한 것이다. 선천先天의 임臨이 후천後天의 관觀이요, 들릴 때의 장남長男(진震·임臨)이 다시 올 때의 소남少男(간艮·관觀)이니 후천後天의 장남長男의 기업基業과 권능權能을 이어받아 후천後天에 그와 같은 역사役事를 하는 것이다. 그것이 바로 '제출호진帝出乎震하여 … 성언호간成言乎艮' 하는 것이요 그것이 바로 '능변화能變化하여 기성만물旣成萬物하여 천하天下의 능사能事를 필畢하는 것이다.' 이래서 상제上帝의 뜻이 완전히 이루어지매 건곤乾坤은 정위正位하여 기위친정己位親政을 하고 간태艮兌는 합덕合德하여 십일귀체十一歸體를 하니 그 공덕이 무량하여 우우이이于于而而에 정정방방正正方方한 미증유의 복지사회福祉社會가 펼쳐지는 것이다. 정역正易에서 이런 사회를 유리세계琉璃世界라 하니, 이것은 결코 재래의 Utopia식式의 단순한 상념이 아닌 것이다."[5]

인재 양성과 맛난 음식 역시 숙성의 시간이 필요하다. 인재가 커가는 모습과 음식 냄새를 맡으면서 기다리는 즐거움이 가장 크다는 뜻이다.

5. 초효 : 시간의 본성에 순응하면서 믿음을 가져야

初九는 **需于郊**라 **利用恒**이니 **无咎**리라
초구 수우교 이용항 무구

象曰 需于郊는 **不犯難行也**오 **利用恒无咎**는 **未失常也**라
상왈 수우교 불범난행야 이용항무구 미실상야

5) 이정호, 『周易正義』(서울: 아세아문화사, 1980), 11-14쪽 참조.

초구는 교외에서 기다림이다. 변함없는 마음을 쓰는 것이 이로우니 허물이 없을 것이다. 상전에 이르기를 '교외에서 기다림'은 어려운 것을 범치 않고 실행함이요, '마음을 쓰는 것이 이로우니 허물이 없을 것이다'라는 말은 항상된 마음을 잃지 않는 것이다.

초효는 상괘의 험난함(☵)에서 가장 먼 곳에 있는 최초의 양이기 때문에 '들[郊]'이라고 했다. 특히 하괘의 세 효는 모두 강건한 양(☰)인 까닭에 위험에 쉽게 노출되지 않으므로 허물이 없다고 한 것이다. 이런 상황에서는 마음을 편안히 하고 기다리면 된다.

초효는 파도가 솟구치는 물에서 한참 떨어진 들판에 자리하고 있기 때문에 어려운 일에 함부로 나설 필요가 없다[不犯難行也]. 가장 안전한 곳에서 변하지 않는 마음으로 기다리면 된다. 조급한 성질을 못 이겨 앞으로 뛰쳐나가면 항구성을 잃어버리게 된다[未失常也]는 것이다.

조급함은 일을 망치는 지름길이다. 일정불변한 마음가짐을 가져야 할 것이다.

6. 2효 : 중용의 가치

九二는 **需于沙**라 **小有言**하나 **終吉**하리라
구이 수우사 소유언 종길

象曰 需于沙는 **衍**으로 **在中也**니 **雖小有言**하나 **以吉**로 **終也**리라
상왈 수우사 연 재중야 수소유언 이길 종야

구이는 모래밭에서 기다림이다. 말이 조금은 있지만 마침내 길할 것이다. 상전에 이르기를 '모래밭에서 기다림'은 여유 있게 중도에 머무른다는 것이다. 비록 '말이 조금은 있지만' 길함으로 마칠 것이다.

2효는 양이 음 자리에 있지만 하괘에서 중용을 얻고 있기 때문에 마음이 한없이 여유롭고 편안하고 너그럽다. 하지만 상괘인 감괘(☵)의 물과 한걸음 더 가까워졌다. 물가에 이르렀으나 아직은 물 속에 들어간 단계는 아니다. 오히려 물가의 모래언덕에서 기다리는 형상이다[需于沙].

2효는 험난함에 가까워 큰 재앙은 없지만 조금은 구설수가 있다. 하지만 양효로써 하괘에서 중용의 위상을 확보하고 있다. 따라서 중용의 도리를 지켜 침착하고 여유롭게 기다리면 마침내는 길하다.

중용을 지키면서 침착하고 여유롭게 기다리면 편안할 것이다.

7. 3효 : 바깥의 도적보다 내 안의 도적이 더 무섭다

九三은 **需于泥**니 **致寇至**리라
구삼 수우니 치구지

象曰 需于泥는 **災在外也**라 **自我致寇**하니 **敬愼**이면
상왈 수우니 재재외야 자아치구 경신

不敗也리라
불패야

구삼은 진흙 밭에서 기다림이니 도적을 불러들일 것이다. 상전에 이르기를 '진흙 밭에서 기다림'은 재앙이 밖에 있는 것이다. 나로 말미암아 도적을 불러들이는 것이니, 공경하고 삼가면 패하지 않을 것이다.

3효는 양이 양 자리에 있어 스스로는 옳지만, 이웃에 험한 물(☵)이 있기 때문에 2효의 모래밭보다 물에 가까운 뻘밭이다. 그러니까 3효는 진흙에서 험한 물결을 구경하면서 기다리는 모습이다.

하지만 3효는 과강부중過剛不中으로서 점잖게 기다리지 못하고 자꾸 앞으로 나아가 스스로 재난을 초래하는 것이다. 이제는 강가의 모래턱이 아니라 물살이 발뒤꿈치를 적시는 물가의 진흙구덩이에서 기다리는 형국이다. 지금이야말로 험한 파도를 이겨내면서 강을 건너야 하는 시간이다.

이것은 적(위험)이 저편에서 덤벼드는 것이 아니라, 내가 적에게 저항하는 양상이다. 즉 내가 여기 3효 자리에 존재하는 까닭에 감괘의 물이라는 도적을 자초한 형국이다. 그러므로 3효가 아니라면 도적과는 아무런 인연도 없었을 것이다. 인연은 시공간에 따라 이곳저곳으로 옮겨간다. 인연법을 피해갈 존재는 이 세상 어디에도 없기 때문이다.

분명히 도적은 밖에 있으나 "도적을 만나고 나니 도적은 바로 내가 나의 도적인 셈이 되었다." 악한 몸이 있기 때문에 썩은 정신이 생겨난다는 것과 마찬가지이다. 육체는 정신의 전세집이다. 그렇다고 육체가 없어지면 정신이 정화되고 맑아질 수도 없다. 육체 안에서 수행하고 정신을 고양시키는 것이 인간의 운명이자 인간 완성의 목표인 것이다.

자신의 잘못으로 험난한 세상을 살더라도 스스로 공경하고 근신하는 마음으로 산다면 무지막지한 도적이 닥친다고 하더라도 큰 어려움은 없을 것이다. 공경하고 근신하는 태도가 필요하다.

8. 4효 : 상황에 귀 기울여라

六四는 **需于血**이니 **出自穴**이로다
육사 수우혈 출자혈
象曰 需于血은 **順以聽也**라
상왈 수우혈 순이청야

육사는 피발에서 기다림이니 구멍으로부터 탈출함이다. 상전에 이르기를 '피발에서 기다림'은 순종하여 말을 잘 듣는 것이다.

이미 4효는 감괘(☵)의 중심에 들어와 있다. 「설괘전」에 따르면, 감坎은 혈괘血卦[6]로서 혈액을 상징한다. 피는 사람의 신체에서 모든 곳을 돌아다

6) 『周易』 「說卦傳」 11장, "坎爲水, 爲溝瀆, 爲隱伏, 爲矯揉, 爲弓輪. 其於人也, 爲加憂, 爲心病, 爲耳痛, 爲血卦, 爲赤. 其於馬也, 爲美脊, 爲亟心, 爲下首, 爲薄蹄, 爲曳. 其於輿也, 爲多眚. 爲通, 爲月, 爲盜. 其於木也, 爲堅多心."

니는 물에 해당된다.

4효는 비록 중中을 얻지 못했으나, 음이 음위陰位에 있기 때문에 '정正'을 얻고 있다. 피가 고인 자리에 있지만, 피범벅이를 쓰지 않고 피할 수 있다는 말이다. 피가 괴인 구멍은 살상이 이루어지는 공간이다. 하지만 곧은 마음으로 주위 사람들의 충고를 따르면 위험한 궁지에서 벗어날 수 있다고 가르친다.

4효는 음효음위陰爻陰位이기 때문에 온순함을 표상한다. 섣불리 앞으로 나아가려 하지 말고 온순한 마음으로 기다리면 된다. 더욱이 위험한 환경에 있으면서도[需于血] 초효가 지시하는 가르침에 조응하여[順以聽也] 유순한 덕을 지키기 때문에 피의 구렁텅이에 빠지지 않는다.

곧은 마음으로 주위의 충고를 받아들이면 위험한 궁지에서 빗어날 기회가 있다.

水天需卦 수천수괘

9. 5효 : 최고로 느끼는 중용의 효과

九五는 **需于酒食**이니 **貞**코 **吉**하니라
구오 수우주식 정 吉

象曰 酒食貞吉은 **以中正也**라
상왈 주식정길 이중정야

구오는 술과 음식을 먹으면서 기다리니 바르고 길하다. 상전에 이르기를 '술과 음식을 먹으면 바르고 길하다' 것은 중정으로 행하기 때문이다.

5효는 상괘에서 중中이고, 또한 양이 양위陽位에 있기 때문에 『주역』에서 말하는 최고의 경지인 중정中正을 확보했다. 하지만 안타깝게도 하괘의 2효 역시 양효인 까닭에 상응할 수 없다[敵應]. 그러니까 5효는 술과 음식을 준비하여 하괘의 세 효들이 다가오기를 기다리는 것이다.

『주역』에서 중정中正은 여섯 효(6효)의 공간적 위상과 직결되어 표현된

다. 음과 양이 제자리를 차지하고, 그때그때 알맞게 있는 것이 곧 중정中正이다. 중中이 시간적인 능동성을 발휘하는데 반해, 정正은 공간적 위상을 확보하지만 자체의 능동성이 결여되어 있다는 뜻이다. 지나치게 넘치거나 그렇다고 아주 모자라지 않는 역동적 균형과 평형을 이룬 상태가 '중中'이며, 그것의 시간적 실천이 가치론에서 말하는 정당성을 확보했을 때를 '정正'이라 하는 것이다. 이처럼 중정中正은 그때그때의 시간과 어디에 있는가의 공간의 문제가 동시적으로 고려되어야 마땅하다.

5효는 수괘의 주효主爻다. 또한 5효는 임금의 자리이기도 하다. 임금은 위엄과 권위를 가져야 한다. 임금은 백성을 내 몸처럼 사랑하는 관용의 정치를 베풀어야 성군이 될 수 있다고 강조하는 것이 유가의 정신이다. 임금은 잘 익은 술과 맛있는 음식을 준비하여 신하들과 백성들을 맞이한다면, 백성들은 더욱 오래도록 임금이 되어달라고 간청할 것이다. 백성들은 잘 살고 못사는 경제 문제에서 빈부의 절대적 공평성을 바라지 않는다. 오로지 분배의 균등을 소박하게 부르짖는 것이다.

5효는 수괘의 주인공이다. 역동적인 균형과 평형을 이룬 상태가 '중中'이며, 그것이 시간의 흐름에 알맞게 가치의 정당성을 확보한 것을 '정正'이다.

10. 상효 : 시간의 법칙을 어기는 만물은 없다

上六은 **入于穴**이니 **有不速之客三人**이 **來**하리니 **敬之**면 **終吉**이리라
상육 입우혈 유불속지객삼인 래 경지 종길

象曰 不速之客來敬之終吉은 **雖不當位**나 **未大失也**라
상왈 불속지객래경지종길 수부당위 미대실야

상육은 궁한 구멍으로 들어감이다. 청하지도 않은 손님 셋이 올 것이니, 이들을 공경스럽게 맞이하면 마침내는 길할 것이다. 상전에 이르기를 '청하지도 않은 손님이 셋 올 것이니, 이들을 공경스럽게 맞이하면 마침내는

길할 것이다'는 말은 비록 그 자리는 마땅하지는 않으나, 큰 실수는 없다는 것이다.

상효는 위험과 험난함(☵)의 극치를 넘어섰다. 이미 시간을 기다리는 단계는 지났다. 그러니까 구렁텅이에 떨어질 수밖에 없다. 그런데 상효는 3효와 상응하고 있다. 3효는 아래의 두 양효와 함께 강건한 건乾(☰)의 성격처럼 전진하려는 모습이다. 이것이 바로 '초대하지 하지 않은 세 사람의 불청객'[7]이다.

상효는 음이다. 하괘의 불청객인 세 효[初九, 九二, 九三]를 따뜻한 마음으로 받아들이고 공경하면, 그들의 도움을 받아 어려움에서 빠져나올 수 있다는 것이다. 왜냐하면 허상에 매달려 무작정 기다리는 것을 포기하고 마음을 비웠을 때는 오히려 마음이 한가하기 때문이다. 여기에 남의 도움까지 받으니 비록 극한 상황에 처했지만, 크게 잃을 것이 없다는 것이다.

'입우혈入于穴'과 '세 사람'에 얽힌 재미 있는 얘기가 있어 소개한다. "이 자리는 종교에 기다리는 자리입니다. 그런데 기다리지 않아도 세 사람이 찾아오네요. 그래서 종교적으로 무엇인가 해야 합니다. 세 사람은 내괘에 있는 세 양(☰)을 말하며, 종교적으로 풀이해 볼 때 삼인은 선불유를 뜻하는 것입니다. '신선 선仙' 자도 사람 변에 쓰고, '부처 불佛' 자도 사람 변에 쓰고, '선비 유儒' 자도 사람 변에 쓰지요. 선불유의 삼도라 하는 것은 애초에 하늘이 있고 땅이 있고 사람이 있다는 것으로 하늘의 혼魂과 땅의 육肉을 받아 사람이 나와 천지의 하는 일을 글로 쓰고 말로 하고 가르치고 배

7) 불청객 하면 KBS 명화극장에서 몇 번 방영한 적이 있는 인상적인 영화가 있다. 사랑하는 남녀가 피부색 때문에 가정의 갈등을 묘사한 영화다. 흑인 배우 시드니 포이티어와 캐서린 헵번과 스펜서 트래시의 열연이 돋보인 '초대받지 않는 손님'이 그것이다. 스스로 평소에 진보적이라고 자랑했던 언론인 스펜서와 가정주부 캐서린 헵번은 딸이 흑인인 시드니 포이티어와 결혼하겠다고 인사시키자 당황해 한다. 막상 아버지는 내 딸이 설마 검둥이와 결혼하리라고는 꿈도 꾸지 않았었는데, 현실로 다가오자 결혼에 반대하는 야누스적 인간상을 멋들어지게 영상에 담았다. 피부색에 따른 인간 군상들의 내면을 들여다보는 보기 드문 영화였다.

우면서 현실적으로 살아 나갑니다. 이렇듯이 아버지의 영靈과 어머니의 육肉을 받아 자식이 나와서 부모가 하는 일을 맡아 하는 것이죠. 그래서 선도는 하늘, 불도는 땅, 유도는 사람이 되며 선도는 아버지, 불도는 어머니, 유도는 자식이 됩니다. 사람이 죽으면 혼魂은 하늘로 올라가기 때문에 선도의 하늘은 승천선昇天仙이라고 합니다. '승천 선'의 발음이 '신선 선'하게 된 것이죠. 육肉은 땅에 묻히는 것이기에 불도의 땅은 부지불附地佛이라고 합니다. '부지 불'의 발음이 변해서 '부처 불'하게 되었죠. 하늘의 선도와 땅의 불도, 두 기운을 받아 사람의 유도가 되는 것이니 그래서 선불유仙佛儒라고 합니다. '선불 유'의 발음이 변해서 '선비 유'가 된 것이죠. 이렇게 선도나 불도나 유도가 곧 삼인이고 또 이 셋은 '공경 경敬' 자 하나로 다 통하는 것입니다."[8)]

"선불교 입장에서 풀이한 『주역선해周易禪解』는 적이 온다는 말 대신에 악마가 쳐들어온다고 해석했다. 물론 악마라고 표현하지 않고 그냥 마魔라고 했다. 마魔 또는 마장魔障이라고 한다. 우리 마음 속에 마魔가 밤낮 쳐들어온다. 그래서 1선, 2선, 3선, 삼중으로 방비해서 마魔를 막아내야 한다. 초구初九는 선정禪定이다. 밤낮 깊이 생각해야 한다. 항恒이란 생각하는 것이다. 구삼九三은 우리 속에 있는 모든 마魔를 이겨내야 한다. 마음 속의 모든 유혹을 몰아내야 한다. 육사六四는 '출자혈出自穴'이니 자기의 구멍에서 나온다. 깨닫는 것이다. 성불하는 것이다. 구오九五는 '수우주식需于酒食'이니 설법을 하는 것이다. 상육上六은 '입우혈入于穴'이니 부처가 되어 다시 세상으로 내려와서 모든 대중을 가르치는 것이다. '삼인래三人來'란 이 세상을 삼계三界라 보고 삼계에 내려와서 모든 중생을 제도하는 것이다."[9)]

8) 김석진, 『대산 주역강의(1)』(서울: 한길사, 2001), 301-302쪽.

9) 김흥호, 앞의 책, 142쪽. 그리고 그는 水天需卦를 낱낱이 구별하여 "六四와 上六은 인간의 힘으로는 어쩔 수 없는 운명이고, 初九와 九二와 九三과 九五는 인간이 마땅히 따라야 할 천명이라고 한다. 전자의 운명적 삶보다는 후자의 천명적 삶을 사는 것이 유교의 정신이다."(앞의 책, 146쪽 참조.)

수괘는 험난한 처지를 어떻게 대처할 것인가라는 물음에 적절한 때를 기다려야 한다고 가르친다. 갑자기 불어난 홍수를 만나 구명조끼 없이 헤쳐 나가려는 무모한 용기보다는 홍수가 가라앉기를 기다리는 것이 상책이다. 그래서 수괘의 각 효는 기다린다는 말을 했다. 하지만 시간과 공간에 따라서 기다리는 양상도 달라져야 한다. 『주역』은 무엇을 하면서 기다리느냐가 가장 중요한 문제라고 제기한다.

세상만사는 때가 이르지 않으면 이루어지는 일이 없다. 아무리 급하다고 갓난아기를 달리게 할 수 없고, 무덤에서 시신이 나와 다시 살아나 어린아이로 돌아갈 수 없듯이 만물은 시간의 법칙에 지배당한다. 세상일은 외부에서 정해져 오는 것만이 아니라, 스스로의 노력과 준비에 따라 정해지는 경우가 얼마든지 있다.

아무리 인생이 각본 없는 한 편의 드라마라고 하지만, 세네카의 "인생이란 순응하면 등에 업혀가고 반항하면 질질 끌려간다"는 말처럼 우리는 숙명(destiny)과 사명(mission)을 구분해야 할 것이다. 숙명은 굴복하는 삶이며, 사명은 목표를 가지고 능동적으로 대처하는 삶이다. 때를 기다려야 한다. 멍청하게 시계만 쳐다보면서 짜장면이 오기를 기다리는 것은 아무런 준비 없이 시간을 축내는 것일 뿐이다. 준비되지 않으면 기다릴 시간조차 필요 없다. 아궁이에 군불을 때어야만 굴뚝에서 연기가 나는 법이다. 하늘을 봐야 별을 따는 것처럼, 기다림은 결국 미래를 위해 안으로 내면의 덕성을 쌓고 밖으로 힘을 기른다는 것 이외에 아무 것도 아닌 것이다.

불청객(초효, 2효, 3효)을 따뜻한 마음으로 공경하면 그들이 어려움에서 벗어날 수 있도록 도움을 준다. 허상에 매달려 무작정 기다리느니, 차라리 포기하고 마음을 비우면 오히려 한가하다.

정역사상의 연구자 이상룡李象龍은 수괘의 성격을 다음과 같이 설명한다.

䷄ 需는 須待也오 飮食也라 故로 其爲字上雨下而而語之繼也니
수 수대야 음식야 고 기위자상우하이이어지계야
而語出由口와 口之有雲은 飮食之道也라
이어출유구 구지유운 음식지도야
且雲須陰陽之和而爲雨오 人須飮食之養而潤益이라
차운수음양지화이위우 인수음식지양이윤익
此卦兼是義니 聚萬物而需養之라 故로 次於萃也라
차괘겸시의 취만물이수양지 고 차어췌야

'수'는 기다림이요 음식이다. 그러므로 그 글자 구성은 위에서 비가 내려 아래로 흐르듯이 말을 잇는다는 뜻이다. 말이 입으로부터 나오며, 입에 물이 있음은 음식의 도이다. 또한 구름은 반드시 음양이 화합하여 비가 되고, 사람은 모름지기 음식으로 길러져야 되는 더욱 커지는 것이다. 수괘는 그 의미를 겸했으므로 만물을 취해 길러짐을 기다린 것이다. 이런 까닭에 췌괘 다음이 된 것이다.

彖曰 需, 有孚, 光亨, 貞吉은 須之以信하니 終有光慶也오
단왈 수 유부 광형 정길 수지이신 종유광경야
利涉大川은 水潤滔天이면 厥治有時也라
이섭대천 수윤도천 궐치유시야

단전 "수는 두터운 믿음이 있어 빛나고 형통하며 올바르게 하여 길하다"는 것은 믿음으로 기다리므로 마침내 빛나고 경사롭다는 뜻이다. "큰 내를 건너는 것이 이롭다"는 것은 물이 불어 하늘에 닿으면 그것을 다스릴 때가 있다는 뜻이다.

象曰 君子以, 飮食宴樂은 樂天須命也라
상왈 군자이 음식연락 낙천수명야

상전 "군자가 이것을 본받아 음식과 연회를 즐긴다"는 하늘을 즐기고 천명을 기다린다는 뜻이다.

初九, 需于郊, 利用恒, 无咎는 邃古曁今으로 拳常者遠害也라
초구 수우교 이용항 무구 수고기금 권상자원해야

초효 "교외에서 기다림이다. 변함없는 마음을 쓰는 것이 이로우니 허물이 없을 것이다"라는 것은 과거와 현재를 통틀어 떳떳함을 쥐어야 해로움을 멀리 할 수 있다는 뜻이다.

九二, 需于沙, 小有言, 終吉은 才德中正일새 終必濟險也라
구이 수우사 소유언 종길 재덕중정 종필제험야

2효 "모래밭에서 기다림이다. 말이 조금은 있지만 마침내 길할 것이다"라는 말은 재덕이 중정이므로 마침내 험난함을 넘을 수 있다는 것이다.

九三, 需于泥, 致寇至는 不待水平하여 過剛冒險也라
구삼 수우니 치구지 부대수평 과강모험야

3효 "진흙 밭에서 기다림이니 도적을 불러들일 것이다"라는 말은 물이 고요해지기를 기다리지 않고, 강함을 지나 어려움을 모험한다는 것이다.

六四, 需于血, 出自穴은 蹈水无懼는 自取也라
육사 수우혈 출자혈 도수무구 자취야

4효 "피밭에서 기다림이니 구멍으로부터 탈출함이다"라는 말은 물을 밟고도 두려워하지 않음은 스스로 취한 것이다.

九五, 需于酒食, 貞, 吉은 豐其酒食而勞來니 王者之寬裕也라
구오 수우주식 정 길 풍기주식이노래 왕자지관유야

5효 "술과 음식을 먹으면서 기다리니 올바르고 길하다"는 것은 술과 음식을 풍요롭게 하여 힘들여 오는 것은 왕의 너그러운 여유이다.

上六, 入于穴, 有不速之客三人, 來, 敬之, 終吉은
상육 입우혈 유불속지객삼인 래 경지 종길

水泄于歸일새니 共治溝洫也라
수설우귀 공치구혈야

상효 "궁한 구멍으로 들어감이다. 청하지도 않은 손님 셋이 올 것이니, 이들을 공경스럽게 맞이하면 마침내는 길할 것이다"라는 것은 물이 새면서 돌아가기 때문에 구덩이와 붓도랑을 함께 고쳐야 한다는 뜻이다.

천수송괘
天 水 訟 卦

소송 없는 세상을 꿈꾸며

1. 분쟁과 소송은 없어져야: 송괘

정이천은 산수몽괘山水蒙卦(䷃) 다음에 수천수괘水天需卦(䷄)가 오는 이유를 다음과 같이 말한다.

> 訟은 序卦에 飮食必有訟이라 故受之以訟이라 하니라
> 송 서괘 음식필유송 고수지이송
> 人之所需者는 飮食이니 旣有所須면 爭訟所由起也니
> 인지소수자 음식 기유소수 쟁송소유기야
> 訟所以次需也라 爲卦乾上坎下하니 以二象言之하면
> 송소이차수야 위괘건상감하 이이상언지
> 天陽上行하고 水性就下하여 其行相違하니 所以成訟也오
> 천양상행 수성취하 기행상위 소이성송야
> 以二體言之하면 上剛下險하니 剛險相接이면 能无訟乎아
> 이이체언지 상강하험 강험상접 능무송호
> 又人이 內險阻而外剛强하니 所以訟也라
> 우인 내험조이외강강 소이송야
>
> "송괘는 「서괘전」에 '음식이 있으면 반드시 쟁송이 있다. 그러므로 송괘로 이어받았다'라고 했다. 인간에게 필요한 것은 음식이다. 이미 필요로 하는 것이 있으면 쟁송이 이로 말미암아 일어나는 까닭에 송괘가 수괘 다음이 된 것이다. 괘의 형성은 건(☰)이 위에 있고 감(☵)은 아래에 있다. 두 형상으로 말하면 하늘의 양은 위로 올라가고 물의 성질은 아래로 내려가서 그 운행이 서로 어긋나기 때문에 쟁송을 이루는 것이다. 두 실체로 말하면 위는 강하고 아래는 험난하므로 강함과 험난함이 서로 교접하면 쟁송이 없겠는가. 또한 사람이 안으로 험난하고 밖으로는 강하므로 다투게 되는 것이다."

송괘는 위가 하늘[天: ☰]이고 아래는 물[水: ☵]로 구성되어 있다. 하늘은 하늘대로 위에서 꿈쩍하지 않고, 물은 항상 아래로만 흐르는 형상이다. 그것은 서로 뜻이 맞지 않아 다툼이 생겨날 조짐을 예고한다. 하늘은 위로 올라가는 양이고, 물의 성질은 항상 아래로 내려가기 때문에 이 둘은 서로 어긋날 수밖에 없으므로 소송이 붙는다. 상괘인 건은 강건하고, 하괘인 감은 험난하다. 이 둘이 만나면 반드시 부딪쳐 불꽃이 일어난다. 안으로는 험난함이 도사리고 있고, 밖으로는 지나치게 강하기 때문에 이 둘 사이에 싸움이 일어나는 것을 상징한다.

송訟은 '말씀 언言 + 공변 공公'의 합성어로서 말은 반드시 사회적 공공성을 띠어야 한다는 뜻이 담겨 있다. 하지만 우리네 인생사에서 일어나는 말다툼은 공사公私의 혼동에서 비롯된다. 송訟의 목적은 공공公共의 언어로 사회의 이익과 복리 증진에 이바지하는 것에 있다. 진리를 보증하지 않는 언어는 합법성을 띨 수 없다. 진리는 생명을 살리는 말씀이어야 한다는 것이다.

세상은 돈과 권력과 명예와 사리사욕 때문에 분쟁이 그칠 날이 없다. 대다수 사람들의 지대한 관심사는 매순간 이익의 극대화에 있다. 사사로운 이끗에만 매달린다면 전국의 법원은 온통 민원인들로 들끓고, 말싸움 덕분에 법조인들만 고소득을 올릴 것이다. 법정 소송은 최후의 수단이어야 한다. 소송이 없을 수 없겠으나, 그것이 최소화된 사회가 그나마 건강한 사회일 것이다.

2. 송괘 : 믿음보다는 소송 없는 것이 낫다

訟은 **有孚**나 **窒**하여 **惕**하니 **中**은 **吉**코 **終**은 **凶**하니
송　유부　질　척　중　길　종　흉

利見大人이오 **不利涉大川**하니라
이견대인　불리섭대천

송은 믿음이 있어도 꽉 막혀서 두려워하니, 중도에 적중하면 길하고 끝까지 하면 흉하다. 대인을 보는 것은 이롭고, 큰 냇물을 건너는 것은 불리하다.

『주역』은 각 효 상호간에 나타난 시공간의 특수성에 상응하는 인간의 당위성을 깨닫도록 한다. 다양한 인간군상의 소유욕에서 비롯된 첨예한

이익이 부딪쳐 갈등의 양상으로 나타난다. 송사를 일으키는 원고는 승리를 장담하면서 소송을 벌인다. 그것은 상괘의 5효와 하괘의 2효 모두가 양효라는 것이 증거한다. 하지만 송사는 판결날 때까지 누가 이길지 알 수 없기 때문에[窒] 두려운 것[惕]이다.

'두렵다'는 것은 송사의 결과가 궁금하다는 뜻이 아니다. 송사가 아예 일어나지 않는 것이 최상책이다. 『주역』을 만든 성인은 송사 없는 사회의 도래를 희망했다. 중용을 지켜 중간에서 소송을 그치면 길하지만, 상효처럼 끝까지 진행하면 망신만 당하고 흉할 것이라고 경고한다. '중용을 지킨다'는 것은 올바른 판단에서 비롯된다.[1] 그러니까 『주역』은 마음의 조절학이다. 서양 심리학이 마음을 산산히 조각내어 과학적 분석의 대상으로 삼았다면, 동양의 마음학은 자신을 뒤돌아보는 반성학이라 할 수 있다.

두려움은 공포와는 다르다. 공포는 구체적 대상에 대해 느끼는 무서움과 불안이다. 하지만 두려울 척惕은 '마음 심心 + 바뀔 역易'이라는 글자 구성에 나타나 있듯이, '주역周易 = 마음을 바꾸는 이론[心易]'이다. 마음의 주인은 '나'이므로 타인이 대신할 수는 없다. 그러니까 나 스스로가 사물을 바라보는 주체적 존재라는 것이다. 그런데도 요즈음은 너나할 것 없이 몸짱과 얼짱에만 정신이 팔려 정작 가장 중요한 '마음짱'은 돌보지 않는다. 스스로 깨어나면 병아리가 되지만, 남에게 깨어지면 계란프라이가 되는 것을 왜 알지 못하는지 안타깝다. 이런 의미에서 『주역』의 메시지는 소인(이익만 추구하는 타율적인 존재)이 아니라, 군자(자율적이며 남을 이끄는 존재)를 겨냥하고 있음을 알 수 있다.

송사는 혼자의 힘으로는 견디기 어려우므로 도움을 주는 이가 있으면 좋다[利見大人]. 그것도 5효 대인과 같이 탁월한 변호사라면 금상첨화다.

1) 朱子는 '中正'에 대해서 다음과 같이 풀이한다. "'中'이란 무슨 말을 들어도 마음의 판단이 어느 한쪽으로 치우치지 않고, '正'은 이치를 합리적으로 판단한 결과이다[中則聽不偏, 正則斷合理]."(訟卦 5효의 주석)

송사를 더 크게 벌리면 전혀 이롭지 않다[不利涉大川]. 수괘는 강건한 덕을 가지고 시간을 기다리다 건너므로 이롭지만, 송괘는 험난한 홍수가 앞을 가로막고 있기 때문에 '큰 내[大川]'를 건너는 일이 어렵다는 뜻이다.

송사는 막다른 골목에 이루어져야 하지만, 그 결과는 아무도 장담할 수 없다. '척惕'은 마음[心]을 바꿔야[易] 한다는 뜻이다. 따라서 『주역』은 마음을 조절하는 학문이다.

3. 단전 : 중용의 심정으로 소송 일어나는 것을 막아야

彖曰 訟은 **上剛下險**하여 **險而健**이 **訟**이라
단왈 송 상강하험 험이건 송
訟有孚窒惕 中吉은 **剛來而得中也**오
송유부질척 중길 강래이득중야
終凶은 **訟不可成也**오 **利見大人**은 **尙中正也**오
종흉 송불가성야 이견대인 상중정야
不利涉大川은 **入于淵也**라
불리섭대천 입우연야

단전에 이르기를 송은 위는 지극히 강하고 아래는 너무 험난해서, 험난하고 강건하면 송사가 일어난다. '송은 믿음이 있어도 꽉 막혀서 두려워하니, 중도에 적중하면 길하다'는 것은 강한 양이 내려와 중정을 얻음이요, '끝까지 하면 흉하다'는 것은 송사로는 목적을 달성할 수 없다는 것이요, '대인을 보는 것은 이롭다'는 것은 중정을 숭상하는 것이요, '큰 냇물을 건너는 것은 불리하다'는 것은 깊은 연못에 들어감이다.

「단전」은 송사가 일어나는 연고를 자연 법칙에서 찾는다. 송괘는 상괘가 하늘[乾]로서 '강건'이며, 하괘는 물[坎]로서 험조險阻를 뜻한다. 한쪽은 지나치게 강하고, 다른 한쪽은 험난하여 서로를 용납하지 않아 둘 사이에 반드시 다툼이 생긴다. 그래서 논리학에서는 두 개의 개념 또는 명제 사이

에 의미 내용이 서로 상반되는 관계를 모순[2]이라 한다. 모순은 갈등과 투쟁을 일으켜 스스로는 해결할 수 없으므로 제3의 방법이 수반되야만 풀릴 수가 있다. 그것은 동양의 역사에서 유가의 덕치주의와 법가의 법치주의의 대치 현상으로 나타났다. 유가는 인간 본성에 근거한 자율적인 예의로써 도덕 사회의 건설을 도모했다면, 법가는 타율적 법률로써만이 사회 안정이 가능하다고 했다.

2효는 하괘의 중용[中: ☵]에 위치하기 때문에 확신에 찬 믿음이 있다. 하지만 험난한 처지에 막혀 두려우나, 중용의 법도를 잘 지켜 중간에서 소송을 취소하면 길하다. 결과가 뻔히 보이는데도 송사를 끝까지 밀고 가면 흉할 뿐만 아니라, 성과도 얻지 못하고 오히려 몸과 마음마저도 망가진다는 것이다. 송사는 시비 판단을 남에게 맡기는 마지못한 상황에서 이루어진다. 오늘날의 재판관은 법률을 토대로 판결을 내리는 것이 임무이다. 하지만 임무 이전에 양심이란 것이 있다. 양심에 의한 판단은 정의와 가치의 시비 분별에 두어야 한다. 소송의 최종 기준은 '중정지도中正之道'라는 것이다.[3]

공자는 평소에 비서실장격으로 자신을 모셨던 자로子路에 대해서 "한마디로 옥사의 시비를 가릴 줄 아는 사람"이라고 칭찬하고, "송사를 판단함에 나도 남[子路]과 같이 할 수 있지만, (송사가 일어난 뒤에 판결하는 것) 내 바램은 아예 송사가 없게 함이다"[4]라고 잘라 말했다. 법정 소송은 원고도 피고도 씻을 수 없는 상처를 남긴다. 너도 나도 얻는 게 없기 때문에 누가 이기더라도 상처뿐인 영광이라는 말이다. 그러니까 중도에 그쳐 화해하는

---

2) 矛盾은 『韓非子』에 나오는 고사다. 전국시대 楚나라에서 창과 방패를 파는 상인이 "이 창은 이 세상에서 가장 날카로워 어떤 방패도 꿰뚫을 수 있다. 또한 이 방패의 견고함은 어떤 창이나 칼로도 뚫을 수 없다"고 뽐내었다. 어떤 사람이 지나가다 "자네의 창으로써 자네의 방패를 찌르면 어떻게 되는가" 하고 물었더니, 상인은 아무 말도 못했다고 한다.

3) 정이천은 송사에 다음과 같은 견해를 제시했다. "訟非善事, 不得已也. … 訟者求辯其是非也. 辯之當, 乃中正也, 故利見大人, 以所尙者, 中正也."

4) ① 『論語』 「顔淵」, "子曰 片言, 可以折獄者, 其由也與. 子路無宿諾. 子曰 聽訟, 吾猶人也, 必也使無訟乎." ② 『大學』 4장, "子曰 聽訟, 吾猶人也, 必也使無訟乎."

것이 최선책이다.

'큰 냇물을 건넘이 이롭지 않다'는 것은 목숨을 담보로 밑도 끝도 없이 소송의 바다를 건너는 일은 도박처럼 위험하다. 그것은 타이타닉호가 북빙양에 침몰하여 다시는 수면 위로 떠오르지 않는 경우와 같은 위험을 동반하기 때문이다. 중용과 정직의 도리를 따르면 대인을 만날 행운의 가능성이 높고[利見大人], 그렇지 않으면 불리한 결과[不利涉大川]를 가져온다. 5효 대인의 도움을 받는 것은 우연일 수도 있으나, 스스로 중정의 덕을 쌓으면 '이섭대천利涉大川'의 경계로 다가설 수 있다는 것이다.

소송이 일어나지 않도록 하는 것이 최상책이고, 설령 송사가 생기더라도 중도에 그쳐 화해하는 것은 차선책이다.

4. 상전 : 소송은 최후 수단이어야

象曰 天與水違行이 **訟**이니 **君子以**하여 **作事謀始**하나니라
상왈 천여수위행 송 군자이 작사모시

상전에 이르기를 하늘과 물이 서로 어긋나게 운행함이 '송'이다. 군자는 이를 본받아 일을 시작하는데 처음을 잘 설계하여 도모한다.

송괘는 모순 대립으로 인한 양극화의 논리를 대변한다. 동양철학에서 말하는 하늘[天]의 섭리는 항구불변의 표준이며 진리의 원형이다. 물[坎]은 생명의 원천이며, 만물 생성의 모체다. 왜 송괘에서는 하늘과 물이 서로 어긋나게 움직인다고 했을까? 집을 짓는 데는 설계도 뿐만 아니라 건축재료와 인부와 일정한 시간이 걸린다. 이와 마찬가지로 이 세상의 모든 생명은 탄생과 성장과 성숙을 거쳐 완성된다. 성숙하려면 탄생의 고통과 성장 단계에서 겪는 고난을 통과해야 하듯이, 하늘의 섭리가 현실에 전개될 때에는 뒤틀려서 움직인다는 것이다.

이를 잘 설명하는 것이 바로 상생과 상극의 논리이다. 음양의 변화를 정

역사상에서는 '순역順逆' 운동'으로 규정한다. 예컨대 아기는 태어나는 순간부터 엄마의 보호를 받으면서 유아기와 청년기를 거쳐 성장한다. 모체라는 본래의 자리에서 멀어지면서 분열 성장하는 과정은 낙서洛書(상극相克)의 '역생도성逆生倒成'이라는 '역逆 운동'이다. 분열의 극한에 이르면 본래의 자리로 되돌아가려는 수렴과 저장하는 과정을 하도河圖(상생相生)의 '도생역성倒生逆成'이라는 '순順 운동'이 있다. 그러니까 상생과 상극은 순역의 방식으로 순환하는 생명과 시간의 법칙을 뜻한다.

이러한 순역 운동을 주도하는 실질적 원리가 바로 상생과 상극이다. 예컨대 위에서 말한 '어긋나게 운행한다[違行]'는 말이 곧 상극의 본질이다. "상극은 문자적으로 서로 상相, 이길 극克으로서 '서로 극(제어)한다, 대립한다, 경쟁한다'는 뜻이다. 자연의 상극 질서는 봄여름 철에 생명을 낳아 기르는 힘이다. 봄철에 흙을 단단히 밟아 주어야 새싹이 잘 자라고 시련을 겪어야 인간이 성숙하듯이, 상극이 주는 긴장과 갈등은 변화와 창조의 힘으로 작용한다. 선천의 상극 질서는 인간의 삶과 문명에 부정적인 결과를 초래하였다. 즉 문명과 문명, 인간과 인간 사이에 상호 경쟁과 격렬한 대립을 야기하여 온갖 시비와 참혹한 전쟁을 불러일으켰다. 선천의 인류 역사는 처절한 원한의 절규 역사였다. 선천은 음양의 부조화로 인해 양陽 중심 문화로 흘러왔기 때문이다."[5]

야속하게도 상극 원리는 정글에서 약육강식을 일삼는 동물의 왕국처럼 비정한 자연의 법칙이다.[6] 이러한 상극 원리의 이면에는 상생 원리가 존재한다. 대자연에는 상극만의 일방 통행도 없고, 또한 상생만의 일방 통행도

5) 안경전, 『개벽- 실제상황』(서울: 대원출판, 2006), 43-57쪽 참조.

6) 포장마차에서 회를 파는 상인들의 체험담이다. 상인에게 물고기는 돈이다. 동해안에서 팔딱거리는 생선을 내륙 지방으로 옮기는 과정에서 많은 물고기들이 지쳐서 죽는 것을 목격했다. 언젠가 물탱크에 물고기들의 천적인 가물치를 넣었더니 한 두 마리의 희생은 뒤따랐지만, 나머지는 죽지 않으려고 도망다니다 보니 싱싱한 활어로 살아 남았다는 것을 체험한 뒤로는 가물치를 항상 휴대하고 다녔다고 한다. 이는 만물의 존재 방식이 상극과 상생의 그물망으로 얽혀 있음을 밝혀주는 흔한 예증에 불과하다.

없다. 상극과 상생은 언제 어디서나 쌍방향의 관계로 존재한다. 김일부에 따르면, 상생과 상극은 자연 현상을 설명하는 별개의 법칙이 아니라, 하나의 사실의 양면성을 구조적으로 규명한 것이다. 이것이 바로 '역생도성逆生倒成'과 '도생역성倒生逆成'의 논리이다. 그러니까 이 둘은 자연을 해명하는 형식인 동시에 내용이며, 인간이 자연과 소통하는 특수한 대화 창구인 셈이다.

여태까지 송괘에 대한 대부분의 풀이들은 하늘에서 벌어지는 기상氣象의 움직임과 땅의 물의 흐름이 왜 일치하지 않는가라는 물음보다는 송사는 함부로 벌이지 말라는 경고로 해석하고 있다. 그렇다면 『주역』은 기껏 송사를 신중히 진행하라고 가르치고 있는가? 이러한 해석은 생활 『주역』의 핑계에서 한 치도 벗어나지 못한다. 그것은 오히려 자연의 움직임을 상세하게 관찰한 뒤에 그 내면을 들여다보라는 거대 담론의 전형이라 하겠다.

송괘는 모순 대립으로 인해 발생하는 양극화의 논리를 대변한다. 그 이면에는 통일성의 원칙이 존재함을 간과해서는 안 될 것이다.

5. 초효 : 소송의 원인 제거가 근본 처방

初六은 **不永所事**면 **小有言**하나 **終吉**이리라
초육 불영소사 소유언 종길
象曰 不永所事는 **訟不可長也**니 **雖小有言**이나 **其辯**이 **明也**라
상왈 불영소사 송불가장야 수소유언 기변 명야

초육은 소송을 길게 하지 아니하면 조금은 말이 있으나 마침내 길할 것이다. 상전에 이르기를 '소송을 길게 하지 아니한다'는 것은 송사는 길게 하면 안 되는 것이니, 비록 조금은 말이 있으나 그 분별함이 분명하다.

초효는 힘이 약한 음효로서 가장 아래에 있다. 또한 양 자리에 음이 있기 때문에 약간 다툼이 생기는 형국이다. 하지만 송사는 오래 끌면 불리하

다는 것을 너무도 잘 알기 때문에 조금은 구설수로 몸살을 앓겠으나, 마침내는 시비 판단이 분명해져 길하다는 것이다.

송사는 없어야 하는 것이 가장 이상적이다. 그런데 판결의 공정성으로 유명한 포증包拯(999-1062)[7]의 판례가 있음에도 불구하고, 소송 사건이 지속적으로 일어난다는 데 문제가 있다. 물론 시비 판단을 옳게 가리고 이익 충돌을 최소화시키는 것도 중요하지만, 그 원인을 제거하는 것이 근본 처방일 것이다. 현재 우리나라의 법원은 법률 서비스라는 차원에서 나날이 몸집이 커지고 있다. 그만큼 사회가 복잡다단해졌다는 증거다. 우리는 법관이 내리는 판결의 명료성에 대한 관심보다는 법원의 대변인이 할 일이 없는 사회의 건설에 더 힘써야 할 것이다.

아무리 윤리 도덕이 지켜진다고 해도 결코 법원이 문 닫는 일은 없다. 그것은 꿈에서나 가능하다. 단지 양보와 타협의 미덕을 기대할 따름이다. 그리고 성숙한 시민 의식의 함양을 통해 도덕성을 회복하고 윤리적 규범의 재무장을 다짐하는 것이 최우선 과제일 것이다. 이를 실천으로 옮기는 용기야말로 송괘의 진정한 가르침이다.

6. 2효 : 송사의 엄청난 후유증

九二는 **不克訟**이니 **歸而逋**하여 **其邑人**이 **三百戶**면 **无眚**하리라
구이 불극송 귀이포 기읍인 삼백호 무생

象曰 不克訟하여 **歸逋竄也**니 **自下訟上**이 **患至掇也**리라
상왈 불극송 귀포찬야 자하송상 환지철야

구이는 송사를 이길 수 없으니, 돌아가 숨어서 그 마을 사람이 삼백호이

7) 자는 希仁이고 시호는 孝肅이다. 28세 때 進士에 급제하여 관료 생활을 시작했다. 1056년 開封府知府가 되었으며, 그 뒤 추밀부사가 되었다. 평생 공평하고 사사로움 없는 판결을 내린 것으로 유명했다. 특히 높은 관직에 올라서도 더욱 검소한 생활로 인해 청백리로 칭송받았다. 그가 죽자 禮部尙書에 추증되었고, 기록으로는 『包拯集』과 『包孝肅公奏商議』가 남아 있다.

면 재앙이 없을 것이다. 상전에 이르기를 '송사를 이길 수 없으니 돌아가 숨는다'는 것은 아래에서 위를 상대로 하여 소송하여 환난이 이름은 스스로 초래한 것이다.

2효는 양효로서 하괘의 주인공[主爻]이다. 그리고 양이 음의 자리에 있으므로 송사의 원고에 해당한다. 너무도 급한 나머지 5효의 도움을 받으면서, 4효나 상효를 상대로 소송을 일으키지만 사태의 불리함을 깨닫고 한 발 뒤로 물러서는 모습이다.

송사의 주체인 2효가 하괘에서 중용[中]을 차지했으나, 5효의 파워가 너무도 강력하여 소송건에 이길 수 없다. 그래서 중도에서 싸움을 그만두고 자신의 자리로 재빨리 도망가서 숨는다. 그 결과 300호에 달하는 고향사람들이 연대 책임으로 몰살당하지 않고 목숨을 건질 수 있다는 것이다. 여기서 우리는 송사의 후유증이 얼마나 큰 가를 짐작할 수 있다.

'송사를 이길 수 없어서 돌아가 숨는다'는 말은 소송을 취하하고 고향으로 돌아가 은인자중한다는 뜻이다. 승부는 이미 예정된 사건이었다. 아랫사람[下卦]이 윗사람[上卦]을 상대로 송사를 벌인 것 자체가 현실 상황에 맞지 않을 뿐만 아니라, 외부의 응원도 기대할 수 없기 때문이다. 그럼에도 송사를 무모하게 지속한다면 가족과 친척, 심지어는 마을 전체가 재앙으로 뒤덮일 것이 뻔하다. 그것은 재앙을 스스로 불러들인 결과다. 이는 그만큼 자신의 처지를 뼈저리게 뒤돌아보라는 경고다.

"의혹이 풀리지 않아 원한이 가중되는 것이니, 의혹을 풀고 싶다면 반드시 스스로를 질책해야 한다[惑不解而恨重, 釋惑者固自罪焉]"는 격언이 있다. 스스로 반성하고 자책하는 것은 힘든 습관 중 하나이다. 진정 스스로를 깨달아 원한을 풀 수 있는 사람은 반드시 자책하는 용기가 있으니, 이 자책하는 용기야말로 진심의 표현이자 원한을 푸는 황금 열쇠이다. 진심으로 후회하고 부단히 자신을 뉘우치는 사람 앞에서는 강철 같은 심장을 가

진 사람도 마음을 움직이지 않을 수 없다.[8]

송사의 뒷끝은 끔찍하다. 그것은 스스로 불러들인 재앙이다. 이를 자책하는 용기가 소송을 끝내는 관건이다.

7. 3효: 경전을 읽으면 먹지 않아도 배고프지 않다

六三은 **食舊德**하여 **貞**하면 **厲**하나 **終吉**이니라 **或從王事**하여
육삼 식구덕 정 여 종길 혹종왕사
无成이로다
무성
象曰 食舊德하니 **從上**이라도 **吉也**리라
상왈 식구덕 종상 길야

육삼은 옛 덕을 먹어서 바르게 하면 위태로우나, 마침내는 길하다. 혹시 왕사를 쫓더라도 이룸은 없다. 상전에 이르기를 '옛 덕을 먹으므로' 위를 쫓더라도 길할 것이다.

3효는 음이 양의 자리에 있으면서 강력한 상효에 대항하여 송사를 벌이는 꼴이다. 3효가 상효와 송사를 벌이면 패배할 수밖에 없다. 봉건적 사고방식의 소유자들은 '식구덕食舊德'에 대해서 조상들이 물려준 땅[祿俸]을 일궈서 편안히 먹고 살라는 권고라고 풀이했다. 이는 상황 윤리에 적합한 해석에 불과하다.[9]

"'식구덕'은 한마디로 옛 성현의 말씀을 정신적인 먹거리로 먹는다는 말이다."[10] 정신적 먹거리는 옛 성인의 말씀과 성현의 가르침이다. 경전을 읽으면 읽을수록 마음은 흡족하고 정신은 상쾌하여 아무 것도 먹지 않아도 배고픔을 잊는다. 즉 경전을 읽어 취하면 날마다 도덕적 포만감을 느꼈다는 조상들

8) 마수추안/김호림, 『止學- 멈춤의 지혜』(서울: 김영사, 2005), 337쪽.
9) 程伊川은 항상 군주 지상주의에 입각하여 義理를 말하는 역학자다. "三雖居剛而應上, 然質本陰柔, 處險而介二剛之間危懼, 非爲訟者也. 祿者稱德而受, 食舊德謂處其素分."
10) 박영호, 『다석사상으로 본 유교』(서울: 두레, 2002), 395쪽.

의 미담이 있다. 『주역』의 진리에 취하고, 도덕에 배부르면 군자가 아닌가.

군자(요즈음의 지식인)는 개인의 도덕적 가치를 사회적으로 구현해야 하는 사명이 있다. 사회적 구현을 달리 표현하면 대동 사회의 건설이다. 이것이 바로 '왕사王事'다. 하지만 왕사의 주체는 임금이고, 군자는 보좌역일 따름이다. 군자는 왕사를 지향하더라도 세속적 가치에 물들어서는 안 된다. 비록 성과가 없을 지라도 남을 원망하지 않는 품격을 갖춰야 한다. 따라서 언제나 올바름을 쫓기 때문에 현실적으로 위태롭지만, 마침내는 좋은 결과를 얻을 수 있다는 것이다.

8. 4효: 본분을 회복하는 것이 가장 큰 성공

九四는 **不克訟**이라 **復卽命**하여 **渝**하여 **安貞**하면 **吉**하리라
구사 불극송 복즉명 유 안정 길

象曰 復卽命渝安貞은 **不失也**라
상왈 복즉명유안정 불실야

구사는 송사에 승리하지 못한다. 정도로 돌아가서 천명을 깨닫고 변화하여 평안하고 곧으면 길할 것이다. 상전에 이르기를 '정도로 돌아가서 천명을 깨닫고 변화하여 평안하고 곧다'는 말은 확고부동한 정신을 잃지 않는 것이다.

4효는 에너지가 넘치는 양이 음의 자리에 있다. 하지만 자신보다 강력한 5효가 위에 버티고 있는 까닭에 송사를 벌이면 승리하지 못한다. 4효는 위로 5효를 본받아야 하고, 아래로는 3효를 밑에 두고 초효와 상응해야 하는 위치에 있다. 4효는 자신의 처지를 너무 잘 알고 있으므로 이제까지의 태도를 바꾸어 새롭게 하늘의 명을 받들고, 마음을 혁신하여 정도를 실천하려는 굳은 의지를 보인다.

남과 경쟁하기를 즐기고 무모한 싸움질을 끝내던 어느 날, 문득 하늘의 뜻을 삶의 준거로 삼는 전환점이 온다. 본래의 본성을 찾아서 정도를 깨닫

고 천명을 온몸으로 받들어 의식 혁명을 일으켜야 한다. 성리학 용어로 말하면, 기질지성氣質之性을 바꾸어 본연지성本然之性(天地之性)으로 거듭나야 마땅하다.

🗘 자신의 본분을 회복하는 것이 가장 큰 성공이요, 자신의 본분을 잃는 순간 모든 것은 덧없어진다.

9. 5효 : 중정은 『주역』의 핵심

九五는 **訟**애 **元吉**이라
구오 송 원길

象曰 訟元吉은 **以中正也**라
상왈 송원길 이중정야

구오는 송사에 아주 크게 길한 것이다. 상전에 이르기를 '송사에 아주 크게 길함'은 중정으로 실천했기 때문이다.

5효는 송괘의 주효主爻다. 괘사에 나왔던 '이견대인利見大人'의 주인공이 바로 5효 대인이다. 특히 5효는 양위양효陽位陽爻로서 중정中正을 얻고 있다. 이러한 중정의 덕을 갖춘 대인은 도리에 어긋나지 않기 때문에 송사를 능동적으로 처리할 수 있다는 것이다.

'중中'은 무엇이고, 또한 '정正'은 무엇인가? 중中이 시공의 근거이면서 모체이자 역동적 에너지의 창고라면, 정中은 중正이 시공간에 구현되는 객관적 표현체다. 그러니까 중中은 모든 것의 본원이다. 1879년에 김일부는 진리를 깨닫고 읊은 "입도시立道詩"에서 '중'을 생명의 역동성으로 표현했다.[11)]

중中은 드러난 질서와 숨겨진 질서, 즉 유형[有]과 무형[无]의 세계를 꿰뚫는 역동적 균형을 뜻한다. '중中'은 우주의 본성이자 인간의 본성이다. 또한 그것은 생명의 본성인 동시에 시공간의 본질인 것이다.

11) 『正易』「十五一言」"立道詩", "妙妙玄玄玄妙理, 无无有有有无中."

김일부는 『주역』의 태극太極과 『노자』의 무극無極과 『서경』의 황극皇極을 삼위일체화시킨 다음, 새롭고도 혁신적인 삼극론三極論을 세워 우주변화(선후천 변화)의 원리를 수리화하였다. "주렴계周濂溪(1017-1073)가 말한 무극無極은 '중中'을 뜻한다. 이질적이었던 두 개 이상의 성질이 서로 융화融和되어서 아무런 투쟁이나 반발도 없이 공서共棲하고 있는 것이니, 그것은 무극이 불편부당不偏不黨한 중화中和의 본체이기 때문이다. 무극無極은 중中이며 또한 공空의 모체母體로서 중용지덕中庸之德을 지니고 있다. 그것은 우주창조의 '중中'이며 천지의 본체이다."[12)]

자연에서 대립면을 보고, 온갖 현상에서 대립면을 들여다보는 것은 동양인의 독특한 사유였다. 하지만 대립의 양면성에 주목하여 그 상대성을 넘어선 절대의 세계에서도 대립이 존재한다는 것을 발견할 수 있다. 정이천程伊川은 대립하는 두 항목의 통일을 강조하고 있다. "체와 용은 하나의 근원이고, 드러난 것과 은미한 것 사이에는 틈이 없다.[13)] 본체와 작용이 둘이 아니라, 하나라는 것은 본체와 작용의 통일을 뜻한다.

주희(1130-1200)는 본체와 작용, 드러남과 은미함을 대립과 통일로 받아들인다. 대립하는 가운데서 통일을 보고 통일하는 가운데서 대립을 본다. "주희에게서 대립 없는 통일은 없고, 통일 없는 대립은 없다. 대립의 양면을 아는 것은 참 앎이요 앎의 구극이다. 하나를 알고 둘을 알지 못하며, 큰 것을 알고 작은 것을 알지 못하며, 고원한 것을 알고 심원한 것을 알지 못하면 모두 앎의 지극함이 아니다. 다시 말하면 대립하는 양측면에 대하여 각각 남김 없이 밝혀야만 유학자의 학문이다."[14)]

중용[中]은 드러난 질서와 숨겨진 질서 또는 유형과 무형의 세계를 꿰뚫는 역동적 균형의 힘이다. 그것은 천지와 인간의 본성인 동시에 시공의 본

12) 한동석, 『우주변화의 원리』(서울: 대원출판, 2001), 42-43쪽 참조.
13) "體用一源, 顯微無間."(『易傳』 「易傳序」)
14) 오하마 아키라/이형성, 『범주로 보는 주자학』(서울: 예문서원, 1999), 527쪽 참조.

질이다.

10. 상효 : '소탐대실小貪大失'이 빚어낸 송사만큼 허망한 것이 없다

上九는 **或錫之鞶帶**라도 **終朝三褫之**리라
상구 혹석지반대 종조삼치지
象曰 以訟受服이 **亦不足敬也**라
상왈 이송수복 역부족경야

상구는 혹시 큰띠를 하사받더라도 아침 조회를 마치는 동안에 세 번 빼앗길 수 있다. 상전에 이르기를 송사에 이겨 관복을 상으로 받더라도 역시 공경할 만한 일은 아니다.

상효는 양이 음의 자리에 있기 때문에 부중부정不中不正이다. 게다가 상괘의 마지막에 위치하여 소송을 벼랑끝까지 무모하게 밀고 나가는 형국이다. 특히 은퇴할 정도로 나이 먹은 개국공신이 하사품으로 큰 띠[鞶帶]를 받고서도 고맙게 생각할 짬도 없이 아침 조회가 끝나기도 전에 세 번 빼앗긴다고 했다. 하사품을 회수하는 일은 전례가 없는데도 불구하고, 그 규약이 깨지는 것은 상효의 지나친 욕심에서 비롯되었다는 뜻이다.

인간은 자신과 상응하는 3효의 소유물까지 탈취하여 송사에 이기기 위해 힘쓴다. 심지어 친구를 모함하여 인군에게 신임을 받는다. 처음에는 아무 것도 몰랐던 인군은 반대鞶帶를 주었으나, 간악한 속임수를 파악한 인군은 아주 짧은 시간에 '반대'를 비롯한 모든 것을 몰수하였다. 이는 상효의 소탐대실小貪大失이 빚어낸 과실이 아닐 수 없다.

세상사는 급박하게 돌변하고, 마음은 하루에도 몇 십번 씩 바뀌는 것이 우리네 인생살이다. 땀 한 방울 흘리지 않고 얻은 행운은 아침이슬처럼 반짝이다 사라지고 만다. 그것처럼 허무한 것은 없다. 소송에서 승리하여 명예를 되찾았더라도 오래 가지 않을 뿐만 아니라, 얻는 것보다는 잃은 것이 훨씬 많다는 사실을 알고는 금방 허전함에 휩싸인다. 후회하지만 이미 늦

었다. 그동안 쏟아 부은 시간과 정열에 비해서 얻은 것은 후유증일 뿐이다.

송사의 결과만큼 허망한 것이 없다. 가족간의 불화, 땅 소유권 때문에 일어나는 친척간의 분쟁, 관료 상호간의 권력 투쟁이 빚어낸 국가적 공황은 아무도 어루만져줄 수 없다. 몽괘蒙卦에서는 어린아이의 교육의 중요성을 강조했고, 송괘는 '작사모시作事謀始'라 하여 사건의 시초부터 계획을 잘 짜야 한다고 했다. 첫단추를 잘못 꿰면 옷 형태가 흩트러지듯이, 아예 처음부터 철저한 점검을 권고한다.

유교에서 맹자만큼 덕의 배양을 강조한 이는 드물다. 그는 덕과 힘의 극적인 대비를 통해 덕의 중요성을 강조했다.

"맹자가 말하기를 힘으로써 인을 가장하는 것은 패도이니, 패도를 사용하면 반드시 나라는 커질 것이다. 덕으로써 인을 실천하는 것은 왕도이니 왕도정치는 땅이 큰 것을 바라지 않는다. 탕임금이 사방 70리 땅으로 백성을 보살폈고, 문왕은 사방 100리 땅으로 백성을 보살폈다. 힘으로써 사람을 굴복시키는 것은 마음으로부터 복종하는 것이 아니라 힘이 부족하기 때문이다. 덕으로써 사람을 굴복시키는 것은 마음 깊은 곳으로부터 기뻐서 진실로 복종하는 것이다. 이를 테면 70명의 제자가 공자에게 복종하는 것과 같다.[15]

송괘의 결론은 덕의 터득에 있다. 덕이 배제된 송사는 타율적인 간섭을 불러오는 원인이기 때문에 송괘는 '공경[敬]'으로 매듭지은 것이다. 덕의 배양은 책을 통한 지식의 축적에 있는 것이 아니라, 매사에 공경스런 마음가짐으로부터 출발한다. 타인을 돈과 권력과 힘으로 잠시 굴복시킬 수는 있지만, 진정으로 굴복시킬 수 있는 것은 덕에 있다. 겉으로는 돈과 힘에 복종하는 것 같지만, 진정으로 사람을 감복시키는 것은 덕이라는 사실을 잊어서는 안 될 것이다.

15) 『孟子』「公孫丑」上, "孟子曰 以力假仁者霸, 霸必有大國, 以德行仁者王, 王不待大. 湯以七十里, 文王以百里. 以力服人者, 非心服也. 力不贍也, 以德服人者, 中心悅而誠服也, 如七十子之服孔子也."

정역사상의 연구자 이상룡李象龍은 송괘의 성격을 다음과 같이 설명한다.

> 訟은 在文從言從公이니 公言折訟之辭也라
> 송　재문종언종공　공언절송지사야
>
> 故로 孔子曰 聽訟이 吾猶人也나 必也使无訟乎인저라 하니라
> 故　공자왈 청송　오유인야　필야사무송호
>
> 大抵子會之水가 汪洋滔天하고 剛險未諧하니 所以旣宅之水가
> 대저자회지수　왕양도천　강험미해　소이기택지수
>
> 國獄訟煩하여 興而莫折也라 至水土平하면 卽擧天下之疆場이
> 국옥송번　흥이막절야　지수토평　즉거천하지강장
>
> 曠漠无際申之니라 以上有乾剛斷之君하고
> 광막무제신지　이상유건강단지군
>
> 下有坤順柔和之民하면 刑措不用而飮食豊饒하고
> 하유곤순유화지민　형조불용이음식풍요
>
> 囹圄가 空虛하니 訟所以次需也라 夫易有閏卽有訟이오
> 영어　공허　송소이차수야　부역유윤즉유송
>
> 无閏則无訟이니 大哉라 金火會上也인저
> 무송즉무송　대재　금화회상야

송괘는 문자적으로 말씀 '언'과 공변될 '공'의 합성어로 공공의 언어로 송사를 적게 한다는 말이다. 그러므로 공자는 "송사를 처리함은 나도 남과 같으나 내 바램은 송사를 없게 하는 것이다"라고 말했다. 대저 (선천) 자회子會의 물이 가득 차 넘쳐 하늘에 닿고, 강하고 험난함이 화합하지 못해 이미 집의 물로 변했기 때문에 나라의 옥사와 소송이 번다해져 끊임 없다는 것이다. 수와 토가 평안해지면[16] 천하의 경계가 들판과 사막처럼 펴진다. 위로는 건괘처럼 건실하고 강력하게 결단하는 임금이 있고, 아래로는 곤괘처럼 유순하여 화합하는 백성이 있으면 형벌을 사용하지 않으며 풍요롭게 음식을 먹어

16) 『正易』「十五一言」"金火一頌"에 "將軍運籌, 水土平."는 내용이 나온다. 장군은 물리적 힘을 뜻하는 五行을, 籌는 산가지를 셈하다는 것으로 5행이 자연의 질서에 따라 움직이면 선천 1水에서 시작하여 9金을 거쳐 10土로 펼쳐져 10無極 세상이 된다는 뜻이다.

감옥은 텅비어 송괘가 수괘 다음이 된 것이다. 무릇 역이 윤역閏易이면 소송이 있을 것이며, 윤역이 아니면 소송이 없을 것이다. 위대하도다. 금화교역의 시대여!

彖曰 訟, 有孚窒, 惕은 盡彼辭見誣也오 中吉終凶은
단왈 송 유부질 척 진피사견무야 중길종흉
惡其好訟而禁之也오 利見大人은 決退有籌也오
오기호송이금지야 이견대인 결퇴유주야
不利涉大川은 骿胝而无功也라
불리섭대천 변지이무공야

단전 "송은 믿음이 있어도 꽉 막혀서 두려워한다"는 것은 말을 신중히 해도 무고誣告함을 볼 것이요, "중도에 적중하면 길하고 끝까지 하면 흉하다"는 것은 소송 좋아함을 싫어해 금지하는 것이요, "대인을 보는 것은 이롭다"는 것은 물러남을 결단하는데 셈법이 있다는 것이요, "큰 냇물을 건너는 것은 불리하다"는 것은 굳은 살이 박히더라도 공덕이 없다는 뜻이다.

象曰 君子以, 作事謀始는 軍師之立法也라
상왈 군자이 작사모시 군사지입법야

상전 "군자는 이를 본받아 일을 시작하는데 처음을 잘 설계하여 도모한다"는 것은 군사軍師가 법을 만드는 것을 뜻한다.

初六, 不永所事, 小有言, 終吉은 革面而息之也라
초육 불영소사 소유언 종길 혁면이식지야

초효 "소송을 길게 하지 아니하면 조금은 말이 있으나 마침내 길할 것이다"라는 것은 입장을 바꾸어 쉰다는 것이다.

九二, 不克訟, 歸而逋, 其邑人, 三百戶, 无眚은 雖欲爭長力이나
구이 불극송 귀이포 기읍인 삼백호 무생 수욕쟁장력
少自服也라
소자복야

2효 "송사를 이길 수 없으니, 돌아가 숨어서 그 마을 사람이 삼백호이면 재앙이 없을 것이다"라는 것은 비록 다툴 힘이 있더라도 스스로 그만둔다는 것이다.

六三, 食舊德, 貞, 厲, 終吉은 灌漑食力은 野人之安分也오
육삼 식구덕 정 여 종길 관개식력 야인지안분야

或從王事, 无成은 民從軍功은 不在己也라
혹종왕사 무성 민종군공 부재기야

3효 "옛 덕을 먹어서 바르게 하면 위태로우나, 마침내는 길하다"는 것은 농사에 물대는 일은 농부가 편안한 것이요, "혹시 왕사를 좇더라도 이룸은 없다"는 것은 백성이 군대의 일을 좇는 것은 자신의 일이 아니라는 뜻이다.

九四, 不克訟, 復卽命, 渝安貞, 吉은 變惡爲善也
구사 불극송 복즉명 유안정 길 변악위선야

4효 "송사에 승리하지 못한다. 정도로 돌아가서 천명을 깨닫고 변화하여 평안하고 곧으면 길할 것이다"는 말은 악이 변해서 선이 되는 것이다.

九五, 訟, 元吉은 使无訟이면 能事畢矣라
구오 송 원길 사무송 능사필의

5효 "송사에 아주 크게 길한 것이다"라는 것은 소송을 없게 하면 천하의 일을 능히 할 수 있다는 뜻이다.

上九, 或錫之鞶帶, 終朝三褫之는 誣獲寵命이라도 旋自反也라
상구 혹석지반대 종조삼치지 무획총명 선자반야

상효 "혹시 큰띠를 하사받더라도 아침 조회를 마치는 동안에 세 번 빼앗길 수 있다"는 것은 무고를 통해 임금의 총애를 얻더라도 스스로 돌이켜 반성한다는 뜻이다.

지수사괘
地水師卦

세상을 구하는 조직의 규율

1. 세상을 구하는 조직의 규율 : 사괘

정이천은 천수송괘天水訟卦(䷅) 다음에 지수사괘地水師卦(䷆)가 오는 이유를 다음과 같이 말한다.

> 師는 序卦에 訟必有衆起라 故受之以師라 하니라 師之興은
> 사　서괘　송필유중기　고수지이사　　사지흥
> 由有爭也니 所以次訟也라 爲卦坤上坎下하니 以二體言之하면
> 유유쟁야　소이차송야　위괘곤상감하　이이체언지
> 地中有水하니 爲衆聚之象이오 以二卦之義言之하면
> 지중유수　위중취지상　이이괘지의언지
> 內險外順하여 險道而以順하니 行師之義也오
> 내험외순　험도이이순　행사지의야
> 以爻言之하면 一陽而爲衆陰之主하니 統衆之象也라
> 이효언지　일양이위중음지주　통중지상야
> 比는 以一陽으로 爲衆陰之主而在上하니 君之象也오
> 비　이일양　위중음지주이재상　군지상야
> 師는 以一陽으로 爲衆陰之主而在下하니 將帥之象也라
> 사　이일양　위중음지주이재하　장수지상야
>
> "사괘는 「서괘전」에 "'소송은 반드시 여럿이 일어나기 때문에 사괘로 이어받았다'라고 했다. 군대가 일어남은 분쟁이 있기 때문이므로 송괘 다음이 된 것이다. 괘의 형성은 곤은 위에, 감은 아래에 있다. 두 실체로 말하면 땅 가운데 물이 있으니 여럿이 모이는 형상이다. 두 괘의 뜻으로 말하면 안은 험난하고 밖은 순하여 험난한 도이면서 순함을 본질로 삼으니, 군대를 행하는 뜻이다. 효로 말하면 하나의 양이 여러 음의 주장이 되어 여러 사람을 통솔하는 형상이다. 비괘는 하나의 양이 여러 음의 주장이 되어 위에 있으니 군자의 모습이다. 사괘는 하나의 양이 여러 음의 주장이 되어 아래에 있으니, 장수의 모습이다."

'사師'는 무리 '사', 군대 '사'이다. 상괘는 땅[坤; ☷], 하괘는 물[坎; ☵]로

구성된 것이 사괘師卦이다. 옛날의 농사꾼은 평소에는 땅을 일구어 세금을 바치고, 농한기에는 부역으로 끌려 나갔고, 전쟁 때에는 군인으로 복역하였다. 농사는 하늘의 뜻을 이어받은[順應] 최고의 직업이라는 '농자천하지대본農者天下之大本'이라는 말이 생겼다. 하늘 아래에는 물이라는 위험이 도사리고 있다. 즉 농사일 뒤에는 위험한 전쟁을 상징하는 험난함[險難; 坎]이 가로막혀 있다. 또한 이성을 잃다 보면 개인적인 소송건이 집단 분쟁의 불씨가 되기도 한다. 집단 분쟁은 곧잘 전쟁으로까지 확대되어 걷잡을 수 없다는 뜻이다.

그것은 괘의 구조가 대변한다. 지수사괘地水師卦(䷆)에서 2효만 양이고 나머지는 모두 음이다. 유약한 다섯 음에 양 하나가 포위당했어도 강력한 힘을 발휘하고 있다. 즉 다섯 음은 병사이고, 단 하나의 양인 2효는 5효 임금에게서 대권을 이양 받은 장군이다. 최고 통수권자인 임금의 명령장을 근거로, 심지어 병사의 대열에 낀 임금조차도 이끌고 전쟁터에 나가는 형국이다.

2효는 비록 아래에 있지만, 위의 5효 임금에게서 병권을 위임받은 사령관이다. 군주가 사령관에게 출정 명령을 내리는 상황에 빗대어 설명하기 때문에 괘 이름을 '사괘'라 했던 것이다. 군대는 특수 조직이다. 상관의 말은 지상 명령이다. 지휘관에 대한 명령 불복종은 '하극상下剋上'이라 하여 처벌 대상이다. 그렇다고 계급의 권위로 군대를 이끈다고 전쟁의 승리를 보장받지 못한다. 명령에는 합당한 전제 조건이 필수적이다.[1]

참고로 『주역』 64괘에서 '일음오양一陰五陽'의 구조를 갖는 괘가 여섯 개, 또한 '일양오음一陽五陰'의 구조를 갖는 괘도 여섯 개이다. 전자는 택천쾌괘澤天夬卦(䷪), 천풍구괘天風姤卦(䷫), 화천대유괘火天大有卦(䷍), 천화동인괘天火同人卦(䷌), 풍천소축괘風天小畜卦(䷈), 천택리괘天澤履卦(䷉) 등이다. 후자는 지

1) 21세기 병영 문화는 많이 바뀌었다. 양심과 도덕적 판단과 군대 규정에 어긋나지 않는 한, 직속 상관의 불법 명령은 반드시 따르지 않아도 된다는 법원의 판결이 나왔다.

뢰복괘地雷復卦(䷗), 산지박괘山地剝卦(䷖), 뇌지예괘雷地豫卦(䷏), 지산겸괘地山謙卦(䷎), 지수사괘地水師卦(䷆), 수지비괘水地比卦(䷇) 등이다. 대체로 전자는 주로 수신·제가·치국·평천하와 같은 정치 문제를 언급했다면, 후자는 천지지도天地之道와 이에 근거한 실천 문제를 언급했다.

'사괘'의 구성을 통해서 인류사의 발전 과정을 추적해 볼 수 있다. 인류는 원시 공동체를 이루면서 공동 생산, 공동 분배를 통해서 경제 생활을 영위했다. 하지만 시대가 흘러 인간의 무한 욕망이 표출되면서부터 이기심의 충돌은 분쟁과 투쟁의 양상으로 나타났다. 분쟁은 목숨 건 싸움으로 발전하여 입장이 같은 부류끼리 연합하기에 이른다. 이런 의미에서 '사괘'는 군대의 기율에 대해 가르치고 있다.

2. 사괘 : 곧음은 군율의 생명

師는 **貞**이니 **丈人**이라야 **吉**코 **无咎**하리라
사 정 장인 길 무구

사는 곧음이다. 장인이라야 길하고 허물이 없다.

『주역』은 언제 어디서나 곧음[貞]과 올바름[正]을 강조한다. 그러니까 『주역』은 마음학[心學]이다. 불교처럼 가끔은 현실을 냉소적으로 바라보는 태도가 아니라, 오히려 『주역』은 현실 개혁을 적극적으로 옹호하고 촉구한다. 행운[吉]을 획득하기 위해서 올바른 행위를 하라는 것이 아니다. 우연히 찾아오는 행운을 기대하기보다는 정당하고 떳떳한 행위 뒤에 따라오는 행운을 맛보라고 가르친다.

군대는 '올바름[정貞=정正]'으로 움직여야 옳다.

3. 단전 : 정도正道로 집단을 움직여야

彖曰 師는 **衆也**오 **貞**은 **正也**니 **能以衆正**하면 **可以王矣**리라
단왈 사 중야 정 정야 능이중정 가이왕의
剛中而應하고 **行險而順**하니 **以此毒天下而民**이 **從之**하니
강중이응 행험이순 이차독천하이민 종지
吉코 **又何咎矣**리오
길 우하구의

단전에 이르기를 사는 무리요, 곧음은 올바름이다. 능히 무리를 올바르게 하면 왕이 될 수 있다. 강이 적중하여 감응하고, 험한 것을 실행하면서 순하게 한다. 이로써 천하를 훈육하므로 백성들이 따르니, 길하고 또한 무슨 허물이 있겠는가.

『주역』은 애당초 대동 사회를 지향한다. 대동 사회의 건설을 법률과 힘에 의지할 것인가, 아니면 도덕률에 기초한 공동체를 형성하느냐의 선택이 기다리고 있을 따름이다. 『주역』은 후자를 지향한다. 맹자는 도덕성을 거부한 통치자의 정당성조차 인정하지 않았다. 심지어 규율이 강력하기로 소문난 군대에게도 도덕적 정당성을 요구한다. 분대, 소대, 중대, 대대, 연대, 사단으로 이어지는 계급 집단에게서 명령 거부는 존재할 수 없다. 명령에 무조건 순종하는 것이 특수 조직인 군대의 생명인 것이다.

하지만 집단을 움직이는 것은 조직도 아니고, 돈도 아니고 권력도 아니다. 조직을 움직이는 것은 사람이다. 사람을 사람이게끔 하는 것은 정도正道 이외에 다른 것은 없다. 그렇다고 정도를 지키는 사람은 단연코 유약해서는 안 된다. 문무를 겸비해야 한다. 그래서 정의는 늠름한 장수에 의해 실현될 수 있다고 했다. 그만큼 정의는 힘이 뒷받침되지 않으면 구현되기 어렵다는 사실을 역사가 증명한다. 오죽하면 서양의 궤변론자들이 '정의는 강자의 이익'이라 했겠는가. '장인丈人'을 대인大人으로 볼 수도 있다. 5효 대인大人에게서 막강한 권한을 이양 받은 장군이기에 '장인丈人'이라고

했을 뿐이다. '장인丈人'은 차라리 건괘乾卦 2효의 대인大人으로 보는 것이 옳을 것이다.

정의[正]와 불의의 가치 기준은 무엇인가? 법률인가, 양심인가? 이는 동서양 철학자들이 골머리를 앓았던 문제이다. 정의는 양심에 뿌리를 두고 있다. 양심은 맹자가 얘기했던 것처럼 인간이 어머니 뱃속에서부터 배우지 않고도 아는 선천적이며, 동시에 인간이면 누구나 다 태어날 때부터 본유本有한 본성이다.[2] 그것이 바로 공자에게는 '인仁'이고 맹자에게는 '인의仁義'였다. 맹자는 「양혜왕梁惠王」 상편의 첫머리에서 사회적 이익만을 챙기는 양혜왕에게 도덕적 가치가 더 근원적이라고 일침을 가하고 있다.

뭇사람을 이끌어가는 원동력은 힘과 조직, 돈과 권력과 명예가 아니라 개인과 사회를 꿰뚫는 '올바른 길[正道]'에 있다.[3] 무지몽매한 대중을 교육하는 방법은 덕으로 다스리는 왕도이지 채찍을 일삼는 패도가 아니다. 진정으로 백성들이 원하는 바가 왕도라는 사실 자체를 논증한 이론이 바로 성선설性善說이다. 백성과 함께 하지 않는 정치는 아무런 쓸모가 없다는 것이 유교의 종지이다. 그래서 공자는 '안민安民'을, 맹자는 '여민동락與民同樂'을, 다산은 '목민牧民'을 외쳤던 것이다.

조직을 움직이는 것은 사람이다. 정도正道를 지키며, 문무를 겸비해야 지도자로서의 자격을 갖출 수 있다.

---

2) 도덕적 본성보다는 영성이 앞으로의 세상을 먹여 살릴 수 있다는 견해가 설득력 있게 들린다. "이 시대 최고의 메가트렌드는 영성에 대한 탐구이다. 영성이란 초월적 존재, 신성함, 신과 연결되고자 하는 욕망에서 시작한다. 영성이란 내적인 평화, 명상, 웰빙, 기도, 관계 중시, 삶의 목적, 미션과 같은 단어 중 하나일 것이다. 창조성의 가장 중요한 구성 요소인 깨달음은 정신보다 한 차원 높은 지성을 말한다. 깨달음이 우리의 정신적 재능을 인도할 때, 최고의 결과가 나올 수 있다. 영성을 갖춘 인간은 자신이 바라는 변화 그 자체가 되도록 해야 한다. 즉 '되는 것(Being)'에서 '행하는 것(Doing)'으로 이동해야 한다. 더불어 창의성도 발휘해야 한다. 종교적 수행이 아닌 비즈니스이기 때문이다."(패트리셔 애버딘/윤여중, 『메가트렌드 2010』 서울: 청림출판, 2006, 33/120쪽 참조.)

3) 『易程傳』, "師之道, 以正爲本, 興師動衆, 以毒天下而不以正, 民弗從也, 强驅之耳, 故師以貞爲主."

4. 상전 : 포용으로 백성을 보듬어야

象曰 地中有水師니 **君子以**하여 **容民畜衆**하나니라
상왈 지중유수사 군자이 용민휵중

상전에 이르기를 땅 속에 물이 있음이 사이니, 군자는 이를 본받아 백성들을 널리 포용하고 무리를 길러낸다.

어머니 대지는 생명수를 가슴에 가득 품고 있다. 이러한 형상을 본뜬 것이 사괘師卦다. 군자는 이러한 생명의 의지를 깨달아 어머니가 자식을 품듯이 백성들을 한없는 사랑으로 감싸서 양육하라는 지침이다.

대지는 만물 생성의 자궁이며, 물은 자궁을 율동시키는 생명의 씨앗이다.[4] 신화학의 대가 조지프 켐벨은 "신화는 제 1의 자궁이며, 종교는 제 2의 자궁"[5]이라 했다. 이런 점에서 땅과 물에 대한 사괘師卦의 가르침은 제 3의 자궁에 대한 노스탤지어를 불러일으키는 명언이다. 어머니 대지는 여성 원리로서 만물에 대한 배타적 사랑이 아니라 포괄적인 사랑을 뿜어낸다. 가정에서 어머니[땅; 地]가 자식에게 본성을 부여하는 존재라면, 아버지[하늘; 天]는 자식에게 사회적 성격을 부여하는 존재이다.

「상전」의 앞부분은 자연에 대한 객관적 서술이요, 후반부는 자연의 인간화라는 문화와 문명을 얘기한다. 자연을 정복하고 싶어 하는 것은 인간의 선천적 본능일지도 모른다. 서양에서는 자연을 넘어서거나 극복(정복)

4) 사라 알란/오만종, 『공자와 노자, 그들은 물에서 무엇을 보았는가』(서울: 예문서원, 1999), 25-26쪽 참조. "물은 생명을 제공하고 땅으로부터 자발적으로 솟아올라 저절로 움직이며, 고요한 상태가 될 때 완전한 수평이 되는 동시에 스스로 침전 작용을 하여 맑아진다. 또 그릇의 모양에 따라 어떠한 형태도 취하고 가장 조그마한 틈도 뚫고 들어가며, 강압에 양보하지만 가장 단단한 돌도 닳게 하고 얼음이 되어 단단해지고 증기가 되어 사라지기도 한다. 이러한 특성을 지닌 물은 우주의 본성에 관한 철학적 개념의 모델이다. … 형태의 다양성과 이미지를 생성하는 데 비상한 능력을 갖고 있는 물은 자연의 이치뿐만 아니라 사람의 행위에 대해서도 적용되는 일반적인 우주 원리들을 개념화하는 주요한 모델을 제공했다."

5) 조지프 켐벨/이윤기, 『신화의 힘』(서울: 고려원, 1996), 120쪽 참조.

하는 것을 문명이라 단정지었다. 그들에게 '가장 자연스런 것'은 '문명화되는 것'이라고 말할 수도 있다. 『주역』은 자연의 정복을 경계하지만, 문명화되는 것에 대해서는 긍정적이다. 64괘 전체 「상전」의 문법 구조가 자연의 인간화로 일관되어 있기 때문이다.

「상전」에 함축된 문제 의식에 대해서 서양인들은 생태학적으로 접근하기 시작했다. 그들은 자연에 대한 의무인가, 인류에 대한 의무인가로 압축했던 것이다. "첫째, 인류에 대한 의무보다 자연에 대한 의무가 더 우월한 차원에 있다는 주장이다. 이는 생태학적 전체론의 입장인데, 논리적으로 인간의 자유를 축소시킬 뿐 아니라, 인구 수까지 감소시킬 권리를 내포한다. 둘째, 자연에 대한 의무와 인류에 대한 의무가 같은 차원에 있다는 주장이다. 우리에게는 분명 두 번째 선택이 더 매력적인 것으로 보인다."[6] 『주역』은 전자까지도 널리 포용하는 태도를 갖는다.

'용容'은 용납하다, 포용하다, 용서하다 등 여러 뜻이 있다. 어느 소설가는 우리 사회가 정이 흐르는 사회라면, 유럽 어떤 나라는 똘레랑스가 흐르는 사회라고 했다. 용납은 상대방의 잘못을 용서하는 것이고, 포용은 상대방의 사상과 이념 등을 존중하고 인정한다는 뜻이다. 왕도정치에서 말하는 '포용'은 지난 일에 발목 잡히지 않는다. 과거는 기억하되 미래를 지향하기 때문이다.

어머니가 자식을 품듯이, 군자는 백성들을 사랑으로 감싸안고 양육할 책임을 짊어진 사람이다.

5. 초효 : 군율의 지엄함

初六은 **師出以律**이니 **否**면 **臧**이라도 **凶**하니라
초육 사출이율 부 장 흉

6) 오귀스트 베르크/김주경, 『대지에서 인간으로 산다는 것』(서울: 미다스 북스, 2001), 140쪽.

象曰 師出以律이니 **失律**하면 **凶也**리라
상왈 사출이율 실율 흉야

초육은 군대가 출정하는데 군율로써 해야 한다. 군율을 지키지 않으면 착하더라도 흉하다. 상전에 이르기를 '군대가 출정하는데 군율로써 해야 한다.' 군율을 상실하면 흉할 것이다.

군인의 길은 절대 복종이 미덕이다. 군대는 매일 반복하는 훈련과 더불어 규율이 군대의 전투력을 높이는 지름길인 까닭에 갖가지 규범을 만들어 포상하거나 징계하여 조직력을 강화시켰다. 규율을 지키지 않으면 아무리 착한 사람일지라도 군율로 처벌받는다. 군율의 지엄함은 선악의 가치를 넘어선다는 말이다. 특히 「상전」의 말에 따르면, 질서 파괴자는 신상필벌信賞必罰의 원칙에 의거하여 용서받을 수 없다는 것은 법가사상法家思想 또는 병가兵家의 주장과 거의 일치한다.

초효는 음이 양의 자리에 있고, 하괘의 중도를 얻지 못했기 때문에 '부중부정不中不正'이다. 그것은 2효 사령관의 명령에 복종하지 않는 군율 위반 행위를 상징한다. 하지만 천하의 제갈량諸葛亮도 "출사표出師表"를 지을 때, 군율의 엄정함보다는 전쟁이 과연 합당한가 여부를 먼저 하늘에 물었다. 심지어 하늘과 땅과 인간의 도리에 부합하지 않으면 군율로써의 정당성마저 잃는다. 그러므로 군율이 공평하게 적용되지 않으면 군율은 있으나마나 한 휴지 조각에 불과하다.

지휘관은 군사력의 물리적 측면과 정신적 측면을 동시적으로 고려해야 한다. "(군대의) 물리력과 정신력의 효과는 화학적 과정을 거친 금속의 합금처럼 완전히 융합되어 있어서 서로 분리할 수 없기 때문이다. 물리적인 것은 나무로 된 칼자루처럼 보이는 반면에, 정신적인 것은 귀금속이며 번쩍번쩍하게 갈아 놓은 본래의 칼날이라고 말할 수 있다. 병사들은 훈련으로 용감성을 터득할 수 있다. 하지만 지휘관은 병사처럼 무분별하게 행동

하며 힘을 과시하려는 충동을 버리고, 스스로 복종이나 규율이라는 고차원적인 요구에 따라야 한다."[7)]

⚜ 하늘과 땅과 인간의 도리에 부합하지 않으면 군율도 정당성을 잃는다.

6. 2효 : 하늘이 사랑하는 지도자

九二는 **在師**하여 **中**할새 **吉**코 **无咎**하니 **王三錫命**이로다
구이 재사 중 길 무구 왕삼석명
象曰 在師中吉은 **承天寵也**오 **王三錫命**은 **懷萬邦也**라
상왈 재사중길 승천총야 왕삼석명 회만방야

구이는 군대에 있어서 중도를 실행하기 때문에 길하고 허물이 없다. 왕이 세 번이나 명을 내린다. 상전에 이르기를 '군대에 있어서 중도를 실행하기 때문에 길하다'는 것은 하늘(천자)의 은총을 받듦이요, '왕이 세 번이나 명을 내린다'는 것은 모든 나라를 가슴으로 포용함이다.

2효는 사괘에서 유일하게 에너지가 넘치는 양효이다. 모든 음에 둘러싸여 있으면서도 그들의 전폭적인 지원과 신뢰를 받는다. 특히 5효의 군주의 각별한 신임 아래 막강한 힘을 발휘하여 전쟁을 승리로 이끄는 덕장德蔣이면서 지장智將이자 용장勇蔣이다.

2효가 길한 까닭은 중용의 덕을 갖추고 있기 때문이지, 전술 전략에 탁월한 장수 단독의 능력으로 이루어지지 않는다. 불의를 보고도 그냥 지나치는 얼간이 장군이 아니라, 불의조차도 중용의 덕으로 감화시키는 아저씨 장군이다. 그러니까 왕은 은총을 계속 내리고, 부하들은 모두가 감복하여 군율을 잘 지킴으로써 군대의 사기는 하늘을 찌를 듯이 높아질 수밖에 없다.

2효는 하늘의 섭리에 대한 땅의 대행자, 성인에 대한 군자, 군주에 대한

7) 카알 폰 클라우제비츠/김만수, 『전쟁론』(서울: 갈무리, 2005), 294-299쪽 참조.

신하의 위치를 상징한다. 하늘의 은총을 받는 자는 군주의 신임을 받는 자이다. 하늘의 사랑을 받는 자는 백성의 지지를 받는 훌륭한 지도자이다. 이런 지도자는 하늘의 뜻을 계승하여 온 천하를 감동시킬 수 있다. 그것은 힘에 의한 강요가 아니라 덕치에 의한 감화이다.

지도자는 중용의 덕을 갖추어야 백성의 지지를 받을 수 있다.

7. 3효 : 지도자의 조건

六三은 **師或輿尸**면 **凶**하리라
육삼 사혹여시 흉
象曰 師或輿尸면 **大无功也**리라
상왈 사혹여시 대무공야

육삼은 군대가 혹 전쟁에 패하여 시체를 수레에 실으면 흉할 것이다. 상전에 이르기를 '군대가 혹 전쟁에 패하여 시체를 수레에 실으면' 큰 공로가 없는 것이다.

3효는 중용의 덕을 한 단계 지나친 하괘의 끝자락에 위치한다. 또한 양의 자리에 음효가 자리잡고 있다. 이는 아무런 권한도 없는 사람이 지휘관 노릇하면서 뽐내는 형상이다. 누구도 무서워하지 않는다. 그러니까 병사들로부터 존경받지 못한다. 이를 사괘는 전쟁터에서 패배하여 시체를 수레에 싣고 처량하게 돌아오는 모습으로 묘사하고 있는 것이다.

3효는 자질이 부족한 사람이 사령관의 지휘봉을 흔드는 꼴이다. 자신의 능력에서 빗나간 불법 행동을 마구 저지른다. 이런 사람이 사령관이 된다면, 그 군대는 백전백패이다. 사령관이 전사하여 병사들이 비를 맞으면서 그 시체를 삐거덕거리는 달구지에 싣고 돌아온다는 뜻이다. 전리품은 커녕 패배로 인한 배상의 짐만 지고 온 셈이다.

자질이 부족한 지휘관은 모두에게 불행이다.

8. 4효 : 지도자는 상황 판단이 빨라야

六四는 **師左次**니 **无咎**로다
육사 사좌차 무구
象曰 左次无咎는 **未失常也**라
상왈 좌차무구 미실상야

육사는 군대가 왼쪽으로 후퇴하여 물러남이니, 허물이 없다. 상전에 이르기를 '왼쪽으로 후퇴하여 물러남이니 허물이 없음'은 떳떳함을 잃지 않은 것이다.

4효는 음이 음의 자리에 있어 정正이지만, 중中의 위치는 아니다. 유약하고 능력이 부족한 지휘관이지만, 자기 분수를 잘 알기 때문에 정도를 지킨다. 전쟁에서 무모하게 앞으로 나가는 것을 금지하는 말이다. 단지 전력 보강을 위해 잠시 후퇴하여 대열을 정돈하는 데 필요한 시간을 버는 작전을 가리킨다.

긴박한 상황에서 나아가고 물러가는 것을 판단하는 것은 유능한 지휘관이 아니면 불가능하다. 적을 알고 나를 알면 백 번 싸워도 패하지 않는다는 말이 있다. 후퇴하는 것은 비겁해서 그런 것이 아니라, 3보 전진을 위해서 2보 물러서는 것일 따름이다. 싸워서 이길 수 없다는 판단이 서면 후퇴하는 것은 지는 것보다 훨씬 낫다.

군사 행동을 통틀어서 전진과 후퇴를 결정하는 가늠자는 적절한 시간을 선택하는 데에 있다.[8] 전진해야 할 때는 후퇴하고, 후퇴할 때는 전진하는 오류를 범해서는 안 된다. 객관적 시기와 공간적 상황을 합리적으로 판단하여야 병사들의 생명을 보호할 수 있을 뿐만 아니라 전쟁의 종지부를 찍을 수 있는 것이다.

전진과 후퇴를 결정하는 기준은 적절한 시간의 선택에 있다.

8) 정이천의 주석은 참고할 만하다. "行師之道, 因時施宜., 乃其常也."

9. 5효 : 중용의 실천

六五는 **田有禽**이어든 **利執言**하니 **无咎**리라
육오 전유금 이집언 무구
長子帥師니 **弟子輿尸**하면 **貞**이라도 **凶**하리라
장자솔사 제자여시 정 흉
象曰 長子帥師는 **以中行也**오 **弟子輿尸**는 **使不當也**라
상왈 장자솔사 이중행야 제자여시 사부당야

육오는 밭에 새가 있거든 포획하라고 말하는 것이 이로우니, 허물이 없다. 장자는 군대를 통솔하고, 제자는 시체를 실으면 올바르더라도 흉할 것이다. 상전에 이르기를 '장자가 군대를 통솔한다'는 것은 중도로써 행함이요, '제자가 시체를 싣는다'는 것은 부림이 온당치 않음이다.

새는 나무 위에서 목청껏 노래 불러야 한다. 밭에 새가 있다는 것은 땀 흘려 농사지은 작물을 마구 먹어치우는 까닭에 그러한 새는 사냥해도 좋다는 말이다[利執言]. 이와 마찬가지로 백성들을 보살핀다는 명목으로 괴롭히는 도적은 마땅히 잡아들여야만 근심이 없다.

이제야 대의명분을 내걸고 불의한 집단을 토벌할 시간이 왔다고 암시한다. 그러니까 실리보다는 명분이 정당하기 때문에 여론 조성에 아무런 흠집이 없다. 5효는 음이 양의 자리에 있기 때문에 부정不正이지만 중中을 얻고 있다. 5효는 군대를 움직이는 주체로서 중용의 덕을 쌓은 군주이다.

장자長子와 제자弟子의 대비가 절묘하게 구성되어 있다. 일차적으로는 하늘의 큰아들과 나머지 여러 아들을 뜻한다. 하늘의 큰아들만이 장수들을 통솔할 자격이 있다는 말이다. 이밖에도 장자학長子學 = 공자학孔子學이며, 제자학弟子學 = 제자학諸子學이라고도 할 수 있다. 제자들이 모는 달구지는 시체를 싣는 쓰임새요, 공자의 무리들이 이끄는 수레는 진리를 싣는다는 뜻이다. 왜냐하면 장자학長子學은 중용의 도리를 실천함을 목적으로 삼기 때문이다.

地水師卦 지수사괘

⚙ 중용의 실천이 고난 극복의 지름길이다.

10. 상효 : 인재 등용의 원칙

上六은 **大君**이 **有命**이니 **開國承家**에 **小人勿用**이니라
상육 대군 유명 개국승가 소인물용

象曰 大君有命은 **以正功也**오 **小人勿用**은 **必亂邦也**일새라
상왈 대군유명 이정공야 소인물용 필난방야

상육은 대군이 내린 명령이 있어, 나라를 열고 가업을 이어감에 소인을 등용하지 말라. 상전에 이르기를 '대군이 내린 명령'은 공을 올바르게 함이요, '소인을 등용하지 말라'는 것은 반드시 나라를 어지럽히기 때문이다.

상효는 전쟁이 끝난 후에 벌어지는 논공행상論功行賞에 대해 얘기하고 있다. 각각의 공로에 대한 심사를 엄격히 한 다음에, 공신에게는 제후諸侯에 봉하거나 또는 경대부卿大夫에 임명한다. 아무리 적을 토벌한 공적이 많더라도 나라를 창업하고 백성을 다스리는데 인격적 품성이 부족하면 관리로 임명하지 말아야 한다고 단언했다.[9)]

소인은 마음에 두 얼굴을 품고 있다. 겉으로는 환한 얼굴과 뛰어난 말주변, 속으로는 재물을 좋아하면서 기회를 엿보아 음모의 이빨로 군자 찍어내기를 서슴지 않는다. 국가의 흥망성쇠는 인재 등용에 달려 있다. 역사는 항상 인재 발탁이 중요하다고 말해주고 있으나 그것이 말처럼 쉽지는 않다.

인재 등용의 성공 여부에 따라 왕도와 패도가 갈린다. 왕도는 정의 실현이 그 목표이며, 패도는 힘과 법률로 옭아매는 전제주의이다. 전자는 인간 본성에 호소하기 때문에 이상주의로 흘러 현실감이 뒤떨어진다는 평가를

9) 소인이 공로를 세웠을 경우에 군주는 황금과 비단을 내릴지언정 세습 작위와 땅을 하사하지 않는다. "師之終, 順之極, 論功行賞之時也. 坤爲土, 故有開國承家之象, 然小人則雖有功, 亦不可使之得有爵土, 但優以金帛可也."(朱子의 풀이)

간과해서는 안 된다. 후자는 날카로운 칼과 군주 한 사람에게 집중된 권력 지상주의를 밑바탕으로 하기 때문에 일시적으로는 엄청난 효과를 나타낸다. 하지만 그리 오래 가지 않아 멸망당한다는 것은 진시황秦始皇의 말로가 입증하고도 남는다.

왕도를 걷는 사회에는 도덕이 지켜지는 반면에, 패도는 겉으로는 당근을 내보이면서, 속으로는 채찍을 휘둘러 공포 정치를 일삼는다. 왕도를 수호하는 부류는 온건파이지만, 패도를 자랑하는 과격파는 권력자 주변에서 득실거리면서 언로를 차단하는 일을 불문율로 지킨다. 매파는 비둘기파가 역사의 수레바퀴를 뒤로 돌린다고 매도하여 몰아친다. 항상 권력자 주위에 있는 인재가 말썽이다. '인사가 만사이다'라는 말이 있다. 군주는 군자를 가까이 하고 소인을 멀리해야 한다.

인재 등용하면 가장 먼저 떠올리는 인물이 있다. 당태종唐太宗 이세민李世民(598-649)이 바로 그다. 그는 유교의 인의와 도가의 민첩함, 법가의 냉혹함과 병가의 모험심, 종횡가의 실리와 음양가의 신비를 중정지도中正之道[10]로 압축하여 정치 현실에 접목하였다. 그는 인재의 특성, 성격에 따른 인재의 차별적 등용, 인재의 장단점을 살피는 안목, 인재의 재능에 따른 적재적소의 배치, 권한과 책임을 조화시켜 인재를 관리하는 지혜, 인격자를 발탁하는 능력, 인재 선발의 방법, 목적을 달성하는 비결 등에 탁월한 재능을 보였다.[11]

인재 등용이 왕도와 패도를 결정짓는다. 왕도의 목표는 정의 실현에 있다.

10) 어느 한 쪽으로 치우침이 없이 똑바르고 올바름, 혹은 過不及이 없는 상태를 일컬음.
11) 이에 대한 궁금증을 풀어주는 책이 있다. 렁청진/김태성, 『辨經』(서울: 더난출판, 2003), 20-25쪽 참조.

정역사상의 연구자 이상룡李象龍은 선후천론의 입장에서 사괘의 성격을 다음과 같이 설명한다.

師는 在文從阜從帀이니 帀은 周也오 阜는 大也라
사　재문종부종잡　잡　주야　부　대야
大道周遍하여 作之師於天下也며 又水由地中이니
대도주편　작지사어천하야　우수유지중
周帀於大陸之外也라 盖水土既平이어늘 新換一番이니
주잡어대륙지외야　개수토기평　신환일번
則當有聖人者 作爲君師於天下하고 懲之以軍旅之威하고
즉당유성인자 작위군사어천하　징지이군여지위
教之以聖神之道하여 率土之濱莫不被法師之化하니
교지이성신지도　솔토지빈막불피법사지화
而同軌同道가 萬億年偃武修文之象也라 而天地交泰然後에
이동궤동도　억만년언무수문지상야　이천지교태연후
君師作人之化가 可以周遍이라 故次於泰也라
군사작인지화　가이주편　고차어태야

사는 문자적으로 언덕 부阜와 두루 잡帀의 합성어다. '잡帀'은 보편이요 부阜는 크다는 뜻이다. 대도는 두루두루 알맞기 때문에 천하를 위해 군대(스승)를 만들었으며, 물[水]은 땅에 뿌리를 두기 때문에 대륙 바깥까지 골고루 미친다. 수토水土가 이미 균등의 방식으로 새롭게 혁신되어 성인을 천하의 스승으로 삼고, 군대의 위엄으로 징벌하고, 성신聖神의 도로써 가르쳐 토土가 주재하는 영향력이 군대 규율에 미치지 않는 곳이 없다. 정상적인 궤도로 돌아가는 우주의 원리는 영구토록 문무를 닦는 모습을 담고 있다. 천지가 사귀어 소통한 뒤에 임금과 스승이 사람을 길러내는 교화가 두루 퍼질 수 있다. 그래서 태괘 다음에 오는 것이다.

彖曰 師, 貞, 丈人, 吉, 无咎는 師道貞正하면 武文幷斌也며
단왈 사 정 장인 길 무구　사도정정　문무병빈야
能以衆正, 可以王矣는 首出之君道也라
능이중정 가이왕의　수출지군도야

단전 "사는 곧음이다. 장인이라야 길하고 허물이 없다"는 것은 군사를 일으키는 도가 올바르면 문무가 빛나고, "능히 무리를 올바르게 하면 왕이 될 수 있다"는 것은 가장 먼저 나오는 임금의 도리를 뜻한다.

象曰 君子以, 容民畜衆은 容而敎之하고 愛而育之也라
상왈 군자이 용민휵중 용이교지 애이육지야

상전 "군자는 이를 본받아 백성들을 널리 포용하고 무리를 길러낸다"는 말은 널리 포용하여 가르치고 사랑으로 길러내는 것을 뜻한다.

初六, 師出以律, 否, 臧, 凶은 水戰之勝敗也라
초육 사출이율 부 장 흉 수전지승패야

초효 "초육은 군대가 출정하는데 군율로써 해야 한다. 군율을 지키지 않으면 착하더라도 흉하다"는 것은 수전水戰의 승패를 가리킨다.

九二, 在師, 中, 吉은 大夫行師也오 王三錫命은 寵之以殊錫也라
구이 재사 중 길 대부행사야 왕삼석명 총지이수석야

2효 "구이는 군대에 있어서 중도를 실행하기 때문에 길하다"는 것은 대부가 군대를 일으킴이요, '왕이 세 번이나 명을 내린다'는 것은 총애하여 특별히 내린다는 뜻이다.

六三, 師或輿尸, 凶은 水上六이 戊運已去矣일새라
육삼 사혹여시 흉 수상육 무운이거의

3효 "육삼은 군대가 혹 전쟁에 패하여 시체를 수레에 실으면 흉할 것이다"는 것은 물을 의미하는 상효의 무토운戊土運이 이미 지났기 때문이다.

六四, 師左次, 无咎는 敎化无外而八軍止東也라
육사 사좌차 무구 교화무외이팔군지동야

4효 "육사는 군대가 왼쪽으로 후퇴하여 물러남이니, 허물이 없다"는 것은 교화는 끝이 없어 팔군八軍이 동쪽에 머무는 것을 뜻한다.

六五, 田有禽, 利執言은 所向无敵也오 長子帥師는
육오 전유금 이집언 소향무적야 장자솔사
主器於后天也오 弟子輿尸, 貞, 凶은 先天之多門也라
주기어후천야 제자여시 정 흉 선천지다문야

5효 "육오는 밭에 새가 있거든 포획하라고 말하는 것이 이롭다"는 것은 가는 곳마다 적이 없다는 것이요, '장자가 군대를 통솔한다'는 것은 후천의 주인공이라는 것이며, "제자가 시체를 실으면 올바르더라도 흉하다"는 것은 선천에는 수많은 길이 있다는 뜻이다.

上六, 大君, 有命, 開國承家, 小人勿用은 聖賢君王이 命之하면
상육 대군 유명 개국승가 소인물용 성현군왕 명지
承之하니 小人道銷也라
승지 소인도소야

상효 "상육은 대군이 내린 명령이 있어, 나라를 열고 가업을 이어감에 소인을 등용하지 말라"는 것은 성현인 군왕이 명령을 내리면 받들고, 소인의 도가 녹아 없어지는 것을 뜻한다.

수지비괘
水 地 比 卦

친근과 평화를 향하여

1. 인화의 첫걸음 : 비괘

정이천은 지수사괘地水師卦(䷆) 다음에 수지비괘水地比卦(䷇)가 오는 이유를 다음과 같이 말한다.

> 比는 序卦에 衆必有所比라 故受之以比라 하니라
> 비　서괘　중필유소비　고수지이비
> 比는 親輔也니 人之類는 必相親輔然後能安이라
> 비　친보야　인지류　필상친보연후능안
> 故旣有衆則必有所比하니 比所以次師也라
> 고기유중즉필유소비　비소이차사야
> 爲卦上坎下坤하니 以二體言之하면 水在地上하니
> 위괘상감하곤　이이체언지　수재지상
> 物之相切比无間이 莫如水之在地上이라 故爲比也오
> 물지상체비무간　막여수지재지상　고위비야
> 又衆爻皆陰이오 獨五以陽剛으로 居君位하여 衆所親附하고
> 우중효개음　독오이양강　거군위　중소친부
> 而上亦親下라 故爲比也라
> 이상역친하　고위비야

> "비괘는 「서괘전」에 '무리가 형성되면 반드시 친근한 바가 있으므로 비괘로 이어받았다'라고 했다. 비는 친근하고 도와줌이다. 사람의 무리는 반드시 서로 친근하고 도와준 뒤에 편안할 수 있다. 이런 까닭에 이미 무리가 있으면 반드시 친근하는 바가 있기 때문에 비괘가 사괘 다음이 된 것이다. 괘의 형성은 위는 감이고 아래는 곤이다. 두 실체로 말하면 물이 땅 위에 있으니, 사물이 서로 극진하게 가까워 간격이 없음은 물이 땅 위에 있는 것보다 더한 것이 없기 때문에 비괘가 된 것이다. 또한 여러 효가 모두 음이고 오직 5효가 양강으로 임금의 자리에 거하여 무리가 친근하게 따르며, 위 역시 아래에 친근하기 때문에 비괘가 된 것이다."

사괘師卦가 땅 속에 물이 가득 차 있는 형상이라면, 비괘比卦는 땅 위에

물이 고여 있는 형상이다. 물이 땅 속에 숨어 있느냐, 겉에 드러나 있느냐에 따라 생명 활동에 어떤 영향을 미치는가가 달라진다. 생명수가 땅 위에 있다는 것은 만물로 하여금 생기를 북돋우고 서로 가깝게 하고 도울 수 있는 기회가 더 많다는 것이다.

'비比'는 두 사람이 나란히 서 있는 모습을 본뜬 글자로서 '친하다[親]'는 뜻이다. 만약 두 사람이 반대 방향으로 치달린다면 서로 등진다(배반하다)는 '배北'가 될 것이다. 보고 있어도 보고 싶은 친한 사람들끼리 모여 있으면 마냥 좋고 또 좋다. 그래서 「잡괘전」에서는 "비괘比卦는 즐겁고, 사괘師卦는 근심한다[比樂師憂]"고 했다. 서로 좋아하는 사람들이 모여 즐겁게 춤추면서 격양가와 풍년가를 부르는 세상이 가장 아름다운 낙원일 것이다.

2. 비괘 : 고통을 이겨내야 평안함을 맛볼 수 있다

比는 **吉**하니 **原筮**하되 **元永貞**이면 **无咎**리라 **不寧**이어야
비 길 원서 원영정 무구 불녕
方來니 **後**면 **夫**라도 **凶**이리라
방래 후 부 흉

비는 길한 것이니, 처음 점을 쳐서 크게 변함없이 곧으면 허물이 없을 것이다. 평안하지 못하여 바야흐로 올 것이니, 뒤늦으면 대장부라도 흉할 것이다.

64괘의 배열에는 일정한 원칙이 있다. 사괘가 전쟁을 얘기했다면, 비괘는 인화人和를 얘기한다. 인화는 자기 부정에서 출발해야지 상대 부정이 되어서는 곤란하다. 상대 부정은 곧 파탄의 지름길인 반면에 자기 부정(자아성찰)을 통한 자기 긍정(자기 확대)은 인화의 첫걸음이다. 자기 긍정의 사회화는 개인 윤리의 집단 윤리화로 직결된다. 이것이 바로 동양 윤리의 기초이자 조화 사상의 목표인 것이다.

그래서 비괘比卦는 처음부터 길吉에서 시작한다. 몽괘蒙卦는 '초서初筮'라

했지만, 비괘比卦는 '원서原筮'라 했다. 시초[初]와 근원[原]은 어떻게 다르고, '점[筮]'의 목적은 무엇인가? 시초始初(太初)가 시간적 의미라면, 원초原初는 공간적 의미이다. 그러니까 만물 생성의 시초를 말하는 둔괘屯卦와 몽괘蒙卦는 '(시始)초初'로 규정했으며, 인간 관계의 원만한 조화를 말하는 비괘比卦에서는 '원原(초初)'이라 했던 것이다.[1] '서筮'는 길흉을 점쳐서 판단하는 일종의 술수이다. 술수가 근거하는 원칙은 최고의 근원적인 존재인 하늘[天]이다. 하늘의 의지를 깨닫는 것이 『주역』의 결론이다.

'원元'은 아주 크다는 뜻 이외에 '착할 선善'[2]의 뜻도 있다. '원영정元永貞'은 선하고 항구불변하며, 올바른 행위를 가리킨다. 점칠 수 있는 자격을 갖춘 이는 오로지 군주 한 사람 뿐이다. 군주가 정치를 어떻게 하면 좋을까 하고 하늘에게 물었을 때, 하늘은 '원영정元永貞'이라고 계시를 내렸던 것이다. 그러니까 백성을 위해 선한 마음씨로 항구불변하게 올바른 정도를 실현하는 것이 정치의 요체이다. 그러므로 허물이 있을래야 있을 수 없는 것이다.

"평안하지 못하여 바야흐로 오는 것이니 뒤에 하면 대장부라도 흉하리라[不寧, 方來, 後, 夫 , 凶]"는 명제는 둔괘屯卦와 곤괘坤卦에서 그 유래를 찾아야 할 것이다. '불녕不寧'은 수뢰둔괘水雷屯卦(䷂) 「단전」의 "하늘이 처음으로 만물을 만들 때는 어둡고 혼돈의 상태이므로 마땅히 제후를 대리인으로 세우고, 편안히 여기지 말아야 한다[天造草昧, 宜建侯, 而不寧]"는 구절에 전거한다. 그리고 "뒤에 하면 대장부라도 흉할 것이다[後夫凶]"라는 말은 곤괘坤卦에 전거한다. 따라서 이 둘을 조합해서 이해하여만 그 실체가 분명하게 드러날 것이다.

---

1) 乾坤에 비해 師卦와 比卦의 근저에는 공간 의식이 자리잡고 있다. 여기에서 교화 원리가 나온다.

2) 乾卦에서 '元者, 善之長也'라 했듯이, 인간 본성이 원래 선하다는 근원성을 말했다.'元永貞'은 우주론적 의미와 윤리적 의미가 있다. 여기서는 후자로 풀이하는 것도 무리가 없다.

점占의 목적은 하늘이 인간을 도와주고 인간은 하늘의 뜻에 순응하기 때문에 허물이 없는 경지에 도달하는 것에 있다.

3. 단전 : 천지가 도와서 내린 처방의 결과가 조화다

彖曰 比는 **吉也**며 **比**는 **輔也**니 **下順從也**라
단왈 비 길야 비 보야 하순종야
原筮元永貞无咎는 **以剛中也**오
원서원영정무구 이강중야
不寧方來는 **上下應也**오 **後夫凶**은 **其道窮也**라
불녕방래 상하응야 후부흉 기도궁야

단전에 이르기를 비는 길한 것이며 비는 돕는 것이니, 아래로부터 순종함이다. '처음 점을 쳐서 크게 변함없이 곧으면 허물이 없다'는 것은 강으로써 적중한 까닭이요, '평안하지 못하여 바야흐로 온다'는 것은 상하가 서로 상응함이요, '뒤늦으면 대장부라도 흉함'은 그 도가 곤궁한 것이다.

이를 선후천의 시각에서 종합하면 다음과 같다. 여기서의 관건은 '불녕不寧'을 정치적 관점에서 보느냐, 아니면 선후천론의 시각에서 보느냐에 따라 달라진다. 천지 창조 이래 인간과 역사와 문명은 진보의 과정을 거쳤다. 우주 창조의 설계도인 하도에서 출발한 우주는 낙서 상극 질서의 과정을 거쳐 진화하기 때문에 온갖 역경과 고난을 겪을 수밖에 없다. 그러니까 편안할 수 없는 것이다. 그래서 곧이어 인간의 삶의 자세를 언급한다.

이는 곤괘坤卦 괘사卦辭에 구체적으로 나타나 있다. "먼저 가면 아득하고, 뒤에 가면 얻으리니[先, 迷, 後, 得, 主利]"[3]에서 '먼저 가면'은 선천이고, '뒤에 가면'은 후천을 뜻한다. 하지만 비괘比卦의 '뒤에 한다[後]'는 말은 선후천 교체기에 일어나는 급격한 변화를 알지 못하여 허둥지둥대다가 뒤쳐진 행동을 묘사한 것이다. 그래서 보통 대장부들도 흉할 것[後, 夫, 凶]라고 했

3) '後'는 비괘에서는 '뒤쳐진다'는 동사의 의미이며, 곤괘에서는 앞에 대한 뒤라는 형용사적인 상대적 의미이다.

던 것이다. 즉 '뒤에 처진다[後]'는 것은 시간의 질적 변화로 나타나는 선후천 전환의 이치를 깨닫지 못하는 일반인들의 행위를 뜻한다. 그것은 시간의식에 대한 무지에서 비롯된 명제들이다.

이에 '하늘과 땅이 서로 도와서[比, 輔, 上下應也]' 내린 종합 처방의 결과가 바로 조화造化인 것이다. 왜냐하면 시간적으로 선천의 막바지에 이르렀기 때문이다[其道窮也]. 그래서 '비比'에는 돕는다[輔]는 뜻이 있는 것이다. 돕는다는 것은 하늘이 돕는다는 말이다. 그러니까 다섯 개의 음효들이 하나의 양이 믿고 천명天命에 순응한다는 뜻이다. 위가 하늘이라면 아래는 인간이다. 아래로부터 순응하여 따른다[下順從]는 것은 하늘의 명령에 마음으로 복종하는 것을 의미한다. 그러므로 하늘은 인간을 도와주고, 인간은 하늘의 명령을 기꺼이 받아들이는 것이다. 그러니까 점을 쳐도 허물이 있을 수 없다.

'비 온 뒤에 땅이 굳어진다', '고생 끝에 복이 온다'는 말이 있다. 쓰라린 고통을 이겨낸 강건한 자라야 평안함을 누릴 자격이 있다. 그것은 5효의 양과 나머지 다섯 개의 효가 서로 화답하는 모습을 표상한다. 왜냐하면 하늘과 땅이 서로 조화를 일으키기 때문이다[上下應也].

자기 긍정의 마음이 공동체의 윤리화에 기여한다.

4. 상전 : 땅과 물은 상부상조의 지혜를 표상

象曰 地上有水比니 **先王**이 **以**하여 **建萬國**하고
상 왈 지 상 유 수 비 　선 왕 　이 　　건 만 국
親諸侯하니라
친 제 후

상전에 이르기를 땅 위에 물이 있는 것이 비이니, 선왕이 이를 본받아 만국을 세우고 제후들을 친밀히 여긴다.

물은 위에서 아래로 흐른다. 아래에서 위로 거슬러 올라가는 물은 없다.

물을 메워서 저수지를 만들면 고인 물이 위로 올라가는 현상이 나타날 수 있다. 그것도 잠시 뿐이다. 물은 저수지 꼭대기를 넘어 다시 아래로 흐른다. 물의 무게 때문에 아래로 흐르는 것일까? 운명 굴레를 못이겨 한없이 아래로만 향할까? 물이 아래로 흐르는 현상을 가능하게 해주는 조건은 무엇일까?

물은 흐를 만한 땅이 있어야 한다. 물과 땅은 서로 아무런 의심 없이 의지해야만 물은 어디로든 흐를 수 있는 것이다. 그래서 비괘는 서로 친하다, 서로 돕는다고 했던 것이다. 어머니 대지와 물은 서로 의존하며 살아가는 '상부상조의 지혜'를 알려 준다. 따라서 수지비괘는 자연계에 존재하는 사물과 현상을 읽어내는 눈을 튀어주고 있다.

"인간이기 이전에 물이라는 사실을 깨달았을 때 비로소 인간이란 무엇인가라는 물음에 대한 해답을 찾을 수 있지 않을까. 물의 정체를 알면 인간의 본질을 알 수 있고, 산다는 것이 무엇인지 수수께끼를 풀 수 있을 것이다. 인간은 물이다. 이 말은 세계의 수수께끼를 풀어줄 키워드이다. 그 관점으로 바라보면 세계는 전혀 다른 풍경으로 다가올 것이다. 사람이 자아내는 수많은 드라마는 물이 비춰내는 이야기라 할 수 있다. 인간 사회는 하나의 커다란 바다와도 같다. 그 바다에 물방울을 떨어뜨림으로써 사회에 참가하고 있는 것이다. 물을 안다는 것은 우주와 대자연, 생명의 모든 것을 아는 것과 같다."[4)]

물과 땅의 호혜 관계를 통해 생명이 싹트고 길러진다. 이러한 물과 땅의 호혜성은 과학적 용어로는 정보 전달의 시스템이라고 할 수 있다. 정보에는 상극적 정보와 상생적 정보가 있다. 전자는 삶의 역동성을, 후자는 삶의 목표를 뜻한다. 그래서 「상전象傳」은 물과 땅이란 자연의 이법에 근거하여 사회와 국가를 경영하라고 가르친다.

4) 에모토 마사루/양억관, 『물은 답을 알고 있다』(서울: 나무심는 사람, 2003), 14-26쪽.

자연계의 사물이 존재하는 이유와 현상을 읽어내 믿음의 사회를 만들어야 할 것이다.

5. 초효 : 하늘을 믿는 것으로부터

初六은 **有孚比之**라야 **无咎**리니 **有孚盈缶**면 **終**에
초육 유부비지 무구 유부영부 종
來有他吉하리라
내유타길
象曰 比之初六은 **有他吉也**니라
상왈 비지초육 유타길야

초육은 믿음을 두고 친근해야 허물이 없을 것이니, 믿음을 두어야 질그릇에 가득 차면 마침내 다른 길한 것이 올 것이다. 상전에 이르기를 비괘의 초육은 '다른 곳으로부터의 길함이 있는 것이다.'

『주역』은 한결같이 믿음을 강조한다. 믿음에는 여러 종류가 있다. 상사와 부하 사이의 믿음, 사랑하는 연인 사이의 믿음, 부모와 자식 사이의 믿음, 친구 사이의 믿음 등은 혈연과 인간 관계에서 비롯된 한없이 소중한 덕목들이다. 하지만 최고의 믿음은 하늘에 대한 믿음이다. 하늘은 만물을 섭리한다. 하늘이 만물로 하여금 뜻대로 펼쳐지도록 하는 것은 시간의 흐름을 주도하기 때문이다. 따라서 만물은 시간의 법칙에서 벗어날 수 없다. 하늘이 선천과 후천이라는 두 얼굴을 갖듯이, 시간도 선천 캘린더와 후천 캘린더라는 두 얼굴을 갖는다.

『주역』에서 믿을 '부孚'는 여러 괘에 등장한다. 그런데 시간의 질적 변화(=자연질서의 급격한 전환)에 대한 핵심은 택화혁괘澤火革卦에 있다. 그곳에서는 '천간이 기己에 해당되는 날이야말로 진정한 믿음의 세계[己日乃孚]'라 했다. 이를 비괘에서는 '질그릇에 가득 차면[盈缶][5]'이라고 은유로 표현했을 따름

5) '盈缶'는 율려 도수가 꽉 들어찼다는 뜻으로서, 선후천 교체의 절정기에 진입했음을 읊으

이다. 기쁨이 넘쳐 흐르면 옹이그릇의 테두리를 리듬에 맞춰 두드린다. 우주의 율동에 맞추어 춤추고 노래하는 것이 바로 무용이자 음악이다. 그러니까 최종적[終]으로 전혀 상상을 초월하는 기쁨이 다가온다는 것이다.

온 천하가 하늘의 섭리를 충실하게 믿고 따르는 세계가 곧 정역세상이다. 정역사상의 논리적 근간을 이루는 것은 60갑자이다. 김일부는 괘도와 하도낙서와 시간성의 문제를 동양에서 전통적으로 사용해온 천간지지天干地支로 일원화시켰다. 그 결정판이 바로 무극無極, 태극太極, 황극皇極의 삼극론三極論이다.

음양 운동의 세분화와 통일화 과정을 중심으로 선후천 교체의 타당성을 검증한 이론이 바로 3극론이다. 무극은 우주 창조의 본원으로서 인간의 감각으로 포착 가능한 실체가 아니다. 하루 자체가 무극이라면, 하루의 속성인 밤과 낮의 음양 질서는 태극이다. 무극은 우주 조화의 바탕이며, 태극은 무극의 조화성이 개벽되어 질서화되는 경계이다. 따라서 태극이 음양 질서의 통일의 경계라면, 무극은 조화의 기틀이다. 태극은 현실의 다양성의 근원이므로 실질적인 만물의 창조와 분열 운동은 태극에서 비롯된다. 음양의 근거로서 태극은 상대적인 음양의 분열 양상으로 작용한다.[6]

"이때 양 운동이 시간적 발전을 거듭함에 따라 만물이 세분화되는데, 그 세분화 작용의 극단에 이르는 과정을 황극이 주도한다. 무극에 이르는 준비 과정의 끝이 바로 황극이다. 즉 갑甲의 끝이 황극이고, 기己의 시작이 무극인 것이다. 그러므로 만물은 황극에서 통일을 준비하고 태극에서 화생을 시작하는 바 무극이란 그들의 주재자인 것이다."[7]

삼극론이 음양의 내부 구조를 거대 담론으로 규명한 것이라면, 이를 보다 세부적으로 해명한 것이 그 유명한 율려도수론律呂度數論이다. "모든 사

로 만든 질그릇을 두드려 그 믿음을 하늘에게 알리는 축하 연주인 셈이다.

6) 양재학, 「무극대도 출현의 당위성」 『증산도사상』 창간호(서울: 대원출판, 2000), 215-216쪽.

7) 한동석, 앞의 책, 45쪽.

물은 본말本末과 시종始終이 있는데, 그것은 또한 본말과 시종처始終處가 있다는 것을 암시하는 것이기도 하다. 그 의존처를 중中이라 하는데, 그 중中은 바로 우주 정신의 본체이다. 우주의 중中인 정신은 본체면에서 보면 중中이지만, 작용면에서 보면 율려작용律呂作用이라고 한다. 율려는 한마디로 말해서 운동하는 음양의 순수 핵심을 가리킨다."[8] 이러한 음양의 순수 핵심이 가면을 벗어던지고 새로운 얼굴로 참신하게 선보이는 사건을 『주역』은 '영부盈缶'라는 단어에 보물찾기 형식으로 숨겨놓은 것이다.

인륜 질서 중에서 으뜸가는 덕목은 하늘에 대한 믿음이다.

6. 2효 : 도덕성의 확보는 내면의 정화에 있다

六二는 **比之自內**니 **貞**하여 **吉**토다
육이 비지자내 정 길

象曰 比之自內는 **不自失也**라
상왈 비지자내 부자실야

육이는 친근함을 안으로부터 하니 올바라서 길하도다. 상전에 이르기를 '친근함을 안으로부터 함'은 스스로 잃지 않음이라.

2효는 유순柔順으로서 중정中正의 덕을 갖추고 있다. 2효는 하괘의 중中이고, 음이 음의 자리에 있으며, 또한 양의 신분으로 상괘의 중中을 갖춘 5효와 가장 바람직한 상응 관계를 형성하고 있다. 2효는 자기 정체성 확인의 소중함을 얘기한다. 인격은 스스로 닦는 것이지 남이 대신할 수 없는 것이다. 자신을 뽐내서는 안 되고, 스스로를 주인으로 삼아야 한다. 자아성찰은 수기修己의 첫걸음이다. 그러므로 군자는 혼자 있을 때를 삼가는 것이다.[9]

8) 한동석, 앞의 책, 316-317쪽 참조.

9) 『大學』 6장, "이른바 그 뜻을 정성되게 한다는 것은 스스로를 속이지 않는 것이니, 나쁜 냄새를 싫어함과 같고 좋은 빛깔을 좋아함과 같은 것이니, 이것을 일컬어 스스로 겸손함이라

누구든지 스스로가 몸과 마음의 주인공이 되어야 한다. 영혼과 정신 수양에 집중하여 주체성을 확보하는 일이 급선무이다. 주체성 상실은 화禍를 불러들이는 지름길이다. 군자는 화禍가 자기에게서 비롯된다는 것을 깨닫는데 반해서, 욕망의 화신인 소인은 자기를 이기기가 어렵다. 맹자도 "(그것은) 자진해서 화禍를 구함이라. 화복禍福은 자기로부터 구하지 않음이 없다."[10]고 했다. 소인은 아예 수신에는 관심조차 없다. 그는 각종 유혹의 손아귀에서 빠져 나오지 못하고, 수신을 너무 쉽게 포기한다.

수신修身과 제가齊家와 치국治國에 이르는 길에는 두 가지가 있다. 하나는 도덕의 나라에서 문화의 나라를 세우는 방법이고, 다른 하나는 애당초 도덕국의 건설은 불가능하다고 단정하여 예법을 통해서 문화와 문명국 건설을 강조하는 방법이 있다. 전자는 성선설에 근거한 맹자의 입장이고, 후자는 순자가 성악설을 바탕으로 평생을 바쳐 세운 이론이다.

자아 성찰은 수기修己의 첫걸음이다. 그래서 군자는 홀로 있을 때를 삼가는 것이다.

7. 3효 : 스스로가 몸과 마음의 주인이 되어야

六三은 **比之匪人**이라
육 삼 비 지 비 인
象曰 比之匪人이 **不亦傷乎**아
상 왈 비 지 비 인 불 역 상 호

육삼은 친근함에 사람다운 사람이 아니다. 상전에 이르기를 '친근함에 사람다운 사람이 아니다'는 것이 또한 상하지(괴롭지) 않겠는가.

3효는 음이 양 자리에 있고, 중도[中]를 갖추지 못했기 때문에 부중부정

한다. 이런 까닭에 군자는 반드시 그 홀로 있을 때를 삼가는 것이다[所謂誠其意者, 毋自欺也, 如惡惡臭, 如好好色, 此之謂自謙. 故君子, 必愼其獨也.]"

10) "自求禍也. 禍福 無不自己求之者."(『孟子』「公孫丑」上)

水地比卦 수지비괘

不中不正이다. 3효 주변의 2효와 4효 역시 음효이며, 상괘에서 상응하는 상효 또한 음이기 때문에 안팎으로 곤란한 형국이다. 더욱이 3효가 친하려고 하는 친구들 모두 음이다. 음은 양과 친하려는 것이 본성이다. 그리고 3효 자체도 하괘에서 상괘로 넘어가려는 상태에 있는 까닭에 위태롭다. 그래서 인품을 갖추지 못한 사람들과 친하려니까 마음 상하지 않겠는가라고 했던 것이다.

3효 스스로 변신에 변신을 거듭하여 새롭게 태어나려고 노력하지만, 주위 환경은 그렇지 않다는 것이다. 그래서 건괘 3효에서 "군자는 하루종일 온 힘을 다하고 저녁에도 근심하고 두려워하면 위태로우나 허물은 없으리라[君子終日乾乾, 夕惕若, 厲, 无咎]"고 했다. 나머지 다섯 효들은 용龍으로 설명하고 있으나, 오직 3효에서만 '군자'가 등장한다. 이것이 건괘의 수수께끼이다. 3효를 제외한 나머지 다섯 효는 '용(변화의 실상인 원형이정, 즉 생명력의 공능)'이 주제어이지만, 3효만 유독 인간이 주어이다.

⚙ 주체성의 상실이 곧 화를 불러들이는 지름길이다.

8. 4효 : 안으로 마음닦기에 열중하라

六四는 **外比之**하니 **貞**하여 **吉**토다
육사 외비지 정 길

象曰 外比於賢은 **以從上也**라
상왈 외비어현 이종상야

육사는 밖으로부터 도와서 올바르게 해서 길하다. 상전에 이르기를 밖으로 어진 이를 돕는 것은 위를 좇음이다.

4효는 초효와 상응하지만, 두 효 모두 음효인 까닭에 친밀할 수 없다. 그래서 관심을 밖으로 방향을 돌려 5효를 도우려는 형세다. 음효가 음위陰位에 있는 4효는 '올바름[正]'을 지키고 있다. 이러한 4효가 중정中正의 덕을

지닌 5효와 친하여 도우려는 것은 아주 당연한 일이다. 그러니까 길하다.

2효 군자는 안에서 마음닦기에 치중하면서 남몰래 힘을 쌓고, 4효는 정치 현실에 뛰어들어 5효 군주를 돕는다. 비록 2효와 4효의 위치가 다르지만, 똑같이 '올바르기 때문에 길하다[貞, 吉]'는 것이다.

하괘에서 상괘로 진입한 4효는 개인의 도덕적 가치를 사회적으로 구현해야 한다는 당위성을 얘기한다.

9. 5효 : 순역順逆은 사귐의 원칙

九五는 **顯比**니 **王用三驅**에 **失前禽**하며 **邑人不誡**니 **吉**토다
구오 현비 왕용삼구 실전금 읍인불계 길
象曰 顯比之吉은 **位正中也**오 **舍逆取順**이 **失前禽也**오
상왈 현비지길 위정중야 사역취순 실전금야
邑人不誡는 **上使中也**일새라
읍인불계 상사중야

구오는 현명하게 도움이니 왕이 삼구법을 사용함에 앞의 새를 놓치며, 마을사람들이 경계하지 않으니 길하도다. 상전에 이르기를 '현명하게 도와서 길한 것'은 위치가 정중하기 때문이요, '거슬리는 것은 내버리고 순응해서 오는 것을 취하는 것'은 앞의 새를 놓침이요, '마을사람들이 경계하지 않는 것'은 윗사람이 중도를 쓰기 때문이다.

현명하다[顯]는 것은 공명정대한 행위를 뜻한다. 5효는 비괘比卦에서 유일한 양효로서 중정의 덕을 갖추고 있다. 나머지 다른 효들이 서로 친해지려고 앞서거니 뒤서거니 찾아온다. 공적으로는 공명정대하게 그들을 다루고, 인간적으로는 오는 자는 거절하지 않고 가는 자는 막지 않는다. 그것은 5효 군주가 백성들에게 인정仁政을 베푸는 포근한 마음씀이다.

은나라 탕왕湯王의 어진 정치[仁政]는 '삼구법三驅法'에 잘 나타난다. 탕왕이 들판에 나갔다가 사방에 그물을 치고 "천하의 모든 것이 모두 그물

로 들어오게 하소서"라고 축원하는 사람을 만났다. 그러자 탕은 "어허! 한꺼번에 다 잡으려고 하다니!"라고 하며, 세 면의 그물을 거두게 하고서 다음과 같이 축원하게 하였다. "왼쪽으로 가고 싶은 것은 왼쪽으로 가게 하고, 오른쪽으로 가고 싶은 것은 오른쪽으로 가게 하소서. 내 명령을 따르지 않는 것만 내 그물로 들어오게 하소서." 제후들은 이 소식을 듣자, "탕의 덕이 지극하시구나! 그 덕이 금수禽獸에까지 이르렀도다!"라고 감탄하였다.[11] 이처럼 삼면에서 좇는다는 해서 삼구법이라 불렀던 것이다.

탕왕의 사냥법을 거울로 삼아 후대에는 포위망의 앞쪽을 열어 과도한 살생을 금지하는 법도를 만들었다. 그래서 도망치는 놈은 내버려두고, 포위망에 걸린 놈만 잡았던 것이다. '삼구법'은 도망치는 새들은 쫓아가서 잡지 않는다는 것이요, 앞쪽으로 도망치는 금수는 살려주어 사냥감으로 취하지 않는다는 뜻에서 '실전금失前禽'이라 했던 것이다. 곧은 낚시바늘로 물고기를 낚았다는 강태공의 어진 마음씨와 다를 바가 없다.

쥐를 쫓는 고양이도 도망갈 구멍은 남겨놓고 압박한다고 했다. 탕왕의 정치는 자연의 생존 법칙을 인간 사회에 적용시킨 대표적인 사례이다. 금수까지 사랑할 정도라면 인간에 대한 존엄성은 말할 필요도 없다. 유교의 인정仁政은 눈에 보이지 않는 법망이라는 그물을 쳐놓고 백성들이 걸리도록 기다리는 폭압 정치를 철저히 경계하였다. 이러한 『주역』의 가르침은 왕도사상에 비하여 그 도덕적 순수성이 떨어지는 것은 사실이다. 그것은 차라리 정치의 실용적인 유효성을 지적한 것이라 하겠다.

아무리 공명정대하고 현명한 군주라도 만 백성을 다 돌볼 수는 없다. 가을걷이에서 숙성된 알곡과 쭉정이는 쓰임새가 확연히 갈린다. 인간 쭉정이는 제멋대로이다. 이곳으로 가라 하면 저리 가고, 저리 가라 하면 이리 가는 청개구리다. 3효처럼 사람답지 않은 사람에게[匪人] 엉뚱하게 친하려

11) 사마천/정범진 외, 『史記』「殷本紀」(서울: 까치, 2005), 56쪽.

거나, 상효처럼 너무 늦어서 항상 뒷북치는 대장부[後夫]는 어찌할 도리가 없다.[12]

'거슬리는 것은 내버리고 순응해서 오는 것을 취하는 것[舍逆取順]'이라는 문제에 대한 정이천程伊川의 윤리 도덕적 해명 속에는 정역사상 시간론의 선구가 될 수 있는 아이디어가 담겨 있다.[13] 그는 "도망가는 자를 '역逆'이라 하고 오는 자를 '순順'"이라 했다. '간다'는 것은 현재에서 미래로, '온다'는 것은 미래에서 현재로 다가오는 시간의 법칙을 뜻한다. 즉 정역사상에 따르면, 전자는 역생도성逆生倒成을, 후자는 도생역성倒生逆成을 뜻한다. 전자와 후자는 각각 별개의 독립적인 시간의 사태를 가리키는 것이 아니다. 이 둘은 연속적인 관계를 유지하면서 시간 흐름의 양면성으로 존재한다.

사실적 시간은 과거에서 현재로, 현재에서 미래로 흘러간다는 논리를 『정역正易』은 역생도성逆生倒成으로 규정했다. 이에 반해서 시간의 원리는 미래에서 현재로, 현재에서 다시 과거로 비춰져온다는 것이 도생역성倒生逆成이다. 그렇다고 역생도성逆生倒成을 물리적 시간의 흐름에 한정해서 이해하면, 『정역』의 시간관은 직선적 시간관에 빠질 위험이 있다. 마찬가지로 도생역성倒生逆成을 오로지 미래적 시간관이라고 단정한다면, 『정역』의 시간관은 미래학의 이론과 동일한 것으로 오해될 수 있으며, 더욱이 시간의 역설에 대한 함정에도 속수무책일 것이다.

『주역』은 시간을 섭리하는 천도를 어떻게 설명하는가? 하나는 괘도(복희팔괘, 문왕팔괘)로 표상하는 방식이고, 다른 하나는 상수론의 극치인 하도낙서의 도상으로 표상하는 방법이 있다. 전통 『주역』학은 괘도의 표상 형

12) 이정호, 『周易正義』(서울: 아세아문화사, 1980), 18-19쪽. "初二四取順者, 三上舍逆者, 三匪人, 上後夫."

13) "禮에 '명령을 따르지 않는 자를 취한다' 했으니, 이것은 바로 순종하는 자를 버리고 거슬리는 자를 취하는 것이니, 명에 순종하여 도망간 자는 모두 잡힘을 면하는 것이다. 비는 향배로써 말했으니, 도망가는 자를 '역'이라 하고 오는 자를 '순'이라 한다.[禮取不用命者, 乃是舍順取逆也, 順命而去者, 皆免矣. 比以向背而言, 謂去者爲逆, 來者爲順也.]"

식과 그 언어적 설명인 의리학을 정통으로 인정하는 경향이 많았다. 괘도(상象)는 진리의 공간적 표상 방식이라면, 하도낙서는 진리의 시간적 표상 방식이다. 『정역』은 하도낙서에서 시작하여 하도낙서로 끝맺는다.

따라서 '역曆'과 '상象'은 천도를 표상하는 방법론인 셈이다. 이를 우리말로 옮기면 천도를 '역曆하고(단순 의미로는 캘린더의 구성 법칙)', '상象한다(이미지화, 상징화)'[14]는 동사로 풀이해야 할 것이다.[15] 역曆은 일차적으로 시간을 재거나 헤아리는 시스템[曆法]이다. 과거의 좌표를 정하는 척도인 동시에 미래를 가늠할 수 있는 메카니즘의 체계로 나타난 것이 바로 역법曆法이다. 역법에 기초한 캘린더의 두 가지 주요한 형태는 태음력과 태양력이다.[16] 하지만 소강절은 역법曆法과 역리曆理를 혼동해서는 안 되며, 이 둘을 구분해서 이해해야 한다고 주장했다.

'역리曆理'는 단순히 캘린더의 구성 법칙을 뜻하는 것이 아니다. 그것은 캘린더 구성의 근거, 즉 태양력과 태음력이 나뉘어지기 이전의 본원적 구조 원리를 뜻한다. 왜 태양력은 366일[堯之朞]에서 365¼일[舜之朞]의 엄청난 변화를 겪는가, 그리고 태음력은 왜 1년 360일에서 며칠이 모자라는 354일까라는 근본적 물음을 던지면서 김일부의 철학이 출현하였다고 할 수 있다.

김일부는 역의 명제를 바꾼다. "역이라는 것은 시간의 원리[冊(策)曆]이

14) '象(상징화 작업)'이라고 해서 디자인 차원으로 이해해서는 안 된다. 주자도 卦의 형상은 진리에 대한 模寫라고 규정하였다. 模寫說은 플라톤의 이데아설을 연상시키지만, 『주역』학에서의 모사설은 형식과 내용이 일치한다는 전제가 밑바탕에 깔려 있다. 卦라는 표상 형식과 진리의 내용 자체가 어떻게 일치하는가라는 논증은 생략한 채 '眞理의 自明性'에서 출발한다.

15) 한문학자 성백효는 曆象에 대해 "책력을 기록하고 觀象하는 도구이다. 曆은 수를 기록하는 책이요 象은 하늘을 관측하는 기구이다"라고 번역한다. 성백효, 『書經集傳』상(서울: 전통문화연구회, 1998), 18-19쪽.

16) "신은 낮과 밤을 만들었고 인간을 달력을 만들었다"는 서양 격언이 있다. 세상의 모든 캘린더는 달이 찼다가 이지러지는 주기 혹은 계절의 규칙적 교대와 태양의 운행에 의해서 이어지는 밤과 낮을 토대로 한다. 그러므로 자연 현상의 시간표를 보여주는 어떤 징후라도 그것은 인간의 생존에 지대한 영향을 끼친다.

니 시간의 원리가 없으면 성인도 없으며 성인이 탄생하지 않았으면 역이 성립될 수 없다." 이렇게 볼 때 『주역』이 곧 『정역』이요, 『정역』이 곧 『주역』이다. 『주역』의 본질은 시간론[曆]이다. 『주역』이라는 텍스트가 없으면 『정역』의 탄생도 불가능하다. 『정역』이 이 세상에 나타나지 않았다면 우주 변화의 실상도 헤아릴 수도 없다.

비록 『정역』이 몇천 년 뒤에 출간되었으나, 원리적으로는 『정역』 시스템에 근거하여 『주역』의 시스템이 나타났다고 할 수 있다. 그러니까 『정역』은 천도天道 자체를 풀이한 순수 우주론이라면, 『주역』은 도덕과 사회 윤리와 정치 철학 등을 총망라한 종합적 성격을 지닌다. 예컨대 『정역』은 상수론적으로 10과 5라는 본체수를 핵심축으로 삼는 데 반해서 『주역』은 9와 6이라는 작용수를 중심으로 논리를 전개하기 때문이다. 다시 말해서 『주역』이 본체수 10과 5를 숨겨진 이치로 남겨두었던 것을 김일부가 이를 낱낱이 해체하고 재조직하여 복원시켰다라고도 할 수 있다. 따라서 역수曆數란 천지의 속살 또는 시간성의 내부 구조를 낱낱이 해부한 개념이다.

『서경書經』의 '역상일월성신경수인시曆象日月星辰敬授人時'와 '천지역수재여궁天之曆數在汝窮'[17]을 한마디로 요약하면 '역수曆數'다. 그것의 반영체가 하도낙서이다. 하도는 순도수順度數의 원리에 따라 10, 9, 8, 7, ⑥, 5, 4, 3, 2, 1의 방향으로 진행하며, 낙서는 역도수逆度數의 원리에 따라 1, 2, 3, 4, ⑤, 6, 7, 8, 9의 방향으로 진행한다. 선천은 역도수의 발동에 따른 억음존양抑陰尊陽의 시대이다. 억음존양이 정음정양으로 되기 위해서는 건곤이 뒤집어져야 한다. 즉 복희팔괘의 건남곤북이 정역팔괘의 건북곤남으로 바뀌어야 한다. 김일부는 낙서의 질서에서 하도의 질서로 전환되는 과정을 원론적으로 밝히고 있다.

17) 천지일월과 성신의 운행으로 인해 생명체가 태어나서 자라나고 늙는다. 천체의 운행을 관찰하는 행위는 인간이 스스로가 시간적 존재임을 깨닫도록 한다. 만일 천지일월과 성신이 없다면 생노병사도 없을 것이다. 따라서 천체의 운행은 인간 삶의 시간적 리듬인 것이다. 결국 天文의 인간화가 人文 世界라고 할 수도 있다.

그 논리적 설명 체계가 곧 역도수逆度數와 순도수順度數이다. 역도수란 상극 질서를, 순도수란 상생 질서를 뜻한다. 낙서는 상극 질서를, 하도는 상생 질서를 가리킨다. 상극 질서는 고난과 역경의 행군을 요구하는 시스템이다. 그것은 음양의 부조화와 불균형에서 비롯된 지축경사에서 그 원초적 원인을 찾을 수 있다.

상극 질서는 '역생도성逆生倒成의 질서'이며, 상생 질서는 '도생역성倒生逆成의 질서'이다. 아기가 어머니 뱃속에서 태어날 때는 머리부터 나온다. 하지만 사람이 태어난 뒤에는 발로는 땅을 딛고, 하늘을 머리에 이고 살아가면서 진리를 터득해야 하는 운명은 역도수를 대변한다. 여기에서 바로 수행의 당위성이 대두되는 것이다. 생명의 씨앗은 과거에 뿌리를 두지만, 그 원리는 미래에서부터 빛이 비추어져 오는 이치에 의해 탄생과 죽음이 순환 반복하는 것이다. 아버지의 원리는 과거에, 어머니의 원리는 미래에 뿌리를 둔다.

시간의 본질에 대한 논쟁에서 어떤 사상가이든 패자도 없고 승자도 없다. 동서양 철학자들은 시간 자체에 대해 골머리를 앓으면서 물음과 해답을 제시했으나, 시간 문제에 종지부를 찍지 못하고 오히려 하나의 방법을 덧붙임으로써 혼란을 가중시킨데 불과하다. 물음은 또다른 물음을 낳고, 해답은 종종 또다른 의문을 제기하여 새로운 탈출구를 모색한 형태로 나타났다. 이런 의미에서 시간론은 우주와 역사와 문명을 통일적으로 해명하는 통로인 까닭에 철학의 궁극 명제가 되었던 것이다.

동서양 시간론의 대표적 유형은 크게 순환론적 시간관과 직선형의 시간관이 있으며, 이들의 절충형도 있다. 과거와 현재와 미래를 역사적으로 어떻게 받아들이느냐에 따라 과거 중심주의와 미래 중심주의와 현재 중심주의라는 역사관이 성립된다고 볼 때, 시간을 객관적으로 인식하는 작업은 매우 중요하다. 과거 중심주의는 불확실한 변화를 가져오는 미래로부터 과거를 해방시키려 하며, 미래 중심주의는 시간은 무한하기 때문에 미래를 중심으로 과거로부터 미래를 해방시키려고 노력한다. 현재 중심주의는 오직 믿을 수 있는 것은 현재인 까닭에 과거와 미래보다는 현실에 충실한 삶을 살아갈 것을 강조하는 역사관을 낳는다.

과거적 진리관은 진리의 원형을 과거에 두는 경향이 있다. 서양의 대표적 철학자인 플라톤이 여기에 해당될 것이다. 과거적 진리관은 인과율을 금과옥조로 삼는다. 과거적 진리관이 과거적(직선적) 시간관과 동일선상에 있다는 것은 다음의 사실이 입증한다. 결과는 원인을 결코 앞설 수 없다. 인과율에 의하면, 범인이 쏜 총알이 심장에 박혀 피를 흘리며 죽는 것이지, 죽은 다음에 총알이 와서 심장에 박힐 수 없다는 뜻이다. 이는 곧 시간의 역전 현상이 불가능하다는 것을 대변한다.[18)]

18) '시간의 역설'에 대한 최신 이론을 소개하면 다음과 같다. "다수의 물리학자들이 시간 여행에 대하여 부정적인 생각을 고수하고 있는 것은 각 이론의 세부 사항을 문제 삼기 때문이 아니라, 시간 여행 자체가 다양한 역설을 야기시키기 때문이다. 예를 들어, 당신이 타임머신을 타고 당신이 태어나기 전의 과거로 돌아가 부모님을 살해했다면, 당신은 더 이상 존재할 수 없게 된다. 과학은 논리적으로 타당한 아이디어에 기초를 두고 있으므로 이것은 결코 가볍게 넘길 문제가 아니다. 시간 여행과 관련해 지금까지 제기된 역설들을 음미해보면, 시간 여행은 불가능하다는 결론을 내릴 수밖에 없을 것 같다. 시간과 관련된 역설은 다음과 같이 몇 개의 부류로 나눌 수 있다. ① 할아버지 역설 : 현재의 상황이 절대로 일어날 수 없도록 과거를 바꿈으로써 발생하는 역설이다. 과거로 갔다가 인류의 조상과 우연히 마주쳤는데, 그가 당신의 생명을 위협해 어쩔 수 없이 죽였다면 논리적으로 당신은 존재할 수 없다. ② 정보 역설 : 현재를 가능하게 만든 정보가 미래로부터 오는 경우이다. 한 늙은 과학자가 타임머신을 발명한 후, 과거로 이동하여 젊은 자신에게 타임머신의 제작법을 알려주었다고 하자. 이렇게 되면 타임머신에 관한 정보는 그 근원을 상실하게 된다. ③ 빌커(Bilker)의 역설 : 미래에 발생할 사건을 미리 알고 있는 사람이 그 사건이 일어나지 않도록 무언가를 행함으로써 야기되는 역설이다. 타임머신을 타고 미래로 갔다가 당신과 제인이 결혼하는 장면을 목격하고 현재로 돌아왔다. 당신은 제인과의 결혼을 원치 않았기에 억지로 헬렌과 결혼했다. 그렇다면 당신이 보고 온 미래는 어디로 사라진다는 말인가. 이밖에도 몇 가지의 역설이 있다. 현대의 물리학자들은 시간 역설과 관련하여 두 가지 가능한 해법을 제시한다. 첫째, 러시아의 우주론자 이고리 노비코프의 주장대로 '모든 사건들이 역설적 상황에 빠지지 않도록 질서를 유지시키는 힘이 어딘가 존재한다'고 믿는 것이다. 둘째, '여러 갈래로 갈라지는 시간'을 허용하는 것이다. 당신이 출생 전의 과거로 돌아가 장래의 부모를 살해했다면 그 후의 모든 사건들은 다른 우주에서 진행된다고 생각하자는 것이다. 물론 당신의 부모가 무사하여 당신이 태어나는 우주도 '부모 소급 살인 사건'의 영향을 받지 않은 채 별개로 존재한다. 흔히 '다중 우주이론(many worlds theory)'이라 불리는 이 논리는 모든 가능한 양자적 세계가 여러 개의 우주 속에 공존한다는

이와는 다르게 미래적 진리관은 미래적 시간관과 동일선상에 있다. 직선적 시간관은 과거에서 현재로, 현재에서 미래로 시간은 일방향적으로 흐른다는 것이 그 입론 근거이다. 하지만 우리는 이를 뒤집어 생각할 수도 있다. 미래는 끊임 없이 현재를 혁신, '개벽'시키고 과거 속으로 사라져가는 힘의 원천으로 볼 수 있을 것이다. 미래적 시간관에서는 미래 → 현재 → 과거로 시간은 흘러간다고 상정한다. 이는 시간관의 혁명적 발상이 아닐 수 없다.

과거적 시간관과 미래적 시간관의 통합 형식이 바로 한국 근대 사상의 독창적 시간관이라고 할 수 있다. 왜냐하면 시간의 양면성을 해명한 역도수와 순도수가 있기 때문이다. 역도수는 과거 → 현재 → 미래를 지향하며, 순도수는 미래 → 현재→ 과거를 지향하여 나아가는 것을 상징한다. 역도수의 이면에는 순도수가 있고, 순도수의 이면에는 역도수가 존재한다. 그것은 단순히 과거적 시간관 또는 미래적 시간관에서 말하는 일방향적 시스템이 아니라, 쌍방향적 시스템으로 이룩된 혁신적 시간관이다. 특히 우주는 시간의 거대한 순환 속에서 직선적으로 흐른다는 거대 담론과 미시 담론이 동시적으로 구비된 개벽적 시간관이라 할 수 있다.

中 중도[中]를 올바르게[正] 실천해야 하는 논리적 근거는 '거슬리는 것은 버리고 순응해서 오는 것은 취한다[舍逆取順]'는 명제에 있다.

10. 상효 : 상대를 돕는 데에 순위를 두지 말라

上六은 **比之无首**니 **凶**하니라
상육 비지무수 흉

象曰 比之无首 无所終也니라
상왈 비지무수 무소종야

것을 기본 가정으로 삼고 있다." 미치오 카쿠/박병철, 『평행우주(Parallel Worlds)』(서울: 김영사, 2006), 231-236쪽 참조.

상육은 돕는데 시초가 없으니 흉하다. 상전에 이르기를 '돕는데 시초가 없는 것'은 끝맺는 바도 없는 것이다.

상효는 음陰이 음의 자리에 있지만 극한에 도달했다. 5효의 도움을 받고 싶지만, 5효는 이미 2효와 굳게 신뢰를 쌓은 정응正應을 이루고 있어 도움 받기가 여의치 않다. 게다가 가장 믿을만한 3효 역시 음효인 까닭에 서로를 밀친다. 벼랑 끝에 서 있는 형국이다. 그래서 지각하는 사람, 혹은 뒷북치는 사람이라는 뜻의 '후부흉後夫凶'이 여기에 해당되는 것이다.

'머리 수首'는 시초를 뜻한다.[19] 비괘는 천지의 시작과 끝을 인간학의 뜻으로 설명하고 있다. 즉 상효는 친근함과 하늘을 돕는 일에서 가장 뒤떨어져 있다. 다른 사람들과 더불어 앞장서서 친화할 기회마저 놓친 경우다. 시초도 늦었는데, 마지막마저 늦는 것은 어쩌면 당연한 이치일 것이다.

순자荀子와 아리스토텔레스는 인간은 사회적 동물이라고 했다. 상효는 사회 속에서 단독자로 묻혀 사는 사람을 묘사했다. 도움 줄 일이 없으니 받을 것도 없다는 고독한 존재이다. '만인은 일인을 위하여'라는 보험 제도마저도 거추장스럽게 여기는 세월의 방랑자를 연상케한다.

초효는 순수한 심정으로 군주를 믿고 따르는 모습이며, 2효는 앞으로 군주와의 만남을 기대하며 자신을 성숙시키는 선비의 자세를 보여주고 있다. 3효는 자신의 능력을 벗어난 행동 때문에 몸을 망치고 후회하는 모습, 4효는 군주의 명령을 충실히 따르는 중간 관리의 입장을, 5효는 중정의 덕을 갖춘 군주의 넓은 아량을 보여주고, 상효는 시종일관 상황 판단이 늦을 뿐만 아니라 실천력이 부족하여 열매 맺지 못한 쭉정이를 상징한다.

『주역』 건곤괘 이후 둔屯·몽蒙·수需·송訟·사師·비比의 여섯 괘에는 공통적으로 '위험하다는 의미의 물[坎]'이 들어 있음을 확인할 수 있다. 그것은 양陽이 음陰 가운데 빠져서 허우적거리는 모습과 흡사하다. 둔屯·몽蒙·수需·송

19) 정이천은 머리를 시초라 했다. "六居上, 比之終也. 首, 謂始也."

訟·사師·비比 등은 그 이면에서 매우 희망적인 메시지를 보내고 있으나, 비괘比卦의 마지막은 다시 절망감을 표현하고 있다. 그래서 조금씩이나마 하늘과 인간, 신과 인간의 재결합을 꿈꾸는 소축괘小畜卦로 연결되는 것이다.

시작이 있으면 반드시 마침이 있다는 것은 곧 마침에서 새롭게 출발한다는 뜻을 함축한다.

정역사상의 연구자 이상룡李象龍은 선후천론의 입장에서 태괘의 성격을 다음과 같이 설명한다.

> 北은 太陰水方이니 故比之爲字 從北從水니 水土比化일새
> 북 태음수방 고비지위자 종북종수 수토비화
> 蓋水在地之上下而親比之義也라 且師卦는 有治水下泄之理요
> 개수재지지상하이친비지의야 차사괘 유치수하설지리
> 比卦는 水溢于地上일새 有將退之象이니 故次師也라
> 비괘 수일우지상 유장퇴지상 고차사야
>
> 북방은 태음수의 방향이다. 친할 비比 자는 북北과 물[水]의 합성어로 수水와 토土가 창조적 변화에 친근함을 의미하는 글자다. 물[水]이 땅[地]의 상하에 있으면 친함을 나타낸다. 또한 사괘가 치수治水 사업에 물이 아래로 새어나가는 이치를 말했다면, 비괘는 지상에 물이 넘치는 형상으로 장차 물이 물러나는 모습이기 때문에 사괘 다음에 위치한다.

> 彖曰 比, 吉, 原筮, 元永貞, 无咎는 逆推知來하여 正道無窮也오
> 단왈 비 길 원서 원영정 무구 역추지래 정도무궁야
> 不寧, 方來, 後, 夫, 凶은 水土顚覆而欲平緩이나 必有凶也라
> 불녕 방래 후 부 흉 수토전복이욕평완 필유흉야
>
> **단전** "비는 길한 것이니, 처음 점을 쳐서 크게 변함없이 곧으면 허물이 없을 것이다"라는 것은 거슬려서 이치를 추구하여 미래를

알아 정도正道가 무궁한 것이고, "평안하지 못하여 바야흐로 올 것이니, 뒤늦으면 대장부라도 흉할 것이다"라는 것은 수토水土가 뒤집혀졌기 때문에 평안하고 느슨해지기를 바라나 반드시 흉할 것이다.

象曰 先王, 以, 建萬國, 親諸侯는 紀綱乎后天也라
상왈 선왕 이 건만국 친제후 기강호후천야

상전 "선왕이 이를 본받아 만국을 세우고 제후들을 친밀히 여긴다"는 말은 후천의 기강을 뜻한다.

初六, 有孚比之, 无咎는 水由地中일새 行而无害也라
초육 유부비지 무구 수유지중 행이무해야

초효 "초육은 믿음을 두고 친근해야만 허물이 없을 것이다"라는 것은 물이 땅 속에 있기 때문에 행동해도 해로움이 없다는 뜻이다.

六二, 比之自內, 貞, 吉은 地有內外間之裨瀛也라
육이 비지자내 정 길 지유내외간지비영야

2효 "육이는 친근함을 안으로부터 하니 올바르기 때문에 길하다"는 말은 땅의 겉과 속 사이에 도움주는 바다가 있음을 가리킨다.

六三, 比之匪人은 勿親其遡하여 流而來也라
육삼 비지비인 물친기소 유이래야

3효 "육삼은 친근함에 사람다운 사람이 아니다"라는 것은 물을 거슬러 올라가는 것을 친하게 여기지 않아야 물이 흘러서 아래로 내려오는 것을 가리킨다.

六四, 外比之, 貞, 吉은 臣亦擇君也라
육사 외비지 정 길 신역택군야

4효 "육사는 밖으로부터 도와서 올바르게 해서 길하다"는 것은 신하 또한 임금을 선택하는 것을 말한다.

九五, 顯比, 王用三驅, 失前禽은 王師寬仁也오 邑人不誡,
구오 현비 왕용삼구 실전금 왕사관인야 읍인불계

吉은 推我信誠하여 比道廣也라
길 추아신성 비도광야

5효 "구오는 현명하게 도움이다. 왕이 삼구법을 사용함에 앞의 새를 놓친다"는 것은 왕의 군대가 관용과 어질다는 것이요, "마을 사람들이 경계하지 않으니 길하다"는 것은 나를 미루어 믿음과 성실하므로 비比의 도리가 널리 퍼지는 것을 뜻한다.

上六, 比之无首, 凶은 浪賊獻馘也라
상육 비지무수 흉 낭적헌괵야

상효 "상육은 돕는데 시초가 없으니 흉하다"는 말은 방자한 도적의 머리를 베어 바치는 것을 뜻한다.

| 풍천소축괘 |

風 天 小 畜 卦

'때'를 기다리면서 남모르는 공부를 하라

1. 작은 것의 소중함 : 소축괘

정이천은 수지비괘水地比卦(䷇) 다음에 풍천소축괘風天小畜卦(䷈)가 오는 이유를 다음과 같이 말한다.

小畜은 序卦에 比必有所畜이라 故受之以小畜이라 하니라
소축 서괘 비필유소축 고수지이소축

物相比附則爲聚니 聚는 畜也오 又相親比則志相畜하니
물상비부즉위취 취 축야 우상친비즉지상축

小畜所以次比也라 畜은 止也니 止則聚矣라 爲卦巽上乾下하니
소축소이차비야 축 지야 지즉취의 위괘손상건하

乾은 在上之物이어늘 乃居巽下하니 夫畜止剛健은 莫如巽順이니
건 재상지물 내거손하 부축지강건 막여손순

爲巽所畜이라 故爲畜也라 然巽은 陰也라 其體柔順하니
위손소축 고위축야 연손 음야 기체유순

唯能以巽順으로 柔其剛健이오 非能力止之也니
유능이손순 유기강건 비능력지지야

畜道之小者也라 又四以一陰得位하여 爲五陽所說하니
축도지소자야 우사이일음득위 위오양소열

得位는 得柔巽之道也니 能畜群陽之志라 是以爲畜也라
득위 유득손지도야 능축군양지지 시이위축야

小畜은 謂以小畜大하여 小畜聚者小니 所畜之事小는
소축 위이소축대 소축취자소 소축지사소

以陰故也라 彖은 專以六四畜諸陽으로 爲成卦之義하고
이음고야 단 전이육사축제양 위성괘지의

不言二體하니 蓋擧其重者라
불언이체 개거기중자

"소축괘는 「서괘전」에 '친근하면 반드시 모이는 바가 있기 때문에 소축괘로 이어받았다'고 했다. 사물이 서로 친하고 따르면 모이게 되니, 모임은 축이다. 또한 서로 친근하면 뜻이 서로 모이는 까닭에 소축괘가 비괘 다음이 된 것이다. 축은 그침이니 그치면 모인다. 괘의 형성은 손이 위에 있고 건은 아래에 있다. 건은 위에 있는 물건인데 손의 아래에 있으므로 강건함을 저지함은 손순함보다 더한 것

이 없으니, 손에게 저지당했기 때문에 축이 된 것이다. 그러나 손은 음이므로 그 실체는 유순하다. 오로지 손순함으로 강건함을 부드럽게 한 것이요, 능히 힘으로 저지한 것이 아니므로 모음의 도에 작은 것이다. 또한 4효가 하나의 음으로 자리를 얻어 다섯 양들이 좋아하는 바가 되었다. 자리를 얻음은 유순의 도를 얻음이니, 여러 양의 뜻을 저지하여 축이 된 것이다. 소축은 작음으로 큼을 저지하여 모인 것이 작으니, 모인 일이 작음은 음이기 때문이다. 「단전」은 오로지 4효가 여러 양을 저지하는 것으로 괘를 이루는 뜻을 삼고, 두 실체를 말하지 않았다. 이는 그 중요한 것을 든 것이다."

소축괘는 자연의 모습과 소리를 가장 잘 드러낸다. 특히 하늘[天]과 바람[風]과 비[雲雨]는 동양화의 영원한 소재였다. 하늘은 땅과 더불어 생명의 자궁, 바람은 생명 에너지를 전달하는 배달부, 비는 생명을 성장시키는 호르몬을 뜻한다. 특별히 한국인에게 바람은 긍정과 부정의 미학적 대명사로 알려져 있다. '바람이 들어야(신명이 나야) 일이 해결된다', '바람 잡다', '바람 피다', '바람나다' 등은 한국적 정서를 고스란히 담은 정겨운 어휘다.

바람은 다양한 얼굴을 갖는다. 한여름 산 위에 부는 산들바람은 나뭇꾼의 이마를 씻어주며, 폭풍우는 바닷물에 남편 잃은 여인네에게는 한의 바람이며, 비를 동반한 먹구름을 불러오는 바람은 농사꾼에게 고마움을 느끼게 한다. 분노한 신의 바람인 태풍은 평생 모은 재산을 한꺼번에 휩쓸어 이재민을 허탈하게 만들기도 한다. 소축괘는 사람들에게 도움을 주는 바람처럼, 자그마한 만족으로도 충분하다고 가르친다.[1)]

1) 신원봉, 『인문으로 읽는 주역』(서울: 부키, 2009), 306쪽, "『주역』에는 大畜과 관련된 괘로 小畜이 있는데, 소축이 주로 재물의 축적을 언급하는 데 반해 대축은 德의 축적을 말한다. 여기서도 우리는 물질적인 것보다는 정신적인 것을 높게 치는 『주역』의 가치관을 엿볼 수 있다. 그리고 소축, 대축이라는 개념을 사용하는 데는 정신적인 덕이 물질적인 기초 위에서 가능하다는 시각이 전제되어 있음을 알 수 있다."

소축괘는 현실의 자연계가 그대로 진리의 원형을 반영하고 있음을 알려 주고 있다. 쾌활한 천재 시인 소동파蘇東坡(1036-1101)는 "개울가 물소리는 곧 부처의 설법이며, 산 경치는 어찌 청정한 법신이 아니겠는가[溪聲便是長廣舌, 山色豈非淸淨身]"라고 읊었다. 그것은 "버들은 푸르고, 꽃은 붉다"는 것과 하등 다를 바가 없다. 이러한 자연주의는 하늘과 땅 사이에 존재하는 만물을 진리의 표현체라고 감탄하기에 이른다.

"자연 혹은 현실을 절대시한 결과, 동양인들은 현세를 가장 좋은 것으로 보는 전형적인 낙천적 인생관을 가지고 있다. 또한 그것이 완전한 것은 이 땅 위에 있다는 태도를 지니게 한다. 완전한 것이 이 땅 위에 있다는 사유 방법은 또한 완전한 것은 과거에 있다고 하는 사유 방법도 성립시켰다. 즉 과거에 발생하였던 사실을 현재 생활의 규범으로 삼으니, 그 결과 현재의 생활보다는 과거의 생활에 더 가치를 두는 전통이 성립된다."[2)]

2. 소축괘 : 만물은 진리의 거울

小畜은 **亨**하니 **密雲不雨**는 **自我西郊**일새니라
소축 형 밀운불우 자아서교

소축은 형통한다. 구름이 잔뜩 끼었으나 비가 오지 않는 것은 내가 서쪽 근교로부터 오기 때문이다.

소축괘(☴☰)는 다섯 개의 양이 하나의 음을 둘러싸면서 보호하고 있다. 다섯 개의 양은 단 하나의 음인 레이디 휘스트 4효를 모시고 있다. 4효를 향해 위로는 5효와 상효, 아래로는 초구와 2효와 3효 등이 앞다투어 서로 친해지려고 한다. 모든 양들은 4효의 요구에 부응하여 그 화합물을 조금씩 축적하는 모습을 나타내고 있다.

소축괘의 주인공 4효는 부드러운 음이 음의 자리[正位]에 있다. 반드시

2) 中村元/김지견, 『중국인의 사유방법』(서울: 까치, 1990), 193쪽 참조.

필요할 때, 필요한 곳에 존재하기 때문에 '득위得位'다. 그리고 4효를 중심으로 나머지 다섯 양효가 4효에게 관심을 집중한다. 이는 상하가 결혼하는, 즉 하늘과 땅이, 그리고 신과 인간이 하나되는 것을 표상한다.

구름이 빽빽함에도 불구하고 비가 오지 않음은 아직 시기가 무르익지 않았음을 시사한다. 진리로 무장하여 세상을 구원할 사명이 있다는 확신이 '자아서교自我西郊'라는 문장에 녹아 있다.

3. 단전 : '밀운불우'란 무엇인가?

彖曰 小畜은 **柔得位而上下應之**할새 **曰小畜**이라
단왈 소축 유득위이상하응지 왈소축
健而巽하며 **剛中而志行**하여 **乃亨**하니라 **密雲不雨**는
건이손 강중이지행 내형 밀운불우
尙往也오 **自我西郊**는 **施未行也**라
상왕야 자아서교 시미행야

단전에 이르기를 소축은 유가 제자리를 얻음에 상하가 서로 상응하기 때문에 소축이라 한다. 굳건하고 겸손하며 강한 것이 적중하고 뜻을 행하여 이에 형통한다. '구름이 잔뜩 끼었으나 비가 오지 않는 것'은 가는 것을 숭상한 것이요, '내가 서쪽 근교로부터 오는 것'은 베푸는 것이 아직 행해지지 않은 것이다.

초효가 4효에 상응하는 형상은 마치 '작은 거인[陰 = 小]'이 '큰 거인[陽 = 大]'의 진로를 방해하고 있기 때문에 '소축'이라 지칭했다. 상괘는 순종을 뜻하는 바람괘[巽: ☴]이며, 하괘에서 올라오는 하늘괘[乾: ☰]의 강건한 기운을 가로막아 그 일부만의 힘을 축적하는 까닭에 '조금 모음[小畜]'이라는 괘의 명칭이 생겼던 것이다.

한편 안은 강건하고 밖은 지극히 공손하다. 그런데 변화는 '안에서 밖으로'라는 원칙에 따라 아래로부터 진행되어 위로 전달된다. 소축괘의 주효

인 4효가 안으로는 굳게 마음을 다지고, 밖으로는 공손한 태도로 나머지 다섯 양을 응접하기 때문에 '소축'이 되는 것이다.

하늘에는 뭉게뭉게 먹장구름이 모여 금방 장대 같은 빗줄기를 쏟아낼 작정이다. 바람이 멎어야만 비가 내릴텐데, 아직은 바람이 손등을 어루만지고 있다. 『주역』에는 고대 역사를 주물렀던 유명한 인물이 등장하는 곳이 적지 않다. 소축괘가 그 중의 하나이다. '나[我]'는 문왕을 가리킨다.[3] '밀운불우密雲不雨 자아서교自我西郊'란 문왕이 서쪽 근교로부터 『주역』을 만들어 진리의 전령사 노릇을 해야 하는데, 아직 준비가 덜 끝났다는 말이다. '구름이 잔뜩 끼었으나 아직 비가 오지 않은 것'이라고 비유하여 아직 시기가 무르익지 않았음을 시사했다. 진리로 무장하여 세상 사람들을 구원할 사명이 있다는 확신이 곧 '자아서교自我西郊'인 것이다.

『주역』은 반드시 필요한 시간과 장소에 쓸모 있는 존재가 되어야 한다고 강조한다. 이것이 바로 '득위得位'의 뜻이다.

4. 상전 : 바람같은 군자

象曰 風行天上이 **小畜**이니 **君子以**하여 **懿文德**하나니라
상왈 풍행천상 소축 군자이 의문덕

상전에 이르기를 바람이 하늘 위에 움직이는 것이 소축이다. 군자는 이를 본받아 문덕을 아름답게 한다.

바람이 하늘 위에서 불기 시작한다. 바람은 비를 일으키는 전주곡이라는 것이 소축괘의 뜻이다. 설령 바람이 가랑비를 몰고 오더라도 대지를 흠뻑 적셔주지 못한다. 농사짓기에 불충분한 것이다. 설익은 과일은 한여름의 땡볕이 필요하듯이, 큰 뜻을 품은 젊은이는 '문덕文德'을 쌓아야 한다.

3) "蓋密雲, 陰物, 西郊, 陰方, 我者, 文王自我也. 文王演易於羑里, 視岐周爲西方, 正小畜之時也. 筮者得之, 則占亦如其象云."(주자의 풀이)

그래서 공자는 "먼 곳 사람이 복종하지 않으면 문덕을 닦아서 저절로 오게 하고, 오면 편안하게 해 주어야 한다"[4]고 했던 것이다.

군자는 진리를 체득하여 도덕의 향기를 피우는 사람이다. '의懿'는 '떳떳한', '아름답다'는 뜻이다. 외모가 잘 생겨서가 아니라, 내면으로부터 나오는 사람 냄새가 솔솔 풍기는 것이 진정한 아름다움이다. 하늘을 가로지르면서 부는 바람은 상쾌하기 그지없다. 바람은 스스로를 자랑하지 않는다. 뽐내지 않는 자존심이야말로 실로 아름답다. 군자는 남모르는 공부에 힘쓴다. 경전을 통해 덕을 닦는 사람이 바로 군자인 것이다.

"하늘 위의 바람이란 기독교로 말하면 성령이다. 인도 사람들은 브라만이라고 하는데, 브라만도 바람이라는 뜻이다. 우주 원리 혹은 우주적인 생명을 브라만이라 한다. 그리고 내 속의 생명 또는 원리를 아트만이라 한다. 우주적인 생명과 내 생명이 하나가 되었을 때 범아일여梵我一如라 한다. 우리 단군신화에서 환인桓因은 조물주를 말하고, 환웅桓雄은 '웅 - '하는 바람이다. 지붕도 '집웅'에서 나온 말인데, '웅'이란 천정의 빈 곳을 말한다. 텅 빈 곳에 바람이 차 있다. 거기가 '집웅' 즉 지붕이다. '웅'은 단군신화에서 풍화風化의 신神이다. 환웅桓雄은 풍화風化의 신神으로 교화敎化를 담당한다. 기독교에서도 성령聖靈은 진리眞理의 영靈이라 한다. 진리를 가르쳐 주시는 분이 성령이다. 하늘 위의 바람, 즉 진리의 영이 소축이다."[5]

군자는 진리를 체득하여 도덕의 향기를 솔솔 풍긴다. 그래서 군자는 남모르는 공부에 힘쓴다.

5. 초효 : 효는 생명의 정보를 담은 캡슐

初九는 **復**이 **自道**어니 **何其咎**리오 **吉**하니라
초구 복 자도 하기구 길

4)『論語』「季氏」, "遠人, 不服則脩文德以來之, 旣來之則安之."
5) 김흥호, 앞의 책, 200쪽 참조.

象曰 復自道는 **其義吉也**라
상 왈 복 자 도 　 기 의 길 야

초구는 회복하는 것이 도로부터 함이니 허물이 어디 있으랴! 길하다. 상전에 이르기를 '회복함이 도로부터 함'은 그 뜻이 길한 것이다.

초효는 양이 양 자리에 있어 '정正'을 얻고 있으나, 양은 본래 위로 올라가려는 습성이 있다. 초효와 상응하는 것은 상괘의 4효다. 4효 음은 소축괘의 주인공으로서 오로지 초효와 상응한다. 음의 특징은 아래로 내려오는 것에 있다. 이것이야말로 음양 운동의 특징이다. 그러니까 초효는 위로 올라가고, 4효는 아래로 내려와 음양이 결혼하는 잔치를 벌인다. 초효 양이 4효 음을 만나는 것은 수 억 개의 정자 중에서 가장 힘 센 놈이 난자에 골인하는 것처럼, 초효는 4효를 향해 돌진하여 생명을 잉태한다.

그것은 시간과 생명의 법칙을 뜻한다.[6] 음양 조화의 경지로 회귀하는 것이 도의 본래 정신이다.[7] 그래서 허물이 생길 수 없다는 것이다. 이는 지천태괘地天泰卦(䷊)의 시초를 암시하는 예고편이다. 왜냐하면 양은 위로 올라가고 음은 아래로 내려오는 모습을 양면적으로 결합한 것이기(↑↓) 때문이다. 따라서 괘는 살아 있는 유기적 생명의 정보를 담은 캡슐인 셈이다.

오늘날의 생물학은 전일론적인 유기체주의를 기반으로 한다. 살아 있는 유기체의 독특한 특성은 구성이 아닌 조직에 기인한다. 그것은 고도로 복잡한 질서 체계의 특징들과 유기체 내 유전 프로그램의 역사적 성격을 특별히 강조한다. 유기체주의의 기본은 살아 있는 존재는 조직을 갖는다는 사실이다. 살아 있는 존재는 특성들 또는 분자들의 집합이 아니다. 왜냐하면 그것의 기능이 전적으로 조직, 상호 관계, 상호 작용, 상호 의존에 달려

6) 린 마굴리스·도리언 세이건/황현숙, 『생명이란 무엇인가』(서울: 지호, 1997), 17-34쪽 참조. "생명은 명사(Noun)라기보다는 동사(Verb)에 가깝다. 생명은 자신을 수호하고 유지하며 다시 만들고 자신을 능가하는 것을 특징으로 삼는다."
7) 소축괘 초효와 2효에서 '原始要終, 原始反終, 原始返本'하는 復의 이치를 인용한 것이다.

있기 때문이다.[8)]

⚛ 괘효는 시간과 생명의 법칙을 압축한 독특한 부호이다.

6. 2효 : 아무도 모르는 덕을 쌓기 때문에 길하다

九二는 **牽復**이니 **吉**하니라
구 이 견 복 길
象曰 牽復은 **在中**이라 **亦不自失也**라
상 왈 견 복 재 중 역 부 자 실 야

구이는 이끌어서 돌아감이니 길하다. 상전에 이르기를 '이끌어서 돌아감'은 중도에 있고, 역시 스스로를 잃지 않는 것이다.

2효는 양이 음 자리에 있기 때문에 부정不正이지만, 하괘의 중앙에 있으므로 '득중得中'이다. 하괘는 모두 양이다. 양은 원래 위로 올라가려는 속성을 지니지만, 2효는 중용의 덕을 갖추었기 때문에 분수에 넘치는 행동을 저지르지 않는다[亦不自失也]. 더욱이 힘이 약한 초효를 데리고 함께 상승하려는 동료애를 발휘하고 있어[牽復] 더욱 아름답다.

2효와 5효는 음양이 만나는 최상의 조건을 갖추지는 못했다. 단지 각각 '득중得中'이라는 공통성을 가지고 상응하고 있을 따름이다. 하지만 2효는 초효가 4효와 결합하지 못하도록 견제구를 던지는 것이 아니라, 오히려 그들이 좋은 인연을 맺도록 중매를 선다. 아무도 모르는 음덕을 쌓는다. 그러니까 길할 수밖에 없는 것이다.

⚛ 주변인을 이끌어 천명으로 돌아가게 하는 것이 바로 상생의 삶이다.

7. 3효 : 부부는 영원한 동반자

九三은 **輿說輻**이며 **夫妻反目**이로다
구 삼 여 탈 복 부 처 반 목

8) 에른스트 마이어/최재천 외, 『생물학이란 무엇인가』(서울: 몸과 마음, 2002), 23-49쪽 참조.

風天小畜卦 풍천소축괘

象曰 夫妻反目은 **不能正室也**라
상왈 부처반목 불능정실야

구삼은 수레의 바퀴살을 벗김이며 부부가 서로 반목함이다. 상전에 이르기를 '부부가 서로 반목함'은 능히 집을 바로잡을 수 없다.

'여輿'는 타는 수레이며, '탈說'은 '벗을 탈脫'과 같으며, '복輻'은 바퀴에 달린 부채살을 가리킨다. 고본古本에는 복輹(수레와 굴대를 연결하여 고정시키는 나무)으로 되어 있다.

3효는 너무 강하여 중용의 덕을 갖추지 못했다. 모자람이 지나침보다 훨씬 낫다라는 말이 있듯이, 3효는 돌진하다가 진흙에 빠져 계속 헛바퀴 도는 형국이다. 더욱이 소축괘의 주효인 4효에 의해 가로막혀 앞으로 나아갈 수가 없기 때문이다. 수레의 당토當兔(굴대의 중앙에 있고, 차체 즉 차상車箱과 굴대를 연결하는 물건)가 풀려 바퀴가 빠져나간 까닭에 굴러갈 수 없다.

3효는 위로 올라가려고 엔진을 가동시켰지만, 4효가 바리케이트를 쳐서 앞을 막고 있다. 또한 상응 관계에 있는 상효 역시 위에서 받아들이지 않기 때문에 자동차의 몸통과 바퀴가 분리되는 꼴이다. 집안에 바람 잘 날이 없다는 것과 같다. 그것은 적극적인 남편과 소극적인 아내가 아웅다웅 싸워 가정이 점차 붕괴되는 조짐을 나타낸 것이다.

3효 남편과 4효 아내가 서로 눈을 흘긴다는 것은 신뢰하지 않음을 뜻한다. 그 원인은 남편이 아래에 있는데다가 아내를 뜻대로 다루지 못하기 때문에 서로 반목하는 것이다. '여자는 남자하기 나름이다'라는 말이 있다. 하지만 남편은 아내를 무시하고 아내는 남편의 능력을 의심한다. 남편과 아내 사이에 서서히 금이 가고 있는 것이다. 부부는 사랑과 정을 먹고 사는 동반자다. 애정 없는 부부는 감정 없는 나무토막에 불과하다. 자동차는 수 만개의 부품으로 결합된 종합 예술품이다. 어느 부품에 결함이 있을 때는 승객의 안전을 보장할 수 없는 것처럼, 바퀴가 빠진다는 것은 자동차의 기능을 전부 상실한 상태에 이르렀음을 뜻한다.

3효는 너무 강하여 중용에서 벗어났다. 앞으로 돌진하다가 진흙에 빠져 헛바퀴도는 형세다. 부부는 사랑으로 엮인 평생의 동반자인데도 서로 눈을 홀긴다면 어찌할까? 중용의 정신을 익혀야 할 것이다.

8. 4효 : 성실한 믿음은 상대방을 감화시키는 힘이 있다

六四는 **有孚**면 **血去**코 **惕出**하여 **无咎**리라
육사 유부 혈거 척출 무구
象曰 有孚惕出은 **上合志也**라
상왈 유부척출 상합지야

육사는 믿음이 있으면 피는 사라지고 두려움에서 벗어나 허물이 없을 것이다. 상전에 이르기를 '믿음이 있고 두려움이 사라짐'은 위로 올라가 뜻을 합하는 것이다.

'부孚'는 정성스런 믿음, 혈血은 '근심할 휼恤'이며, 척惕은 두렵다는 뜻이다. 4효는 음이 음 자리에 있기 때문에 '정正'이며, 또한 상괘인 손괘巽卦(☴)의 주인공으로서 하괘 초효의 성급한 전진을 막고 있다. 하지만 4효는 유일한 음효陰爻다. 과연 나머지 양(초구, 2효, 3효)들의 강력한 힘을 저지할 수 있는지에 대한 두려움과 근심은 있지만, 성실한 믿음을 가지고 초효를 비롯하여 나머지 상대방을 감화시키고 있다. 그러니까 근심 걱정과 두려움은 멀리 사라진다는 것이다.

4효에게 힘을 실어 주는 것은 5효이다. 4효는 군주인 5효를 보필하고 있고, 군주 역시 신하를 깊이 신뢰하고 있다. 4효는 양들의 진출에 대해서 처음에는 겁먹었다. 4효 자신의 성실성과 5효의 권위가 맞물려 하괘 양들의 전진에 대해 두려움을 떨칠 수 있는 것이다.[9)]

유일한 4효 음이 나머지 양의 강력한 힘을 저지할 수 있는가에 대한 두

9) 程伊川의 주석은 다음과 같다. "四既有孚, 則五信任之, 與之合志, 所以得惕出而无咎也. 惕出則血去, 可知, 擧其輕者也. 五既合志, 衆陽皆從之矣."

려움과 근심이 있으나, 성실한 믿음으로 온갖 위험을 극복할 수 있다.

9. 5효 : 중용의 덕은 넘쳐나도 흠이 되지 않는다

九五는 **有孚**라 **攣如**하여 **富以其隣**이로다
구오 유부 연여 부이기린
象曰 有孚攣如는 **不獨富也**라
상왈 유부연여 부독부야

구오는 믿음이 있다. 이끌어서 이웃과 함께 부를 같이 한다. 상전에 이르기를 '믿음이 있어 이끌다'는 것은 홀로 부자되지 않는 것이다.

5효는 상괘에서 중용의 덕[中]을 갖추었고, 양이 양 자리에 있기 때문에 '정正'이다. 중용의 덕은 넘쳐도 흠이 되지 않는다. 풍부한 덕은 점점 스며들어 남을 감화시키기 때문에 외롭지 않다. 5효는 믿음이 깊어 4효까지도 함께 이끌고 나아가 협조 체제를 구축한다. 또한 5효는 에너지가 넘치므로 4효로 하여금 하괘 양들의 전진을 막도록 도움을 준다[富以其隣].

5효는 참부자의 덕목을 가르친다. 큰부자는 하늘이 내린다고 했다. 그렇다고 큰부자가 곧 참부자라고 할 수는 없다. 오늘날은 땅값의 급상승으로 인해 졸부가 많이 생겼다. 졸부는 결코 부를 사회에 환원하지 않는다. 자신의 부는 투자가 가져다준 떳떳한 이익으로 생각하기 때문에 가난을 멸시한다. 부와 빈곤이라는 양극화의 주범이 아닐 수 없다. 참부자는 돈을 벌게 해준 이는 다름아닌 코묻은 돈이라고 하여 사회에 돌려주는데 인색하지 않다. 큰부자는 손가락질 받으나, 빌 게이츠처럼 참부자는 존경받는다. 참부자는 이웃을 부자되게 한다. 홀로 부자되는 것을 원치 않는다. 그는 다른 모든 사람들에게 '부자 되세요!'라고 외친다. 참으로 아름답다.

참부자는 돈이 많아서가 아니라, 마음이 부자이기 때문에 참부자가 되었던 것이다. 부는 가난한 자의 밑천이 되면 좋다. 가난한 자의 밑천을 자신의 쌈지 돈으로 삼는 사람은 도덕적으로 타락한 부자에 불과하다. 그들

은 사회 경제를 망가지게 하는 장본인이다. 돈은 생활의 편리함을 돕는 수단일 뿐 목적이 되어서는 안 된다. 이것이 바로 5효의 가르침이다.

존경받는 기업인은 매출액의 순서로 결정되지 않는다. 돈을 많이 벌어들이는 것 이외에 신뢰받는 CEO이어야만 참부자가 될 자격이 있는 것이다. 참다운 기업 윤리는 자본주의의 교과서에 나오는 독점적 이윤 추구를 정당하게 여기지 않는 데에 있다. 개인은 물론 사회와 국가와 인류에게 공헌하는 기업인이 되었을 때 비로소 하늘이 내린 참부자가 될 수 있다.

10. 상효 : 지금은 음양이 조화되어 무거운 수레도 전진이 가능하다

上九는 **旣雨旣處**는 **尙德**하여 **載**니 **婦貞**이면 **厲**하리라
상구 기우기처 상덕 재 부정 여
月幾望이니 **君子征**이면 **凶**하리라
월기망 군자정 흉
象曰 旣雨旣處는 **德**이 **積載也**오 **君子征凶**은 **有所疑也**니라
상왈 기우기처 덕 적재야 군자정흉 유소의야

상구는 이미 비가 내리고 이미 그침은 덕을 숭상하여 실음이니, 지어미가 곧기만 하면 위태할 것이다. 거의 보름달에 가까우니 군자가 가면 흉할 것이다. 상전에 이르기를 '이미 비가 내리고 이미 그침'은 덕이 쌓임이요, '군자가 가면 흉하다'는 것은 의심받을 바가 있는 것이다.

상효는 소축괘의 극한이다. 괘사에 '구름이 잔뜩 끼었으나 비가 오지 않는다[密雲不雨]'고 했지만, 상효에서는 '이미 비가 내리고 이미 그쳤다'고 하여 비의 혜택이 만물에 골고루 미쳤음을 말했다. 또한 3효가 위로 올라가려는데 4효에 의해 가로막혀 수레바퀴가 빠진 형국인데 반해서, 지금은 음양 조화가 이루어지고 행운을 만나 수레에 짐을 가득 싣고 전진이 가능하다는 것이다.

아녀자의 미덕은 유순함에 있다. 아녀자의 판단이 옳을지언정 지아비의

능력을 무시하고 고집피우면 가정은 위태로워진다[婦貞, 凶]. 이를 소축괘는 눈으로 관측할 수 있는 가장 쉬운 천문 현상에 빗대어 설명하고 있다. 달이 거의 보름에 가까웠으나, 즉 14일부터 약 4일 동안 환하게 비추고는 이내 기울고 만다. 그것은 흉한 징조이다. 그래서 정상에 오른 군자가 무턱대고 앞으로 나아가면 의심받아 좋지 않다는 뜻이다.

정이천을 비롯한 대부분의 학자들은 소축괘와 대축괘를 견주면서 '월기망月幾望'에 대해 '보름달[滿月]'이 지나면 기울기 때문에 미리 한 발짝 후퇴하라는 윤리적 처신으로 풀이하였다.[10)]

月望則與日敵矣니 幾望은 言其盛將敵也라
월망즉여일적의 기망 언기성장적야

陰이 已能畜陽이어늘 而云幾望은 何也오
음 이능축양 이운기망 하야

此는 以柔巽畜其志也오 非力能制也일새라
차 이유손축기지야 비력능제야

然不已則將盛於陽而凶矣니 於幾望而爲之戒曰 婦將敵矣니
연불이즉장성어양이흉의 어기망이위지계왈 부장적의

君子動則凶也라 하니라 君子는 謂陽이오 征은 動也라
군자동즉흉야 군자 위양 정 동야

幾望은 將盈之時니 若已望이면 則陽已消矣리니 尙何戒乎아
기망 장영지시 약이망 즉양이소의 상하계호

"달이 보름이 되면 태양과 대등해지니, 기망은 그 성함이 장차 대등해짐을 말한 것이다. 음이 이미 양을 저지했는데 '기망'이라 말한 것은 어째서인가. 이는 유순함으로써 그 뜻을 저지한 것이요, 힘이 능히 억제한 것이 아니기 때문이다. 그치지 않으면 장차 양보다 성해져서 흉할 것이니 기망에서 이를 경계하기를 '부인이 장차 대등하게 되었으니 군자가 움직이면 흉할 것이다'고 한 것이다. 군자는 양을 가리키고 정은 움직인다는 뜻이다. 기망은 장차 가득해질 때이다.

10) "大畜畜之大, 故極而散, 小畜畜之小, 故極而成."

만일 이미 보름이 되었다면 양이 이미 사라졌을 것이니 오히려 무엇을 경계하겠는가?"

'달이 거의 보름[月幾望]'이라는 명제는 정역사상의 근간을 이룬다. 『정역』은 달 변화를 중심으로 논의를 전개한다. 태양의 운행에 대한 정확한 측정을 통해 지구의 공전 궤도를 밝힌 것은 천문학의 발전에 의존했으나, 달의 변화는 시각적으로 금방 느낄 수 있기 때문에 『정역』은 우선 달 변화를 통해 태양의 변화를 설명하는 순서를 밟았다. 『정역』은 천지에서 일월이 탄생하고, 일월에서 인간을 비롯한 만물이 탄생한다는 원칙이 전제되어 있다.

일월은 천지의 합덕에 의해 생겨난 천지의 분신이다. 일월의 올바른 운행에 의해 천지의 공능도 완성된다는 것이다. 김일부는 "천지가 일월이 아니면 빈 껍질이요, 일월은 지극한 사람이 아니면 헛된 그림자[11]라고 했으며, 「계사전」은 "일월의 주기적 교체 운동에 의해 추위와 더위가 서로 밀고 당기는 현상이 나타나며, 추위와 더위가 서로 밀고 당기는 작용에 의해 1년이 생긴다"고 하였다. 일월의 움직임은 천지의 걸음걸이를 절도 있게 마디짓는 연결 고리인 것이다.

"기망幾望은 14일 달을 말한다. 대개 15일이 보름(망望)이지만 달도 차면 이지러지는 법이니, 14일 달이라야 안심하고 만월을 향유할 수 있다. 그래서 역易에서도 제 14에 대유괘大有卦를 놓고, 제 15에는 오히려 겸괘謙卦를 놓은 것이라 하겠다. 대유大有는 천하의 부유富有를 잡은 것이니, 마치 인간이 달을 잡는 것과 같이 도저히 가질 수 없는 것을 갖는다는 뜻이다. 그것은 특별히 하늘의 도움(천우天佑)을 얻기 전에는 어려운 법이다. 이런 충만에서 오는 오만傲慢은 15 겸괘謙卦에 비추어 볼 때, 아주 금물인데도 소축小畜의 일음一陰이 정려貞厲하여 끝끝내 축지畜止한다면 마치 곤괘坤卦 상육上六의 '용전우야龍戰于野'와 같이 그 결과는 흉하다. 어느 겨를에 비가 오지 않

11) "天地匪日月, 空殼, 日月匪至人, 虛影."(『正易』「十五一言」"一歲周天律呂度數")

風天小畜卦 풍천소축괘

는 것을 비가 오게 하여(기우旣雨) 화和하여 편안한 덕을 쌓겠는가. 소축의 덕은 실로 과寡하다 할 것이다. 「잡괘전雜卦傳」에서 '소축은 적음이다(소축小畜은 과야寡也)'고 했던 것이다."[12]

해와 달의 변화에 대한 복잡한 논리들을 종합하고 관통하여 내놓은 결과가 ① 천지는 '갑기甲己' 질서에서 '기갑己甲' 질서로 바뀌며, ② 일월은 회삭晦朔의 전도로 말미암아 선천의 16일이 후천의 초하루로 바뀌며, ③ 마침내 '기朞'는 360일에서 '시간의 꼬리'가 없는 무윤역无閏曆의 세계를 읽어냈던 것이다. 그것은 우주의 신비를 풀어헤친 위대한 쾌거였다. 만고의 세월을 하염없이 돌고도는 일월이 자신의 속살을 부끄럼 없이 드러내는 이치를 훤히 깨달은 김일부는 입으로는 노래부르고, 손으로는 무릎을 치고 발은 저절로 뛰니, 이것이야말로 하늘과 땅과 하나되는 영가무도詠歌舞蹈가 아니겠는가.

그래서 60번 수택절괘水澤節卦(䷻)에서는 "천지가 마디를 지음으로써 4시가 이루어진다[天地節而四時成]"고 했다. 천지의 마디는 곧 시간의 운행으로 드러난다. 천지일월의 분열 현상과 통합 현상이 바로 시간인 것이다. 이것을 모르고 어떻게 인간은 참 삶을 일구어낼 수 있겠는가?

64괘 중에서 9번째 소축괘가 낙서의 극한수를 상징한다면, 10번째 리괘는 하늘의 섭리가 실현된다는 것을 시사한다.

정역사상의 연구자 이상룡李象龍은 소축괘의 성격을 다음과 같이 설명한다.

> 小畜二字見上이라 爲卦以陰畜陽이니 陽固宜先而爲陰畜止者요
> 소축이자견상 위괘이음축양 양고의선이위음축지자
> 陽以陰爲基는 先用陰曆之理也라 且渙散之也오 畜聚之也라
> 양이음위기 선용음력지리야 차환산지야 축취지야
> 散而復聚者는 先小后大故로 次於渙也라
> 산이부취자 선소후대고 차어환야

12) 이정호, 『周易正義』(서울: 아세아문화사, 1980), 21쪽.

소축 두 글자는 위에 보인다. 괘의 형성은 음이 양을 길러내는 것으로 양은 굳게 앞장 서지만 음에 의해 멈추므로 양이 음을 기반으로 삼는 것은 먼저 음력을 쓰는 이치이다. 또한 흩어지고 모이는 것이다. 흩어진 다음 다시 모이는 것은 먼저는 작지만 나중에 커지기 때문에 환괘 다음이 된 것이다.

彖曰 小畜, 亨, 密雲不雨, 自我西郊는 火入金鄕하여
단왈 소축 형 밀운불우 자아서교 화입금향

天竭雨水也라
천갈우수야

단전 "소축은 형통한다. 구름이 잔뜩 끼었으나 비가 오지 않는 것은 내가 서쪽 근교로부터 오기 때문이다"라는 것은 화가 금의 집으로 들어가 하늘이 빗물을 말리는 것을 뜻한다.

象曰 君子以, 懿文德은 體健而用順也라
상왈 군자이 의문덕 체건이용순야

상전 "군자는 이를 본받아 문덕을 아름답게 한다"는 것은 건실함을 본체로 삼고 순응함을 작용으로 삼는다는 뜻이다.

初九, 復自道, 何其咎, 吉은 一生十成하여 須時而復之也라
초구 복자도 하기구 길 일생십성 수시이복지야

초효 "회복하는 것이 도로부터 함이니 허물이 어디 있으랴! 길하다"는 것은 1은 낳고 10은 이루어 시간의 법칙에 의거하여 회복하는 것을 뜻한다.

九二, 牽復, 吉은 德不孤與類也라
구이 견복 길 덕불고여류야

2효 "이끌어서 돌아감이니 길하다"는 것은 덕이 있으면 외롭지 않아 동류와 함께 한다는 것이다.

九三, 輿說輻은 休其天政也오 夫妻反目은 陰陽相薄也라
구삼 여탈복 휴기천정야 부처반목 음양상박야

3효 "수레의 바퀴살을 벗김"은 하늘의 정사가 쉰다는 것이요, "부부가 서로 반목한다"는 것은 음양이 서로 싫어한다는 뜻이다.

六四, 有孚, 血去, 惕出, 无咎는 火生土而水土成度하면
육사 유부 혈거 척출 무구 화생토이수토성도
必无惕厲也라
필무척려야

4효 "믿음이 있으면 피는 사라지고 두려움에서 벗어나 허물이 없을 것이다"라는 것은 화가 토를 낳고 수토가 도수를 완수하면 틀림없이 두려움과 근심이 없을 것이라는 뜻이다.

九五, 有孚, 攣如, 富以其隣는 万區信之而同樂也라
구오 유부 연여 부이기린 만무신지이동락야

5효 "믿음이 있다. 이끌어서 이웃과 함께 부를 같이 한다"는 것은 모든 곳의 사람들이 믿어 함께 즐긴다는 뜻이다.

上九, 旣雨旣處는 平水宅土也며 尙德, 載는 載好德者가
상구 기우기처 평수택토야 상덕 재 재호덕자
受任也오 婦貞, 厲는 歷若陰水倒傷天理也며 月旣望, 君子征,
수임야 부정 여 역약음수도상천리야 월기망 군자정
凶은 月魂成午然後에 可行也라
흉 월혼성오연후 가행야

상효 "이미 비가 내리고 이미 그친다"는 것은 물[水]은 평안하고 토는 집이 된다는 것이며, "덕을 숭상하여 싣는다"는 것은 덕을 좋아하는 사람이 임무를 맡는다는 것이며, "지어미가 곧기만 하면 위태할 것이다"는 것은 음수陰水가 넘치면 천리를 거슬려 훼손한다는 것이며, "거의 보름달에 가까우니 군자가 가면 흉할 것이다"는 것은 달의 혼이 오午에 이르른 뒤에 갈 수 있다는 것이다.

천택리괘
天 澤 履 卦

예의 실천으로
고난을 돌파하라

1. 예의 바른 행동은 인간됨의 도리 : 리괘

정이천은 풍천소축괘風天小畜卦 다음에 천택리괘天澤履卦(☰☱)가 오는 이유를 다음과 같이 말한다.

> 履는 序卦에 物畜然後有禮라 故受之以履라 하니라 夫物之聚면
> 리 서괘 물축연후유례 고수지이리 부물지취
> 則有大小之別高下之等美惡之分하니 是物畜然後有禮니
> 즉유대소지별고하지등미악지분 시물축연후유례
> 履所以繼畜也라 履는 禮也니 禮는 人之所履也라
> 리소이계축야 리 예야 예 인지소리야
> 爲卦天上澤下하니 天而在上하고 澤而處下는 上下之分과
> 위괘천상택하 천이재상 택이처하 상하지분
> 尊卑之義니 理之當也오 禮之本也오 常履之道也라 故爲履라
> 존비지의 리지당야 예지본야 상리지도야 고위리
> 履는 踐也藉也니 履物爲踐이오 履於物爲藉니 以柔藉剛이라
> 리 천야자야 리물위천 리어물위자 이유자강
> 故爲履也라 不曰剛履柔而曰柔履剛者는 剛乘柔는 常理니
> 고위리야 불왈강리유이왈유리강자 강승유 상리
> 不足道라 故로 易中에 唯言柔乘剛하고 不言剛乘柔라
> 부족도 고 역중 유언유승강 불언강승유
> 言履藉於剛하니 乃見卑順說應之義라
> 언리자어강 내견비순열응지의

"리괘는 「서괘전」에 '사물이 축적된 뒤에 예가 생기기 때문에 리괘로 이어받는다'고 했다. 대저 사물이 모이면 크고 작음의 구별과 높고 낮음의 등급과 아름다움과 추함의 구분이 있다. 이는 사물이 모인 뒤에 예가 있는 까닭에 리괘가 소축괘의 뒤를 이어받은 것이다. 리라는 것은 예인데, 예는 사람이 실천하는 것이다. 괘의 형성은 하늘이 위에 있고 연못이 아래에 있으니, 하늘이 위에 있고 연못이 아래에 처한 것은 상하의 구분과 존비의 의리이므로 이치의 마땅함이요, 예의 근본이요, 떳떳하게 행해야 할 도이기 때문에 리라 한 것이다. 리는 밟음이요 깔림이다. 물건을 밟음은 실천이요 물건에게

밟힘은 깔림이므로 부드러움이 강함에게 깔렸으므로 리라고 한 것이다. 강함이 부드러움을 밟았다고 말하지 않고 부드러움이 강함에게 밟혔다고 말한 것은 강함이 부드러움을 타는 것은 떳떳한 이치이므로 말할 것이 없다. 그러므로 역 가운데 오직 부드러움이 강함을 탄 것만을 말했고, 강함이 부드러움을 탄 것은 말하지 않았던 것이다. 강함에게 밟히고 깔렸으니, 바로 낮추고 순응하며 기뻐하여 순응하는 뜻을 나타낸 것이다."

밟을 리履가 명사일 때는 '신발'을 뜻하며, 동사일 경우에는 '길을 걷는다'는 뜻이다. 길에는 여러 가지가 있다. 등산길, 뱃길이 있는가 하면 사람이 마땅히 걸어가야 할 길이 있다. 동물에게는 정글의 법칙이 통용되지만, 도덕의 삶은 없다. 인간이 걷는 윤리의 길은 시대 정신이 반영된 객관적 규범으로 이루어져 있다. 그것이 바로 예의와 법도이다. 문화와 문명이 발달하면 할수록 의례와 법률도 복잡해진다. 법률은 모두가 지킬 때 법률로서의 지엄함이 똑바로 설 수 있다.

상괘는 하늘(☰)이고, 하괘는 연못(☱)이다. 리履는 실천하다, 이행하다, 밟는다, 걷는다는 뜻이 있다. 천택리괘天澤履卦는 풍천소축괘風天小畜卦와 똑같이 다섯 개의 양과 한 개의 음으로 이루어져 있다. 조그만 것 한 개가 다섯 개를 멈추게 한다고 해서 '소축小畜'이라 했고, 조그만 것 한 개가 다섯 개를 쫓아간다고 해서 '리履'라고 하는 것이다.

『주역』 10번 리괘(䷉)의 구조에서 위에 하늘이 있고 아래에 연못이 있는 것은 우주가 생겨난 이래로 바꿀 수 없는 상하의 질서이다. 이러한 상하의 질서에 맞추어 실천하는 덕목이 바로 '예禮'이다. 「계사전」 하편 7장은 리괘履卦의 총론적 성격에 대해서, 예절은 사람이 살아가는 근본이므로 '덕德의 기본'이라 하였다.[1)]

1) 『周易』 「繫辭傳」 하편 7장은 9덕괘 원리를 설명한다. 9덕괘 중의 하나가 履卦이다. 9덕괘는

상하의 음양이 서로를 원하는 것은 욕심이 아니라 존재론적 욕망이다. 음양은 상대방을 자신 속에 통합 흡수하기 위해서가 아니라 자신을 상대방에게 연계시키기 위해 서로를 원한다. 음양이 서로 원함으로써 음은 양을 낳고 양은 음을 낳는다.[2)] 역의 세계는 천지 만물이 서로를 욕망하면서 상호 의존적으로 얽혀 있는 세계이므로 이런 세계의 내적 질서인 리는 표면적으로는 모든 욕망하는 것들의 상호 의존적 얽힘 혹은 상관성(correlative)의 질서를 가리킨다.[3)]

2. 리괘 : 예를 실천하여 험난한 인생을 극복하라

履虎尾라도 **不咥人**이라 **亨**하니라
리 호 미　　부 질 인　　형

호랑이 꼬리를 밟더라도 사람을 깨물지 않으니 형통하도다.

괘사에서 이례적으로 괘의 명칭을 언급하지 않는 것은 리괘履卦와 동인괘同人卦와 관괘觀卦와 간괘艮卦가 있다. 그것은 실천과 단합과 깨달음과 머뭄이라는 인간의 주체적 행위를 강조하고 있기 때문으로 보인다. 특히 예의 원리를 말하는 리괘履卦는 상하의 분리, 귀천의 구분 등 분화의 원리를 다루고 있다.

잠자는 사자의 수염과 호랑이 꼬리를 건들지 말라는 얘기가 있다. 공연히 긁어 부스럼을 만들지 말라는 뜻이다. 하지만 우리네 인생살이는 항상

낙서의 9궁 원리와 일치한다. 낙서 원리는 『書經』"洪範九疇"에 처음으로 나타난다. 『書經』은 직접 홍범구주가 낙서라고 규정하지만 그 내용은 낙서 원리와 동일하므로 상수론과 『周易』이 별도의 이론이라고 단정해서는 안 된다. 홍범구주는 『孟子』에서 말하는 고대의 토지 제도인 '井田法'의 근간이 되었던 이론이다. 김일부는 『書經』과 『周易』을 종합하여 정역사상을 완성시켰던 것이다.

2) 최진덕, 「욕망과 예, 그리고 몸의 훈련- 소학을 중심으로」 『유교의 예와 현대적 해석』(서울: 청계, 2004), 175-176쪽 참조.

3) A. C. 그레이엄/이창일, 『음양과 상관적 사유』(서울: 청계, 2002), 9-13쪽 참조.

위험에 노출되어 있다. 모험심이 강한 이를 제외하고는 이미 인간으로 태어난 사태 자체가 호랑이 꼬리를 밟고 있는 운명이다.[4] 그만큼 인생은 고난의 행군이다. 인간은 어려운 고통 속에서 일정한 의례를 통해 자신을 변화시키는 과정에 익숙해야 한다.

먼저 인생의 목표를 굳건히 세워 세속의 유혹에 물들지 않고, 가슴 펴고 당당히 나아가면 된다. 선한 일을 위해서는 외로움과 손해는 기꺼이 감수해야 할 것이다. 이런 과정을 지켜내는 것이 과정이 바로 인간의 길이다. 대부분의 종교들은 젖이 흐르는 꿈의 세계를 말하지만, 『주역』은 하나하나 고난과 역경을 극복한 자에게만 희망이 주어진다는 것을 가르치고 있다. 그러니까 호랑이 꼬리를 밟아도 깨물지 않으니 형통하다는 것이다.

불변의 상하 질서[禮]를 바탕으로 행동하는 것이 인간의 참된 도리이다.

3. 단전 : 중용, 주체성 확립의 열쇠

彖曰 履는 **柔履剛也**니 **說而應乎乾**이라
단왈 리 유리강야 열이응호건
是以履虎尾不咥人亨이라 **剛中正**으로 **履帝位**하여
시이리호미부질인형 강중정 리제위

4) 박홍호, 『多夕 柳永模의 유교사상(下)』(서울: 문화일보, 1995), 154-155쪽 참조. "혹시 나만은 범 꼬리를 밟는 진퇴양난의 모진 운명에 놓여지지 않기를 바라겠지만, 이미 태어난 자체가 범의 꼬리를 밟은 것이다. 조만간 범과 대결하지 않을 수 없다. 그 범이 바로 석가가 말한 범[苦老病死]이다. 사람들은 인생의 운명을 알고 싶어 한다. 그래서 어리석게도 운수의 점을 치러가기도 한다. 바보스럽게 남에게 물으러 다닐 것이 무엇인가. 범 꼬리를 밟아 범에 물려가는 운명인 것이다. 점을 쳐주는 그 사람도 범에 물려가는 처지에 남의 운수를 점친다는 것은 웃기는 일이다. 제 운수도 감당 못하면서 남의 운수에 관심을 가진다는 것인가. 수많은 사람들은 이러한 사실도 모른 채 행복이란 잠꼬대만 하고 있다. 스스로가 범[苦老病死]의 잔등 위에 놓여 있는 것을 어렴풋이 깨닫고는 있다. 그리고 우리는 지구라는 호랑이 잔등 위에 태워져 달리고 있는 것이다. 조만간에 호랑이 뱃속(땅속)에 들어가게 되어 있다. 이 사실을 모른 체하려고 할 뿐이다. 그런데 우리에게는 범에게 물려가도 정신만 차리면 죽지 않는다는 말이 있다. 톨스토이는 범에 물려가는 자신을 발견하고 정신을 차린 사람이다. 예수, 석가를 비롯한 성인들도 범에 물려가는 자신을 발견한 뒤에 정신을 차린 사람들이다. 어떻게 정신을 차렸는가. 범에 물려가는 이 나가 꿈인 것을 깨달은 것이다."

而不疚면 **光明也**라
이불구 광명야

단전에 이르기를 리는 유가 강을 밟음이니(유가 강을 따름), 기쁨으로 건(건괘의 진리)에 응하는지라. 그러므로 '호랑이 꼬리를 밟더라도 사람을 깨물지 않으니 형통하도다.' 강건한 중정으로 제위帝位를 밟아 병폐가 없으면 광명하리라.

천택리괘天澤履卦에서 하괘는 연못[兌; ☱]으로 유약柔弱하고, 상괘는 하늘[乾; ☰]로 강강剛强을 상징한다. 유약한 3효가 강한 4효의 뒤를 쫓아가면서 꼬리를 밟는 형상이다[履, 柔履剛也]. 때로는 강한 발길질에 채일 위험이 뒤따른다. 강건한 하늘의 뜻에 기쁘게(기쁨으로 천도에 순응한다는 태괘兌卦의 화합력을 의미함) 순종하여 화합을 이루기 때문에[說而應乎乾] 해를 입지 않고 형통한다는 것이다.

5효는 양효양위陽爻陽位로서 중용의 덕[中正]을 갖추고 있다. 천자의 지위에서 왕도를 실천하고 특별한 하자가 없다면 그 공덕은 영원히 빛날 것이다. 힘없는 백성들은[柔] 위정자들을[剛] 따라가게 마련이다. 그것도 믿으면서 즐겁게 쫓아가면 더더욱 좋다. 강건하면서도 절대 한쪽으로 치우지지 않고[中], 준비된 사람[正]이 위정자가 되어야 마땅하다. 그것이 국가와 국민 모두에게 행복이기 때문이다. 친인척에 휘둘려 치우치거나[不中], 독불 장군형의 지도자[不正]는 국민 모두에게 불행을 안겨 준다.

종교는 꿈의 세상을 언급하지만, 『주역』은 고난과 역경을 극복한 자에게만 희망이 주어진다고 강조한다.

4. 상전 : 예학은 천지의 이법에 근거를 둔다

象曰 上天下澤이 **履**니 **君子以**하여 **辯上下**하여
상왈 상천하택 리 군자이 변상하

定民志하나니라
정 민 지

상전에 이르기를 위는 하늘이요 아래는 연못이 리이니, 군자는 이를 본받아 상하를 분변하여 백성의 뜻을 안정시킨다.

하늘은 위에 있고 연못은 아래에 있는 것이 리괘履卦의 외형적인 모습이다. 군자는 이를 본받아서 상하와 귀천 등의 질서가 만들어지는 원리를 밝히고, 예의를 제정하여 백성들의 마음 속에 심어 주어야 한다. 유교의 예의를 넓은 의미와 좁은 의미에서 살펴보자. 넓은 의미로 보면, 천지 질서와 인간 질서는 대응 관계를 형성한다. 전자는 후자의 확고부동한 근거이며, 후자는 전자에 담긴 의의를 개인과 사회와 천하에 실현해야 하는 의무가 있다. 유교의 예의를 좁은 의미에서 보면, 인간 질서의 핵심인 오륜五倫[君臣有義, 父子有親, 夫婦有別, 朋友有信, 長幼有序.]을 비롯한 당위적인 규범을 가리킨다. 『주역』은 후자의 타당성을 입증하는 체계를 제공하고 있다.

정이천은 「상전」의 구조를 존재 원리와 당위 원리의 일치로 풀이하고 있다. "하늘은 위에 있고 연못은 아래에 위치함은 상하를 나누는 올바른 이치이다. 그것은 사람이 실천하는 바가 마땅히 이와 같아야 한다.[天在上, 澤居下, 上下之正理也, 人之所履當如是.]" 하늘의 질서는 인륜 질서(도덕 질서)의 거울이다. 거울은 사물을 있는 그대로 비춰주는 투명의 대명사이다. 거울 앞에서는 누구도 스스로를 속일 수 없기 때문이다. 사람은 하늘의 섭리를 진리로 받아들여 실천해야 한다고 가르치고 있는 것이다.

세계적인 신화학자 조지프 켐벨은 수메르의 유적인 지구라트Ziggurat(정신과 마음을 숭고한 기도의 상태로 이르도록 고양시키고, 신이 지상으로 강림할 수 있도록 사다리를 제공하려는 의도에서 만들어진 기도처)가 지어진 목적을 멋지게 해석한 라이프치히 대학의 알프레드 예레미아스의 설명을 인용하고 있다.

"우주 전체는 존재(Being)와 되기(Becoming)의 상위 양식과 하위 양식 사이에서 인식되는 조화의 방식으로, 하나의 단일한 생명이 널리 퍼져 있는 것으로 간주된다. 수메르인들의 세계 감각이 알려주는 것은 '위에 있는 것은 아래에 있다'는 사고이다. 이런 사고로부터 두 가지 방향의 영적 운동이 투영된다. 위에 있는 것은 아래로 내려오고, 아래 있는 것은 위로 올라간다. 이러한 세계 감각을 지닌 공간적 상징은 계단이 있는 수메르의 신전탑인데, 그것은 '하늘과 땅의 명을 전하는 일곱 전달자들의 사원', '하늘과 땅의 기반이 되는 사원' 등과 같은 다양한 우주론적 이론들을 가지고 있으며, 탑의 계단들은 천상 세계의 각 단계의 교리들과 상응한다.

게다가 상계와 하계의 전체성은 위아래를 관통하는 '천상의 에너지'로서 영적인 신의 현존으로 가득 채워진 것으로 생각된다. 눈에는 보이지만 도달할 수 없는 천상의 존재들은 천상적 힘의 물질적 핵심으로 여겨진다. 그리고 인간 역시 영적 존재로서 지상의 베일에 가려져 있는 '신의 이미지'이다. 신이 '생명을 쥐고' 있고, 인류에게 '영원한 생명을 금한' 이상 어떻게든 죽을 수밖에 없는 운명이다. 모든 인간 존재와 인간되기는 높은 하늘에서 인도된다.

따라서 지상의 질서는 천상의 질서에 상응한다. 모든 사제- 왕은 (우주의 축소판인) 자신의 영토 안에서 신의 은총에 의해서 신성의 완전한 이미지가 된다. 모든 왕좌는 천상에 있는 성좌의 이미지이다. 왕의 정원은 신의 정원을 반영한다. 왕좌를 향해 오르도록 계단이 놓여 있듯이 천국을 향해 계단을 오른다. 게다가 모든 사원의 구조에서도 똑같은 사고가 발견된다."[5]

동양의 예는 천지의 이법에 근거한다. 가령 "예는 하늘의 이치를 절도 짓는 무늬이며, 인사의 준칙이다[禮者, 天理之節文, 人事之儀則也]"라는 주자의 말처럼, 항구불변하는 하늘의 이치를 본받고, 하늘의 명을 받아들이는 것에 있다. 인사의 준칙이란 무엇인가? 예는 스스로를 성찰하며, 자신의 몸과 마음을 다스리는 기반이며, 일상 생활에서의 실천과 행동의 규범이

5) 조지프 켐벨/홍윤희, 『신화의 이미지』(서울: 살림출판사, 2006), 112-113쪽 참조.

다. 그래서 34번 뇌천대장괘雷天大壯卦에서도 '예가 아니면 밟지 않는다[非禮弗履]'라고 했던 것이다.

『주역』 15번 지산겸괘地山謙卦는 내면적으로 닦아야 하는 덕을, 리괘履卦는 외면적으로 실천하는 예를 설명한다. 전자는 스스로를 낮춤으로써 가장 낮은 자리에 거처하는 것이며, 후자는 밖으로 의연하면서도 굳건하게 밟아나가는 덕목을 가리킨다. 안연顔淵이 스승인 공자孔子에게 예에 대해 물었다. 공자는 '세속에 찌든 자신을 극복하고 예를 실천하는 것이 인仁[克己復禮爲仁]'이라고 하면서, "예가 아니면 보지 아니하며, 예가 아니면 듣지 아니하며, 예가 아니면 말하지 아니하며, 예가 아니면 움직이지 아니한다"[6]고 하여 예에 부합하는 행위를 할 것을 주문하고 있다.

지상의 질서는 천상의 질서에 상응하므로 인간은 예법을 밖으로 실천해야 옳다.

5. 초효 : 허물과 가식을 벗어 던져라

初九는 **素履**로 **往**하면 **无咎**리라
초구 소리 왕 무구
象曰 素履之往은 **獨行願也**라
상왈 소리지왕 독행원야

초구는 본래 신은 대로 가면 허물이 없을 것이다. 상전에 이르기를 '본래 신은 대로 간다'는 것은 홀로 원하는 바를 행함이다.

소素는 '희다', '흰빛', '꾸미다(꾸밀)'는 뜻이다. '희다'는 것은 원래의 본바탕에 아무 것도 덧붙이지 않은 천연의 상태를 가리킨다. 따라서 '소리素履'는 원래 마음씨대로 밟아 실천한다는 뜻이다. 가식의 허물을 벗어던지고 자신의 본래 면모를 드러내면서 실천하면 걸림이 없다. 인도의 비폭력

6) 『論語』 「顔淵」, "非禮勿視, 非禮勿聽, 非禮勿言, 非禮勿動."

저항가 마하트마 간디는 신발을 벗고 맨발로 다니기를 즐겨했다. 아무런 욕심이 없음을 나타내기 위한 최선의 방법이었다.

초효는 양이 양의 자리[陽位]에 있기 때문에 '정正'을 얻고 있다. 사회에 첫발을 내디디는 초년생은 꾸밈이 없어야 한다. 온갖 화장품으로 얼굴을 꾸미거나 고급옷으로 치장하지 말고 맨 얼굴로도 충분하다. 본연의 순수함을 잃어버리고 외면적 가치에 몰입해서는 안 된다.

그래서 불교에서는 '처음 일으키는 마음[初發心]'이 오래 지속되기 때문에 스스로를 경계하는 글[初發心自警文]을 지어 강조했다. 초심을 잃지 않고 꿋꿋하게 홀로 나아가는 것은 최고의 용기이자 아름다움이다. 이처럼 예는 외부에 그 원인이 있는 것이 아니라, 내면의 심층부에 자리잡고 있음을 밝히고 있다. 그러니까 타고난 소질과 개성을 살려 아무런 부끄럼 없이 살아가기 때문에 허물이 없는 것이다.

초심을 잃지 않고 꿋꿋하게 지키는 것이 최고의 용기이자 아름다움이다.

6. 2효 : 명리욕에 휩쓸리지 말라

九二는 **履道坦坦**하니 **幽人**이라야 **貞**코 **吉**하리라
구이 리도탄탄 유인 정 길

象曰 幽人貞吉은 **中不自亂也**라
상왈 유인정길 중부자란야

구이는 밟는 도가 탄탄하니 은거한 사람이라야 바르고 길할 것이다. 상전에 이르기를 '은거한 사람이라야 바르고 길하다'는 것은 중을 얻어 스스로 어지럽히지 않는 것이다.

2효는 양효음위陽爻陰位이지만, 중용의 덕을 갖추고 있다. 중도를 지키고 실천하는 까닭에 탄탄대로를 걷는다. '탄탄坦坦'이란 마음의 문을 활짝 열

고 넓고 평평한 새벽길을 신나게 달리는 모습을 형용한 말이다. 하지만 2효는 5효와 잘맞는 찰떡 궁합은 아니다. 둘 다 강력한 양이기 때문이다. 그래서 외풍의 영향을 받지 않고 스스로의 처지를 잘 지키고 있다.

양효가 음의 자리[陰位]에 있다는 것은 아직 사회적 정의[正]를 실현할 단계가 아니라는 것을 알려준다. 어느 정도는 사회의 흐름에 무감각한 '유인幽人'이라야 좋다. 더더욱 같은 양인 까닭에 5효와도 상응 관계가 잘 성립되지 않는다. 그러므로 산 속 깊숙이 들어앉아 세속적 가치와 담 쌓고 덕을 기르면서 미래를 기약해야 한다. 명리욕에 휩쓸리지 않는 마음의 평정심을 가지고 올바른 행위를 하기 때문에 길하다.[7)]

사람은 언제나 진리에 대한 믿음을 가지고 살아야 한다. 그러면 앞이 훤히 트인 고속도로를 달리는 것처럼 시원할 것이다. 게다가 마음의 찌꺼기를 버린 욕심 없는 사람은 중심이 흔들리지 않는다. 2효에는 진리의 등대가 있다. 등대불이 비추는 대로 나아가면 된다.

마음의 문을 활짝 열고 중용의 세계에 들어서야

7. 3효 : 교만은 패가망신의 지름길

六三은 **眇能視**하며 **跛能履**라 **履虎尾**하여 **咥人**이니 **凶**하고
육삼 묘능시 파능리 리호미 질인 흉
武人이 **爲于大君**이로다
무인 위우대군
象曰 眇能視는 **不足以有明也**오 **跛能履**는 **不足以與行也**오
상왈 묘능시 부족이유명야 파능리 부족이여행야
咥人之凶은 **位不當也**오 **武人爲于大君**은 **志剛也**라
질인지흉 위부당야 무인위우대군 지강야

육삼은 애꾸눈이 능히 보며 절뚝발이가 능히 밟는 것이다. 호랑이 꼬리

7) "進齋徐氏曰 上无應與, 而獨善其身, 日用常行坦然平易, 不爲艱難阻絶之行, 自守以正, 外物不亂, 故吉."

를 밟아서 사람을 깨무니 흉하고 무인이 군주가 되도다. 상전에 이르기를 '애꾸눈이 능히 본다'는 것은 밝게 볼 수 없다는 것이요, '절뚝발이가 능히 밟는다'는 것은 함께 가기에 부족하다는 것이요, '사람을 깨물어 흉하다'는 것은 위치가 바르지 않다는 것이요, '무인이 군주가 된다'는 것은 뜻이 강하기 때문이다.

3효는 음이 양의 자리[陽位]에 있고, 중용의 길에서 벗어나 있다[陰爻陽位의 不中不正]. 그 공간적 위상은 유약하기 짝이 없는데도 양 에너지가 넘쳐흐른다. 비정상적 구조이다. 그러니까 애꾸눈과 절뚝발이가 등장하는 것이다. 애꾸눈은 『주역』 38번 화택규괘火澤睽卦에, 절뚝발이는 39번 수산건괘水山蹇卦에 비유된다. 애꾸눈과 절뚝발이는 음양 합덕을 표상한다. 소경은 앞을 못본다. 하지만 절뚝발이의 안내로 애꾸눈은 어디든지 갈 수 있으며, 절뚝발이는 애꾸눈의 뛰어난 청각과 후각으로 모자란 것을 보충할 수 있는 것이다. 육체적 불구자는 서로 도움이 되지만, 정신적 불구자는 회복 불능임을 알아야 한다.

『주역』에서 37번 풍화가인괘風火家人卦(䷤)와 40번 뇌수해괘雷水解卦(䷧)가 반대이고, 38번 화택규괘火澤睽卦(䷥)와 39번 수산건괘水山蹇卦(䷦) 역시 반대를 이룬다. 그것은 상극의 극한을 치닫는 것 같지만, 그 안에는 실제로 화합과 상생의 조화가 꿈틀거리고 있음을 시사하고 있다. 이처럼 『주역』은 음양 합덕의 원리를 깊숙이 안배해 놓고 있다. 겉으로는 무한 분열과 모순으로 보이지만, 속으로는 통합과 융화를 강조하고 있는 것이다.

3효는 애꾸눈이 잘 볼 수 있다고 뻐기고, 절뚝발이면서 잘 달릴 수 있다고 억지부리고 있다. 그러다가 졸고 있는 호랑이 꼬리를 밟으니까 호랑이가 깜짝 놀라 깨무는 것은 어쩌면 당연한 일인지도 모른다. 재능이 한참 모자라면서 중책을 맡으려고 한다[武人而于大君]. 정치는 실험실의 청개구리가 아니다. 하사관이 쿠데타를 일으켜 통수권자가 되려는 엉뚱한 행동을 저지르는 꼴이다. 비록 성공하더라도 만고의 역적이 될 것은 불을 보듯 뻔하다.

신체 장애자이면서도 정상인보다 더 잘 보고 잘 달릴 수 있다고 자만한다면, 그들과는 평생 뜻을 함께 할 수는 없다.[8] 자신의 능력을 과신하는 교만은 실패의 지름길이 아닐 수 없다.[9] 힘만 믿고 문인들의 나약함을 꼬집거나 뒤엎는 행동은 생각이 부족한 근육질 투성이인 무인들에게서 흔히 나타나는 일이다.

애꾸눈과 절뚝발이는 음양 합덕을 상징한다. 그것은 상극의 깊숙한 곳에서 이미 화합과 상생의 조화가 꿈틀거리고 있음을 시사한다.

8. 4효 : '길吉'의 조건은 자신을 뒤돌아보는 것에

九四는 **履虎尾**니 **愬愬**이면 **終吉**이리라
구사 리호미 삭삭 종길

象曰 愬愬終吉은 **志行也**라
상왈 삭삭종길 지행야

구사는 호랑이 꼬리를 밟음이니 조심하고 또 조심하면 마침내 길할 것이다. 상전에 이르기를 '조심하고 또 조심하면 마침내 길하다'는 것은 뜻이 행해지는 것이다.

8) 『周易』 54번 雷澤歸妹卦(䷵) 初九에 '跛能履'가 나오고, 九二에 '眇能視'가 나온다. "履卦 3효는 暌卦와 蹇卦를 한자리에 모아 놓은 감이 있다. 暌는 乖目이니 反目嫉視요 蹇은 跛躄難行이다. 反目嫉視와 欲行難行을 수없이 반복하여 서로 보기를 한 쪽은 더러운 糞土를 뒤집어쓴 돼지라 하고, 다른 쪽은 수레에 가득 실은 헛깨비라 하여 서로 원수같이 여겨 誹謗詛呪를 마지 않다가 어쩌다 보니 그것은 원수가 아니라 나의 짝[匪寇婚媾]임을 깨닫고 서로 달려가 부둥켜 안고 눈물을 흘리며 반가와 하니 이것이 바로 暌 上九의 '뭇 의심이 없어짐이라[羣疑亡也]', 解 上六의 '거스름을 풀음이다[解悖也]'라 하겠으니, 이래서 오랫동안 엉키고 맺힌 동포간의 乖離와 違和는 하루 아침에 해결되어 잃었던 자식을 되찾고 흩어졌던 형제를 다시 만나 둘이 하나로 뭉치게 되는 것이라 하겠다. 이러한 상황을 履 六三에서 이미 '履卦의 원리로 조화롭게 행위하라(履以和行)'의 一端을 보여준 것이라 하겠다."(이정호, 앞의 책, 22-23쪽 참조)

9) 『도전』 8:89:2, "장수된 자 교만하면 패하리니, 기틀을 보고 일을 지으라[將驕者는 敗니 見機而作하라]."

4효는 양효가 음위陰位에 있고, 중용의 덕을 갖추지 못했을 뿐만 아니라[不中不正], 5효가 상징하는 호랑이 꼬리를 밟는 형상이다. 하지만 하괘에서 상괘로 금방 건너온 4효는 조심하고 또 조심하여 자신을 뒤돌아보면서 처신하기 때문에 마침내는 길하다는 것이다.

3효가 지방직 공무원이라면, 4효는 5효 군주 밑에서 근무하는 중앙 정부의 고급 관리이다. 고급 관리는 언행에 조심해야 한다. 말 한마디가 국가 정책에 엄청난 파장을 일으키기 때문이다. 그는 스스로를 날마다 점검하면서 군주의 명령을 충실히 따르기 때문에 처음에는 위험하나 실수가 없는 것이다.

날마다 자신을 성찰하는 습관을 몸에 배도록 해야 실수가 없다.

9. 5효 : 어려운 시기일수록 원칙을 존중해야

九五는 **夬履**니 **貞**이라도 **厲**하리라
구오 쾌리 정 여

象曰 夬履貞厲는 **位正當也**일새라
상왈 쾌리정려 위정당야

구오는 결단으로 밟음이니 올바르더라도 위태할 것이다. 상전에 이르기를 '결단으로 밟음이니 올바르더라도 위태하다'는 것은 위치가 정당하기 때문이다.

『주역』 64괘 중에서 5효의 내용은 대부분 좋은 말로 훈계하고 있으나, 여기서는 특별히 '경계와 근신'을 얘기하고 있다. 그래서 「단전」에서도 병에 오래 걸릴 '구疚'를 놓았던 것이다. '쾌夬'는 '결決'과 같은 뜻이다. 물이 콸콸 흘러가도록 물길을 터놓는다는 말이다. 즉 과감하게 결정하는 행동이 '쾌夬'이다.

5효는 양효양위陽爻陽位의 중정中正의 덕을 갖추고 있다. 하지만 하괘의 2

효와는 상응 관계가 아니다. 왜냐하면 2효도 양효인 까닭에 5효가 계속 강공책만 쓰는 격이다. 모든 일을 혼자서 결정하는 것은 매우 위험하다. 보좌관의 건의와 지혜에 눈떠야 비로소 최고 책임자로서의 능력을 발휘할 수 있다. 결정권자는 오직 자신뿐이라고 자랑하면서 결단을 내리는 것은 일을 그르친다. 오히려 그것은 사태를 두 동강이내는 '절단絶斷'인 것이다. 그럼에도 이 방법을 고집하는 것은 결정 사항이 옳더라도 마지못해 따른 것이기 때문에 위험 부담이 따를 수밖에 없는 것이다.

쾌夬란 칼로 목을 베듯 악을 제거한다는 뜻이다. 사회악은 청소되어야 마땅하다. 과감하게 결단하여 실천한다[夬履]는 내용은 공공의 적을 쓸어 없애는 데에 있다. 국가의 기강을 바로잡는데[貞] 악의 무리들이 결집하여 세력을 과시함으로써 국가 공권력이 무력화되는 지경까지 이르므로 위태로운[厲] 것이다. 요즈음 한국 검찰의 고민이 여기 있다. 경제 활로 때문에 부정과 비리에 얼룩진 사회 지도층을 처벌해야 마땅한가, 아니면 잠시 유보하여 경제를 되살린 다음에 처벌할 것인가의 문제로 고뇌에 빠졌다고 한다. 원리원칙대로 하면 된다. 왜냐하면 목적이 정당하면 수단도 정당화되기 때문이다[位正當].

가끔은 목적이 정당하면 수단도 정당화될 수도 있다.

10. 상효 : 예절은 주위를 따뜻하게 만드는 난로

上九는 **視履**하여 **考祥**하되 **其旋**이면 **元吉**이리라
상구 시리 고상 기선 원길

象曰 元吉在上이 **大有慶也**니라
상왈 원길재상 대유경야

상구는 그동안 밟아온 것을 살펴서 상서로운 것을 상고하되 두루 잘했으면(돌아갈 것을 생각하면) 크게 길할 것이다. 상전에 이르기를 '원길'로 위에 있음이 크게 경사가 있는 것이다.

현재의 교육 제도는 초등학교, 중학교와 고등학교와 대학교 과정이 있다. 국적은 바뀌어도 학적은 바뀌지 않는다. 더욱이 대학교의 전공 성적표는 그 사람의 이력서와 마찬가지이다. 그것은 학점이 좋든 나쁜든지간에 그 사람의 발자취이다. 눈발자국은 눈이 녹으면 없어지지만, 성적표는 영원히 녹지 않는 이름표인 것이다.

상효에는 생활 이야기가 아닌 '이루 헤아릴 수 없는 큰 경사스런 기쁨[大有慶]'이 있을 것이라는 암호코드가 나타난다. 도대체 '큰 경사'는 무엇이며, 어디에서 이루어진다는 말인가? 그리고 64괘 대부분의 상효는 절망적인 내용인데도 불구하고 희망의 메시지를 전달하는 이유는 도대체 무엇일까? 그것은 지은이 개인의 신비한 예언에 불과한 것인가?

'큰 경사'라는 명제에 대해서 살펴보자. 지나온 과거를 반성하여 현재의 지침으로 삼으면 후회할 일이 없다는 도덕적 차원의 얘기인가? 세상사람 모두가 개과천선하여 잘못을 저지르지 않으면 도덕의 세계가 건설된다는 말인가? 여기서 우리는 선후천변화에 대한 암시는 아닐까라고 과감한 물음을 던지자. 왜냐하면 바로 뒤이어 나오는 11번 지천태괘地天泰卦는 하늘 기운은 아래로 내려오고, 땅기운은 위로 올라가 실로 음양이 조화되는 이상적 경계를 설명하고 있기 때문이다.

선후천이 바뀌는 것으로 말하면, 상효의 자리는 선후천이 바뀔 때 심판을 받는 자리이다. 그래서 '상서로울 상祥'이 놓이게 된 것이다. 상서로웠느냐 상서롭지 못했느냐, 즉 후천 시대를 살 수 있느냐 못 사느냐를 심판받아, 선천에서 두루 잘했을 경우 후천으로 넘어가 중시조가 되어 경사가 있는 것이다.[10]

따라서 『주역』을 바라보는 인식의 전환이 요구된다. 조선조 후기에 재야학자로 활약했던 김일부는 전통 철학과 종교에 대한 인식론의 혁명가이

10) 김석진, 앞의 책, 376쪽 참조.

다. 그가 『주역』의 내용을 낱낱이 해체한 다음, 선후천의 시각에서 『주역』을 재구성하여 내놓은 결과물이 바로 『정역正易』이다. 그렇다고 『주역』을 전면 부정한 것은 아니다. 『주역』의 숨겨진 이치를 일목요연하게 드러낸 것이 선후천의 변화 원리이다. 그것은 코페르니쿠스적 전회가 아니고는 『주역』의 궁극적 메시지와 『정역』의 실상이 극명하게 드러날 수 없는 까닭에 전통 주역학에 찌든 '나'를 잠시 옆에 두고, 내면에 깊숙이 잠들어 있는 또다른 나를 불러내보자. 패러다임의 전환을 과감하게 단행하자.[11]

리괘는 희망을 얘기한다. 왜냐하면 음양이 교합하는 지천태괘地天泰卦를 앞두고 있기 때문이다.

정역사상의 연구자 이상룡李象龍은 리괘의 성격을 다음과 같이 설명한다.

> 履는 在文爲尸復이라 々은反報也요 尸는 死人也라
> 리 재문위시복 복 반보야 시 사인야
>
> 人之所行合於天理면 則死後必有報施之福祿也라
> 인지소행합어천리 즉사후필유보시지복록야
>
> 爲卦天下有澤이니 々及天下而物皆畜潤之義라
> 위괘천하유택 택급천하이물개축윤지의
>
> 且物畜以禮然後에 可以履行天下니 故次於小畜也라
> 차물축이례연후 가이리행천하 고차어소축야

11) 조지프 켐벨, 앞의 책, 268쪽, "윌리엄 블레이크는 「천국과 지옥의 결혼」에서 이렇게 적었다. "만약 인식의 문이 정화된다면, 만물은 그 자체의 무한한 모습을 인간에게 드러낼 것이다. 인간이 스스로 동굴의 좁은 틈을 통해 모든 사물을 접하는 이상, 인간은 자기 자신을 가두고 있기 때문이다." 똑같은 사고가 중국 선불교의 개조인 慧能(638-713)의 "우리의 순수한 정신은 타락한 정신 속에 있다"는 말에도 나타난다. 그리고 천 년 뒤 일본의 고승 하쿠인(白隱; 1685-1768)도 이렇게 말했다. "바로 이 땅이 순수한 연꽃의 땅이며, 이 몸이 부처의 몸이다." 「도마복음」의 말과 비교해보자. "하느님 아버지의 왕국이 이 땅에 널리 펼쳐져 있는데, 인간은 그것을 보지 못한다." 제임스 조이스는 『율리시즈』에서 'dog'라는 단어를 거울을 통해 비춰보니 'god'으로 전도되더라는 대목에서 똑같은 생각을 보여준다. 우리의 정신이 매개가 되어 전도된 천상의 형태를 비추는 반영체로서의 이 현상 세계에서 이 이미지는 매우 오래된 것이다."

"'리'는 문자로는 주검, 시동[12] 시尸와 돌아올 복復으로 이루어져 있다. '복'은 되돌려 갚다는 뜻이다. 시尸는 죽은 사람으로 인간의 행동이 천리에 부합하면 죽은 뒤에도 반드시 복록을 되돌려 받는다. 괘의 구성은 하늘 아래에 연못이 있는데, 연못물이 천하에 미치어 만물이 윤택하게 길러지는 뜻이고, 만물은 예로써 길러진 뒤에 천하에 실행될 수 있으므로 소축괘 다음이 된 것이다.

彖曰 履虎尾, 不咥人, 亨은 危行而言巽하여 保身之明哲也라
단왈 리호미 부질인 형 위행이언손 보신지명철야

단전 "호랑이 꼬리를 밟더라도 사람을 깨물지 않으니 형통한다"는 것은 위험하게 행위하되 말은 공손하여 몸을 보존하는 현명함을 뜻한다.

象曰 君子以, 辯上下, 定民志는 元上元下로 使人知之也라
상왈 군자이 변상하 정민지 원상원하 사인지지야

상전 "군자는 이를 본받아 상하를 분변하여 백성의 뜻을 안정시킨다"라는 말은 원래의 상하의 분별을 사람들이 알게 하는 것이다.

初九, 素履, 往, 无咎는 素貧賤而行乎貧賤也라
초구 소리 왕 무구 소빈천이행호빈천야

초효 "본래 신은 대로 가면 허물이 없을 것이다"라는 것은 본래 빈천하면 빈천한대로 실천하라는 뜻이다.

九二, 履道坦坦, 幽人, 貞, 吉은 人不知而不慍也라
구이 리도탄탄 유인 정 길 인부지이불온야

2효 "밟는 도가 탄탄하니 은거한 사람이라야 올바르고 길할 것이다"라는 것은 다른 사람이 알아주지 않아도 성내지 않는 것을 가

12) 제사지낼 때 神位 대신으로 교의에 앉히는 어린아이.

리킨다.

六三, 眇能視, 跛能履는 小人之眩能也오 履虎尾, 咥人, 凶은
육삼 묘능시 파능리 소인지현능야 리호미 질인 흉

欲害君子니 反受其殛也오 武人, 爲于大君은 剛不得中也라
욕해군자 반수기극야 무인 위우대군 강부득중야

3효 "애꾸눈이 능히 보며 절뚝발이가 능히 밟는 형상이다"라는 것은 소인의 어두운 능력을 뜻한다. "호랑이 꼬리를 밟아서 사람을 깨무니 흉하다"라는 말은 군자를 욕보이려다가 도리어 죽임 당한다는 뜻이며, '무인이 군주가 된다'는 말은 강剛이 중도를 얻지 못했다는 것이다.

九四, 履虎尾, 愬愬, 終吉은 始寅終辰也라
구사 리호미 삭삭 종길 시인종진야

4효 "호랑이 꼬리를 밟음이니 조심하고 또 조심하면 마침내 길할 것이다"라는 것은 호랑이[寅]에서 시작하여 용[辰]으로 끝난다는 뜻이다.

九五, 夬履, 貞, 厲는 毅宗殉其社稷也라
구오 쾌리 정 여 의종순기사직야

5효 "결단으로 밟음이니 올바르더라도 위태로울 것이다"라는 말은 의종毅宗이 종묘 사직과 함께 죽은 것을 가리킨다.

上九, 視履, 考祥, 其旋, 元吉은 誄謚表楔하여 終有福履也라
상구 시리 고상 기선 원길 뇌시표설 종유복리야

상효 "그동안 밟아온 것을 살펴서 상서로운 것을 상고하되 두루 잘했으면(돌아갈 것을 생각하면) 크게 길할 것이다"는 말은 뇌시표설誄謚表楔하여 마침내 복을 실천한다는 뜻이다.

지천태괘
地天泰卦

천지 조화는

어떻게 이루어지는가

1. 이 세상이 도달할 고향은 어디인가? : 태괘

정이천은 천택리괘天澤履卦(䷉) 다음에 지천태괘地天泰卦(䷊)가 오는 이유를 다음과 같이 말한다.

泰는 序卦에 履而泰然後安이라 故受之以泰라 하니라
태 서괘 리이태연후안 고수지이태
履得其所則舒泰하고 泰則安矣니 泰所以次履也라
리득기소즉서태 태즉안의 태소이차리야
爲卦坤陰在上하고 乾陽居下하니 天地陰陽之氣相交而和면
위괘곤음재상 건양거하 천지음양지기상교이화
則萬物生成이라 故爲通泰라
즉만물생성 고위통태

"태괘는 「서괘전」에 '(예를) 실천하여 태평한 뒤에 편안하기 때문에 태괘로 이어받았다'고 했다. 실천하여 제자리를 얻으면 태평하고, 태평하면 편안한 까닭에 태괘가 리괘의 다음이 된 것이다. 괘의 형성은 곤음이 위에 있고, 건양이 아래에 있다. 천지 음양의 기운이 서로 사귀어 화합하면 만물이 생성한다. 그러므로 형통하고 태평한 것이다."

양만리楊萬里(1124-1206: 호는 성재誠齋)는 태괘가 갖는 성격과 그 의미를 다음과 설명한다.

乾坤은 天地之泰初오 屯蒙은 人物之泰初이니 有物此有養이라
건곤 천지지태초 둔몽 인물지태초 유물차유양
故로 需而養之니라 養者는 生之源이오 亦爭之端이라
고 수이양지 양자 생지원 역쟁지단
小者는 訟이오 大者는 戰이니 師以除其惡하고 比以附其善하고
소자 송 대자 전 사이제기악 비이부기선
畜以生聚하고 履以辯治而後致泰니 豈一手一足之力哉리오
축이생취 리이변치이후치태 기일수일족지력재
故曰 古之无聖人이면 則人之類滅久矣리라
고왈 고지무성인 즉인지류멸구의

"건곤은 천지에서 가장 큰 태평함의 시초이며, 둔과 몽은 인간과 사물의 태평함의 시초이다. 사물이 있으면 길러야 하는 까닭에 기다려서[需] 길러야 한다. 기른다는 것은 생성의 근원이며 또한 다툼의 단서이다. 작은 것은 소송[訟]이고, 큰 것은 전쟁이다. 군대의 규율[師]로 악을 제거하고, 친근함[比]으로 선을 덧붙이고, 축畜은 모음을 낳고, 실천[履]으로 다스림을 분변한 이후에야 태평함[泰]이 이루어지는 것이다. 어찌 손과 발의 힘으로 이루어지겠는가. 그러므로 '옛날의 성인이 없었다면 인류가 소멸된지 오래되었을 것이다'라고 했다."

태괘의 원리는 『주역』 64괘 중에서 가장 이상적이고 균형 잡힌 형태로서 길한 징조를 대표하는 괘로 알려져 있다. 하늘과 땅은 각각 상하의 질서를 이루는 항구불변의 원칙이라는 것이 전통 윤리의 이론적인 무기였다. 하늘은 양이고 땅은 음이라 할 때, 가볍고 맑은 양은 더욱 위로 올라가고, 무겁고 탁한 음은 더욱 아래로 내려와 만물의 생성 활동은 불가능하다. 그것은 음양의 부조화와 불균형으로 인해 무한 분열을 가져오는 불길한 징조이다.

음양의 결혼을 기대할 수 없는 상황은 과연 어떻게 설명할 수 있는가. 우주에는 무한 팽창에서 성숙과 통일을 지향하는 원리가 있다. 이를 표상한 것이 지천태괘地天泰卦이다. 그것은 추상적인 이론이 아니라 우주가 최종적으로 도달해야 되는 목표라고 하여, 이에 대한 구체적인 과정을 풀이한 것이 정역사상이 강조하는 금화교역설金火交易說이다. 김일부가 지은 『정역』의 원래 명칭은 『금화정역金火正易』이었는데, 그것은 지극히 보편 타당한 이치인 까닭에 금화金火를 생략하고 『정역』이라 불렀던 것이다. 그는 금화교역에 대한 다섯 개의 시를 읊어 우주 변화의 세계상을 지극히 찬양하였다.

태괘泰卦와 비괘否卦는 군자와 소인, 좋은 징조와 나쁜 징조, 대운과 소운 등의 극적인 대비를 통해 갈 길을 정하는 길잡이 노릇을 하였다. 그렇다고 불확실한 미래에 대해 희망의 메시지를 던졌다는 점에 의의가 있는 것이 아니다. 『주역』을 시종일관 선후천론으로 이해한 김일부에 따르면, 우주는 선천에서 후천으로, 캘린더는 1년 365¼일 윤력閏曆에서 1년 360일 정력正曆으로, 음양의 억음존양抑陰尊陽에서 조양율음調陽律陰으로, 괘도로는 문왕팔괘도에서 정역팔괘도로 바뀌는 필연 법칙을 논증함으로써 주역학의 물꼬를 새롭게 텄을 뿐만 아니라 한국철학의 독창성을 유감없이 발휘했던 것이다.

선천에서 후천으로의 전환이라는 주제는 우주와 역사와 문명의 순환 법칙을 총괄적으로 설명하는 원리이다. 최수운과 김일부는 우주를 선천과 후천으로 나누었다. 최수운은 후천개벽의 급격한 혼란은 종교의 힘으로 극복할 수 있다고 주장했으며, 김일부는 천지개벽의 타당성을 점검하여 새로운 천지가 정립될 것임을 논증하였다. 김일부는 시간 질서와 천지 질서와 문명 질서가 바뀌는 거대 담론을 제시하여 조선조 말기 후천개벽 사상의 초석을 다졌다.

'태泰'는 '매우 크다', '태평하다'는 의미이다. 동양에서는 하늘과 땅의 화합으로 생겨나는 생명의 원형을 본받아 건설한 이상 세계가 가장 합리적이라고 보았다. 유교가 얼마나 태평성대를 꿈꾸었는지는 TV에서 방영하는 역사 드라마에서 자주 언급되는 대화에서도 찾을 수 있다. 세상이 어지러우면 어지러울수록 지식인들은 더욱더 태평성대를 부르짖어 정치 개혁의 구실로 삼았던 것이다.

태괘는 보통 상식으로는 어긋나게 위에는 곤괘坤卦(☷)가, 아래에는 건괘乾卦(☰)가 자리잡는다. 즉 물리적인 의미에서 말하는 하늘과 땅의 이치와 부합하지 않는다. 그것은 상하의 질서가 무너진 무도한 상태를 지적한 것이 아니라, 하늘과 땅의 기운이 서로 상응하여 생명을 약동시키는 원리를 뜻한다. 천지 음양의 두 기운이 서로 통하고 화합하는 가운데 만물이 생겨나고 자라서 성숙됨을 시사한 것이다.

2. 태괘 : 천하 태평의 결과

泰는 **小往大來**하니 **吉**하여 **亨**하니라
태　　소왕대래　　　길　　　형

태는 작은 것은 가고 큰 것이 오니 길하여 형통하는 것이다.

태괘는 기본적으로 시간 속에서의 음양 변화와 생성[1]을 말한다. '현재'

1) 미하일 엡스테인/류필하, 「시간의 살인」 『시간으로부터의 해방』(서울: 자인, 2001), 97-150쪽 참조. "시간의 살인은 인종학살과 환경파괴를 동반하는 현상이다. 혁명은 마치 규칙처럼 과거와 현재를 미래를 위한 희생물로 바치는 것에서 시작해, 계급과 민족말살로 이어지며, 자연환경의 파괴로 끝을 맺는 세 단계를 거친다. 또한 혁명은 이와는 반대로 세기말에 인기를 얻은 위대한 전통의 네오 파시즘적 이데올로기가 증명하는 것처럼 미래로부터 과거의 해방을 요구하기도 한다. 그러면 어디서부터 시작할 것인가? 바로 미래를 절대화하는 것과 미래를 현재와 과거로부터 유토피아아적으로 단절시키는 것이 시간의 시스템에 대형사고를 불러일으키는 계기가 되었으므로 미래에서부터 시간의 부활작업을 시작해야 함은 자명한 사실이다. 과거로부터 미래를 해방시키는 일, 그리고 미래로부터 과거를 해방시키는 일, 이 서로 상반되는 듯한 두 개념을 충족시킬 수 있는 것은 오직 한 단어일 뿐이다. 혁명. 혁명은 좌파혁명 또는 우파혁명으로 나타날 수도 있고, 또한 위대한 유토피아라는 이름으로 또는 위대한 전통이라는 이름으로 수행될 수도 있다. 하지만 혁명에는 피가 동반되지 않을 수 없다. 그리고 혁명의 첫 번째 희생자가 바로 시간이다. 과거와 미래의 상호 '해방'의 희생자는 항상 '현재'였다. 현재는 한 번도 자신의 독자적인 가치를 가져 본 적이 없고, 항상 과거에 대한 메아리거나 아니면 미래에 대한 준비단계로 여겨졌다. 포스트모더니즘은 바로 이 용어 자체에서 역사적 시간의 흐름을 멈추려 하고 어떤 후기 역사적 공간, '시간의 보관소'를 건설하려 한다. 시간의 살인에는 세 가지 기본형태가 있다. 미래에 대한 유토피아적 점령('다음 세대의 행복'), 과거에 대한 향수적 점령('위대한 전통'), 그리고 현재에 대한 포스트모더니즘 식의 현혹('의미하는 것들이 동시에 진행되는 게임 속에서의 시간의 사라짐')이 바로 그것이다. 시간의 세 가지 기본양식인 미래, 과거, 현재는 그 가운데 하나가 다른 것에 대항해 절대화되는 순간부터 바로 시간의 살인의 세 가지 방식 가운데 하나로 변화된다. 영어에서 미래는 '다가온다' '도착한다'라는 표현으로 쓰이고, 이것은 기차가 출발한 곳으로부터 과거로 가는 길목에 있는 현재라는 환승역에 도착하는 것과 같다. 움직임의 측면에서 본다면 앞으로 나아간다는 것은 미래에 가까워진다. 미래란 무엇인가? 다가오고 있는 대상인가? 아니면 반대로 더 멀리 달려가고 있는 것인가? 미래는 가까워지는 것과 동시에 멀어진다. 사실 사건은 미래로부터 우리에게 오고, 과거 속으로 떠나가버린다. 미래는 대포의 포구 같은 것이어서 우리에게 사건을 쏘아대지만 포구 자체는 항상 뒤에 남아 있는 것이다. 하지만 점차적으로 기호적이고 정보적이고 컴퓨터적인 것이 되어 가는 우주는 점점 더 많은 사실의 우주를 삼켜버리고 이전에는 그렇게 해보는 것이 가능했던 것을 가능한 일로 만들고 있다. 이러한 과정을 바로 세계적 양식의 변화라고 규정할 수 있을 것이다. 역사의 새로운 세기가 시작되는 입구에서 존재로부터의 탈피가 시작되고, '만약'이라는 형태로의 전이가 시작되는 것이다. 가정법은 새로운 정신적 경험의 거대한

를 중심으로 작은 것은 '과거'로 지나가고[往], 큰 것은 '미래'에서 다가온다[來]고 했다. 과거와 현재가 어둡고 고통스럽더라도 미래에는 행운이 다가와 만물이 모두 제 뜻을 펼칠 수 있다[亨]고 했다.

정이천程伊川에 따르면, 작은 것[小]은 음陰이고 큰 것[大]은 양陽이다.[2] 음은 작고 양이 크다는 것을 달리 표현하면 '양다음소陽多陰小'요, '삼천양지三天兩地'다. 그것은 우주론적으로나 가치론적으로 '억음존양抑陰尊陽'의 질서를 나타낸다.[3] 선천은 닫힌 질서로서 '삼천양지三天兩地'의 세계요, 후천은 열린 질서로서 '양지삼천三地兩天(형식논리로는 삼지양천三地兩天이지만 실제로는 정음정양正陰正陽이다)'의 세계이다.

"선천은 천지비天地否요, 후천은 지천태地天泰니라. 선천에는 하늘만 높이고 땅은 높이지 않았으니 이는 지덕地德이 큰 것을 모름이라. 이 뒤에는 하늘과 땅을 일체로 받든 것이 옳으니라."(『도전』, 2:51:1-3)

시간 속에서의 음양의 변화와 생성을 얘기하는 태괘는 닫힌 상극 세상은 멀리 가고, 열린 상생의 세상이 오는 이치를 밝히고 있다.

3. 단전 : 진정한 소통은 어떻게 이루어지는가

彖曰 泰小往大來吉亨은 **則是天地交而萬物**이 **通也**며
단왈 태소왕대래길형 즉시천지교이만물 통야

上下交而其志同也라 **內陽而外陰**하며 **內健而外順**하며
상하교이기지동야 내양이외음 내건이외순

영역이고, 새로운 섬세함이며 인내심이고, 미래를 현실 속으로 '새로 태어날 수 있게' 하는 세계적 길을 열어주는 지적 풍요이다. 따라서 새로운 모델에서는 미래가 현재나 과거로부터 '해방되는 것'이 아니라 미래가 현재와 과거에게 자신의 고유한 의미를 만들어낼 수 있는 풍요로운 자유를 선물하는 것이다."

2) "小, 謂陰, 大, 謂陽. 往, 往之於外也, 來, 來居於內也."

3) 『도전』 2:52:1-5, "선천은 抑陰尊陽의 세상이라. 여자의 원한이 천지에 가득 차서 천지운로를 가로막고 그 화액이 장차 터져 나와 마침내 인간세상을 멸망하게 하느니라. 예전에는 억음존양이 되면서도 항언에 '陰陽'이라 하여 양보다 음을 먼저 이르니 어찌 기이한 일이 아니리오. 이 뒤로는 '음양' 그대로 사실을 바로 꾸미리라."

內君子而外小人하니 **君子道長**하고 **小人道消也**라
내 군 자 이 외 소 인　　　군 자 도 장　　　소 인 도 소 야

단전에 이르기를 '태는 작은 것은 가고 큰 것이 오니 길하여 형통하다'는 것은 곧 하늘과 땅이 사귀어 만물이 통하며, 상하가 사귀어 그 뜻이 같음이다. 안은 양이고 밖은 음이며, 안은 건실하고 밖은 유순하며, 안은 군자이고 밖은 소인이니, 군자의 도는 자라나고 소인의 도는 사라지는 것이다.

태괘의 결론은 '천지가 결혼하여 만물이 상통하고, 상하가 결혼하여 그 뜻이 같아진다'는 말에 있다. '천지가 결혼하여 만물이 상통한다'는 말은 하늘기운은 위로 올라가고, 땅기운은 아래로 내려와 음양이 조화되어 새로운 창조 질서가 생겨남을 가리킨다. 가벼운 하늘기운은 한없이 위로 올라가고, 무거운 땅기운은 아래로 내려간다면 음양이 서로 헤어져 어두운 공간으로 변질되어 생명체는 탄생할 수 없을 것이다.

'천지가 결혼하여 만물이 상통한다[天地交而萬物, 通也]'는 것은 새로운 천지가 탄생하는 과정을 말한 것이고, 그 결과적 표현은 「계사전」 상편 7장의 "천지가 제자리를 베풀면 역이 그 가운데 행해진다[天地設位, 而易行乎其中矣]"라는 '천지가 제자리를 베풀면'이라는 명제에 온전히 담겨 있다. '천지설위天地設位'는 천지비天地否의 세상에서 지천태地天泰의 세상으로 바뀌어 천지天地가 그 궁극 목적을 달성하는 것을 뜻한다.[4)]

이를 김일부는 60갑자 이론으로 밝히고 있다. "하늘이 땅과 덕을 합하니 32요, 땅이 하늘과 도를 합하니 61일세."[5)] 정역사상의 기조는 천간天干의 갑기질서甲己秩序에서 기갑질서己甲秩序로의 전환에 있다. 선후천의 변화

4) ① 『도전』 2:43:1-4, "지금은 온 천하가 가을운수의 시작으로 들어서고 있느니라. 이 때는 천지성공시대니라. 악한 자는 가을에 지는 낙엽같이 떨어져 멸망할 것이요, 참된 자는 온갖 과실이 가을에 결실함과 같으니라. 그러므로 이제 만물의 생명이 다 새로워지고 만복이 다시 시작되느니라." ② 『도전』 4:21:1, "이 때는 천지성공시대니라. 서신이 명을 맡아 만유를 지배하여 뭇 이치를 모아 크게 이루나니 이른바 개벽이라."
5) 『正易』 「十五一言」, "天地合德三十二, 地天合道六十一"

는 토土의 위상 변화에서 쉽게 찾을 수 있다. 선천에는 갑을병정무甲乙丙丁戊에서 '무戊의 5토土'가 생명 창조의 중심였다면, 후천은 기경신임계己庚辛壬癸에서의 '기己의 십토十土'가 새로운 창조 질서의 배꼽이 된다. 이를 묶어서 얘기하면, 선천 무위戊位의 하늘이 땅으로 되는 것은 무술戊戌에서 시작하여 도순도역度順道逆의 이치에 따라 기사己巳까지 32도度이다. 후천 기위己位의 땅이 하늘이 되는 것, 즉 땅이 하늘과 도를 합하는 것은 기사己巳에서 시작하여 도역도순度逆道順의 이치에 따라 한 바퀴를 돌아 61도度(기사己巳)가 되는 것이다.

김정현金貞鉉은 『정역주의正易註義』에서 다음과 같이 풀이하고 있다. "'천지天地'를 괘도로 표현하면 비괘否卦이다. 비괘否卦는 음양이 사귀지 못하는 까닭에 비록 그 덕이 부합하고 있으나, 음양의 체위도수體位度數의 반인 32도 밖에 돌지 못한다. '지천地天'을 괘도로 표현하면 태괘이다. 태괘는 음양의 사귐이 완전하므로 그 도를 통합하여 체위도수體位度數 전체인 61도를 돈다." 그러니까 천지합덕天地合德의 세상[6]은 천지비운天地否運이며, 지천합도地天合道의 세상은 지천태운地天泰運이라 할 수 있다.

'천지설위天地設位'의 목표에 도달하기 위해서 우주는 세 단계를 거쳐야 한다. 우주의 생生의 단계를 표상하는 복희팔괘도에서 장長의 단계를 표상하는 문왕팔괘도로 전환하며, 다시 성成의 단계를 표상하는 정역팔괘도로 진화한다. 우주가 처음으로 생겨날 때는 하늘은 위에, 땅은 아래에 위치하고 나머지 6괘는 입체적 공간으로 확장된다. 그것은 「설괘전」에 상세하게 나타나 있다.

「설괘전」 3장의 '천지정위天地定位'는 복희팔괘도를, 「설괘전」 5장은 문왕팔괘도를, 「계사전」 상편 7장의 '천지설위天地設位'와 「설괘전」 6장의 내

6) 『도전』 2:19:3-7에서는 "앞세상은 하늘과 땅이 합덕[天地合德]하는 세상이니라. 후천은 온갖 변화가 통일로 돌아가느니라"고 했다. 이는 정역사상과 형식논리적으로는 부합하지 않는다. 하지만 분명히 '앞세상'이라는 미래적 시간을 제시한 점으로 보아서 내용적으로 일치한다고 할 수 있다.

용은 정역팔괘도를 뜻한다. 복희팔괘도[生]가 천지비天地否(건남곤북乾南坤北)를 나타낸다면, 그 중간 과정[長]인 분열 확장의 원리를 상징하는 것은 문왕팔괘도이며, 정역팔괘도[成]는 지천태地天泰(곤남건북坤南乾北)를 가리킨다. 따라서 거꾸로 놓였던 하늘과 땅이 원래의 제자리를 찾는 위대한 혁명적 사태가 바로 '천지설天地設(정正)위位'인 것이다.[7)]

태괘는 천지 질서를 안과 밖으로 나눈다. 안은 양이며 성질은 건실하고 사람으로는 군자이며, 밖은 음이며 유순하고 소인이다. 여기서 바로 인간의 성격을 외유내강 혹은 내유외강으로 나누는 유형, 남존여비라는 용어가 생기는 연유가 있다. 그것은 겉과 속, 드러난 질서와 숨겨진 질서, 선천과 후천이라는 문제 의식을 갖도록 한다.

괘사의 결론은 '군자의 도는 자라나고 소인의 도는 사라진다[君子道長, 小人道消也]'는 명제에 있다. 선천 말기, 즉 선후천 교체기에 이르면 군자의 도리는 커지고 소인의 도리는 작아진다고 하여 선후천의 삶의 모습을 극명하게 차별화시켰다.

하늘기운은 위로 올라가고, 땅기운은 아래로 내려와 새로운 창조 질서가 생겨난다.

4. 상전 : 천지는 인간 삶의 준거

象曰 天地交泰니 **后以**하여 **財成天地之道**하며
상왈 천지교태 후이 재성천지지도

輔相天地之宜하여 **以左右民**하나니라
보상천지지의 이좌우민

상전에 이르기를 하늘과 땅이 사귀는 것이 태이니, 왕은 이를 본받아 천지의 도를 재단하여 이루며, 천지의 마땅함을 돕고 백성을 돕는다.

7) 『周易』 34번 雷天大壯卦에서는 "(새로운 천지의) 바르고 큼에서 천지의 정을 볼 수 있다[正大而天地之情, 可見矣]"고 하여 天地設位의 결과를 표현했다.

地天泰卦 지천태괘

하늘과 땅이 결합하여 음양이 조화되면 만물이 생겨나고 자라서 모든 일이 크게 이루어지는 까닭에 '태泰'라고 부른다. 하늘 아래서 가장 높은 지위에 있는 왕은 태괘에 담긴 이치를 깨달아 천지의 이법을 삶의 준거로 삼아서 제도를 마련하고, 천지가 만물을 낳는 목적을 본받아 백성들의 삶을 부양한다.

재물 재財는 마름질한다는 의미의 재裁이다. 무엇을 마름질한다는 것인가? 왕은 하늘과 땅의 걸음걸이를 측정하고 관찰하여 백성들에게 실질적인 도움이 될 수 있는 캘린더(달력)를 제정하여 농사짓는 시기를 알려준다[財成天地之道]. 천지 질서를 바탕으로 왕은 올바른 제도를 정비하는 일이 최우선의 과제이다. 다시 말하면 천지지도天地之道가 본체[體]라면, 천지지의天地之宜는 작용[用]을 뜻한다(서양철학의 관점에서 보면 존재存在와 당위當爲의 관계이다). 제도 정비만 완벽하고, 그것을 운용하는 의식이 마비되었다면 일은 엉망진창이 될 것은 뻔하다. 자동차 정비는 완료되었으나, 운전자가 술 취했다면 아무런 쓸모가 없는 것과 마찬가지이다.

財成은 謂體天地交泰之道而財制하여 成其施爲之方也라
재성 위체천지교태지도이재제 성기시위지방야
輔相天地之宜는 天地通泰면 則萬物茂遂하나니
보상천지지의 천지통태 즉만물무수
人君體之而爲法制하여 使民用天時因地利하여
인군체지이위법제 사민용천시인지리
輔助化育之功하여 成其豐美之利也라
보조화육지공 성기풍미지리야

"'제성財成'은 천지가 사귀어 크게 통하는 도를 체득하여 재제해서 시행하는 방법을 이루는 것이다. '천지의 마땅함'을 도움은 천지가 크게 통하면 만물이 무성하게 이루어지니, 군주는 이것을 체득하여 법제로 만들어서 백성들로 하여금 천시天時를 사용하고 지리地利로 말미암아 화육의 공능을 도와서 풍성하고 아름다운 이로움을 이루

게 하는 것이다."(정이천程伊川의 주해註釋)

자연계는 정연한 질서로 존재한다. 그것은 도덕의 존엄한 근거이다. 하지만 보통 사람들은 외물의 유혹에 빠져 분명히 인식하지 못한다. 재단사가 능숙한 솜씨로 옷감에서 필요한 부분만을 잘라내어 옷을 만들어내듯이, 군주는 천지의 도에 대한 틀을 짜내어 제도를 정비한 다음, 백성들의 삶에 도움되는 문명의 이기 등을 만든다.

천지가 만물을 낳는 목적을 본받아 인류를 위한 삶을 부양해야 마땅하다.

5. 초효 : 뜻을 같이하는 동료와 세상사에 참여하라

初九는 **拔茅茹**라 **以其彙**로 **征**이니 **吉**하니라
초구 발모여 이기휘 정 길

象曰 拔茅征吉은 **志在外也**라
상왈 발모정길 지재외야

초구는 띠풀 뿌리를 뽑음이다. 그 무리로써 나아감이니 길하다. 상전에 이르기를 '띠풀 뿌리를 뽑아 나아감이 길하다'는 것은 그 뜻이 밖에 있음이다.

'모茅'는 잔디풀의 이름이다. '여茹'는 띠풀의 뿌리가 길게 연결되어 있는 것을 말하며, 뿌리들이 서로 얽혀 무리지어 있는 것은 '휘彙'라 한다. 들판에 나가 띠풀을 하나 뽑으면 그 뿌리들이 잇달아 뽑히는 것을 경험했을 것이다. 그것은 태평성대에 이르러 뜻있는 선비들이 조정에 나아가 동참하려는 모양을 본뜬 것이다.

초구는 양효양위陽爻陽位의 신분으로 현명하고 의지가 굳건한 재야선비를 상징한다. 어두운 난세에 알아주는 이가 없을 때는 숨어 지내지만, 지금은 새로운 세상이기 때문에 개인의 일보다는 천하에 뜻을 둔다. 이때는

자기 혼자만의 이익이나 명예는 접어두고 동료들과 손잡고 전진한다.[8] 왜냐하면 띠풀 한 포기를 뽑으면 그 주위의 뿌리들도 한꺼번에 딸려 나오듯이, 하괘의 세 효는 띠풀의 뿌리처럼 뜻을 함께 하는 공동 운명체이기 때문이다. 그것은 선비들의 인격과 풍모와 삶의 자세를 상징한다.

선비는 혼자만의 이익이나 명예는 접어두고, 동료들과 뜻을 모아서 조정에 나아가려는 의지를 가져야 한다.

6. 2효 : 중용의 실천이 천하사의 열쇠

九二는 **包荒**하며 **用馮河**하며 **不遐遺**하며 **朋亡**하면
구이 포황 용빙하 불하유 붕망
得尚于中行하리라
득상우중행
象曰 包荒得尚于中行은 **以光大也**라
상왈 포황득상우중행 이광대야

구이는 거친 것을 포용하며 하수를 맨발로 건너는 것을 쓰며 먼 것을 버리지 아니하며 (가깝다고) 붕당을 짓는 일이 없으면, 중용의 덕을 실천하는데 숭상함을 얻을 것이다. 상전에 이르기를 '거친 것을 포용하여 중용의 덕을 실천하여 숭상함을 얻는다'는 것은 발전하여 크게 빛난다.

2효는 음위양효陰位陽爻로서 정正은 얻지 못했으나 중용의 덕은 갖추었다. 비록 양이 음의 자리에 있지만, 5효와 상응 관계를 이루고 있기 때문에 하늘 아래에 있는 문명의 온갖 부조리와 불합리한 거친 모순들을 넓은 아량으로 포용한다. 그리고 실천에 있어서는 강을 건너는 데 배를 사용하지 않고 걸어서 건너는 과감한 용기를 발휘한다. 현실에서 소외된 현자들을 불러들여 인재로 등용한다.[9] 자신들의 잇속만 챙겨 끼리끼리 나눠먹는

8) "誠齋楊氏曰 君子之志在天下, 不在一身. 故曰志在外."
9) 남만성, 『周易』(서울: 성균서관, 1976), 89쪽. "汚濁을 포용하는 도량, 大河를 徒步(맨발로 건넘)하는 과단, 疎遠을 버리지 않는 박애, 情實을 끊어버리는 公正, 이러한 덕행을 구비하면

붕당은 천하를 망치는 지름길이라고 경계했다. 그러면 중용의 덕을 남김 없이 펼칠 수 있다는 것이다.

반대파를 아무런 조건없이 모두 포용하는 관용과 아량[包荒], 큰 강을 도보로 건너는 용기[用馮河], 먼 곳에 있는 숨은 인재들이 원망하지 않는 등용의 원칙[不遐遺], 이권만을 지키려는 기득권 세력의 해체[朋亡] 등은 현대 사회의 소중한 밑거름이다. 이것이 바로 깨끗한 정치의 요건인 셈이다.

붕당은 천하를 망치는 지름길이다. 관용과 아량, 큰 강을 건너는 용기, 참다운 인재 등용, 기득권 세력의 해체야말로 깨끗한 정치의 밑거름이다.

7. 3효 : 음양의 변화와 역사의 흥망성쇠는 자연의 이치

九三은 **无平不陂**며 **无往不復**이니 **艱貞**이면 **无咎**하여
구삼 무평불피 무왕불복 간정 무구
勿恤이라도 **其孚**라 **于食**에 **有福**하리라
물휼 기부 우식 유복
象曰 无往不復은 **天地際也**라
상왈 무왕불복 천지제야

구삼은 평평해도 기울어지지 않음이 없으며, 가서 돌아오지 않음이 없으니, 어렵더라도 바르게 하면 허물이 없어서 근심하지 않더라도 미덥다. 먹는 데에 복이 있을 것이다. 상전에 이르기를 '가서 돌아오지 않음이 없다'는 것은 천지의 접점[10]이기 때문이다.

3효는 양효양위陽爻陽位의 '정正'을 얻고 있으나, 중용의 덕에서 지나쳤다. 하괘의 극한에 도달했으며, 더욱이 하괘 선천(3효)에서 상괘 후천(4효)으로 넘어가기 직전의 혼돈상[艱]을 표상하고 있다. 만물은 극성하면 다시 쇠락

태평성세로 발전하여 크게 빛나리라."

10) 박일봉의 '접점'이라는 표현이 너무 좋아서 그대로 인용했다. 박일봉, 『주역』(서울: 육문사, 1989), 130쪽. 접점은 카오스와 코스모스가 교체식을 거행하는 지점으로서 새로운 창조의 지평선이다.

한다. 뚫리면[泰] 마침내 막히는[否] 상황으로 접어들고 다시 순환한다. 지금은 시간적으로 막힌 것이 시원하게 뚫리는 교체기[天地'際']라는 것이 태괘의 가르침이다. 자연의 음양 교체와 역사의 흥망성쇠와 선후천 전환의 이치를 알아서 두려워하고 경계하는 것은 이에 대해 전혀 대비하지 않는 태도와는 판연하게 다르다.

상전벽해桑田碧海란 말이 있다. 세월은 아무 것도 그대로 두지 않는다. 평평한 땅도 기울며, 태평 성대도 기우뚱거려 쇠락하는 것이 역사의 필연 법칙이다. 양陽의 극성 시대[乾道의 時代]가 지나면 음陰의 시대[坤道의 時代]가 돌아온다. 지금은 천지비天地否의 시대에서 지천태地天泰의 시대로 접어드는 선후천 교체기이다. 따라서 천지 질서가 바뀌는 이치를 깨달아 힘들고 어려운 일을 극복하고, 도를 지키면 화를 물리쳐 복을 누릴 수 있다는 것이다.

'평평해도 기울어지지 않음이 없으며 가서 돌아오지 않음이 없다[无平不陂, 无往不復]'는 말은 동양의 독특한 순환론적 우주관을 설명하는 주제이다. 그것은 또한 동학 우주론의 핵심이다. 『동경대전東經大全』「논학문論學文」에는 다음과 같은 대화가 기록되어 있다.

"사방에서 어진 선비들이 나에게 와서 묻기를 '지금 천령이 선생님께 강림하였다 하니 어찌된 일입니까?' 대답하기를 '가서 돌아오지 아니함이 없는 이치를 받은 것이니라.' 묻기를 '그러면 도라고 이름합니까?' 대답하기를 '천도이니라.'"[11]

동학은 시천주侍天主 사상과 함께 당시의 조선은 역사적으로 쇠퇴기에 접어들었다는 '시운적時運的 개벽관開闢觀'이 주요한 테마였다. 동학이 말하는 시운관은 태괘의 순환론에 근거하여 한 나라의 운세도 흥성기가 있으면 반드시 쇠락기가 뒤따른다는 역사의 순환 반복관이 그 주류를 형성했다. 동학은 시간의 운세에 따라 후천개벽을 통해 지상천국이 도래한다는

11) 『천도교경전』(서울: 천도교중앙총부, 2000), 323쪽. "四方賢士進我而問曰今天靈, 降臨先生, 何爲其然也? 曰受其無往不復之理. 曰然則何道以名之, 曰天道也."

것을 부르짖었다.[12] 개벽이란 선천이 지나가면 후천이 온다는 대변혁을 뜻한다. 동학이 지향하는 유토피아적 세상은 결국 개벽에 의거한 후천의 이상적 사회의 건설에 있다고 하겠다.

"가야 오고 죽어야 사는 것이 이 세상의 모순이며 아이러니다. 그래서 인생도 거자去者를 막추莫追하고 래자來者를 불거不去하는 모양이다. 갈 것은 가고 올 것은 와야 한다. 그래야 송구영신送舊迎新도 하고 신진대사新陳代謝도 하며, 숨통도 트이고 새 생명도 돋는 것이라 하겠다. 소자小子야 지는 달을 서러워 말고 돋는 달의 맑은 빛을, 비록 가늘고 실날 같을지라도 새롭고 싱싱한 몇배의 광도光度를 지닌 황중월皇中月을 맞이할 수 있는 마음의 준비를 갖추어라. 네 마음 가운데 어두움을 던져온 천심월天心月일랑 서천西天하늘 먼 나라로 띄워 보내고, 이제 청신淸新하고 명랑한 황중월皇中月을 동천東天하늘 가까운 곳에 발견하여라.

一去一來非異事요 一往一復亦常理라 去者莫追來者歡하라
일거일래비이사 일왕일복역상리 거자막추래자환
人生安知不爲喜라"[13]
인생안지불위희

3효는 4효로 넘어가지 직전의 혼동상[간艱]을 상징한다. 지금은 시간적으로 막힌 것이 뚫리는 교체기[천지제天地際]라는 것이 태괘의 가르침이다.

8. 4효 : 마음의 소통은 만사형통의 지름길

六四는 **翩翩**히 **不富以其鄰**하여 **不戒以孚**로다
육사 편편 불부이기린 불계이부
象曰 翩翩不富는 **皆失實也**오 **不戒以孚**는 **中心願也**라
상왈 편편불부 개실실야 불계이부 중심원야

12) 『海月神師法說』15 「開闢運數」의 첫머리부터 "斯世之運, 天地開闢初之大運回復也, 世界萬物, 無非更定胞胎之數也."고 시운을 외쳤다.
13) 이정호, 앞의 책, 25쪽.

육사는 새가 무리지어 나는 듯이 부자가 되려 하지 않고 이웃과 함께 하여 경계하지 않고 믿는다. 상전에 이르기를 '새가 무리지어 나는 듯이 부자가 되려 하지 않음'은 모두 실제를 잃음이요, '경계하지 않고 믿는다'는 것은 마음 속에서 깊이 원함이다.

4효는 음효陰爻가 음위陰位에 있어 정위正位이다. 하괘의 초효와의 관계도 썩 좋다. 4효는 자신이 부자임을 전혀 의식하지 않고서, 동료인 5효와 상효와 더불어 친근감을 한껏 부풀린다. 이 세 음효는 각각 경계심을 풀고 서로를 받아들인다. 또한 마음 깊숙이 하괘의 세 양효를 믿는다.

'편편翩翩'은 새가 빨리 나는 모양으로서 4효가 그 이웃과 함께 하려는 의지를 나타낸 것이다. 어떤 사람이 부유한데도 무리가 따른다는 것은 이익 때문일 것이며, 부유하지 않는데도 따르는 것은 뜻이 일치하기 때문이다. 세 음효들은 본래 아래[下]에 존재해야 함에도 불구하고 위[上]에 위치함은 그 본질을 잃어버렸던 까닭에 다시 고향으로 돌아가려는 영원회귀성을 표상한다. 4효의 위치에서 음양이 오르고 내림은 바로 시운時運의 변화성을 나타낸 것이다.

4효는 초효와 상응하고 또한 동료인 5효와 상효와 더불어 친근감을 갖고서 각각 경계심을 풀고 마음으로 서로를 받아들인다.

9. 5효 : 중용의 실천에 따라 길흉과 화복이 엇갈린다

六五는 **帝乙歸妹**니 **以祉**며 **元吉**이리라
육오 제을귀매 이지 원길

象曰 以祉元吉은 **中以行願也**라
상왈 이지원길 중이행원야

육오는 제을이 누이동생을 시집보내는 것이니, 이로써 복이 되며 크게 길할 것이다. 상전에 이르기를 '이로써 복이 되며 크게 길하다'는 것은 중도로써 원하는 것을 행하기 때문이다.

5효는 음효양위陰爻陽位지만 상괘에서 중용의 덕을 갖춘 군주의 자리다. 그것은 또한 하괘에서 중용의 덕을 갖춘 2효 신하를 신뢰하여 스스로를 몸을 낮춰서 따른다. 옛날 탕왕이 자신의 딸을 신하에게 시집보내어 은나라 창업에 도움이 되었다는 것처럼, 제을帝乙임금도 2효 신하에게 딸(누이동생)을 시집보내어 충성을 확고하게 다짐받았던 것이다. 이처럼 아랫사람과 혼인 관계를 맺는다는 것은 신뢰를 두텁게 하여 정치 사회적으로 안정을 도모할 수 있는 첩경이기 때문이다.

복과 길의 판단 기준은 중용의 실천에 달려 있다. 중용의 길은 넘쳐서도 안 되고, 모자라서도 안 된다. 그러니까 교만은 중용의 적이다. 스스로를 낮추는 겸손한 마음은 상대방의 마음을 안심시킨다. 상대의 마음을 긁어주어 상대를 편안케 하는 것이니, 이것이 바로 덕을 높이고 쌓는 열쇠이다. 덕을 쌓은 일은 물질적 은혜로 이루어지지 않는다. 덕은 베푸는 것이지 받는 것이 아니기 때문이다.

중용의 길은 넘쳐서도 안 되고, 모자라서도 안 된다. 특히 교만은 중용의 적이다.

10. 상효 : 세상사는 돌고도는 법

上六은 **城復于隍**이라 **勿用師**요 **自邑告命**이니 **貞**이라도 **吝**하니라
상육 성복우황 물용사 자읍고명 정 인

象曰 城復于隍은 **其命**이 **亂也**라
상왈 성복우황 기명 난야

상육은 성이 황으로 돌아옴이다. 군사를 일으키지 말고 읍으로부터 명을 내리니 올바르더라도 인색하다. 상전에 이르기를 '성이 황으로 돌아옴'이라는 것은 그 명이 어지럽기 때문이다.

상효는 태괘의 끝자락으로서 음효음위陰爻陰位이다. 그것은 곧이어 나오는 천지비괘天地否卦의 영역으로 골인하려는 시점을 나타낸다. 옛날에는 적군이 공격하지 못하도록 흙을 파서 성을 쌓았다. 흙이 파인 성 둘레에 물이 채워져 연못이 되면 적군이 쉽게 공격하지 못한다. 하지만 오랜 시간이 지나면 성이 무너져 연못을 메꾸게 마련이다. 즉 연못 물이 마른 상태인 황隍(해자垓字)이 흙으로 메꿔지는 것처럼, 상효는 태평성대가 지나 쇠운衰運의 그림자가 다가오는 이치를 묘사했다.

태괘의 상효는 건괘 상효의 '항룡유회亢龍有悔'가 잘 대변한다. 이때는 함부로 군대를 일으켜 전쟁해서는 안 된다(물용사勿用師). 외교로 해결될 문제를 공연히 전쟁으로 대신한다는 것은 국가를 파국으로 몰고가는 어리석은 행위이기 때문이다. 수도[邑]는 그 나라의 심장부이다. 그곳에서 국가정책을 비롯한 모든 행정이 시행된다. 그렇지 않고 여기저기서 민원 사항이 폭주한다면 막을 방법이 없다. 이 지경에 도달하면 아무리 올바른 정치를 실행하더라도 궁색해지고 만다.

정치 혼란의 시초는 상층부에서의 권력투쟁이라든가, 도덕적 타락에 기인한다. 그 원인을 백성에게 돌려서는 안 된다. 국론이 분열되는 까닭은 바로 권력의 심장부에서 위계질서가 무너졌기 때문이다. 한 나라의 흥망성쇠의 부침은 자연 법칙과 하등 다를 바가 없다. 태평의 시대가 가면 비색으로 직결되며, 또한 막히면 뚫리는 것이 세상사이다.

지천태괘의 원리를 김일부는 수지도수手指度數의 방법(체용體用의 극적인 전환)으로 3극론을 완결짓고 있다. "(열 손가락 중 무지拇指를) 들어 손꼽으면 곧 무극이니 10이다. (10을 굽히면) 10은 (무지拇指인 1을 굽히면) 곧 태극이니 1이다. 1은 10이 없으면 그 체體가 없음이요, 10은 1이 없으면 그 용用이 없음이니 체와 용을 합하면 (중앙에 위치하는) 토土로써 그 중中(하도의 중앙)에 위치하므로 5이니 황극이니라."[14)]

14) 『正易』「十五一言」, "擧便无極, 十. 十便是太極, 一. 一, 无十, 无體. 十, 无一, 无用, 合, 土. 居

김일부에 따르면, 10무극과 1태극은 체용 관계이다. 이 체용을 통합시키는 것이 바로 5황극이다. 통합한다는 말은 10무극과 1태극이 5황극으로 집약된다는 뜻이다. 10무극은 1태극을 지향하며, 1태극 역시 10무극을 지향하는데 무극과 태극은 황극에서 집약통일되면서 '하나'가 되므로 황극의 위상을 '중中'이라 하는 것이다. 숫자와 오행으로 볼 때, 10무극의 '십十'과 1태극의 '일一'을 조합하면 창조를 주재하는 '토土'가 되는 것이다. 그래서 『주역』에서는 지천태괘地天泰卦의 순서를 열 한 번째에 놓은 것으로 판단된다.

건괘 '항룡유회亢龍有悔'의 상황을 빗대어 얘기한다. 자연이 순환하는 이치에 따라 태평성대가 끝나고 쇠운의 그림자가 다가오므로 미리미리 대비해야 한다.

정역사상의 연구자 이상룡李象龍은 선후천론의 입장에서 태괘의 성격을 다음과 같이 설명한다.

> 泰字는 因陽大之大요 而重之二畫이니 三陽回泰라
> 태자 인양대지대 이중지이획 삼양회태
> 而人生於寅之義也며 內合水字니라 水는 水也니 陽水生於亥요
> 이인생어인지의야 내합수자 수 수야 양수생어해
> 十五乾坤之陽陰交和而宮南位北은 后天之象也라
> 십오건곤지양음교화이궁남위북 후천지상야
> 且陰陽之道否先泰后일새 故次於否也니라
> 차음양지도비선태후 고차어비야

'태'의 글자는 양은 크다, 또는 세 개의 양은 태운泰運을 조성한다는 뜻을 담고 있다. 또한 하늘이 열리고[子] 땅이 열린[丑] 다음에 인寅의 단계에서 인류가 출현한다는 의미를 취한 것이다. 양陽 기운을 띤 물[水]은 해亥에서 생기는데, 십오건곤十五乾坤의 음양이 서로 교합

中, 五, 皇極."

地天泰卦 지천태괘

하여 남북에 위치하는 것[乾北坤南]은 후천의 모습이다. 또한 음양의 도수度數는 비否가 앞이고 태泰가 뒤이기 때문에 태괘가 비괘 다음에 오는 것이다.

彖曰 泰, 小往大來, 吉, 亨은 戊讓己尊일새 泰道无量也라
단왈 태 소왕대래 길 형 무양기존 태도무량야

단전 "태는 작은 것은 가고 큰 것이 와서 길하고 형통한다"는 것은 천간의 무戊가 뒤로 물러나 기己가 존귀해진다[戊讓己尊]의 뜻으로 태의 진리가 무량하다는 것을 밝힌 것이다.

象曰 后以, 財成天地之道, 輔相天地之宜, 以左右民은
상왈 후이 재성천지지도 보상천지지의 이좌우민
无爲而汐을 民樂其所也라
무위이석 민락기소야

상전 "왕은 이를 본받아 천지의 도를 재단하여 이루며, 천지의 마땅함을 돕고 백성을 돕는다"는 말은 천지가 드러내는 (북극에서 물이 빠지고 남극으로 물이 넘치는) 썰물 현상을 백성들이 (후천의 천지에서) 즐기는 것을 뜻한다.

初九, 拔茅茹, 以其彙, 征, 吉은 君子幷進也라
초구 발모여 이기휘 정 길 군자병진야

초효 "초구는 띠풀 뿌리를 뽑음이다. 그 무리로써 나아감이 길하다"는 것은 군자가 다른 사람들과 더불어 나아가는 모습이다.

九二, 包荒, 用憑河, 不遐遺는 聲教无外하여
구이 포황 용빙하 불하유 성교무외
訖于黃河之西也오 朋亡, 得尙于中行은 打吾眞朋者가
흘우황하지서야 붕망 득상우중행 타오진붕자
无兹易種信愷悌也라
무자역종신개제야

2효 "구이는 거친 것을 포용하며 하수를 맨발로 건너는 것을 쓰며, 먼 것을 버리지 아니한다"는 것은 가르치는 소리에는 바깥이 없기 때문에 황하黃河의 서쪽에 도달할 수 있다. "진실로 붕당을 짓는 일이 없으면, 중용의 덕을 실천하는데 숭상함을 얻을 것이다"라는 말은 붕당짓는 친구가 없게 하면 즐겁고 공경스러운 믿음을 갖추기가 쉬울 것이다.

九三, 无平不陂, 无往不復, 艱貞, 无咎는 際其否泰로
구삼 무평불피 무왕불복 간정 무구 제기비태
誠之誠之也오 勿恤, 其孚, 于食, 有福은 剛而能斷하여
계지계지야 물휼 기부 우식 유복 강이능단
終受福慶也라
종수복경야

3효 "구삼은 평평해도 기울어지지 않음이 없으며, 가서 돌아오지 않음이 없으니, 어렵더라도 바르게 하면 허물이 없다"는 말은 비괘의 세상이 태괘의 세상으로 바뀌려는 즈음에는 조심하고 또 조심하라는 뜻이다. "근심하지 않더라도 미덥다. 먹는 데에 복이 있을 것이다"라는 말은 굳건하여 끝마침을 능히 판단할 수 있기 때문에 축복받을 것이다.

六四, 翩翩, 不富以其隣, 不誡以孚는 說而相從也라
육사 편편 불부이기린 불계이부 열이상종야

4효 "육사는 새가 무리지어 나는 듯이 부자가 되려 하지 않고 이웃과 함께 하여 경계하지 않고 믿는다"는 것은 기쁜 마음으로 서로를 따르는 모습이다.

六五, 帝乙歸妹, 以祉, 元吉은 上乙會而帝出하여 陰陽交和而
육오 제을귀매 이지 원길 상을회이제출 음양교화이
降祿也라
강록야

5효 "육오는 제을이 누이동생을 시집보내는 것이니, 복이 되며 크게 길하다"는 것은 상을회上乙會를 맞이하여 (하늘의 주재자가) 임금이 나와 음양이 서로 화합하고 녹봉을 준다는 뜻이다.

上六, 城復于隍, 勿用師, 自邑告命, 貞, 吝은
상육 성복우황 물용사 자읍고명 정 인
天地再闢誥曉하니 而天下革命也라
천지재벽고효 이천하혁명야

상효 "상육은 성이 황으로 돌아옴이다. 군사를 일으키지 말고 읍으로부터 명을 내리니 올바르더라도 인색하다"는 말은 천지가 다시 열림을 알려주는 것으로 천하의 혁명을 깨우친다.

천지비괘
天 地 否 卦

군자의 시대는 가고 소인의 시대가 오다

1. 소인과 상극의 시대상 : 비괘

정이천은 지천태괘地天泰卦(䷊) 다음에 천지비괘天地否卦(䷋)가 오는 이유를 다음과 같이 말한다.

> 否는 序卦에 泰者는 通也니 物不可以終通이라
> 비　서괘　태자　통야　물불가이종통
> 故受之以否라 하니라 夫物理往來하니 通泰之極이면
> 고수지이비　부물리왕래　통태지극
> 則必否하니 否所以次泰也라 爲卦天上地下하니 天地相交하여
> 즉필비　비소이차태야　위괘천상지하　천지상교
> 陰陽和暢이면 則爲泰요 天處上하고 地處下면 是天地隔絶하여
> 음양화창　즉위태　천처상　지처하　시천지격절
> 不相交通이니 所以爲否也라
> 불상교통　소이위비야
>
> "비괘는 「서괘전」에 '태는 통함이니, 사물은 끝내 통할 수만은 없기 때문에 비괘로 이어받는다'고 했다. 대저 사물의 이치는 가고 오는 것이니, 태의 경지가 극한에 도달하면 반드시 막히기 때문에 비괘가 태괘의 다음이 된 것이다. 괘의 형성은 하늘이 위에 있고 땅이 아래에 있으니, 천지가 서로 사귀어 음양이 화창하면 태가 된다. 하늘이 위에 있고 땅이 아래에 있으면 천지가 떨어져 서로 통하지 못하는 까닭에 비가 되는 것이다."

비괘否卦는 태괘泰卦와는 달리 위에는 하늘괘[天, ☰]가, 아래에는 땅괘[地, ☷]가 있다. 한문에서 무엇무엇이 '아니다'라고 할 때는 '부'라 읽고, '막히다[否塞]'라고 할 때는 '비'라고 읽는다. 이는 현대 물리학에서 말하는 카오스 이론과 비유하면 이해하기가 쉽다. 카오스란 무질서의 질서라는 뜻으로서 무질서 속에서 새로움을 탄생시키려고 요동치는 자기 조직화의 과정을 일컫는다. 그것은 무질서의 극한을 넘어서 새로운 세계의 창조 과정을 뜻한다. 반면에 카오스와 대응하는 코스모스란 원래부터 아름다운 질서로 창조되어 배열된 우주라는 뜻이다.

사람은 서로 마주보면서 의지하고 생활하는 존재라는 뜻에서 '인人' 자가 만들어졌다. 하지만 비괘否卦는 사회적 존재로서의 인간의 본성에 어긋나는 상태를 묘사하고 있다. 자연계에서 음은 양에 의해 소외당하고, 양은 음에 의해 소외당한다. 또한 사람이 사람에 의해서 소외된 상태가 바로 비괘의 형상이다. 그것은 인간과 사회와 역사와 문명의 상극상을 보여준다. 왜냐하면 양은 위로 올라가고, 음은 아래로 내려와 만물의 조화가 불가능한 모습을 보이기 때문이다.

비괘否卦에서 안은 음陰, 밖은 양陽이다. 그것은 속마음은 유약한데 비해서 겉모습은 강한 것처럼 꾸미고 있는 모양이다. 즉 소인이 심장부에 버티고 있고, 군자는 도리어 주변인이 되어 소외되는 꼴이다. 그러니까 소인의 도는 점차 널리 퍼지고, 군자의 도는 사라지는 형상이다.

2. 비괘 : 난관은 믿음으로 풀어라

否之匪人이니 **不利君子貞**하니 **大往小來**니라
비지비인 불리군자정 대왕소래

비는 사람 아닌 길로 가는 자이니, 군자의 올바름이 불리하며, 큰 것은 가고 작은 것이 온다.

비괘의 세상은 비정상적이고, 주인공 역시 군자가 아니라 모순투성이 소인이다. 사람답지 않은 소인이 군자를 괴롭힌다. 게다가 세상은 의사소통의 통로가 꽉 막혀 건강한 여론조성이 되지 못한다. 소인이 실권을 장악하여 경쟁자인 군자를 중상모략할 뿐만 아니라 제거하기에 바쁘다. 그러니까 지금은 군자의 나라가 아닌 소인이 판치는 세상인 것이다.

천하를 걱정하는 이는 오로지 성인과 군자일 따름이다. 군주는 오로지 자신의 권한 확대에만, 신하는 자손에게 물려줄 경제적 이권만을, 백성은

백성대로 도덕보다는 눈앞의 이득만을 챙기기 때문에 온세상이 치유 불능의 상태이다. 그러니까 대운은 가고 소운이 와서 겨우 숨통만 유지하는 시기일 수밖에 없다.

소인은 마음의 문을 굳게 닫아버리고 군자를 멀리 한다. 삶에서 가장 중요한 공부는 '대왕소래'에 담긴 천지에 대한 공부이다.

3. 단전 : 『주역』의 가르침은 소인학이 아니라 대인학

彖曰 否之匪人不利君子貞大往小來는
단 왈 비 지 비 인 불 리 군 자 정 대 왕 소 래
則是天地不交 而萬物이 **不通也**며
즉 시 천 지 불 교 이 만 물 불 통 야
上下不交而天下无邦也라
상 하 불 교 이 천 하 무 방 야
內陰而外陽하며 **內柔而外剛**하며 **內小人**이 **外君子**하니
내 음 이 외 양 내 유 이 외 강 내 소 인 외 군 자
小人道長하고 **君子道消也**니라
소 인 도 장 군 자 도 소 야

단전에 이르기를 '비는 사람 아닌 길로 가는 자이니, 군자의 올바름이 불리하며 큰 것은 가고 작은 것이 온다'는 것은 천지가 사귀지 못하여 만물이 통하지 아니하며, 상하가 사귀지 못하여 천하에 나라가 없음이다. 안은 음이고 밖은 양이며, 안은 부드럽고 밖은 강하며, 안은 소인이고 밖은 군자이니, 소인의 도는 자라나고 군자의 도는 사라진다.

소인은 마음의 문을 굳게 닫아버리고 아예 군자를 멀리 한다. 태괘가 군자의 도리를 말했다면, 비괘는 소인의 득세를 말했다. 군자는 화해를 좋아하고, 소인은 싸움을 즐긴다. 소인은 수신이나 도덕에 대해서는 아예 관심을 두지 않는다. 오히려 이익이라면 지뢰밭에 놀러가는 것도 두려워하지 않는다. 군자는 자신과의 대화에 능숙하지만, 소인은 애당초 자신을 알아

보려 하지 않고 외부의 유혹에 빠져 물든다. 이때는 소인의 세상이기 때문에 군자가 아무리 올바르더라도 불리하다.

『주역』은 천지에서 인간의 위상과 존재 의미를 묻는다. 인생에서 가장 주요한 것은 천지에 대한 공부이다. 『주역』은 소인학이 아니라 군자학이다. 군자는 외롭다. 외롭지만 고민하지 않는다. 왜냐하면 하늘의 명령을 자신의 사명으로 삼기 때문이다. 정이천程伊川은 비괘否卦의 결론은 군자에 있음을 강조한다.

天地交而萬物生於中然後에 三才備하나니 人爲最靈이라
천지교이만물생어중연후 삼재비 인위최령
故爲萬物之首하니 凡生天地之中者皆人道也라 天地不交하면
고위만물지수 범생천지지중자개인도야 천지불교
則不生萬物이니 是无人道라 故曰匪人이니 謂非人道也라
즉불생만물 시무인도 고왈비인 위비인도야
消長闔闢이 相因而不息하나니 泰極則復하고 否終則傾하여
소장합벽 상인이불식 태극즉복 비종즉경
无常而不變之理하니 人道豈能无也리오 旣否則泰矣니라
무상이불변지리 인도기능무야 기비즉태의

"천지가 사귀어 만물이 그 중앙에서 생겨난 뒤에 3재가 갖추어지는데, 사람이 가장 신령스러우므로 만물의 으뜸이 되니 무릇 천지의 중앙에서 태어난 것은 모두 인도이다. 천지가 사귀지 않으면 만물을 낳지 못하니 이는 인도가 없는 것이다. 그러므로 '비인匪人'이라 했으니, 인도가 아님을 가리킨 것이다. 사라지고 자라남과 닫히고 열림이 서로 원인이 되어 쉬지 않으니, 태泰가 극단에 이르면 돌아가고 비否가 끝나면 기울어서 언제나 변화하지 않는 이치가 없으니 인도가 어찌 없겠는가. 이미 막혔다가 통하여 태평하게 된다."

비괘는 소인이 권력의 심장부에 버티어 있고, 도리어 군자는 주변인이 되어 소외된 형상이다. 이는 인간과 자연과 역사와 문명의 총체적인 상극상을 나타내고 있다.

4. 상전 : 천지의 움직임과 시대 상황을 주시하라

象曰 天地不交否니 **君子以**하여 **儉德辟難**하여
상 왈 천 지 불 교 비 군 자 이 검 덕 피 난
不可榮以祿이니라
불 가 영 이 록

상전에 이르기를 천지가 사귀지 않는 것이 '비'이니, 군자는 이를 본받아 덕을 검소하게 하고(드러나지 않게 쌓고) 어려움을 피해서 녹봉 받는 것을 영예롭게 여기지 않는다.

천지는 항상 사귀기만 하거나 못 사귀지도 않는다. 때로는 천지가 사귀기도 하고, 사귀지 못하는 때가 있다는 것이다. 그러니까 사람은 사귀는 때와 사귀지 못하는 때를 가려서 거기에 알맞은 행위를 하면 되는 것이다. 지금은 때가 무르익지[1] 않았기 때문에 유덕有德함도 숨기고 세상에서 물러나는 시기이다. 여기서 바로 시간 의식이 개입되는 것이다.

지금은 천지가 사귀지 못하는 비상 시국이다. 천지에 경고등이 켜진 시기이다. 군자는 이를 본받아서 남이 알지 못하는 덕을 기르면서 환란을 피해야 한다. 소인이 득세하여 세상을 어지럽히기 때문이다. 그렇다고 아무 일도 하지 않으면서 매달 나오는 봉급 생활이나 퇴직금으로 부귀영화를 삼아서는 안 된다.

천지가 사귀지 못하는 비상 시국에 군자는 덕을 쌓으면서 환란을 피해야 한다.

1) 유아사 야스오/이정배 외, 『몸과 우주』(서울: 지식산업사, 2004), 91-94, "고대 그리이스에는 두 개의 시간 관념을 보여 주고 있다. 크로노스(chronos)와 카이로스(kairos)가 그것이다. 크로노스는 객체적 시간이다. 카이로스는 타이밍이나 시기(chance)라는 의미를 가진 말이다. 말하자면 생명이 성숙할 때 또는 뭔가 새로운 것이 생겨나는 변화의 때를 말한다. 『易經』의 시간은 이러한 카이로스적 시간이다. 미우라 쿠니오[三浦國雄]는 易에서 말하는 '때[時]'를 "64괘의 각 괘가 갖고 있는 고유의 시간 또는 상황(situation)이나 경우"를 말하는 것이라고 정의했다. 역의 시간은 생명체의 성숙을 지배하는 시간에만 있지 않고, 그것을 느낄 수 있는 주체의 심리적 시간도 함께 말하고 있다.

5. 초효 : 현명한 지도자의 출현을 고대하다

初六은 **拔茅茹**라 **以其彙**로 **貞**이니 **吉**하여 **亨**하니라
초육 발모여 이기휘 정 길 형

象曰 拔茅貞吉은 **志在君也**라
상왈 발모정길 지재군야

초육은 띠풀 뿌리를 뽑음이다. 그 무리로써 올바름이니 길하여 형통한다. 상전에 이르기를 '띠풀을 뽑는 것이 올바라서 길하다'는 것은 그 뜻이 군주에 있는 것이다.

초효는 음이 양의 자리[不正位]에 있는 소인을 상징한다. 정의가 땅에 떨어진 무도한 세상에 초효 소인이 등용됨에 2효, 3효의 소인배들과 함께 나아가는 형상이다. 왜냐하면 띠풀 한 포기를 뽑으면 그 뿌리와 연결된 다른 띠풀 몇 포기도 함께 뽑히는 모습이기 때문이다.

지천태괘에서는 태평한 세상이므로 무리지어 벼슬살이하러 한꺼번에 나아간다고 했다. 하지만 천지비괘에서는 올바른 지도자가 출현하여 태평한 세상으로 이끌어 주었으면 하는 바램으로 공동체 구성원(백성들)들이 서로 뜻을 뭉치는 양상이다.

천하가 도탄에 빠진 경우에는 여러 가지 처방도 약효가 없다. 오로지 덕이 높고 뛰어난 역량을 지닌 군주가 나와 올바른 정치로 백성들을 이끌면 된다. 마치 오리새끼가 먹이를 주는 어미에게 목을 쭉 빼고 쳐다보는 것처럼 백성들은 훌륭한 군주를 목마르게 기다리는 것이다[志在君也].

지도자가 출현하여 태평한 세상으로 이끌어 주었으면 하는 바램으로 구성원들은 서로 뜻을 하나로 모아야 한다.

6. 2효 : 대인이 어찌 소인에게 아부하리오

六二는 **包承**이니 **小人**은 **吉**코 **大人**은 **否**니 **亨**이라
육이 포승 소인 길 대인 비 형

象曰 大人否亨은 不亂羣也라
상왈 대인비형　불란군야

육이는 포용하고 이어받음이니 소인은 길하고 대인은 비색하니 형통한다. 상전에 이르기를 '대인은 비색하니 형통하다'는 것은 무리를 어지럽히지 않기 때문이다.

2효는 음이 음의 자리[陰位]에 있을 뿐만 아니라 하괘의 중용에 위치하여 '중정中正'을 얻고 있다. 하지만 2효의 주체는 소인이다. 소인은 5효 군주의 뜻을 그대로 수용하고 명령을 이어받아 집행한다. '포包'는 5효 군주가 폭압 정치를 하는데도 간언하지 않고 인정한다는 뜻이고, '승承'은 의롭지 못한 명령조차도 기꺼이 따른다는 뜻이다. 그러니까 군주와 신하가 결탁하여 독재 정치를 하기 때문에 소인은 길할 수밖에 없는 것이다.[2)]

소인과는 달리 대인은 비록 몸은 곤궁하지만 마음은 항상 여유롭다. 혼탁한 세상과 타협하지 않는 까닭에 잠시 막히지만 마음은 언제나 천하에 두어 형통한다. 권력은 덧없는 것이라서 대인은 권세에 아부하지 않고 꺽이지 않는다. 권세에 눈에 멀면 남들이 다 보는 것조차 볼 수 없는 청맹과니가 된다. 이것이 바로 소인과 대인의 차이점이다.

대인은 곤궁할지라도 몸과 마음은 여유롭다. 세상과 타협하지 않는 까닭에 잠시 막히지만, 그 뜻을 천하에 두어 마침내 형통한다.

7. 3효 : 소인은 화려한 가면으로 얼굴을 꾸민다

六三은 包羞로다
육삼　포수

2) 김흥호, 앞의 책, 244쪽, "六二는 신숙주같은 사람이다. 신숙주는 수양에게 포용되고 승복하여 숙주나물이 되고 말았다. 신숙주같은 소인은 벼슬이 높아지게 된다[小人吉]. 그런데 성삼문같은 사람은 죽임을 당한다[大人否]. 그래도 의인의 죽음은 나라 발전의 밑거름이 된다. 그래서 '亨'이다."

象曰 包羞는 **位不當也**일새라
상 왈 포 수 위 부 당 야

육삼은 싼 것이 부끄럽다. 상전에 이르기를 '싼 것이 부끄럽다'는 것은 위치가 마땅하지 않기 때문이다.

3효는 음이 양의 자리에 있고[不正], 더욱이 하괘의 극한점에 도달하여[不中] 장차 상괘로 넘어가려는 전환기이다. 능력이 부족한 소인이 감당하지 못할 높은 지위에 있다. 소인은 그것을 감추려고 갖가지 옷으로 화려하게 꾸미려고 한다. 그는 껍데기를 멋지게 포장하여 내면의 부끄러운 행위를 은폐하는데 능숙하다.

소인은 자신이 소인[陰]인 줄 알면서 군자인 체[陽位] 하는 것에 대해 부담감을 안고 있다. 즉 재주와 능력이 모자라면서 부귀와 명예를 모두 누리려니까 가면으로 얼굴을 가리고 위장하여 스스로 감춘다. 하지만 원천적으로 내면을 드러내고 껍데기를 과감하게 버리지 않고는 불명예를 벗어날 수 없다.

소인은 겉모습을 멋지게 꾸며 내면의 부끄러움을 감추는데 능숙하다. 소인이여, 스스로를 탈바꿈하라!

8. 4효 : 새로움의 조짐이 서서히 싹트기 시작하다

九四는 **有命**이면 **无咎**하여 **疇離祉**리라
구 사 유 명 무 구 주 리 지

象曰 有命无咎는 **志行也**라
상 왈 유 명 무 구 지 행 야

구사는 천명이 있어 허물이 없고 동료가 복을 받을 것이다. 상전에 이르기를 '천명이 있어 허물이 없다'는 것은 뜻이 시행됨이다.

밭이랑 '주疇'는 무리 또는 동료라는 뜻인 '주儔'와 통한다. '리離'는 떠나다, 헤어지다가 아니라 '붙는다 또는 걸리다'는 뜻이다. '지祉'는 행복 또는

복지를 가리킨다. 하늘이 내리는 명령을 깨달아 자신의 소명으로 삼기 때문에 허물이 없고, 동료뿐만 아니라 모든 사람이 복을 누린다는 것이 괘사의 가르침이다.

4효는 선천에서 방금 후천으로 넘어온 것을 상징한다. 그래서 지천태괘 4효에서는 군자의 시대는 물러나고 소인의 시대가 다가온다고 말했던 것이다. 하지만 천지비괘 4효에서는 소인의 시대는 청소되고 군자의 시대가 밀려오는 까닭에 4효와 5효와 상효의 양들이 새로운 세상을 만들려고 의견을 모아 혁명하려고 한다[有命].

4효에 이르면 비색한 세상의 절반은 지났다. 새로움이 싹트는 조짐이 서서히 나타나기 시작한다. 이때는 선천은 퇴거 신고를 하고, 후천은 전입 신고를 하는 이사철이다.[3] 여기에는 조건이 있다. 4효는 양이 음의 자리에 있기[不正] 때문에 외부적 여건이 성숙되어야 한다. 곧 하늘의 명령인 시운時運에 따라야 한다. 하늘의 명령은 시간 흐름의 목적성으로 인간에게 계시되는 것이다.

'뜻이 행해진다[志行]'에도 두 가지 뜻이 있다. 하나는 4효와 5효와 상효가 현실적으로 모두 바뀐다는 정치 윤리적 해석이 그것이다. 다른 하나는 하늘의 의지[志]가 이때를 시발점으로 삼아서 획기적으로 전환다는 것이 그것이다.

4효는 선천이 퇴거를 신고하고, 후천에 전입을 신고하는 이사철임을 표상한다.

9. 5효 : 위기 상황에서 영웅의 출현을 암시

九五는 **休否**라 **大人**의 **吉**이니 **其亡其亡**이라아
구오 휴비 대인 길 기망기망

3) 이에 대해 주자는 다음과 같이 풀이한다. "否가 중간을 지났으니 장차 구제될 때이다.[否過中矣, 將濟之時也.]"

繫于苞桑이리라
계 우 포 상
象曰 大人之吉은 **位正當也**일새라
상 왈 대 인 지 길 위 정 당 야

구오는 비색한 것을 쉬게 함이다. 대인의 길함이니 망할까 망할까 하면서 뽕나무 뿌리에 맬 것이다. 상전에 이르기를 '대인이 길하다'는 것은 그 위치가 정당하기 때문이다.

5효는 양이 양의 자리에 있고 또한 중용의 덕을 갖추었다. 또한 하괘의 2효와도 상응 관계를 이루어 비색한 기운은 뒷전으로 물러나 대인에게 탄탄대로가 열리는 조짐을 보여 길하다. 비운의 시절은 끝났다. 태평시대가 열리는 객관적 여건에 상응하여 마음 역시 새롭게 다져야 한다.

선천에서 후천으로 넘어갈 때는 세기말적인 상황으로 나타난다. 유교의 종지와 성인의 가르침이 뽑혀나가는 듯한 형국은 '거의 망할 지경이다. 거의 망할 지경이다[其亡其亡]'이라는 애절한 표현이 대변한다. 영웅은 위기에 출현하듯이, 대인大人과 성인聖人의 우환의식憂患意識이 구체적으로 나타나는 곳이 바로 비괘否卦 5효이다.

그렇다면 대인은 어떤 심정과 각오로 종말적 상황에 대처하는가? 뽕나무의 뿌리는 매우 질기고도 질기다. 거기에 천하의 근심과 걱정을 매어놓아 어떤 위기가 닥쳐도 흔들림없는 기반을 다진다. 대인은 천하와 문명 전체에 대한 미래의 청사진을 짜는 문화 영웅인 것이다.

선후천 교체기의 급격한 변동에 대한 준비를 얼마만큼 중요한 것인가를 강조하기 위해서 공자는 「계사전」 하편 5장에서 다시 한번 언급했다.

子曰 危者는 安其位者也오 亡者는 保其存者也오 亂者는
자왈 위자 안기위자야 망자 보기존자야 난자
有其治者也라 是故로 君子安而不忘位하며 存而不忘亡하며
유기치자야 시고 군자안이불망위 존이불망망

天地否卦 천지비괘

治而不忘亂이라 是以身安而國家保也니 易曰 其亡其亡이라야
치이불망난　시이신안이국가보야　역왈 기망기망

繫于包桑이라 하니라
계우포상

공자가 말씀하시기를 "위태로울까 함은 그 지위를 편안히 하는 것이요, 망할까 함은 그 생존을 보존하는 것이요, 어지럽힐까 함은 그 다스림을 두는 것이다. 이런 까닭에 군자는 편안하되 위태로움을 잊지 아니하며, 보존되어도 망함을 잊지 아니하며, 다스리되 어지러움을 잊지 아니한다. 이로써 몸이 편안하여 국가를 보존할 수 있는 것이니 역에 이르기를 '망할까 망할까 하여야 뽕나무에 매어놓듯 튼튼하다.'"

암울한 세상을 걱정하는 성인의 '우환의식'에 귀기울여야

10. 상효 : 하늘 중심의 사유에서 땅 중심의 사유로

上九는 **傾否**니 **先否**코 **後喜**로다
상구　경비　선비　후희

象曰 否終則傾하나니 **何可長也**리오
상왈 비종즉경　하가장야

상구는 비색한 것이 기울어짐이니 먼저 막히지만 나중에는 기쁘다. 상전에 이르기를 '막힌 것이 마치면 기울어지나니 어찌 가히 오래 갈 수 있으리오.

'경傾'은 뒤집어 엎어진다는 복覆과 같다. '경비傾否'는 꽉 막힌 세상이 뒤집어져 태평한 조화의 세상으로 변질되는 것을 가리킨다. 천지비괘(䷋)를 뒤집어 엎으면 지천태괘(䷊)가 된다. 그것은 복희팔괘도의 건남곤북乾南坤北의 형세가 정역팔괘도의 건북곤남乾北坤南의 형세로 전환되는 것을 뜻한다. 복희팔괘도는 '천지정위天地定位', 정역팔괘도는 '천지정위天地正位'를 가

리킨다. 이는 자연과 문명과 인간질서가 총체적으로 바뀌는 결과로 나타난다.

그래서 곤괘에서는 '먼저 가면 아득하여 도를 잃고(선천), 뒤에 가면 순하여 떳떳함을 얻으리라[先, 迷, 失道, 後, 得, 得常]'고 했던 것이다. 이를 정리하면 비괘의 '선비후희先否後喜' = 곤괘坤卦의 '선미후득先迷後得' = 동인괘同人卦의 '선호도이후소先號咷而後笑'[4]라는 등식이 성립하는 것이다.

위의 명제는 하늘 중심의 세상에서 땅 중심의 세상으로 뒤바뀐다는 사실을 간접적으로 지적한 말이다. 따라서 지금까지의 가치 체계가 180° 전환되어 새로운 가치관이 정립된다. 그것은 시간적으로도 머지않아 다가온다[何可長也]는 것이다.

『주역』이 지천태괘(후천) 다음에 천지비괘(선천)의 순서로 배열을 한 이유는 종시론의 관점이 반영되었기 때문이다.

정역사상의 연구자 이상룡李象龍은 선후천론의 입장에서 태괘의 성격을 다음과 같이 설명한다.

> 否는 在文從不從口라 □老陽이니 陽不交陰하여
> 비　재문종불종구　노양　양불교음
> 天地定位而隔絶之象이라 且天氣上升하고 地氣下降하여
> 천지정위이격절지상　차천기상승　지기하강
> 否而不交然後에 復之之理生焉이니 故次於復也라
> 비이불교연후　복지지리생언　고차어복야

아닐 비否는 문자적으로 아니 '불不'과 입 '구口'의 합성어다. 위의 천

4) 공자는 『周易』 「繫辭傳」 상편 8장에서 同人卦 5효의 중요성을 다시 한 번 강조했다. "동인이 먼저는 울부짖고 나중에는 웃는다"고 하니 공자께서 말씀하시기를 "군자의 도가 혹은 나아가고 혹은 처하며, 혹은 침묵하고 혹은 말하나 두 사람이 마음을 함께 하니 그 날카로움이 쇠를 절단한다. 마음을 함께 하는 말은 그 향기로움이 난초와 같다.[同人, 先號咷而後笑, 子曰 君子之道或出或處或默或語, 二人同心, 其利斷金. 同心之言, 其臭如蘭.]"

(☰)은 노양老陽으로서 양이 음과 사귀지 못해 하늘과 땅의 위상이 정해져 서로 사이가 벌어져 끊어진 모습이다. 그러나 하늘기운은 위로 올라가고 땅기운은 아래로 내려와 사귀지 못한 뒤에 다시 회복하는 이치가 생기므로 복괘 다음에 위치한다.

彖曰 否之匪人, 不利君子貞, 大往小來는 治小亂多也오
단왈 비지비인 불리군자정 대왕소래 치소난다야
上下不交而天下无邦은 極思治天下无禮樂之國也라
상하불교이천하무방 극사치천하무예악지국야

단전 "비는 사람 아닌 길로 가는 자이니, 군자의 올바름이 불리하며, 큰 것은 가고 작은 것이 온다"는 것은 다스려짐은 적고 혼란스러움이 많은 것을 뜻하며, "상하가 교통하지 못하여 천하에 나라가 없다"는 것은 혼란이 극도에 이르러 예악이 없는 국가들이 다스려지기를 생각한 것이다.

象曰 君子以, 儉德避亂, 不可榮以祿은 需其道泰也라
상왈 군자이 검덕피난 불가영이록 수기도태야

상전 "군자는 이를 본받아 덕을 검소하게 하고 어려움을 피해서 녹봉 받는 것을 영예롭게 여기지 않는다"는 말은 태평해지기를 기다린다는 뜻이다.

初六, 拔茅茹, 以其彙, 貞, 吉, 亨은 坤之以乾變이니 則永貞也라
초육 발모여 이기휘 정 길 형 곤지이건변 즉영정야

초효 "초육은 띠풀 뿌리를 뽑음이다. 그 무리로써 올바름이니 길하여 형통한다"는 것은 곤坤이 건乾으로 바뀌어 올바름이 영속할 것이라는 뜻이다.

六二, 包承, 小人, 吉, 大人, 否, 亨은 上交不諂이니 終亨之睽也라
육이 포승 소인 길 대인 비 형 상교불첨 종형지규야

2효 "포용하고 이어받음이니 소인은 길하고 대인은 비색하지만 형통한다"는 것은 윗사람과 사귐에 아첨하지 않으므로 마침내 형통한다는 규괘睽卦의 뜻과 같다.

六三, 包羞는 世乏良才가 否之羞吝也라
육삼 포수 세핍양재 비지수린야

3효 '싼 것이 부끄럽다'는 것은 세상이 아무리 고달프더라도 어진 인재가 갈 길이 아닌 곳으로 가면 부끄러운 일을 당하여 인색해질 것이라는 교훈이다.

九四, 有命, 无咎, 疇離祉는 革否而泰幷受天祿也라
구사 유명 무구 주리지 혁비이태병수천록야

4효 "천명이 있어 허물이 없고 동료가 복을 받을 것이다"라는 것은 꽉 막힌 세상이 태평성대로 바뀌면 천록天祿을 받는다는 것이다.

九五, 休否, 大人, 吉, 其亡其亡, 繫于苞桑은 推亾固存이 桑海一新也라
구오 휴비 대인 길 기망기망 계우포상 추망고존 상해일신야

5효 "비색한 것을 쉬게 함이다. 대인의 길함이니 망할까 망할까 하면서 뽕나무 뿌리에 맬 것이다"라는 것은 없어지려다가 계속 존재하는 것이 바뀌어 상전벽해桑田碧海되는 극적인 변화를 말한다.

上九, 傾否, 先否, 後喜는 否往泰來니 后天之善變也라
상구 경비 선비 후희 비왕태래 후천지선변야

상효 "비색한 것이 기울어짐이니 먼저 막히지만 나중에는 기쁘다"는 것은 '비왕태래否往泰來'로서 후천세상은 선善으로 변한다는 뜻이다.

천화동인괘
天火同人卦

대동사회의 건설을 위하여

1. 하늘의 섭리에 순응하면서 성찰해야 : 동인괘

정이천은 천지비괘天地否卦(䷋) 다음에 천화동인괘天火同人卦(䷌)가 오는 이유를 다음과 같이 말한다.

同人은 序卦에 物不可以終否라 故受之以同人이라 하니라
동인 서괘 물불가이종비 고수지이동인
夫天地不交則爲否요 上下相同則爲同人이니 與否義相反이라
부천지불교즉위비 상하상동즉위동인 여비의상반
故相次라 又世之方否엔 必與人同力이라야 乃能濟니
고상차 우세지방비 필여인동력 내능제
同人所以次否也라 爲卦乾上離下하니 以二象言之하면
동인소이차비야 위괘건상리하 이이상언지
天은 在上者也니 火之性炎上하여 與天同也라 故爲同人이오
천 재상자야 화지성염상 여천동야 고위동인
以二體言之하면 五居正位하여 爲乾之主하고 二爲離之主하여
이이체언지 오거정위 위건지주 이위리지주
二爻以中正相應하여 上下相同하니 同人之義也라
이효이중정상응 상하상동 동인지의야
又卦唯一陰이라 衆陽所欲同하니 亦同人之義也라
우괘유일음 중양소욕동 역동인지의야
他卦에 固有一陰者나 在同人之時하여 而二五相應하고
타괘 고유일음자 재동인지시 이이오상응
天火相同이라 故其義大라
천화상동 고기의대

"동인괘는 「서괘전」에 '사물은 끝내 막힐 수 없기 때문에 동인괘로 이어받는다'고 했다. 대저 천지가 사귀지 못하면 비가 되고, 상하가 서로 함께 하면 동인이 되니 비괘 뜻과 상반되기 때문에 서로 다음이 된 것이다. 또한 세상이 바야흐로 막힐 때에는 반드시 남과 힘을 함께 하여야 건널(구제할) 수 있기 때문에 동인괘가 비괘의 다음이 된 것이다. 괘의 형성은 건이 위에 있고 리가 아래에 있다. 두 형상으로 말하면 하늘은 위에 있는 것인데, 불의 성질은 타서 올라가 하늘과 함께하기 때문에 동인이 되었다. 두 실체로 말하면 5효가 정위에 거처하여 건의 주체가 되고, 2효는 리괘의 주체가 되어 두 효가 중정으로 서로 감응하여 상하가 서로 함께하니 동인의 뜻이다. 또한 괘에 오직 하나의 음이 있는데 여러 양이 함께 하고자 하는 바이니, 역시 동인의 뜻이다. 다른 괘에도 진실로 하나의 음이 있으나 동인의 때에 있어서는 2효와 5효가 서로 감응하고 하늘과 불이 서로 함께 하기 때문에 그 뜻이 크다."

매년 5월이 되면 대학가는 대동제大同祭를 벌이느라 캠퍼스가 온통 막걸리 냄새로 뒤범벅되고, 노래와 춤판으로 들썩거리느라 야단법석이다. 대동제는 『주역』 14번 대유괘의 '대大'와 13번 동인괘의 '동同'과 생명의 시원에게 제사를 올린다는 축제(잔치)가 조합된 합성어다. 크게 소유하면서 모든 사람이 함께 같은 길을 걷는 것을 일컬어 '대동'이라 한다. 불이 하늘에 떠있는 것이 대유大有라면, 불이 하늘 아래에 같이 있는 것은 동인同人이다. 이 둘은 하늘과 불이 주체가 된다. 대유와 동인의 결합이 대동사상의 핵심이다.

서양에는 기독교의 천년왕국설,[1] 종말론과 함께 마음 속의 세계 지도인 유토피아 사상[2]이 있었다면, 동양에는 대동사상이 있다. 인간이 죄악에

天火同人卦 천화동인괘

1) 미야시 젠키치/최진규, 『중국의 천년왕국』(서울: 고려원, 1993), 3-10쪽 참조. "천년왕국은 혁명의 신학이다. 이는 「요한계시록」 20장의 '천년 동안 크리스트와 함께 통치한다'는 구절에 전거가 있다. 그것은 억압받는 자의 resentment(怨恨)를 포함하는 반항의 神義論이다. 이를테면 '세계의 타락 → 아마겟돈 → 최후의 심판 → 새로운 예루살렘'이라는 천년왕국설을 기반으로 성장한 洪秀全(1814-1864)의 태평천국은 크리스트교적 천년왕국으로 분류된다."

2) 영국의 Thomas More가 정의내린 유토피아(Utopia)에 대한 어원은 '이 세상에는 없는 곳(no-place)'과 '좋은 곳(good-place)'이라는 이중적 의미를 내포한다. 우리가 알고 있는 유토피아는 실제로는 존재하지 않는 '이상향'을 가리킨다. "동양고전에 나타난 유토피아[大同] 개념의 유형은 『山海經』型- 원시 이상 사회형, 『禮記·禮運』型- 협의의 大同社會型, 『老子』의 小國寡民 - 武陵桃源型, 문학 작품에 나타난 '隱逸型'의 이상론이 있다." 양승근, 「중국 문인의 은일과 유토피아」 『21세기 사회와 종교 그리고 유토피아』(서울: 생각의 나무, 2002), 300-301쪽 참조.

빠져 허덕이며 살고 있는 지상보다는 하나님의 나라를 지향해야 한다는 것이 기독교의 입장이라면, 『주역』은 하늘과 땅과 인간이 하나가 되는 도덕 문화의 이상향을 이 세상에 건설해야 한다고 강조한다.

대동사회를 도덕적 공동체 건설의 낙원으로 볼 것인가? 이에 대한 당위론적 근거를 얘기하는 동인괘의 형성에 대해 알아보자. 상괘는 하늘(☰), 하괘는 불(☲)이다. 하늘이 위에 존재하고, 불은 하늘 아래에 존재하는 동인괘의 모습은 사실 차원의 명제이다. 하지만 '동인' 하면 '다함께'라는 당위적 임무가 가장 먼저 떠오른다. 전자가 우주의 구조에 대한 필연성의 문제라면, 후자는 실천의 최고 덕목인 것이다.

자연학이든 실천론이든간에 결국 '인간이란 무엇인가'라는 문제로 귀결된다. 루소는 "모든 과학에서 가장 유용하면서도 가장 발전하지 못한 분야가 바로 인간에 대한 과학이다"라고 말했다. 우리 주변에 보이는 것이라곤 온통 타락하고 부패한 인간 군상과 시궁창 사회뿐이다. 세상은 정치적 부패, 약자를 착취하는 강자의 도덕적 불감증, 소수를 위한 정책으로 인해 빚어지는 수많은 사람들의 상대적 박탈감, 탐욕, 전쟁, 질병, 자연 재해 등이 뒤섞여 대중들의 희망을 송두리째 빼앗아갔다.

인간사는 자연사와 현격한 대조를 이룬다. 그래서 자연에 대한 다양한 물음이 끊임없이 제기되었던 것이다. 자연 법칙은 아주 간단하고도 자명하다. 별들은 예전이나 지금이나 똑같은 궤도를 한 치의 오차 없이 돈다. 자연은 질서정연하게 움직이는 까닭에 예측이 가능하다. 마찬가지로 인간의 삶에도 보편적인 행위 법칙이 존재해야 한다. 자연 질서와 일치하는 진정한 원리들이 도출된다면 더 나은 삶과 정의로운 사회를 이루는 방법을 배울 수 있을 것이다. 그러면 문명이 일으키는 범죄와 악도 사라지게 될 것이다.

동인괘의 가르침을 인간학적 측면보다는 자연학적 측면에서 조명할 이유가 여기에 있다. 왜 맑고 푸른 하늘과 붉고 밝은 불은 영원한 동반자[同

人]일까? 불길은 가벼워 땅에서 올라가 마침내 하늘과 하나가 된다. 불은 가장 높은 곳에서 생명 에너지의 근원인 하늘과 도킹한다. 하늘과 불이 같은 길을 간다는 것은 모든 사물이 지향해야할 목표이다. 따라서 사람 '인人' 자에 국한되어 동인괘를 윤리적 차원에서만 이해해서는 안 되고 자연학적 측면으로 확대할 필요가 있는 것이다.

대칭의 관계로 존재하는 천화동인괘天火同人卦를 뒤집어 엎으면 화천대유괘火天大有卦가 된다. 대칭의 극한점은 서로 통한다는 '반대 일치의 지혜'[3]를 『주역』은 가르치고 있다. 양극성의 통일[同人]이 이루어져야만 위대한 소유[大有]가 가능하다는 것을 일깨우고 있다. 양자의 구성 요소인 불[4]과 하늘이 창조적인 조화를 이룰 때, 가장 이상적인 환경이 조성될 수 있음을 시사하고 있는 것이다.

동인괘는 다섯 개의 양과 하나의 음으로 구성되어 있는데, 곤괘 2효에서 비롯된 그 하나의 음효가 동인괘의 주인공이다. 동인괘의 2효와 5효는 각각 하괘와 상괘의 중中으로서 음효인 2효가 음 자리에, 양효인 5효가 양 자리에 위치한다. 그것은 가장 이상적인 형태를 대변하고 있다. 이를 근거

3) 김상일, 『한의학과 러셀역설 해의』(서울: 지식산업사, 2005), 31쪽. 그는 동서양철학이 근본적으로 달라진 이유를 논리에서 찾고 있다. 서양은 A형의 논리에서 출발하였고, 동양은 E형에서 출발하였다고 한다. 서양의 거짓말역설에서 비롯된 E형의 논리가 현대의 제반 모순을 제거할 수 있는 유일한 방안이라고 하였다. "아리스토텔레스의 논리가 '반대 불일치의 논리'라면, 에피메니데스의 논리는 '반대 일치(coincidence of opposite)의 논리'이다. 두 논리는 서로 상반된다. 아리스토텔레스의 논리를 따르는 것이 서양철학의 주류를 형성하여 칸트와 헤겔에까지 이르고 있다. 하지만 현대과학의 상대성이론, 불확정성이론을 비롯해 카오스이론 등이 모두 거짓말쟁이 역설에 그 논리적 근거를 두고 있다. 혼돈을 연구하는 학자들이 발견한 사실은 진동, 반복, 점진, 되먹힘, 한계순환이다. 그리고 이러한 것들의 배경은 거짓말쟁이 역설이다."

4) 가스똥 바슐라르/이가림, 『촛불의 美學』(서울: 문예출판사, 1991), 17-59쪽 참조. 불꽃의 시인이자 철학자인 바슐라르는 불의 성격을 다음과 같이 말한다. "일반적으로 불은 다른 것과 융합하려는 특성이 있다. 불꽃은 天頂(zenith)을 향해 위로 상승하는 수직의 존재이다. 모든 직립된 사물들은 하늘 꼭대기를 가리킨다. 불꽃은 생명이 깃들어 있는 수직성을 본질로 한다. 불꽃은 생성으로서의 존재, 존재로서의 생성이다."

로 삼아 대부분의 학자들은 '동인同人'을 인간학적 측면에서 해석했던 것이다.

『주역』의 자연학은 공자의 도덕 지상주의적 대동론으로 활짝 꽃피운다. 『예기禮記』「예운禮運」은 유가의 대동을 다음과 같이 설명하고 있다.

> 大道之行也에 天下를 爲公하여 選賢與能하며 講信脩睦하더니
> 대도지행야 천하 위공 선현여능 강신수목
> 故로 人不獨親其親하며 不獨子其子하여 使老有所終하며
> 고 인부독친기친 부독자기자 사노유소종
> 壯有所用하며 幼有所長하며 鰥寡孤獨廢疾者皆有所養하며
> 장유소용 유유소장 환과고독폐질자개유소양
> 男有分이오 女有歸하며 貨惡其棄於地也나 不必藏於己하며
> 남유분 여유귀 화오기기어지야 불필장어기
> 力惡其不出於身也나 不必爲己니 是故로 謀閉而不興하며
> 력오기불출어신야 불필위기 시고 모폐이불흥
> 盜竊亂賊이 而不作이라 故로 外戶而不閉니 是謂大同이라
> 도절난적 이부자 고 외호이불폐 시위대동
>
> "대도가 행해지면 천하에는 공의가 구현된다. 현자를 뽑고 능력 있는 사람에게 일을 맡기며 신의를 논하고 화목을 닦게 한다. 그러므로 사람들은 제 부모만을 부모로 여기지 않고, 제 자식만을 자식으로 여기지 않아 늙은이는 편안한 여생을 마칠 수 있고, 장년들은 일할 수 있고, 어린애는 길러주는 사람이 있으며, 과부와 홀애비와 고아와 자식없는 늙은이와 병든 자들이 모두 부양받게 된다. 남자는 짝이, 여자는 시집갈 곳이 있다. 재화가 땅에 버려지는 것을 싫어하지만 반드시 자신만의 소유로 할 필요가 전혀 없다. 스스로 노동하는 것을 싫어하지만 반드시 자기만을 위해서 일하지도 않는다. 그러므로 남을 해치려는 음모가 생길 이치가 없고, 도적이나 난적이 생기지 않는다. 바깥문을 닫을 필요가 없다. 이런 세상을 대동이라고 한다.

대동사회는 사리사욕이 말끔히 씻겨진 삶을 꿈꾸었던 원시 유가의 모델이었다. 대동이란 '대도大道'가 구현되는 이상사회를 일컫는 말이다. 대도의 실체는 무엇인가? 대동사회는 도덕적 가치의 사회적 확대를 지향하는데 있다. 지금까지는 대도를 유교가 지향하는 도덕 사회로만 해석했다. 후대에 내려오면서 대동사회는 사회 제도의 이념을 구성하고 운영되는 세상을 총칭했으나, 대동의 실상을 우주론적인 시각으로 외연을 넓혀야 할 것이다.

2. 동인괘 : 열린 마음으로 진리의 바다에 빠져라

同人于野면 **亨**하리니 **利涉大川**이며 **利君子**의 **貞**하니라
동인우야　형　이섭대천　이군자　정

사람들과 뜻을 같이하는 것을 들에서 하면 형통하리니 큰내를 건너는 것이 이로우며, 군자의 올바름이 이로운 것이다.

"동양의 우주론은 생성론과 구조론의 이중성을 갖는다. 우주 구조론은 과학, 특히 천문학의 발전에 결정적으로 의존한다. 우주 생성론은 과학적인 관찰 소재가 존재하는 경우에도 사변에 머문다. 따라서 구조론 없는 생성론은 단순한 신화이며, 생성론 없는 구조론은 과학일 뿐이다. 우주론은 생성론과 구조론의 통일에 의해서만, 그리고 과학과 형이상학의 경계 영역에서만 성립한다."[5)]

동인괘의 핵심어는 '동인同人', '들판[野]', '이섭대천利涉大川', '군자君子와 건도乾道'에 녹아 있다. 하늘은 맑고 가벼워 위로 상승하고, 불 역시 뜨거워서 타올라가니 하늘과 불은 같은 방향으로 나아가는 성질을 갖는다. 『주역』의 큰 틀은 하늘과 땅과 인간이라는 3원적 구조로 이루어져 있다. 거기에서 하늘과 불은 생성 에너지의 엔진 역할을 담당하기 때문에 '유유상종'이란 말이 생겨났다. 상괘인 하늘괘[乾; 天]은 양이며, 하괘인 리괘[불;

5) 야마다 케이지/김석근, 『주자의 자연학』(서울: 통나무, 1991), 33쪽.

火]는 음이지만, 이 둘은 음양조화를 일으키는 원동력으로 기능한다. 그것은 진리의 바다에 흠뻑 취한 성숙한 인격자들이 모여 의기가 투합하는 모습을 지적한 말이기도 하다.

동인은 왜 들판에서 이루어져야 하는가? 정치적 이득을 도모하기 위해서 밀실에서 야합하는 정치꾼들의 잔머리보다는 공동체의 의견을 결집하는 공개적인 장소이기 때문이다. 광야는 만인 공동체가 하늘의 섭리와 신의 소리를 듣고 부응하는 신성한 공간[神市]이다. 그러니까 만사형통이라는 것이다. 만사형통인 까닭에 신의 영역인 큰 냇가를 건너는 데 이롭다. 그것은 또한 군자의 올바른 마음가짐이 아니고는 불가능하다.

'사람들과 뜻을 같이하는 것을 들에서 하면 형통하리니 큰내를 건너는 것이 이로운' 궁극적 이유는 건도가 실행[乾行]되기 때문이라고 설명하였다. 하늘의 떳떳한 움직임인 원형이정이 바로 하늘 아래의 모든 사물을 아낌없는 사랑으로 감싸는 것이 건괘의 덕성이다.

진리에 흠뻑 취한 성숙한 인격자들이 공개된 장소에 모여 의기투합해야 '대동'이 이루어질 수 있다.

3. 단전 : 올바른 마음으로 문명사를 기획해야

彖曰 同人은 **柔得位**하며 **得中而應乎乾**할새 **曰同人**이라
단왈 동인 유득위 득중이응호건 왈동인

(同人曰) 同人于野亨利涉大川은 **乾行也**오
동인왈 동인우야형이섭대천 건행야

文明以健하고 **中正而應**이 **君子貞也**니
문명이건 중정이응 군자정야

唯君子아 **爲能通天下之志**하나니라
유군자 위능통천하지지

단전에 이르기를 동인은 부드러움이 그 위치를 얻고 중을 획득하여 건에 부응하니, 이르기를 '동인'이라 한다. (동인에 이르기를) '사람들과 뜻을 같

이하는 것을 들에서 하면 형통하리니 큰내를 건너는 것이 이로움'은 건실하게 움직이는(건괘의 움직임) 것이요, 문명으로써 건실하고 중정하여 부응함이 군자의 올바름이니, 오로지 군자라야 능히 천하의 뜻을 통한다.

하늘의 운행은 만물의 본성과 사명을 올바르게 하는 데에 목적이 있다. 그래서 건괘 「단전」에서는 "건도[天道]가 변화하여 모든 사물의 본성과 사명을 올바르게 하니 각종 사물 현상과 가치들을 보존하면서도 이들을 하나로 통합하고 커다란 화합을 이루어 이롭고 바르게 한다[乾道變化, 各正性命, 保合大和, 乃利貞]"고 했던 것이다. 『주역』의 결론은 '건도변화乾道變化'와 '보합대화保合大和'와 '이정利貞'에 압축되어 있다.

건도는 곧 천도이다. 천도는 지도와 인도를 포괄한다. 따라서 건도가 변화한다는 것은 천지가 변화한다는 뜻이다. 천지가 변화한다는 것은 곧 천지의 근본틀이 바뀐다는 뜻이다. 그래서 곤괘坤卦 「문언전」은 '건도변화'의 명제를 이어받아 "(구체적으로) 천지가 변화하면 초목(모든 사물)이 번성한다[天地變化, 草木蕃]"라고 화답했던 것이다.

건도변화乾道變化의 시간적인 결과적 표현은 '각정성명各正性命'과 '보합대화保合大和'이다. 이는 문법적으로 미래적 언표이며 규정이다. 천지의 근본틀이 전환되어 인간을 포함한 모든 사물들의 본성과 존재 의미와 가치와 사명(만물에 부여된 분수)이 올바르게 된다는 것이다. '보합대화保合大和'의 경지는 우주사의 새역사와 새문명이 펼쳐져야 가능하다. 그러므로 '이정利貞'은 우주사의 최종 목표라고 할 수 있다.

'문명文明'은 밤하늘을 아름다운 배열로 수놓는 천체의 무늬가 밝다는 뜻이다. 하늘의 질서는 빛나는 별들의 움직임처럼 투명하다. 하늘과 불이 서로 부합하는 건도 변화의 정신을 이어받는 것이 바로 군자의 사명이다. 군자는 안으로는 불처럼 밝은[文明] 덕을 쌓고, 밖으로는 굳건한 자세로 실천해야 한다[文明以健, 中正而應]. 분명한 가치판단을 일삼는 군자만이 사람들의 공통된 의견을 수렴하여 인류의 꿈을 실현할 수 있다. 『주역』은 보통 사람이 군자가 되라고 가르치고 있는 것이다. 그 방법은 구체적으로 무엇인가? 객관적인 하늘의 질서를 자신의 본성으로 깨달아 정의를 땅에 구현하는 것에 있다.

하늘의 질서를 올바른 마음[貞=正]으로 실천해야만 진정한 대동사회를 건설할 수 있는 자격이 있다. 다양성의 통일 또는 통일성 속에서 다양함이 인정되는 사회야말로 건강의 척도이다.

4. 상전 : 통일성과 다양성의 조화를 향하여

象曰 天與火同人이니 **君子以**하여 **類族**으로 **辨物**하나니라
상 왈 천 여 화 동 인 군 자 이 유 족 변 물

상전에 이르기를 하늘과 불이 동인이니, 군자는 이를 본받아 유와 족으로 사물을 분별한다.

끼리끼리 문화는 부패를 낳고, 동종 교배와 근친상간은 생명 법칙에 위배되는 유전병을 낳는다. 친족 등용은 무능력과 도덕 불감증이라는 후유증을 낳는다. 대학에서 동문 채용은 학문의 질을 떨어뜨린다. 이처럼 배타성을 숭배하는 습성은 수많은 폐단을 남긴다.

군자는 하늘의 이법에 근거하여 '같음[同]'과 '다름[異]'을 분별하여 사회에 이바지하는 존재이다. 과거와 현재를 통틀어 세상사는 같음과 다름의 물레방아였다. 다름은 다양성의 문제이지 차별의 대상으로 인식해서는 안 된다. 인류는 곧잘 다름과 차별을 혼동하여 불행을 축적해왔다. 유유상종이라는 '같음'의 삶에 너무도 익숙해져 있다. 그것은 태어날 때부터 등에 진 삶의 무게일 수도 있다. 하지만 인간은 타인과 더불어 살아야 하는 운명적 존재이다. 그것은 선택 사항이 아니라 당위에 속한다.

우리네 인생사는 같음과 다름의 교향곡이다. 오케스트라의 꽃은 조화에

있다. 지휘자는 다양한 악기가 내는 소리를 통제하여 최상의 어울림을 빚어내기 때문에 관객들은 환호성을 지른다. 다양성의 통일 또는 통일성 속에서 다양함이 인정되는 사회야말로 건강의 척도이다. 따라서 획일주의로 무장된 사회는 경직성으로 말미암아 동맥 경화증에 걸리기 쉽다.

잠시 동화하지만 끝내 조화를 이루지 못하는 '동이불화同而不和'와, 이질적인 견해를 포용하는 가운데 다양성을 인정하는 '화이부동和而不同'의 문제가 제기되는 것이다. 전자는 일시적인 공존이 가능하나, 장기적인 불협화음이 내재되어 있다. 언젠가 폭발할지 모르는 불화는 파국을 낳는 씨앗이다. 후자는 공존을 이루는데 진통이 뒤따르지만, 협의에 의한 화합인 까닭에 그 불씨가 쉽게 꺼지지 않는다는 장점이 있다.

동인괘는 진리의 원형인 하늘의 '강건함[乾]'과 만물 생성의 엔진인 '불[火]'이 같은 길을 걷는다는 이치에서 만물의 통일성과 다양성의 원리를 밝히고 있다.

5. 초효 : 파벌을 버리고 포용의 정신으로 타협하라

初九는 **同人于門**이니 **无咎**리라
초구 동인우문 무구

象曰 出門同人을 **又誰咎也**리오
상왈 출문동인 우수구야

초구는 [같은] 문에서 무리를 지으니 허물이 없을 것이다. 상전에 이르기를 '문을 나서 동인하는 것을 다시 누가 허물하리오.

문 밖에 나서서 무리를 짓는다는 것은 애당초 벌거숭이가 되어 자신의 이력서를 투명하게 공개함을 지적한 말이다. '동문'이란 같은 학교 동창생으로서 강력한 파괴력을 갖는 집단이다. 요즈음 말로 표현하면 학연學緣의 대명사다. 학연과 혈연과 지연은 사회를 갉아먹는 사회적 암이다. 학연을 초월해서 자신의 능력을 유감없이 발휘하기 때문에 당연히 허물이 없는 것이다. 능력 있는 사람은 스스로 검증한 다음, 사회에 그 평가를 맡기면 된다.

파벌 의식을 버리고 포용의 정신으로 남과 타협해야 한다. 타협은 야합이 아니다. 야합은 은밀한 곳에서 이루어지는 것이 통례이다. 그것은 항상 부조리를 잉태하여 불행의 불씨로 남는다. 과감하게 파벌 의식을 내던져야 한다. 동문을 살리는 유일한 길이다. 하지만 사람들은 동문 의식에 사로잡혀 안전망을 구축하려는데 익숙해져 있다. 나쁜 관습이다. 악성 종기는 빨리 제거할수록 좋다.

파벌과 동문의 테두리에서 벗어나면 아무도 시비 붙는 사람이 없을 것이다. 파벌은 동문이 최고라는 편견을 낳는 원흉이다. 편견은 배타성의 사생아다. 동문 의식으로 모인 집단은 이익을 위해 뭉치고, 동질성을 유지하기 위해 더욱 강력한 결집력으로 무장하게 마련이다.

아예 굳게 닫힌 마음의 문을 활짝 열어 유리처럼 투명하면 군자와 대인이 될 수 있다. 『주역』은 대유괘의 '큼[大]'과 동인괘의 '사람[人]'이 합쳐 '대인'이 된다고 가르친다.

파벌과 동문 의식으로 가득 찬 마음의 문을 열고 타인을 포용하는 지성인이 되어야 건강한 공동체가 형성될 수 있다.

6. 2효 : 혈연과 파벌의식을 타파하라

六二는 **同人于宗**이니 **吝**토다
육이 동인우종 인

象曰 同人于宗이 **吝道也**라
상왈 동인우종 인도야

육이는 무리 지음을 종친에서 함이니 인색하다. 상전에 이르기를 '무리 지음을 종친에서 함은 인색한 도이다.

2효는 음 자리에 음이 위치하고 있기 때문에 '중도[中]'이다. 2효는 동인괘 전체에서 유독 음이다. 전체와 화합에야 함에도 불구하고 5효와만 상응한다. 오직 5효하고 부응하는 것을 경계한 발언이다. '종宗'은 종족, 종가, 종당, 핏줄 등을 가리킨다. 2효는 혈연에만 의존하려는 종파와 붕당의 폐단을 지적하고 있다.

종친과 붕당에 얽매이는 의식은 흔히 집단 이기주의로 직결되는 결과로 이어진다. 그것은 '나'를 위한 사회일 뿐, '내'가 원하는 것을 얻지 못하는 타 집단은 전혀 쓸모가 없다는 것이다. 사회는 나의 인격과 재능을 펼치는 공간이다. 핏줄에 의지하는 소아병적인 의식이 곧 '인색한 마음'이다.

인색한 도리는 비좁은 길이다. 마음의 문을 열어 운신의 폭을 넓혀야 한다. 사회가 먼저 깨끗해지기를 바라지 말고, 자신이 먼저 사회의 정의를 위해서 기득권을 포기하는 의식 개혁이 필요하다. 핏줄에 연연하여 똘똘 무리 지으면 일이 꼬이게 마련이다. 가족주의 혹은 혈연주의에 매달리는 낡고 묵은 정신을 털어내는 것이 사회가 건강해지는 비결이다.

혈연에 얽매인 올가미를 벗어던지고 포용의 정신으로 타인을 받아들여라. 그것이 곧 동문을 살리는 길이다. 혈연에 의존하는 붕당의 폐단은 사회에 독을 남긴다. 마음의 문을 활짝 열어 운신의 폭을 넓혀라.

7. 3효 : 내 안의 적이 훨씬 무섭다

九三은 **伏戎于莽**하고 **升其高陵**하여 **三歲不興**이로다
구삼 복융우망 승기고릉 삼세불흥

象曰 伏戎于莽은 **敵剛也**오 **三歲不興**이어니 **安行也**리오
상왈 복융우망 적강야 삼세불흥 안행야

구삼은 병사를 풀숲에 매복시키고 높은 언덕에 올라서도 3년 동안 일어나지 못한다. 상전에 이르기를 '병사를 풀숲에 매복시키는 것'은 적이 강력하기 때문이요, '3년 동안 일어나지 못하는 것'을 (의롭지 못하여) 어찌 행할 수 있겠는가.

3효는 하괘의 양 자리에 양효가 있다. 상괘의 양인 상효와도 상응하기 어렵다. 3효는 에너지가 넘치고 '중용[中]'도 아니다. 위로는 상응할 여건도 안 되고, 더욱이 '중中'이 아닌 까닭에 2효와의 동화를 시도할 수도 없다.

바깥의 적보다 내 안에 잠들어 있는 적이 훨씬 무섭다. 남의 잘못은 절대 용납하지 않으면서 자신에게 관대한 것이 바로 인간이기 때문이다. 동문과 종친에 둘러싸여 온실에서 길들어졌을 뿐만 아니라 끼리끼리 울타리 안에서 동종 교배하기 때문에 경쟁력이 약화된 지도 모른다.

그러니까 안으로 좋은 여건을 갖추었음에도 불구하고 '높은 언덕에 올라가서도 소득이 없다'고 한 것이다. 밖으로는 상괘의 '중용[中]'인 5효 역시 강력한 에너지를 소유하고 있어 상대하기가 버겁다. 안팎으로 곤경에 빠진 상태이다.

동종교배는 경쟁력을 약화시킨다.

8. 4효 : 피흉避凶의 방법은 정의를 추구하는 것에

九四는 **乘其墉**호대 **弗克攻**이니 **吉**하니라
구사 승기용 불극공 길

象曰 乘其墉은 **義弗克也**오 **其吉**은 **則困而反則也**라
상왈 승기용 의불극야 기길 즉곤이반칙야

구사는 성벽에 올랐으나 능히 공격하지 아니하니 길하다. 상전에 이르기를 '성벽에 올랐다'는 것은 의리 때문에 이기지 못함이며, '길하다'는 것은 힘들어 올바른 도리에 돌아옴이다.

양인 4효는 음의 자리[陰位]에 있다. 4효는 '중정中正'이 아니지만 양이 음 자리에 있기 때문에 강유를 겸비하고 있다. 2효와 짝을 이루려고 시도하지만, 5효와의 올바른 의리 관계를 고려하여 쉽사리 공격하지 않으므로 결국은 길하다.

라이벌인 5효와 힘겨루기를 위해 샅바를 굳게 맸으나, 강력한 파워를 자랑하는 5효는 이미 2효와 상응을 이루고 있는 까닭에 승리를 장담할 수도 없다. 주어진 여건이 여의치 않아 마음이 썩 내키지 않는다[困]. 싸움을 포기하고 원래의 자신으로 돌아가기 때문에 얻은 것은 없더라도 잃은 것도 없어 길하다.

올바르면 비록 얻는 것은 없을지라도 길하다.

9. 5효 : 고난을 거친 성공이 진정한 행복이다

九五는 **同人**이 **先號咷而後笑**니 **大師克**이라야 **相遇**로다
구오 동인 선호도이후소 대사극 상우

象曰 同人之先은 **以中直也**오 **大師相遇**는 **言相克也**라
상왈 동인지선 이중직야 대사상우 언상극야

구오는 동인(타인과의 화합함)이 먼저는 울부짖고 나중에 웃으니 큰 군대로 승리해야 서로 만난다. 상전에 이르기를 '동인이 먼저 함은' 중과 곧음으로써 하는 바요, '큰 군대로 서로 만난다'는 것은 서로 이김을 말함이다.

5효는 상괘의 중용[中]인 동시에 하괘 2효와 상응한다. 2효도 '중정中正'이고 5효 역시 '중정'이다. 이는 『주역』 전체의 효사에서 보기 드물게 '중정中正'을 이룬다. 현실적으로는 5효 앞에 3효와 4효라는 훼방꾼이 있다. 하지만 2효와 5효는 찰떡 궁합이다. 아무리 원앙일지라도 주위의 축복 없이는 결합하기 힘들다. 신혼 부부도 결혼 전에는 여러 가지 난관 때문에 눈물을 흘린다. 혼인식을 마치고서야 비로소 웃는다.

2효와 5효의 만남의 과정에는 엄청난 진통이 뒤따른다. 3효에서 말하는 '풀숲에 매복한 병사들'이 가로막기 때문이다. 그래서 5효에서는 '큰 군대를 일으켜 승리해야 서로 만난다'고 했던 것이다. 만남의 성사는 그 주체인 5효가 최고의 가치[中]에 입각해서 올바른 행위[正=直]를 실천하기 때문

이다. 그러니까 상대방도 그 인격에 감화되어 웃음 짓지 않을 수 없는 것이다.

이런 연유에서 '동인이 먼저 울부짖고 나중에 웃는다'는 명제에 대해 공자는 다시 한 번 강조했다. "군자의 도가 혹 나아가기도 하고 혹 머물기도 하고 혹 침묵하고 혹 말하기도 하지만, 두 사람의 마음이 일치하면 그 날카로움이 쇠를 끊을 수 있다. 일치된 마음의 말은 그 향기가 마치 (동네 어귀까지 냄새나는) 난초와 같다"[6]고 했던 것이다.

2효와 5효는 찰떡 궁합이다. 이들 만남의 주인공인 5효가 최고의 가치[中]를 바탕으로 정의를 실천하기 때문이다.

10. 상효 : 하늘의 뜻을 받드는 삶을 살아라

上九는 **同人于郊**니 **无悔**니라
상구 동인우교 무회
象曰 同人于郊는 **志未得也**라
상왈 동인우교 지미득야

상구는 무리 지음을 들판에서 함이니 뉘우침이 없는 것이다. 상전에 이르기를 '무리 지음을 들판에서 함'은 뜻을 얻지 못한다.

상효는 상괘의 맨 마지막에 있다. 같은 양인 3효와도 부응할 수 없다. 모든 것을 털어내고 조용히 뒤로 물러난다. 세속과 멀리 떨어져 은퇴하여 머물기 때문에 후회하는 일도 없다. 한적한 야외에서 산수를 벗삼아 유유자적한 삶을 누린다. 갈등이나 번민이 끼어들 여지가 없다.

세상사에 걸림이 없는 명예 퇴직자는 후회는 없을지라도 현실과 동떨어질 수도 없다. 하나의 인간으로서 인생에 무언가 여운이 남는다. 모든 것을 하늘의 뜻으로 여기고 묵묵히 살아갈 뿐이다.

6)『周易』「繫辭傳」상편 8장, "同人, 先號咷而後笑. 子曰 君子之道或出或處或黙或語, 二人同心, 其利斷金. 同心之言, 其臭如蘭."

동문이나 종친의 안전망에서 벗어나 아무도 찾지 않는 교외에서 홀로 묵는다. 사회의 규범에 얽매일 필요도 없고, 또한 어긋나는 일도 없다. 자신의 목표는 달성하지 못했지만[志未得], 결코 후회하지 않는다.

동인괘에 나타난 삶의 모습은 다양하다. 초효는 동문의 그늘에서 벗어나 인격자와 사귀니까 아무런 허물 지을 일이 없다. 유일한 음인 2효는 다섯 양과 상응해야 할 의무가 있듯이, 특정한 5효만 바라보지 말고 두루 사귀어야 마땅하다. 3효는 2효에 욕심을 품는다. 아무리 노력해도 힘에 부쳐 실패하는 꼴이다. 4효는 2효를 놓고 5효와 힘껏 샅바 싸움을 벌이다가 스스로 포기한다. 5효는 처음에는 고초를 겪다가 뒤에는 천생연분을 만나 웃는다. 상효는 인적이 끊긴 교외로 이사하여 홀로 즐긴다. 이처럼 '사람 사귐'의 방법에는 여러 종류가 있는 것이다.

동문의 안정망에서 벗어나 아무도 찾지 않는 교외에서 홀로 묵는다. 비록 자신의 목표는 달성하지 못할지라도 결코 후회하는 일은 생기지 않을 것이다.

정역사상의 연구자 이상룡李象龍은 동인괘의 성격을 다음과 같이 설명한다.

> 同字는 中外象老陽而中畫之上加少陽一畫이라 陽性上升하니
> 동자 중외상노양이중획지상가소양일획 양성상승
> 乾離皆同之義也라 仝通同이니 在文從人從功일새
> 건리개동지의야 동통동 재문종인종공
> 有天功人其代之底意思요 人字見上이라 爲卦乾上離下니
> 유천공인기대지저의사 인자현상 위괘건상리하
> 雨火自天而天反見闢之象也며 且入地之明하여 必有升天이라
> 우화자천이천반현벽지상야 차입지지명 필유승천
> 故此卦次於明夷也라
> 고차괘차어명이야

같을 동同은 중앙 바깥이 노양老陽으로서 그 중앙 획에다 소양少陽 하나를 더 덧붙인 글자를 상징한다. 양이 상승하는 형상이므로 건乾과 리離가 같다는 뜻이다. 동仝과 동同은 통한다. 동은 문자적으로 사람 인人과 일 또는 공로 공功의 합성어로 하늘의 일을 인간이 대신한다는 뜻이 사람 인人 자에 드러나 있다. 괘의 형상은 건乾이 위에, 리離가 아래에 있는데 하늘에서 쏟아지는 비 같은 불[雨火]이 하늘을 여는 모습을 상징한다. 또한 그것이 땅 속에 들어가 밝아지므로 반드시 하늘로 올라가는 형상이기 때문에 동인괘가 명이괘明夷卦 다음에 위치하는 것이다.

彖曰 同人于野, 亨, 利涉大川, 利君子, 貞은 天下會同하여
단왈 동인우야 형 이섭대천 이군자 정 천하회동
一濟可治也라
이제가치야

단전 "사람들과 뜻을 같이하는 것을 들에서 하면 형통할 것이다. 큰내를 건너는 것이 이로우며, 군자의 올바름이 이롭다"는 것은 천하의 뜻이 모여 같아지므로 한결같이 다스려지는 것을 뜻한다.

象曰 君子以, 類族, 辨物은 區別万區也라
상왈 군자이 유족 변물 구별만구야

상전 "군자는 이를 본받아 유와 족으로 사물을 분별한다"는 것은 지역을 분별하여 수많은 경계로 나누는 것이다.

初九, 同人于門, 无咎는 人出四門하니 天下始交也라
초구 동인우문 무구 인출사문 천하시교야

초구 "초구는 (같은) 문에서 무리를 지으니 허물이 없을 것이다"라는 말은 사람이 문 밖을 나서 천하에서 처음으로 사귀는 것을 의미한다.

六二, 同人于宗, 吝은 趨勢挾貴하니 其志鄙也로다
육이 동인우종 인 추세협귀 기지비야

2효 "육이는 무리 지음을 종친에서 함이니 인색하다"는 것은 힘을 좇아 귀함을 따르므로 그 뜻이 어리석음을 가리킨다.

九三, 伏戎于莽, 升其高陵, 三歲不興은 天下興戎而已니
구삼 복융우망 승기고릉 삼세불흥 천하흥융이이
乃揚武三歲可定也라
내양무삼세가정야

3효 "구삼은 병사를 풀숲에 매복시키고 높은 언덕에 올라서도 3년 동안 일어나지 못한다"는 말은 천하에 싸움이 일어난다는 것으로 전쟁이 생긴 지 3년이 지나야 바로잡을 수 있다는 말이다.

九四, 乘其墉, 弗克攻, 吉은 敵雖乘勢라도 不敢攻我也라
구사 승기용 불극공 길 적수승세 불감공아야

4효 "구사는 성벽에 올랐으나 능히 공격하지 않으므로 길하다"는 것은 적이 비록 상승세를 탈지라도 나를 이기지 못함을 말한 것이다.

九五, 同人, 先號咷而後笑, 大師克, 相遇는 相遇火熾에
구오 동인 선호도이후소 대사극 상우 상우화치
困一戎하여 而大捷也라
곤일융 이대첩야

5효 "구오는 동인(타인과의 화합함)이 먼저는 울부짖고 나중에 웃으니, 큰 군대로 승리해야 서로 만난다"는 말은 엄청난 불기운을 만나 사람들이 한결같이 괴로움에 빠졌으나 크게 승리함을 뜻한다.

上九, 同人于郊, 无悔는 蒐閱于我疆而威克厥愛也라
상구 동인우교 무회 수열우아강이위극궐애야

상효 "상구는 무리 지음을 들판에서 함이니 뉘우침이 없다"는 것은 나의 강역에서 뜻을 결집시키므로 위엄이 사랑을 이기는 것을 말한다.

화천대유괘
火 天 大 有 卦

위대한 소유

1. 위대한 소유란 무엇인가? : 대유괘

정이천은 천화동인괘天火同人卦(䷌) 다음에 화천대유괘火天大有卦(䷍)가 오는 이유를 다음과 같이 말한다.

> 大有는 序卦에 與人同者는 物必歸焉이라
> 대유 서괘 여인동자 물필귀언
> 故受之以大有라 하니라 夫與人同者는 物之所歸也니
> 고수지이대유 부여인동자 물지소귀야
> 大有所以次同人也라 爲卦火在天上하니 火之處高면
> 대유소이차동인야 위괘화재천상 화지처고
> 其明及遠하여 萬物之衆이 无不照見하니 爲大有之象이오
> 기명급원 만물지중 무불조견 위대유지상
> 又一柔居尊하고 衆陽竝應하니 居尊執柔는 物之所歸也라
> 우일유거존 중양병응 거존집유 물지소귀야
> 上下應之爲大有之義하니 大有는 盛大豊有也라
> 상하응지위대유지의 대유 성대풍유야
>
> "대유괘는 「서괘전」에 '남과 함께 한다는 것은 사물이 반드시 돌아오기 때문에 대유괘로 이어받았다'라고 했다. 대저 남과 함께 한다는 것은 사물이 돌아오는 바이니, 대유괘가 동인괘의 다음이 된 까닭이다. 괘의 형성은 불이 하늘 위에 있으니 불이 높은 곳에 있으면 그 밝음이 먼 곳까지 미쳐서 만물의 무리에 비춰 보이지 않음이 없으니, 대유의 모양이 된다. 또한 하나의 음유가 존경받는 위치에 있고 여러 양이 함께 부응하니, 존경받는 위치에서 유순함을 붙잡음은 사물이 돌아오는 바이다. 상하가 부응함이 '대유'의 뜻이 되므로 '대유'는 성대하고 풍성하게 소유한 것이다."

대유괘의 상괘는 불[태양; 離卦], 하괘는 하늘[乾卦]이다. 운동의 강렬함과 건실함을 표상하는 건괘(☰)와, 밝고 빛나는 모습[文明]인 리괘(☲)가 결합되어 있다. 하늘 높이 뜬 태양이 유형무형의 온 세상을 널리 비춰주고 있는 형상이다. 형식적으로는 하나의 음과 다섯 개의 양으로 구성되어 있다. 강건과 문명을 겸비하여 하나의 음이 가장 존귀한 위치에서 나머지 양들과 화응하기 때문에 '크게 소유할 수 있는 것이다.'

'동인괘'와 '대유괘'는 같기도 하고 다르기도 하다. 동인괘를 뒤집어 엎으면 대유괘가 되고, 대유괘를 뒤집으면 동인괘가 된다. 대유괘는 하늘 위에서 불이 환하게 모든 사물을 비추는 형상이다. 촛불은 조그만 방을 포근하게 감싸지만, 태양은 스스로의 화력을 자랑하면서 맘껏 에너지를 뿜어낸다. 그 에너지의 정체가 불덩어리이다. 지구의 생명체는 하루라도 햇빛을 받지 못하면 죽음을 면치 못한다. 태양과 불은 모든 것을 품고 비추기 때문에 '위대한 소유'라 할 수 있다.

신화의 입장에서 보면, 물은 위에서 아래로 내려오기 때문에 하늘의 아들이며, 불은 가벼워 위로 올라가기 때문에 땅의 딸이다. 땅의 딸이 위로 올라가 하늘의 아들과 결혼식을 올리는 의미가 담긴 것이 곧 '대유'이다. "우주는 존재(Being)와 되기(Becoming)의 상위 양식과 하위 양식 사이에서 인식되는 조화의 방식으로 하나의 단일한 생명이 널리 퍼져 있는 것으로 간주된다. '위에 있는 것은 아래에 기초한다'는 발상이 바로 그것이다. 위에 있는 것은 아래로 내려오고, 아래에 있는 것은 위로 올라간다."[1)]

서양의 헤라클레이토스에 의하면, '불'은 모든 것의 근본적인 활성체이며, 사랑과 다툼의 대립쌍들을 한 곳으로 모음으로써 우주를 유지하는 원리라고 보았다. 그것은 동인괘의 음 자리에 있는 2효와 대유괘의 양 자리에 있는 5효가 증명한다. 이들은 공간적 위상만 달리할 뿐, '불'이라는 존재는 불변하면서 상괘와 하괘를 소통시키면서 진리를 밝혀주는 영원한 등불로 간주되는 것이다.

동인괘와 대유괘는 세상의 온갖 대립쌍들의 결합을 보여주는 대표적 증거인 셈이다. 음과 양, 하늘과 땅 사이의 틈을 파고들어 균형과 평형을 유

1) 조지프 캠벨/홍윤기, 『신화의 이미지』(서울: 살림, 2006), 113쪽 참조.

지시키는 영원한 운동의 성격을 나타낸다. 상수론으로 보아서 대립쌍을 소통시키는 존재는 '5황극'이다. 5는 생수와 성수를 결합시키면서 위아래의 시공간을 가로지르는 운동의 본체이다.[2] 상수론을 바탕으로 삼는 『주역』은 낙서에 나타난 바와 같이 분열의 극한을 표상하는 9와, 분열의 단계에서 수렴과 통일의 단계로 넘기는 5황극의 결합체의 결과로서 대유괘를 14번째에 자리잡도록 하였던 것이다.[3]

2. 대유괘 : 소유의 전제 조건은 형통이다

大有는 **元亨**하니라
대유　원형

대유는 크게 형통한다.

'원元'은 으뜸, 근원, 뿌리라는 뜻이며, '형亨'은 꿰뚫어 형통한다는 뜻이다. 전자는 근원, 후자는 보편의 의미가 강하다. 이는 형이상학적 근원자인 동시에 보편자라는 뜻 이외에도 생명의 프로그램은 근원적인 전환을 통해서 세상의 모든 사물들의 존재 의미와 가치를 형통시킬 수 있다는 의미는 아닐까?

하지만 주자는 「단전」의 말에 근거하여 점서와 윤리의 차원에서 도道와 선善을 얘기하였다.[4] '크게 형통하여 소유가 위대하다[大有]'는 말을 물질적 풍요에 한정시켜 이해해서는 안 된다. 자연과 문명과 역사가 새로운 국면을 맞이할 가능성 때문에 '위대한 소유'라 했던 것이다.

2) 1+5=6, 2+5=7, 3+5=8, 4+5=9라는 등식을 성립시키는 존재는 '5'이다.
3) "하늘 밑에 있는 '불'은 사람이다. 거기에는 두 가지 특색이 있다. 하나는 이성적 동물로서 사람은 모두 같다는 즉 '人同'이라는 뜻이고, 또 하나는 사회적 동물로 같이 모여 산다는 '同人'이라는 뜻이다. 天火同人은 사람이란 무엇인가를 말하는 것인데, 火天大有는 하나님은 어떤 분인가를 말하고 있다.(김흥호, 『주역강해』1, 서울: 사색, 2003, 271쪽 참조)
4) 『周易本義』, "占者有其德, 則大善而亨也."

하늘이 드리우는 생명의 프로그램은 이 세상 모든 사물들의 존재 의미와 가치를 형통시키는 것에 있다.

3. 단전 : 하늘의 원리는 진리의 원형이자 뿌리

彖曰 大有는 **柔得尊位**하고 **大中而上下應之**할새 **曰大有**니
단왈 대유 유득존위 대중이상하응지 왈대유

其德이 **剛健而文明**하고 **應乎天而時行**이라 **是以元亨**하니라
기덕 강건이문명 응호천이시행 시이원형

단전에 이르기를 대유는 부드러운 것이 존귀한 위치를 얻고 크게 적중하여 상하가 (5효에) 부응하기 때문에 '대유'라 한다. 그 덕이 강건하여 문명하고, 하늘에 부응하여 시간의 정신으로 행한다. 이런 까닭에 크게 형통한다.

단 하나의 부드러운 음효가 존귀한 5효의 자리에 있다. 육오六五의 '위대한 센터[大中: 위대한 중심]'를 두고 나머지 다섯 개의 효가 화응하려고 노력하고, 마침내 '소유의 위대함'이 완수된다는 것이다.

원래 5효는 양이고 2효가 음일 때, 가장 이상적인 결합[中正]이다. 하지만 음이 자리 바꿈을 통해서 이동한 것 자체가 '위대함[大]'이며, 또한 상하의 모든 양효들이 5효와 대응하려는 형상이므로 '위대하다.' 하괘[乾卦]의 성격은 강건하고, 상괘[離卦]의 성격 또한 진리를 위에서 아래로 쏟아내는 형상인 까닭에 '위대하다.'

이를 세부적으로 고찰하면 상괘의 5효가 곤괘에서 비롯되었다면, 하괘의 2효는 건괘에서 비롯된 것이기 때문에 이들은 결국 '지천태괘地天泰卦의 축소판'이다. 그래서 '하늘의 원리는 시간으로 전개된다[應乎天而時行]'라고 했던 것이다. 하늘의 원리는 진리의 원형이자 뿌리이다. 나무는 씨앗에서 싹터 여름이 되면 무성한 줄기와 가지와 잎을 한껏 뽐낸다. 이는 시간의 흐름이 빚어낸 산물이다. 시간은 수많은 사연을 간직한 채 무정하게 흐

른다. 그럼에도 시간은 생명을 낳고 살림을 목적으로 삼기 때문에 '크게 형통한다[元亨]'고 강조했던 것이다.

하늘의 뜻은 시간의 정신으로 드러난다. 시간은 생명을 낳고 길러내는 것을 목적으로 삼기 때문에 '크게 형통할 수 있다.'

4. 상전 : 선은 아름다움으로 더욱 빛난다

象曰 火在天上이 **大有**니 **君子以**하여 **遏惡揚善**하여
상 왈 화 재 천 상 대 유 군 자 이 알 악 양 선
順天休命하나니라
순 천 휴 명

상전에 이르기를 불이 하늘 위에 있는 것이 대유니, 군자는 이를 본받아 악을 막고 선을 드높여 하늘의 아름다운 명을 따른다.

불이 하늘 높은 곳에서 동거하여 만물에게 밝은 빛을 고루 내려 주는 것은 자연스러운 현상이다. 하늘의 원리는 지공무사至公無私한 까닭에 인간이 본받아야 마땅하다. 악의 불씨가 되살아나지 않도록 마음단속을 철저히 하고, 외부에서 오는 물욕 역시 과감하게 차단해야 한다. 그리고 내면에 깊숙이 자리잡은 선의 씨앗은 겉으로 표출시켜 사회적으로 드높여야 할 것이다.

불은 타오르기 때문에 아름답다. 아름다운 것 주위에는 구경꾼이 몰린다. 촛불은 자기 몸을 불태우면서 환하게 비춰준다. 그 혜택은 이루 말할 수 없다. 아름다움[美]의 극치는 하늘의 원리에 순종한 것 이상이 없다. 「상전」은 진리와 선과 아름다움[眞善美]을 하나로 묶어 설명하고 있다. 군자는 진리를 깨닫고, 선을 실현하여 아름다운 세상을 구현할 역사적 당위성을 짊어진 존재이다.

'악을 막고 선을 드높인다[遏惡揚善]'는 가르침은 맹자의 '사람의 사사로운 욕심을 막고 하늘의 이치를 보존한다[遏人欲存天理]'로 연결되었으며,

더 나아가 성리학의 중요한 주제가 되었다. 세상에서 가장 무서운 것이 바로 사사로운 욕심이다. 무한정한 욕심은 일을 그르치는 장본인이다. 사사로운 욕심을 물리치고, 확실하게 지켜야 할 덕목인 선은 누가 빼앗으려 해도 뺏기지 않도록 다짐해야 한다.

유교에서 말하는 '악의 실체는 무엇일까?' 선과 악은 동일한 곳에서 나오는가? 악은 선천적일까 아니면 후천적일까의 문제는 종교와 철학자들의 골칫덩이였다. 유교 사상에서 선은 인간의 본성에 내재된 보편적이고 선천적인 것으로 간주되었다. 반면에 악은 태어나면서 외부 세계와 접촉하는 가운데 형성된다고 보았다.

그렇다면 악의 시원은 어디서 찾을 수 있을까. 악을 단순히 경험적 소산이라고 단정하기에는 무리가 뒤따른다. 『주역』의 가르침에 따르면, 하늘의 네 가지 덕성인 '원형이정元亨利貞'을 부정하고 비난하는 것에서 연원한다. 악은 곧바로 죄로 연결된다. '죄罪'라는 글자의 구성부터가 '넉 사四 + 아닐 비非'로 이루어진 것을 보더라도 하늘의 질서에 대한 부정이 곧 죄로 나아가는 첫걸음이라는 것을 증명하기 때문이다.

화이트헤드(Alfred North Whitehead: 1861-1947)에 따르면, "아름다움에는 '완전성'이라는 관념이 은연중에 도입되어 있기 때문에 진리를 부분적으로 안다는 것은 우주를 왜곡하는 것이 된다. '진리'란 '현상'의 '실재'에의 순응이다."[5] 하늘의 질서는 아름다움의 총합이며, 실천의 궁극적 목적이다. 진선미의 구현은 인간의 몫이라고 『주역』은 가르치고 있는 것이다.

헤라클레이토스는 모든 갈등을 잠재울 수 있는 우주의 원동력이자 활력소는 불이라고 했다. 『주역』은 진리와 선과 아름다움을 하나로 묶어 설명한다. 하늘과 땅의 원리는 지공무사至公無私한 까닭에 인간이 본받아야 마땅하다.

5) 화이트헤드/오영환, 『관념의 모험』(서울: 한길사, 1997), 374-394쪽 참조.

5. 초효 : 때(시간)에 부합하는 교제를 선택하라

初九는 **无交害**니 **匪咎**나 **艱則无咎**리라
초구 무교해 비구 간즉무구
象曰 大有初九는 **无交害也**라
상왈 대유초구 무교해야

초구는 해로운 데에 사귐이 없으니 허물은 아니지만, 어렵게 여기고 조심하면 허물이 없을 것이다. 상전에 이르기를 대유의 초구는 해로운 데에 사귐이 없는 것이다.

타인과의 사귐에는 일정한 법도가 있다. 물질 또는 정신 일변도의 사귐은 정도가 아니다. 더욱이 아무 때나 교제를 시도하는 것은 예의가 아니다. 상대방이 준비되지 않았을 때에는 당황하기 쉽다. 그래서 『논어』에서 "바야흐로 먼 곳의 친구가 찾아오면 즐겁지 아니한가[有朋自遠方來, 不亦樂乎]"라고 하지 않았던가? 물질과 정신과 인격과 시간에 부합된 교제만이 무난하다.

초효는 두꺼운 표피를 뚫고 나온 싹처럼 아직은 순수한 양이다. 순수성 하나만이라도 타인에게 피해를 입히지 않는다. 당장은 허물을 짓지 않아도 항상 근신하여 조심하면 되는 것이다. 사귐에는 왕도가 따로 없다. 다만 자신을 뒤돌아보고 점검하는 것이 옳다. 그래서 불교에서는 초심자들에게 '욕심내고, 성내고, 어리석음[貪瞋痴]'을 경계했던 것이다.

'때(시간의 정신)'가 허락하지 않는 상황에서는 자신을 뒤돌아보고 점검하는 것이 옳다.

6. 2효 : 자신의 능력을 배양하면서 겸손하라

九二는 **大車以載**니 **有攸往**하여 **无咎**리라
구이 대거이재 유유왕 무구

象曰 大車以載는 積中不敗也라
상왈 대거이재 적중불패야

구이는 큰 수레에 실음이니, 갈 바를 두어 허물이 없다. 상전에 이르기를 '큰 수레에 실음'은 중앙에 쌓아도 무너지지 않는 것이다.

2효는 하괘 중앙의 음 자리에 있는 양이다. 유순한 덕과 강건한 덕을 겸비하고 있다. 그러니까 수레에 많은 짐을 실을 수 있다. 수레는 짐을 싣는 도구이다. 수레는 진리와 선과 아름다움을 싣는 막중한 책임이 있는 황금마차이다.

상괘가 하늘이라면, 하괘는 땅이다. 땅은 곤괘이다. 곤괘는 '두터운 덕으로 땅 위의 모든 사물을 하나도 남김없이 싣는다[厚德載物]'고 성격을 규정했다. 땅은 세상의 모든 짐과 하늘을 실어도 붕괴되지 않는다. 땅은 무겁다고 결코 짜증낸 적이 없는 최상의 덕으로 상징된다.

2효의 어깨에는 무거운 짐과 하늘에 순응하는 소임이 있기 때문에 '대유'이다. 상나라 때의 고종高宗(武丁)은 인재가 필요했다. 3년 동안을 수소문해도 찾지 못했다. 날마다 기원했는데, 하루는 꿈에 한 사람이 나타났다. 몽타쥬를 그려 내걸었다. 어느 날 한적한 시골길을 걷다가 한 농부가 축대를 쌓고 있었다. 밥을 머리에 인 한 아낙네가 농부 앞에다 돗자리를 깔고 밥상을 차리고서 제사를 받들 듯 공손히 절을 하는 것이었다. 무정은 그 광경을 물끄러미 바라보고서 수행원에게 그 아낙네가 누구인지를 알아보라고 했다. 그녀는 농부의 아내였다. 무정은 "아내에게 저 만큼 존경받은 사람이라면 보통 사람은 아닐 것이다"라고 판단했다. 그 농부를 데려오라고 하여 봤더니 꿈에서 그리 찾던 얼굴이었다. 마침 그 고장 명칭이 부암傅巖였기 때문에 농부의 이름을 부열傅說이라 고쳐 불렀다. 왕의 스승으로서 기쁨을 주는 사람이라는 뜻이다. 그에게 전권을 맡겨 다스리자 상나라는 머지않아 태평성대를 누리게 되었던 것이다. 사람 하나를 찾는데 3년이 걸렸고, 국가의

동량이 나오자마자 숙원 사업이 척척 풀렸던 것이다.

2효는 재능을 갖춘 양강陽剛인데, 음위陰位에서 5효의 뜻에 순종한다. 또한 중용의 덕을 지켜 함부로 날뛰지 않는다. 5효의 신뢰를 받기 때문에 성실하고 믿음직스럽다. 시지프 신화의 주인공 것처럼, 무거운 짐을 싣고 먼 곳을 나르는데 싫증을 내지 않는다. 성심껏 자신의 능력을 배양하고 겸손한 까닭에 허물이 없을 뿐만 아니라 남에게 화를 당하지도 않는다.

2효는 유순한 덕과 강건한 덕을 겸비한 이른바 곤괘坤卦의 '두터운 덕으로 만물을 싣는' 최고의 수레를 상징한다.

7. 3효 : 군자는 상황 논리에 빠지지 않는다

九三은 **公用亨(享)于天子**니 **小人**은 **弗克**이니라
구삼 공용형 향 우천자 소인 불극

象曰 公用亨于天子는 **小人**은 **害也**리라
상왈 공용형우천자 소인 해야

구삼은 공이 천자에게 향연을 베푸니, 소인은 감당하지 못한다. 상전에 이르기를 '공이 천자에게 향연을 베푼다'는 것은 소인에게는 해로울 것이다.

주자는 '향亨'을 조정에 바친다는 '향', 형통하다는 '형', 향헌하다의 '향', 익히고 삶는다는 '팽'으로 읽었다.[6] 여기서는 조회에 성스러운 물건을 바친다[亨]는 뜻이다. 모든 공로와 치적과 칭찬을 윗사람에게 돌리고, 자신은 뒷전으로 물러나 조용히 처신한다는 뜻이다.

3효는 비록 하괘의 끝자락에 있지만, 양이 양 자리에 있기 때문에 마음에 거리낌이 없다. 옛날의 봉건 제도에는 중앙에 천자가 있고, 천자의 뜻을 펴는 제후가 있다. 제후는 백성들에게서 받은 세금이나 조공을 받쳤는데, 이것을 '향헌享獻'이라 했다. 천자와 제후는 충성과 의리로 맺어졌다.

6)『周易本義』, "亨, 春秋傳, 作享, 謂朝獻也. 古者, 亨通之亨, 享獻之享, 烹飪之烹, 皆作亨字."

상황론에 빠지지 않고, 군주와 신하의 관계처럼 의리를 지키는 자는 오로지 군자이다.

소인은 의리를 헌신짝처럼 내버리고 재산 모으기에 전념한다. 이익을 위해 의리는 거추장스럽다. 목숨과 이익을 위해서 못하는 짓이 없다. 몸을 바쳐서 도덕적 가치를 완수한다는 '살신성인殺身成仁'이 아니라, 최고의 도덕성은 내팽개치고 자신의 성공만을 선택하는 '살인성신殺仁成身'은 오늘의 자화상이 아닐 수 없다. 예전에는 법의 기강이 무너진 사회상을 일컬어 '유전무죄有錢無罪, 무전유죄無錢有罪'라는 말이 성행했다. 하지만 요즈음은 '유전유효有錢有孝, 무전무효無錢無孝'라는 가시돋힌 언어가 유행하고 있다. 전통 사회의 근간이었던 사랑과 효도가 지갑과 곳간에서 나온다는 것이다. 가정과 사회의 건강 지표였던 도덕이 자본화·상품화되고 있다. 소인은 '사생이취의舍生而取義'가 아니라 '사의이취생舍義而取生'을 취한다. 가치 전도가 아닐 수 없다. '영원회귀'와 '초인'의 출현을 부르짖었던 선각자 니체가 새삼 생각난다.

모든 공로와 치적은 웃사람에게 돌리고, 자신은 뒷전으로 물러나 조용히 처신하는 지혜가 아름답다.

8. 4효 : 내면의 잠든 영혼을 깨워라

九四는 **匪其彭**이면 **无咎**리라
구사 비기방 무구

象曰 匪其彭无咎는 **明辨晳也**라
상왈 비기방무구 명변석야

구사는 지나치게 성대하지 않으면 허물이 없을 것이다. 상전에 이르기를 '지나치게 성대하지 않으면 허물이 없다'는 것은 밝게 분별하는 지혜이다.

4효는 음효인 5효와 아주 가깝다. 양이 음 자리에 있음은 겸손의 미덕을 갖추었다는 뜻이다. 스스로를 낮추어 자신의 일에 충실하는 자세를 엿볼 수 있는 대목이다.

5효의 위세에 의탁하여 거들먹거리거나 재물 모으기에 힘쓴다면 패가망신의 길로 접어들 것이 뻔하다. 공사를 혼동함으로써 개인은 물론 사회를 오염시켜 처벌받기 일보직전의 상황이다. 이럴 때일수록 옆과 뒤를 살피는 일에 노력해야 할 것이며, 재물과 세력 확대에 힘써서는 안 된다. 오로지 자기 관리에 철저해야 한다. 겸손하면 웃사람으로부터 신임을 얻어 신망이 두터워질 것이다.

이것이 예나 지금이나 사람 사귀는 도리이며, 삶의 지혜이다. 그것은 남이 강요한다고 해서 터득되는 덕목이 아니다. 내면의 잠들어 있는 밝은 영혼을 일깨운다면 성공은 장담하지 못할지언정 허물 짓는 일은 없을 것이다.

자신의 일에 충실하면서 겸손의 미덕으로 스스로를 낮추면 허물이 생기지 않을 것이다.

9. 5효 : 믿음과 위엄이 사귐의 원칙이다

六五는 **厥孚交如**니 **威如**면 **吉**하리라
육오 궐부교여 위여 길

象曰 厥孚交如는 **信以發志也**오 **威如之吉**은
상왈 궐부교여 신이발지야 위여지길

易而无備也일새라
이이무비야

육오는 믿음으로 사귀고 위엄이 있으면 길할 것이다. 상전에 이르기를 '믿음으로 사귄다'는 것은 믿음으로 뜻을 계발함이요, '위엄이 있으면 길하다'는 것은 쉽게 여겨서 준비가 없기 때문이다.

5효는 대유괘의 주인공[主爻]이다. 5효는 비록 음이지만, 상괘의 '중中'을 얻고 있는 형상이다. 닭이 알을 품고, 새끼를 사랑하는 어미의 숭고한

정신이 담긴 글자가 바로 미쁠 '부孚' 자이다. 세상은 혼자 살아갈 수 없다. 무리 지어 사는 게 우리네 일상이다. 5효는 뭇 남성들로 둘러싸인 믿음직스런[孚] 모습이다. 강건하기 짝이 없는 무리들이 부드러움을 쫓고 있다.

여성의 부드러움으로써 나머지 강건한 양효와 부응해야 할 의무와 책임이 있다. 여성의 부드러움과 어머니의 단호한 결단은 세상을 이끌어가는 원동력이다. 그 전제 조건은 믿음이다. 믿음은 상대방을 편안하게 하는 장점이 있다. 반대로 얕보일 단점이 도사리고 있다. 그 다음으로 필요한 것이 바로 위엄과 권위이다. 위엄 있게 보여야 우러러본다. 그러면 권위가 뒤따른다. 교제에는 믿음과 위엄이 동시에 갖추어져야 한다.

신뢰는 만사형통의 통로이다. 하지만 세상은 그리 만만치 않다. 특히 지도층은 신뢰와 더불어 권위가 있어야 하듯 이 둘은 겉과 속의 관계와 비슷하다. 믿음으로 포용하고, 위엄으로 평정하여 사회 안녕을 도모할 수 있다. 『주역』은 중용의 길을 강조한다. 타인을 포용과 배려로 널리 사랑을 베풀고, 위엄과 권위로써 타인의 심리적 안정을 심어줘야 한다.

믿음은 만사형통의 열쇠이다. 믿음으로 포용하고, 위엄으로 평정하면 사회 안녕을 도모할 수 있다.

10. 상효 : 스스로를 도와야 하늘이 도와준다

上九는 **自天祐之**라 **吉无不利**로다
상구 자천우지 길무불리

象曰 大有上吉은 **自天祐也**라
상왈 대유상길 자천우야

상구는 하늘로부터 돕는다. 길하여 이롭지 않음이 없다. 상전에 이르기를 대유의 상구가 길함은 하늘이 돕는 것이다.

상효는 강건한 양이 최상층의 음위陰位에 있다. 보통 『주역』의 상효는

'가득 차면 기울고 만다'는 원칙에서 부정적인 언표들이 등장하는데 반해서, 여기서는 스스로를 잘 통제하여 바로 아래의 5효의 뜻에 순응함을 말하기 때문에 '하늘로부터 도움이 있다'고 했다.

「계사전」에서는 대유괘의 '하늘로부터 도와서 이롭지 않음이 없다[自天祐之, 吉无不利]'라는 상구효를 인용하여 "'돕는다[祐]'라는 것은 돕는 것이니, 하늘이 돕는 바는 순이요 사람이 돕는 바는 믿음이니, 믿음을 실천하고 순을 생각하고 생각한다"고 하였던 것이다.[7]

자발적으로 순종하는 것과 억지로 힘에 강요받아서 순종하는 것은 엄연히 다르다. 전자는 진리와 믿음에 대한 순응인 반면에, 후자는 굴욕적인 복종이다. 따라서 이들의 삶의 결과는 천양지차이다. 천복을 누리면서 기쁨으로 가득 찬 삶과, 불평이 가슴 한 켠에 꿈틀거리고 있는 생활은 삶의 질에 관한 한 비교할 수 없을 것이다.

대부분의 상효에는 부정적인 언표들이 많이 있으나, 대유괘는 가장 좋은 내용으로 이루어져 있다. '겸괘'로 나아가기 직전의 단계이므로 '하늘이 돕는다[天助]'라는 말이 나타나는 것이다.

정역사상의 연구자 이상룡李象龍은 대유괘의 성격을 다음과 같이 설명한다.

> 有는 在文從右從月이라 右는 万物成熟之方이오
> 유 재문종우종월 우 만물성숙지방
> 月은 物之圓滿者也라 九有富有之義니 盖取諸此라
> 월 물지원만자야 구유부유지의 개취저차
> 大字見上이니 爲卦火在天上이오 中位之日은 无所不照하고
> 대자현상 위괘화재천상 중위지일 무소부조

7) 『周易』 「繫辭傳」 상편 12장, "子曰 祐者, 助也, 天之所助者, 順也. 人之所助者信也, 履信思乎順."

而同類相聚然后에 可以存其富大라 故次於同人也라
이동류상취연후 가이존기부대 고차어동인야

'유有'는 문자적으로 오른쪽 우右와 달 월月의 조합어다. '우'는 만물이 성숙하는 방향이고, '월'은 만물이 원만해지는 것을 상징한다. 아홉 구九는 부유하다는 뜻으로 이 세 가지 의미를 취한 것은 클 대大에 나타나 있다. 괘의 형성은 불이 하늘 위에 있으며, 중앙의 태양은 비추지 못하는 곳이 없고 같은 종류는 서로 모이게 할 수 있는 뒤에 부유함과 위대함을 보존할 수 있는 것이다. 그래서 대유괘는 동인괘 다음에 위치한다.

彖曰 大有, 元亨은 上元文明이 物无不亨也라
단왈 대유 원형 상원문명 물무불형야

단전 '대유는 크게 형통한다'는 말은 상원의 문명 시대에는 모든 것이 형통한다는 뜻이다.

象曰 君子以, 遏惡揚善, 順天休命은 武禦而文守也라
상왈 군자이 알악양선 순천휴명 무어이문수야

상전 "군자는 이를 본받아 악을 막고 선을 드높여 하늘의 아름다운 명을 따른다"는 것은 무를 제어하여 문을 지키는 것을 뜻한다.

初九, 无交害, 匪咎, 艱則无咎는 居下獨善與物无關也라
초구 무교해 비구 간즉무구 거하독선여물무관야

초효 "초구는 해로운 데에 사귐이 없으니 허물은 아니지만, 어렵게 여기고 조심하면 허물이 없을 것이다"라는 말은 홀로 선을 지키며 아래에 거처하는 것은 사물과 아무런 관련이 없음을 뜻한다.

九二, 大車以載, 有攸往, 无咎는 載之兵車하여 往하면
구이 대거이재 유유왕 무구 재지병거 왕
正有罪也라
정유죄야

2효 "구이는 큰 수레에 실음이니, 갈 바를 두어 허물이 없다"는 말은 전쟁용 수레에 싣고 가면 곧 유죄라는 것이다.

九三, 公用享于天子, 小人, 弗克은 億域朝元을 唯君子라야
구삼 공용향우천자 소인 불극 억역조원 유군자
能之也라
능지야

3효 "구삼은 공이 천자에게 향연을 베푸니, 소인은 감당하지 못한다"는 것은 수많은 지역을 다스려 으뜸가는 조정을 만들 수 있는 것은 오직 군자만이 가능하다는 뜻이다.

九四, 匪其彭, 无咎는 位高才盛이나 而謙退不伐也라
구사 비기방 무구 위고재성 이겸퇴불벌야

4효 "구사는 지나치게 성대하지 않으면 허물이 없을 것이다"는 것은 지위가 높고 재주는 뛰어나지만 겸손하여 물러남에 자랑하지 않는 것을 뜻한다.

六五, 厥孚交如, 威如, 吉은 君明臣剛하여 不威自慄也일새라
육오 궐부교여 위여 길 군명신강 불위자율야

5효 "육오는 믿음으로 사귀고 위엄이 있으면 길할 것이다"라는 것은 임금이 현명하고 신하도 강직하여 위엄을 드러내지 않으면서 스스로 두려워하기 때문이다.

上九, 自天祐之, 吉无不利는 日中于天하고 人受福无量也라
상구 자천우지 길무불리 일중우천 인수복무량야

상효 "상구는 하늘로부터 돕는다. 길하여 이롭지 않음이 없다"는 것은 하늘에서는 태양이 남중하고 모든 사람이 무량한 복을 누리는 것을 말한다.

| 지산겸괘 |
地 山 謙 卦

꽃보다 아름다운 겸손의 미덕

1. 꽃보다 아름다운 겸손 : 겸괘

정이천은 화천대유괘火天大有卦(䷍) 다음에 지산겸괘地山謙卦(䷎)가 오는 이유를 다음과 같이 말한다.

> 謙은 序卦에 有大者는 不可以盈이라 故受之以謙이라 하니라
> 겸 서괘 유대자 불가이영 고수지이겸
> 其有旣大면 不可至於盈滿이오 必在謙損이라 故大有之後에
> 기유기대 불가지어영만 필재겸손 고대유지후
> 受之以謙也라 爲卦坤上艮下하니 地中有山也라
> 수지이겸야 위괘곤상간하 지중유산야
> 地體卑下하니 山은 高大之物而居地之下는 謙之象也오
> 지체비하 산 고대지물이거지지하 겸지상야
> 以崇高之德而處卑之下는 謙之義也라
> 이숭고지덕이처비지하 겸지의야
>
> "겸괘는 「서괘전」에 '큰 것을 소유한 자는 가득 채워서는 안 된다. 그러므로 겸괘로 받았다'고 하였다. 그 소유함이 이미 성대하면 가득 메우는데 이르러서는 안 되고, 반드시 겸손하게 덜어내야 한다. 그러므로 대유괘 다음에 겸괘로 받은 것이다. 괘의 형성은 곤이 위에 있고 간이 아래에 있으니, 땅 가운데 산이 있는 것이다. 땅의 실체는 낮으니, 산은 높고 큰 사물인데 땅의 아래에 존재함이 겸괘의 모습이다. 숭고한 덕으로 낮은 곳의 아래에 있음은 겸의 뜻이다."

겸괘의 상괘는 땅[坤: ☷]이고, 하괘는 우뚝 솟은 산[艮: ☶]이다. 땅 아래에 산이 있는 형국이다. 땅은 세상의 모든 것을 다 싣는다. 땅은 이미 가장 낮은 자리에 있음에도 불구하고 높은 산이 땅 밑에 있으니, 지극히 겸손한 모습이 아닐 수 없다.

겸괘는 자연과 인간을 통틀어 겸손을 최상의 가치이자 미덕으로 제시한다. 겸손은 자신의 재능과 공을 내세우지 않고, 상대방을 높여 스스로를 낮추는 태도를 뜻한다. 그렇다고 비굴하게 낮추는 겸손은 자신을 학대하

는 것과 똑같다. 자기 비하와 교만은 겸손과 정반대되는 행동이다. 전자가 자존심 없는 굴욕과 안하무인의 표출이다. 겸손은 스스로의 양심을 지키면서 타인을 어루만져 배려하고 존중하는 인간애의 발로이다. 겸손은 중용의 빛나는 꽃이다. 그러니까 겸손의 무게는 날마다 점점 줄어드는 것이 아니라, 오히려 한층 돋보이는 덕목인 것이다.

조선의 명재상으로 알려진 맹사성孟思誠(1360-1438)의 겸손한 삶에 관한 얘기가 있다. 그는 조선 초기의 문신으로 세종 13년에는 좌의정이 되었고, 황희黃喜(1363-1452)와 함께 검소한 관리로서 조선의 청백리 문화를 이룩하는데 크게 기여하였다.

19세의 어린 나이에 장원급제를, 20세에는 경기도 파주군수가 된 맹사성은 자만심으로 가득 차 있었다. 어느 날 선사禪師를 찾아가 물었다. "이 고을을 다스리는 관리가 앞으로 갖추어야 할 최고의 좌우명은 무엇입니까?" 선사는 "나쁜 일은 삼가하고 착한 일을 많이 베푸시면 됩니다"라고 대답했다. 맹사성은 "그런 건 삼척동자도 다 아는 이치인데, 내게 해 줄 말이 고작 그것 뿐이오?"라고 거만하게 말하면서 자리에서 일어나려 했다. 그러자 선사는 맹사성에게 녹차나 한 잔 하고 가라며 붙들었다. 맹사성은 못이기는 척 자리에 앉았다. 선사는 찻잔이 넘치도록 차를 따르고 있었다. 맹사성이 "스님, 찻물이 넘쳐 방바닥에 흐릅니다"라고 소리쳤지만, 선사는 계속 차를 따랐다. 선사는 잔뜩 화가 난 맹사성을 물끄러미 쳐다보며 "찻물이 넘쳐 방바닥을 적시는 것은 알면서 넘치는 지식이 인품을 망가뜨리는 것은 어찌 모르십니까?"라고 말했다. 선사의 이 한마디에 맹사성은 부끄러움으로 얼굴이 붉어졌고, 황급히 일어나 방문을 열고 나가려다 그만 문지방에 걸려 갓이 부러지고 말았다. 선사는 빙그레 웃으면서 말했다. "그저 고개를 숙이면 부딪치는 법이 없습니다 그려." 이 일이 계기가 되어 맹사성은 겸손을 인생의 좌표로 삼아 훌륭한 문신이 되었다고 전한다.

젊은 맹사성의 일화는 남보다 나은 부귀와 명예를 얻으면 교만해지기 쉬운 인간의 속물 근성을 싹둑 잘라버리라는 교훈이다. 남을 앞세우는 겸양謙讓과 자신을 낮추는 겸손은 타인의 귀감이 되기에 충분하다.

『명심보감』은 겸손이 인생의 황금률이라고 말한다. “내 몸이 귀하다고 하여 남을 천하게 여기지 말 것이며, 자기가 크다고 하여 남의 작음을 업신여기지 말 것이며, 용맹을 믿고서 적을 가볍게 보지 말라.”[1)]

겸손은 존경받는 CEO가 반드시 갖추어야 할 최상의 덕목이다. 이제는 국민들 앞에 겸양의 미덕을 보이는 국정의 지도자가 필요하다. 사회 지도층 역시 몸을 낮춰 국민에게 다가서야 한다. 국민들에게 불안감을 주는 정책은 국가와 국민의 정신건강을 해치는 일임을 잊어서는 안 될 것이다.

겸손은 모든 덕의 근간이다. 겸손하지 못한데서 시기와 질투, 증오와 싸움이 일어난다. 어거스틴은 기독교에서 가장 소중한 덕목이 무엇이냐고 물었을 때, ‘겸손’이라고 대답했다. 둘째와 셋째도 ‘겸손’이라고 했다. 겸손은 음식맛을 조절하는 ‘소금’과 같은 역할을 톡톡히 한다. 그러니까 겸손한 사람은 아름답다.[2)] 겸손은 내면의 심층에서 우러나오는 도덕적 행위인 것이다.

『주역』은 항상 진리에 몸담으라고 가르친다. 『주역』이 말하는 진리의 원형은 천지이다. 천지는 생명 있는 모든 것을 사랑한다. 천지의 뜻은 말 없는 글자로 표현된 ‘경전經典’이다. 천지는 한 순간도 쉼이 없이 변화한다. 단단한 쇠도 부식하고 달도 차면 기울어지는 것처럼, 폭등하는 주식도 언젠가는 내리막친다. 세상의 이치가 이러할진대 어느 누가 겸손하지 않을 수 있겠는가? 겸손한 마음은 천지에 대한 외경심에서 비롯되는 것이다.

영국 속담에 “겸손이 지나치면 분명 교만이 된다”는 말이 있다. 벼가 익으면 고개를 숙이듯이, 자신을 낮출 때 진정한 겸손이라 할 수 있다. 겸손

1) 『明心寶鑑』「正己篇」, “太公曰 勿以貴己而賤人, 勿以自大而蔑小, 勿以恃勇而輕敵.”
2) 윤문원, 『지혜와 평정』(서울: 싱크파워, 2006). “겸손은 자신을 낮추는 것이 아니라 자신을 세우는 것이다. 진정으로 용기 있는 사람만이 겸손할 수 있다. 겸손하게 행동하되 비굴하지 말라. 중요한 사람인 척하지 말고 중요한 사람이 되라.”

은 예절 교육을 통해서 획득되는 학점이 아니다. 겸손은 남을 드높여 푸근하게 만드는 반면에 거드름 피우는 사람은 타인의 마음을 아프게 한다.

"겸손은 독일말로 'Demut', 즉 자기를 낮춘다는 겸허의 뜻이다. 불손한 사람은 선심을 쓰고도 욕을 먹지만, 겸손한 사람은 돈이 없어도 대접받는다." 동서양의 현자들이 강조하는 덕목은 겸손에 집중되어 있다.[3)]

① "가장 훌륭한 지혜는 친절함과 겸손함이다."(탈무드)

② "진정으로 용기 있는 사람만이 겸손할 수 있다. 겸손은 자기를 낮추는 것이 아니라, 도리어 자기를 세우는 것이다." "용기와 힘을 함께 갖춘 사람은 결코 교만하지 않다. 힘 있는 사람의 겸손은 진실이며, 약한 사람의 겸손은 허위이다."(라즈니쉬)

③ "겸손한 사람은 모든 사람으로부터 호감을 산다."(톨스토이)

④ "겸양은 천국의 문을 열고, 굴욕은 지옥의 문을 연다."(파스칼)

⑤ "모든 덕이 하늘에 오르는 사다리라면, 겸손은 그 첫째 계단이다. 이 첫째 계단에 오르면 그 다음에는 위로 올라가기가 쉬운 것이다."(어거스틴)

⑥ "겸손은 하나님 나라의 풍부한 창고를 발견하는 눈이요. 그것을 받는 손이다. 우리가 남을 도울 때 하나님은 우리를 도우신다."(웨슬레)

정이천은 겸의 이치를 다음과 같이 풀이했다.

> 謙有亨之道也라 有其德而不居를 謂之謙이니 人以謙遜自處면
> 겸유형지도야 유기덕이불거 위지겸 인이겸손자처
> 何往而不亨乎리오 君子有終은 君子志存乎謙巽하니 達理故로
> 하왕이불형호 군자유종 군자지존호겸손 달리고
> 樂天而不競하고 內充故로 退讓而不矜하여 安履乎謙하여
> 낙천이불긍 내충고 퇴양이불긍 안리호겸
> 終身不易하여 自卑而人益尊之하고 自晦而德益光顯하니
> 종신불역 자비이인익존지 자회이덕익광현
> 此所謂君子有終也라
> 차소위군자유종야

3) 이는 인터넷 주소 tong.nate.com/heosse/2958552에서 인용.

地山謙卦 지산겸괘

"겸손이란 형통하는 길이다. 덕이 있으면서도 드러내지 않는 것을 겸손이라 한다. 사람이 겸손으로 자처하면 어디 간들 형통하지 않으리오. '군자에게 끝마침이 있다'는 것은 겸손에 뜻을 두어 사리에 통달하였기 때문에 천명을 즐겨 두려워하지 않으며, 안이 충실하기 때문에 사양하고 물러날 뿐 자랑하지 않는다. 겸손을 편안히 실천하여 종신토록 바꾸지 않기 때문에 스스로 낮추어도 남들은 그를 더욱 우러러보며, 스스로 감추어도 그의 덕은 더욱 빛난다. 이것이 이른바 '군자에게 [좋은] 끝마침이 있으리라'는 것이다."

64괘 중에서 수화기제괘水火既濟卦가 형식적으로는 가장 이상적인 형태이다. 양은 양위에 있고, 음은 음위에 있으며, 더욱이 2효와 5효의 대응이 중정中正이므로 순음순양인 건곤괘乾坤卦를 제외하고는 가장 좋다. 겸괘謙卦는 3효와 상효를 제외한 나머지들은 음과 음의 대응일 뿐이다. 하지만 전체 효들의 내용은 가장 좋은 말로 이루어져 있다. 그 이유는 무엇일까? 그리고 겸괘가 『주역』에서 15번을 차지하는 원인은 어디에 있는가?

❶ 겸謙은 진리의 말씀 '언言'에 벼 '화禾' 글자가 둘이고, 이를 다시 손으로 붙들고 있는 모습이다. 벼는 생명을 담보하는 신성한 먹거리이다. '겸謙'의 메타포는 진리를 먹고사는 존재가 바로 군자임을 담고 있다. 그러니까 군자는 굶주리더라도 진리와 함께하는 삶을 살아가기 때문에 배부르다.

❷ 『주역』의 군자상은 태괘와 건괘 3효가 잘 대변한다. 그 중에서 건괘 3효는 군자의 길을 제시한다. 겸괘는 3효가 주인공이다. 그것은 건괘 3효가 이동한 것이다.

❸ 겸손의 미덕은 보통 인생의 처세술이나 종교인들의 가치관으로만 여기는 것이 상례이다. 하지만 「단전」에서는 자연 질서(천도)는 땅의 질서와 귀신의 존재 법칙과 인간 삶의 규범을 일치시키고 있다는 점에서 겸괘는 진리의 총체적 구조를 얘기하고 있다.

❹ 겸괘는 진리에 대한 깨달음의 방법을 제시하고 있다. 맹자는 "하늘은 말이 없으나, 그 운행과 일로써 보여줄 따름이다"[4]라고 했다. 하늘이 진리를 베푸는 방식은 질서정연한 운행과 그것이 전개하는 사건이다. 진리의 현현顯現이 바로 자연과 역사와 문명과 인생사이다. 그렇다면 인간은 진리를 어떻게 받아들일 것인가. 깊이 잠든 인의예지의 본성을 겉으로 드러내어 실현하면 된다는 것이 곧 맹자의 사유였다. 결국 진리의 개시성과 인간 본성의 개시성의 만남을 통해 '하나됨'의 방향성을 제시한 모델이 겸괘인 것이다.

❺ 겸괘에는 진리관과 인식의 문제와 수양론의 통합을 제시한다. 하늘은 진리의 빛을 위에서 아래로 쏘아준다(↓). 인간은 숭고한 도덕적 본성을 깨닫고 아래에서 위의 방향으로 진리의 고향으로 성큼 다가서야(↑) 한다. 겸괘는 인간이 하늘과 땅의 진리와 하나되는 '삼위일체적 존재'임을 터득하는 방법임을 가르치고 있다.

❻ 천지를 선천과 후천의 싸이클로 순환한다는 『정역』의 입장에서 살펴보자. 겸괘는 무극과 황극은 하나라는 「십오일언十五一言」과, 무극과 태극은 하나라는 「십일일언十一一言」의 내용을 겸비하고 있다. 10은 무극이요, 5은 황극이요, 1은 태극이다. 무극의 작동은 10→9→8→7→6→5→4→3→2→1의 방향으로 진행한다. 그래서 건괘에서는 "가장 으뜸가는 생명의 근원인 하늘은 9를 작용의 수로 사용하는 데서 하늘의 법칙을 알 수 있다[乾元用九, 乃見天則]"라고 했다. 다시 말해서 건괘乾卦 형성은 본체인 10이 전제되어 9로 작용한다는 것이다.

그러면 곤괘坤卦는 왜 작용의 수를 6으로 사용했을까? 곤의 작용은 본체인 5를 전제로 삼는다. 따라서 건괘는 '체십용구體十用九', 곤괘는 '체오용육體五用六'으로 정리할 수 있다. 건괘의 본체수와 곤괘의 본체수를 합하면 10 + 5 = 15이다. 또한 건과 곤의 작용수를 합해도 9 + 6 = 15가 성립되

4) 『孟子』 「萬章章」 상편, "天不言, 以行與事, 示之而已矣."

므로 본체와 작용은 동일 원리의 다른 측면임을 알 수 있는 것이다. 특히 『정역』의 존재론적 표현체인 10무극과 5황극을 결합해도(10 + 5 = 15) 마찬가지 결과이다. 이를 통하여 우리는 『주역』에서 왜 겸괘가 15번을 차지하는가를 간접적으로 추정할 수 있는 것이다.

그래서 정역팔괘도는 복희팔괘도 및 문왕팔괘도와는 괘의 배열이 다르다. 특히 복희괘의 건곤이 남북으로 배열이 된 것에 반해서, 정역괘는 건곤이 북남으로 바뀌어 있다. 그것은 '천지비天地否'에서 '지천태地天泰'로의 변화 양상을 보인다. 아울러 복희괘에서 건곤의 수가 각각 1과 8, 문왕괘에서는 2와 6인데 비해서 정역팔괘도에서 '지천태'의 모습을 유지하면서 각각 10과 5이다. 이는 곧 하늘과 땅의 이치가 하나[十五一言]라는 이론과 상통하기 때문에 겸괘의 내용이 가장 좋은 말로 구성되었던 것이다.

우리 조상들은 지산겸괘와 중산간괘의 '산'이 들어가는 호를 즐겨 불렀다. 조선 시대 중기 도가 사상의 대표적인 학자이며 의학과 예언에 뛰어났던 정렴鄭磏(1506-1549, 호는 북창北窓)[5]과 함께 이인異人으로 널리 알려진 토정土亭 이지함李之菡(1517-1578)이 있다. 포천 현감이었던 정렴의 후임자가 이지함인 점을 보면 두 사람 사이에 아주 깊은 인연이 있음을 엿볼 수 있다.

서울과 충청도 일대에서 활동했던 민중 역학자인 이지함은 서경덕徐敬德의 가르침을 많이 받았다. 중국의 소강절邵康節(1011-1077)과 서경덕과 이지함의 삶에는 공통점이 많다. 지방에 은거하며 청빈한 삶을 영위한 점, 전국을 유람하면서 견문을 얻은 점, 『주역』을 학문의 중심으로 삼은 점, 일화에서 예언자적 능력을 인정받은 점, 중앙으로부터 천거받아 벼슬길에 나선 점 등이다.[6] 족보에 따르면 이지함에게는 적실 소생의 산두山斗, 산휘

5) 조선 丹學의 鼻祖. 忠南 牙山 雪華山에 들어가 도를 통한 이후 유불선에 정통하였다. 卜筮와 漢語와 山水畵에 능했다고 한다(자세한 내용은 『도전』 2:34:3의 정북창에 대한 주석을 참고 바람.)

6) 신병주, 『이지함평전』(서울: 글항아리, 2008), 176쪽 참조.

山輝, 산룡山龍 세 아들과 서자인 산겸山謙이 있었다. 둘째 산휘는 호랑이에 물려 죽었고, 셋째 산룡은 열 두 살 때 역질로 죽었으며, 산겸은 임진왜란 때 의병장 조헌趙憲(1544-1592)의 휘하에서 활약했다. 이지함은 조카 산해山海를 각별히 사랑했다. 이산해李山海(1539-1609)는 영의정과 이조판서를 지내면서 북인北人의 영수가 된 인물로서 이색李穡(1328-1396) 이후 기울어진 가문의 영광을 되살리는 데 결정적 역할을 했다.[7)]

2. 겸괘 : 군자의 역사적 사명

謙은 **亨**하니 **君子有終**이니라
겸 형 군자유종

겸은 형통하니, 군자는 끝마침이 있다.

겸괘의 일차적 의미는 건괘와 곤괘의 내용을 겸비한 것에 있다. 왜냐하면 천도와 지도를 아울러 설명할 뿐만 아니라, 심지어 귀신과 인간의 문제를 '동시에' 설명하고 있기 때문이다. 그것은 건곤괘를 담지한 종합체인 것이다.

그러니까 겸손은 시공을 초월하여 영원히 지켜야 하는 덕목이다. 겸손은 인격의 성숙함만을 지칭하지 않는다. 우주 원리에 대한 통찰이 덧붙여져야 제대로 이해할 수 있다. 이 세상은 천도와 지도가 하나로 통일되면서 구체화되는 마당[場: field]이기 때문이다. 만약 겸괘를 도덕의 차원으로 한정시킨다면 크나큰 오류를 범하게 되는 것이다.

주자는 '군자는 좋은 끝마침이 있다[君子有終]'는 명제에 대해 "먼저는 굽히나 나중에는 펴는 것을 이룬다"[8)]고 풀이했다. 움츠리고 펴는 것은 음양의 운동과 다르지 않다. 위대한 자연 법칙은 한시도 그침이 없다. 오르

7) 신병주, 앞의 책, 49쪽 참조.
8) 『周易本義』, "有終, 謂先屈而後伸也."

고 내리며, 왔다가 다시 돌아간다. 자연 법칙을 따르는 것이 군자의 역사적 사명이다. 사명을 굳건히 받들고 실천하기 때문에 군자는 하늘의 영광을 누릴 수 있는 자격이 충분하다.

산은 지상에서 가장 높은 위치에서 땅의 위엄을 자랑한다. 하지만 산은 땅 아래에서 대지의 포근함을 한결 감싸는 버팀목 역할을 수행한다. 겸괘는 다섯 음 속에서 다소곳이 들어앉은 양이 자신의 신분을 뽐내지 않으면서 음을 드높이는 동시에 스스로의 가치를 낮추는 아름다운 모습이다. 그래서 "겸은 덕을 움켜쥔 자루이다"[9]라고 했던 것이다.

천지는 문자없이 깨우침을 주는 경전이다. 겸손한 마음은 천지에 대한 외경심에서 비롯되기 때문에 겸손은 최상의 가치이자 미덕이다.

3. 단전 : 천지와 함께하는 진리의 삶

彖曰 謙亨은 **天道下濟而光明**하고 **地道卑而上行**이라
단왈 겸형 천도하제이광명 지도비이상행
天道는 **虧盈而益謙**하고 **地道**는 **變盈而流謙**하고
천도 휴영이익겸 지도 변영이류겸
鬼神은 **害盈而福謙**하고 **人道**는 **惡盈而好謙**하나니
귀신 해영이복겸 인도 오영이호겸
謙은 **尊而光**하고 **卑而不可踰**니 **君子之終也**라
겸 존이광 비이불가유 군자지종야

단전에 이르기를 '겸이 형통한다'는 것은 하늘의 도가 아래로 내려와 밝게 빛나고, 땅의 도는 낮은 곳에서 위로 올라간다. 하늘의 도는 가득 찬 것을 이지러지게 하여 겸손한 것을 더하고, 땅의 도는 가득 찬 것을 변하게 하여 겸손한 데로 흐르고, 귀신은 가득 찬 것을 해롭게 하여 겸손함에는 복을 주고, 사람의 도는 가득 찬 것을 미워하고 겸손한 것을 좋아한다. '겸'은 높고도 빛나고 낮아도 넘을 수가 없으니, 군자의 끝마침이다.

9)『周易』「繫辭傳」하편, 7장. "謙德之柄也."

공자는 「단전」에서 하늘과 땅과 귀신과 인간의 문제를 묶어서 얘기한다. 우선 하늘과 땅의 교감 방식은 상하의 운동으로 설명한다. 이것이 바로 진리의 두 얼굴이다. 하늘은 '↓'의 방식으로 중생을 구제하여 지상을 '광명' 세상으로 만들며, 땅은 하늘의 은혜에 보답하기 위해 '↑'의 방식으로 아래에서 위로 올라가 결합한다. 그것은 '지천태괘地天泰卦'에 나타난 바와 같이 양 기운은 내려오고 음 기운은 올라가 장엄한 결혼식을 올리는 형상과 똑같다.

음양은 만나기 위해서 존재한다. 음양의 배터리는 소모된 적이 없다. 음양의 움직임은 시공간에 편재하여 에너지가 넘친다. 밤과 낮은 천지의 두드러진 현상이다. 밤과 낮의 본질은 '하나'이다. 밤은 낮이 되고, 낮은 밤이 된다. 밤낮을 어떻게 나눌 수 있는가? 밤낮의 경계선은 어디에도 없다. 밤은 소리 없이 낮이 되고 낮은 서서히 밤이 된다. 이것은 하나의 수레바퀴와 같다. 하루는 밤과 낮으로 이루어지므로 밤과 낮은 하나이면서 둘이다. 하루[太極]의 입장에서 보면 하나요, 밤낮[陰陽]의 입장에서 보면 둘이다.

음양의 운동에는 목적이 있다. 밤과 낮, 부드러움과 강함, 삶과 죽음, 어둠과 밝음, 습함과 건조함 등은 음양짝을 이루어 일정한 질서를 유지하면서 목적을 향해 나아간다. 그것은 다름 아니라 '하늘의 뜻은 땅에서 이루어진다[下濟]'는 구원에 있다. 내려오는 길(↓)과 올라가는 길(↑)은 하나의 길에서 피스톤 운동을 한다. 시작과 끝이 만나야만 '원圓'이 그려질 수 있는 것처럼, 하늘의 하강 작용과 땅의 상승 작용이 결합해야 만물의 완성되어 중생이 구제될 수 있는 것이다. 이것이야말로 천지의 '알파와 오메가'이다.

천도와 지도와 귀신과 인도의 변화 원리는 바로 '가득 찬 것을 덜어내는' 구체적 방법이다. 하늘에서 가장 뚜렷한 변화 현상을 나타내는 것은 달의 차고 이지러짐이다. 천도는 가득 찬 것을 덜어내 스스로를 낮춘 것에 보태준다. 하늘은 에너지가 넘친 것은 덜어내 모자란 것에 보태준다는 것이다. 결국 음양의 불균형을 균형으로 바꾸려는 것이 바로 하늘의 뜻이다.

땅에서 일어나는 변화는 물의 흐름[流]이 가장 뚜렷하다. 강물은 강을 버려야 바다로 흘러갈 수 있다. "죽은 것만이 영원하다. 파도가 오고 간다. 이것이 바다가 살아 있는 비결이다. 파도가 출렁이지 않으면 바다 안에 있는 모든 것이 죽을 것이다. 모든 것은 변화를 통해 살아간다. 변화란 양극단 사이에서의 변화를 말한다."[10] 하늘과 땅 사이에서 음양 에너지가 오르락내리락하는 움직임이 바로 천지의 숨결인 것이다.

귀신 역시 하늘과 땅과 마찬가지로 빽빽한 것을 싫어하고 겸손한 것에 복을 내린다. 여기서 주목할 사실은 귀신에게도 가치의 문제가 개입된다는 점이다. 귀신은 화복을 주관한다는 것이다. 귀신을 우주론적 개념으로 볼 것이냐,[11] 자연신으로 볼 것인가의 문제가 뒤따른다. 전자가 철학에서 다루는 명제라면, 후자는 종교의 주제이다. 이는 다시 화복禍福과 길흉화복 역시 음양 운동이 원인이자 결과라는 것이고, 대상적으로 존재하는 귀신이 화복을 결정하는 주체라는 것으로 압축할 수 있다. 생성론자들은 이 세상에는 고정된 사물이 없기 때문에 생성의 과정(process)만 믿는다. 그들에게는 과정이 곧 신(귀신)이다. 과연 그렇다면 신은 일자一者인지, 다자多者인지의 문제로 환원된다. 만약 신이 '일자'라면 유일신이 인간의 화복을 주관한다는 결론이며, '다자'라면 복과 화를 주관하는 귀신 역시 다수라는 결론에 도달한다.[12]

사람은 하늘과 땅과 귀신의 이치에 따라 살아가는 것이 최선이다. 올바른 인생에는 별도로 판도라의 상자가 필요 없다. 군자의 삶은 자연의 이법에 어긋나지 않기 때문에 굴곡이 없다. 굴곡의 원흉은 교만과 사치와 태만한 마음이다. 오만한 마음에는 더 이상 채울 것이 없으나, 겸손의 그릇은

10) 오쇼 라즈니쉬/손민규, 『서양의 붓다- 헤라클레이토스 강론』(서울: 태일출판, 1999), 26쪽.
11) 정이천은 '귀신은 천지가 운동하는 조화의 자취[鬼神, 謂造化之跡.]'고 풀이했다.
12) 이는 보다 심도 있는 연구가 수행되어야 마땅하다.

늘 비어 있기 때문에 채울 준비가 되어 있다. 오만의 그릇은 쏟아보면 나올 것이 없으나, 겸손의 빈 그릇에서는 지혜가 넘쳐 흐른다.

겸손의 미덕은 지위에 좌우되지 않는다. 높으면 높을수록, 낮으면 낮은 대로 쓸모 있고 유종의 미를 거둘 수 있다. 군자는 운명적으로 정해진 굴레가 아니다. 누구나 겸손한 마음으로 실천하면 된다. 최근에 럭비 영웅 '하인스 워드'보다 빛난 어머니의 겸손이 화제가 된 적이 있다. "슈퍼볼의 MVP 하인스 워드가 피츠버그에서 화려한 승리의 퍼레이드에 나서려던 시간에 그의 어머니 김영희씨는 한 고등학교의 구내 식당에서 동료들과 늦은 저녁 식사를 하고 있었다. 위생복 유니폼에 수수한 머리, 일하기에 편리한 신발 등 … 아들이 얼마나 자랑스럽고, 대견스럽고, 평생 살아온 보람도 크련만 김씨의 표정과 말투는 무덤덤했다. 워드가 '어머니에게 배운 가장 큰 교훈은 겸손이었다'고 한 이유가 무엇인지 알 수 있었다. … 영웅 아들을 길러낸 어머니의 겸손은 '너도 나도 자기 자랑에 열을 올리는 이 시대에' 어쩌면 영웅보다 더 찬란하게 빛나 보였다."[13] 교만은 수많은 지식을 무용지물로 만들고, 겸손은 적은 지식으로도 풍요롭게 한다.

천지는 가득 찬 것은 덜어내고 모자란 것을 채우는 방식으로 돌아간다. 음양의 불균형을 균형으로 바꾸려는 것이 하늘의 뜻이다.

4. 상전 : 만물의 운동 방식

象曰 地中有山이 **謙**이니 **君子以**하여 **裒多益寡**하여
상왈 지중유산 겸 군자이 부다익과

稱物平施하나니라
칭물평시

상전에 이르기를 땅 속에 산이 있음이 겸이니, 군자가 이를 본받아 많은 것을 덜어내어 적은 데에 보태서 사물을 저울질하여 베풂을 공평하게 한다.

13) 연합뉴스, 2006. 2. 8일 기사.

「상전」의 얘기는 『중용』의 말을 실감나게 한다. 지나친 것은 줄이고, 모자라는 것은 늘린다. 지나치지 않고 모자라지도 않는 것이 바로 '중용'이다. 장사치에게 저울은 돈벌이 도구이다. 저울은 가볍고 무거운 것을 재는 척도이다. 저울의 평형을 이용하여 사고파는 물건값을 정한다. 저울은 좌우로는 수평을, 상하로는 수직을 이루었을 때 비로소 물건과 저울추의 균형이 잡힌다. 그렇지 않을 경우는 물건을 보태거나 줄이고, 저울추를 옮겨 다시 잰다. 그래야 상인은 적정한 이윤을 남겨 팔고, 손님은 부당한 손해를 입지 않고 살 수 있다. 상거래에서 막힌 것을 뚫는 것이 바로 저울이다. 저울의 이치가 바로 겸손의 미덕인 셈이다.

겸괘의 가르침은 많은 것은 덜어내고, 적은 것은 보탬으로써 균형을 통한 안정의 유지에 있다. 이른바 맹자의 왕도 정치는 많고 적음의 불평거리를 해소하는 것에 초점이 맞추어져 있다. 소득의 불평등이 아니라 분배의 균형을 강조하는 것이 유가의 요체이다.

'부다익과裒多益寡와 칭물평시稱物平施'를 상수론과 우주론의 입장에서 검토해보자. 『주역』은 상수에 근거하여 의리와 복서로 확대되었다는 것이 일반적 통례이다. 「설괘전」 1장에는 '삼천양지이의수參天兩地而倚數'라는 명제가 나온다. 하늘의 원리는 3으로 상징하고, 땅의 원리는 2로 상징한다는 것이다. 정역사상에 따르면, 선천은 '삼천양지參(三)天兩地'이며, 후천은 '삼지양천三地兩天'이다. 전자는 선천 음양의 운동 방식이며, 후자는 후천 음양의 운동 방식이다.

김일부는 "음을 억누르고 양을 드높임은 선천 심법의 학문이요, 양을 고르게 하고 음을 맞춤은 후천 성리의 법도"[14]라고 설명했다. 물론 그는 가치론과 우주론의 양면성을 겨냥하면서 언급했지만, '조양율음調陽律陰'은 '칭물평시稱物平施'와 하등 다를 바가 없다. '칭물평시'의 우주론적 근거는 삼천양지의 음양을 삼지양천으로 고르게 하는 것에 있음을 알 수 있다. 그

14) 『正易』「十五一言」"一歲周天律呂度數", "抑陰尊陽, 先天心法之學. 調陽律陰, 後天性理之道."

것은 역사와 문명을 비롯한 인간 삶의 구석구석에 퍼지도록 하는 것에 궁극 목적이 있다.

지나친 것은 줄이고, 모자란 것은 보태는 것이 바로 우주와 문명과 역사와 인간에 두루 적용되는 보편적인 원리이다.

5. 초효 : 군자의 행동 강령

初六은 **謙謙君子**니 **用涉大川**이라도 **吉**하니라
초육 겸겸군자 용섭대천 길

象曰 謙謙君子는 **卑以自牧也**라
상왈 겸겸군자 비이자목야

초육은 겸손하고 겸손한 군자이니, 대천을 건너더라도 길하다. 상전에 이르기를 '겸손하고 겸손한 군자'는 낮춤으로써 스스로를 기른다.

초효는 가장 밑에 있는 겸허한 군자를 상징한다. 군자는 배우기를 싫증내지 않는다. 배움은 자신의 능력을 기르는 첫걸음이기 때문이다. 재능을 키우지만 우쭐대지 않고 스스로를 낮춘다. 지식과 능력과 덕을 쌓으니 험난한 곳인들 어찌 못가리오.

겸손은 학원비 내고 배우거나 가르칠 수 있는 성질이 아니다. 스스로의 마음 단속을 통해서만 가능하다. 그것은 말하기는 쉽지만, 실천하기는 매우 어렵다. 가장 낮은 곳에 있으면서도 타인의 이목에 개의치 않고, 자신의 길을 걷는 것이 군자의 도리이다.

겸손한 침묵은 어느 것보다 값지다. 그것은 수많은 지식과 멋진 행동보다 훨씬 아름답다. 또한 칼이나 붓보다 강하다. 칼과 붓은 상대방의 허점을 찌르기에 유용하지만, 겸손은 부드러움으로 상대방을 감화시키므로 그 위력은 한없다. 겸손은 낮아도 낮지 않으며, 날이 가면 갈수록 덕은 높아진다.

☸ 겸손한 침묵은 무엇보다 값지다. 겸손의 힘은 부드러움으로 상대방을 감화시키고도 남는다.

6. 2효 : 진리와 하나되는 길

六二는 **鳴謙**이니 **貞**코 **吉**하니라
육이 명겸 정 길

象曰 鳴謙貞吉은 **中心得也**라
상왈 명겸정길 중심득야

육이는 울리는(소문난) 겸이니, 올바르고 길하다. 상전에 이르기를 '울리는 겸이 올바르고 길하다'는 것은 중심을 얻음이다.

2효는 음이 음위陰位에 있고, 하괘의 중中이다. 2효 자체가 중정中正이다. 중용을 지키는 까닭에 그의 겸손은 알 사람은 누구나 다 안다. 광속으로 날아가는 빛을 제외하고는 입소문[鳴]보다 빠른 것은 없다. 군자의 향기는 세상을 흠뻑 적신다. 올바르고 또한 겸손하기 때문에 길할 수밖에 없는 것이다.

'중심中心'은 마음의 센터, 의식의 심층, 마음의 심장부, 마음을 꿰뚫는 핵심이라는 다양한 의미가 있다. 마음잡기, 마음닦기를 비롯한 마음학은 '중심잡기'로 집중되는 것이다. 하지만 마음의 진정한 쓰임새는 진리와 '하나되는 일'이다. 겸손한데다 진리까지도 터득하니 기쁨이 넘친다.

겸손은 마음 깊숙한 곳에 묵직한 무게로 자리 잡는다. 겉으로 표출되는 즉시 말투나 얼굴에 무덤덤하게 묻어난다. 그 마음씨는 뽐내지 않고, 자랑하지도 않는다. 그래서 더욱 화려하다.

☸ 겸손은 마음 깊숙한 곳에 묵직한 무게로 자리잡는다. 겸손한데다가 진리와 하나됨을 지향하는 까닭에 길하다.

7. 3효 : 수고롭고 겸손함 - 유종의 미

九三은 **勞謙**이니 **君子有終**이니 **吉**하니라
구삼 노겸 군자유종 길
象曰 勞謙君子는 **萬民**의 **服也**라
상왈 노겸군자 만민 복야

구삼은 수고로우면서도 겸손하니, 군자는 끝마침이 있어 길하다. 상전에 이르기를 '수고로우면서도 겸손한 군자'는 만민이 복종함이다.

3효는 겸괘의 주인공이다. 3효는 다섯 음에 둘러싸여 상하의 신뢰를 한 몸에 받고 있는 모습이다. 상괘의 높은 자리가 아닌, 하괘의 마지막에 머물러 경험이 풍부한 자세가 편안하다. 자신보다는 항상 남을 앞세우는 까닭에 '사람됨'의 표본이 될 수 있다. 그것은 소금이 짠맛을 잃지 않는 것과 흡사하다.

공자는 '군자는 끝마침이 있어 길하다[君子有終, 吉]'라는 명제에 대해 다음과 같이 찬탄하고 있다. "온갖 수고를 다하면서도 자랑하지 아니하며, 공이 있으면서도 덕으로 내세우지 않음은 덕이 두터움의 지극함이니, 그 공을 아랫사람에게 돌림을 말함이라. 덕은 성대함을 말하고 예는 공손함을 말하는 것이니 겸손이란 공손함을 이루어 그 자리를 지키는 것이다."[15)]

이는 겸손함의 극치를 설명한 대목이다. 나를 낮춤으로써 다른 이를 높이는 것이다. 남을 대접하는 것이 예의 기본이다. 겸손은 예의 지극함이다. '겸손'이란 하늘의 말씀을 마음속에 깊이 새기고, 체득하는 것을 의미한다. 그러니까 군자는 항상 겸허한 마음으로 매사를 신중하게 처리함으로써 마침내 크나큰 유종의 미를 거둘 수 있는 것이다.

사람은 모름지기 '유종의 미를 거두어야 한다'는 말이 있다. 끝마침을 매끄럽게 해야 한다는 것이다. 잘 매듭짓기 위해서는 중간 과정에 흠집이

15) 『周易』「繫辭傳」 상편 8장, "勞謙, 君子有終, 吉. 子曰 勞而不伐, 有功而不德, 厚之至也, 語以其功下人者也. 德言盛, 禮言恭, 謙也者, 致恭以存其位者也."

있어서는 안 된다. 수고롭고 겸손해야 한다. 솔선수범하기 때문에 타인의 존경과 흠모의 대상이 되는 것이다.

겸손한 자에게는 적이 없다. 자신이 수고했으면서도 절대로 목에 힘주지 않는다. 공적을 이루었으면서도 오히려 숨기고 다른 사람에게 돌린다. 얼굴 없는 인격자이다. 그 사람의 인격이 몇 단계 높아지도록 시너지 효과를 발휘한다.

정역사상에서, 15의 중앙은 8이다. 선천의 중심은 1과 5의 중심인 3은 협소한데 비해서, 후천의 중심 8[艮兌合德에서의 8艮山임]은 1과 15의 중심이기 때문에 선천보다는 훨씬 그 세계의 넓이가 광활할 뿐만 아니라, 깊이 또한 매우 심층적이다. 15는 10무극과 5황극의 결합으로 이루어졌다. 이런 연유에서 64괘 중에서 가장 긍정적이고 좋은 내용이 나타난 곳이 바로 15번의 지산겸괘地山謙卦일 수밖에 없다.

3효는 나를 낮춤으로써 상대방을 높이는 예의 극치를 나타내는 겸괘의 꽃이다. 그것은 소금이 짠맛을 잃지 않는 것과 같다.

8. 4효 : 겸손의 가치 - 원칙과 변칙의 통일

六四는 **无不利撝謙**이니라
육사 무불리휘겸

象曰 无不利撝謙은 **不違則也**라
상왈 무불리휘겸 불위칙야

육사는 겸손을 베풂에(겸을 엄지손가락으로 하니) 이롭지 않음이 없다. 상전에 이르기를 '겸손을 베풂에 이롭지 않음이 없다'는 것은 진리를 어기지 않음이다.

4효는 상괘의 '중中'은 아니지만, 음이 음위陰位에 있다. 더욱이 상괘의 맨 아래에서 부드러움으로 나머지 효들과 대응하고 있는 모습이다. 그것은 손가락의 으뜸이면서도 나머지 손가락에 고개 숙여 겸손의 미덕을 크게 발휘하는 엄지손가락[撝]의 효용성을 가리킨다.

자신보다 낮은 사람과 희노애락을 함께 하고, 동료들과는 더욱 화합으로 뭉치고, 윗사람에게는 신뢰와 인정을 받는다. 억지 춘향이 노릇을 하지 않으면서도 주위를 푸근하게 감싸는 내면의 향기로 분위기를 사로잡는다. 조직체에서, 있으면서도 전혀 돋보이지 않고, 없으면 안 되는 존재가 바로 겸손한 군자이다.

이러한 군자의 덕목은 무엇일까? 한 없이 겸손한 태도는 때로는 역겨울 수 있다. 군자에게는 일정한 원리 원칙이 있다. 그것은 진리를 깨달아 지키고, 진리에 어긋나지 않는 행위이다. 군자는 진리의 수호자인 것이다. 진리는 거듭해서 넓혀야 한다. 안으로 가득 메우고, 밖으로는 확대시킨다. 맹자의 이른바 진리를 넓히되 세속에 물들지 않는 '확이충지擴而充之'의 방법을 수행하기 때문에 더욱 존경받는다. 원칙을 지키기는 매우 어렵다. 원칙은 내팽겨치고 남이 따라 오도록 하는 경영자는 상황주의자이다. 원칙이 훼손되지 않는 범위에서 최소한의 변칙을 사용해야 한다. 그렇지 않으면 원칙도 깨지고, 효과도 기대할 수 없기 때문이다.

군자는 진리의 수호자[不違則]로서 겸손의 미덕을 발휘한다.

9. 5효 : 복종토록 만드는 방법

六五는 **不富以其鄰**이니 **利用侵伐**이니 **无不利**하리라
육오 불부이기린 이용침벌 무불리

象曰 利用侵伐은 **征不服也**라
상왈 이용침벌 정불복야

육오는 부유하지 않고도 이웃을 얻으니, 침벌함이 이로우니, 이롭지 않음이 없을 것이다. 상전에 이르기를 '침벌함이 이롭다'는 것은 복종하지 않는 것을 복종토록 만드는 것이다.

5효는 음이 양위陽位에 있어 바르지 못하지만, 상괘의 '중中'을 얻고 있다. 5효는 최고 지도자이다. 지도자는 부를 독점해서는 안 된다. 가진 것을 골고루 베풀어야 한다. 가는 것이 있어야 오는 것이 있다는 말은 옳다. 백성이 잘 살아야 지도자의 권위도 튼튼해지는 법이다. 경제와 도덕 원칙이 무너진 이웃 집단을 평정하는 행위도 정당화될 수 있다[利用侵伐].

부와 명예와 장생불사는 모두가 원하는 바이다. 셋 중에 하나를 얻기도 매우 힘들다. 더욱이 오래 붙잡을 수 없는 것이 인생살이다. 하지만 군자는 어느 하나에도 힘쓰지 않는다. 그래서 겸손의 보이지 않는 힘은 무궁무진하여 더욱 빛나는 것이다.

인간은 부와 명예와 장생불사를 원한다. 겸손의 보이지 않는 힘은 빛나지만, 만능일 수는 없다.

10. 상효 : 겸손의 필요 충분 조건

上六은 **鳴謙**이니 **利用行師**하여 **征邑國**이니라
상육 명겸 이용행사 정읍국

象曰 鳴謙은 **志未得也**니 **可用行師**하여 **征邑國也**라
상왈 명겸 지미득야 가용행사 정읍국야

상육은 겸손을 널리 울리니, 군대를 출동하여 읍국을 정벌함이 이롭다. 상전에 이르기를 '겸손을 널리 울림'은 뜻을 얻지 못함이니, 군대를 출동하여 읍국을 정벌해야 한다.

상효는 음이 음위에 있으니 그 순수함이 지극하다. 하지만 극도의 겸손에도 불구하고 아무도 알아주지 않는 것에 마음 한 구석에는 원망이 남아 있다. 얼굴에도 서운함이 역력하다. 그래서 소문내려고[鳴] 한다. 2효와 5효의 소문은 다르다. 후자는 저절로 알려지는 것이고, 전자는 보상 심리가 전제되어 있다. 그 결과는 질적으로 다를 수밖에 없다.

그렇다고 이 마을 저 마을 다니면서 마구 짓밟아서는 안 된다. 다만 사사로운 읍국만 징벌하라는 뜻이다. 그것도 자신 소유의 마을과 집단을 다스리는데 그쳐야 한다. 그러면 왜 「상전」의 '뜻을 얻지 못했다'는 말은 무엇이고, 군대의 출정을 언급했을까? 군대는 내 마음의 군대이다.

보상을 바라는 봉사, 표창받기 위한 희생, 남이 알아주기를 원하는 은혜 갚기 등은 하나마나한 행동이다. 순수성이 결핍된 행위는 겸손의 범주 안에 들어올 수 없다. 미리 계산된 실천은 욕심의 또다른 표현이다. 타인을 위한 행위는 무조건이어야 한다. 이것이 바로 겸손의 필수 조건이자 충분조건인 것이다.

순수성이 결핍된 행위는 겸손의 범위에 들어올 수 없다. 미리 계산된 실천은 욕심에 불과하다.

정역사상의 연구자 이상룡李象龍은 겸괘의 성격을 다음과 같이 설명한다.

謙은 在文從言從兼이오 兼以此幷彼之謂也라
겸 재문종언종겸 겸이차병피지위야

人之盈滿而尊高者는 以其遜言으로 兼彼卑下而自損之義일새
인지영만이존고자 이기손언 겸피비하이자손지의

故說文曰 致恭不自滿이라 하니 其爲卦地中有山으로
고설문왈 치공부자만 기위괘지중유산

象崑山之爲中岳而子水汪洋이오 丑土未闢이라 故로
상곤산지위중악이자수왕양 축토미벽 고

謙退西北은 先天卦位是也라 至運回上元이어늘 四極出地하고
겸퇴서북 선천괘위시야 지운회상원 사극출지

地平天成하여 則大瀛之內咸知하여 坤爲中岳而祖宗之이나
지평천성 즉대영지내함지 곤위중악이조종지

雖欲謙退不可得也라 所以丑會之君子는
수욕겸퇴불가득야 소이축회지군자

令德顯顯不待謙讓而人皆尊之일새
령덕현현부대겸양이인개존지

亦猶崑崗之標準於天下也며 且謙讓君子는 能作禮樂而說豫라
역유곤강지표준어천하야 차겸양군자 능작예악이열예
故此卦次於豫也라
고차괘차어예야

'겸'은 문자적으로 말씀 언言과 겸할 겸兼의 합성어로 이것으로 저것을 겸비하는 것을 일컫는 말이다. 지위가 존귀하고 명망이 높은 사람은 몸을 낮추어 말하고 다른 사람의 입장에서 스스로 낮추어 덜어내라는 뜻이 있다. 설문說文에 "지극한 공경으로 스스로를 채우지 말라"고 했으니, 괘의 형성은 땅 속에 산이 있는 모습이다. 곤륜산이 천하의 중악中岳이며, 북방에서 비롯된 자수子水가 넓은 바다와 같은 형상을 상징한다. 축토丑土가 아직 열리지 않았기 때문에 서북으로 물러난 것은 선천의 괘위卦位이다. 상원上元의 운수가 돌아와 사극四極이 땅에서 나와 땅이 평안해지고 하늘의 뜻이 이루어져[地平天成] 세상 모두가 알게 된다. 곤坤을 뜻하는 중악中岳을 조종祖宗으로 삼아 비록 겸손의 미덕으로 물러나려고 하지만 성공할 수 없다. 그래서 축회丑會 시대의 군자만이 마치 곤륜산이 천하의 표준인 것처럼, 겸양의 미덕이 아니더라도 덕이 환하게 드러나 모든 사람이 존경할 것이다. 또한 겸손하고 공손한 군자만이 능히 예악을 제정하여 예豫의 뜻을 즐길 수 있으므로 겸괘가 예괘 다음이 된 것이다.

彖曰 謙, 亨, 君子有終은 道大終則有始也오 天道下濟而光明,
단왈 겸 형 군자유종 도대종즉유시야 천도하제이광명
地道卑而上行은 乾北坤南二氣交泰也라
지도비이상행 건북곤남이기교태야

단전 '겸은 형통하니, 군자는 끝마침이 있다'는 말은 도가 크게 끝나면 새로운 시작이 있다는 것이요, "하늘의 도가 아래로 내려와 밝게 빛나고, 땅의 도는 낮은 곳에서 위로 올라간다"는 말은 건북곤남乾北坤南의 형태로 음양 두 기운이 서로 통하는 것을 뜻한다.

象曰 君子以, 裒多益寡, 稱物平施는 十五幷用하니
상왈 군자이 부다익과 칭물평시 십오병용

土爰均物也라
토원균물야

상전 "군자는 이를 본받아 많은 것을 덜어내어 적은 데에 보태서 사물을 저울질하여 베풂을 공평하게 한다"는 말은 십十과 오五를 함께 쓰는 까닭에 땅[土] 위의 만물이 균등해지는 것을 뜻한다.

初六, 謙謙君子, 用涉大川, 吉은 壬水必東하여 君子攸濟也라
초육 겸겸군자 용섭대천 길 임수필동 군자유제야

초효 "초육은 겸손하고 겸손한 군자이니, 대천을 건너더라도 길하다"는 말은 북방의 임수壬水는 반드시 동쪽으로 흘러 군자가 건널 수 있다는 뜻이다.

六二, 鳴謙, 貞, 吉은 聲譽升聞也라
육이 명겸 정 길 성예승문야

2효 "육이는 울리는(소문난) 겸이니, 올바르고 길하다"는 것은 명예가 높이 올라 사방에 들린다는 말이다.

九三, 勞謙, 君子有終, 吉은 德崇業廣하여 繼聖開學也니라
구삼 노겸 군자유종 길 덕숭업광 계성개학야

3효 "구삼은 수고로우면서도 겸손하니, 군자는 끝마침이 있어 길하다"는 것은 덕을 숭상하고 인류를 위한 사업이 넓어져 성인을 계승하여 미래의 학문을 연다는 뜻이다.

六四, 无不利撝謙은 發揮其謙에 上下效之也라
육사 무불리휘겸 발휘기겸 상하효지야

4효 "육사는 겸손을 베풂에(겸을 엄지손가락으로 하니) 이롭지 않음이 없다"는 말은 겸손을 발휘하므로 상하가 본받는다는 뜻이다.

六五, 利用侵伐은 兼弱功味也라
육오 이용침벌 겸약공미야

5효 "육오는 침벌함이 이롭다'는 것은 강유를 겸비하는 맛을 가리킨다.

上六, 鳴謙, 利用行師, 征邑國은 万區已平하여 經略其國也라
상육 명겸 이용행사 정읍국 만구이평 경략기국야

상효 "상육은 겸손을 널리 울리니, 군대를 출동하여 읍국을 정벌함이 이롭다"는 말은 온 세상이 평안하여 그 나라를 다스릴 수 있다는 뜻이다.

뇌지예괘
雷地豫卦

새로운 즐거움

1. 새로운 질서의 창조는 예정되어 있다 : 예괘

정이천은 지산겸괘地山謙卦(䷎) 다음에 뇌지예괘雷地豫卦(䷏)가 오는 이유를 다음과 같이 말한다.

> 豫는 序卦에 有大而能謙이면 必豫라 故受之以豫라 하니
> 예　서괘　유대이능겸　필예　고수지이예
> 承二卦之義而爲次也라 有旣大而能謙이면 則有豫樂也니
> 승이괘지의이위차야　유기대이능겸　즉유예악야
> 豫者는 安和悅樂之義라 爲卦震上坤下하여 順動之象이니
> 예자　안화열락지의　위괘진상곤하　순동지상
> 動而和順이라 是以豫也라 九四爲動之主하여 上下群陰이
> 동이화순　시이예라　구사위동지주　상하군음
> 所共應也오 坤又承之以順하니 是以動而上下順應이라
> 소공응야　곤우승지이순　시이동이상하순응
> 故爲和豫之義라 以二象言之하면 雷出於地上이니
> 고위화예지의　이이상언지　뇌출어지상
> 陽始潛閉於地中이라가 及其動而出地하여는 奮發其聲하여
> 양시잠폐어지중　급기동이출지　분발기성
> 通暢和豫라 故爲豫也라
> 통창화예　고위예야

"예괘는 「서괘전」에 '큰 것을 소유하고도 능히 겸손하면 반드시 즐겁다. 그래서 예괘로 이어받았다'"고 하였는데, 대유괘와 겸괘의 두 괘 뜻을 이어서 차례를 삼은 것이다. 소유한 것이 이미 큰데도 겸손하면 즐거움이 있으니, '예'는 편안과 화합과 기쁨과 즐거움의 뜻이다. 괘의 형성은 진震이 위에 있고, 곤이 아래에 있어 순하게 움직이는 양상이니 움직이면서 화순하기 때문에 즐거운 것이다. 구사九四는 움직임의 주체가 되어 상하의 여러 음이 함께 부응하고, 곤이 또한 순함으로 받드니, 이것은 움직임에 상하가 순응하는 것이다. 따라서 화합과 즐거움의 뜻이 되었다. 두 가지의 상象으로 말하면 우레가 지상으로 나오니 양이 처음에는 땅 속에 잠겨 갇혔다가 움직

여서는 땅 밖으로 나옴에 이르러 그 소리가 떨쳐 나와 서로 통하여 화답하고 화합하여 즐겁다. 이런 까닭에 '예'라 한 것이다.

예괘의 상괘는 우레(☳), 하괘는 땅(☷)이다. 예괘는 하늘에서 내리치는 우레가 우렁차게 울리면서 땅에서 한껏 목청을 돋구는 모습이다. 또한 땅 속 깊이 갇혀 있던 우레가 밖으로 나와 떨치는 모습이 너무도 장엄하여 어깨를 들썩이면서 기쁜 마음으로 축복하는 뜻이 담겨 있다. 대부분의 학자들은 예豫를 '즐겁고 기쁘다'라는 의미로 풀이하고 있다. 주자가 그 대표적 인물이다. "예는 화락함이니 인심이 화락하여 그 위에 부응하는 것이다. 4효의 한 양효를 상하가 상응하여 그 뜻이 행해지고, 또한 곤坤으로 진震을 만나니 순順함으로 움직임을 삼는다"[1]고 하였다.

예괘의 위는 우레[震: ☳], 아래는 순응[順: ☷]이다. 우레의 움직임에 순응함은 하늘의 뜻에 맞추어 화답하는 것을 말하며, 그것에 따라 행동하니 절로 기쁘다. 4효는 예괘의 주인공이다. 하나의 양에 다섯 음이 모여들어 화순하여 즐겁다.

하지만 앞에서 나온 지산겸괘에서 겸손의 결과로 인해 '즐거움이 생긴다'는 일차적 의미 이외에도, 정역사상에서 말하는 '십건오곤十乾五坤'의 이치에 따른 새로운 창조의 징조를 미리 알려준다는 뜻이 있음을 간과해서는 안 된다. 특히 우리는 '순順'의 운동 방식에 주목해야 한다. 음양과 시간의 운동 방식은 '역逆과 순順'으로 이루어지기 때문이다. 따라서 '미리 예정하다'로 확대시켜 이해할 필요가 있다. 그것은 「단전」의 내용이 증명하고 있다.

1) ① 『周易本義』, "豫, 和樂也, 人心和樂以應其上也. 九四一陽, 上下應之, 其志得行, 又以坤遇震, 爲順以動." ② 김흥호, 앞의 책, 300쪽. "豫에는 세 가지 뜻이 있다. 첫째, 화락한 세계가 되기 위해서는 준비해야 한다는 것으로 備, 豫備의 뜻이 있다. 무엇이든 미리미리 준비를 해 둬야 된다는 뜻이 있다. 둘째, 悅愛의 뜻이 있다. 기쁘다는 뜻이다. 마지막으로 逸豫의 뜻이 있다. 향락에 빠져 타락했다는 뜻이다."

2. 예괘 : 새 술은 새 부대에

豫는 **利建侯行師**하리라
예 이건후행사

예는 제후를 세우고 군사를 일으킴이 이로울 것이다.

상괘는 우레로서 생명의 약동을, 하괘는 순응의 대표자인 땅이다. 우레가 대지를 진동시켜 음양의 불꽃이 타올라 화합하는 모습이다. 그래서 괘사를 지은 문왕은 정치적 안목에서 예괘의 뜻을 풀이했다. 시대적 사명감에 불탄 주인공[2]이 제후를 세워 정치적 안정을 도모할 수 있는 시기를 제시하였다.

'제후를 세우다[建侯]'는 수뢰둔괘水雷屯卦(䷂) 괘사에도 등장한다. 둔괘는 생명 탄생 혹은 창업의 어려움을, 예괘는 창업에서 수성과 태평 시대로 접어든다는 점이 다르다. 적절한 시기가 무르익었기 때문에 군사 행동을 실행할 수 있다.

둔괘屯卦가 생명의 탄생 혹은 창업의 어려움을 얘기한다면, 예괘는 창업에서 수성의 단계 또는 태평 성대에 접어들었음을 말한다.

3. 단전 : '순응'은 천지와 시간이 운행하는 방식

彖曰 豫는 **剛應而志行**하고 **順以動**이 **豫**라
단왈 예 강응이지행 순이동 예

豫順以動故로 **天地**도 **如之**온 **而況建侯行師乎**여
예순이동고 천지 여지 이황건후행사호

天地以順動이라 **故**로 **日月**이 **不過而四時不忒**하고
천지이순동 고 일월 불과이사시불특

聖人이 **以順動**이라 **則刑罰**이 **淸而民**이 **服**하나니
성인 이순동 즉형벌 청이민 복

2) 김상섭, 『내 눈으로 읽은 주역』(서울: 지호, 2006), 133-134쪽. "예괘의 중심인물은 주공이며, 주제는 여색을 즐기는 방탕한 제후를 응징하는 것이다." 그는 "괘사는 주공이 여색을 즐기는 방탕한 제후를 치기 위해 '제후를 세우고 군사를 일으키는 것이다'"라고 했다.

豫之時義大矣哉라
예 지 시 의 대 의 재

단전에 이르기를 예는 강이 부응하여 뜻이 행해지고, 순함으로써 움직이는 것이 예이다. 예는 순함으로써 움직이니, 천지도 이와 같은데 하물며 제후를 세우고 군대를 출동함에서랴! 천지가 순함으로써 움직임이다. 그러므로 일월이 지나치지 않아 사시가 어긋나지 않고, 성인이 순함으로써 움직이므로 형벌이 맑아져서 백성들이 복종하니, 예의 시간적 의의(때와 뜻)가 크도다!

땅 위를 우레가 우렁차게 내리치는 형상이 곧 뇌지예괘의 본 모습이다. 우레의 고향은 하늘이다. 하늘은 말이 없다. 다만 그 뜻을 자연 현상으로 내비칠 따름이다. 하늘은 그 의지를 우레로 표현한다. 그것은 하늘의 열린 음악회를 상징한다. 우레는 생명의 탄생, 특히 새로운 질서의 창조를 뜻한다.

4효를 제외한 나머지 다섯 음이 하나의 양에 부응하고 있다. 오케스트라는 지휘자 한 사람의 통솔 아래 여러 악기를 연주하는 단원들이 화합하여 아름다운 소리를 만들어낸다. 지휘자는 위풍당당한 기세를 잃지 않는다. 지휘자의 머리 속에 구상된 음악의 정신에 따라 높낮이와 리듬이 형성되기 때문에 아름다운 화음을 낼 수 있다[志行].

음악에는 시끄러운 소리와 가슴 적시는 감미로운 소리가 있다. 전자가 정신을 아찔하게 만든다면, 후자는 감동의 메아리를 가져온다. 작곡자가 무엇에 근거하여, 어떤 마인드로 악보를 작성하는가에 따라 달라지게 되는 것이다. 음악의 으뜸은 무엇일까. 그것은 하늘의 소리, 즉 진리를 전달하는 소리야말로 천상의 음악이다.

『정역』에 따르면 하늘의 질서, 즉 시간의 흐름은 두 가지의 방향성을 갖는다. 하나는 과거에서 미래로 흐르는 '역逆의 방향'이고, 다른 하나는 하늘의 이치는 미래에서 과거를 향하여 비추어진다는 '순順의 방향'이 있다. 역의 운동은 낙서의 상극 세상이며, 순의 운동은 하도의 상생 세상을 뜻한다. 하늘과 땅이 순의 방향으로 움직이는 까닭에[天地以'順'動]에 해와 달의 운행이 정상화되고, 사시의 계절에 어긋나지 않는 현상이 일어난다.

김일부는 "하늘과 땅의 수는 해와 달의 걸음걸이를 수놓은 것이다. 해와 달이 올바르게 운행되지 않는 역은 진정한 역이 아니다. 역이 올바른 역이 되어야만 참된 역이 될 것이다. 원역이 어찌 항상 윤역만을 쓰겠는가"[3]라고 읊었다. 선천은 일월 운행의 도수와 시간 측정의 척도가 불일치하기 때문에 양력과 음력이 따로따로 놀고 있다. 인간은 어디에 장단을 맞추라는 말인가? 이러한 불일치를 해결하기 위하여 동양인들은 인위적으로 음력과 양력을 결합해서 태음태양력을 사용하였다.

이런 의미에서 동양의 문명사는 캘린더 작성과 개정의 역사였다고 해도 과언이 아니다. 이정호와 한동석은 음양력의 원초적 불일치를 상극 질서에서 비롯된 지축 경사에서 찾는다. 지축 경사는 태양계(넓은 의미에서 우주)의 운행이 접질린 상태에서 운행하는 병든 현상이다. 상극 질서에서 상생 질서로의 전환은 우주가 스스로 재조정하는 과정을 통해 자기 부정에서 자기 긍정의 얼굴로 바꾸는 사태이다. 우주가 가면을 벗어던지고 실물을 선보이는 사건이다. 김일부는 선천의 윤력 세계는 뒷전으로 물러나고 후천의 정력 세계가 도래할 것을 "정역시正易詩"에서 읊었던 것이다.

성인은 천지의 질서를 바탕으로 세상을 교화하므로 형벌을 비롯한 예악의 규범을 마련한다. 그래서 세상도 맑아지고 백성들의 마음 역시 밝아져 마음에서 우러나오는 심정으로 성인에게 복종한다. 그래서 「단전」은 "예괘가 말하는 시간의 정신이 위대하다"고 찬탄했다.

13번 동인괘는 인간 의식의 정화를 통한 통일된 마음닦기를 제시했고,

3) 『正易』 「十五一言」 "正易詩", "天地之數數日月, 日月不正易匪易. 易爲正易易爲易, 原易何常用閏易."

14번 대유괘는 하늘과 땅의 위대한 소유라는 거대 담론이 뒤따랐으며, 15번 겸괘에서는 '십건오곤十乾五坤', 즉 체용의 전환으로 인해 『주역』에서 가장 좋은 내용들로 구성되었음을 살펴보았다. 이런 과정을 거쳐 예괘는 하늘과 땅의 질서가 재조정되어 나타남을 '순順의 운동', 즉 시간 질서의 새로운 전개를 시사했던 것이다.

"'예豫'에는 넉넉하고 여유가 있어 마음이 즐겁다는 뜻 이외에 '미리한다'는 의미가 있다. 그것은 다름아닌 후천의 초길初吉(초하루)을 미리 보여준다는 뜻이다. 60갑자의 논리로 보면, 16일은 선천에 계미癸未(계축癸丑)이지만, 중궁中宮의 중위中位에 합삭合朔하는 달은 초하루가 계미(계축)이므로 자연 후천의 16일은 무술戊戌(무진戊辰)에 해당하게 된다. 선천의 16일은 후천의 초하루인 것이다. 그러므로 「계사전」에서도 '(우주변화의) 기미는 움직임의 미묘함이니 길함이 먼저 나타나는 것'[4]고 하여 제 16일 달에 해당하는 예괘에서 초하루 달을 말하고 있다. 그러므로 기망幾望의 큰 달밖에 보이지 않는 가운데에 이미 초생初生의 작은 달을 볼 줄 아는 군자야말로 '지기군자知幾君子'이다."[5]

『주역』에서 말하는 즐거움은 항상 시간의 문제와 직결되어 나타난다. 시간에 들어맞지 않으면 아무런 쓸모가 없다. 공부도 때가 있다. 배울 때 배워야지 늦으면 늦을수록 효과가 더디고, 너무 이른 조기 교육은 되바라진다. 시간의 정신에 적중해야 비로소 모든 효과가 극대화된다. 이것이 바로 '시중時中'이다.

예괘의 핵심은 하늘과 땅의 질서가 재조정되어 시간운행이 정상화되고, 성인의 교화에 의해 문명이 정화됨을 얘기한다.

4) 『周易』 「繫辭傳」 하편 5장, "幾者, 動之微, 吉之先見者也."
5) 이정호, 『正易과 一夫』(서울: 아세아문화사, 1985), 45-46쪽.

4. 상전 : 상제와 조상의 은덕에 감사하라

象曰 雷出地奮이 **豫**니 **先王**이 **以**하여 **作樂崇德**하여
상 왈 뇌출지분 예 선왕 이 작악숭덕
殷薦之上帝하여 **以配祖考**하니라
은천지상제 이배조고

상전에 이르기를 우레가 땅을 떨치고 나오는 것이 예이니, 선왕이 이를 본받아 음악을 짓고 덕을 높여서 성대하게 상제님께 올리고, 조고를 배향하는 것이다.

갓난아기는 태어나자마자 큰 울음으로 세상에 신고한다. 우레 역시 위엄과 놀라운 소리로 세상에 나오기 때문에 '분출'이란 말이 생겼다. '선왕先王'은 유가에서 말하는 정치의 모델이다. 여기서는 군자를 말하지 않고 선왕을 얘기했다. 음악을 짓고 상제에게 제사를 올릴 수 있는 존재는 군왕이기 때문이다.

예괘는 정치와 제도 정비의 이치가 담겨 있다. 대부분의 「상전」에서는 군자를 얘기하는데, 여기서는 '선왕先王'이라고 했다. 선왕은 유교의 이상적 정치 체제를 수행한 '이제삼왕二帝三王(요, 순, 우, 탕, 문무)'을 가리킨다. 선왕들은 땅 위에서 펼쳐지는 하늘의 소리를 듣고 음악을 만들어 감상하면서 소양을 쌓았다.

그 결과물이 바로 제례악祭禮樂이다. 『서경』에는 생명의 아버지인 상제에게 제사 올리는 것으로 시작된다. 상제는 생명의 근원이자 만물을 주재하는 지휘자다. 선왕은 상제에게 음악을 지어 성심껏 바치면서, 아울러 조상에게도 배향한다. 동양인은 늘 상제에 대한 신앙과 함께 조상의 은덕에 감사를 드렸던 것이다.

후대 소강절에 의해 문왕팔괘도라고 불린 「설괘전」 5장은 "(상)제는 진방에서 출현한다[帝出乎震]"고 하였다. 상제는 우레를 동반하고 이 세상에 출현하여 다스린다는 뜻이다. 즉 상괘인 진에서 상제가 출현하여 하괘의

땅에 이르러 만물을 생성시켰기 때문에 인간은 제물을 차리고 음악을 연주하여 상제와 조상들에게 음덕을 기렸던 것이다.

'은천지상제殷薦之上帝'에서 '은殷'은 성대함, '천薦'은 바치다, '지之'는 음악을 뜻하는 대명사代名詞다. 음악을 듣고 짓는 행위는 상제께 드리는 최상의 경건이다. 상제는 꽃 향기와 찬양의 찬송가를 좋아한다. 이러한 전통은 동서양 신화에 나오는 공통적인 얘기이다.

예괘에서 처음으로 상제가 등장하는 것에 주목하라. 동양인들은 늘 상제에 대한 신앙과 함께 조상의 은덕에 감사드리는 미풍양속이 있었다.

5. 초효 : 홀로 즐기는 즐거움은 외롭다

初六은 **鳴豫**니 **凶**하니라
초육 명예 흉

象曰 初六鳴豫는 **志窮**하여 **凶也**라
상왈 초육명예 지궁 흉야

초육은 즐거움을 울림이니 흉하다. 상전에 이르기를 '초육의 즐거움의 울림'은 뜻이 궁해서 흉한 것이다.

예괘는 4효를 두고 다섯 음들이 상응하려는 모습이다. 초효는 양 자리에 음이 있으며[不正], 4효와 유일하게 상응한다. 하지만 초효는 4효의 후원을 믿고 혼자 독차지하려는 못된 심보를 갖고 있다. 4효의 사랑을 남들과 공유하지 않고 독점하여 즐기는 까닭에 기쁜 음악이 슬픈 음악으로 곡조가 바뀐 꼴이다. 그래서 괘사는 '운다[鳴]'고 했던 것이다.

기쁨과 슬픔은 함께 하라고 했다. 함께 나누면 기쁨은 두 배가 되고, 슬픔은 반으로 줄어든다. 혼자 즐기니 아무도 곁에 가지 않는다.[6] 기쁨은 슬픔으로, 즐거움은 괴로움으로 변질되어 흉할 수밖에 없다. 맹자도 '혼자만

6) 주자는 혼자서 즐기는 것을 '自樂'이라고 하여 '衆樂'과 구별했다.

즐기는 즐거움[獨樂樂]'과 '여러 사람이 함께 즐기는 즐거움[與民同樂]'을 구분하여 다함께의 문화를 칭송했다.

혼자서만 즐겁다고 자랑하고 다니니까 떠들썩하지 않을 수 없다. 속 바닥이 들여다보이므로 뜻이 궁색해진다. 타인이 좋아할 리 만무하다. 노래방은 공동체 문화의 산물이다. 혼자 노래방에 가면 전혀 흥이 나지 않는다. 궁상떤다고 손가락질 당하기 십상이다. 여럿이 부르는 노래는 흥에 겹고 동료애가 묻어난다. 마찬가지로 진리는 공개되어야지 독점되어서는 안 된다.

여민동락與民同樂의 즐거움을 알라.

6. 2효 : 선비의 절개는 돌로도 깨뜨릴 수 없다

六二는 **介于石**이라 **不終日**이니 **貞**코 **吉**하니라
육이 개우석 부종일 정 길

象曰 不終日貞吉은 **以中正也**라
상왈 부종일정길 이중정야

육이는 절개가 돌과 같음이다. 하루를 마치지 않으니 올바르고 길하다. 상전에 이르기를 '하루를 마치지 않고도 올바르고 길하다'는 것은 중정하기 때문이다.

2효는 음이 음 자리에 있으나, 하괘의 중을 획득[中正]하고 있다. 나머지 음효들은 4효에게 넋을 빼앗겨 이성이 마비되었다. 하지만 2효는 절개 지키기를 돌처럼 처신하기 때문에 마침내 길하다. 남자가 다른 여자에게 혼을 빼앗겨도 조강지처는 자식들을 잘 돌보면서 남편이 돌아오기를 기다리는 것이 미덕이었던 적이 있다. 하지만 여자의 경우는 그렇지 않다. 남편을 물론 자식들까지 내버리고 집을 나선다. 가정이 깨지는 경우가 허다하다. 아닌 경우도 많지만.

2효를 제외한 모든 효들은 즐거움에 빠져 허덕거리고 있다. 그것은 즐거움이 아니라 향락이다. 유독 2효만이 중용을 지켜 몸을 바르게 하여 유혹에 물들지 않는다. 그 절개가 굳은 돌과 같다. 즐거움은 양약인 동시에 독약이다. 약에 중독되면 백약이 무효하다. 끝없는 즐거움 뒤에는 반드시 근심이 뒤따른다. 하지만 2효는 사리가 분명하므로 하루를 넘기지 않고도 길흉의 조짐을 미리 깨달아 처신한다.

절개는 여성의 전유물이 아니다. 절개는 선비들이 갖추어야 하는 지조의 징표이다. 선비는 예스맨이 아니다. 옳지 않을 때 목숨을 담보로 '아니오'라고 직언한다. 선비는 앞으로 곧장 가지, 휘돌아가지 않는다. 불의와는 결코 타협하지 않는다. 다소 완고하다고 평가될지언정, 시대 정신의 표상이다. 그의 절개는 돌로도 깨뜨릴 수 없다. 선비는 중심을 잡고 올바름을 수호하는 파수꾼이다.

그래서 "기미를 알아챔이 신묘할 따름이다(神이로구나). 군자는 위와 사귀되 아첨하지 않고 아래와 사귀되 모독하지 않으니, 기미를 알아챔이여! 기미라는 것은 움직임의 은미함이니 길함이 먼저 나타나는 것이니, 군자는 기미를 보고 일어나서 하루가 마치기를 기다리지 않는다. 역에 이르기를 '돌처럼 절개가 굳은지라(절개가 돌인지라) 하루를 마치지 않으니, 올바르고(곧고) 길하다' 하였으니 돌처럼 절개가 굳은지라 어찌 하루를 마치겠는가. 판단해서 가히 알 수 있도다! 군자는 은미함을 알고 밝게 드러난 것도 알고, 부드러운 것도 알고 강한 것도 아니 온 천하 사람들이 우러러본다."[7)]

공자가 가르치는 핵심은 '기미幾微와 신神'에 있다. '기미(기틀)를 아는 것은 참으로 신묘하도다!' 기틀이란 움직임의 미묘함으로 길함을 미리 아는 것이다. 군자는 기미를 깨달아 움직이니 하루종일 기다리지 않는다. 역에서

7) 『周易』 「繫辭傳」 하편 5장. "子曰 知其神乎, 君子上交不諂, 下交不瀆, 其知幾乎! 幾者, 動之微, 吉之先見者也, 君子見幾而作, 不俟終日, 易曰介于石. 不終日, 貞, 吉, 介如石焉, 寧用終日. 斷可識矣. 君子知微知彰知柔知剛, 萬夫之望."

이르기를 "우뚝 솟은 바위처럼 하루로 그치지 않는다. 아주 길하다"고 하였다. 바위처럼 꿋꿋한데 어찌 하루로 그치겠는가? 의심의 여지가 없는 것이다. 군자는 미세한 것만이 아니라 뚜렷한 것도 더욱 뚜렷이 볼 수 있고, 부드러움만이 아니라 강한 것도 알기 때문에 모든 사람의 등불(희망)이다.

군자는 모든 것을 안다. 세미한 것뿐만 아니라 신의 경지와 길흉의 조짐마저도 안다. 그러니까 온 세상 사람들이 우러러본다. "정역을 만든 김항金恒이 자기의 호를 일부一夫라 했는데, 이는 만부萬夫가 바라보는 일부一夫라는 것이다. 그의 제자 이정호는 『주역정의周易正義』라는 책을 썼는데, 그 책을 보면 기독교적인 해석이 들어 있다."[8]

즐거움 뒤에는 근심이 뒤따른다. 유혹에 물들지 않고, 중용을 지켜야 수신修身이 가능하다.

7. 3효 : 소인이여! 사방을 바라보라

六三은 **盱豫**라 **悔**며 **遲**하여도 **有悔**리라
육삼　우예　회　지　　유회
象曰 盱豫有悔는 **位不當也**일새라
상왈 우예유회　위부당야

육삼은 올려보면서 즐거워한다. 뉘우치며 더디게 하여도 후회가 있을 것이다. 상전에 이르기를 '올려보면서 즐거워한다. 후회가 있다'는 것은 그 위치가 마땅치 않기 때문이다.

3효는 음이 양위에 있으므로 정正도 아니고, 하괘의 끝에 있으므로 중中도 아니며, 같은 음인 상효와도 화응하지 못한다. 특히 예괘의 주인공인 4효와 아주 가깝다. 4효가 최고의 권력자라면, 3효는 측근 중의 측근이다. 3효는 4효에 대해 위만 바라보고 아부하는 꼴이다. 권력의 그늘에서 양지

8) 김흥호, 앞의 책, 310쪽.

만을 쫓고 있는 형국이다. 옆이나 아래를 둘러보기는 아예 안중에도 없다. 아첨하느라 손바닥이 다 닳고, 지문이 없어질 정도이다. 그러니까 반드시 후회할 일이 생기게 마련이다.

오르막이 있으면 내리막이 있다. 상한가를 자랑하는 주식도 마냥 올라갈 수는 없다. 언젠가는 하한가로 폭락하는 경우가 허다하다. 우물쭈물, 허둥지둥하다가는 뉘우칠 일이 금새 닥친다. 요새는 인사가 '부자 되세요'다. 가난한 자는 부자를 부러워한다. 불행은 윗 것에만 비교하기 때문에 생긴다. 나는 왜 부자가 안 될까라는 생각이 그 사람의 발목을 잡는다. 자신보다 못한 아랫사람을 내려다보면, 그는 행복할 것이다.

소인은 항상 윗사람의 눈치를 살핀다. 4효를 짝사랑하는 3효의 행동은 일방적이다. 가슴 졸이는 짝사랑일 때, 그래도 행복하다. 무언가 대가를 바라면 불행의 씨앗이 싹튼다. 애당초 상대방은 거들떠보지도 않아 당혹스러울 수 있기 때문이다. 행동으로 옮길수록 후회가 막급하다. 심지어 뉘우침이 늦으면 상처는 깊어진다.

소인의 특기는 윗사람의 눈치를 살피는데 있다. 소인이여! 위만 쳐다보지 말고 아래와 옆과 뒤도 돌아보라.

8. 4효 : 내면에 잠든 덕성과 능력을 의심하지 말라

九四는 **由豫**라 **大有得**이니 **勿疑**면 **朋**이 **盍簪**하리라
구사 유예 대유득 물의 붕 합잠

象曰 由豫大有得은 **志大行也**라
상왈 유예대유득 지대행야

구사는 즐거움이 말미암는다. 크게 얻음이 있으니, 의심하지 않으면 벗이 비녀를 합할 것이다. 상전에 이르기를 '즐거움이 말미암는다. 크게 얻음이 있다'는 것은 뜻이 크게 행해지는 것이다.

4효는 여성들에 둘러싸인 청일점淸一點이다. 다섯 음효가 하나의 양효를 사모하고 있는 형상이 곧 4효의 위치이다. 4효의 덕과 힘에 의해서 실질적인 즐거움이 생기는 것이다. 비록 양이 음위에 존재하지만, 인격과 능력을 겸비하고 있는 까닭에 주변을 즐겁게 할 수 있다. 그래서 모든 기쁨의 근원이 된다[由豫]고 했다.

'유由'의 글자 형태에 주목하자. 밭[田]에서 싹이 틔어 오르는 형세를 묘사한 글자이다. 싹은 씨앗에 발아된 것이다. 모든 것은 스스로의 능력을 갖고 태어난다는 뜻이다. '말미암다'의 유由는 존재 근거를 스스로에게 있음을 가리키는 글자다. 남의 도움 없이 모든 것을 던져 목표를 이루어 그 공로를 남들과 공유하기 때문에 즐거움은 증폭되는 것이다.[9]

『주역』은 내면에 잠들어 있는 덕성과 능력을 의심해서는 안 된다고 가르친다. 양이 음위에 있어 안정되지 못했더라도 스스로를 의심하지 말라고 했다. 줄곧 자신의 능력을 믿고 기르면 머지않아 자신의 뜻에 동참할 벗들이 찾아온다[勿疑, 朋, 盍簪].

'잠簪'은 비녀이다. 비녀는 빗으로 머리카락을 다듬은 다음에 헝클어지지 않도록 머리카락 한가운데에 꽂는 도구이다. 다양한 목소리들을 하나로 결집[大有]하여 아름다운 소리로 탈바꿈시키는 것은 사람의 마음이다. 그러니까 윗사람에게서 인정받고, 아랫사람으로부터도 신뢰받아 흩어진 마음을 한 군데로 통합시킬 수 있는 것이다.

☸ 스스로의 능력을 믿고 기른다면 머지않아 자신의 뜻에 동참할 벗이 찾아올 것이다.

9. 5효 : 타이밍에 알맞게 실천하라

六五는 **貞**하되 **疾**하나 **恒不死**로다
육 오 정 질 항 불 사

9) 정이천은 "由己而致天下於樂豫. 故爲大有得, 謂其志得大行也."고 풀이했다.

象曰 六五貞疾은 **乘剛也**오 **恒不死**는 **中未亡也**라
상왈 육오정질 승강야 항불사 중미망야

육오는 올바르되 병은 들으나 항상 죽지 않도다. 상전에 이르기를 '육오가 올바르되 병이 든다'는 것은 강을 탔기 때문이요, '항상 죽지 않는다'는 것은 중을 잃지 않았기 때문이다.

5효는 음이 양위에 있으니, 강한 양을 타고 있는 형국[乘剛]이다. 상괘의 중앙에 있어 올바르지만, 4효의 막강한 힘 때문에 파워가 약화되었다. 하지만 워낙 좋은 자리를 확보하고 있는 까닭에 쉽사리 죽지 않는다는 것이다.

오로지 하나의 양인 4효가 예괘의 주인공이므로 5효는 부드러움의 강점을 살리고 있다. 더욱이 나머지 음들의 관심이 4효에 집중되어 위험한 지경에 빠져 있다. 비록 병든 상태이나 '중'을 얻었기 때문에 죽음의 문턱을 넘나들지 않는다.

위의 글에서 '항상 죽지 않는다[恒不死]'와 '중을 잃지 않는다[中未亡]'는 '='의 등식이 성립된다. 외부적인 중앙과 내부적인 본성의 중심잡기[執中]가 균형을 이루었기 때문이다. 외부 환경과 자신의 중심이 일치를 이루었을 때를 '시중時中'이라 한다. 결국 『주역』의 가르침은 타이밍에 맞는 시간 의식과 실천을 강조하는 것으로 귀결되는 것이다.

외부의 환경과 스스로 판단한 중용이 일치할 때의 중용이 곧 시중時中이다. 그렇다고 시중은 상황 논리가 아니다. 그것은 역사의 수레바퀴가 굴러가는 시간 의식의 깨달음에서 비롯된 중용의 실천이다.

10. 상효 : 진정한 즐거움은 진리의 소리를 듣는 것

上六은 **冥豫**니 **成**하나 **有渝**면 **无咎**리라
상육 명예 성 유유 무구

象曰 冥豫在上이어니 **何可長也**리오
상왈 명예재상 하가장야

상육은 즐거움에 빠져 어두워졌으니, 이루었으나 변함이 있으면 허물이 없으리라. 상전에 이르기를 즐거움에 빠져 어두워졌으면서 위에 있으니 어찌 오래갈 수 있겠는가.

상효는 극한 상황, 한계점, 극도의 번성, 역사의 끝자락, 문명의 쇠퇴, 노쇠의 징조를 상징한다. 상효는 향락에 눈이 멀어 자신은 물론 집안과 이웃을 돌보지 않고 쾌락의 구덩이에 빠져 허덕이고 있다.

쾌락은 마약과 같다. 그것은 몸과 마음을 병들게 한다. 망가진 마음과 몸을 원상태로 회복하려고 애쓰지만, 때는 이미 늦었다. 그래도 돌아가려는 의지만으로도 허물은 면할 수 있다. 재빨리 변신해야 한다. 정신을 똑바로 차려야 호랑이에게 물려가도 화를 피할 수 있다.

이미 상효는 극한으로 치달았기 때문에 더 이상 나아갈 곳이 없다. 절망의 끝에는 벽이 있다. 다짐을 굳게 하건만 어디로 간다는 말인가? 넋이 나간 상태를 초효[鳴豫], 3효[盱豫], 상효[冥豫]에서 거듭 강조한 이유는 무엇일까? 하나는 천지의 변화 즉 시간의 극적 전환에 대한 깨달음의 당위성을 설명하기 위해서이다. 둘째, 진정한 즐거움은 진리의 소리에 귀기울이는데 있다. 그러니까 64괘 중에서 유독 예괘에서만 '상제'가 등장하는 것이다.

쾌락의 구덩이에 빠지지 말라. 쾌락은 몸과 마음을 병들게 하는 범인이다. 일시적인 쾌락에서 벗어나 하늘의 음악을 감상하는 여유를 가져라.

정역사상의 연구자 이상룡李象龍은 예괘의 성격을 다음과 같이 설명한다.

豫는 在文從予從象이니 象은 像也오 予之像은
예 재문종여종상 상 상야 여지상

安和悅樂之義也라 夫地中之雷는 復卦之政於先天이나
안화열락지의야 부지중지뢰 복괘지정어선천

而陽氣閉藏하여 不能亨通也오 雷出地上은 奮發和暢者니
이양기폐장 불능형통야 뇌출지상 분발화창자
后天无爲之世也라 擧天下之君臣上下逸豫於禮樂之化이니
후천무위지세야 거천하지군신상하일예어예악지화
逸豫之本은 在損上益下라 故此卦次於損也라
일예지본 재손상익하 고차괘차어손야

'예'는 문자적으로 주다 또는 나 '여予'와 꼴 또는 그림 '상象'의 합성어다. 상象은 닮을, 본뜰, 형상 '상像'이고, 여予는 평안하고 조화로워 기뻐서 즐긴다는 뜻이다. 땅 속에 있는 우레는 선천에 정사政事하는 복괘가 양기가 닫혀져 숨겨졌기 때문에 형통할 수 없는 것을 형상화했다면, 우레가 땅 밖으로 나와 떨쳐 화창한 것은 후천 무위无爲의 세상을 형상화한 것이다. 천하의 군신과 상하가 예악의 교화를 즐기는 것을 본받았다. 즐김의 근본은 윗 것을 덜어내어 아래에 보태는 것에 있기 때문에 예괘가 손괘 다음에 위치하는 것이다.

彖曰 豫, 利建侯行師는 應天順人與更始也오 天地以順動,
단왈 예 이건후행사 응천순인여갱시야 천지이순동
故, 日月, 不過而四時不忒은 氣朔已舒也라
고 일월 불과이사시불특 기삭이서야

단전 "예는 제후를 세우고 군사를 일으킴이 이롭다"는 것은 하늘의 섭리에 감응하고 인륜 질서에 순응하여 다시 새롭게 시작하는 것을 말한다. "천지가 순함으로써 움직임이다. 그러므로 일월이 지나치지 않아 사시가 어긋나지 않는다"는 것은 태양과 달이 그려내는 보름과 그믐의 질서가 순조롭게 펼쳐지는 것을 뜻한다.

象曰 先王, 以, 作樂崇德, 殷薦之上帝, 以配祖考는 天神이
상왈 선왕 이 작악숭덕 은천지상제 이배조고 천신
假焉하여 人鬼가 享之也라
격언 인귀 향지야

상전 "선왕이 이를 본받아 음악을 짓고 덕을 높여서 성대하게 상

제님께 올리고, 조고를 배향하는 것이다"라는 것은 하나된 하늘과 신을 인간과 귀신이 모시는 것을 말한 것이다.

初六, 鳴豫는 掀動而更張之時 則暤哓也라
초육 명예 흔동이갱장지시 즉호도야

초효 '초육은 즐거움을 울림'이란 말은 기쁨으로 움직여 교체하는 시기에 밝게 우는 것을 얘기한다

六二, 介于石. 不終日, 貞, 吉은 鬼尾雖堅이라도 險易決也라
육이 개우석 부종일 정 길 귀미수견 험이결야

2효 "육이는 절개가 돌과 같음이다. 하루를 마치지 않으니 올바르고 길하다"는 말은 귀신의 꼬리가 비록 질길지라도 험난함이 쉽게 해결된다는 뜻이다.

六三, 盱豫. 悔, 遲, 有悔는 恐而歸順也라
육삼 우예 회 지 유회 공이귀순야

3효 "육삼은 올려보면서 즐거워한다. 뉘우치며 더디게 하여도 후회가 있을 것이다"라는 말은 두려워하되 올바른 곳으로 돌아간다는 뜻이다.

九四, 由豫. 大有得, 勿疑는 動以得民하여 君无疑焉이라
구사 유예 대유득 물의 동이득민 군무의언

4효 "구사는 즐거움이 말미암는다. 크게 얻음이 있으니 의심하지 않는다"는 것은 움직여서 백성을 얻으므로 임금이 의심하지 않는다는 뜻이다.

六五, 貞, 疾, 恒不死는 胡爲乎喪國이리오 待之以禮也라
육오 정 질 항불사 호위호상국 대지이례야

5효 "육오는 올바르되 병은 들으나 항상 죽지 않는다"는 것은

어찌 나라를 잃겠는가? 예로 기다린다는 말이다.

上六, 冥豫, 成, 有渝, 无咎는 動必變하고 變則可移之也라
상육 명예 성 유유 무구 동필변 변즉가이지야

상효 "상육은 즐거움에 빠져 어두워졌으니, 이루었으나 변함이 있으면 허물이 없을 것이다"는 말은 움직이면 변하고, 변하면 바뀔 수 있다는 뜻이다.

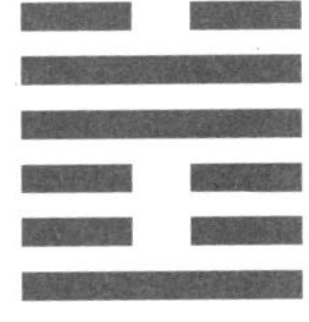

택뢰수괘
澤 雷 隨 卦

온건의 미덕(힘)

1. 진정한 순종의 길 : 수괘

정이천은 뇌지예괘雷地豫卦(䷏) 다음에 택뢰수괘澤雷隨卦(䷐)가 오는 이유를 다음과 같이 말한다.

> 隨는 序卦에 豫必有隨라 故受之以隨라 하니라 夫悅豫之道는
> 수 서괘 예필유수 고수지이수 부열예지도
> 物所隨也니 隨所以次豫也라 爲卦兌上震下하니 兌爲說하고
> 물소수야 수소이차예야 위괘태상진하 태위열
> 震爲動하니 說而動하고 動而說이 皆隨之義라 女는 隨人者也니
> 진위동 열이동 동이열 개수지의 여 수인자야
> 以小女從長男은 隨之義也오 又震爲雷하고 兌爲澤하니
> 이소녀종장남 수지의야 우진위뢰 태위택
> 雷震於澤中에 澤隨而動은 隨之象也라 又以卦變言之하면
> 뇌진어택중 택수이동 수지상야 우이괘변언지
> 乾之上이 來居坤之下하고 坤之初는 往居乾之上하여
> 건지상 내거곤지하 곤지초 왕거건지상
> 陽來下於陰也니 以陽下陰이면 陰必說隨니 爲隨之義라
> 양래하어음야 이양하음 음필열수 위수지의
> 凡成卦旣取二體之義하고 又有取爻義者하며
> 범성괘기취이체지의 우유취효의자
> 復有更取卦變之義者하니 如隨之取義尤爲詳備라
> 부유갱취괘변지의자 여수지취의우위상비

"수괘는 「서괘전」에 '즐거우면 반드시 따름이 있다. 그러므로 수隨로 이어받았다'고 하였다. 대저 기쁨과 즐거움의 도리는 사물이 따르는 바이니, 수괘가 예괘 다음이 된 것이다. 괘의 형성은 태가 위에 있고, 진이 아래에 있으니 태는 기뻐함이며 진은 움직임이다. 기뻐하여 움직이며 움직여서 기뻐함은 모두 수隨의 뜻이다. 여자는 사람이 따르는 자이니 소녀가 장남을 좇음은 따름[隨]의 뜻이다. 또한 진은 우레이고 태는 연못이니 우레가 연못 속에서 진동함에 연못이 따라 움직임은 수의 모습이다. 또한 괘변으로 말하면 건의 상효가 와서 곤의 아래에 거처하고, 곤의 초효가 가서 건의 위에 거처하여 양이 와서 음에게 낮추니, 양으로서 음에게 낮추면 음은 반드시 좋아하여 따르므로 수의 뜻이 되는 것이다. 무릇 괘를 이룸은 두 실체의 뜻을 취하고, 또한 효의 뜻을 취한 경우가 있으며, 다시 괘변의 뜻을 취한 경우가 있으니, 수隨가 뜻을 취함 같은 것은 더욱 상세히 구비되었다.

택뢰수괘는 위가 연못[태兌: ☱]이고, 아래는 우레[진震: ☳]이며, 그 뜻은 '따른다'이다. 괘의 형태로 보면, 우레가 물밑에서부터 움직이기 시작하면 연못물 역시 그 리듬에 맞추어 출렁이면서 춤춘다. 위는 웃으면서 즐겁고[說], 아래는 생명 탄생의 신호탄인 우레가 서로 즐겁게 움직이면서 서로를 따르는 관계이다.

우리 조상들의 교훈에 '물 흐르듯 살아라'는 말이 새삼 기억난다. 물은 위에서 아래로 흐르지 아래에서 위로 흐르는 법은 없다. 막히면 돌아가고, 빨리 흐를 때는 빨리 흘러가고, 천천히 흐를 때는 쉬엄쉬엄 간다. 흐르는 물은 세상의 이치를 거역하지 않는다. 그래서 물은 하늘의 아들이라고 했던가.

이처럼 우레는 연못의 기쁨에 호응하고 따른다. 그래서 공자는 "소를 길들이고 말을 타서 무거운 것을 이끌고 먼 곳에 이르게 함으로써 천하를 이롭게 하니, 대개 수괘의 원리에서 취하였던"[1] 것이다. 야생마를 길들여 먼 곳까지 가고, 소를 길들여 무거운 짐을 싣고 운송에 도움이 되도록 하는 방법을 수괘隨卦에서 찾았던 것이다.

2. 수괘 : 시간의 본성과 정신을 알고 따라야

隨는 **元亨**하니 **利貞**이라 **无咎**리라
수　원형　이정　무구

수는 크게 형통하니 올바름이 이롭다. 허물이 없을 것이다.

1)『周易』「繫辭傳」하편 2장. "服牛乘馬, 引重致遠, 以利天下, 蓋取諸隨."

'수隨'는 따른다는 뜻이다. 대상과 주체의 관계에서 누가 누구를 따르느냐의 문제가 생긴다. 즉 주체가 먼저인가, 대상이 먼저인가. 『주역』은 '나'라는 주체보다는 상대방을 먼저 배려하라고 가르친다. 예컨대 누구나 부귀해지려고 한다. 하지만 『주역』은 부귀가 빈천을 따라야 하고, 많은 것은 적은 것을 따라야 하듯이 자기를 버리고 타인을 따르라고 가르친다. 나를 버리고 타인을 받아들이면 거꾸로 대상이 나에게 다가오기 때문에 기쁨이 넘친다.

태상진하兌上震下의 형태에서 태소녀兌小女(☱)는 음괘陰卦, 진장남震長男(☳) 양괘陽卦다. 양의 진괘가 음의 태괘 아래에서 따르는 모습이다. 6효로써 말하면, 초효의 양이 2효의 음 아래에서 따르고, 5효의 양이 상효의 음 아래에서 따르고 있다. 이렇게 강효剛爻가 유효柔爻에 따르는 것을 일컬어 수隨라 한다.

주자는 이를 상세하게 풀이하고 있다. "수는 따름이다. 괘변으로 말하면 본래 곤괘困卦의 구九가 와서 초효에 있으며, 또한 서합괘의 구九가 와서 5효에 있으며, 미제괘로부터 온 것은 이 두 변화를 겸하였으니, 모두 강이 와서 유를 따르는 뜻이다. 두 체를 말하면 이것이 움직임에 저것이 좋아함이 되니, 또한 수의 뜻이다. 그래서 수라 한 것이다. 자기가 남을 따르고 남이 와서 자기를 따라 피차가 서로 따르면 통하기 쉽다. 그러므로 그 점이 크게 형통함이 된다. 그러나 반드시 올바름이 이로워야 비로소 허물이 없을 수 있으니, 만약 따르는 바가 올바르지 못하면 비록 크게 형통하더라도 허물이 있음을 면치 못할 것이다."[2)]

괘사에는 보기 드물게 건괘의 덕성인 '원형이정'이 등장한다. 이를 어떻게 띄어 읽고 현토를 다느냐에 따라 그 내용이 달라지게 마련이다. 첫째, 건괘에서 말하는 이상 세계, 즉 진리가 활짝 드러난 세계에서는 허물이 없

2) 『周易本義』, "隨, 從也. 以卦變言之, 本自困卦九來居初, 又自噬嗑九來居五. 而自未濟來者, 兼此二變, 皆剛來隨柔之義. 以二體言之, 爲此動而彼說, 亦隨之義, 故爲隨. 己能隨物, 物來隨己, 彼此相從, 其通, 易矣. 故其占爲元亨, 然必利於貞, 乃得无咎, 若所隨不貞, 則雖大亨而不免於有咎矣."

는 것으로 규정한다. 둘째, 수괘의 괘사는 우주론적 언급이라기보다는 주체와 대상, 나와 타인과의 원만한 관계 설정에 주목하고 있다. 그것의 요체는 '올바른 가치[正]'에 있는 것이다.

수괘는 주체와 대상, 나와 타인과의 원만하고 올바른[正] 관계 설정에 주목한다.

3. 단전 : 시간의 질서를 따라 변화하는 것이 곧 역이다

彖曰 隨는 **剛來而下柔**하고 **動而說**이 **隨**니 **大亨**코 **貞**하여
단왈 수 강래이하유 동이열 수 대형 정
无咎하여 **而天下隨時**하나니 **隨時之義(隨之時義)**
무구 이천하수시 수시지의 수지시의
大矣哉라
대의재

단전에 이르기를 수는 강이 와서 유의 아래에 있고, 움직이고 기뻐함이 수니, 크게 형통하고 올바라서 허물이 없어 천하가 시간의 정신(때)을 따르니 수의 시간과 의리가 위대하도다.

겉으로 보기에, 연못 밑에서 소리치는 우레는 방음벽이 설치된 곳에서 확성기를 사용하는 것처럼 전혀 어울리지 않는다. 하지만 괘사를 비롯한 「단전」과 그에 대한 해석서들은 매우 긍정적으로 설명하고 있다. 그 이유는 무엇일까? 양이 음 아래에 존재하고 따르기 때문일까, 진괘와 태괘의 상징체가 원래부터 그렇기[動而說] 때문일까?

우선 상괘와 하괘를 낱낱이 해부하자. 상괘인 태괘(☱)는 원래 건괘(☰)가 변형된 것이다. 즉 건괘의 상효인 양효가 음효로 바뀐 것이다. 하괘의 진(☳)은 원래 곤괘(☷)가 변형된 것이다. 즉 곤괘의 초효인 음효가 양효로 바뀐 것이다. 이런 까닭에 상괘와 하괘를 통틀어 양효가 음효 아래에 존재하면서 그 뜻에 순응함은 물론이거니와 움직이면서 기쁘고, 기쁘게 움직

이는 모습이 나타내는 것이다.[3)]

앞의 논의가 타당하다면, 수괘隨卦의 전신은 '천지비괘天地否卦'였다고 할 수 있다. 양은 양대로, 음은 음대로 뿔뿔이 흩어져 생명 창조의 불균형을 잉태했던 원인이 바로 비괘否卦의 내용이다. 하늘과 땅의 이치에 따라 만물이 변화하는 것은 당연하다. 그 첫 단계가 바로 연못의 기쁨과 하늘의 소리인 우레의 결합이다. 건괘의 가장 위에 있는 양효가 곤괘로 내려와 "진이 되고, 곤괘의 가장 아래에 있는 음효는 건괘로 올라가 '태'가 된다.

정이천은 이에 힌트를 얻어 『주역』을 바탕으로 성리학을 정초할 때, 수괘에 나타난 시간의 정신에 입각하여 "역은 변역이다. 때에 따라 변화하는 것은 도를 따른다[易, 變易也, 隨時變易以從道也]"는 명제를 탄생시킨 것으로 보인다. 그만큼 성리학은 존재론적 근거를 확보하여 외래 종교인 불교의 번성에 견줄 수 있는 학문으로 성장할 수 있었던 것이다.

"'수시隨時'란 철이 든다 혹은 진리를 깨닫는다는 뜻인데, 이처럼 중요한 것은 없다. 그래서 시간성時間性 혹은 시간의 원형을 밝히는 것이 철학의 핵심이다. 시간성을 드러낸 것이 곧 『주역』이다. 64괘 어느 하나도 시간성을 드러내지 않는 것은 없다. 그래서 시중時中이라 한다."[4)]

3) "우레가 그 포효와 진동을 거두고 스스로 내려와 얌전히 못 속에 잠기면 못 물은 즐거이 그를 가슴에 받아 안는다. 장성하고 발랄한 에너지와 생명을 그 속에 지녔건만 우레와 못 물의 호흡은 너무나 화순하고 고와서 있으면서도 없는 듯하고, 없는 듯 있기 때문에 못은 한없이 고요하고 평화롭기만 하다. 이러한 안정과 평화는 어디서 왔을까. 그것은 우레가 못에게서 배우고 있기 때문이다. 한 번 소리치면 천지를 진동시킬 수 있고, 한 번 성내면 산하를 뒤엎을 만한 용맹과 위력을 가진 우레이건만 겸허한 마음으로 다소곳이 몸을 낮추어 가냘픈 소녀같은 못에게서 배우고 있다. 우레는 못에게서 明鏡止水 같은 그 맑고 깨끗한 마음을 배우고, 산 모습도, 구름의 얼굴도, 하늘과 달도, 가림 없이 받아 안아주는 포용성을 배우고, 침착하고 아늑하고 정다움을 배우고, 마음바닥에 생명의 원천을 지녀서 항상 새롭고 싱싱함을 배우고 움직이건만, 어디까지나 고요하고 고요하건만 정지하지 않고 부단히 성장하고 조화를 배운다. 우레의 마음과 못의 마음은 일치하고 화순하여 안정과 평화를 가져온다."(남만성, 앞의 책, 116쪽 참조)

4) 김흥호, 앞의 책, 321-322쪽. 그는 기독교의 관점에서 시간의 문제를 풀이한다. "'때가 오면'이라는 말은 '그리스도가 오면'이라는 말과 같다. '때'를 구체화한 것이 그리스도이기 때문이다. 이렇게 기독교에서는 말씀이 육신이 되었다고 하는데, 이것을 『주역』에서는 '때'가 육신

'때를 따르는 옳음이 크도다[隨之時義大矣哉]', 즉 시간과 공간과 인간이야말로 신비하다. 하느님께서 자신을 상대 세계에 나타낸 것이 시간·공간·인간이다. 시간을 만난 것은 시간을 만난 것이 아니라, 하느님을 만난 것이다. 류영모는 "시간은 하느님의 명령이다. 하느님의 명령이 그치면 시간이 계속 안 될 것이다"라 하였다. 이는 시간을 통해서 시간 너머에 계시는 하느님을 만난 것이고, 허공을 통해 허공 너머에 계시는 하느님을 만나는 것이다. '수지시隨之時'는 하느님을 따른다는 것이다.

하느님이신 얼나는 시간의 임자이고 공간의 임자이다. 시공이 하느님의 주권을 벗어나지 못한다. 하느님 앞에서는 시공이 땅군 앞의 뱀처럼 꼼작을 못한다. 하느님 아버지를 만나는 시간이 '예지시豫之時'이다. 예豫는 미리 먼저라는 뜻이다.[5]

이들의 풀이는 종교적 해석이다. 기존의 동양학계에서는 여전히 하늘의 질서에 의거해 사는 삶이 최상의 길이라고만 외쳤다. 시간과 종교의 문제로 이해하는 것에 대해 인색했다. 『주역』 전체에 걸쳐 '시간과 때[時]'를 얼마나 강조했는지는 아무리 지적해도 지나치지 않는다. 조선조 말기의 김일부는 시종일관 자신의 철학을 시간의 문제로 풀었다. 그는 동양학의 패러다임을 혁신적으로 바꾸어 『주역』을 시간론의 지평으로 열어 제쳤다.

주역학의 궁극 목적은 물리적 시간을 넘어서는 시간의 본성을 묻고 대답하는 것에 있다.

이 된다고 말한다. 철인이란 철이 든 사람이며, 철이란 바로 때를 가리킨다. 그래서 時節을 알자는 것이 철학이다.… 때가 되어야 진리를 깨닫고, 때가 되어야 철이 든다. 아무 때나 진리를 깨닫고 철이 드는 것이 아니다. 세상에서 가장 중요한 것이 '때'이다. 이 '때'를 하나님이라고 볼 수도 있다. 때를 따른다는 말은 하나님을 따른다 혹은 하나님께 순종한다는 말과 같기 때문이다. 하나님이 우리에게 내놓은 것이 '때'다. 날 때가 있고 죽을 때가 있다. 이런 '때'를 결정하는 분이 하나님이다. 때를 좇는다는 말은 하나님을 좇는다는 말이다. 實存이라는 말도 때를 붙잡은 사람을 가리키는 말이다. 철든 사람이 실존이다. 진리를 깨달았다는 말은 철이 들었다는 말이다."(앞의 책, 320-321쪽)

5) 박영호, 『다석사상으로 본 유교』(서울: 두레, 2002), 432-435쪽 참조.

4. 상전 : 수시隨時는 철을 모르는 사람에 대한 경고

象曰 澤中有雷隨니 **君子以**하여 **嚮晦入宴息**하나니라
상 왈 택 중 유 뢰 수 군 자 이 향 회 입 연 식

상전에 이르기를 연못 가운데 우레가 있는 것이 수이니, 군자는 이를 본받아 그믐을 향하여 들어가서 편안히 쉰다.

복희팔괘도는 하늘의 질서가 만물을 탄생하는 창조 원리를 표상한다면, 문왕팔괘도는 만물이 성장하는 원리를 표상한다. 문왕팔괘도에서 태괘는 서방에 있다. 서쪽은 해가 지는 곳이다. 사람은 낮에는 밖에서 일하고, 저녁에는 집에 돌아가 가족들과 함께 휴식을 취한다. 옛말에 낮에는 집구석에 쑤셔박혀 있지 말고, 밤에는 이슬을 맞지 말라는 얘기가 있다. 아침에 불끈 솟는 해를 보면서 일터로 나가 열심히 일한 다음 어둠이 짙게 깔리면 사람은 집으로 돌아간다. 내일을 위해 몸과 마음을 풀어 재충전하면서 휴식을 취한다. 이렇게 자연의 질서를 존중하려는 평범한 진리가 수괘의 가르침에 배어 있는 것이다.

수괘의 가르침은 단순한 잠언이 아니다. '따른다'는 말은 언제 어디서든 상황에 알맞게 실천하라는 뜻이 아니다. 그때마다의 시대 정신에 맞게 처신하는 행위는 상황 논리에 빠질 위험이 있다. 이러한 오해를 불식시키기 위해 『주역』은 시간의 정신을 강조한다. 『주역』이 말하는 시간의 정신은 '시의성時義性 = 시의성時宜性'으로 표현되는데, 그것은 항상 당위의 문제와 직결되어 있다. 따라서 현실적인 시간 근거가 바로 시의성이며, 그것이 바로 진정한 시간의 정신이라 할 수 있다. 이런 의미에서 시간성의 뜻에 의지하고 뒤좇아가는 것이 수괘의 뜻이다.

따르다[隨]는 것은 상황의 변화에 충실하라는 것이 아니라, 현실 시간의 근거인 시의성時宜性에 부응하는 실천을 뜻한다.

5. 초효 : 내면적 가치를 숭상하라

初九는 **官有渝**니 **貞**이면 **吉**하니 **出門交**면 **有功**하리라
초구 관유유 정 길 출문교 유공

象曰 官有渝에 **從正**이면 **吉也**니 **出門交有功**은 **不失也**라
상왈 관유투 종정 길야 출문교유공 부실야

초구는 직분에 변하는 일이 있으니 올바르면 길하다. 문밖에 나가 사귀면 공이 있을 것이다. 상전에 이르기를 '직분이 변하는 일'에 올바름을 좇으면 길하니, '문밖에 나가 사귀면 공이 있다'는 것은 잘못하지 않음이다.

가장 밑에 있는 초효는 벼슬에 변동수가 있다. 몸을 낮추고 낮추어야 할 상황에서 이동의 조짐이 있다고 남에게 도움을 청하려다 주체성을 잃어버리면 낭패 보기 일쑤이다. '나' 밖의 상황이 아무리 급변하더라도 올바름의 가치를 지키면 사회적으로 약간의 성공은 이룰 수 있다.

성공에는 두 가지가 있다. 하나는 안으로 자신을 잘 조절하는 것이요, 다른 하나는 밖으로 자신을 빛내는 것이다. 『주역』은 세속적인 부귀와 공명에 대한 성공을 부추기지 않는다. 다만 내면의 가치(正)를 팽개치면서까지 성공을 향해 줄달음치지 말라고 훈계한다.

안으로 자신의 목표를 바꾸지 않아야 밖으로 자신을 빛낼 수 있다.

6. 2효 : 소인을 멀리하고 군자를 가까이 하라

六二는 **係小子**면 **失丈夫**하리라
육이 계소자 실장부

象曰 係小子는 **弗兼與也**라
상왈 계소자 불겸여야

육이는 소자에 얽매이면 장부를 잃을 것이다. 상전에 이르기를 '소자에 얽매인다'는 것은 함께 더불지 못함이다.

‘소자小子’는 미성년자, ‘장부’는 대인을 가리킨다. 2효는 음이 음위에 있고, 중용인 동시에 양인 5효와 상응한다[中正]. 하지만 2효가 워낙 유약하여 따라야 할 바른 도를 지키기가 쉽지 않다. 또한 2효는 양이 양위에 있는 강건한 초효와 친한 관계를 맺고 있다. ‘수’는 양이 음을 따르는 것이 원칙이다. 음이 양을 따를 수는 없다.

소자가 초효라면, 장부는 5효이다. 소인에 얽매이면 장부를 잃는다. 누구나 사소한 것에 연연하다보면 많은 것을 잃음을 경험했을 것이다. 초효와 5효와의 줄다리기에서 어느 쪽에 무게를 둘 것인가? 장부와 인연을 맺어야 희망이 있다. 양자택일의 결단이 요구된다. 이쪽저쪽의 눈치를 살펴서는 안 된다. 양자를 겸비하려는 욕심 때문에 나머지 하나마저도 잃어버린다. 『주역』은 항상 원칙 안에서의 변칙을 얘기한다. 변칙을 앞세운 원칙은 상황 논리의 위험에 빠지기 쉽기 때문이다.

원칙 안에서 변칙을 얘기하라! 변칙을 앞세운 원칙은 위험하다.

7. 3효 : 정의 지키기가 힘들더라도 불의와 타협 말라!

六三은 **係丈夫**하고 **失小子**하니 **隨**에 **有求**를 **得**하나
육삼 계장부 실소자 수 유구 득
利居貞하니라
이거정
象曰 係丈夫는 **志舍下也**라
상왈 계장부 지사하야

육삼은 장부에 얽매이고 소자를 잃으니, 따름에 구함을 얻으나, 올바름에 거함이 이롭다. 상전에 이르기를 ‘장부에 얽매이다’는 것은 뜻이 아래를 버리는 것이다.

3효는 음이 양위에 있고, 하괘의 끝에 있으므로 중용도 아니다. 여기서의 장부는 4효를, 소자는 초효의 양을 가리킨다. 2효는 초효와 가까워질

가능성이 있는 반면에, 3효는 4효를 따를 가능성이 많기 때문에 가시적 성과를 얻을지라도 '옳음[貞 = 正]'에 있어야 한다고 강조했다.

강물이 바다로 가기 위해서는 강을 버려야 하고 현재가 미래로 전진하기 위해서는 과거를 버려야 하듯이, 장부와 인연 맺기 위해서는 소인을 과감히 버려야 한다. '따름'의 방식에는 일정한 원칙이 존재한다. 진리와 가치와 인간이 바로 그것이다. 진리를 위해서는 목숨도 아끼지 말아야 하고, 정의를 위해서는 아무리 힘들어도 불의와는 결코 타협해서는 안 되며, 사람을 위해서는 낡고 케케묵은 정신을 버려야 한다. 버릴 것은 버려야 부담이 되지 않는다. 유산이라고 끌어안고 있으면 오히려 과거의 멍에에 발목 잡히기 쉽다.

낡고 묵은 정신은 과감하게 버려야 한다. 과거에 발목잡히기 쉽기 때문이다.

8. 4효 : 사람됨은 하늘에 대한 믿음으로부터

九四는 **隨**에 **有獲**이면 **貞**이라도 **凶**하니 **有孚**코 **在道**코
구사 수 유획 정 흉 유부 재도
以明이면 **何咎**리오
이명 하구
象曰 隨有獲은 **其義凶也**오 **有孚在道**는 **明功也**라
상왈 수유획 기의흉야 유부재도 명공야

구사는 따름에 얻음이 있으면 올바르더라도 흉하니, 믿음이 있고 도에 있고 밝음으로써 하면 무슨 허물이리오. 상전에 이르기를 '따름에 얻음이 있음'은 그 뜻이 흉함이요, '믿음이 있고 도에 있음'은 명철한 공로이다.

4효는 양이 음위에 있으므로 '정正'이 아니다. 또한 상괘의 '중中'도 아니다. 비록 하괘에서 상괘로 진입했으나, 중정中正의 가치에서 벗어났다. 마음은 아래에서 위로 상승하려나, 주어진 여건(시간과 공간)이 허락하지 않

는다[凶].

하지만 마음은 언제나 생명[孚]에 대한 믿음과 진리[道]와 도덕적 가치[明: 내면의 영혼]에 뜻을 둔다면 무슨 허물이 있겠는가? 보상 심리가 전제된 믿음과 가치는 이미 순수성이 훼손되었다. 그러니까 흉할 수밖에 없는 것이다. 『주역』은 항상 '아래에서 위로'라는 삶의 방식, 즉 진리로 되돌아가려는 회귀 방식을 존중한다. 진리는 '위에서 아래로'의 방향으로 비춰주기 때문이다. 하늘에 대한 믿음과 진리에 대한 외경심은 사람됨의 근거인 것이다.

진리에 대한 외경심이 바로 중용을 싹트게 하는 원동력이다.

9. 5효 : 미[嘉]에 대한 믿음[孚]의 종착지는 길吉

九五는 **孚于嘉**니 **吉**하니라
구오 부우가 길
象曰 孚于嘉吉은 **位正中也**일새라
상왈 부우가길 위정중야

구오는 아름다움에 미더우니 길하다. 상전에 이르기를 '아름다움에 미더워 길함'은 그 자리가 정중이기 때문이다.

5효는 양이 양위陽位에, 상괘의 중용이며, 또한 하괘의 2효와도 상응한다[中正]. 최고의 덕목을 갖췄다. 부孚와 가嘉와 길吉은 각각 진리에 대한 믿음, 아름다움의 총화인 선善, 가치의 종착지를 가리킨다.

5효는 2효에 잘 따르고 있다. 2효는 음이 음위에 있어 아름다움이 더욱 빛나고 있다. 거기에 믿음을 두고 있으니 길하다. 중中은 우주의 배꼽, 즉 옴빠로스이다. 진리의 심장부와 맞닿아 있는 핵심이다. 그 상태에서 일어나는 행위는 항상 정당하다[正].

중용에 들어맞는 정의[正中]가 진선미의 핵심이다.

10. 상효 : 하늘의 의지는 오직 불변의 마음을 통해

上六은 **拘係之**요 **乃從維之**니 **王用亨(享)于西山**이로다
상육 구계지 내종유지 왕용형 향 우서산

象曰 拘係之는 **上窮也**라
상왈 구계지 상궁야

상육은 붙잡아 묶어놓고 좇아서 동여매니 왕이 서산에서 형통하도다. 상전에 이르기를 '붙잡아 묶어놓음'은 위에서 궁함이다.

구拘는 갈고리에 잡혀 꼼짝 못하는 상태를 뜻한다. 상효는 더 이상 나아갈 수 없다. 그 앞은 천길 낭떠러지다. 좇아가 동여매어 굴러 떨어지지 않도록 한다. '따름'에 대한 풀이는 세 가지이다. 윤리적 해석, 점서적 풀이, 종교적 풀이가 바로 그것이다. 우선 '문왕의 덕'이라고 윤리적으로 풀이한 정이천의 견해를 들어보자.

옛날 문왕의 조상이었던 태왕大王이 빈豳 땅에서 살았을 때, 오랑캐의 난리를 피하여 고향땅을 버리고 기산岐山 아래로 이사했다. 빈 땅의 늙은이와 어린이가 붙들고 잡고 따르기를 시장에 돌아가듯 했는데, 인심의 따름이 이와 같았다고 한다.

'따른다'는 행위의 동기는 마음에서 비롯된다. 말은 마음의 자취요, 행위는 마음의 표출이다. 마음은 의식이 지향하는 바이다. 마음 가는 곳에 의식도 따라간다. 마음 가지 않는 곳에는 아무런 사물도 영혼도 없다. 이러한 마음을 굳게 결속하는 의지가 하늘의 심장부와 신의 세계까지 꿰뚫는다.

정이천의 해석과는 다르게 주자는 '형亨'을 형통하다고 하지 않고, 제사드린다는 의미의 향享으로 풀이했다. 그는 점서의 궁극적 경지와 종교의 세계를 구분하지 않았다. "'따름'의 궁극적 경계에 위치하여 따르기를 굳게 맺어 풀 수 없는 것이 성의의 지극함이 신명을 통할 수 있다."[6)]

6) 『周易本義』, "居隨之極, 隨之固結而不可解者也, 誠意之極, 可通神明."

『주역』이 말하는 최고의 인식과 가치는 하늘의 인격성을 아는 것으로 귀결된다.

정역사상의 연구자 이상룡李象龍은 수괘의 성격을 다음과 같이 설명한다.

隨는 在文爲陽左旋而陰隨하고 夫唱婦隨之道也라
수 재문위양좌선이음수 부창부수지도야
爲卦雷動澤中이니 澤隨而變革之象이라 又兌金震木이오
위괘뇌동택중 택수이변혁지상 우태금진목
說而相隨하여 遇克成器之義也라 而凡有蠱壞면
열이상수 우극성기지의야 이범유고괴
則隨以變易不易之理니 故隨所以次蠱也라
즉수이변역불역지리 고수소이차고야

'수'는 문자로는 양이 왼쪽으로 돌면 음이 따르고, 남편이 앞장서면 아내가 뒤따르는 도리가 담겨 있다. 괘의 구성은 우레가 연못 속에서 움직이므로 연못이 따르는 변혁의 모습이다. 또한 태兌는 금金이고, 진震은 목木으로 기뻐서 서로 따르는 형국으로 능히 그릇[器]을 이루는 때를 만난다는 뜻이다. 그런데 무릇 벌레 먹으면 따라서 변역하는 것이 불변의 이치이기 때문에 수괘가 고괘 다음에 온 것이다.

彖曰 隨, 元亨, 利貞, 无咎는 隨時從道也라
단왈 수 원형 이정 무구 수시종도야

단전 "크게 형통하니 올바름이 이롭다. 허물이 없을 것이다"라는 것은 시간의 흐름에 따라 도를 좇는다는 뜻이다.

象曰 君子以, 嚮晦入宴息은 體十有晦하여 天下歸宿也라
상왈 군자이 향회입연식 체십유회 천하귀숙야

상전 "군자는 이를 본받아 그믐을 향하여 들어가서 편안히 쉰다"

는 말은 10수를 본체로 삼는 그믐이 생기면 천하가 그곳에서 머문다는 뜻이다.

初九, 官有渝, 貞, 吉은 居下得民善變也오 出門交, 有功은
초구 관유유 정 길 거하득민선변야 출문교 유공
普結賢俊也라
보결현준야

초효 "직분에 변하는 일이 있으니 올바르면 길하다"는 것은 아래에 있으면서 백성들이 선善으로 변하는 것을 얻는다는 뜻이며, "문 밖에 나가 사귀면 공이 있을 것이다"라는 말은 현명한 준걸과 두루 사귄다는 뜻이다.

六二, 係小子, 失丈夫는 柅小失大也라
육이 계소자 실장부 니소실대야

2효 "소자에 얽매이면 장부를 잃을 것이다"라는 말은 작은 것에 얽매어 큰 것을 잃는다는 뜻이다.

六三, 係丈夫, 失小子는 志遠而忽近也오 隨, 有求, 得,
육삼 계장부 실소자 지원이홀근야 수 유구 득
利居貞은 動極而說하여 宜其由正也라
이거정 동극이열 의기유정야

3효 "장부에 얽매이고 소자를 잃는다"는 것은 뜻이 너무 멀어 가까운 것을 소홀히 한다는 것이며, "따름에 구함을 얻으나, 올바름에 거처함이 이롭다"는 말은 움직임이 극한에 이르러 기쁘고, 올바름으로 말미암는 것이 마땅하다는 뜻이다.

九四, 隨, 有獲, 貞, 凶은 耽天之功而歸己也오 有孚, 在道,
구사 수 유획 정 흉 탐천지공이귀기야 유부 재도
以明, 何咎는 既明且哲也라
이명 하구 기명차철야

4효 "따름에 얻음이 있으면 올바르더라도 흉하다"라는 말은 하늘의 공덕을 즐겨서 자신에게로 돌아간다는 것이고, "믿음이 있고, 도에 있고 밝음으로써 하면 무슨 허물이리오?"라는 것은 이미 밝고 현명하다는 뜻이다.

九五, 孚于嘉, 吉은 君旣嘉禮면 邦國有慶也라
구오 부우가 길 군기가례 방국유경야

5효 "아름다움에 미더우니 길하다"는 말은 군주가 이미 아름다운 예를 갖추고 있으면 나라에 경사가 있다는 뜻이다.

上六, 拘係之, 乃從維之는 欲變而未能也오 王用亨于西山은 王道周遍于崑西也라
상육 구계지 내종유지 욕변이미능야 왕용형우서산 왕도주편우곤서야

상효 "붙잡아 묶어놓고 좇아서 동여맨다"는 말은 변화하려 하지만 할 수 없다는 것이며, "왕이 서산에서 형통하도다"라는 것은 왕도가 두루두루 곤륜산 서쪽에 미친다는 뜻이다.

산풍고괘
山 風 蠱 卦

지극한 효성

1. 파괴와 붕괴 뒤에는 새로운 건설이 기다린다 : 고괘

정이천은 택뢰수괘澤雷隨卦(䷐) 다음에 산풍고괘山風蠱卦(䷑)가 오는 이유를 다음과 같이 말한다.

> 蠱는 序卦에 以喜隨人者는 必有事라 故受之以蠱라 하니
> 고 서괘 이희수인자 필유사 고수지이고
>
> 承二卦之義하여 以爲次也라 夫喜悅以隨於人者는 必有事也니
> 승이괘지의 이위차야 부희열이수어인자 필유사야
>
> 无事則何喜何隨리오 蠱所以次隨也라 蠱는 事也니 蠱非訓事요
> 무사즉하희하수 고소이차수야 고 사야 고비훈사
>
> 蠱乃有事也라 爲卦山下有風하니 風在山下하여
> 고내유사야 위괘산하유풍 풍재산하
>
> 遇山而回則物亂하니 是爲蠱象이니 蠱之義는 壞亂也라
> 우산이회즉물란 시위고상 고지의 괴란야
>
> 在文에 爲蟲皿하니 皿之有蟲는 蠱壞之義라
> 재문 위고명 명지유고 고괴지의
>
> 左氏傳云風落山하고 女惑男이라 하니 以長女下於少男은
> 좌씨전운풍락산 여혹남 이장녀하어소남
>
> 亂其情也라 風遇山而回면 物皆撓亂하니 是爲有事之象이라
> 난기정야 풍우산이회 물개요란 시위유사지상
>
> 故云蠱者事也오 旣蠱而治之면 亦事也라 以卦之象言之하면
> 고운고자사야 기고이치지 역사야 이괘지상언지
>
> 所以成蠱也오 以卦之才言之면 所以治蠱也라
> 소이성고야 이괘지재언지 소이치고야

"고괘는 「서괘전」에 '기쁨으로 남을 따르는 자는 반드시 일이 있으므로 고괘로 받았다'고 했으니, (예와 수) 두 괘의 뜻을 이어서 차례를 삼은 것이다. 무릇 기뻐하여 남을 따르는 자는 반드시 일이 있게 마련이니, 일이 없다면 무엇을 기뻐하고 무엇을 따르겠는가. 고괘가 이 때문에 수괘 다음이 된 것이다. 고는 일이니 고라는 글자에 일이란 뜻이 있는 것이 아니요, 고가 바로 일이 있는 것이다. 괘의 형성이 산 아래에 바람이 있으니 바람이 산 아래에 있다가 산을

만나 돌면 물건이 혼란해지니, 이것이 고의 상이다. 고의 뜻은 파괴되고 혼란함이다. 글자에서 (벌레) 충과 (그릇) 명이 되니 그릇에 벌레가 있음은 좀먹어 파괴되는 뜻이다. 『좌씨전』에 이르기를 '바람이 산에 있는 것을 떨어뜨리고 여자가 남자를 혹하게 한다'고 했으니 장녀로서 소남에게 낮춤은 그 정을 어지럽히는 것이다. 바람이 산을 만나 돌면 물건이 모두 흔들리고 혼란해지니, 이는 일이 있는 상이 된다. 그러므로 '고'는 일이라고 말했고, 이미 혼란함을 다스리면 이 또한 일이다. 괘상으로 말하면 고를 이룸이 되고, 괘의 재질로 말하면 고를 다스림이 된다."

수괘(䷐)를 뒤집어 엎은 것이 바로 고괘(䷑)이다. '즐거움과 기쁨과 따름' 다음에는 부패가 뒤따른다는 뜻이다. 고蠱는 그릇[皿]에 벌레 세 마리가 피를 빨아먹고 있는 모습, 음식에 벌레가 꼬여 갉아먹는 상태, 도덕이 땅에 떨어져 사회가 붕괴되는 과정 등을 형용하는 글자다. 기존의 질서가 무너지면 무언가 새로운 것이 일어나지 않으면 안 된다는 뜻도 담겨 있다. 역사를 비롯한 세상일에는 항상 극적인 역전 현상이 기다리고 있음을 암시한다.

'고蠱'는 타락과 부패와 붕괴, 질병 등 부정적인 언어로 자주 쓰인다. 하지만 『주역』은 낱말풀이를 수록한 백과사전이 아니다. 고괘는 천지가 순환하면서 생성 발전하는 과정을 설명하는 가운데, 특정한 시공간 안에서 삶의 원칙을 제시하고 있다. 다시 말해서 타락 다음의 정화, 부패 다음의 청소, 죽음 다음의 부활, 붕괴 다음의 건설 등을 얘기한다.

고괘는 죽음과 부활 사이에 오는 감정의 혼란, 붕괴와 건설의 틈새에서 일어나는 정신적 빈곤을 채울 수 있는 대안으로 아버지와 어머니에 대한 효도를 강조한다. 자연의 아버지와 어머니는 하늘과 땅이다. 하늘과 땅은 시공의 모체인 동시에 생명의 터전이다. 천지에 대한 감사의 마음을 표시하는 것이 천제天祭이고, 혈육을 베풀어준 부모를 잘 모시는 것이 곧 효도이다.

주자는 역사의 흥망성쇠를 고괘의 이치에서 찾는다. “이미 혼란하면 다시 다스려지는 이치가 있다. 옛날부터 다스림은 반드시 혼란함에 그 원인이 있고, 혼란하면 다스림을 열어놓았으니, 그것은 이치의 자연스러움이다. … 고괘의 위대함은 시간의 어려움(세상의 어려움)과 험조險阻를 구제하는 것이므로 큰 내를 건넘이 이롭다고 한 것이다.”[1)]

전통의 해석들은 한결같이 ‘고蠱’를 부패와 연관시켜 풀이한다. 「서괘전」을 다시 주목하자. “기쁨을 가지고 남을 따르면 반드시 일[事]이 있다. 따라서 수괘 다음에 고蠱가 온다. 고란 일이다”라고 했다. 수괘와 고괘에서 공통으로 말하는 ‘일’이란 무엇인가? 그것은 일상 생활(work, job)을 가리키지 않는다. 오히려 새로운 사물(문명을 비롯한 역사)을 창조하려는 혁명적 사건을 지칭한다. 좀먹을 ‘고’는 타락하고 혼란한 상태를 즉시 바로잡지 않으면 안 되는 상황, 기존의 도덕의 굴레에서 허덕이는 불임의 시대를 극복하는 변혁의 조짐을 내포하고 있다.

2. 고괘 : 6갑으로 시공을 말하다

蠱는 **元亨**하니 **利涉大川**이니 **先甲三日**하며 **後甲三日**이니라
고 원형 이섭대천 선갑삼일 후갑삼일

고는 크게 형통하니, 큰 내를 건너는 것이 이롭다. 갑에 앞서 3일 하고, 갑에 뒤져 3일 한다.

괘사의 핵심은 ‘큰 내를 건너는 것[利涉大川]’에 있다. 그것은 눈에 보이는 강 또는 실제로 존재하는 물길이 거센 강을 가리키지 않는다. 그것은 선천과 후천을 가로막는 강을 뜻한다. 어떻게 선천에서 후천을 건너는가? 그것은 시공간의 질적인 변화를 겪어야만 크게 형통할 수 있다는 것이다.

1) 『周易本義』, “旣蠱則有復治之理. 自古治必因亂, 亂則開治, 理自然也. … 蠱之大者, 濟時之艱難險阻也. 故曰利涉大川.”

단지 일시적인 국면 타개만으로는 불가능하다.

『주역』에서 최초로 6갑이 등장하고, 선후천론에 대한 각론이 언급된 곳 역시 고괘蠱卦다. 건괘 「문언전」에서는 총론의 입장에서 선천과 후천을 얘기했다면, 여기서는 보다 구체적으로 설명한 점이 다르다. 왜 선천에서는 천간이 '갑'으로 시작하는지에 대한 물음을 던지고 있다. 따라서 3일을 단순히 three days로 이해해서는 안 된다. 그것은 하나의 조직론으로 이해해야 옳다.

천간과 지지의 결합으로 이루어지는 6갑의 도표를 만들면 다음과 같다.

甲子	乙丑	丙寅	丁卯	戊辰	己巳	庚午	辛未	壬申	癸酉
甲戌	乙亥	丙子	丁丑	戊寅	己卯	庚辰	辛巳	壬午	癸未
甲申	乙酉	丙戌	丁亥	戊子	己丑	庚寅	辛卯	壬辰	癸巳
甲午	乙未	丙申	丁酉	戊戌	己亥	庚子	辛丑	壬寅	癸卯
甲辰	乙巳	丙午	丁未	戊申	己酉	庚戌	辛亥	壬子	癸丑
甲寅	乙卯	丙辰	丁巳	戊午	己未	庚申	辛酉	壬戌	癸亥

신유·임술·계해가 '갑'자의 앞 3일이요, 을축·병인·정묘는 '갑'자의 뒤 3일이다. 신유, 임술, 계해, 갑자, 을축, 병인, 정묘까지의 '선갑 3일과 후갑 3일'은 선천의 종언을 뜻한다. 이는 『주역』 57번 중풍손괘重風巽卦 5효의 "처음은 없고 마침은 있다. 경庚에 앞서 3일 하고, 경庚에 뒤져 3일 하면 길하리라"[2)]는 명제와 연관해서 읽어야 제대로 파악될 수 있다. 즉 정유丁酉·무술戊戌·기해己亥가 경자'庚'子의 앞 3일이요, 신축辛丑·임인壬寅·계묘癸卯는 경자'庚'子의 뒤 3일이다. 갑의 3일 전인 신辛에서 새롭게 출발하여 정丁에

2) 『周易』 重風巽卦 五爻, "无初有終. 先庚三日, 後庚三日, 吉."

서 분명하게 끝난다는 것이다.

산풍고괘(☶☴)의 5효가 변하면 세상이 완전히 바뀐다는 중풍손괘(☴☴)의 5효 효사에 '선경삼일先庚三日, 후경삼일後庚三日'이라고 했다. 하늘의 질서의 시초점인 갑甲이 경庚으로 고쳐진다는 것이다. 고괘가 선천의 종언을 얘기한다면, 손괘는 후천의 계승을 뜻한다고 할 수 있다. 그것은 상극의 몸으로 선천을 유랑했던 낙서洛書가 상생의 몸으로 변신하여 하도河圖로 귀향한다는 것이다. '갑甲'에서 시작하는 선천은 그 맡은 바 소임을 다했기 때문에 '경庚'[3]으로 바뀐다는 필연성을 얘기한 것이다. 후갑3일의 '정'묘를 선경3일의 '정'유가 이어받아 후천이 시작되는 것이다. 여기에는 커다란 물리적 비약이 전제되어 있다. 한편 선갑3일의 신유를 선경3일의 정유가 이어받는다고도 할 수 있다.

"정묘丁卯-정유丁酉의 비약적 변화, 다시 말하여 신유辛酉-정유丁酉의 변화를 구이착종九二錯綜이라 하는 것이다. 다만 선갑3일과 후갑3일은 삼오착종三五錯綜(갑진-무진)의 결과요, '종즉유시천행야終則有始天行也'는 구이착종九二錯綜의 결과"인 셈이다. (문왕팔괘도에서) "선갑후갑의 변화를 괘도로 보면, 7태七兌에서 4손四巽까지 거슬려 3도三度가 선갑3일이요, 7태七兌에서 8간八艮까지 순하게 3도가 후갑3일이니 합하면 제호손齊乎巽에서 성언호간成言乎艮까지 선갑3일, 후갑3이다. 이것이 바로 종시유시終則有始, 천행야天行也라고 한 것이라 볼 수 있다."[4]

시간의 질적 전환, 즉 선후천론의 시각에서 들여다보면 왜 『주역』에서 6갑 원리를 언급하고 있는지 궁금증을 풀 수 있다. 하지만 선후천론과 시간론의 입장을 고려하지 않는 성리학자 정이천은 다음과 같이 풀이하고

3) 왜 갑에서 경으로 바뀌어야 하는가? 『주역』 24번의 地雷復卦에서는 '七日來復'이라 했다. 甲乙丙丁戊己'庚'이니까 7번째이다. 또한 '庚'은 고친다는 뜻이므로 선천의 甲을 후천의 庚으로 뜯어고친다는 뜻도 있다. 그리고 甲이 만물이 탄생하는 동방이라면, 庚은 만물이 성숙하는 서방에 있다.

4) 이정호, 『周易正義』(서울: 아세아문화사, 1980), 38쪽 참조.

있다. “갑은 수의 시초이고 일의 시작이니 일진의 갑을과 갑제·갑령과 같은 것이 모두 첫 번째를 가리키는 일의 단서이다. 혼란함을 다스리는 방법은 마땅히 그 앞뒤 3일을 고려하여야 한다. 앞뒤를 미루어 근원해서 병폐를 바로잡고 장구히 할 수 있는 방도를 마련해야 한다. ‘선갑先甲’은 이보다 앞서 함을 이르니 그 이유를 연구하는 것이요, ‘후갑後甲’은 이보다 뒤에 함을 이르니 장차 그러할 것을 염려하는 것이다. … 갑은 일의 머리요, 경은 변경의 머리이다. 제작과 정교 따위는 갑甲이라고 말하니 첫 번째 든 것이요, 호령號令을 발하는 일은 경庚이라고 말하니 경은 갱更과 같아서 변경하는 바가 있는 것이다.”[5]

고蠱는 부패, 일, 효도를 뜻하는 글자다. 타락하고 혼란한 상태를 곧바로 바로잡지 않으면 안 되는 상황, 불임 시대의 끝자락에 나타날 변혁의 조짐을 설명한다.

3. 단전 : 시간의 강과 새로운 창조

彖曰 蠱는 **剛上而柔下**하고 **巽而止蠱**라 **蠱元亨**하여
단왈 고 강상이유하 손이지고 고원형

而天下治也오 **利涉大川**은 **往有事也**오
이천하치야 이섭대천 왕유사야

先甲三日後甲三日은 **終則有始天行也**라
선갑삼일후갑삼일 종즉유시천행야

단전에 이르기를 고는 강이 올라가고 유는 내려오고, 공손하고 멈춤이 고이다. 고는 크게 형통하여 천하가 다스려짐이요, 큰 내를 건너서 이로움은 가서 할 일이 있음이요, ‘갑에 앞서 3일 하고, 갑에 뒤져 3일 한다’는 것은 마치는 곳에서 다시 시작하는 하늘의 운행이다.

5)『易程傳』, “甲, 數之首, 事之始也, 如辰之甲乙, 甲第甲令, 皆謂首也, 事之端也. 治蠱之道, 當思慮其先後三日, 蓋推原先後, 爲救弊可久之道, 先甲, 謂先於此, 究其所以然也, 後甲, 謂後於此, 慮其將然也. … 甲者, 事之首, 庚者, 變更之首. 制作政教之類則云甲, 擧其首也, 發號施令之事則云庚, 庚, 有更也, 有所更變也.”

막히면 뚫리고 뚫리면 다시 막히는 것이 천지의 율동이다. 천지는 닫히고 열리는 운동의 주체라는 것이다. 인간의 생로병사, 역사의 흥망성쇠, 자연의 생장수장을 한마디로 요약한다면 생성이다. 생성의 확장이 생장수장이며, 생장수장의 축소가 생성이다. 생성 속에는 다양한 내용들이 함축되어 있다. 생성의 창고에는 과거와 현재와 미래가 공존하고 있다. 이런 의미에서 택뢰수괘의 전신이 천지비괘天地否卦(䷋)였다면, 산풍고괘의 전신은 지천태괘地天泰卦(䷊)라 할 수 있다.

『주역』은 음양의 위치 변동에 의거하여 세상의 변화를 설명한다. 변화에는 점진적인 변화, 순서에 따른 변화, 비약적인 변화 등이 있다. 산풍고괘의 구성은 지천태괘에서 가장 아래에 있는 강효가 위로 올라갔고, 가장 위에 있는 것이 아래로 내려와 강함이 부드러움을 짓누르고 있는 모습을 통해 붕괴와 건설을 설명한다.

하늘과 땅이 살아 있음을 증거하는 에너지 흐름의 정체가 바로 바람[巽]이고, 만물 가운데 우뚝 솟아 그 위용을 뽐내는 산은 멈춤[止: 그침]을 상징한다. 바람 부는 것과 멈춤의 결합이 '고蠱'이다. 고괘는 야누스의 얼굴을 지니고 있다. 어둠의 측면에서 보면 부패와 붕괴이고, 밝음의 측면에서 보면 재창조와 부활을 가리킨다. 세상에는 공짜 점심이 없다는 말처럼 생명의 재창조는 아무렇게 이루어지지 않는다. 파괴에서 건설로 나아가기 위해서는 험난한 강을 건너야 한다. 그것은 인류 앞에 던져져 있는 숙명과도 같다[往有事也]. 강은 바다로 진입한다. 강물을 자신의 부모인 강을 버려야 바다로 갈 수 있다. 마찬가지로 선천의 옷을 벗어야 후천으로 변신할 수 있는 것이다.

동양인의 우주관은 순환론이다. 이를 『주역』의 언어로 바꾸면 '종시론終始論'이다. 끝남의 자리와 시작의 자리가 맞물려 있기 때문에 끝나자마자 바로 새롭게 시작한다는 것이다. 그것은 서양 기독교에서 말하는 종말론이 아니다. 종말론은 시간의 직선적 흐름이 전제된 독트린이다. 과거에서 시작하여 현재를 거쳐 미래로 일방적으로 흐른다는 것이 바로 종말론이다. 하지만 종시론은 세상의 끝장을 회피한다. 한 편의 영화가 종료되면 필름이 다시 도는 것처럼, 우주는 영원히 변화하면서 생성 발전한다. 다만 일정한 시기를 정점으로 선천이 후천으로 전환된다는 점이 종말론과 다르다.

하늘의 운행을 6갑의 논리로 정리한 것은 동양의 위대한 지혜였다. 6갑은 하늘의 질서를 표현하는 수단을 넘어 하늘의 궁극적 구조를 밝힌 조직 문제의 핵심이다. 6갑이 과연 하늘의 원리를 설명하는 인식 수단인가, 시간성의 내부 구조인가의 여부는 앞으로 깊이 탐구할 문제이다. 전통에서는 사주팔자를 따지는 방법과 아울러 전자의 입장에 기울어져 있고, 김일부의 정역 사상은 후자의 입장에서 선후천의 전환을 논증하고 있다. 분명히 말해서 『정역』은 처음부터 끝까지 『주역』에 기반을 두고 있다는 점이다. 비록 『정역』이 『주역』보다 몇 천 년 뒤에 나왔지만, 논리적 측면에서는 오히려 정역 사상에 기초하여 주역 사상이 펼쳐졌다. 이런 점에서 『주역』이 곧 『정역』이고, 『정역』 역시 『주역』이다. 다만 『주역』은 선천에서 후천을 들여다 봤다면, 『정역』은 후천에서 선천을 조명했다는 것이 두드러진 차이점이다.

4. 상전 : 산처럼 흔들림 없는 권위와 바람처럼 부드러움을 갖춰야

象曰 山下有風이 **蠱**니 **君子以**하여 **振民**하며 **育德**하나니라
상왈 산하유풍 고 군자이 진민 육덕

상전에 이르기를 산 아래에 바람 있는 것이 고이다. 군자가 이를 본받아 백성을 진작시키고 덕을 기른다.

산 밑에 바람이 잔뜩 몰리는 광경을 형상화한 것이 고괘이다. 아래에서부터 부는 바람이 산을 조금씩 무너뜨리는 모습, 혹은 상쾌한 바람이 밑에서 올라와 시원함을 더해주는 고마운 바람이라는 뜻이 있다.[6] 산꼭대기

6) 초등학교 학생들이 즐겨 부르는 '산바람 강바람'이란 동요가 있다. "산 위에서 부는 바람 서늘한 바람, 그 바람은 좋은 바람 고마운 바람. 여름에 나무꾼이 나무를 할 때, 이마에 흐른

에서 쌩쌩 부는 바람은 볼썽사납다. 곡식을 익히고 사람을 푸근하게 적시는 바람이야말로 고맙기 그지없다. 바람은 틈새를 파고들면서 세상 소식을 전한다. 그것은 야금야금 하나도 빠짐없이 먹어치우는 좀벌레를 연상시킨다. 이를 형상화하여 좀먹는다고 했다.

군자는 우뚝하고 강건한 산의 성격과 부드러운 바람의 특징을 본받아 개인과 사회를 도덕으로 재무장시킬 의무가 있다. 「상전」은 흔들림 없는 권위와 부드러운 포용력으로 자신과 남을 다스리는 원칙을 제시하고 있다. 무지몽매한 사람을 일깨우고 자신의 잠들어 있는 능력을 개발하여 사회에 이바지하는 것은 지성인의 사명이다. 인식은 쉽지만 실천은 어렵다는 말이다. 그것은 인격의 함양을 통해 이루어진다.

연습이 많으면 많을수록 그 효과는 높아지고, 성공 확률 또한 향상된다.

5. 초효 : 부모와 자식은 끊어지지 않는 밧줄이다.

初六은 **幹父之蠱**니 **有子**면 **考无咎**하리니 **厲**하여야 **終吉**이리라
초육 간부지고 유자 고무구 여 종길

象曰 幹父之蠱는 **意承考也**라
상왈 간부지고 의승고야

초육은 아버지의 일을 주관함이니 자식이 있으면 죽은 아비가 허물이 없을 것이니, 위태롭게 여겨야 마침내 길할 것이다. 상전에 이르기를 '아버지의 일을 주관한다'는 것은 뜻이 죽은 아비를 이어받는 것이다.

아버지와 자식은 끊어지지 않는 밧줄이다. 부자유친父子有親이라 했던가. 부모와 자식은 천륜 관계이다. 호적은 바뀔지언정 핏줄은 바뀔 수 없다. 부모가 못났다고 탓할 필요가 없다. 부모보다 내가 더 잘하면 된다. 요즈

땀을 씻어준대요. 강가에서 부는 바람 시원한 바람, 그 바람도 좋은 바람 고마운 바람, 사공이 배를 젓다 잠이 들어도, 저 혼자 나룻배를 저어간대요."

음의 효는 지갑과 신용카드에서 나온다고 말한다. 도덕적 가치가 자본주의의 상품으로 전락된 것이다. 부모와 자식은 상품 가치로 환원될 수 없는 존엄성이 있다. 생명의 영속성은 하늘과 땅의 본질이다. 부모와 자식은 그 영속성의 대표자인 것이다. 특히 자식은 부모의 분신이다. 육체적으로 유전자 정보를 상속받을 뿐만 아니라, 자식은 부모의 정신적인 꿈을 실현하기 때문이다. 그래서 고괘는 효도를 강조한 것이다.

'간幹'은 건괘乾卦 '정고족이간사貞固足以幹事'에서 비롯된 '주관하다', '주장하다'는 뜻이다. '간부지고幹父之蠱'는 아버지가 저지른 잘못 혹은 아버지가 이루지 못했던 '일[蠱=事]'이라는 두 가지 의미가 있다. 아버지는 부정의 대상이 아니다. 물론 서양 심리학에서 아버지와 갓난 사내아이는 앙숙이라는 얘기가 있으나, 그것은 어디까지나 검증되지 않은 하나의 이론에 불과하다. 아버지는 자식을 통해 자신이 이루지 못한 꿈을 완수하려 하고, 자식은 아버지의 유업을 이어받아 완수함을 목표로 삼는다. 이는 누가 강제로 시켜서 될 성질이 아니다.

'고考'는 죽은 아버지를 일컫는 말이다. 아버지가 죽으면 선고장先考丈이라 부른다. 자식이 있으면 어버이는 죽어도 여한이 없다. 자신을 잇는 후손이 있기 때문이다. 아버지의 끝이 자식의 시작인 것이다[終則有始]. 부모의 뜻을 잇는 것이 동양 음양론의 핵심[7]이다. 앞의 것은 뒤의 것을 위해 존재하고, 뒤의 것은 앞의 것은 이어받기 위해 존재한다. '승계와 계승'은 동전의 앞뒷면을 가리킨다. 앞뒤의 바톤 터치는 하늘과 땅의 구성 형식인 동시에 내용이라 할 수 있다.

🔯 아버지의 뜻은 천지부모의 뜻이며, 성인의 뜻이기도 하다. 아버지를 잇는 것이 하늘과 땅의 섭리를 잇는 것이고, 성인의 말씀을 따르는 것은 하늘

7) 『周易』 「繫辭傳」 상편 5장. "一陰一陽之謂道, 繼之者善也, 成之者性也.(한 번은 음하고 한 번은 양하는 것을 일러 도라고 일컫는다. 그것을 잇는 것은 선이요, 그것을 이루는 것은 원래부터 가지고 태어나는 본성이다.)

과 땅의 섭리를 믿고 실천한다는 말과 같다. 효도는 제사상에 차려진 음식물로 좌우되는 것이 아니다. 그 정신이 소중하다. 효도는 부모의 뜻을 잘 받드는 것으로 압축된다. 아버지가 죽으면 자식이 잇고, 자식이 죽으면 다시 자식의 자식이 잇는 것은 하늘의 법도이다. 누가 시켜서, 혹은 칭찬받으려고 하는 일도 아니다. 그것은 하늘과 땅의 섭리이기 때문이다.

6. 2효 : 껍데기는 버리고 알맹이는 보존하라

九二는 **幹母之蠱**니 **不可貞**이니라
구 이　간 모 지 고　불 가 정
象曰 幹母之蠱는 **得中道也**라
상 왈 간 모 지 고　득 중 도 야

구이는 어머니의 일을 주관함이니, 올바름만으로는 불가하다. 상전에 이르기를 '어머니의 일을 주관함'은 중도를 얻은 것이다.

초효는 양이기 때문에 아비를 말했고, 2효는 음이 음위에 있기 때문에 어미를 언급하고 있다. 어머니가 주관하는 일의 핵심은 사랑과 포용이다. 어머니는 시비 판단을 일삼아 올바름[貞]만 고집해서는 안 된다는 말이다. 어머니는 꼬치꼬치 따지지 않고 사랑으로 모든 것을 감싸기 때문에 위대하다. 바다가 아무리 크다 한들 어머니의 사랑만큼 넓지 않을 것이다. 잔잔하게 설레도록 하는 사랑은 오직 어머니의 사랑일 뿐이다. 어머니의 사랑은 감성으로 은근한 것이지, 이성의 감별력으로 평가받지 않는다.

자식은 어머니의 잘못을 숨겨야지, 법조문을 들이밀면서 조목조목 따져서는 안 된다. 어미의 아픔과 슬픔을 읽고서 따뜻하게 돌봐야 한다. 이것은 잘 되었고, 저것은 잘못되었다 지적해서는 안 된다. 옳고 그름이 지식의 차원이라면, 부모와 자식 관계는 생명의 차원이다. 생명 차원은 사랑으로 결속되어 있다. 그래서 『주역』은 '생명을 낳고 또 낳은 것을 역이다[生生之謂易]'라고 하지 않았던가!

근대 서양의 지성인 버틀란트 러셀(1872-1970)이 공자를 찬양한 바 있다. 그것은 인간 사회의 밑바탕은 윤리적 사회이어야지 법 지상주의가 되어서는 안 된다는 경고였다. 한 아비가 이웃 마을의 양 한 마리를 훔쳤을 경우에, 자식은 관청에 아비를 고발해야 하는가, 아니면 숨겨야 하는가에 대한 물음이었다. 어떤 이는 사회 정의를 위해서 자식은 반드시 아비를 고발해야 한다고 했다. 이때 아비와 자식은 고발자와 피고발자의 관계로 변질되고 만다. 하지만 아비를 범법자로 만들지 않으려는 자식은 아비를 관청에 고발하지 않는다. 비록 사회 정의에 어긋날지 모르지만 윤리는 파괴되지 않는다. 우리는 어떻게 처신해야 할 것인가? 러셀은 후자를 선택했다. 엄정하고 냉정한 판단은 사회를 차갑게 한다는 단점이 있다.

형식 논리적으로 양은 양위에, 음은 음위에 존재하는 것이 옳다. 하지만 이러한 해석은 획일화된 해석일 따름이다. 음양은 서로 떨어져 존재할 수 없을 뿐만 아니라, 시공간적으로 최적의 상태를 이루는 이치를 '중도中道'라 한다. 즉 2효는 양이 음위에 있다. 비록 정도에 어긋나지만 음양의 조화를 얘기하고 있다. 시간의 정신에 적중하는 행위야말로 『주역』이 일깨우는 최상의 지침이기 때문이다. 예컨대 부모 앞에 앉은 자식이 근엄한 표정을 지으면 어떨까? 그렇다고 응석받이로만 처신할 수도 없다. 부모의 심리 상태와 자식된 도리를 정성껏 하는 것이 효의 진정한 의미일 것이다. 이것이 중도中道인 것이지, 마음의 시계로 부모의 심리를 정확하게 타이밍을 재는 것은 결코 아닐 것이다. 시계가 껍데기라면, 진정으로 효도하는 마음이 바로 중도인 것이다. 무엇에 의존할 것인가?

아무리 잘난 자식, 출세한 자식이더라도 부모에게는 자식에 불과하다. 어미는 늙은 자식일지라도 안아주고 업어주고 싶어 한다. 효도는 겉치레가 아니다. 마음에서 우러나와야 한다. 따뜻한 옷과 기름진 음식으로 아비와 어미를 봉양하는 것이 효도라고 부르짖는 행위는 돼지를 잘 기르는 것과 전혀 다를 바 없다. 알맹이는 남기고 껍데기는 버려야 한다.

7. 3효 : 아버지의 허물을 어찌할꼬

九三은 **幹父之蠱**니 **小有悔**나 **无大咎**리라
구삼 간부지고 소유회 무대구
象曰 幹父之蠱는 **終无咎也**니라
상왈 간부지고 종무구야

구삼은 아비의 일을 주관함이니, 조금 후회는 있으나 큰 허물을 없을 것이다. 상전에 이르기를 '아비의 일을 주관함'은 마침내 허물이 없다는 것이다.

3효는 양이 양위에 있어 정正이지만, 하괘의 중中을 얻지 못했다. 중도[中]에서 지나쳤으나, 옳음[正] 하나만을 믿고, 난관을 무릅쓰고 뚫고나가려는 급한 성품이다. 앞만 보고서 아버지의 일을 추진하다보니 돌발 변수가 생겨 약간 후회하는 일이 생긴다. 아버지의 일을 계승하는 일이 너무도 소중하기 때문에 큰 허물은 아니라는 뜻이다.

웃어른의 잘못에 대해 쓴 소리를 한다. 처음에는 건방지다는 대답으로 돌아올 것이다. 쓴 소리는 듣기 싫지만 약이 된다. 아버지의 과오를 무조건 덮으면 안 된다. 가정을 위해서 바로잡아야 한다. 그러나 아버지의 권위와 자존심이 손상되지 않도록 최대한 배려해야 할 것이다. 그 자체가 효의 도리에서 어긋나기 때문에 작은 상처, 즉 후회하는 일이 생길 수도 있다. 하지만 대의명분이 서면 손가락질 당하지 않는다.

아버지의 일을 계승하는 것이 효도다.

8. 4효 : 불효의 길

六四는 **裕父之蠱**니 **往**하면 **見吝**하리라
육사 유부지고 왕 견린
象曰 裕父之蠱는 **往**엔 **未得也**라
상왈 유부지고 왕 미득야

육사는 아비의 일을 너그럽게 함이니, 가면 인색함을 볼 것이다. 상전에 이르기를 '아비의 일을 너그럽게 함'에 가면 얻지 못한다.

4효는 음이 음위에 있기 때문에 여유가 있다. 선천적으로 너그럽고 여유 있는 것이 아니라, 과감한 행동이 부족함을 지적한 표현이다. 부드럽고 유순한 행위는 평상시에는 돋보인다. 하지만 비상시에는 속수무책인 경우가 허다하다. 중용이란 다름 아니라 평상시에는 부드럽지만, 비상시에는 재빠른 판단력과 과단성 있게 해결하는 능력을 가리킨다.

우유부단한 판단과 행동은 게으름으로 비쳐진다. 아버지의 일을 내일로 미루고 태만하면 점차 그 일 자체를 잊어버리기 쉽다는 뜻이다. 그 후유증이 뒤따르게 마련이다. 아버지의 유업도 망각되고, 자식된 도리마저 상처 입는다. 오늘 할 일을 내일로 미루지 말라는 격언이 떠오른다. 준비된 과감한 행동은 칭찬받아 마땅하다.

설령 아비의 잘못이 크더라도 아비의 존재마저 무시한다면, 그것은 자신의 존재마저 부정하는 꼴이다. 시세 말로 '너나 잘하세요'라는 반발로 돌아온다.

9. 5효 : 아비보다 나은 자식

六五는 **幹父之蠱**니 **用譽**리라
육오 간부지고 용예

象曰 幹父用譽는 **承以德也**라
상왈 간부용예 승이덕야

육오는 아비의 일을 주관함이니, 명예로울 것이다. 상전에 이르기를 '아비를 주관함에 명예로움'은 덕을 이어받는 것이다.

5효는 음이 양위에 있지만, 중용을 얻고 있다. 초지일관 아비의 일을 떠맡아 실행하는 것은 효성스런 행위이다. 중용의 덕을 갖춘 실천은 더욱 빛나기 마련이다.

아비가 생각하는 효도는 세 가지일 것이다. 자식이 아비보다 훨씬 낫다는 평가를 받을 경우, 사람다운 사람이 되어 즉 덕을 쌓아 세상에 펼칠 경우, 부모의 마음을 편안하게 하는 경우이다. 그 중에서도 으뜸가는 것은 아비보다 나은 사람이 되는 것일 것이다.

부모의 덕을 빛내는 것이 입신양명보다 훌륭하다.

10. 상효 : 무엇을 섬길 것인가?

上九는 **不事王侯**하고 **高尚其事**로다
상구 불사왕후 고상기사
象曰 不事王侯는 **志可則也**라
상왈 불사왕후 지가칙야

상구는 왕후를 섬기지 아니하고 그 일을 높이 숭상하는 것이다. 상전에 이르기를 '왕후를 섬기지 아니함'은 뜻이 가히 본받을 만 하다.

상효는 음 자리에 양이 있다. 지나치게 강하다. 하지만 아무런 권한과 자리도 주어지지 않았다. 2효는 어미, 나머지 초효와 3효와 4효와 5효는 아비를 얘기했고, 상효는 왕과 제후를 말했다. 부모의 뜻을 잘 받드는 것 중의 하나가 왕도의 사회적 구현이 포함될 것이다. 왕도와 왕후는 다르다. 전자가 도덕적 가치의 국가적 실현이라면, 후자는 임금과 제후를 잘 받드는 것이다.

산풍고괘 상효는 왕과 제후 섬기는데 열중하지 말고, 그 '일'을 숭상하고 드높이라고 독려하고 있다. '일'[8]은 무엇을 가리키는가? 도가에서 말하

8) 유영모는 事를 '일' 대신에 '섬김'이라고 풀이한다. "임금과 제후를 섬기지 말아라. 섬김을 더욱 높이라. 기독교가 하느님을 버리고 예수를 섬기고, 불교가 니르바나님(하느님)을 버리고 석가를 섬기고, 유교가 하느님을 버리고 공자를 섬기면 종교로서의 생명은 끝난 것이다. 巫敎보다 나을 것이 없다. 오늘의 모든 종교가 나아갈 길은 하느님께로 나아가는 것이다. 기독교

는 소요와 자유의 경지를 말하는가? 결코 아니다. 유교는 현실 참여를 긍정할 뿐만 아니라, 역사적 사명을 북돋우는 사상이기 때문이다.

『주역』이 왕후 섬기는 일에 전력투구하지 말라고 경계한 까닭은 무엇일까? 현실보다 더 중요한 일은 진리를 향한 끊임없는 탐구, 또는 하늘과 땅의 섭리, 즉 절대자의 일을 깨닫는 것이다. 왜냐하면 산풍고괘 다음의 지택림괘가 절대자의 강림을 얘기하기 때문이다.

정역사상의 연구자 이상룡李象龍은 고괘의 성격을 다음과 같이 설명한다.

程子曰 蠱는 在文에 爲蟲皿하니 皿之有蟲는 蠱壞之義라 하고
정자왈 고 재문 위고명 명지유고 고괴지의

又朱子曰 皿蟲爲蠱는 言器中盛那蟲이니 教他自相하고
우주자왈 명충위고 언기중성나충 교타자상

是那積畜하여 到那壞爛底意思라 하니라 爲卦艮上巽下하고
시나적축 도나괴란저의사 위괘간상손하

而艮八當起甲之位하며 巽一起數丁之宮은 先天之九二錯綜과
이간팔당기갑지위 손일기수정지궁 선천지구이착종

后天之十一歸體之理蘊矣라 曆紀壞弊가 革而復治之象也오
후천지십일귀체지리온의 역기괴폐 혁이부치지상야

且甲庚辛丁之度가 與巽略同이니 故로 次巽也라
차갑경신정지도 여손략동 고 차손야

정이천은 "고는 글자로는 벌레 충과 그릇 명皿이 되니 그릇에 벌레가 있음은 좀먹고 파괴된다는 뜻이다"라고 말했다. 또한 주자는 "그릇과 벌레가 모여 고가 됨은 그릇 가운데 벌레먹음이 성한 것을 말한 것이다. 서로가 바탕이 되어 아울러 그 속에 쌓여 문드러져 파괴되는 뜻이다"라고 말했다. 괘의 형성은 위는 간이고 아래는 손이

에서는 예수를 딛고 하느님께로 나아가야 한다. 불교에서는 석가를 이기어 니르바나님(하느님)에게로 나아가야 한다. 유교에서는 공자를 버리고서 하느님께로 나아가야 한다. 이것이 究竟의 진리에 이르는 길이다."(박영호, 앞의 책, 437-438쪽)

며, 8간이 갑甲의 위치에 부합하고 1손은 정丁의 집으로 셈하는 것은 선천 '구이착종'과 후천 '십일귀체'의 이치가 담겨 있다. 역법의 기원에 대한 폐단이 파괴되고 혁신되어 다시 수립되는 형상이다. 또한 갑경甲庚과 신정辛丁의 도수가 손괘의 뜻과 대략 비슷하므로 손괘 다음이 된 것이다.

彖曰 蠱, 元亨, 利涉大川은 極則反之하여 樂其退險也오
단왈 고 원형 이섭대천 극즉반지 낙기퇴험야
先甲三日, 后甲三日은 辛金丁火於西南而正易一元之終始也라
선갑삼일 후갑삼일 신금정화어서남이정역일원지종시야

단전 "고는 크게 형통하니 큰 내를 거너는 것이 이롭다"는 것은 극한에 이르면 되돌아와 물러나고 험난한 것을 즐긴다는 것이다. "갑에 앞서 3일 하고, 갑에 뒤져 3일 한다"는 것은 신금辛金과 정화丁火가 (낙서의 도상에서) 서방과 남방으로 바뀌는 형상이 정역에서 한 바퀴 도는 종시終始를 가리킨다.

象曰 君子以, 振民, 育德은 敎舞蹈而詠歌와 養性情也라
상왈 군자이 진민 육덕 교무도이영가 양성정야

상전 "군자가 이를 본받아 백성을 진작시키고 덕을 기른다"는 것은 영가무도와 성정 기르는 것을 가르친다는 뜻이다.

初六, 幹父之蠱, 有子, 考无咎는 一而承十은 天尊无爲也오
초육 간부지고 유자 고무구 일이승십 천존무위야
厲, 終吉은 變而得中也라
여 종길 변이득중야

초효 "아버지의 일을 주관함이니 자식이 있으면 죽은 아비가 허물이 없을 것이다"라는 것은 생명의 모체인 1이 10을 계승하는 것이 바로 천존무위天尊无爲요, "위태롭게 여겨야 마침내 길할 것이다"는 말은 변화를 통해 중용을 얻은 것이다.

九二, 幹母之蠱, 不可貞은 行坤五之政하여 變其宜矣라
구이 간모지고 불가정 행곤오지정 변기의의

2효 "어머니의 일을 주관함이니 올바름만으로는 불가하다"는 것은 곤의 5토 정사를 실행하여 마땅하게 변한다는 뜻이다.

九三, 幹父之蠱, 小有悔, 无大咎는 三子從事하니 先難后易也라
구삼 간부지고 소유회 무대구 삼자종사 선난후이야

3효 "아비의 일을 주관함이니 조금 후회는 있으나 큰 허물을 없을 것이다"라는 말은 세 아들이 맡으므로 처음은 어려우나 뒤에는 쉽다는 뜻이다.

六四, 裕父之蠱는 承以爲姤하여 寬无剛斷也오 往, 見吝은
육사 유부지고 승이위구 관무강단야 왕 견린
各有分節하니 當退而退之也라
각유분절 당퇴이퇴지야

4효 "아비의 일을 너그럽게 한다"는 것은 이어받아 만나고, 강함으로만 결정하지 않는 관대함이요, "가면 인색함을 볼 것이다"라는 말은 각각의 절도를 지키므로 물러날 때가 되어 물러난다는 뜻이다.

六五, 幹父之蠱, 用譽는 有子中正하니 孰敢毁之리오
육오 간부지고 용예 유자중정 숙감훼지

5효 "아비의 일을 주관함이니 명예로울 것이다"라는 것은 아들이 중정의 덕을 갖췄으므로 누가 훼손하겠는가?

上九, 不事王候, 高尙其事는 闡无極之至人也라
상구 불사왕후 고상기사 천무극지지인야

상효 "왕후를 섬기지 아니하고 그 일을 높이 숭상하는 것이다"라는 것은 무극의 경지에 오른 지극한 사람을 밝힌다는 뜻이다.

지택림괘
地 澤 臨 卦

님의 강림

1. 땅의 희망을 노래하다 : 임괘

정이천은 산풍고괘山風蠱卦(䷑) 다음에 지택림괘地澤臨卦(䷒)가 오는 이유를 다음과 같이 말한다.

> 臨은 序卦에 有事而後可大라 故受之以臨이라 하니라
> 임 서괘 유사이후가대 고수지이림
> 臨者는 大也오 蠱者는 事也니 有事則可大矣라 故受之以臨也라
> 임자 대야 고자 사야 유사즉가대의 고수지이림야
> 韓康伯云可大之業이 由事而生이라 하니라 二陽方長而盛大라
> 한강백운가대지업 유사이생 이양방장이성대
> 故爲臨也라 爲卦澤上有地하니 澤上之地는 岸也니
> 고위림야 위괘택상유지 택상지지 안야
> 與水相際하여 臨近乎水라 故爲臨이라
> 여수상제 임근호수 고위림
> 天下之物이 密近相臨者莫若地與水라 故地上有水則爲比요
> 천하지물 밀근상림자막약지여수 고지상유수즉위비
> 澤上有地則爲臨也라 臨者는 臨民臨事凡所臨皆是로되
> 택상유지즉위림야 임자 임민임사범소림개시
> 在卦엔 取自上臨下하니 臨民之義라
> 재괘 취자상림하 임민지의

"임괘는 「서괘전」에 '일이 있은 뒤에 클 수 있으므로 임괘로 이어받았다'라고 했다. 임은 큼이요, 고는 일이니 일이 있으면 클 수 있기 때문에 임괘로 받은 것이다. 한강백이 말하기를 '큰 사업은 일로 말미암아 생긴다'고 했다. 두 개의 양이 바야흐로 자라나 성대하기 때문에 임이라 한 것이다. 괘의 형성은 연못 위에 땅이 있으니, 연못 위의 땅은 강기슭이니 물과 서로 마주쳐 물에 임하여 가까이 있는 까닭에 임이라 한 것이다. 천하의 사물이 가깝게 서로 임한 것은 땅과 물만한 것이 없다. 그러므로 땅 위에 물이 있으면 비괘가 되고, 연못 위에 땅이 있으면 임괘가 되는 것이다. 임은 백성에게 임하고 일에 임하는 것이니, 무릇 임하는 것이 모두 해당되는데, 괘에서 위

로부터 아래에 임함을 취하였으니 백성에게 임하는 뜻이다."

'임臨'은 위에서 '아래를 내려다 본다', '윗사람이 아랫사람에게 은혜를 베풀기 위해 살펴보다'는 뜻을 지닌 글자다. 상괘는 땅(☷), 하괘는 연못(☱)이다. 하늘의 원리가 땅에서 이루어지는 메시지가 『주역』의 가르침이라면, 땅의 세계에 하늘의 축복과 영광이 임한다는 이치가 담긴 것이 바로 임괘의 뜻이다. 임괘는 땅의 넘치는 포용력으로 기쁨이 넘쳐나는 형상이다.

『중용』은 '임'을 다음과 같이 설명한다. "(성인은) 총명하고 예지로와서 천하에 임할 수 있고, 너그럽고 온유하여 만물을 포용할 수 있고, 굳건하고 강직하여 의지를 굳게 할 수 있고, 재계하고 장엄하여 중용에 알맞아 공경을 받으며, 조리있게 살펴서 명쾌하게 분변할 수 있다. (성인은) 지극히 넓고 한없이 깊어 때때로 그 모습을 드러낸다. 지극히 넓은 것은 하늘과 같고, 깊은 근원으로 솟아나는 것은 연못과 같다. 모습을 나타내면 공경하지 않는 이가 없고, 말하면 믿지 않는 이가 없으며, 실행하면 기뻐하지 않는 이가 없다. … 배와 수레가 도달하는 곳, 사람의 힘이 미치는 곳, 하늘이 덮어 주는 곳, 땅이 싣고 있는 곳, 해와 달이 비추는 곳, 서리와 이슬이 내리는 곳, 어디든지 혈기가 있는 것이라면 받들어 존중하지 않음이 없다. 그러므로 하늘에 짝하는 것은 오직 천하의 지극한 정성이라야 가능하다고 말하는 것이다."[1] 유교의 성인은 하늘의 진리를 깨달아 현실 역사에 뿌리내려 낮은 곳의 사람을 총명과 예지력, 포용력과 온유함으로 일깨워주는 인물이다.

절대자에 대한 종교적 경건성과 그 은혜를 강조하는 정역사상은 이 하

1) 『中庸』 5장. "唯天下至誠, 聰明睿知, 足以有臨也, 寬裕溫柔, 足以有容也, 發强剛毅, 足以有執也, 齋莊中正, 足以有敬也, 文理密察, 足以有別也. 溥博淵泉, 而時出之. 溥博如天, 淵泉如淵. 見而民莫不敬, 言而民莫不信, 行而民莫不悅. … 舟車所至, 人力所通, 天之所覆, 地之所載, 日月所照, 霜露所墜, 凡有血氣者, 莫不尊親, 故曰配天, 唯天下至誠, 爲能."

늘과 땅을 주재 섭리하는 상제의 강세를 '조림照臨'으로 표현했다. 상제는 이 세상에 강림할 때 선물을 휴대하고 왔다. 그것은 새로운 진리의 출현과 새로운 하늘과 땅의 시작[己位親政]이 바로 그것이다.

2. 임괘 : 왜 원형이정이 등장하는가?

臨은 **元亨**하고 **利貞**하니 **至于八月**하여는 **有凶**하리라
임 원형 이정 지우팔월 유흉

임은 크게 형통하고 올바름이 이로우니, 8월에 이르면 흉이 있을 것이다.

임괘에서 가장 돋보이는 대목은 건괘처럼 괘사에 '원형이정'이 등장하는 점이다. 하늘의 질서가 땅에서 펼쳐질 때는 길흉이 함께 드러나는 이유는 무엇일까? 그것은 신의 강림에 의한 축복과 심판이 일어나는 사건에서 비롯되기 때문이다. 원형이정과 인의예지가 그대로 펼쳐지는 땅의 세상은 인류의 영원한 꿈이다. 임괘는 원형이정의 세계가 펼쳐지는 시간대를 포괄적으로 설명하고 있다고 할 수 있다.

『주역』에서 구체적인 캘린더 용어가 등장하는 것은 임괘가 처음이다. 임괘에서 말하는 8월의 의미는 무엇인가? 이에 대한 해석은 매우 다양하다. 점친 결과로 보는 경우와, 음력 7월로 보는 경우,[2] 임괘로부터 8번째 달이라는 경우가 바로 그것이다. 그리고 역학의 발전사에서 등장한 소식괘消息卦 이론으로 풀이하는 경우가 있다.

맹희孟喜는 한대 역학의 괘기설을 창도한 인물이다. 그는 『주역』의 괘상으로 1년의 절기 변화와 그것에 대응한 인간사의 길흉을 판단하였다. 그가 창안한 12벽괘辟卦와 1년 12월을 결합시킨 이론이 바로 12월 괘기설卦氣說이다. 12벽괘의 순서를 정리하면 다음과 같다.

2) 『周易本義』, "或曰八月, 謂夏正八月."

① 24번 지뢰복괘地雷復卦	(11월: ䷗) →	② 19번 지택림괘地澤臨卦	(12월: ䷒) →
③ 11번 지천태괘地天泰卦	(정월: ䷊) →	④ 34번 뇌천대장괘雷天大壯卦	(2월: ䷡) →
⑤ 43번 택천쾌괘澤天夬卦	(3월: ䷪) →	⑥ 1번 중천건괘中天乾卦	(4월: ䷀) →
⑦ 44번 천풍구괘天風姤卦	(5월: ䷫) →	⑧ 33번 천산돈괘天山遯卦	(6월: ䷠) →
⑨ 12번 천지비괘天地否卦	(7월: ䷋) →	⑩ 20번 풍지관괘風地觀卦	(8월: ䷓) →
⑪ 23번 산지박괘山地剝卦	(9월: ䷖) →	⑫ 2번 중지곤괘重地坤卦	(10월: ䷁)

소식괘 이론은 매우 합리적인 체계를 갖추고 있다. 11월 동짓달에 하나의 양이 생겨나고, 12월 섣달에는 양기가 하나 더 보태지기 시작하여 4월에는 양 기운이 꽉 찬다. 5월에는 하나의 음이 생겨나기 시작하여 10월이 되면 음 기운이 꽉 찬다. 이처럼 1년 4계절은 음양 법칙에 한 치의 오차도 없이 돌아간다는 천문 이론과 『주역』이 결합하여 나타난 것이 괘기설이다.

괘사에 나타난 '8월'은 도표가 가리키는 관괘인가, 아니면 음력 7월인 비괘의 세월을 가리키는가? 임괘는 계절로 보면 섣달이다. 그런데 8월에 해당되는 관괘(䷓)는 임괘(䷒)와 정반대의 형상이다. 임괘를 뒤집어엎으면 관괘다. 동짓달과 섣달을 거치면서 양이 점차 솟구친다. 순양의 건괘를 정점으로 음이 하나씩 생기면서 양은 점점 소멸되어 어두워지기 시작한다. 어둠은 죽음의 세계이기 때문에 흉하다. 흉을 미리 대비하라는 풀이가 전통적 견해였다. 길과 흉은 서로 기대어 존재한다. 기존의 해석은 밝음과 어둠이 교차하면서 밤낮이 둥글어가는 것처럼 인생사도 길흉이 교체한다는 것이다.

임괘가 12월이면, 8월은 관괘이다. 임괘臨卦(䷒)의 형상을 ½로 축소시키면 진震(☳)이 되고, 진괘의 곱절은 대진大震(䷲)이 된다. 관괘觀卦(䷓)의 형상을 ½로 축소시키면 간艮(☶)이 되고, 간괘의 곱절은 대간大艮(䷳)이 된다. 이는 『주역』을 관계론의 입장에서 보는 견해다. 하지만 선후천론의 시각으로 정리한다면, 그것은 선천 문왕팔괘도의 동방 진괘가 후천 정역팔괘도의 간괘로 변화하는 것을 의미한다.

임괘 앞의 8번째 괘는 천지비괘天地否卦(䷋)다. "8월을 월력月曆의 8월로 보지 말고 임臨으로부터 쳐서 여덟째 달, 즉 월력月曆 7월로 보는 것이 옳을 것이다. 그래야 (정역의) '가송칠월장歌頌七月章'이라든지 '유화유월流火六月'이라든지에 표시되어 있는 그 달과 일치한다. '유흉有凶'은 대유大有의 달 즉 선천 기망幾望의 달이 이에 이르러 완전히 사라지고 예삭豫朔의 달 즉 후천 황중皇中의 달이 돋아 오름을 말한 것이라 하겠다. 이 현상을 선천월의 입장에서 보아 '소불구야消不久也'라 한 것이다."[3]

'가송칠월장歌頌七月章'[4]은 주공이 지었다고 알려진 『시경詩經』의 "7월이라 화성은 기울고, 9월이면 겨울옷 장만하네. 동지달에는 매서운 바람, 섣달에는 추위 오네"[5]에 근거한 것이다. 그리고 '유화유월流火六月'은 『정역正易』 「일세주천율려도수一歲周天律呂度數」라는 글을 마무리 지은 '해는 갑신년(1884년) 6월 7일[己卯] 북두칠성의 정령인 칠원성군은 쓰노라[歲甲申 流火六月 七日, 大聖七元君, 書]'에 전거한다. 김일부는 7월을 왜 6월이라고 했을까? 1884년은 5월이 윤달이었기 때문에 유화流火[6] 유월六月은 실제로는 7

3) 이정호, 『周易正義』(서울: 아세아문화사, 1980), 39쪽.
4) 『正易』 「十五一言」, "金火四頌"의 '歌頌七月章一篇'
5) 『詩經』 「國風」 "豳風", "七月流火, 九月授衣, 一之日觱發, 二之日栗烈."
6) '流火'의 풀이는 두 가지가 있다. ① 28宿 중에 心宿를 大火心星이라 하여 어느 때는 음력 7월이 되면 초저녁에 南中에 위치하여 서녘으로 흘러가는 장관을 '七月流火'라 한 것을 『詩經』이 읊은 것이다.(권영원, 『정역구해』서울: 경인문화사, 1983, 145쪽) 이는 『정역』의 입장이다. ② '七月'의 시는 모두 夏正(하나라의 달력)을 쓰고 있다. 북두칠성은 선회하면서 차례로 12辰을 가리킨다. 하력에서 북두칠성이 寅을 가리킬 때를 정월로 하고, 建卯가 2월, 建辰을 3월로 하였다. 태양력보다 한 달 이상이 늦다. 火는 별의 이름으로 火星을 뜻한다. 화성은 6월에 정남에 나타나 7월이 되면 점차 서쪽으로 이동한다. 이것을 흘러내린다고 했던 것이다.(이가원

월을 가리킨다.

김일부는 왜 7월을 강조했는가? 정역사상은 선후천론이다. 선후천론은 시간의 문제가 핵심이다. 『정역』의 시간론은 캘린더 구성 근거의 전환을 해명한 것에 있다. 캘린더 구성 근거의 전환은 달력 구성의 변화로 나타난다. 김일부는 그것을 하도와 낙서의 금화교역에서 찾는다. 금화교역이란 남방(2·7)과 서방(4·9)의 교체에 의해 일어난다. 이는 정역팔괘도에서 2천 7지[二天七地]의 형상으로 반영되는 까닭에 그것은 새로운 시공간의 틀이 수립되는 것을 시사한다.

임괘는 만물의 새로운 창조와 최고신의 강림에 의해 신천지가 펼쳐지는 것을 암시하기 때문에 건괘의 '원형이정'이 실현되는 과정으로 언급한다. 특히 '넘치는 양이 사라질 날이 멀지 않다[消不久也]'것은 음양의 불균형을 뜻하는 '삼천양지參天兩地'의 양 셋에서 하나가 소멸되어 음양의 균형이 이루어지는[調陽律陰] 현상을 언급한 대목이다.

3. 단전 : 하늘의 원리가 땅에서 이루어지는 과정

彖曰 臨은 **剛浸而長**하며 **說而順**하고 **剛中而應**하여
단왈 임 강침이장 열이순 강중이응

大亨以正하니 **天之道也**라 **至于八月有凶**은 **消不久也**라
대형이정 천지도야 지우팔월유흉 소불구야

단전에 이르기를 임은 강이 점점 자라며, 기쁘게 순응하고 강이 중도로 부응하여 크게 형통하고 올바르니 하늘의 도이다. '8월에 이르면 흉이 있다'는 것은 사라져서 오래가지 못한다는 뜻이다(사라질 날이 멀지 않다).

임괘는 네 개의 음과 두 개의 양으로 이루어졌는데, 점차 양[剛]이 증가하는 형상이다. 안으로는 기쁨이 넘치고 밖으로의 포용력이 무한함을 표상한다. 하괘는 기쁨[兌], 상괘는 하늘의 원리에 순응[順]하는 땅의 무한한

감수, 『詩經』서울: 홍신문화사, 1986, 277-278쪽 참조) 이는 천문학을 기초로 한 견해이다.

포용성을 뜻한다. 또한 2효가 하괘의 중용을 얻으면서 5효와 서로 상응하는 음양의 궁합이 무척 정겹다.

하괘에서 하나의 음(3효)이 양으로 변하면 연못은 하늘로 바뀐다. 즉 지천태(䷊)의 형상으로 전환되는 것이다. 양 기운은 위로 올라가고, 음 기운은 아래로 내려와 음양의 조화가 이루어진다. 그러니까 안으로는 기쁘고, 밖으로는 모든 사물을 받아들일 수 있기 때문에 「단전」은 '대형이정大亨以正'이라 했던 것이다. 대형이정은 원형이정의 현실적 전개를 뜻한다. 원형이정이 천도天道의 원형이라면, 대형이정은 천도에 대한 지도地道의 전개라고 할 수 있다.

원元 = 대大, 형亨 = 형亨, 이利 = 이以, 정貞 = 정正이라는 등식이 성립한다. 특히 후자의 천도는 '크게 형통하여 올바르게 된다'는 동사(verb)의 의미로 새겨야 할 것이다. 원형이정이 시공의 본질이라는 뉘앙스가 많이 풍긴다면, 대형이정은 천도의 창조적 역동성이 강조되는 개념이다. 천도는 마냥 4상[四象]의 미학적 구조로 구성되었다는 것이 아니라, '크고, 형통하고, 이롭고, 올바르게' 발전하는 긍정과 희망의 논리가 배태되어 있는 것이다.

"'8월에 이르면 흉이 있다'는 것은 사라져서 오래가지 못한다"라는 명제에 대해서 과거의 주석들은 한결같이 '잘 모르겠다'는 말로 발을 뺀다. 인간사의 흉을 내리는 주체는 하늘이다. 하늘이 내리는 명령은 거부할 명분과 힘이 없다. '8월'은 험난한 시기를 상징한다. 변혁의 시기이므로 대비를 철저히 하라는 경고문이다.

『주역』에서 말하는 큰 내[大川]은 험난한 고통의 바다를 건너야 하는 의식의 강, 혹은 시공간의 강이기 때문이다. 자연의 변화와 마음 안팎의 온갖 고비를 잘 넘겨야 한다는 것이다.[7]

---

7) 한장경, 앞의 책, 220쪽, "'至于八月有凶'은 '至于八, 月有凶'도 되니 8이라 함은 1부터 8까지가 모두 36數로서 36卦의 이치와 暗合한 것이다.(1에서 8까지가 36이다)"

4. 상전 : 교육은 땅의 포용력[地: ☷]과 기쁜 마음[澤: ☱]으로

象曰 澤上有地臨이니 **君子以**하여 **敎思无窮**하여 **容保民**이
상왈 택상유지림 군자이 교사무궁 용보민
无疆하나니라
무강

상전에 말하기를 연못 위에 땅이 있는 것이 임이다. 군자는 이를 본받아 가르치려는 생각이 다함이 없으며, 백성을 용납하여 보존함이 지경이 없는 것이다.

'임'은 연못 위의 땅처럼 당당하게 세상에 다가선다는 뜻이다. 기쁨이 흘러넘치는 땅, 축복으로 가득 찬 온 세상은 진리가 구현되는 터전이다. 임臨은 가진 자가 못 가진 자에게, 높은 사람이 낮은 사람에게, 임금이 백성에게라는 형식으로 위에서 아래로의 방향성을 특징으로 삼는다.

「상전」은 인류의 스승 또는 정치적 구원자에 대해 얘기한다. 왜 임괘에서 교육과 구원을 말할까? 교육은 곤괘의 포용성이 밑받침되어야 하기 때문이다. 그래서 임괘는 곤괘의 이치에 근거해서 가르침의 원칙을 설명한다. 무궁無窮은 과거를 기억하고 미래에 일어날 일을 예측하는 시간의 무한성, 무강无疆은 인류를 넓게 보듬어 안는 공간의 무한성을 뜻한다. 시공간의 영속성에 근거하여 문명을 일으켜 교육의 본보기로 삼으라는 것이다. 성인은 인류의 삶을 근심하고 가르쳤고, 몸소 이웃사랑을 실천하였다.

임괘는 곤괘坤卦(땅)의 이치를 가르침의 원칙으로 삼는다.

5. 초효 : 모든 사람이 느끼는 진리의 향기

初九는 **咸臨**이니 **貞**하여 **吉**하니라
초구 함림 정 길
象曰 咸臨貞吉은 **志行正也**라
상왈 함림정길 지행정야

초구는 느껴서 임함이니, 올바르게 하여 길하다. 상전에 이르기를 '느껴서 올바르게 하여 길함'은 뜻이 정도를 행하는 것에 있다.

모두 함咸은 느낄 감感 자와 통한다. 모두에게 '임한다'는 말은 인류에게 진리의 향기를 피워 감동시키고 복종하도록 하는 힘을 갖는다. 초효는 양이 양위에 있고, 또한 4효와도 잘 부응한다. 더욱이 양으로서 음 밑에 존재함에도 불구하고 주변의 모든 것들과 화합을 잘 한다. 가는 곳마다 감동의 물결을 일으킨다.

감동[咸]은 홀로 이루어지지 않는다. 감동은 대상과 교감하는 '느낌'이라는 마음이 움직여야 가능하다. 진리에 대한 내면의 깨달음도 일종의 감격이다. 진리와 비로소 '하나'가 되는 과정에는 곧음(옳음)이라는 가치의 덕목이 항상 전제되어 있다. 이것이 바로 인생관 정립의 핵심으로 작용하였다.

진리는 감동시키는 힘이 있다. 게다가 옳음이라는 가치의 방향성을 내포하고 있다.

6. 2효 : 하늘은 인간을 구속하지 않는다

九二는 **咸臨**이니 **吉**하여 **无不利**하리라
구이 함림 길 무불리

象曰 咸臨吉无不利는 **未順命也**라
상왈 함림길무불리 미순명야

구이는 느껴서 임함이니, 길하여 이롭지 않음이 없을 것이다. 상전에 이르기를 '느껴서 임함이니 길하여 이롭지 않음이 없다'는 것은 하늘의 명령에 (억지로) 순응하려는 것이 아니다.

2효는 양이 음위에 있으나, 하괘의 중용[中]을 얻고 있으며 5효와도 상응한다. 양인 2효는 재능이 많고, 적극적인 성격에다가 중용의 덕성까지도 갖췄다. 외부 여건 역시 매우 좋다. 더욱이 부드럽기 이를 데 없는 5효

대인과 음양짝을 이루어 느낌과 감동의 파노라마를 연출하고 있다.

초효와 2효의 내용은 거의 비슷하다. 초효는 단지 '길하다'고 한 반면에, 2효는 '이롭지 않음이 없다'는 말이 덧붙여져 있다. 초효는 양이 양위에 있어 '정正'이지만 '중中'은 아니다. 2효는 비록 양이 음위에 있으나 '중'을 얻고 있기 때문에 비록 '정正'을 언급하지 않더라도 훨씬 좋다는 뜻이다. 또한 초효의 '올바른 정正'보다는 2효의 '강한 중中'이 좋으며, 대응 관계도 초효와 4효의 그것보다는 2효와 5효의 관계가 훨씬 낫다는 것이다. 『주역』은 인위적인 것보다는 자연적인 것, 인공미(일본의 정원은 주관적인 자신의 느낌을 자연에 부과시키는 자연의 인간화 양식)보다 자연미(조선의 정원: 인간의 자연화를 강조하는 양식)가 훨씬 인간의 정서에 호소력이 강하다고 말한다.

왜 「상전」에 갑자기 '천명[命]'이 등장하는가. 그 이유를 주자는 '잘 모르겠다[未詳]'고 하여 학자적 양심을 드러냈다. 이는 번역상의 불가피성 때문일까, 아니면 해석학의 문제일까? '하늘의 명에 순응하려 하지 않는다[未順命]'는 말에서 아닐 '미未'는 못한다는 것이 아니라, 억지로 하늘의 뜻에 자기의 감정을 개입시키지 않는다는 뜻이다. 천도가 인간 세상에 내려왔건만 그것을 아는 것은 사람의 몫이지, 하늘의 책임은 아니기 때문이다. 하늘은 억지로 사람을 구속하지 않는다. 저절로 순응하면 된다는 말이다.

왜 초효와 2효에 '느낄 함'이 등장하는가? 『주역』에서 상경이 선천이라면, 하경은 후천이다. 『주역』 31번, 즉 하경의 첫 번째 괘는 택산함괘澤山咸卦(䷞)다. 함괘는 산 위에 연못이 있는 것이 형상이다. 「설괘전」에 따르면, 산과 연못의 기운이 상통한 뒤에야 (선후천) 변화가 이루어질 수 있다. 연못의 택澤(☱)과 임괘의 내호괘內互卦(임괘의 2,3,4효: ☳)의 숨겨진 괘의 질서를 뒤집으면 산(☶)이 된다. 이들의 결합이 바로 택산함(䷞)이기 때문에 지택림괘에서 '느낄 함'을 강조하는 것이다.

억지로 하늘의 뜻에 자신의 감정을 개입시켜서는 안 된다. 천명을 깨닫는 것은 하늘의 책임이 아니라, 인간의 몫이다.

7. 3효 : 인간은 반성을 통해 새롭게 태어난다

六三은 **甘臨**이라 **无攸利**하니 **旣憂之**라 **无咎**리라
육삼 감림 무유리 기우지 무구

象曰 甘臨은 **位不當也**오 **旣憂之**하니 **咎不長也**리라
상왈 감림 위부당야 기우지 구부장야

육삼은 달콤함으로 임함이다. 이로운 바가 없으니, 이미 근심한다. 허물이 없을 것이다. 상전에 이르기를 '달콤함으로 임함'은 그 위치가 부당함이요, '이미 근심하므로' 허물이 오래 가지 않을 것이다.

3효는 음이 양위에 있고, 중용[中]도 아니고, 하괘의 끝자락에 있는 부중부정不中不正의 대명사다. 그것은 달콤한 혓바닥을 밑천으로 세상을 살아가는 모습이다. 입으로만 알랑거리는 아첨꾼, 감언이설로 현혹시키는 거짓꾼, 실력은 없으면서 인기로 자리를 노리는 입방아꾼이 내지르는 소리가 감언이다. 달콤한 말은 듣기에 좋듯이, 달콤함에는 비수가 깃들어 있다. 그만큼 댓가가 필요하다는 뜻이다. 상대방이 나에게 감언한다는 것은 나에게서 이득을 취하려기 때문이다. 이득을 얻을 수 없다고 판단되면, 상대방은 달콤한 말을 당장 거둘 것이다.

아첨꾼들은 온갖 교언영색巧言令色으로 상대방을 꾀지만, 금방 효과가 나타나지 않는 것을 뻔히 안다. 그래서 재빨리 방침을 바꾼다. 하지만 3효는 자기의 전신이었던 초효와 2효의 행동에서 장단점을 깨달아 자신의 지침으로 삼고, 반성을 통하여 새롭게 태어난다. 성심성의를 다하여 모든 일에 임하므로 허물이 없는 것이다.

소크라테스는 '자신을 알라'고 외쳤다. 자신을 아는 것이 남을 아는 것이고, 세상을 아는 일이다. 자신을 모르면 남도 모르고, 세상 또한 전혀 알 수 없다. 잘못을 뉘우치고 깨달으면 오래지 않아 허물이 말끔히 씻어질 것이다.

앎은 지식의 터득보다는 자신을 반성하는 일에서 오는 것이 많다.

8. 4효 : '임'의 목적은 위에서 아래로 사랑을 베푸는 것에 있다

六四는 **至臨**이니 **无咎**하니라
육사 지림 무구

象曰 至臨无咎는 **位當也**일새라
상왈 지림무구 위당야

육사는 지극하게 임함이니, 허물이 없다. 상전에 이르기를 '지극하게 임함이 허물이 없다'는 것은 그 위치가 마땅하기 때문이다.

3효는 하괘의 끝자락에서 초효와 2효에 직접 대응하지 못한다. 단지 이웃에 있다는 이유 하나만으로 달콤한 말로 속삭이는 모습이다. 4효는 음이 음위에 있을 뿐만 아니라, 초효와도 잘 대응한다. 4효는 상괘의 아래에 있으면서도 지극 정성의 마음으로 이웃을 살피고 있다. 그래서 '지극한 임[至臨]'이라고 한 것이다.

임함[臨]의 궁극 목적은 위로 올라가 군림하는 것이 아니라, 위에서 밑으로 내려와 아랫사람들에게 서비스 정신을 발휘하는 것에 있다. 아랫사람이 윗사람을 높이는 것은 아무나 한다. 하지만 윗사람이 아랫사람을 섬기는 일은 아무나 못한다. 오로지 아랫사람의 신임을 얻었을 때, 비로소 지도자의 자격을 갖출 수 있기 때문이다.

지극하게 임하다의 '지至'는 「단전」에서 말하는 '8월에 이르러 흉이 있다[至于八月有凶]'의 '이르다[至]'와 세팅해서 이해해야 한다. '이를 지至'는 새가 높은 곳에서 날다가 땅으로 내려오는 모습을 나타내는 글자다. 그것은 어둠의 달빛이 연못의 음 기운에 이르러 소멸됨을 가리키고, '지림'은 곤坤의 음 기운이 아래로 내려와 초효의 양 기운과 서로 마주치는 모습을 형상화한 것이다. '임하다'의 본질적 의미는 4효가 초효에, 위에서 아래로, 귀함에서 천함으로, 높은 곳에서 낮은 곳으로 임하여 어진 자를 존중하는 태도를 일컫는다. 그러니까 허물이 없는 것이다.

'임함'의 목적은 군림하는 것이 아니라, 힘든 사람을 사랑으로 포용하는 것에 있다.

9. 5효 : 과거에 발목 잡혀서는 곤란하다

六五는 **知臨**이니 **大君之宜**니 **吉**하니라
육오 지림 대군지의 길
象曰 大君之宜는 **行中之謂也**라
상왈 대군지의 행중지위야

육오는 지혜롭게 임함이니, 대군이 마땅하므로 길하다. 상전에 이르기를 '대군의 마땅함'은 중도를 실천하는 것을 이른다.

5효는 음이 양위에 있으나, 상괘의 중용을 얻었고, 또한 양인 2효와도 찰떡 궁합처럼 상응한다. 5효는 대군이다. 대군은 인재를 발탁한 다음에 적재적소에 배치하여 그 능력을 극대화하는 지도자다. 각 분야는 전문가에게 맡기고 자신은 지혜롭게 그들을 통솔하면 된다.[8] 선임하사가 할 일을 사단장이 직접 챙기면 부하들은 할 일이 없다. 사단장은 전략을, 연대장과 대대장은 전술을, 중대장과 선임하사는 전투에 충실하면 된다.

대군은 과거에 얽매어서는 안 된다. 미래를 앞서 내다보는 지혜로운 통찰력이 있어야 한다. 지혜로운 자는 친인척을 등용하지 않는다. 능력의 여하에 따라 인재를 발탁하고 그들의 재능이 꽃피울 수 있도록 뒷바라지 하면 된다. 대군은 능력이 뛰어난 2효 신하에게 임무를 맡긴다. 이것이 바로 밝은 지혜로 천하에 임하는 방법이다.

2효와 5효가 상응하는 모습이 참으로 보기 좋다. 2효는 하괘에서 양이 음위에 있으나 중용을 얻어 아름답고, 5효는 상괘에서 음이 양위에 있으

8) 朱子는 지도자의 인재 등용의 중요성을 다음과 같이 말한다. "(육오는) 부드러움으로 (中의) 본체에 거하고, 아래로 구이에 상응하여 스스로 지혜를 쓰지 않고 남에게 맡기니, 이는 지혜로운 일로 대군의 마땅함이니 길한 도이다.[以柔居體, 下應九二, 不自用而任人, 乃知之事而大君之宜, 吉之道也.]"(『周易本義』)

나 중용을 얻어 멋있다. 대군과 신하가 각각 중용을 실행하므로 그 아름다운 조화는 한이 없다.

지도자는 미래를 앞서 내다보는 통찰력이 있어야 한다.

10. 상효: 만물을 두루 포용하는 땅의 지극함

上六은 **敦臨**이니 **吉**하여 **无咎**하니라
상육 돈림 길 무구

象曰 敦臨之吉은 **志在內也**라
상왈 돈림지길 지재내야

상육은 돈독하게 임함이니, 길하여 허물이 없다. 상전에 이르기를 '돈독하게 임함이니, 길하여 허물이 없다'는 것은 뜻이 안에 있는 것이다.

상효는 상괘의 끝에 있다. 상괘는 곤(☷)의 덕이 두터움을 상징한다. 그래서 모든 일에 순응하고 포용하는 극진한 덕[敦]이 등장하는 것이다. 초효와 2효는 사회를 도덕화하며[咸], 3효는 부당한 위치이지만 양들과 가까이 있으므로 '허물이 없다'고 했다. 4효는 초효와 상응하므로 '지림至臨'이라 했으며, 5효와 2효는 지혜로운 관계라 했으며, 상효는 3효와 상응하지 않으나, 초효와 2효가 깊숙한 자리에 있는 것을 깨닫고 자신의 덕을 두텁게 쌓는 모습을 나타낸다.

임괘는 아래에 양이 두 개, 그 위로는 음이 네 개 있다. 그것은 지천태괘地天泰卦(䷊)의 바로 전 단계라고 할 수 있다. 태괘는 창조적 변화에 의해 천지가 '재'창조됨을 시사한다. 서양 기독교에서는 절대주의 아들, 즉 예수가 다시 강림한다는 '재림再臨'을 강조했다. 이런 의미에서 임괘는 새로운 세상을 만들기 위해 천지를 주재하는 절대주의 직접 강세를 암시하는 대목이라고 해도 지나친 말은 아닐 것이다.

상효는 모든 일에 순응하고 포용하는 곤괘의 덕을 찬양한다. 깊숙한 곳

에 자신의 덕을 두텁게 쌓아 생명을 일궈내는 땅은 위대하고 지극하다.

정역사상의 연구자 이상룡李象龍은 임괘의 성격을 다음과 설명한다.

䷒臨은 二陽이 長而大니 故로 在文爲人臣品하고
임 이양 장이대 고 재문위인신품
示陽之臨陰하며 卽人臣之品을 尊者가 臨下之義라
시양지임음 즉인신지품 존자 임하지의
故로 說文曰以尊適卑하고 又莅也監也라 하니라
고 설문왈이존적비 우이야감야
盖其音義從監字來니라 爲卦澤上有地하고 地皆臨水니
개기음의종감자래 위괘택상유지 지개임수
水皆灌地而耕食之象也라 且禮之大者莫如君臨天下니
수개관지이경식지상야 차예지대자막여군림천하
故로 次於履也라
고 차어리야

임은 두 양이 자라 커지므로 글자로는 신하의 품격이 되어 양이 음에 임하는 것을 보여준다. 즉 신하의 품격에 높은 사람이 아래로 임하는 뜻이기 때문에 『설문』은 "높은 사람이 낮은 사람에게 간다, 또는 다다르고 살핀다"고 말했던 것이다. 대개 음과 뜻이 볼 감監 자에서 온 것이다. 괘의 형성은 연못 위에 땅이 있고, 땅에 물이 임했으니, 물을 땅에 대어 먹거리를 경작하는 모습이다. 또한 예의 중대함이 임금이 천하에 임하는 것보다 큰 것이 없으므로 리괘 다음이 된 것이다.

彖曰 臨, 元亨, 利貞은 上帝臨予心하여 必貞正也오 至于八月,
단왈 임 원형 이정 상제임여심 필정정야 지우팔월
有凶은 八風風物하여 及其快也라
유흉 팔풍풍물 급기쾌야

단전 "크게 형통하고 올바름이 이롭다"는 것은 상제가 나의 마음에 임하여 반드시 옳게 된다는 것이요, "8월에 이르면 흉이 있을 것이다"라는 것은 8풍이 풍속을 변하게 하여 기쁜 경지에 이른다는 뜻이다.

象曰 君子以, 敎思无窮, 容保民, 无疆은 君天下之大道也라
상왈 군자이 교사무궁 용보민 무강 군천자지대도야

상전 "군자는 이를 본받아 가르치려는 생각이 다함이 없으며, 백성을 용납하여 보존함이 지경이 없다"는 것은 천하 대도의 주권자라는 뜻이다.

初九, 咸臨, 貞, 吉은 壬水比化하여 可以灌根也라
초구 함림 정 길 임수비화 가이관근야

초효 "느껴서 임함이니, 올바르게 하여 길하다"는 것은 북방의 임수壬水가 친근하게 조화하여 뿌리에 물댈 수 있다는 뜻이다.

九二, 咸臨, 吉, 无不利는 地无隱球하니 民食无量也라
구이 함림 길 무불리 지무은구 민식무량야

2효 "느껴서 임함이니 길하여 이롭지 않음이 없을 것이다"라는 말은 땅은 사사롭게 둥글지 않기 때문에 먹거리가 무궁하다는 뜻이다.

六三, 甘臨, 无攸利, 旣憂之, 无咨(咎)는 言之不信하고
육삼 감림 무유리 기우지 무자 구 언지불신
憂之有紓也라
우지유서야

3효 "달콤함으로 임함이다. 이로운 바가 없으니, 이미 근심한다. 허물이 없을 것이다"라는 것은 말에 믿음이 없고 근심이 느슨하다는 뜻이다.

六四, 至臨, 无咎는 承天寵育下民也라
육사 지림 무구 승천총육하민야

4효 "지극하게 임함이니 허물이 없다"는 말은 하늘의 사랑을 이어받아 백성을 기른다는 것이다.

六五, 知臨, 大君之宜, 吉은 君臨萬邦하니 易得正也라
육오 지림 대군지의 길 군림만방 이득정야

5효 "지혜롭게 임함이니 대군이 마땅하므로 길하다"는 말은 만방에 주권으로 임하므로 쉽게 올바름을 얻는다는 것이다.

上六, 敦臨, 吉, 无咎는 極其坤厚之德也라
상육 돈림 길 무구 극기곤후지덕야

상효 "돈독하게 임함이니 길하여 허물이 없다"는 말은 곤의 덕이 극한으로 두터운 것을 뜻한다.

풍지관괘
風 地 觀 卦

깨달음의 극치

1. 궁극적 깨달음의 눈 : 관괘

정이천은 지택림괘地澤臨卦(䷒) 다음에 풍지관괘風地觀卦(䷓)가 오는 이유를 다음과 같이 말한다.

> 觀은 序卦에 臨者는 大也니 物大然後可觀이라
> 관 서괘 임자 대야 물대연후가관
> 故受之以觀이라 하니 觀所以次臨也라
> 고수지이관 관소이차림야
> 凡觀은 視於物則爲觀이오 爲觀於下則爲觀이니
> 범관 시어물즉위관 위관어하즉위관
> 如樓觀을 謂之觀者는 爲觀於下也라 人君이 上觀天道하고
> 여누관 위지관자 위관어하야 인군 상관천도
> 下觀民俗則爲觀이오 修德行政하여 爲民瞻仰則爲觀이라
> 하관민속즉위관 수덕행정 위민첨앙즉위관
> 風行地上하여 偏觸萬類는 周觀之象也오 二陽在上하고
> 풍행지상 편촉만류 주관지상야 이양재상
> 四陰在下하여 陽剛居尊하여 爲群下所觀은 仰觀之義也라
> 사음재하 양강거존 위군하소관 앙관지의야
> 在諸爻則唯取觀見하니 隨時爲義也라
> 재제효즉유취관견 수시위의야
>
> "관괘는 「서괘전」에 '임은 큼(위대함)이니, 사물이 큰 뒤에 가히 볼 수 있는 까닭에 관괘로 이어받는다'고 했으니 관괘가 임괘 다음이 된 것이다. 대저 관은 사물을 보면 보는 것이 되고, 아래에 보여줌이 되면 보여줌이 되니 마치 누관을 관이라 이르는 것은 아래에 보여줌이 되기 때문이다. 인군이 위로 천도를 보고 아래로 민속을 보면 봄이 되는 것이요, 덕을 닦고 정치를 행하여 백성들이 우러러보는 바가 되면 보여줌이 되는 것이다. 바람이 땅 위에 행하여 만물을 두루 접촉함은 두루 보는 상이요, 두 개의 양이 위에 있고 네 개의 양은 아래에 있어 양강이 존귀한 위치에 존재하여 여러 아랫사람들에게 보임이 됨은 우러러보는 뜻이다. 여러 효에서 오직 보는 뜻만

을 취했으니, 때에 따라 뜻을 삼은 것이다."

관괘는 위에 바람이 있고, 아래에는 땅이 있다. 땅 위에 바람이 불어 무언가 시원한 느낌을 준다. 바람은 이곳에서 저곳으로 궁금한 소식을 전해주는 편지이다. 바람은 살아 있는 에너지를 전달하는 공급책이다. 땅은 넓은 가슴으로 만물을 포용하는 생명의 어머니이다. 바람은 위에서 아래로 멀리 내려다보면서 교감의 신호를 보낸다. 바람과 땅이 서로 마주보며 깨달음의 미소를 짓는다.

관觀은 부엉새[雚]가 어두컴컴한 밤에도 주위를 훤히 꿰뚫어본다는 글자이다. '본다[觀]'에는 눈으로 직접 사물을 분간한다거나 감각적 경험에 의해 사물을 직시한다는 뜻과, 현상 너머에 존재하는 사물의 본질을 본다는 두 가지 뜻이 있다. 이 세계는 보이는 경험의 세계와 경험을 초월한 세계로 구성되어 있다. 전자는 눈에 보이는 현상의 세계요, 후자는 눈에 보이지 않는 실재의 세계이다. 감각으로 포착되는 경험의 세계, 고도의 이성적 판단력에 의해서만 인식할 수 있는 이원적 구조로 세계가 이루어졌다는 것이 곧 플라톤 이래 서양 철학의 흐름이다.

하지만 관괘는 시각적으로 본다(see)는 견見을 쓰지 않고, 사물의 본질을 직시한다는 각覺의 의미가 더욱 강하다. 다만 『주역』에서 말하는 '깨닫다'는 불교가 강조하는 내면의 풀무집에 있는 마음만을 고집하지 않고, 대상과 주체가 일체화되는 경지 즉 진리의 원형 자체를 직감한다는 의미로 사용되었다. 형이하학과 형이상학의 범주를 통합하는 인식의 총합체가 바로 『주역』에서 말하는 깨달음의 극치인 관觀이다.

하이젠베르그의 불확정성의 원리와 슈레딩거의 양자 역학에 의하면 주체와 객체, 파동과 입자, 마음과 육체, 정신과 물질 사이에 존재하는 가상의 분할이라는 '이원론 포기하기'는 새로운 현대 물리학이 거둔 업적이다. 베르너 하이젠베르그의 결론은 아주 명백하다. "세상은 주체와 객체, 내부 세계와 외부 세계, 육체와 영혼으로 나누는 행위는 더 이상 적절하지 못하고 어려움만을 야기할 뿐이다." 양자 물리학은 정신 대 물질이라는 이원론을 채택하여 파멸의 끝까지 갔다. 거기에서 이원론은 사라졌다.

앞과 뒤가 한몸에 대한 서로 다른 시각처럼 주체와 객체, 정신과 육체, 에너지와 물질은 하나의 진실로 접근하는 두 가지 방법일 뿐이다. '하나'는 사라지고 '둘'만 판친다. 진리는 모순으로 고통받고 있다. '하나에서 두 세계를 창조하기'의 기초는 바로 주체가 객체로부터 근본적으로 분리되고 별개라는 이원론적 착각 때문이다. 그러니까 본질은 사라지고 상징, 개념, 관념, 이론, 이념이 그 자리를 대신하였다. 예컨대 한반도는 김정호가 힘들게 만든 대동여지도가 아니듯 말이다. 우리는 결국 개념과 관념에 대한 개념과 관념만을 분석하고 종합했던 것이다. 관념에 중독되었다는 말이다.

관념의 세계에서 일자는 양자를 낳고 다자를 낳는다. "하나의 세계로부터 두 개의 세계를 창조하여 우주가 스스로에게 오류를 범하게 만든다. 이런 앎의 과정은 심하게 추상화되고 상징화된 우주가 실재 우주와 혼동될 때 두 배로 훼손된다. 물리적 세상이 근저에는 확실성의 약속이 아닌 불확실성의 원리가, 정신적 세상의 근저에는 불완전성의 정리가 놓여 있음을 발견할 수 있다. 요컨대 '모든 관찰은 실재를 방해한다.' 그것이 이원론적 지식의 특징이다."[1)]

1) 켄 윌버/박정숙, 『의식의 스펙트럼』(서울: 범양사, 2006), 61-83쪽 참조. "이원론적 지식은 서양철학, 신학, 과학의 토대 바로 그것이다. 오늘날 여전히 논의되는 위대한 철학의 주제 대부분은 고대 그리스 철학자들이 만들어놓은 것이다. 여기에는 '논리학'이라 불리는 진실 대 거짓의 이원론, '윤리학'이라 불리는 선 대 악의 이원론, '인식론'이라 불리는 외관 대 실재의 이원론이 있다. 그리스인들은 또한 '존재론'이라는 광범위한 연구를 시작했다. 그것은 우주의 궁극적인 본질과 존재를 연구하는 학문이다. 초기 질문은 일자 대 다자, 혼돈 대 질서, 단순함과 복잡함 같은 이원론에 집중되었다. 이런 이원론에 탄탄하게 기초하여 서양 사상은 독자적인 사상을 만들어내기 시작했다. 본능 대 지성, 파장 대 입자, 실증주의 대 이상주의, 물질 대 에너지, 테제 대 안티테제, 정신 대 육체, 행동주의 대 활력주의, 운명 대 자유 의지, 공간 대 시간 등 그 예는 끝도 없다. 따라서 화이트헤드는 서양철학이란 플파톤 사상에 대한 정교한 각주라고까지 주장했다. 이원론 또는 '나누고 정복하자(divide-and-conqer)'는 접근법이 너무도 파괴적

불교에는 관세음보살觀世音菩薩이 있다. 고통의 바다에서 허우적거리는 중생이 '관세음보살'을 부르면 대자대비를 내리고 해탈을 시켜준다는 구원관이 있다. 관세음보살은 세상의 모든 소리를 듣는다는 뜻으로 관세음보살은 중생을 보살피고 제도한다. 관세음보살은 좋고 나쁜 소리, 괴롭고 기쁜 광경 등을 가리지 않는다. 중생의 소망과 원망을 있는 그대로를 보고 들어서 세상의 괴로움을 해소시켜 준다.

인류 지성사에 나타난 각종 인식론의 특징은 생각에 대한 생각, 생각에 대한 생각에 대한 생각의 무한대로 확장된다. 그것은 단어들의 패턴의 전달인 언어적 의사 소통은 궁극적으로 '환영의 거울에 비친 실재의 영상'일 따름이다. 상징의 첫 번째 유형은 선형線形이고 1차원적이고 분석적이며 대개 논리적이다. 그것은 과학 저널, 법률 논문, 대부분의 철학적 저서에서 발견된다. 그 안에는 일련의 정확하게 정의된 상징들이 시스템의 독특한 구문에 따라 '줄로' 나란히 늘어서 있다. 그것은 우주의 거대한 '복잡함'을 단순한 줄로 부수고, 실재를 조금씩 소화하기 때문이다.

상징적 설명의 두 번째 기본 유형은 일반적으로 '상상적'이라고 알고 있는 것이다. 그것은 그림으로 나타나며 다차원적이다. 그것은 예술적 표현, 신화, 시, 상상, 꿈의 중심에 놓여 있다. 이 둘은 매우 강력하여 절대적인 것을 효과적으로 암시하거나 지적할 수 있는 단정적이고 제한된 특성을 이용한다. 이런 특성들은 보통 전능, 무소부재, 전지, 무한한 존재, 지복, 최고의 지혜의 사랑, 무한한 의식 등등 같은 것들이다. 예외 없이 종교적인 아이콘, 그림, 십자가, 만다라, 신화적 상상과 설명 등등의 상상적인 유형을 동반한다.

이외에도 실재를 철저하게 부정적인 방법으로 묘사한다. 토마스 아퀴나스가 지적했듯이 "우리는 제거라는 방법을 통해 앞으로 나아가야 한다. 광

인 주요 이유 중 하나는 이원주의의 오류가 관념의 근간을 형성했기 때문이다. …세상의 근본에는 불확정성 원칙, 정신 세계의 밑바닥에는 불완성의 정리가 존재한다."(같은 책, 52-53쪽)

대한 신은 우리의 지성이 만들어낼 수 있는 모든 개념을 능가하기 때문이다." 베단타에서 이것은 '네티, 네티(neti, neti: 그렇지 않다, 그렇지 않다)'란 단어로 표현된다. 즉 절대자는 '이것도 아니고 저것도 아니고', 어떤 특징한 생각이나 사물이 아닌 '근원적인 실재'라는 것이다. 순야타는 텅 비고 특색 없는 무가치한 것을 뜻하는 것이 아니라 절대적인 것에 관하여 직접적으로 설명하려고 할 때마다 반드시 무엇인가에 관하여 설명에 대한 설명에 대한 설명에 대한 설명을 해야 하는 악순환에 빠지게 된다는 사실을 깨닫게 된다는 뜻이다. 실재는 공空이다. 실재는 개념적 설명이 없기 때문이다. 임제臨濟(? - 807)는 물었다. "아무리 뛰어나다 할지라도 단어와 이름만을 찾게 될 것이다. 당신은 절대로 (실재에) 도달하지 못할 것이다. 실수하지 말라."[2)]

『주역』에서 말하는 진리의 문제는 '본다[觀]'와 직접 연관된 인식론적 문제라기보다는 오히려 믿음[孚]과 결부된 종교와 윤리의 문제이다. 동양의 종교는 기독교처럼 어떤 절대자를 전제한 강압적 형태로 나타나지 않았다. 믿음은 생명의 본원인 하늘을 숭배하는 제사의 형태에 보존되어 있다. 하늘은 절대 복종의 대상이 아니라, 나와 '믿음[孚]'을 통하여 의사 소통이 가능하다는 발상이 전제되어 있다.

2. 관괘 : 믿음은 종교 의례의 으뜸가는 덕목

觀은 **盥而不薦**이면 **有孚**하여 **顒若**하리라
관 관이불천 유부 옹약

관은 손을 깨끗이 씻고서 제물을 올리지 않으면, 믿음을 두어서 우러러 보리라.

'관盥'은 대야, 손씻다, 세수하다는 뜻이다. 관盥은 제사지내기 전에 정성스런 마음으로 손을 씻는 행위를 가리킨다. 단순히 손만 씻는 것이 아니

2) 같은 책, 92-95쪽 참조.

라 절대자에 대한 공경심을 나타내기 위해 마음을 깨끗하게 씻는 것을 말한다. 마음이 깨끗하지 못하면 절대자를 만날 수 없다. 절대자는 마음이 깨끗한 사람 앞에만 자신을 드러내기 때문에 '믿음'은 항상 종교적 의례의 으뜸가는 덕목인 것이다.

신은 꽃향기와 제물을 좋아한다. 사람은 이름으로 자신을 드러내고, 나무는 열매와 꽃으로 자신을 뽐낸다. 신 역시 풍성하고 잘 익은 제물을 좋아하기 때문에 술과 꽃을 좋아하는 것이다. '천薦'은 제물을 신에게 헌상한다는 말이다. 옛날에는 술을 빚을 때, 독특한 향기를 피우는 울창鬱鬯이라는 향초를 넣은 울창주鬱鬯酒를 만들어 땅에 뿌린 다음에 제물을 신에게 바쳤다. 울창주를 바치기 전에 손을 씻고 대지신에게 신고한 뒤에 제사상을 차렸던 것이다. '관이불천盥而不薦'이란 손을 씻고 제물을 바치기 전이야말로 신에 대한 경건한 마음이 가장 지극하다는 것을 뜻한다. 불천은 마음이 변하지 않는다는 것이지, 제물을 바치지 않는다는 의미가 아니다.

특히 기복 신앙에서 말하는 신앙의 댓가로 주어지는 '복을 받기 이전'을 가리키는 것은 더더욱 아니다. 이 대목의 핵심은 손을 깨끗이 씻고[盥], 정성스레 마련한 제물을 바치고[薦], 믿음을 간직하고[孚], 머리를 땅에 조아리는[顒] 태도에 달려 있다. 온갖 화려하고 풍성한 제물을 바치는 것이 제사의 시작과 끝이 아니라, 오히려 경건한 마음과 믿음을 갖추는 것이 최상이다.

이처럼 관괘는 엄숙하고 숭고한 종교적인 의례와 맑고 깨끗한 마음씨를 강조하고 있다. 그것은 '교화[化]'의 원칙에 잘 나타나 있다. 교화는 형식화된 방법으로 이루어지는 것이 아니다. 오로지 정성과 경건한 믿음이 전제되어 있다. 윗사람이 불순한 마음으로 행동을 한다면 아무도 따르지 않을 것이다. '옹顒'은 원래 머리를 조아린다는 뜻으로 힘이나 권력 앞에 잠시 고개를 숙이는 것이 아니라, 진정한 마음에서 우러나오는 복종[心服]을 일컫는다. 제사지내는 사람과 제사의 대상이 완전히 일치한 감응의 상태가 바로 신인상감神人相感의 경계인 것이다. 따라서 '본다[觀]'은 시각적으로 들여다본다[知]는 것 이외에도 느낌(feeling)으로 주객이 완전히 일치[通]함을 뜻한다.

최상의 감응은 신과 인간이 하나로 만나는 경지[神人相感]이다.

3. 단전 : 신도는 주역 사상의 최고 원리

彖曰 大觀으로 **在上**하여 **順而巽**하고 **中正**으로 **以觀天下**니
단왈 대관 재상 순이손 중정 이관천하
觀盥而不薦有孚顒若은 **下觀而化也**라 **觀天之神道而**
관관이불천유부옹약 하관이화야 관천지신도이
四時不忒하니 **聖人以神道設教而天下服矣**니라
사시불특 성인이신도설교이천하복의

단전에 이르기를 "크게 봄으로 위에 있어서, 순응하여 겸손하고 중정으로 천하를 봄이니 '관은 손을 깨끗이 씻고서 제물을 올리지 않으면, 믿음을 두어서 우러러보리라'는 아래가 보아서 화함이다. 하늘의 신도를 봄에 사시가 어긋나지 않으니 성인이 신도로써 가르침을 베풂에 천하가 복종하는 것이다."

관괘에는 유독 하늘의 덕성인 원형이정이 등장하지 않는다. 하늘은 스스로를 드러내는 것이 아니라 신으로써 자신을 간접적으로 드러내기 때문이다. 여기서 바로 '신도神道'가 부각되는 것이다. 대부분의 번역들은 한결같이 하늘의 법칙의 신묘성으로 풀이하고 있다. 즉 하늘의 법칙은 인간의 언어로 규정된 지성을 초월한다는 신비적인 해석에 그치고 있다. 특히 성리학에서는 '음양불측지위신陰陽不測之謂神'라는 명제에 빗대어 음양 법칙의 합리성으로 인식하여 아래 구절의 '사시가 어긋나지 않는다[四時不忒]'는 원칙에서만 풀이하고 있다.

동양에서 말하는 '신神'은 하늘의 인격성, 절대자 하느님의 의지, 변화를

일으키는 신의 공능, 인간의 영묘한 내면성이라는 다양한 뜻이 있다. 신도를 문자 그대로 해석하면, "하늘은 신으로 만물을 화생시킨다"일 것이다. 이 문장에서는 '천天 = 신도神道 = 사시불특四時不忒'라는 등식이 성립하는 점에 주목하자. 하늘은 신도로 움직인다는 것이다. 다만 합리성으로 무장한 성리학은 음양오행의 원리를 벗어난 이치는 받아들이지 않는 까닭에 자연을 이루고 있는 신, 신명을 인정하지 않는다는 점이다. '음양불측지위신陰陽不測之謂神'에 나타난 바와 같이 신도는 형이상학적 원리이다.

그러면 말 없이 움직이는 신도의 실체는 무엇인가? 신도는 두 얼굴로 존재한다. 동양 시간론의 입장에서 신도는 하도낙서 원리가 대변한다. 하도낙서의 주제는 선후천변화 원리이다. 낙서는 선천, 하도는 후천의 원리이다. 신도는 음양의 분리와 통합으로 운행한다. 분리는 음양의 불균형으로 말미암아 윤력閏曆이라는 캘린더를 형성하고, 통합은 음양의 균형으로 말미암아 형성되는 정력正曆이다. 그래서 관괘는 '사시가 어긋나지 않는다'고 단언했던 것이다. 이처럼 신도에 대한 전면적인 재해석이 요구되는 것이다.

곧이어 성인은 하도낙서 원리에 입각한 신도[3]로 인류를 가르친다고 했다. 신도는 지공무사하다. 세상에는 인간의 감각 능력으로 다 포착할 수 없는 것이 존재한다. 이 세상은 보이는 세계와 보이지 않는 세계로 구성되어 있다. 전자가 인간계라면, 후자는 신명계이다. 이 두 세계는 서로 음양짝으로 존재하며, 그 기능을 서로 주고받는다. 현실적으로 존재하는 모든 생명체는 신도의 손길로 태어나며, 신도와의 끊임없는 교섭을 통해 생명을 유지한다. 신도는 천지인 삼계에 두루 편재한다.[4] 신도는 하늘이 만물

3) 『周易』 「繫辭傳」 상편 11장, "天生神物, 聖人則之, 天地變化, 聖人效之, 天垂象見吉凶, 聖人象之, 河出圖, 洛出書, 聖人則之." 여기서 하늘이 내린 신물이 바로 하도낙서이다. 그것은 천지의 변화를 밝히는 데에 있다. 그래서 성인은 가장 먼저 하도낙서의 원리를 본받았다고 했던 것이다.

4) "천지간에 가득 찬 것이 신(神)이니, 풀잎 하나라도 신이 떠나면 마르고 흙 바른 벽이라도

을 경영하는 방법이다.

신도는 모든 생명 현상을 주관하는 활력소이며, 천지 속에 깃들어 있는 영성의 실체가 바로 신神이다. 우주에 가득 찬 신도의 현현顯現이 곧 만물인 것이다. 신은 생명계의 중심에 살아 있다. 인간은 온 천지에 충만한 신과 더부살이하는 존재이다. 신은 조화요, 모든 존재의 근원이다. 하늘과 땅의 모든 곳에는 신성이 깃들어 있다. 이는 깨달음의 노른자인 관괘의 핵심이기도 하다. 신도는 인간의 이성적 지혜만으로 포착되지 않는 초합리의 세계이다. 예컨대 우레라는 자연 현상은 과학적으로 음전하와 양전하가 만났을 때 일어나는 방전 현상이다. 하지만 우레를 일으키는 보이지 않는 또 하나의 손길이 있다. 그것이 바로 신도이다. 이는 기존의 관념론이나 종교가들이 외친 주장과는 근본적으로 다른 해석이다.

단전은 『주역』의 핵심인 '중정中正'을 제시한다. 중은 세계의 본원, 정은 중이 세상에 전개되어 제대로 돌아가는 가치론적 개념이다. 그렇다고 중은 절대 불변의 부동자가 아니다. 중[5]은 역동적으로 움직이면서 다른 모든 것들로 하여금 제자리를 잡도록 하는 천지의 심장이다. 그러니까 인간은 마음의 중심을 잡고 거짓 없이 정직하게 사는 것이 참된 인생살이인 것이다.

공자는 「단전」을 통해 신도(종교)와 중정中正(윤리)을 결합시켜 유교의 성격을 정립하였다.

신이 떠나면 무너지고, 손톱 밑에 가시 하나 드는 것도 신이 들어서 되느니라. 신이 없는 곳이 없고 신이 하지 않는 일이 없느니라."(『도전』, 4:62:4-6)

5) 체조 선수 김연아는 가부좌 틀고 연기하는 요가 수행자가 아니다. 그는 움직이면서 역동적인 연기를 펼친다. 중심을 잡지 못하면 금방 엉덩방아를 찧고만다. 실제로 움직이면서 균형을 잡는 행위가 '중'이라면, '정'은 연기자인 김연아가 능력을 발휘하는 일체 스케이팅의 예술적인 스포츠를 가리킨다. 중과 정은 따로따로 놀지 않는다. 중은 정을 통해 드러나고, 정은 중을 근거로 움직인다. 이들의 결합이 『주역』이 지향하는 최고의 경지인 것이다.

4. 상전 : 자연의 몸짓과 백성의 소리는 둘이 아니다

象曰 風行地上이 **觀**이니 **先王**이 **以**하여 **省方觀民**하여
상왈 풍행지상 관 선왕 이 성방관민
設敎하니라
설교

상전에 이르기를 바람이 땅 위에서 움직이는 것이 관이니, 선왕은 이를 본받아 방소를 살피고 백성을 보아서 가르침을 베푼다.

한민족의 특성은 '신바람[神風]'[6]이다. 바람의 움직임이 곧 신이라는 것이다. 바람은 세상 곳곳에 스며들어 바람들게 만든다. 바람이 들면 심성이 변화하는 까닭에 관괘는 교육 철학을 강조하고 있다. 바람은 이곳에서 저곳으로 생명 에너지를 전달한다. 생명 에너지에 좌우되지 않는 존재는 어디에도 없다. 성인은 바람을 일으키는 하늘의 원리를 깨달은 바대로 백성을 가르치면 된다.

옛날의 왕들은 민정 시찰을 통해 백성의 살림살이를 살폈다. 민중의 소리를 들었다는 것이다. 백성의 아픔은 나라의 아픔이고, 백성의 기쁨은 나라의 행복이다. 불행과 행복의 기준은 언제나 백성에 있다. 위정자의 편의에 따라 정치가 지배되는 것이 아니라, 민중의 소망에 따라 정책이 실현되어야 한다. 그래서 고대인의 삶이 반영된 『시경』에는 「국풍國風」, 「패풍邶風」, 「위풍衛風」, 「왕풍王風」 「정풍鄭風」, 「제풍齊風」, 「위풍魏風」, 「당풍唐風」, 「진풍秦風」, 「회풍檜風」, 「조풍曹風」, 「빈풍豳風」 등이 있다. 지도자는 백성들의 삶의 애환을 항상 체크하여 국정에 참고함으로써 복지에 힘썼다는 사실을 증거하고 있다. 온 나라를 순행하거나, 유행가 가사에 나타난 백성들의 바램을 읽어내 '바람의 정치'를 구현했던 것이다.

---

6) 한민족만큼 바람을 좋아하는 종족도 없다. 바람의 아들이라 해도 틀리지 않는다. 바람핀다, 바람맞는다, 바람쟁이, 청'풍'명월 등 시와 소설과 철학적 사유 곳곳에 등장하지 않는 분야가 없을 정도로 바람은 한민족의 정서를 대변한다.

송나라의 장횡거는 유학의 근본정신에 입각하여 지식인의 사명을 밝히고 있다. "천지를 위해서 마음을 세우고, 백성을 위해서 진리를 세우고, 옛 성인을 위해서 끊어진 학문을 잇고, 만세를 위해서 태평을 연다."[7] 정치는 입신양명의 수단이 아니라 생명의 본원인 천지에 보답하는 것이고, 백성들의 염원을 성취하는 두 마리 토끼를 잡는 험난한 길임에 분명하다. 이런 인식은 누구도 쉽게 할 수 있으나, 그것을 실천하기는 매우 어렵다는 사실은 지나온 역사가 증명하고도 남는다. 인식과 실천은 별개라는 말이다. 오죽하면 유학이 '지행합일知行合一'을 강조했겠는가.

바람이 땅 위에 부드럽게 부는 자연의 몸짓과 민중의 소리는 둘이 아니다. 둘이 아닌 것을 부정하는 것이 곧 천지에 대한 불경죄요, 민중의 여망을 떨쳐버리는 행위이다. 『주역』은 천지의 뜻을 거스르지 않고 사람들의 아우성을 듣고 살아가는 것이 가장 간편하고 편안한 삶이라고 가르치고 있다.

위정자여! '바람'의 정치를 시행하라.

5. 초효 : 눈앞의 이익에 매달리지 말라!

初六은 **童觀**이니 **小人**은 **无咎**요 **君子**는 **吝**이니라
초육 동관 소인 무구 군자 인
象曰 初六童觀은 **小人道也**라
상왈 초육동관 소인도야

초육은 어린아이가 보는 것이니, 소인은 허물이 없고 군자는 인색하다.
상전에 이르기를 '초육은 어린아이가 보는 것'은 소인의 도이다.

초효는 음이 양 자리에 있고[不正], 하괘의 중도 아니다[不中]. 여기서 말하는 어린아이는 소인과 전혀 다를 바 없다. 어린아이의 소견은 짧고 좁

7) 『近思錄』2, "爲天地立心, 爲生民立道, 爲去聖繼絶學, 爲世開太平."

다. 앞날을 내다보는 식견보다는 눈앞의 시야에만 매달린다. 종합적이지 못하고 단편적이다. 남보다는 자기를 앞세우는 까닭에 무척 이기적 판단에만 의존한다.

하지만 어린아이는 세속적 가치에 물들지 않는 순수성은 있다. 그러니까 어린아이 같은 소인에게는 허물이 없다. 간장 종재기처럼 그릇이 작은 소인은 단지 어린아이라는 이유 하나만으로도 큰 허물을 짓지 않으나, 군자일 경우는 다르다. 군자이면서 소견이 작다면 사태는 매우 심각하다. 그것은 사회를 오염시키기 때문에 반드시 허물이 뒤따를 수밖에 없는 것이다.

어린아이가 모르고 저지르는 죄는 용서될 수 있지만, 알면서 고의로 저지른 죄는 그 대가가 혹독하다. 미숙한 눈으로 보는 세상은 좁다. 나이를 먹은 만큼 어른은 마땅히 어른답게 행동해야 옳다. 스스로 깨어나면 병아리가 될 수 있으나 스스로 깨어나지 못하면 어둠 속을 헤매다 계란 프라이 신세가 되고 만다. 초효는 마음의 눈을 크게 뜨고 세상을 바라봐야 한다고 가르친다.

스스로 깨어나면 병아리가 될 수 있으나, 남에게 깨트려지면 계란 프라이 신세를 면하지 못한다.

6. 2효 : 세상과 단절하지 말고 친숙하라

六二는 **窺觀**이니 **利女貞**하니라
육 이　규 관　　이 여 정

象曰 窺觀女貞이 **亦可醜也**니라
상 왈 규 관 여 정　　역 가 추 야

육이는 엿보는 것이니, 여자의 올바름이 이롭다. 상전에 이르기를 '엿보는 것이니 여자의 올바름이다'라는 것 역시 추한 것이다.

육이는 음이 음 자리에 있고[正], 하괘의 중앙[中]에 있는 형상이다. 더욱이 5효와는 아주 이상적인 결합이다. 하지만 닫힌 공간에 파묻혀 있는 아주 유약한 모습이다. '규窺'는 엿본다는 글자다. 여인네가 규방에서 약간 문이 열린 틈새로 바깥을 엿보는 것이 전부이다. 넓은 바깥세상은 보지 못하고 겨우 문틈으로 쳐다보는 형상이다. 개구리가 우물 안에서 세상을 전부 읽었다는 우스운 격언이 여기에 해당될 것이다. 그것은 나무는 보고 숲은 보지 못한다는 소인에 대한 경계의 발언이다. 일종의 방안퉁수격이다.

무릇 엿본다는 행위는 괜스레 부도덕성을 연상하게 한다. 부분과 전체는 엄연히 다름에도 불구하고 코앞의 사실과 전체를 혼동하는 행동이다. 집안 살림을 도맡는 여자가 보아서도 올바르면 이로울 수 있지만 군자가 되어서는 더더욱 안 된다고 가르치고 있다. 여자의 소견은 비좁기 이를 데 없다고 관괘는 지적하지 않는다. 세상과 단절하여 문틈으로 기회만을 엿보는 비겁한 심리를 찌르는 촌철살인의 경구이다.

이 글의 밑바탕에는 아름다움과 추함[美醜]이라는 미학적 가치와 당위가 한곳에 녹아 있다. 아름다움의 극치는 화려하지 않다. 추함을 포용했을 때 비로소 아름다움의 힘이 떨칠 수 있다. 아름다움은 단순히 관조의 대상이 아니라, 실천력이 뒤따르는 행위의 시발점이 된다. 『주역』은 이 점을 강조하고 있다. 아름답지 못하거나 떳떳하지 못한 행위는 비난받아 마땅하다. 세상은 혼자 살기에는 너무 넓다. 인간과 사회를 사랑하지 않고는 군자가 될 수 없다. 공동체 의식 없는 군자는 이미 자격 상실한 지성인이다. 지성인은 지식인이 아니다. 배우면 지식은 터득할 수 있지만, 지식과 행위가 일치된 지성인은 권력층이 항상 두려워했던 존재이다.

넓은 시야로 세상을 똑바로 인식하고 실천해야 아름다운 가치를 실현할 수 있다.

7. 3효 : 진리를 나의 것으로 주체화하라

六三은 **觀我生**하여 **進退**로다
육삼 관아생 진퇴

象曰 觀我生進退하니 **未失道也**라
상왈 관아생진퇴 미실도야

육삼은 나의 삶을 보아 나아가고 물러나도다. 상전에 이르기를 '나의 삶을 보아 나아가고 물러나니' 도를 잃지 않음이다.

『주역』의 진리관은 비이원적 성격을 갖는다. 진리는 이것과 저것을 모두 포용할 때 필요 조건과 충분 조건을 만족시킬 수 있다. 진리는 객관과 주관을 초월하여 포용한다. 그래서 야스퍼스는 진리의 성격을 '포월성包越性'이라 규정했다. 모든 것을 감싸안다는 말이다. 객관에서 주관을 바라보는 시각도 일방적이고, 주관에서 객관을 바라보는 시각 역시 일방적이다. 일방적인 진리는 긴장감을 조성하여 이원론으로 치닫는다. 이원론은 일자를 다자에 초월하여 존재한다고 생각한다. 그것 역시 앞과 뒤라는 진리를 찬양하는 버전에 지나지 않는다. 반대는 또다른 반대를 낳고 낳아 분열 의식을 산출한다. 이런 점에서 『주역』은 통합 형식의 진리관을 취하는 것이다.

'나의 삶을 근거[觀我生]'로 나아가고 물러나는 일체 행위의 모델로 삼는다고 해석해서는 안 된다. 진리는 나의 머리 위에 반짝반짝 빛나는 하나의 불변자가 아니라, 주관적인 상대성을 넘어서 내 안의 도덕률로 자리잡고 있다는 깨달음이 중요한다. 즉 진리를 나의 것으로 주체화한 다음에 비로소 행위의 타당성이 보장되기 때문이다. 따라서 진리를 진정으로 깨달은 나의 주체성을 바탕으로 진퇴를 결정할 수 있는 것이다. 그러니까 『주역』의 진리관은 단순히 인식론적인 합리성에 머무는 것이 아니라, 행위와 직결된 진리가 진리로 보증될 수 있는 것이다.

3효는 음효가 양 자리에 있고[不正], 하괘의 끝자락에 있는 까닭에 시간의 정신에 따라 나아갈 수도 없고 물러설 수도 없는 불안한 상태이다. 하이데거는 인간을 '세상에 던져진 존재'라 했다. 불안한 만큼 스스로의 명석 판명한 결단이 중요하다. 불안으로 인해 자기 성찰의 중요한 기회가 될 수도 있다. 그러니까 세상을 더욱 세심하게 관찰할 필요가 있다.

러시아의 대문호인 도스또에프스키는 『죄와 벌』에서 주인공인 라스꼴리니코프를 통해 인간의 주인 정신을 강조한다. 전통의 낡은 유산이 러시아인의 정신 세계를 지배하는 세태를 비꼬았다. 내가 나의 주인이어야지 타인 혹은 전통이 주인이 되어서는 곤란하다고 했다. 니체도 묵은 정신에서 벗어나라고 외쳤다. 노예 도덕에서 탈피하여 초인超人이 되라고 권고했다. 니체는 "인간과 세계, 인식과 실재, 존재와 당위와의 긴장 관계를 포함하고, 인간의 현실적 삶을 부정하는 귀결을 가지며, 인간에게 허무적 경험을 하게 하는 일체의 전통적인 세계 해석을 거부했다. 그는 영원회귀와 힘에의 의지, 초인, 관점적 세계 경험 등의 여러 사유의 상호 의존 관계를 통하여 역동적인 다양성 속의 통일성을 이루는 새로운 해석을 탄생시켰다."[8)]

관괘는 사물의 관찰 방법에 대해 두 가지를 제시한다. 하나는 내관內觀의 방법이다. 내가 살아온 길, 지금 사는 길, 앞으로 살아갈 길 등을 살피는 일이다. 자신의 과거와 현재와 미래를 관찰하여 진퇴를 결정하는 토대로 삼는 방법이다. 이는 내면적인 성찰이다. 다른 하나는 외관外觀의 방법이다. 바깥에 존재하는 외부 환경을 살피는 일이다. 그것은 자연 과학적 관찰만을 뜻하지 않는다. 역사와 문명을 비롯하여 인문학적 시야를 넓히는 안목이다. 겉모습에 갇히거나 관념의 미이라가 되어서는 안 된다는 말이다.

특히 문틈으로 엿보는 형태는 금기 사항이다. 남의 사생활을 엿보는 행위는 지혜의 눈이 열리지 않도록 하기 때문이다. 사물의 본질을 통찰하는 지혜의 눈을 갖추어야 하는 것이다. 그러니까 관괘는 진리의 내면화와 인간의 외면화를 통해 이루어지는 넓은 인식의 눈을 싹튀우고 있는 것이다. 나를 아는 것이 세상을 아는 것이고, 세상을 보는 것을 통해 사물의 본질

8) 백승영, 「니체철학, 무엇이 문제인가」 『니체가 뒤흔든 철학, 100년』(서울: 민음사, 2002), 65-66쪽 참조.

을 꿰뚫어 인간의 사회성을 북돋우는 것에 관괘의 요지가 있다.

진리에 대한 내면화와 외면화의 통합이 진정한 인식이다.

8. 4효 : 문화의 힘을 읽는 안목을 키워야

六四는 **觀國之光**이니 **利用賓于王**하니라
육사 관국지광 이용빈우왕
象曰 觀國之光은 **尙賓也**라
상왈 관국지광 상빈야

육사는 나라의 빛을 바라봄이니, 왕에게 손님 접대를 받는 것이 이롭다. 상전에 이르기를 '나라의 빛을 바라봄'은 손님을 숭상함이다.

4효는 음이 음 자리에 있고[正], 상괘의 맨 아래에 있지만[不中] 5효와의 접점 지역에 있기 때문에 남을 관찰하는 행위가 소중하다고 권고한다. 그래서 관광觀光이라는 말이 여기서 비롯되었던 것이다. 관괘는 관광의 목적을 흔히 현대인들이 겪는 직장 생활의 스트레스 해소를 위한 휴식으로 간주하지 않는다. 유적지와 명승지 관람, 온천이나 먹거리 시식 등 여행을 통해 몸의 피로를 푸는 투어의 성격과는 차원이 다르다.

관괘가 얘기하는 관광은 이웃 국가의 문물 제도에서 그 나라의 빛나는 문화의 저력을 읽어내는 안목을 키우는 힘이다. 젊은이들의 유학은 새로운 문물을 직접 체험하고 동시에 다양한 문명 형태 속에서 새로운 문화 창출의 아이템을 개발할 수 있기 때문에 적극 권장해도 좋다. 특히 이웃나라의 정치가 제대로 풀리고 있는 원인을 분석하여 도입하는 것이 관광의 본래 목적이다. 법률의 정비에 있는지, 아니면 법률의 운용하는 마인드에 있는지를 비롯하여 법 집행의 공정성을 바라보는 백성들의 심리 상태를 파악하는 것도 관광의 여러 가지 스케줄 중의 하나일 것이다. 쇼핑은 아예 관심의 대상에서 멀다.

이웃나라에서 배울 것은 정치 지도자의 얼굴빛이 아니라, 그 나라의 아름다운 미풍양속에 있다. 예컨대 음악이 타락하면 마음도 타락한다. 음악이 아름다우면 그 나라의 문화가 성숙했다는 증거이다. 음악이 그 나라의 건강 지표인 셈이다. 관광은 눈과 몸으로 즐기는 스케쥴에 좌우되는 것은 결코 아니다. 마음의 문을 활짝 열고 이웃나라의 이국적 풍경 뿐만 아니라 눈에 보이지 않는 문화와 공감할 수 있는 기회로 삼아야 할 것이다.

불의가 판치는 나라와 양심을 지키는 사람이 존경받는 나라는 다르다. 금융 소득으로 놀고 먹는 사람이 많거나 열심이 일하는 사람이 고통받는다면, 그 나라를 관광할 필요가 전혀 없다. 정의 사회가 구현된 나라에 손님으로 대접받는 것은 멋진 행운이다.

문명의 화려함보다는 문화의 저력이 중요하다.

9. 5효 : 타인은 나의 거울

九五는 **觀我生**하되 **君子**면 **无咎**리라
구오 관아생 군자 무구
象曰 觀我生은 **觀民也**라
상왈 관아생 관민야

구오는 나의 삶을 보되 군자면 허물이 없을 것이다. 상전에 이르기를 '나의 삶을 보는 것'은 백성을 보는 것이다.

5효는 정중正中이다. 백성을 바라보는 군자는 '나의 눈 = 백성의 눈'이라는 등식에서 알 수 있다. '나의 실체를 뒤돌아보다는 것은 백성을 보살핀다는 말이다.' 나의 비뚤어진 눈으로 백성을 바라보는 것은 애꾸눈에 불과하고, 백성의 눈으로 나를 들여다봤을 때 비로소 자신의 진면모가 드러난다. 백성은 나의 거울인 것이다. 기독교 격언에 "남의 눈에 있는 티는 보면서 자신의 눈에 있는 대들보는 보지 못한다"는 말이 있다. 자신의 흠에는 관대

하고 남의 결점에는 가혹하다는 말이다. 그것은 자신의 불행에 그치는 것이 아니라 사회의 불행으로 직결된다는 점에서 깊이 새겨야 할 교훈이다.

우리는 5효에서 유교 민본주의의 요체를 끄집어낼 수 있다. 유교의 가르침을 한마디로 요약한다면 개인적 가치의 사회적 구현이다. 반대로 사회의 건강이 곧 나의 건강에 도움이 된다는 뜻이다. 개인적 가치와 사회적 가치의 피드백(feedback: 결과가 원인에게 새로운 동기를 부여한다는 의미) 현상은 유교적 가치의 위대함이다.

『주역』의 형성과 직간접으로 연관된 유교 경전에 나타난 민본주의 이념을 살펴보자. "하늘이 총명함은 우리 백성으로부터 총명하며, 하늘의 밝음과 두려움은 우리 백성으로부터 밝고 두려운지라. 위와 아래에서 공경할지어다.[9]" "하늘의 보심이 우리 백성들의 봄으로부터 하시며, 하늘의 들으심이 우리 백성들의 들음으로부터 하신다.[10] 옛 사람의 말에 "물을 거울로 삼지 말고 마땅히 백성을 거울로 삼아 살펴야 한다."[11] 자공이 정치에 대해 묻자 공자가 말씀하시기를 "식량과 군사가 많으면 백성들이 믿게 된다." 자공이 "부득이해서 버린다면 이 세 가지 중 어느 것이 먼저 일까요?" 묻자, "군대이다"라고 했다. 자공이 "반드시 한 가지를 더 버려야 한다면 나머지 둘 중에 어느 것을 버려야 할까요?"라고 묻자, "먹는 것을 버려야 한다. 예로부터 누구든지 한 번은 죽으나 백성들이 믿지 못하면 나라가 바로서지 못하느니라.[12] 백성이 가장 귀중하고, 사직은 다음이며 임금은 가볍다.[13]

유교는 자신의 문제에 한정시키지 않는다. 3효의 '관아생觀我生'이 개인

9) 『書經』「虞書」"皐陶謨", "天聰明自我民聰明, 天明畏自我民明畏. 達于上下."

10) 『書經』「周書」"泰書", "天視自我民視, 天聽自我民聽."

11) 『書經』「周書」"酒誥", "古人有言曰 人無於水監, 當於民監."

12) 『論語』「顔淵」, "子貢問政, 子曰 足食足兵, 民信之矣. 子貢曰 必不得已而去, 於斯三者, 何先. 曰去兵. 子貢曰 必不得已而去, 於斯二者, 何先. 曰去食, 自古皆有死, 民無信不立."

13) 『孟子』「盡心章」下, "民爲貴, 社稷次之, 君爲輕."

차원이라면, 5효의 '관아생觀我生'은 사회와 인류 차원의 문제이다. 그것은 개인의 진퇴와 백성을 살핌[觀民]이라는 명제에 차별성이 부각되기 때문이다. 이처럼 유교는 개인의 깨달음을 반드시 사회에 기여해야 한다는 확대의 논리가 근간을 이루고 있는 것이다. 그것은 '수기치인修己治人'과 '수기안인修己安人'이라는 주제로 요약할 수 있다.

개인적 가치의 사회적 구현이 관괘의 핵심이다.

10. 상효 : 군자는 생명에 책임감을 갖는 지성인

上九는 **觀其生**하되 **君子**면 **无咎**리라
상구 관기생 군자 무구

象曰 觀其生은 **志未平也**라
상왈 관기생 지미평야

상구는 그 삶을 보되 군자면 허물이 없을 것이다. 상전에 이르기를 '그 삶을 본다'는 것은 뜻이 평안하지 않음이다.

상효는 양이 음 자리에 있고[不正], 상괘의 중용에 있지도 않다[不中]. 다만 5효가 실제로 권력을 소유한 지도자라면, 상효는 지도자를 가리키는 스승에 해당된다. 스승의 가르침을 받아 지도자는 정치를 잘하면 된다. 그래서 지도자가 군자의 대열에 끼면 허물은 없다.

군자는 개인과 인류를 넘어서 생명 차원까지도 책임진 역사적 존재이다. 지성인의 반열에 오르지 못하면 허물을 짓거나 후회가 있다. 하지만 상효는 돌이켜보아서 회한이 가득 차 희망이 보이지 않는다. 마치 지나가는 사람을 물끄러미 보면서 지난 세월을 회상하는 삶은 초라하기 짝이 없다.

한 나라의 원로는 과거에 발목 잡히면 안 된다. 지난 일을 현재에 자꾸 연루시키면 오류를 범하기 쉽기 때문이다. 원로는 비록 실권은 없으나 자신이 겪어온 경륜을 바탕으로 국태민안에 힘을 보태야 한다. 구설수로 백

성들의 입방아에 오르락내리락하면 좋지 않다. 눈앞의 이익에 가리어 권력자를 이용하면 패가망신으로 치달을 것이다.

높이 나는 새가 멀리 바라본다는 말이 있듯이, 시야가 넓어야 사물의 본래면모를 파악할 수 있다. 눈높이를 높여야 안목을 상승할 수 있다고 관괘는 가르치고 있다. 즉 시야가 좁은 어린아이[童觀], 문틈으로 엿보는 기회주의[窺觀], 자기 성찰의 과정[觀我], 넓은 시야로 세상을 이해해야 한다[觀國], 백성과 사회를 돌볼 줄 아는 경륜[觀民], 인류의 삶의 복지[觀生]를 말하고 있다.

유교의 이상인 대동사회의 건설은 생명의 평안[觀生]을 보장하는 것으로부터 시작한다.

정역사상의 연구자 이상룡李象龍은 관괘의 성격을 다음과 같이 설명한다.

觀은 二陽在上하니 爲下瞻仰이니 故在文從灌從見하고
관 이양재상 위하첨앙 고재문종관종견
注目仰視之義也라 爲卦風行地上하니
주목앙시지의야 위괘풍행지상
地球大闢而乃休風動之象이오 且觀感而化之者가
지구대벽이내휴풍동지상 차관감이화지자
臨民之大道니 故次於臨也라
임민지대도 고차어임야

"관괘의 위에 있는 두 양은 (네 음의) 아래에 의해 우러러보이는 까닭에 글자로도 물 댈 관灌과 볼 견見을 따랐고, 관심을 갖고 주의 깊게 우러러 살핀다[注目仰視]는 뜻이다. 괘의 구성은 바람이 땅위에 불어 지구가 크게 열려 바람이 아름답게 움직이는 모습이다. 또한 살펴서 느껴 변화되는 것이 백성에 임하는 대도이므로 임괘 다음에 온 것이다.

彖曰 觀, 盥而不薦, 有孚, 顒若은 誠敬之及人也라
단왈 관 관이불천 유부 옹약 성경지급인야

觀天之神道而四時不忒은 天降聖人으로 始造陽曆也오
관천지신도이사시불특 천강성인 시조양력야

聖人以神道設敎而天下服은 神而化之하여 乃无鴃舌也라
성인이신도설교이천하복 신이화지 내무격설야

단전 "손을 깨끗이 씻고서 제물을 올리지 않으면 믿음을 두어서 우러러볼 것이다"는 말은 정성과 공경으로 사람에 미치는 것이다. "하늘의 신도를 봄에 사시가 어긋나지 않는다"는 것은 하늘이 성인을 내려 보내시어 처음으로 양력陽曆을 짓게 한 것이다. "성인이 신도로써 가르침을 베풂에 천하가 복종한다"는 말은 신묘하게 변화시키는 것이 바로 때까치가 알아들을 수 없는 말로 지껄이는 것이 얕잡을 수 없는 것[鴃舌]이다.

象曰 先王, 以, 省方觀民, 設敎는 勞於宣化也라
상왈 선왕 이 성방관민 설교 노어선화야

상전 "선왕은 이를 본받아 방소를 살피고 백성을 관찰하여 가르침을 베푼다"는 말은 교화의 베풂에 노력하는 것을 뜻한다.

初六, 童觀, 小人, 无咎, 君子, 吝은 觀化之道가 不大也라
초육 동관 소인 무구 군자 인 관화지도 부대야

초효 "어린아이가 보는 것이니, 소인은 허물이 없고 군자는 인색하다"는 말은 보아서 살피는 교화의 도가 크지 않음을 뜻한다.

六二, 闚觀, 利女貞은 視之而不見이니 守其宜矣라
육이 규관 이여정 시지이불현 수기의의

2효 "엿보는 것이니, 여자의 올바름이 이롭다"는 것은 보아도 보이지 않기 때문에 마땅한 것을 지키는 것을 가리킨다.

六三, 觀我生, 進退는 觀亦多術也라
육삼 관아생 진퇴 관역다술야

3효 "나의 삶을 보아 나아가고 물러나도다"라는 것은 보는 것은 역시 많은 방법이다.

六四, 觀國之光, 利用賓于王은 万邦革而有光하니
육사 관국지광 이용빈우왕 만방혁이유광
无思不服也라
무사불복야

4효 "나라의 빛을 보는 것이다. 왕에게 손님접대를 받는 것이 이롭다"는 말은 만방이 개혁하여 빛남이 있으므로 생각하여 복종하지 않음이 없는 것이다.

九五, 觀我生, 君子, 无咎는 王者之修己也라
구오 관아생 군자 무구 왕자지수기야

5효 "나의 삶을 보되 군자면 허물이 없을 것이다"는 말은 왕이 스스로를 닦는 것[修己]을 뜻한다.

上九, 觀其生, 君子, 无咎는 生靈觀感하여 何咎之有乎아
상구 관기생 군자 무구 생령관감 하구지유호

상효 "그 삶을 보되 군자면 허물이 없을 것이다"는 말은 신령스런 관찰과 감응이 생겨나 어찌 허물이 있겠는가?

화뢰서합괘
火雷噬嗑卦

징벌의 효과

1. 쓸모 있는 세상을 만드는 방법 : 서합괘

정이천은 풍지관괘風地觀卦(䷓) 다음에 화뢰서합괘火雷噬嗑卦(䷔)가 오는 이유를 다음과 같이 말한다.

> 噬嗑은 序卦에 可觀而後有所合이라 故受之以噬嗑하니
> 서합 서괘 가관이후유소합 고수지이서합
> 嗑者는 合也라 하니라 旣有可觀然後有來合之者也니
> 합자 합야 기유가관연후유래합지자야
> 噬嗑所以次觀也라 噬는 齧也오 嗑은 合也니
> 서합소이차관야 서 설야 합 합야
> 口中에 有物間之면 齧而後合之也라 卦上下二剛爻而中柔하니
> 구중 유물간지 설이후합지야 괘상하이강효이중유
> 外剛中虛는 人頤口之象也오 中虛之中에 又一剛爻는
> 외강중허 인이구지상야 중허지중 우일강효
> 爲頤中有物之象이라 口中有物則隔其上下하여 不得嗑하니
> 위이중유물지상 구중유물즉격기상하 부득합
> 必齧之則得嗑이라 故爲噬嗑이라 聖人以卦之象으로
> 필설지즉득합 고위서합 성인이괘지상
> 推之於天下之事에 在口則爲有物隔而不得合이오
> 추지어천하지사 재구즉위유물격이부득합
> 在天下則爲有强梗或讒邪 間隔於其間이라
> 재천하즉위유강경혹참사 간격어기간
> 故天下之事不得合也니 當用刑法하여 小則懲戒하고
> 고천하지사부득합야 당용형법 소즉징계
> 大則誅戮하여 以除去之然後에 天下之治得成矣라
> 대즉주륙 이제거지연후 천하지치득성의
> 凡天下至於一國一家하고 至於萬事에 所以不和合者는
> 범천하지어일국일가 지어만사 소이불화합자
> 皆由有間也니 无間則合矣라 以至天地之生과 萬物之成에
> 개유유간야 무간즉합의 이지천지지생 만물지성
> 皆合而後能遂하니 凡未合者는 皆有間也라
> 개합이후능수 범미합자 개유간야
> 若君臣父子親戚朋友之間에 有離貳怨隙者는
> 약군신부자친척붕우지간 유리이원극자

蓋讒邪間於其間也니 除去之則化合矣라 故間隔者는
개참사간어기간야 제거지즉화합의 고간격자

天下之大害也라 聖人이 觀噬嗑之象하여 推之於天下萬事하여
천하지대해야 성인 관서합지상 추지어천하만사

皆使去其間隔而合之하니 則无不和且治矣라 噬嗑者는
개사거기간격이합지 즉무불화차치의 서합자

治天下之大用也니 去天下之間은 在任刑罰이라
치천하지대용야 거천하지간 재임형벌

故卦取用刑爲義요 在二體하며 明照而威震하니 乃用刑之象也라
고괘취용형위의 재이체 명조이위진 내용형지상야

"서합괘는 「서괘전」에 '볼 만한 뒤에 합하는 바가 있다. 그러므로 서합괘로 받았으니, 합은 합이다'라고 했다. 이미 볼 만한 것이 있은 뒤에야 와서 합하는 것이 있으니 서합괘가 관괘의 다음이 된 까닭이다. '서'는 깨묾이요 '합'은 합함이니, 입 속에 물건이 끼어 있으면 이를 깨문 뒤에 합하는 것이다. 괘의 위와 아래에는 두 강효가 있고 그 가운데는 부드러우니, 밖은 강하고 가운데가 비어 있음은 사람의 턱과 입의 모습이요, 중앙이 빈 가운데 또 하나의 강효가 있는 것은 입 속에 물건이 있는 모습이다. 입 속에 물건이 있으면 위아래를 가로막아 합할 수가 없으니, 반드시 깨물어야 합할 수 있으므로 서합이라 한 것이다. 성인은 괘의 형상으로 천하의 일에 미루어 입에서는 물건이 가로막혀 있어 합하지 못함이고, 천하에서는 강경한 자나 거짓말하고 사특한 자가 그 사이에 가로막고 있는 까닭에 천하의 일이 합하지 못하는 것이니, 마땅히 형벌과 법을 써서 작으면 징계하고 크면 죽여서 제거한 뒤에야 천하의 다스려짐이 이루어진다는 것이다. 대저 천하로부터 한 나라와 한 집안과 만사에 이르기까지 화합하지 못하는 까닭은 다 간격이 있기 때문이니 간격이 없으면 합한다. 천지의 낳음과 만물의 이루어짐에 이르러서도 모두 합한 뒤에 이루어지니, 무릇 합하지 못하는 것은 모두 간격이 있기 때문이다. 예컨대 군신, 부자, 친척, 붕우 사이에 이반하

> 고 원망하며 틈이 있는 것은 거짓말하고 사특한 자가 그 사이에 끼어 있기 때문이니, 그를 제거하면 화합하게 된다. 그러므로 간격이란 것은 천하의 큰 해로움인 것이다. 성인이 서합괘의 형상을 관찰하여 천하만사에 미루어서 모두 그 간격을 제거하여 합하게 하니, 조화하고 또한 다스려지지 않음이 없을 것이다. 서합은 천하를 다스리는 위대한 작용이니 천하의 간격을 제거함은 형벌을 쓰는 것에 있다. 그러므로 괘는 형벌 사용을 취하여 뜻을 삼았고, 두 실체로는 밝게 비추고 위엄으로 진동하니, 이는 형벌을 쓰는 모습이다."

서합의 '서噬'는 씹는다 또는 깨물다의 뜻이며, '합嗑'은 합한다는 뜻이다. 서합은 입 안에 든 음식물을 씹어 소화시킨다는 말이다. 입 안의 음식물을 씹지 않으면 이물질로 남아 불편할 수밖에 없다. 이물질은 제거해야 한다. 하지만 음식물은 단순한 이물질이 아니라, 생명의 밥이기 때문에 씹고 삼켜서 위로 넘겨야 한다는 의미도 있다.

괘의 구조로 보면 초효는 아래턱, 상효는 위턱이다. 이는 산뢰이괘山雷頤卦(䷚)의 형태와 비슷하다. 가장 바깥에 있는 것이 턱이라면, 나머지 음효들은 이빨을 상징한다. 따라서 서합괘(䷔)의 세 효는 음식물이다. 위턱과 아래턱이 상하 운동을 하면서 이빨로 재근재근 음식을 씹는 형상이 곧 서합괘의 외형이다. 반대로 턱 사이의 틈에 낀 음식물을 씹어서 이물질을 제거하는 모습으로 볼 수도 있다. 나라와 나라 사이에서 정보를 훔치는 사람을 간자間者 혹은 세작細作이라고 한다. 스파이는 제거 대상이다. 쓸모없는 존재는 반드시 없애야 안전 보장을 유지할 수 있기 때문이다.

인류는 문명을 창출하면서부터 범죄에 시달려 왔다. 지금도 우리 사회는 범죄와의 전쟁을 치르고 있다. 죄인은 공공의 적이기 때문에 예로부터 죄인을 사회와 격리시켜 선량한 사람을 보호했다. 범죄자가 거리에서 맘껏 활개친다면 사람들은 불안에 떨 것이다. 법률(위턱)과 제도(아래턱)로써 죄인

(음식물)을 다스리는 것은 착한 시민으로 거듭나게 하는 데 목적이 있다.

농부가 한여름에 잡초를 제거하는 까닭은 풍성한 결실을 맺기 위해서이다. 잡초를 뿌리 채 뽑지 않으면 잡초는 다시 자라 벼농사를 망치기 일쑤이다. 인체의 암은 순식간에 번진다. 암덩어리를 송두리째 도려내지 않으면 온몸에 퍼지기 십상이다. 이와 마찬가지로 사회악을 저지르는 죄인에게는 제도로써 물리적 힘을 가해야 한다. 그래서 서합괘는 형벌을 얘기하는 것이다.

2. 서합괘 : 유교의 근본은 덕치주의

噬嗑은 **亨**하니 **利用獄**하니라
서 합 형 이 용 옥

서합은 형통하니, 감옥을 쓰는 것이 이롭다.

서합괘는 입 안의 음식물은 잘 씹어 삼켜야 한다고 주문한다. 만약 무익한 물건이라면 뱉어내야 할 것이고, 그 물건이 음식물이라면 오래 씹을수록 소화에 좋다. 씹는 기능이 활발할수록 위장 장애가 생기지 않는다. 더욱이 아래턱과 위턱이 자주 만남으로써 소화 기능 뿐만 아니라 인체의 면역력도 강화될 것이다.

사회에는 꼭 필요한 사람과 덜 필요한 사람과 전혀 쓸모 없는 사람이 존재한다. 서합괘는 입 안에 든 물건을 범죄자로 비유했다. 범죄자는 알뜰한 교화를 통해 거듭 태어날 수 있다. 개인의 정신 세계로는 이기적 본능과 끝없는 욕망, 물질욕, 인격의 파탄, 신에 대한 불경죄 등이다. 사회적으로는 조직 폭력배와 경제범, 성폭력자, 사기꾼, 살인자와 도적 등일 것이다. 이들은 음식을 모조리 씹어 삼켜 흔적도 없이 사라지게 해야 되는 사회의 정화 대상이다. 그것은 서합괘(☲)의 4효가 대변하고 있다. 4효는 씹는 활동의 대상인 동시에 사회적으로 교화와 척결 대상이다. 입 안과 사회가 말끔하게 청소된 결과물이 바로 산뢰이괘(䷚)의 형태로 나타난다.

『주역』, 덕치와 법치의 상호 보완을 강조하다.

3. 단전 : 형벌은 교화의 수단이지 목적은 아니다

彖曰 頤中有物일새 **曰噬嗑**이니 **噬嗑**하여 **而亨**하니라
단왈 이중유물 왈서합 서합 이형
剛柔分하고 **動而明**하고 **雷電**이 **合而章**하고
강유분 동이명 뇌전 합이장
柔得中而上行하니 **雖不當位**나 **利用獄也**니라
유득중이상행 수부당위 이용옥야

단전에 이르기를 턱 안에 물건이 있기 때문에 '서합'이라 한다. 씹어서 형통한다. 강한 것과 부드러운 것으로 나뉘고, 움직이면서 밝고, 우레와 번개가 합하여 빛나고, 부드러운 것이 중을 얻어 위로 올라가므로 비록 위치는 마땅치 못하나, '감옥을 쓰는 것이 이롭다.'

서합괘의 구조는 양이 셋, 음이 셋이다. 음양이 골고루 나뉘듯이, 형벌은 공평무사해야 한다는 뜻이다. 우레의 힘찬 움직임[動]과 불의 밝은[明] 덕성으로 처신한다면, 그 결과 우레와 태양처럼 위엄과 공정이 한층 빛날 것이다.

음인 5효는 서합괘의 주인공이다. 비록 음이 양 자리에 있으나[不當位] 전체 효의 주효主爻로서 상괘의 중심부에 있고, 형벌권을 행사할 수 있는 교도 행정의 책임자다. 형벌 책임자가 징벌권을 행사하므로 법적 권위가 인정된다. 다만 형벌은 교화의 수단이지 목적이 되어서는 안 된다.

"예가 생리적인 욕구 본능을 제어할 수 있는 합리적인 이성 능력을 근원으로 하는 행위 규범임에도 동양의 전통 사회에서는 위례違禮의 행위에 형벌을 가할 수 있었던 것은 바로 예의 양면성이 정치 사회의 구조와 관련을 맺고 있기 때문이다. 예는 도덕 철학적인 근거와 정치사적인 요인으로 말미

암아 더욱 분화된 사회에서 규준의 객관성을 확보하기 위해 법 제도의 형식을 수용할 수밖에 없었다. 이 때문에 전통 사회에서는 유교적인 구조 속에 실정법 중심의 법 제도를 흡수하는 독특한 규범 체계가 이루어졌다."[1]

사회가 있는 곳에 법은 존재하기 마련이다. 유교는 원래 법 이전에 규범과 예를 중시하였다. 법이 강제성을 띤다면, 규범은 구속력이 없는 도덕적 책임감이 밑받침되어 있다. 유교의 윤리는 혈연을 중심으로 하는 가족의 정감을 토대로 삼아 형성되었다. 한편 사회 안녕을 위해서는 도덕성으로 무장할 필요가 있다는 요구가 대두되어 예의 성립을 부추겼다.

예의 통치로는 사회와 국가의 평안을 보장할 수 없다는 이유에서 관료 체제로 조직화된 국가에 대해 충성을 요구하는 강력한 법 질서가 성립되었다.

4. 상전 : 자연의 인간화, 인간의 자연화와 사회화

象曰 雷電이 **噬嗑**이니 **先王**이 **以**하여 **明罰勅法**하니라
상왈 뇌전 서합 선왕 이 명벌칙법

상전에 이르기를 우레와 번개가 서합이다. 선왕이 이를 본받아 벌을 밝히고 법을 잘 정비한다.

하늘과 땅이 울리도록 내리치는 천둥은 놀라운 위엄이 있다. 평소 죄와 거리가 먼 자도 깜짝 놀란다. 죄 지은 자는 식은 땀을 흘리며 오금을 못 추린다. 번개는 음극과 양극이 부딪쳐 스파크를 내면서 밝은 빛을 비춘다. 옛날의 선왕들은 천둥과 번개가 일으키는 현상을 본받아 형벌에 대한 문물 제도를 정비했다. 이런 원칙을 형벌에 적용하면 맑고 깨끗한 사회가 될 것이라고 믿었기 때문이다.

법은 공명정대해야 한다. 또한 반드시 공표해야 마땅하다. 어느 하나라

1) 이재용, 『조선, 예의 사상에서 법의 통치까지』(서울: 예문서원, 1995), 60-61쪽 참조.

도 빠뜨리면 그물을 쳐놓고 걸려들기를 기다리는 꼴이다. 법의 혜택은 모든 사람에게 평등해야 한다. 어떤 특수층을 겨냥한 법이라면 아무도 지키지 않을 것이다. 그래서 『주역』은 법의 정신과 조문을 밝히라고 주문했다. 더 나아가 법의 정신에 일치하는 질서를 제도화하라고 했다. 모법과 자법에 충돌이 일어나면 법의 적용에 무리가 따르기 때문이다.

법은 간단명료해야 한다. 복잡한 법령일수록 판검사와 변호사만 판친다. 그만큼 법령에 무지한 일반인들은 법의 보호를 받기가 쉽지 않다는 말이다. 전문 법률인들도 모르는 복잡다단한 무리한 법 집행은 공권력에 대한 저항을 불러일으키는 사건이 발생할 수도 있다. '명벌明罰'은 그 누구도 알 수 있게 명확하게 밝혀야 한다는 것이고, '칙법勅法'은 죄 지은 사람조차도 인정할 수 있는 법령과 제도를 정비하라는 뜻이다.

초효부터 상효까지의 내용을 살피면 초효는 가장 가벼운 벌(경범죄), 상효는 가장 무거운 벌(중범죄), 나머지 효들은 네 가지의 악을 뽑는 방법과 내용으로 이루어져 있다.

비록 서합괘가 형벌을 얘기한다 할지라도 법은 사람을 살리는 것이 목적이지, 사람을 죽이는데 목적이 있는 것이 아니라는 점을 깨우쳐야 할 것이다.

5. 초효 : 허물에서 죄로 넘어가서는 안 된다

初九는 **屨校**하여 **滅趾**니 **无咎**하니라
초구　구교　멸지　무구

象曰 屨校滅趾는 **不行也**라
상왈 구교멸지　불행야

초구는 발에 족쇄를 채워 발꿈치를 멸함이니, 허물이 없다. 상전에 이르기를 '발에 족쇄를 채워 발꿈치를 멸함'은 돌아다니지 못하게 하는 것이다.

'구屨'는 신발 또는 신을 신다는 뜻이며, '교校(나무를 엇비슷하게 조여서 만든 도구)'는 발에 채우는 족쇄 또는 형틀이라는 뜻이다. '멸지滅趾'는 쇠고랑 때문에 발꿈치나 복사뼈에 상처 입는 것을 말한다. 그러니까 쇠고랑 찬 죄수는 장소 이동을 못한다[不行]. 형무소에 가두는 것 자체가 엄청난 형벌인데다가 족쇄를 채운다는 것은 재범을 방지하기 위한 가장 적절한 수단이다.

초효에서 얘기하는 죄인은 경범죄인에 불과하다. 죄질이 한참 나쁘지 않기 때문에 차꼬를 채울 정도에 그친다. 다른 사람이 물들지 않도록, 또는 더 큰 죄를 범하지 않도록 잠시 격리시킬 따름이다. 그럼에도 '허물은 없다'는 것은 소인에게는 행운이다. 작은 징계로도 효과를 볼 수 있기 때문이다. 소인은 부끄러움을 당하지 않으면 어질지 못하다고 했다. 두려움이 없으면 의로운 행동을 하지 않고, 눈에 보이는 이득이 없으면 꿈쩍 않으며, 징벌당하지 않으면 무서워하지도 않는다. 그러나 작은 벌을 받으면 곧장 후회하여 다시는 허물을 짓지 않는다는 교훈이다.

공자는 서합괘 초구의 효사에 대해서 명언을 남겼다. "공자가 말하기를 소인은 어질지 않음을 부끄러워하지 않고 불의를 두려워하지 않는다. 이익이 없으면 아무리 권장해도 하지 않고, 위엄으로 대하지 않으면 징계로 여기지 않으니, 가볍게 처벌하여 크게 경계시키는 것은 소인의 복이다. 역에 이르기를 '발에 족쇄를 채워 발꿈치를 멸함이니 허물이 없다'고 하였으니, 이것을 말한 것이다."[2)]

알렉산더대왕이 스승인 아리스토텔레스에게 진정한 통치 방법은 무엇이냐고 물었다. "그대는 저 앞의 밭에 자라는 밀이 보이지 않는가? 그 중 특별히 크게 자란 피 몇 포기를 잘라버리면 된다네." 농익은 밀밭에 밀이 고르게 잘 자라고 있는데, 그 중에서 몇 포기가 들쑥날쑥 크게 자랐으니

2) 『周易』 「繫辭傳」 하편 5장, "子曰 小人不恥不仁, 不畏不義. 不見利不勸, 不威不懲, 小懲而大誡 此小人之福也. 易曰 屨校滅趾, 无咎."

火雷噬嗑卦 화뢰서합괘

보기에도 밉살스럽게 보이는 것은 당연하다. 아리스토텔레스는 그것을 아낌없이 제거하라고 충고했다.

⚖ 경범죄를 저지른 죄인을 작은 징계로도 효과가 있기 때문에 행운이다.

6. 2효 : 부드러움이 강함을 이기다

六二는 **噬膚**하되 **滅鼻**니 **无咎**하니라
육 이 서 부 멸 비 무 구

象曰 噬膚滅鼻는 **乘剛也**라
상 왈 서 부 멸 비 승 강 야

육이는 살을 깨물되 코를 멸하니 허물이 없다. 상전에 이르기를 '살을 깨물되 코를 멸함'은 강한 것을 탔기 때문이다.

2효는 음이 음 자리에 있고[正], 하괘의 중앙[中]에 있다. 코에 상처입는 주체가 누구인가? 죄인인가, 죄를 내리는 사람인가?. 여러 가지 해석이 분분하다. 하나는 초효 죄인이 너무도 강한 기운을 품고 있기 때문에 코에 상처를 입는다. 그러니까 죄인이 비록 코에 상처를 입을지언정 법적으로 아무런 하자가 없다는 뜻이다. 다른 하나는 '살갗'을 씹을 정도로 부드러우므로 '허물이 없다'에 초점을 맞춘 풀이가 있다. 연한 살코기를 씹는 것은 죄인에 대한 단죄가 쉽다는 것이다. 그만큼 초효에 대한 2효의 감화력이 크다는 것을 상징한다.

음이 양을 탔다[乘]는 용어는 음효가 양효인 초효의 위에 있다는 뜻이다. 2효는 아래턱과 가장 가까이에서 최고로 부드러운 고기를 씹는 형상이다. 초효는 주먹으로 세상을 주름잡던 범인이다. 강력한 응징이 필요하다. 하지만 중용의 도리를 갖춘 2효의 선택은 온건한 징벌이었다. 중용의 힘은 강할 때는 세상 어느 것보다 강력하지만, 부드러움이 필요할 때는 한없이 부드러운 기능을 발휘한다. 그래서 공자는 "나는 칼날을 밟을지언정

중용을 실행하기는 어렵다"고 고백했던 것이다.

'부드러움이 강함을 이긴다.' '여자는 남자보다 강하다.' '물이 불보다 더 무섭다.' '아내는 여자보다 강하다'는 말은 때로는 부드러운 손길이 효과가 크다는 뜻의 다른 표현이다. 회초리나 혼꾸녕보다는 오히려 칭찬이 효험이 있다. 채찍과 당근은 교육의 특효약이다. 무턱대고 채찍만을 휘두르는 것은 금물이다. 열 개의 채찍보다 한 개의 당근이 효과적일 때도 있다. '칭찬은 고래를 춤추게 한다'는 말이 지금 유행하고 있다.

부드러운 중용의 힘은 세상의 어떤 것보다 강력하다.

7. 3효 : 법률보다 법을 운용하는 마음이 중요하다

六三은 **噬腊肉**하다가 **遇毒**이니 **小吝**이나 **无咎**리라
육삼 서석육 우독 소린 무구

象曰 遇毒은 **位不當也**일새라
상왈 우독 위부당야

육삼은 말린 고기를 씹다가 독을 만나니, 조금은 인색하나 허물이 없을 것이다. 상전에 이르기를 '독을 만난다'는 것은 위치가 마땅하지 않기 때문이다.

3효는 음이 양 자리에 있고[不正], 하괘의 마지막에 있다[不中]. 상황이 썩 좋지 않다. 3효는 겉으로는 무척 말랑말랑한 것 같지만 속에는 딱딱한 뼈와 가시가 박혀 있는 말린 고기[腊; 오래된 고기]를 가리킨다. 잘 가공되지 않은 말린 고기를 잘근잘근 씹다가 독을 만난다는 것은 잇몸에 상처 입는 꼴이다. 그것은 죄인의 속임수에 넘어가 조사관이 약간의 실수를 저지르는 모습을 의미한다.

독은 극약이 될 수도 있고, 양약이 될 수도 있다. 다시는 똑같은 실수를 저지르지 않는 혹독한 대가를 지불했기 때문이다. 독이 있는 줄도 모르고

먹었다는 것은 죄인에게 벌주는 책임을 끝까지 수행했음을 의미한다. 처음에는 조금 인색하지만 결국에는 허물이 없다.

「상전」의 말을 주목해야 한다. 위치가 마땅하지 않다는 말은 무엇인가? '위치[位]'는 공간이다. 이 세상에 똑같은 공간은 없다. 왜냐하면 시간에 따라 공간이 영향을 받기 때문이다. 공간이란 이것과 저것을 구별할 수 있는 소중한 수단이다. 3효는 하나의 괘를 이루는 부분이다. 부분이 모여서 6효로 이루어진 하나의 괘가 성립한다. 중中에서 벗어났느냐의 여부에 따라 각각 공간적 위상의 가치가 달라진다. 그래서 위치가 '마땅하다', '마땅하지 않다'라는 말이 생겨났던 것이다. 후자의 입장에서 보면, 음이 양 자리에 있는 것처럼 부적절한 인물이 형벌을 주관하기 때문에 부당한 '벌주기'라는 뜻이다.

법의 수호는 법의 정신과 법의 조문에 있는 것이 아니라, 법을 실제로 운용하는 사람의 의식에 있다고 해도 과언이 아니다. 법률에 무지한 죄인을 조사할 때, 법조문을 이용하여 유도 심문하거나 강자의 입장에서 약자를 위협해서도 안 된다. 그리고 외압 수단을 사용해서는 더더욱 안 될 것이다.

'독을 만난다'는 것은 악독한 죄인을 조사한다는 뜻 이외에도 법을 악용하는 집행자가 겪는 불행을 지적한 말이다.

8. 4효 : 인생의 고진감래

九四는 **噬乾胏**하여 **得金矢**나 **利艱貞**하니 **吉**하리라
구사 서간치 득금시 이간정 길

象曰 利艱貞吉은 **未光也**라
상왈 이간정길 미광야

구사는 마른 고기의 뼈를 씹다가 금화살을 얻으나, 어렵게 함과 올바르게 함이 이로우니 길할 것이다. 상전에 이르기를 '어렵게 함과 올바르게 함이 이롭고 길하다'는 것은 아직 빛나지 못하는 것이다.

가난과 고생은 사람을 성장시키는 촉진제다. 가난은 지나간 삶을 뒤돌아보게 하는 여유로운 마음을 살찌게 하며, 고생은 남을 배려하는 마음을 키우는 동력이다. 가난한 생활이 돈에 대한 집념으로 치달으면 불행이 싹틀 것이다. 부귀만을 추구하는 폐단을 바로잡게 하는 것은 올바른 마음[貞 = 正] 뿐이다.

4효는 음 자리에 양이 있고[不正], 상괘의 맨아래에 있다[不中]. 하지만 하괘에서 상괘로 건너왔기 때문에 새로운 국면을 맞이한다. 속담에 "고진감래, 고생 끝에 즐거움이 있다"는 말이 있다. 금화살을 얻었다는 것은 행운이 찾아왔다는 뜻으로서 온갖 고초가 양약이 되었음을 상징한다.

왜 어려운 난관을 극복하고 올바른 행위를 했는데도 불구하고 빛나지 않을까? 주자의 해석에 따르면, 옛날에 소송 사건이 있을 경우에는 금 30근과 화살 100개를 공탁금으로 맡긴 후에 재판이 열렸다고 한다. 이런 절차를 거쳐야 재판이 순조롭게 진행되었다는 뜻이다.[3] 말이 공탁금이지 일종의 뇌물 헌상과 비슷한 제도가 시행되었음을 시사한다. 그러니까 『주역』은 아름답지 못한 관례라고 했다. 하루 빨리 척결되어야 하는 낡은 유산이다.

'금화살을 얻다'는 말은 행운이 찾아와 온갖 고초가 양약이 되었음을 의미한다.

9. 5효 : 돈의 친척이 독

六五는 **噬乾肉**하여 **得黃金**이니 **貞厲**면 **无咎**리라
육오 서간육 득황금 정려 무구

象曰 貞厲无咎는 **得當也**일새라
상왈 정려무구 득당야

3) 『周易本義』, "『주례』에 옥살이 소송을 벌일 경우에 균금(30근의 금)과 속시(화살 10개의 묶음)를 납입한 뒤에 송사를 다스린다.[周禮, 獄訟, 入鈞金束矢而後聽之.]"

火雷噬嗑卦 화뢰서합괘

육오는 말린 고기를 깨물어 황금을 얻으니, 올바르게 하고 위태롭게 여기면 허물이 없을 것이다. 상전에 이르기를 '올바르게 하고 위태롭게 여기면 허물이 없다'는 것은 마땅함을 얻었기 때문이다.

5효는 음이 양 자리에 있으나[不正], 상괘의 중앙에 있다[中]. 말린 고기는 2효의 연한 고기보다는 딱딱하지만, 3효와 4효의 자그마한 짐승 전체를 뼈채로 말린 고기[腊肉]나 뼈가 붙은 마른 고기[乾胏]보다는 씹기가 훨씬 낫다.

황금을 얻는다는 대한 해석은 크게 두 가지가 있다. 하나는 황黃은 5행에서 중앙의 토土인 까닭에 5효에 등장했으며, 다른 하나는 주자의 견해에 따라 금 30근이 그것이다. 돈으로 환산해서 황금 30근은 엄청난 위력이 있다. 재판에서 판결을 뒤바꿀 수 있을 만큼 힘이 있다. '유전무죄, 무전유죄'란 말이 바로 그것이다. 불행하게도 요즈음은 신용카드 몇 개를 휴대했느냐에 따라 그 사람의 사회적 능력이 평가되는 실정이다.

돈은 함부로 써서는 안 된다. 돈 버는 일도 중요하지만, 어디야 쓰느냐는 더욱 소중하다. 쓸 곳과 쓰지 말아야 할 곳을 잘 구분해야 성공할 수 있다. 써서는 안 될 곳에 쓰면 사회적 지탄이 뒤따른다. 만일 재판에 이기기 위해서 재판관을 돈으로 매수한다면 사회 기강이 무너지는 것은 뻔하다. 뇌물로 얼룩진 국가는 앞날을 기대할 수 없다. 부패지수가 높은 나라치고 정치 경제가 안정됐다는 뉴스를 들은 적이 없다. 정경 유착의 폐단은 국민에게 고스란히 돌아가고, 사법부마저 부패하면 불의가 정의로 둔갑한 꼴이 되고 말 것이다.

그래서 5효는 돈 알기를 위태롭게 여겨야 한다고 강조한다. 돈의 마력에 중독되면 헤어날 수 없다. 돈이면 안 되는 것이 없다는 말은 그 사회의 청렴도에 빨간불이 켜진 상황을 지적한다. 항상 마음단속을 잘 해야 한다. 특히 물질의 노예가 될 경우는 심각하다. 중용의 마음으로 사물을 바라본다면 허물을 짖지 않을 것이다. 매우 소중한 가르침이 아닌가?

돈 알기를 위태롭게 여겨야 한다. 돈의 마력에 중독되면 안 된다. 중용의 마음으로 물질을 바라보아야 할 것이다.

10. 상효 : 귀는 항상 열려 있어야

上九는 **何校**하여 **滅耳**니 **凶**토다
상구 하교 멸이 흉

象曰 何校滅耳는 **聽不明也**일새라
상왈 하교멸이 총불명야

상구는 차꼬를 매어서 귀를 멸하니 흉하다. 상전에 이르기를 '차꼬를 매어서 귀를 멸함'은 귀가 밝지 못하기 때문이다.

상효는 음 자리에 양이 있으며, 상괘의 막다른 골목에 있다[不正不中]. 초효에서 말하는 경범죄인은 발에 차꼬가 채워져 발꿈치에 상처 입지만, 상효의 중범죄인은 형틀을 목 위에 맴으로써 귀를 다치는 결과를 가져온다. 장소 이동을 못하는 형틀이 머리까지 올라갔다. 최고의 형벌로 진행된 것이다. 그래서 옛날에는 큰 죄를 지은 사람에게는 동료들과 대화를 금지시켰다. 지금의 독방을 생각하면 된다.

'귀가 밝지 못하다'는 말은 두 가지 풀이가 가능하다. 하나는 중범죄인에게 귀를 다치도록 형벌을 가한다는 것이고, 다른 하나는 말을 알아들을 수 없기 때문에 중범죄인이 되었다는 것이다. 전자가 사형수에 버금가는 죄인이라면, 후자는 교화 불가능의 상태를 지적한 해석이다.

타인의 충고를 듣지 않으려는 오만에서 죄는 점점 커진다. 심지어 죄인을 포함한 모든 사람의 귀는 항상 열려 있어야 한다. 타인은 나의 거울이기 때문이다. 이것이 소인과 군자의 차이점이다. 소인은 악의 구렁텅이에서 허덕이는 반면에 군자는 사회의 모범으로 각광받는다.

공자는 「계사전」에서 유독 서합괘의 효사를 거듭해서 귀감이 되는 발언을 했다. "선을 쌓지 않으면 이름을 이룰 수 없고, 악이 쌓이지 않으면 몸을 멸할 수 없으니, 소인은 작은 선이 유익함이 없다 하여 행하지 아니하며, 작은 악은 무방하다 하여 버리지 않는다. 그러므로 악이 쌓여서 가릴 수 없으며, 죄가 커져 풀지 못하니, 역에 이르기를 '차꼬(형틀)를 매서 귀를 멸하니 흉하다'고 하였다."[4]

서합괘는 형벌의 혹독함을 설명한 것이 아니라, 두 번 다시 죄를 저질러서는 안 된다고 훈계한다. 서합괘에 의하면, 죄인을 형벌에 처하는 것은 사회 안녕을 위해 당연한 일이다. 그것은 마치 입 안의 음식물을 씹어 입 속이 편안해지는 것처럼 죄인을 엄하게 다루되 강유를 겸전하고, 법령을 공평하고 투명하게 밝히라는 가르침이다.

정역사상의 연구자 이상룡李象龍은 서합괘의 성격을 다음과 같이 설명한다.

> 噬嗑은 說文에 頤中有物曰噬요 齧以合之曰嗑이라 하니
> 서합　설문　이중유물왈서　설이합지왈합
> 故로 其爲字는 從口從筮요 嗑은 盍何不也오 筮는 稽度也라
> 고　기위자　종구종서　합　합하불야　서　계도야
> 凡所在口之物이 何不細度니 其剛柔而齧合之義也라
> 범소재구지물　하불세도　기강유이설합지의야
> 且天人之道는 賁而亨然后에 可目相合이니
> 차천인지도　비이형연후　가　상합
> 故로 此卦次於賁也라
> 고　차괘차어비야

서합은 『설문』에 "턱 속에 물건이 있음을 '서噬'라 하고, 깨물어서

4) 『周易』 「繫辭傳」 하편 5장, "善不積, 不足以成名. 惡不積, 不足以滅身, 小人以小善爲无益而弗爲也, 以小惡爲无傷而弗去也. 故惡積而不可掩, 罪大而不可解, 易曰 何校, 滅耳, 凶."

합하는 것을 '합嗑'이라 하였다. 그러므로 그 글자 구성은 입 '구'와 점칠 '서'의 합성어로 합嗑은 어찌 할 수 없는가라는 것이고, 서筮는 법도를 헤아리다는 뜻이다. 무릇 입에 있는 물건이 어떻게 강유를 상세하게 헤아릴 수 없으니 깨물어 합한다는 뜻이다. 또한 하늘과 사람의 도는 꾸며서 형통한 뒤에 서로 目합할 수 있으므로 서합괘가 비괘 다음이 된 것이다.

彖曰 噬嗑, 亨, 利用獄은 日中爲市에 市有刑禁也라
단왈 서합 형 이용옥 일중위시 시유형금야

단전 "서합은 형통하니 감옥을 쓰는 것이 이롭다"는 것은 한낮에 시장을 여는 데에 시장에는 법으로 금지하는 것이 있다는 뜻이다.

象曰 先王, 以, 明罰勅法은 君天下之規範也라
상왈 선왕 이 명법칙법 군천하지규범야

상전 "선왕이 이를 본받아 벌을 밝히고 법을 잘 정비한다"는 것은 군주가 천하의 규범이라는 것이다.

初九, 屨校, 滅趾, 无咎는 戒其妄動也라
초구 구교 멸지 무구 계기망동야

초효 "발에 족쇄를 채워 발꿈치를 멸함이니 허물이 없다"는 것은 망령되게 움직이는 것을 경계한 것이다.

六二, 噬膚, 滅鼻는 飽于中球也라
육이 서부 멸비 포우중구야

2효 "살을 깨물되 코를 멸한다"는 것은 뱃속이 배부르다는 뜻이다.

六三, 噬腊肉, 遇毒은 外柔內剛하여 易觸其毒也라
육삼 서석육 우독 외유내강 이촉기독야

3효 "말린 고기를 씹다가 독을 만난다"는 말은 외유내강하여 독과 접촉하기 쉽다는 것이다.

九四, 噬乾胏, 得金矢, 利艱貞은 肉食有猷에 位非妄求也라
구사 서간치 득금시 이간정 육식유유 위비망구야

4효 "마른 고기의 뼈를 씹다가 금화살을 얻으나, 어렵게 함과 올바르게 함이 이롭다"는 것은 육식하는 데에 법도가 있음은 헛되게 구한 위치가 아니라는 뜻이다.

六五, 噬乾肉, 得黃金, 貞厲는 爭富貴動金革이니 君后惕厲也라
육오 서간육 득황금 정려 쟁부귀동금혁 군후척려야

5효 "말린 고기를 깨물어 황금을 얻으니, 올바르게 하고 위태롭게 여긴다"는 것은 부귀를 다투어 금으로된 허리띠로 움직이는 것은 군주와 왕비가 두려워하고 위태롭게 여긴다는 뜻이다.

上九, 何校, 滅耳는 不以貴廢法也라
상구 하교 멸이 불이귀폐법야

상효 "차꼬를 매어서 귀를 멸한다"는 것은 고귀함으로 법을 폐지하지 않는다는 뜻이다.

산화비괘
山火賁卦

알찬 꾸밈

1. 문명은 꾸밈의 연속: 서합괘

정이천은 화뢰서합괘火雷噬嗑卦(䷔) 다음에 산화비괘山火賁卦(䷕)가 오는 이유를 다음과 같이 말한다.

> 賁는 序卦에 嗑者는 合也니 物不可以苟合而已라
> 비 서괘 합자 합야 물불가이구합이이
>
> 故受之以賁하니 賁者는 飾也라 하니라 物之合則必有文하니
> 고수지이비 비자 식야 물지합즉필유문
>
> 文은 乃飾也라 如人之合聚則有威儀上下하고
> 문 내식야 여인지합취즉유위의상하
>
> 物之合聚則有次序行列하여 合則必有文也하니
> 물지합취즉유차서항열 합즉필유문야
>
> 賁所以次噬嗑也라 爲卦山下有火하니
> 비소이차서합야 위괘산하유화
>
> 山者는 草木百物之所聚也오 下有火하면 則照見其上하여
> 산자 초목백물지소취야 하유화 즉조견기상
>
> 草木品彙皆被其光彩하니 有賁飾之象이라 故爲賁也라
> 초목품휘개피기광채 유비식지상 고위비야
>
> "비괘는 「서괘전」에 '합은 합함이니 물건은 구차하게 합할 따름이어서는 안 된다. 그러므로 비괘로 받았으니 비는 꾸밈이다'라고 하였다. 물건이 합하면 반드시 문채가 있으니 문은 곧 꾸밈이다. 이를테면 사람이 모이면 위엄과 의칙과 상하의 구분이 있고, 물건이 합하면 순서와 항열이 있어서 합하면 반드시 문채가 있으니, 비괘가 이 때문에 서합괘의 다음이 된 것이다. 괘의 형성은 산 아래에 불이 있으니, 산은 초목과 온갖 물건이 모이는 곳이요 아래에 불이 있으면 그 위를 비춰서 초목과 물건들이 모두 그 광채를 입으니 꾸미는 형상이 있다. 이런 까닭에 비라 한 것이다.

서합괘(䷔)를 뒤집어놓으면 비괘(䷕)가 된다. 이들은 공통으로 위아래 턱 사이에 하나의 양이 버티고 있다. 서합괘에서의 4효는 소화시켜야 되

는 음식물(교화의 대상인 죄인)인 반면에, 비괘의 3효는 불 속의 새파란 불꽃을 가리킨다. 비괘는 간괘艮卦(☶)가 위에 있고, 아래는 리괘離卦(☲)로 구성되어 있다. 괘의 형상으로 보면 산 속에 불이 있는 까닭에 밝게 빛나는 질서정연한 꾸밈이 있음을 상징한다.

꾸밈이란 무엇인가? 글쓰기의 꾸밈은 대상을 분명하게 드러내도록 하는 부사와 형용사와 동명사 역할을 한다. "'비賁'자의 위쪽은 꽃의 수술, 아래 글자 '패貝'는 원시 민족의 장식품을 가리킨다. 고대인은 화장하는 것을 즐겼고, 현대인들 역시 가슴에 예쁜 꽃이나 휘장을 달았고, 여자들은 머리에 화관을, 귀에는 귀고리를 장식했다. 옛날에 남자는 가공한 조개 껍질을 가슴에 달았고, 여자는 꽃을 머리카락에 꽂았다. '비賁'는 천문과 인문이라는 문명화의 총칭이다. 일차적으로는 장식과 화장을, 이차적으로는 예절과 예의와 문명을 뜻한다."[1)]

문명은 세상을 아름답게 꾸미는 작업이다. 문명을 꽃피우는 수단에는 여러 가지가 있다. 예술을 비롯한 도덕과 법률, 정신과 물질에 기초한 다양한 형태가 있다. 그렇다고 꾸밈이 고물 수집상의 무덤이서는 곤란하다. 신구의 조화가 멋들어지게 융화되어야 한다. 높은 산에는 다양한 식물들이 온도의 차이에 따라 군락을 이룬다. 기상 이변이 없는 한 들국화가 피는 곳에는 열대 야자수가 생존할 수 없다. 문명은 주어진 자연 환경에 의존한다. 어떤 구조와 형식을 띠느냐에 따라 그 내용과 성격이 달라지기 때문이다. 동서양 문명 역시 다른 얼굴로 뽐낸다. 문명에는 일정한 질서가 내재되어 있다. 그렇다면 문명 형성의 실체는 무엇일까?

현대인들의 문명에 대한 시각은 매우 획일화되어 있다. 문명화만이 살길이라는 의미에서 서양인들이 축적한 과학 기술의 힘에 의존하는 첨단 테크놀로지 산업에 익숙해져 있다. 짧은 시간에 모든 정보를 공유할 수 있고, 단 기간에 공간을 축소할 수 있는 도구의 발명이 인간 승리라 자랑하

1) 殷昆珍泉, 『易經的 智慧(經部)』(北京: 當代世界出版社, 2006), 234쪽.

고 있는 것이다. 지금의 문명은 끝간 데를 모를 정도다. 새로운 디지털 세계는 시공간에 대한 과학 기술적 대체물을 구축하기 위한 시도라고도 할 수 있다.

문명은 일종의 '꾸밈의 연속'이다. 문명 탐구에는 다양한 스펙트럼이 존재한다. 허위와 진실의 꾸밈, 내부와 외부의 꾸밈, 눈을 현혹시키는 화려한 꾸밈과 있는 그대로를 느끼고 감상하는 소박한 꾸밈이 있다. 오염된 속세 너머에는 평안과 미와 조화의 영원한 본질이 존재한다. 이 양자를 어떻게 매끄럽게 연결시키느냐가 문명의 잣대였다. 동양의 문명관은 하늘의 원리를 인간 주체화하는 방식에 집중되어 있다. 그 안에는 인륜 질서의 문제를 비롯한 자연의 인간화, 인간의 자연화라는 거대 담론이 담겨 있다.

2. 비괘 : 문명의 설계

賁는 **亨**하니 **小利有攸往**하니라
비　형　　소리유유왕

비는 형통하니, 가는 바를 둠이 조금은 이롭다.

비괘는 문명의 디자인을 얘기한다. 서합괘가 씹어서 형통하다면, 비괘는 문명을 꾸며야 형통한다고 말한다. 가는 바를 둠이 조금은 이롭다는 것은 천문에만 무조건 의존하려는 습성을 꼬집어 말한 것이다. 반드시 천문에 근거하여 인문을 밝혀야만 크게 이로울 수 있다는 뜻이다.

문명은 꾸밈이나 장식에 의해 겉으로 드러나는 외형적 성격이 강하다. 외형이 아무리 아름답다고 할지라도 속모습과 실질은 아니다. 외형은 결코 본질, 원질, 밑바탕이 될 수는 없다. 외형과 본질이 조화될 때 문명의 가치가 돋보이기 때문에 '문질빈빈文質彬彬'이란 말이 생겼다. "본질이 무늬보다 더 뛰어날 경우는 소박하다고 하고, 무늬가 본질보다 더 뛰어날 경우는 사치스럽다고 한다. 무늬와 본질이 조화로워진 뒤에야 군자라고 할 수 있다."[2] 무늬[文]는 내면이 밖으로 드러난 표현인 동시에 상징이고, 바탕[質]은 내면에 깊숙이 자리잡은 본질을 가리킨다. 바탕만 믿고 겉으로 표현 못하면 촌스럽고, 무늬만 화려하고 바탕이 없으면 껍데기만 사치스럽다[史]. 바탕과 무늬를 잘 조화시킬 줄 아는 문화가 곧 성숙한 문명이다.

세상을 아름답게 '꾸미는 작업'이 바로 문명이다. 『주역』의 문명관은 하늘의 원리를 인간 주체화하는 방식으로 집약된다.

3. 단전 : 문명의 디자인은 어떻게 할 것인가?

彖曰 賁亨은 **柔來而文剛故**로 **亨**하고 **分剛**하여
단왈 비형 유래이문강고 형 분강
上而文柔故로 **小利有攸往**하니 **天文**이오 **文明以止**하니
상이문유고 소리유유왕 천문 문명이지
人文也니 **觀乎天文**하여 **以察時變**하며 **觀乎人文**하여
인문야 관호천문 이찰시변 관호인문
以化成天下하나니라
이화성천하

단전에 이르기를 '비가 형통함'은 부드러운 것이 와서 강한 것을 무늬하는 까닭에 형통하고, 강한 것을 나누어서 위로 올라가 부드러운 것을 무늬하는 까닭에 '가는 바를 둠이 조금 이로움'은 천문이요, 문명하여 멈춤은 인문이다. 천문을 깨달아서 시간의 변화를 살피며, 인문의 이치를 깨달아 천하를 교화하여 이루는 것이다.

비괘는 '문명'을 상징하는 리離(☲), '그침'을 상징하는 간艮(☶)으로 이루어졌다. 전자는 순수 양인 건괘에 곤괘의 2효가 와서 리괘가 되었다. 후자는 원래 순수 음인 곤괘에 건괘 3효가 위로 와서 간괘가 되었다. 전자는 유가 와서 강을 꾸미는 것이고, 후자는 강이 위로 올라와서 유를 꾸미는 것이다. 강과 유가 섞이고 어울려 한바탕 무늬를 이루는 것이 자연의 문채라는

2) 『論語』「雍也」, "子曰 質勝文則野, 文勝質則史, 文質彬彬, 然後君子."

것이다. 강유의 섞임은 자연의 패턴이자 조화이며 공능이며 얼굴이다. 강의 독단으로, 또는 유의 독단만으로 이루어지는 꾸밈은 어설프다. 남자만 사는 사회는 삭막하고, 여자만 사는 집단은 허전하기 짝이 없다. 강유, 음양, 남녀가 어울려야 형식과 내용이 창조적 조화를 이룰 수 있는 것이다.

문명을 지배하는 것은 수학적 질서란 말이 있다. 질서는 고리타분한 것이 아니라, 문명을 지탱하는 혈관이다. 혈관이 막히면 심장은 견딜 수 없듯이, 질서가 제 역할을 못하면 집단은 붕괴되기 마련이다. 질서에는 하늘의 질서와 땅의 질서와 인간의 질서가 있다. 하늘의 질서는 밤하늘을 수놓는 일월성신이 빚어내는 춘하추동의 사계절을, 땅의 질서는 동서남북에서 벌어지는 생태계의 진화를 비롯한 자연 환경을, 인간의 질서는 역사를 일궈내는 인륜이 있다.

천문은 천지의 로드맥이 일정한 패턴으로 드러난 무늬, 장식, 문체를 가리킨다. 구체적으로 말해서 북극성을 중심으로 움직이는 하늘의 별자리의 규칙성을 읽어내는 안목을 뜻한다. '인문'은 천문을 밑바탕으로 인간 질서의 확립을 목표로 삼는다. 인문의 근거는 천문이므로 천문은 인문이 아니면 밝혀질 수 없다. 인문이 아니면 천문의 존재 의의는 설 땅이 없다는 뜻이다. 반대로 천문이 없으면 인문의 정당성과 필연성과 당위성은 물거품이 되고 만다. 이것이 바로 '문명이지文明以止'에서의 멈출 지止의 뜻이다. 자연의 궁극 이법은 모순이나 갈등이 아니라, 안정되게 멈추는 질서를 가리킨다. 자연의 움직임 역시 멈춤의 기초 위에서 가능하다. 이를 부정하면 운동과 정지 또한 반자연적인 행태에 불과하기 때문이다.

『주역』 52번 중산간괘重山艮卦(䷳) 「단전」에서는 멈춤의 미학을 얘기한다. "간은 멈춤(그침)이니 때가 멈출 때면 멈추고 때가 행할 때면 행하여 움직이고 고요함에 그 때(시간)와 그 도를 잃지 아니함이 밝게 빛난다."[3] 그

3) "彖曰 艮止也, 時止則止, 時行則行, 動靜不失其時其道光明."

리고 『대학大學』 3강령의 목표는 "최고선의 경지에 머무는 데 있다[止於至善]"의 '머뭄과 그침[止]'이 바로 그것이다. 머문다는 것은 그 한계를 벗어나지 말라는 강제성을 뜻하는 것이 아니라, 도덕성이 배제된 문명이어서는 안 된다는 말이다. 어떤 한 사회의 건강 지표는 선에 있다는 뜻이다. 물질의 풍요와 기술의 발달이 인간의 행복을 보장하지 못한다. 물질과 도덕은 상호 의존의 관계로 존재한다. 도덕이 배제된 물질주의는 속물 근성을 부추기고, 도덕으로만 무장할 경우에는 허례허식이 팽배할 것이기 때문이다. 이들의 중용이 곧 문명 발전의 열쇠라고 할 수 있다.

천문을 살피는 이유는 무엇인가? 「단전」은 시간의 변화[時變]라고 단정한다. 인류는 일월성신의 걸음걸이를 측정하여 시간의 흐름을 객관화했다. 시간은 거꾸로 흐르지 않는다는 것이 현대 물리학의 입장이다. 시간의 비가역성非可逆性은 과거에서 현재를 거쳐 미래로 흘러감을 규정한 개념이다. 이 흐름을 날아가는 화살에 비유해서 시간의 화살이라 부른다.

비괘는 자연의 시간관에 기초하여 문명의 인테리어 작업을 독려한다. 과연 시간의 변화가 과학적, 물리학적인 시간의 비가역성을 강조하는 것에 그치는가? 동양의 시간관은 자연의 순환에 기초한다. 『주역』은 순환론적 직선형의 시간관을 고수하고 있다. 춘하추동은 순환하면서 봄에서 여름으로 직선 진행한다. 순환이라는 큰 틀 안에서 직선적으로 흐른다는 시간관이 전제되어 있다는 뜻이다. 시간은 만물 형성의 시초이자 근원이며, 생명 탄생의 수수께끼를 담지한 씨앗이다. 이에 근거한 인문학을 밑천으로 천하를 교화해야만 올바른 문명이라는 것이다.

인문의 근거는 천문이고, 천문은 인문이 아니면 밝혀질 수 없다. 천문이 아니면 인문의 정당성과 당위성은 물거품이 된다.

4. 상전 : 정치는 사회를 아름답게 꾸미는 작업

象曰 山下有火賁니 **君子以**하여 **明庶政**하되
상 왈 산 하 유 화 비 　 군 자 이 　 　 명 서 정
无敢折獄하나니라
무 감 절 옥

상전에 이르기를 산 아래에 불이 있는 것이 비이다. 군자는 이를 본받아 뭇 정사를 밝히되 함부로 옥을 판단하는 일이 없다.

산 아래에 불이 난 것을 산불이라 한다. 산불이 나면 그 주위가 온통 불빛이 나기 때문에 환하다. 산이 굳건하게 선 모습은 믿음직스럽다. 산은 진기한 동식물이 서식하는 생태계의 박물관이다. 봄에는 울긋불긋 꽃피우고, 여름에는 나무가지와 잎이 산을 뒤덮고, 가을에는 오색 단풍이 불그레 수놓으며, 겨울은 고요히 잠잔다. 산은 말없이 자연의 숨소리를 품고 있다. 산은 감동을 주는 활성체로서 사계절을 통틀어 항상 빛난다.

불의 밝음 앞에서 어둠은 꼼짝 못한다. 진실 앞에서 거짓이 쓸모 없듯이 말이다. 비괘는 상투적인 말로 '정치를 잘하라'고 주장하지 않는다. 정치를 '아름답게' 하라고 권장한다. 선결 과제는 제도의 정비에 있다. 무엇을 위한 정리인가? 진리 자체와 인류를 위해 정리해야 할 것이다. 진리는 무색투명하고 모든 사람에게 공평하다. 형벌의 공정성이 지켜지면 부정부패는 사라진다. 하지만 힘없는 백성은 억울해도 누구에게 하소연 할 곳이 없다. 죄 없는 자가 제도의 피해자가 되어서는 안 된다는 뜻이다. 따라서 위정자는 형벌로 권위를 내세워서는 안 될 것이다.

서합괘는 다양한 목소리를 수렴하여 의견 통일을 이루는 과정을 통해 죄인을 엄정하게 다스려야 한다고 강조했다. 비괘에 이르면 상황은 달라진다. 안정된 사회일수록 감옥의 존재는 반감되어야 마땅하다. 당근이 먼저이고, 채찍은 마지못해 이루어지는 최후의 수단이어야 한다는 뜻이다. 함부로 판결되는 형벌이 사회의 불안을 조성하기 때문이다.

불의 밝음 앞에 어둠이 꼼짝 못하듯이, 진실 앞에 거짓의 꾸밈은 소용없는 짓이다.

5. 초효 : 소박한 꾸밈이 간결한 아름다움을 드러낸다

初九는 **賁其趾**니 **舍車而徒**로다
초구 비기지 사거이도

象曰 舍車而徒는 **義弗乘也**라
상왈 사거이도 의불승야

초구는 그 발꿈치를 꾸미니, 수레를 버리고 걸어서 간다. 상전에 이르기를 '수레를 버리고 걸어서 간다'는 것은 정의감에서 수레를 타지 않는 것이다.

초효는 사람 몸에서 가장 아래에 있는 발꿈치에 해당된다. 발은 몸을 지탱해주고 장소 이동을 가능하게 한다. 한의학에서도 발은 인체의 신비를 담고 있는 창고라고 했다. 초효에 대한 서합괘와 비괘의 풀이는 양극단을 걷는다. 전자는 발에 차꼬를 매었다고 한 반면에, 후자는 예쁘게 치장한다고 했다. 수갑 찬 손에 매니큐어를 바르는 일은 중용의 이치에서 한참 멀다. 『주역』은 서합괘와 비괘의 두 극한 상황, 즉 사물의 양쪽 측면에서 상대방을 바라볼 수 있는 안목을 키우라고 가르친다.

연꽃이 자신을 뽐내지 않으면서 진흙구덩이의 오염된 물을 정화시키는 것처럼, 사회의 밑바닥에서도 자신의 내면을 아름답게 꾸미는 상황이다. 얼굴에 꽃단장을 하지 않고, 돈과 명예를 멀리하여 지조를 올곧게 지키는 행위를 말한다. 절개와 지조를 지키는 것은 아무나 하지 못한다. 정의[義]의 사도가 아니면 불가능하기 때문이다.

사람이 정의를 버리면 시정잡배와 다를 바가 없다. 비록 손해볼 것이 뻔하더라도 불의와 손잡아서는 안 된다. 타협하면 스스로가 불의로 변질되기 때문이다. '수레를 탄다'는 것은 상황의 포로가 되는 모습에 비유한 것이다. 시대가 아무리 혼탁하더라도 지성인은 사회의 등불이 되어야 마땅하다. 지조의 불사신이 존재해야 사회가 올바른 길로 나아갈 수 있다. 지조는 혹독한 추위에도 따뜻한 온돌방이 될 수 있고, 무더운 날씨에도 차가운 냉기를 품을 수 있는 것이다.

조지훈趙芝薰(1920-1968)의 지조론志操論은 우리나라 문장사에 빛나는 주옥같은 글이다. "지조란 순결한 정신을 지키기 위한 불타는 신념이다. 차가운 계절이 되어서야 소나무, 잣나무가 푸르러 조락하지 않는 것을 알 수 있듯이 백설이 만건곤할 때 낙락장송이 독야청청할 수 있는 까닭이다. 세상이 혼란에 빠지고 오탁할 때 비로소 청렴한 선비가 드러나며, 난세에 이르러야 충신과 열사가 나올 수 있는 까닭이다. 하기에 선비는 이름 석자를 중히 여기며, 공자의 말과 같이 군자는 세상을 마친 후에도 이름이 칭송되지 못함을 부끄러이 여기는 법이다. 선비는 죽일 수는 있지만 욕보일 수 없다는 자존심이야말로 우리 선조들의 생활 습관이었다. … 지조란 절개를 숭상하고 정절을 중시하며 목숨을 버릴지언정 굴욕은 당하지 않겠다는 신념이 바로 우리의 선비 정신인 것이다. 진정한 용기란 완력이나 용맹에서 우러나오는 것이 아니요, 양심에 부끄럽지 않는 도덕적 용기에서 나온다. 우러러 하늘을 보아도 부끄럽지 아니하고 굽어보아 사람에게 부끄럽지 않은 인간이 되라는 우리의 선비 정신은 어떤 권세나 재물에도 흔들리지 아니하고, 어떠한 거짓에도 고개를 숙이지 않는 격조 높은 품격인 셈이다."

초효는 4효와 상응하는 것이 정상이다. 이웃인 2효와 만나는데 수레를 굳이 탈 필요는 없다. 수레를 버리고서라도 먼 곳에 있는 4효와 만나 올바르게 꾸며야 옳다. 그러니까 의리상 수레를 탈 수 없는 것이다. 수레를 버린다는 것은 고행을 자발적으로 선택함을 뜻한다.

가시밭길에서 인류 구원의 정신이 나오는 것이다.

6. 2효 : 바탕 없는 꾸밈은 덧없다

六二는 **賁其須**로다
육이　비기수

象曰 賁其須는 **與上興也**라
상왈 비기수　여상흥야

육이는 그 수염을 꾸밈이다. 상전에 이르기를 '수염을 꾸민다'는 것은 위와 함께 일어남이다.

'수須'는 턱수염 수鬚이다. 비괘의 3효와 상효는 각각 아래턱과 위턱을 상징한다. 수염은 아래턱에 붙어 있기 때문에 2효는 수염을 가리킨다. 수염을 꾸민다는 것은 비괘의 하괘[離卦; ☲] 자체가 불처럼 아름답고 밝게 빛나는 문명을 뜻한다.

2효는 음이 음 자리[正]에 있고, 하괘의 중용[中]이다. 2효는 중정의 덕을 갖췄으나 유약하다. 그래서 강한 성격의 3효의 턱에 착 달라붙어야 떨어지지 않는다. 턱이 없는 턱수염은 있을 수 없다. 턱이 존재하는 까닭에 부드럽거나 억센 수염이 멋질 수 있는 것이다. 턱수염은 스스로 움직이지 못한다. 수염 있는 곳에 턱이 있다. 턱이 움직이면 수염도 움직인다. 바늘 가는 곳에 실이 있듯이 말이다. 촛대가 있어야 초를 끼울 수 있고, 초가 자신을 태울 수 있다. 이들은 공동 운명체다.

수염이 턱에 붙어 있듯이, 형식보다는 내용이 중요하다.

7. 3효 : 내면의 강직함에 기초한 꾸밈을 보태야

九三은 **賁如濡如**하니 **永貞**하면 **吉**하리라
구삼　비여유여　영정　길

象曰 永貞之吉은 **終莫之陵也**니라
상왈 영정지길　종막지릉야

구삼은 함께 꾸미고 함께 젖음이니, 오래도록 바르게 하면 길할 것이다.

山火賁卦 산화비괘

상전에 이르기를 '오래도록 바르게 하면 길하다'는 것은 마침내 능멸하지 못하는 것이다.

3효는 양이 양 자리에 있으나[正], 하괘의 중용을 획득하지 못했다[不中]. 특히 3효의 위아래 모두가 음효다. 음효들의 중앙에 있다라기보다는 오히려 끼어 있는 신세다. 2효와 4효의 틈새에 푹 빠져 젖어있는 모습이다.

국제 정세는 명분과 실리 싸움이다. 그 둘 중에서 어느 것을 선택하느냐에 따라 국운이 바뀐다. 명분만 고집하면 대세의 흐름을 놓칠 우려가 있고, 현실의 이익만 쫓다보면 정당성을 잃기 쉽다. 양자의 장점을 챙겨야 할 것이다. 힘에 의존하는 부자와 강자는 질투의 대상이 되지만, 정의는 영원히 존경받는다.

3효가 2효와 4효 사이에서 힘든 고초를 겪지만, 올바름[正]마저 잃으면 명분과 실리는 물론 능멸당한다. 존경과 능멸의 평가 기준은 정의에 있다. 정의는 힘에서 나오는 것이 아니다. 그것은 내면의 양심에서 솟는 강직함과 용기에서 비롯된다. 진정한 용기가 없으면 정의는 생명력을 상실한다. 정의에 기초한 명분에다 실리라는 꾸밈을 보태야 한다. 싸구려 화장품으로 꾸미면 추하게 보일 뿐이다. 한마디로 비괘는 얼짱보다는 마음짱이 최선책이라고 가르친다.

오늘 일이 내일로 연장될 수 없듯이, 구름은 만들어졌다 금방 사라진다. 생노병사의 원칙에 벗어나는 존재는 아무도 없다. 외면적 가치는 덧없으나, 정의는 인류가 고안한 최상의 덕목인 것이다.

8. 4효 : 포용만큼 따뜻한 것은 없다

六四는 **賁如皤如**하며 **白馬翰如**하니 **匪寇**면 **婚媾**리라
육사 비여파여 백마한여 비구 혼구

象曰 六四는 **當位疑也**니 **匪寇婚媾**는 **終无尤也**라
상왈 육사 당위의야 혼구비구 종무우야

육사는 꾸미되 희며 흰말이 날아드니 도적이 아니면 혼인을 구할 것이다. 상전에 이르기를 육사는 마땅히 의심하는 자리이니, '도적이 아니면 혼인을 구함'은 마침내 허물이 없는 것이다.

'파皤'는 희다, 본바탕을 가리키는 글자다. 빛의 굴절에 의해 만들어지는 색깔에는 다양한 프리즘이 있다. 모든 색의 원형은 흰색이다. 흰색만큼 원형을 잘 보존하는 색깔은 없다. 원래 그대로의 모습이 가장 아름답다는 말이다. '한翰'은 새의 날개이며, 한여翰如는 가볍게 훨훨나는 모습을 상징한다. 자연스런 모습이 덕지덕지 분바른 것보다 훨씬 낫다는 표현이다. 효사는 입소문처럼 널리 멀게 퍼지는 것을 흰말이 빠르게 달리는 모습에 비유했다.

4효는 음이 음 자리에 있으면서[正] 초효와 상응한다. 짝꿍인 초효와 만날 날을 기약하는 견우와 직녀의 심정이다. 알콩달콩한 사이인 까닭에 꾸밈없는 맨 얼굴이 연인을 훨씬 편하게 만든다. 말을 타고서라도 하루빨리 만나고 싶은 애틋한 사랑이다. 흰 색깔에 흰 말을 탔으니 금상첨화다. 하지만 4효에게 걸림돌이 있다. 이웃인 3효를 두고 어떻게 처신(꾸며야)해야 하는지 고민이다. 4효는 당연히 스스로의 위치를 의심하고 점검해야[當位疑] 한다.

그리도 걱정했던 3효는 4효를 흠집내는 도적이 아니라 청혼한 구혼자였다. 서로 반목하는 사이가 아니라 얼싸안는 연인이다. 하지만 3효의 진정한 사랑은 연인이 원하는 것을 위해 포기한다. 4효는 3효에 대한 미련을 훌훌 털어버린 다음 흰말을 타고 초효와 결실을 맺는다.

'도적이 아니면 혼인을 구함'은 '이것 아니면 저것(either or not)'이란 문장 형식이지만, 실질적으로는 이것과 저것을 모두 포용하는 논리(both and)다. 상대방은 배척의 대상이 아니라 평생 나와 함께 나아갈 동지라는 뜻이다. 3효는 4효를 위해 모든 것을 포기했다. 경쟁자 초효와 대결을 꾀하지 않고, 연민의 정을 느꼈던 4효의 행복을 위해 기꺼이 자신을 버렸던 것이다.

상대가 있기에 내가 있다는 말은 평범 속의 진리다.

9. 5효 : 화려한 장식보다는 소박한 꾸밈이 훨씬 돋보인다

六五는 **賁于丘園**이니 **束帛**이 **戔戔**이면 **吝**하나 **終吉**이리라
육오 비우구원 속백 잔잔 인 종길

象曰 六五之吉은 **有喜也**라
상왈 육오지길 유희야

육오는 동산의 꾸밈이니, 비단 묶음이 작으면 인색하지만 마침내 길할 것이다. 상전에 이르기를 '육오의 길함'은 기쁨이 있는 것이다.

5효는 음이 양 자리에 있고[不正], 상괘의 중앙[中]에 있다. 5효는 2효와 상응하지 않고, 오히려 상효와 꾸미려 한다. 뒷동산은 상효를 가리킨다. 뒷동산은 푸성귀를 심어 검소한 생활을 하는 삶의 터전이다. 속백束帛은 다섯 필의 예물이며, 잔잔戔戔은 '조금'이라는 뜻으로 변변치 않음을 상징한다. 예의 표출이 예물이다. 그렇다고 예물로 상대방에게 부담을 주어서는 안 된다. 주는 사람은 기쁘고, 받는 사람 역시 기쁘면 예물의 효능은 크다. 예물의 가치는 많고 적음이나 비싼 가격으로 결정되지 않는다. 요즈음의 혼수 전쟁은 대표적인 허례허식이다. 예는 사치스런 것이라기보다는 차라리 검소한 쪽이 좋다는 말이 있듯이, 예물 역시 값나는 것보다 정성이 듬뿍 담긴 것이 훨씬 좋다. 물질(형식)보다 실질(마음)이 소중한 것이다.

염라대왕이 성형 수술을 많이 하는 한국인들 때문에 한참 곤욕 치룰 것이라는 우스개가 있다. 태어날 때의 모습과 리모델링한 얼굴이 달라 판결하기가 어렵기 때문일 것이다. 미인의 조건은 천연 상태에서 약간의 꾸밈이지 얼굴 전체를 뜯어고치는 데 있는 것이 아니다. 마찬가지로 꾸밈이 실

질을 넘어서면 허영심과 허세가 들먹인다. 어거지 웃음보다는 편안한 미소가 훨씬 낫다. 형식보다는 실속이 든든한 것이다.

비단 묶음이 작으면 인색하다고 평가받을지언정 끝내 길하다. 즐거움을 혼자 하는 것은 작은 기쁨이요, 온누리와 함께 하면 큰 기쁨으로 확장된다. 홀로 잘살기보다는 모두가 함께 잘 사는 것이 최상이다. 이런 마음씨가 바로 기쁨의 원천이며 구도자의 자세인 것이다.

능력을 초과하는 예물은 일종의 뇌물이다.

10. 상효 : 꾸밈 없음의 꾸밈은 어떻게 가능한가

上九는 **白賁**면 **无咎**리라
상구 백비 무구
象曰 白賁无咎는 **上得志也**라
상왈 백비무구 상득지야

상구는 꾸밈을 하얗게 하면 허물이 없을 것이다. 상전에 이르기를 '꾸밈을 하얗게 하면 허물이 없다'는 말은 위에서 뜻을 얻는 것이다.

상효는 양이 음 자리에[不正], 비괘의 막바지에 있다[不中]. '백白'은 흰 바탕 '소素'로서 아무 색깔이 없는 흰 백지를 연상시킨다. 사회의 오염으로부터 자유로운 상태, 스스로를 갉아먹는 근심으로부터의 해방 등 인공미가 가미되지 않은 천연의 상태를 뜻한다. 꾸밈과 허위에서 본래의 자리로 되돌아와 평안한 심정을 뜻한다. 불교에는 자신의 본래성을 찾고자 진리의 세계로 모험을 떠나는 '심우도尋牛圖(= 십우도十牛圖)'가 있다. 나의 본성을 찾으려고 처음에는 바깥으로 나갔다가 결국 자신의 내면에 마음의 고향이 있다는 것을 깨달으라는 얘기다.

꾸밈과 가식으로 얼룩진 문명 사회보다는 진리를 깨달은 순수한 무색의 내면 세계가 가장 아름다운 꾸밈이라는 결론이다. 외면의 꾸밈에 정신을 온통 쏟아 부은 결과는 허무였다는 사실을 절감하고는 본원으로 회귀하려는 의지인 것이다. 현대 문명은 온갖 이념과 제도와 다종교로 얼룩진 칼라의 세계이다. 그것은 발전의 기폭제이지만 한편으로는 타락의 원흉이기도 하다. 때묻은 이성보다는 차라리 무지가 낫다. 돈으로 효도하는 자식보다는 비록 가진 것은 없어도 마음으로 받드는 자식이 낫듯이.

꾸밈 없음의 꾸밈이 비괘의 핵심이다. 백색은 최상의 꾸밈이다. 사물이 극한에 도달하면 새하얀 도화지 같은 본바탕으로 돌아간다. 꾸밈도 극단에 이르면 순수하고 소박한 상태를 회복하기 마련이다. 하얗게 꾸밈에는 흠잡을 데가 없다. 흰색은 거룩하고 성스러운 색깔이다. 예술을 빙자하여 현란한 페인트로 추상적인 형식미를 추구하는 것은 진정한 미학이 아니다. 꾸밈이란 대칭과 균형과 리듬의 형식을 빌려 자연미를 디자인하는 일이다. 거기에는 모방의 과정이 뒤따른다. 모방에는 원형이 있고, 또한 원형의 원형이 존재한다. 무한퇴행할 수밖에 없다. 최후로 만나는 것이 바로 원래 그대로의 상태다. 그것은 언어로 설명이 불가능하다. 이를 『주역』은 흰바탕이라 했다. 상투적 형식에 끼워 맞춘 예술미, 갖가지 제도와 규범, 화려한 문명의 패러다임 등은 인위적 고안물일 따름이다.

겉포장이 환영받는 문화는 껍데기 문명이다. 껍데기는 던져버리자. 알맹이가 대접받는 성숙한 문화를 만들자. 온갖 상대적 가치를 초연한 진리의 세계를 꾸미는 것이 가장 이상적이다. 문물 제도로 무장하면 할수록 속물주의 한계를 벗어나지 못한다. 진리에 몸을 던질 때[上得志] 비로소 새로운 장식의 문화가 꽃필 것이다.

흰색은 최상의 꾸밈을 상징한다. 가식으로 얼룩진 문명보다는 순수 무색의 꾸밈이 가장 아름답다.

정역사상의 연구자 이상용李象龍은 비괘의 성격을 다음과 같이 설명한다.

賁는 在文從卉從貝이니 有百艸之文綵와
비　재문종훼종패　유백초지문채
寶貝之光耀底意思니라 凡天下賁飾之道는 盖取諸此니라
보패지광휘저의사　범천하비식지도　개취저차
爲卦艮上이니 止而不動하여 离日照于其下하니
위괘간상　지이부동　이일조우기하
是亦崑爲中岳으로 貞明之日无所不照之象也라
시역곤위중악　정명지일무소부조지상야
而宗長主器然后에 天下文明이니 故로 此卦次於震也라
이종장주기연후　천하문명　고　차괘차어진야

비는 문자로는 풀 훼卉와 조개 패貝에서 온 것으로 백 가지 초목의 문채와 조개로 만든 보물의 빛남이 있다는 뜻이다. 대개 천하의 꾸미는 도는 모두 비괘에서 취하였다. 괘의 형성은 간이 위에 있으니, 멈추어 움직이지 않고 태양에 붙어 그 아래에 햇빛을 비추는 것은 역시 곤륜산이 중악中岳 되어 밝은 해가 올바르게 비추지 않는 곳이 없는 모습과 같다. 맏아들이 제사를 주관하는 기물을 맡은 뒤에 천하가 문명해지므로 비괘가 진괘 다음이 된 것이다.

彖曰 賁, 亨, 小利有攸往은 質多文小하여 行而有譽也오
단왈 비　형　소리유유왕　질다문소　행이유예야
觀乎天文, 以察時變은 治曆元而驗之也오
관호천문　이찰시변　치력원이험지야
觀乎人文, 以化成天下는 乃訖聲樂也라
관호인문　이화성천하　내흘성악야

단전 "비는 형통하니 가는 바를 둠이 조금은 이롭다"는 것은 바탕이 많고 꾸밈은 적어 실천하면 명예가 있다는 것이요, "천문을 깨달아서 시간의 변화를 살핀다"는 것은 책력의 근원을 다스려 시험한다는 것이요, "인문의 이치를 깨달아 천하를 교화하여 이룬다"는 것은 소리와 음악의 경지에 이른다는 것이다.

象曰 君子以, 明庶政, 无敢折獄은 恐有寃獄也라
상왈 군자이 명서정 무감절옥 공유원옥야

상전 "군자는 이를 본받아 뭇 정사를 밝히되 함부로 옥을 판단하는 일이 없다"는 것은 감옥 일에 원통한 일이 있을까를 두려워하는 것이다.

初九, 賁其趾, 舍車而徒는 樂在其中也라
초구 비기지 사거이도 낙재기중야

초효 "발꿈치를 꾸미니, 수레를 버리고 걸어서 간다"는 것은 즐거움이 그 속에 있다는 것이다.

六二, 賁其須는 需于中正也라
육이 비기수 수우중정야

2효 "수염을 꾸민다"는 것은 중정을 기다린다는 뜻이다.

九三, 賁如濡如, 永貞, 吉은 水火旣協하여 終之以文明也라
육삼 비여유여 영정 길 수화기협 종지이문명야

3효 "함께 꾸미고 함께 젖음이니 오래도록 바르게 하면 길할 것이다"라는 것은 물과 불이 이미 화합하여 문명으로 마친다는 뜻이다.

六四, 賁如皤如, 白馬翰如는 文而質素하여 中午遄行也오
육사 비여파여 백마한여 문이질소 중오천행야
匪寇婚媾는 上下爕應也라
비구혼구 상하섭응야

4효 "꾸미되 희며 흰말이 날아든다"는 것은 꾸밈의 바탕이 희어 한낮에 실천한다는 것이요, "도적이 아니면 혼인을 구할 것이다"라는 것은 상하가 불꽃으로 부응하는 것이다.

六五, 賁于丘園, 束帛, 戔戔은 志士賁隱이나 得則有慶也라
육오 비우구원 속백 잔잔 지사비은 득즉유경야

5효 "동산의 꾸밈이니 비단 묶음이 작다"는 것은 뜻있는 선비의 꾸밈은 가려져 있으나, (뜻을) 얻으면 경사스럽다는 것이다.

上九, 白賁, 无咎는 白首退老也라
상구 백비 무구 백수퇴로야

상효 "꾸밈을 하얗게 하면 허물이 없을 것이다"라는 것은 흰머리의 은퇴한 늙은이라는 뜻이다.

| 산지박괘 |

山 地 剝 卦

씨앗의 위대한 가치와 효용

1. 하늘의 섭리에 순응하면서 자신을 성찰해야 : 박괘

정이천은 산화비괘山火賁卦(䷕) 다음에 산지박괘山地剝卦(䷖)가 오는 이유를 다음과 같이 말한다.

> 剝은 序卦에 賁者는 飾也니 致飾然後亨則盡矣라
> 박 서괘 비자 식야 치식연후형즉진의
> 故受之以剝이라 하니라 夫物至於文飾이면 亨之極也니
> 고수지이박 부물지어문식 형지극야
> 極則必反이라 故賁終則剝也라 卦五陰而一陽이오
> 극즉필반 고비종즉박야 괘오음이일양
> 陰始自下生하여 漸長至於盛極하여 群陰이 消剝於陽이라
> 음시자하생 점장지어극성 군음 소박어양
> 故爲剝也라 以二體言之하면 山附於地하니 山高起地上이어늘
> 고위박야 이이체언지 산부어지 산고기지상
> 而反附著於地하니 頹剝之象也라
> 이반부착어지 퇴박지상야

"박괘는 「서괘전」에 '비괘는 꾸밈이니, 꾸밈을 극진히 한 뒤에 형통하면 다한다. 그러므로 박괘로 이어받았다'고 했다. 무릇 사물이 무늬를 꾸밈에 이르면 형통함이 지극한 것이니, 지극하면 반드시 되돌아가므로 비괘가 끝나면 박괘가 되는 것이다. 괘의 형성이 다섯 음에 하나의 양이 있고, 음이 처음 아래로부터 생겨서 점점 자라 극성함에 이르러서는 여러 음이 양을 사라지게 한다. 그러므로 박이라 하는 것이다. 두 몸체로 말하면 산이 땅에 붙어 있으니 산은 땅 위에 솟아 있는 것인데, 도리어 땅에 붙어 있음은 무너지는 모습이다."

박괘의 구조는 위는 산(☶)이고, 아래는 땅(☷)이다. 음이 아래로부터 위로 치솟아 올라 양을 밀쳐내는 형상이다. '5음1양五陰一陽'의 구성은 맨끝의 양이 음의 에너지에 의해 깍이기 직전의 모습이다. 괘의 이름조차 무너질, 깍일 '박'이다. 산은 땅에서 가장 높이 솟아 있지만, 산이 무너져 땅에 붙

어 있다. 괘의 성격으로 보면 상괘는 간艮으로 머물러 있는 산, 하괘는 곤坤으로 순응을 미덕으로 삼는다.

「설괘전」에 따르면, '간'은 과일의 열매[果蓏]로서 만물을 끝맺고 새롭게 시작하는 것은 간보다 더 큰 것이 없다고 했다. 간은 만물 생성의 귀결점으로서 새로운 생명의 창조를 나타낸다. 그것은 주효主爻인 상효의 위상이 대변한다. 박괘는 상효를 가장 크고 알찬 열매인 석과碩果라고 했다.

2. 박괘 : 하늘의 섭리는 군자의 거울

剝은 **不利有攸往**하니라
박 불리유유왕

박은 가는 바를 둠이 이롭지 않다.

지나친 꾸밈의 시대는 갔다. 박괘는 허위의 꾸밈이 빚어낸 혼란의 문턱에 들어섰음을 알린다. 꾸밈이 극한에 이르면 껍질만 남을 뿐, 알맹이는 사라진다. 요즈음 인공 화장의 후유증이 매우 심각하다. 비괘에서는 '자그마한 이로움[小利有攸往]'이라 했지만, 박괘에서는 아예 '이로움이 없다[不利有攸往]'라고 했다. 전자는 앞으로 나아감을 억제했다면, 후자는 전진의 불리함을 경고하고 있다.

왜냐하면 괘의 구조상 부드러운 음효가 강한 양효를 끝까지 밀어붙이고 있기 때문이다. 전혀 이로움이 없더라도 희망을 걸고 자신과 인류에 대한 봉사를 포기하지 않는 것이 바로 『주역』을 공부하는 사람의 사명이다.

『주역』은 음을 소인으로, 양을 군자로 규정한다. 박괘는 음이 마음껏 기세를 떨쳐 양을 압박하고 있다. 마치 소인이 득세하여 양심적인 군자를 협박하여 쫓아내는 형세이다. 마지막 하나 남은 양효마저 언젠가는 떨어져나갈 운명이다. 소인의 극성은 군자에게 혹독한 시련을 안긴다. 암울한 시대의 지성인은 하늘의 섭리에 순응하고 멈추어 자신을 성찰해야 한다[順而止之].

자연의 순환과 시간의 질서에 부합하는 행위가 가장 합당하다.

3. 단전 : 순응과 멈춤은 하늘의 원리

彖曰 剝은 **剝也**니 **柔變剛也**니 **不利有攸往**은 **小人**이
단왈박 박야 유변강야 불리유유왕 소인
長也일새라 **順而止之**는 **觀象也**니 **君子尙消息盈虛天行也**라
장야 순이지지 관상야 군자상소식영허천행야

단전에 이르기를 박은 깍는 것이니, 부드러운 것이 강한 것을 변하게 함이니 나아가는 바가 이롭지 않음은 소인이 길어지기 때문이다. 순해서 멈춤은 모양을 보는 것이니, 군자가 줄어들고 불어나고 차고 비는 천도의 운행을 숭상함이라.

군자의 거울은 하늘의 섭리이다. 섭리의 내용은 무엇인가? 순응하고 멈춤[順止]의 원리로서 시간의 법칙과 밀접한 연관성을 맺는다. 시간의 변화에는 일정한 원칙이 있다는 말이다. 시간의 운행은 소식영허에 있다. 소식영허의 대표적 현상이 바로 달의 운행이다. 우리는 눈이 부셔 볼 수 없는 태양보다는 달의 차고 이지러지는 모습에서 시간의 변화를 쉽게 인지할 수 있다. 달의 운행은 태양과 지구의 힘의 관계에서 이루어진다. 동양에서는 천문학의 발전에 힘입어 시간의 흐름을 정형화하는 학문[曆學]이 발달하였다.

천문학과 우주관과 시간관은 밀접한 연관성을 갖는다. 별들의 운행을 헤아리고 시간의 흐름을 정밀하게 측정하는 천문학은 우주관의 형성에 큰 영향을 끼쳤다. 천문 현상은 고대인들이 세계를 바라보는 '창窓(window)'이었다. 천문학의 정밀도에 상응한 시간관 형성의 유형은 올바른 달력의 작성으로 집중되어 나타났다. 이러한 사실은 동서양의 문명사가 대변한다. 문명사에는 삶을 윤택하게 하는 다양한 달력Calendar이 존재했다.

서양인들의 시간표는 예수가 부활하는 날짜를 계산하는 이른바 '측정 중심'의 캘린더 제작으로부터 본격적으로 시작되었다. 그것은 종교의 필요성에 의해 시간의 일정한 주기성을 밝히는 천문학과, 신의 천지창조 계획에 따라 한 치의 오차도 없이 역사는 진행된다는 발상에서 비롯된 직선형 시간관은 결국 과학적이고 합리적일 수밖에 없다는 결론에 도달한다. 반면에 동양인들은 자연계에서 가장 규칙적인 해와 달의 변화를 근거로 때(계절 감각)에 알맞게 씨뿌려 김매고 수확하는 지혜를 터득했다. 농업 중심의 사회에서 제왕들이 가장 중요시 여겼던 일은 캘린더 작성이었다. 정치적으로도 왕조가 바뀔 때마다 새로운 역법이 개정된 사실은 역사가 증거한다.

자연의 변화를 수식하는 용어에 '천지의 영허소식盈虛消息'이라는 말이 있다. 천지란 구체적인 하늘과 땅을 수식하는 말이라기보다는 우주 생명이 생성을 거듭하면서 성숙하는 시공간을 가리키는 명칭이다. 영허소식은 천지의 생명을 주도하는 해와 달의 변화에서 비롯된 말이다. 해와 달의 변화는 만물의 변화를 발생시킨다. 이러한 변화는 인간으로 하여금 때와 계절이라는 시간 의식을 갖도록 한다. 우리는 달이 차고 이지러지는 모양을 보고 초하루와 보름이 주기적으로 순환 반복하는 것을 안다. 측정 경험의 축적에 따라 밤과 낮의 길이가 똑같아지는 날이 춘분과 추분임을 안다.

『주역』은 변화의 흐름(시간 법칙)에 맞추어 행위할 것을 강조한다. 농업 사회를 반영하는 '농가월령가農家月令歌'는 자연의 순환 질서에 대한 시간화의 표준이며, 때에 알맞은 생활이야말로 가장 합리적인 규범이라는 인간의 자연화를 표방하는 지혜였다. 농가월령가는 시간 질서에 기초한 사회와 인간의 규범으로 작용했는데, 그것은 자연의 순환성에 의거한 일종의 생활 시간표였다. 『주역』을 비롯한 대부분의 전통 사상은 현재 여기에 주어진 천지에서 그 의미를 찾고, 삶의 지혜를 터득하는 방법을 취했던 것이다.

영허소식은 생명의 운동 법칙이다.

4. 상전 : 본래의 자리로 돌아가는 원리

象曰 山附於地剝이니 **上**이 **以**하여 **厚下**하여 **安宅**하나니라
상왈 산부어지박 상 이 후하 안택

상전에 이르기를 산이 땅에 붙어 있는 것이 박이니, 윗사람은 이를 본받아 아래를 두텁게 하여 집을 편안하게 한다.

산은 땅 위에 우뚝 솟아 있다. 하지만 박괘에서는 산이 무너져 땅과 거의 수평된 상태라고 했다. 높은 것이 아래로 내려와 동등해지는 것처럼, 하위 계층을 위해 일하는 것이 하늘의 섭리임을 시사했다. 아래로 내려옴은 추락이나 붕괴가 아니라, 조화와 균형의 새로운 뿌리로 작동할 수 있기 때문이다.

사물이 극한에 이르면 원래의 자리로 되돌아간다. 생로병사의 과정이 그렇고, 역사의 흥망성쇠 역시 마찬가지이다. 하늘과 땅은 순환한다. 이를 체계화한 음양론 또한 지속적인 순환을 강조한다. 영원히 고정된 법칙은 존재하지 않는다. 만물은 시간의 흐름에 따라 변화한다. 변화가 없으면 시간도 없다. 『주역』의 시간관은 순환에 기초한다. 순환적 시간관을 지닌 문명에서 종종 나타는 폐단은 예언과 융합된 사상을 잉태한다는 점이다.

『주역』은 이를 경계한다. 모든 것은 순환하기 때문에 행복할 때 불행을 걱정하고, 건강할 때 질병을 예방하고, 출세할 때 추락할 날이 멀지 않음을 인식해야 한다. 이런 양극단은 서로 의지하고 있다. A가 원인이고 B는 결과라고 할 때, B는 A의 결과이지만 A의 씨앗이기도 하다. A와 B는 단순 인과 관계가 아니다. B와 A는 피드백feedback(B는 다시 A의 원인이자 또 다른 영향을 끼친다는 이론) 현상을 반복하여 새로운 창조를 일으킨다는 것에 유의해야 한다. 정태적이 아니라 역동적 동태성을 근간으로 삼는 것이 동양 우주론이다.

상하는 획일적 관계가 아니다. 그것은 언제든 뒤바뀔 수 있다. 어제가

오늘이 되고, 오늘이 내일이 되듯이. 인류 역사는 승리자와 실패자의 기록으로 점철되어 왔다. 오늘의 승리자가 내일의 패배자로 전락하고, 어제의 패배자가 오늘과 내일의 승리자가 되는 것이 역사의 아이러니이다. 피지배자는 평소에는 조용하다. 하지만 결정적인 때는 지배자를 교체하는 힘이 있다. 지배자는 피지배자가 존재하기 때문에 의미가 있다. 근본이 튼튼해야 가지와 잎이 무성할 수 있듯이, 백성이 잘 살아야 윗사람의 권위가 존중된다. 백성은 나라의 근본이다. 근본을 섬기는 것은 바로 하늘을 섬기는 소중한 일이다.[1)]

위정자는 자연의 순환 법칙에 의거하여 상하를 균등하게 다스려야 한다.

5. 초효 : 극한 상황에서 지키는 정도는 더욱 빛난다

初六은 **剝牀以足**이니 **蔑貞**이라 **凶**토다
초육 박상이족 멸정 흉

象曰 剝牀以足은 **以滅下也**라
상왈 박상이족 이멸하야

초육은 침상을 깍되 다리로써 함이니, 올바른 것을 멸함이다. 흉하도다. 상전에 이르기를 '침상을 깍되 다리로써 한다'는 것은 아래부터 멸하기 시작하는 것이다.

초효는 음이 맨 밑에서부터 점차 상효를 밀어내는 출발점이다. 붕괴의 시초는 아래로부터 발생하는 것이다. 그것은 침상[牀]을 지탱하는 다리에 해당된다. 네 발 중에서 하나라도 깍이면 침상은 무너진다. 박괘는 음이 양을 맘껏 먹어치우는 무서운 이빨을 연상시킨다.

잘못은 무너져도 좋다. 옥석을 가려야 함에도 불구하고 올바른 것마저 무너뜨린다면 문제는 심각하다. 불의와 악이 두려워하는 유일한 존재는

1) 『易程傳』, "君子尙消息盈虛天行也, 君子存心消息盈虛之理而能順之, 乃合乎天行也. 理有消衰有消長, 有盈滿有損益, 順之則吉, 逆之則凶, 君子隨時敦尙, 所以事天也."

옳음이라는 버팀목뿐이다. 이것마저 사라지는 까닭에 흉하다. 지도층이 부패하여 무너지면 새로운 지도층이 형성되기 마련이다. 하지만 민중이 타락하면 속수무책이다. 지도층은 소수이지만 민중은 다수이기 때문에 교체가 불가능하다.

효사에서는 침상의 다리가 깍이는 정도를 경계했으나, 상전에서는 하부 조직 전체가 붕괴되는 현상을 경고하고 있다. 소인들이 사회악을 저질러 군자가 맥을 못추는 불리한 상황(蔑貞)에서도 순수성을 지닌 백성마저 물드는 일은 있어서는 안 된다.

불의와 악을 물리치는 유일한 가치 기준은 옳음이다.

6. 2효 : 홀로 실천하는 중용이 아름답다

六二는 **剝牀以辨**이니 **蔑貞**이라 **凶**토다
육이 박상이변 멸정 흉

象曰 剝牀以辨은 **未有與也**일새라
상왈 박상이변 미유여야

육이는 침상을 깍되 가장자리로써 함이니, 올바른 것을 없앰이다. 흉하도다. 상전에 이르기를 '침상을 깍되 가장자리로써 한다'는 것은 동참자들이 있지 않기 때문이다.

침상의 붕괴가 벌써 가장자리까지 번졌다. 음이 양을 물리치는 죄악의 오염도가 이미 심각한 수준까지 이르렀다. 불의가 정의를 뭉개고, 부패가 정화의 기능마저 소용없게 만드는 상태이다. 양심과 도덕은 내팽겨쳐지고 속임수만 활개친다. 양심과 정의를 부르짖어도 들어줄 사람이 아예 없다.

2효는 음이 음 자리[正], 하괘의 중앙에 있으나[中], 워낙 상황이 긴박하다. 침상의 다리가 부러지고 몸통마저 꺽이기 직전이다. 화살이 부러지고 날개마저 찢겨졌다면 이미 화살로서의 기능은 마비되었다. 심지어 소인이

군자를 몰아내고 그 측근마저도 쫓아내는 형국이다.

2효는 5효와 대응한다. 그 짝 역시 음이다. 그렇다고 5효가 트랜스 젠더 할 수는 없다. 더구나 이웃인 초효와 3효마저도 음이기 때문에 후원자는 물론 동참자가 전혀 없다. 더욱이 하나의 양과 짝을 이루려 시도하지만, 상효 자체도 스스로의 입지가 불안하여 뜻대로 이뤄질 확률도 적다.

도와주는 사람이 없더라도 중용을 실천해야 참다운 중용이다.

7. 3효 : 홀로서기에 매진하는 군자의 외로움

六三은 **剝之无咎**니라
육삼 박지무구

象曰 剝之无咎는 **失上下也**일새라
상왈 박지무구 실상하야

육삼은 깍일지라도 허물이 없는 것이다. 상전에 이르기를 '깍일지라도 허물이 없다'는 것은 상하를 잃었기 때문이다.

3효는 중효中爻가 아닌데다가 음이 양 자리에 있으므로[不正] 64괘 대부분 효사의 내용은 그리 긍정적이지 않다. 박괘에서는 힘겨운 처지에서도 허물이 없다고 했다. 오직 3효만이 하나의 양인 상효와 대응할 수 있기 때문이다. 양의 응원과 더불어 견제를 받으므로 악의 구렁텅이에 빠지지 않는다.

어둡고 암울한 음의 시대에 유독 상효만 정도를 지키는 외로운 군자이다. 군자의 지원을 받는 3효만 유독 허물을 짓지 않는다. 사랑보다 위대한 힘은 없다. 3효는 사랑으로 맺어진 약혼자의 기대를 버리지 않는다. 온갖 역경을 견디면서 주위의 눈총을 아랑곳하지 않고 약혼자를 신뢰하는 까닭에 허물이 없다. '상하를 잃었다'는 것은 지금까지 이웃사촌인 음들과 헤어져 멀리 떨어진 상효와 굳게 약속을 지키려는 의지를 말한 것이다.

정이천은 극도의 혼란기에 한줄기 양심을 꽃피운 동한 시대의 여강呂强을 꼽고 있다. 그는 당시 뇌물과 검은 돈으로 얼룩진 관리들의 등쌀에 목숨을 잃은 양심꾼이었다. 지조의 파수꾼인 여강은 비록 생명은 잃었으나 훗날 두고두고 양심의 표상이 되었다.[2]

오직 하나의 양인 상효와 상응하는 3효는 암울한 시대의 군자를 표상한다.

8. 4효 : 재앙은 인간에 대한 경고의 징표

六四는 **剝牀以膚**니 **凶**하니라
육사 박상이부 흉
象曰 剝牀以膚는 **切近災也**라
상왈 박상이부 절근재야

육사는 침상을 깍되 살갗처럼 함이니 흉하다. 상전에 이르기를 '침상을 깍되 살갗처럼 한다'는 것은 절박하여 재앙이 가까운 것이다.

하괘에서 상괘로 넘어와 상황이 더욱 악화되었다. 침상의 다리에서 시작된 붕괴가 마침내 잠들어 있는 사람에게까지 상처를 입히게 되었다. 무생물인 침대의 다리(초효)와 가장자리 판때기(2효)가 깍여서 사람의 몸까지 다치게 하는 지경에 이른 것이다.

살갗이 다치면 곧이어 몸통에까지 미칠 날이 멀지 않다. 빠져나갈 구멍이 없는 곤경이 코앞에 닥쳤다. 외부로부터의 재앙은 큰 적이 아니다. 진짜 적은 내면에서 우러나오는 오만과 방종이다. 외부로부터 다가오는 곤경은 대비하면 물리칠 수 있다. 하늘이 내리는 재앙과 인간이 겪는 역경은 이유 없

2) 앞의 책, "三居剝而无咎者, 其所處與上下諸陰不同, 是與其同類相失, 於處剝之道, 爲无咎. 如東漢之呂强是也." 환관이었던 여강은 靈帝 때, 관례에 따라 제후에 봉해졌으나 사양했다. 황건적의 난이 일어나자 탐관오리를 숙청하고 禁錮에 처한 黨人들을 모두 사면할 것을 주청하였다. 그 뒤 환관들의 모함을 받자, 자살하였다.

이 발생하지 않는다. 하늘이 내리는 재앙은 경고의 징표이다. 이를 거역하면 반드시 몸을 망친다. 삶의 역경은 자아 성찰을 통해 극복하면 이롭다.

고난은 자아 성찰을 통해 극복해야 좋다.

9. 5효 : 급할수록 뒤를 돌아보라

六五는 **貫魚**하여 **以宮人寵**이면 **无不利**리라
육오 관어 이궁총인 무불리

象曰 以宮人寵은 **終无尤也**리라
상왈 이궁총인 종무우야

육오는 물고기를 꿰어서 궁인의 사랑으로써 하면, 이롭지 않음이 없을 것이다. 상전에 이르기를 '궁인의 사랑으로써 한다'는 것은 마침내 허물이 없을 것이다.

'이궁인총以宮人寵'에서 '이以'는 이끌다, 거느리다는 뜻이다. 궁인宮人은 궁궐에서 생활하는 왕의 여자들을 일컫는 말이다. 궁인들은 다섯 개의 음효에 대한 총칭이다. 5효는 내명부 일을 총괄하는 왕비로서 나머지 네 음효들을 거느리고 상효의 총애를 받으면 이롭지 않음이 없다. 음이 양을 밀어냄이 극성에 도달했다. 4효에서는 음(소인)이 양(군자)을 핍박하는 폐단을 지적했다. 지금은 이미 커질대로 커진 음의 기세를 꺾을 수 없는 단계이다. 여기서는 단지 집단으로 세력화된 음에 대한 대처를 제시하는 지혜를 제공하고 있다.

'관어'는 여러 물고기의 아가미를 가느다란 새끼줄로 꿰는 것을 뜻한다. 5효가 선두에서 나머지 4, 3, 2, 초효 등의 음효를 하나의 세트로 엮는 모습이다. 5효는 음의 극성기를 나타낸다. 끝에 걸쳐 있는 상효는 아찔하다. 상효가 변하든 나머지 다섯 효가 변하든 어떤 극적인 반전이 이루어지지 않고는 상효의 신임을 받을 수 없다.

☸ 음의 극성기에 양의 에너지가 회복되는 조짐이 싹트기 시작한다.

10. 상효 : 마지막 잎새인 상효는 미래의 씨앗

上九는 **碩果不食**이니 **君子**는 **得輿**하고 **小人**은 **剝廬**리라
상구 석과불식 군자 득여 소인 박려

象曰 君子得輿는 **民所載也**오 **小人剝廬**는 **終不可用也**라
상왈 군자득여 민소재야 소인박려 종불가용야

상구는 큰 열매는 먹지 아니함이니 군자는 수레를 얻고 소인은 오두막집을 깎을 것이다. 상전에 이르기를 '군자가 수레를 얻다'는 것은 백성을 실음이요, '소인은 오두막집을 깍는다'는 것은 마침내 사용하지 못함이다.

서양의 스피노자는 내일 종말이 오더라도 오늘 사과나무를 심겠다고 했다. 기독교의 핵심에는 종말론이 깊숙이 자리잡고 있음을 반증한다. 종말론은 세상의 끝장을 얘기한다. 시공간과 역사와 문명이 초토화된다는 것이다. 하지만 『주역』은 종말을 넘어 새로운 세상을 암시한다. 마지막 잎새인 상효는 내일의 씨앗이 된다. 한 톨의 밀알에서 새싹이 돋아나 새로운 생명체를 일궈내기 때문이다. 박괘의 상효가 아래로 내려가 복괘의 초효가 된다. 박괘와 복괘의 관계를 보더라도 64괘의 시스템은 순환론으로 구성되어 있는 것이다.

농부가 봄에 씨앗을 뿌리고, 여름에는 땡볕 아래서 땀 흘리면서 김매는 까닭은 가을에 풍성한 수확을 거두기 위해서이다. 겨울에는 열매 중에서 쭉정이는 버리고 가장 영글고 굵은 종자는 먹지 않는다. 내년의 씨앗으로 남겨두는 것이다. 박괘 상효는 이를 '석과불식碩果不食'이라 했다. 위대한 씨앗은 사회에서 존경받는 군자이고, 쭉정이는 제 살 깍아먹는 소인이다.

노인들이 좋아하는 홍시를 보자. 감을 딸 때 감나무에 오르지 않고 긴 장대로 딴다. 감나무는 쉽게 부러지기 때문이다. 감나무에서 떨어지면 약도 없다는 말이 생겼다. 꼭대기에 붙은 홍시는 너무 높아 장대로 따기에

어렵다. 차가운 서리도 이겨내고, 혹독한 추위도 한참을 견딘다. 마지막으로 몸무게를 견디지 못하고 땅에 떨어져 썩지 않는다면 다시 씨앗에서 새싹이 틀 것이다. 몇 년 뒤 종자에서 발아된 감나무에 먹음직한 홍시가 주렁주렁 열리는 것이다.

농부는 가을에 수확한 열매를 먹거리로 사용하면서 단 하나의 열매는 남긴다. 만약 박괘의 상효가 없다면 복괘의 초효는 기대할 수 없다. 음이 끝나면 양이 시작되고, 양이 끝나면 음이 시작된다. 소인이 지배하는 세상이 물러나면 군자의 시대가 돌아온다. 소인과 군자의 생활 양식은 다르다. 소인은 하나 남은 씨앗마저 꿀꺽하지만, 군자는 씨앗을 살려 수레를 얻는 소중한 자원으로 삼는다. 군자는 쪽박 찬 소인들을 수레를 태워 구제한다. 이것이 바로 대승大乘의 이념이다.

왜 수레인가? 박괘 구성의 하괘는 곤坤(☷)이다. 「설괘전」은 곤괘의 성질을 '큰 수레[大輿]', '무리[衆]'라고 했다. 곤은 여러 사람을 싣는 커다란 시내버스란 뜻으로서 위대한 포용성을 상징한다. 하늘인 하나의 양효인 상구는 위에서 덮고, 땅인 다섯 음효는 만물을 모두 싣고 형상이다. 뚜껑을 거두면 지붕은 없어지기 때문에 소인은 오두막집을 헌다고 했던 것이다.

씨앗을 소중하게 간직하는 군자는 사회에서 존경받고, 씨앗을 먹어치우는 소인은 사회를 좀먹는 존재이다.

정역사상의 연구자 이상룡李象龍은 박괘의 성격을 다음과 같이 설명한다.

> 剝者는 取以刀削綠盛之義也니 爲卦艮上坤下하고 上下皆土라
> 박자 취이도삭록성지의야 위괘간상곤하 상하개토
> 蓋先天之陽이 陰銷剝變이면 以爲后天之地政而己戊正位也일새
> 개선천지양 음소박변 이위후천지지정이기무정위야
> 此天地之理流行无常으로 自豊有而有剝銷이니 故次於大有也라
> 차천지지리유행무상 자풍유이유박소 고차어대유야

'박'은 칼로 푸른잎을 잘라내는 뜻을 취한 글자다. 괘는 위가 간艮, 아래는 곤坤으로서 모두가 토土이다. 선천의 양을 음이 깎아서 변하면 무기戊己가 똑바로 서는 후천의 지정地政이 된다. 천지의 이법은 유행하여 변화하기 때문에 풍부할수록 점차 깎이므로 대유괘 다음에 위치한다.

彖曰 剝, 不利有攸往은 爰稼普土요 不尙往來也라
단왈 박 불리유유왕 원가보토 불상왕래야

단전 "음이 양을 밀어붙이는 암울한 세상에는 가는 것이 이롭지 않다"는 것은 곧 넓은 땅[土]에 농사지으면서 왕래하는 것을 숭상하지 않는다는 뜻이다.

象曰 上, 以, 厚下, 安宅은 包下以仁이니 安其所處也라
상왈 상 이 후하 안택 포하이인 안기소처야

상전 "윗사람은 이를 본받아 아래를 두텁게 하여 집을 편안히 한다"는 것은 어짐[仁]으로 아래를 포용하여 편안한 거처로 삼는다는 뜻이다.

初六, 剝牀以足, 蔑貞, 凶은 闢地自下이니 无道必斃也라
초육 박상이족 멸정 흉 벽지자하 무도필폐야

초효 "침상을 깎되 다리로써 함이다. 올바른 것을 멸하므로 흉하다"는 말은 아래로부터 땅이 열리는 세상에는 주역의 가르침[道]을 따르지 않으면 반드시 죽는다는 뜻이다.

六二, 剝牀以辨, 蔑貞, 凶은 汐而襄廬하여 人塡于壑也라
육이 박상이변 멸정 흉 석이양려 인전우학야

2효 "침상을 깎되 가장자리로써 함이다. 올바른 것을 없애므로 흉하다"는 것은 썰물이 초막까지 높이 올라와 사람이 계곡에 빠지

는 형상이다.

六三, 剝之无咎는 化而爲土也라
육삼 박지무구 화이위토야

3효 "깎일지라도 허물이 없다"는 것은 10토土의 세상으로 변화하는 것을 뜻한다.

六四, 剝牀以膚, 凶은 山頹地平하여 无高不剝也라
육사 박상이부 흉 산퇴지평 무고불박야

4효 "침상을 깎되 살갗처럼 함이 흉하다"는 것은 산이 깎여 땅이 평평해지므로 더 이상 높은 곳도 없고 깎이는 것도 없는 모습이다.

六五, 貫魚, 以宮人寵, 无不利는 陳以魚貫면 歸順者吉也라
육오 관어 이궁인총 무불리 진이어관 귀순자길야

5효 "물고기를 꿰어서 궁인의 사랑으로써 하면, 이롭지 않음이 없을 것이다"라는 말은 물고기를 하나로 꿰어 돌아가는 것이 길하다는 뜻이다.

上九, 碩果不食은 種之后天生生不窮也오
상구 석과불식 종지후천생생불궁야
君子得輿는 天下同覲也오 小人剝廬는 革心歸化也라
군자득려 천하동근야 소인박려 혁심귀화야

상효 '큰 열매를 먹지 아니함'은 후천의 열매를 심어 생명이 끊이지 않음이요, '군자가 수레를 얻음'은 천하가 우러러보는 것이요, '소인이 오두막집을 깎음'은 자연의 변화에 마음을 바꾸는 것이다.

지뢰복괘
地 雷 復 卦

영원회귀의 진리

1. 생명의 노래 : 복괘

정이천은 산지박괘山地剝卦(䷖) 다음에 지뢰복괘地雷復卦(䷗)가 오는 이유를 다음과 같이 말한다.

> 復은 序卦에 物不可以終盡이니 剝이 窮上反下라
> 복 서괘 물불가이종진 박 궁상반하
> 故受之以復이라 하니라 物无剝盡之理라 故剝極則復來하고
> 고수지이복 물무박진지리 고박극즉복래
> 陰極則陽生하나니 陽剝極於上而復生於下는 窮上而反下也니
> 음극즉양생 양박극어상이복생어하 궁상이반하야
> 復所以次剝也라 爲卦一陽이 生於五陰之下하니
> 복소이차박야 위괘일양 생어오음지하
> 陰極而陽復也라 歲十月에 陰盛既極이라가
> 음극이양복야 세시월 음성기극
> 冬至則一陽復生於地中이라 故爲復也라 陽은 君子之道니
> 동지즉일양복생어지중 고위복야 양 군자지도
> 陽消極而復反은 君子之道消極而復長也라 故爲反善之義니라
> 양소극이복반 군자지도소극이복장야 고위반선지의

"복괘는 「서괘전」에 '사물은 끝내 다할 수 없으니, 박이 위에서 궁극하면 아래로 돌아오므로 복괘로 받았다'고 했다. 사물은 모두 깎이는 이치가 없다. 그러므로 박이 지극하면 복이 오고, 음이 지극하면 양이 생기니, 양의 소멸이 위에서 지극하여 다시 아래에서 생겨남은 위에서 지극함에 아래로 돌아옴이니, 복괘가 이 때문에 박괘 다음에 된 것이다. 괘의 형성이 하나의 양이 다섯 음의 아래에서 생기니 음이 지극함에 양이 회복한 것이다. 10월에 음의 극성이 이미 지극하였다가 동지가 되면 하나의 양이 다시 땅 속에서 생기므로 복이라 한 것이다. 양은 군자의 도이니, 양의 사라짐이 지극하다가 다시 돌아옴은 군자의 도가 사라짐이 지극하다가 다시 자라나는 것이다. 그러므로 선으로 돌아오는 뜻이 된다."

박괘의 상효가 아래로 내려와 복괘의 초효가 되었다. 이는 끝나는 곳에서 다시 시작한다는 『주역』의 종시론終始論의 과정을 입증한다. 양자를 뒤집어도 역시 똑같은 형태이다. 상반된 것은 일치한다는 '반대 일치의 논리'가 밑받침되어 있다. 양이 음으로 변하고 음은 다시 양으로 변하기 때문에 『주역』의 가르침은 어디에도 걸림이 없다. 복괘는 우레를 상징하는 진괘(☳)가 아래에, 땅을 상징하는 곤괘(☷)가 위에 있다. 우레가 땅 속에 잠겨 있다가 기지개를 활짝 펴는 모습이다. 땅이 식물의 씨앗을 발아시켜 싹을 틔우는 이치는 복괘의 형성에 반영되어 있다.

흔히 절망 앞에서 무릎을 꿇으면서도 희망을 꿈꾼다. 불행 뒤에는 행복이 기다리고 있다. 희망과 행복의 꿈이 없으면 하루가 지겹다. 증권도 바닥을 치면 회복세로 돌아선다. 혹독한 겨울이 길수록 봄빛은 짙어지기 마련이다. 고즈넉한 고갯마루의 아지랭이가 가장 먼저 봄소식을 전한다. 겨울의 긴 그림자를 털어내고자 여인네들은 이불을 봄햇볕에 말린다. 우리 선조들은 이른 봄날, 대문에 '입춘대길立春大吉, 건양다경建陽多慶'이라는 글귀를 써붙여 사악한 기운을 몰아내고 행운을 맞이하려는 소망을 담았다.

주자는 복괘의 가르침에 무척 흥취를 느꼈다. "선유들은 한결같이 '고요함에서 천지의 마음을 볼 수 있다'고 했다. 대개 움직임의 실마리가 곧 천지의 마음임을 알지 못한 것이다. 두텁게 쌓인 음의 아래에서 다시 하나의 양이 생기니, 천지가 만물을 낳는 마음이 거의 소멸되었다가 이에 이르러 다시 회복됨을 볼 수 있다."[1] 주자는 천지의 마음을 감각의 눈으로 바라본 것이 아니라 이성의 눈으로 읽어냈다. 천지는 생명을 낳고 낳는 숭고한 의지를 소유한다. 생명에 대한 예찬의 극치이다. 현재가 과거를 밀쳐내는 현상을 비롯한 부모와 자식의 관계도 생명의 이어받음에 있다.

생명은 끝과 시작이 서로 호환하면서 순환한다. 여기에는 종말이란 있을

1) 『周易本義』, "一陽復於下, 乃天地生物之心也. 先儒皆以靜爲見天地之心, 蓋不知動之端, 乃天地之心也.… 積陰之下, 一陽復生, 天地生物之心, 幾於滅息而至此乃復可見."

수 없고, 창조적 전진만 있을 따름이다. 송대의 유명한 철학적 시인였던 소강절은 천지의 마음을 감동의 물결을 노래했다. 그는 하나의 양이 고요한 정적을 깨뜨리면서 생기는 곳에서 생명의 존엄성과 아름다움을 느꼈다. 천지의 영원한 주제, 그것은 하늘이 만물을 낳는 마음[天地生物之心]이다.

冬至子之半, 天心無改移 동지자지반 천심무개이	동지 자시의 반에, 천심은 고쳐 옮김이 없네.
一陽初起處, 萬物未生時 일양초기처 만물미생시	하나의 양이 처음 생기는 곳, 만물이 아직 생기지 않은 때.
玄酒味方淡, 大音聲正稀 현주미방담 대음성정희	가물한 술맛은 담박하고, 큰 소리는 아주 희미하네.
此言如不信, 更請問庖犧[2] 차언여불신 갱청문포희	이 말이 믿기지 않거든, 복희씨에게 다시 물음을 청하게나.

노자와 장자의 영향을 받아 『주역』을 풀이한 왕필王弼은 복괘의 원리를 순환론으로 풀이한다. 왕필이 비록 노장의 입장에서 『주역』을 풀이했으나(『주역』의 노장화), 『주역』을 형이상학적으로 체계화한 공로를 부정할 수는 없다. "복이란 근본으로 돌아감을 뜻한다. 천지는 근본을 마음으로 삼는다. 움직임이 모두 가라앉으면 고요해진다. … 그러므로 천지가 비록 커서 만물을 풍성하게 품고, 우레가 치고 바람이 불어 만물의 운행이 다양하게 변하더라도 적막하고 고요하여 지극한 없음[無]이 천지의 근본이 된다. 그래서 움직임이 땅 속에서 솟아나고 있는 복괘에서 천지의 마음이 드러난다."[3] 하지만 『주역』은 '없음[無]'을 시공과 만물 형성의 시초로 삼지 않았

2) 『伊川擊壤集』권 18 「冬至吟」. 칠흑같이 어두운 밤, 일체 만물이 잠든 고요한 시각에 생명의 씨앗이 움튼다. 새해의 시작(동지), 어느 한 순간에 하나의 양 에너지가 소리 없이 나온다. 순간 속에 영원이 깃들어 있다는 표현이 시사하듯이 끝나자마자 새롭게 시작[終始]하는 까닭에 천심은 시공을 초월한다.

3) 『王弼老子注』, "復者反本之謂也. 天地以本爲心者也. 凡動息則靜, … 然則天地雖大, 富有萬物, 雷動風行, 運化萬變, 寂然至無, 是其本矣, 故動息地中, 乃天地之心見也."

음을 유의해야 한다.

기독교의 핵심은 삼위일체설三位一體說에 있다. 성부와 성자와 성령은 하나이면서 셋이라는 것이다. 위격은 다르지만 본질은 같다. 기독교의 정점은 여호아에 있다. 예수를 통하지 않고는 여호아를 만날 수 없다는 것이 신약新約의 골간이다. 예수는 죽어서 3일만에 부활했다. 기독교 학자는 복괘에서 부활의 의미를 찾는다. "박괘가 기독교의 십자가라면 복괘는 부활이다. 땅 속에서 우레가 꿈틀거린다. 우레 진震(☳)은 맏아들이므로 땅 속에서 맏아들이 올라온다고 할 수 있다. 기독교로 말하면 인류의 맏아들 그리스도가 솟아올라오는 것이다. 인간적으로 말하면 성인聖人이 이 세상에 나오는 것이 부활이다. 크리스마스란 성인이 나타났다는 뜻이고, 부활이란 그리스도가 다시 살아났다는 뜻이다. 복復은 형亨이다. 부활은 반드시 성공한다. 부활은 영원히 없어지지 않는다. 봄은 꼭 온다. 싹은 꼭 튼다. 꽃은 꼭 핀다. 이것이 자연의 이치이다."[4)]

2. 복괘 : 천지는 순환의 시계에 의거하여 운행한다

復은 **亨**하니 **出入**에 **无疾**하여 **朋來**라아 **无咎**리라
복 형 출입 무질 붕래 무구
反復其道하여 **七日**에 **來復**하니 **利有攸往**이니라
반복기도 칠일 래복 이유유왕

복은 형통하니 나아가고 들어감에 병통이 없어서 벗이 와야 허물이 없을 것이다. 그 도를 반복해서 7일만에 돌아오니 갈 바를 둠이 이롭다.

세상은 마냥 돌아간다. 오면 가고, 가면 또 온다. 세월은 한 곳에 붙박이로 멈춘 적이 없다. 봄이 가면 여름이 오고, 여름이 가면 가을이 오고, 가을이 가면 겨울이 오고, 겨울이 가면 봄이 온다. 봄과 여름과 가을과 겨울은

4) 김흥호, 앞의 책, 417쪽.

따로 떨어져 있는 것이 아니라 원래부터 이어져 있다. 그것은 마치 끊기지 않은 뫼비우스 띠와 같다. 돌아감과 돌아옴의 정체가 바로 '복復'이다. 이를 아는 것이야말로 천지가 어떻게 둥글어 가는 원리를 터득하는 첩경이다.

복괘는 땅 속에서 하나의 양이 솟구쳐 나오는 이치를 밝혔다. 자연의 이치를 파악하는 방법에는 두 가지가 있다. 하나는 현미경으로 들여다보는 것이고, 다른 하나는 망원경으로 바라보는 것이다. 전자는 미시의 세계를 정밀하게 관찰하는 것이고, 후자는 거시의 세계를 폭넓게 관찰하는 방법이다. 작은 알갱이를 더 이상 나눌 수 없는 극미의 세계와, 밤하늘을 수놓는 북두칠성을 비롯한 별자리를 헤아리는 극대의 세계를 종합적으로 읽는 눈을 틔워야 한다.

천지의 운행에는 일정한 법칙이 있다. 사람의 몸에 생체 시계가 있듯이, 천지의 운행에도 시간표가 존재한다. 화학이 원소의 왕국을 주기율표로 정립시킨 것처럼, 동양의 천문학과 역법은 24절기를 만들어냈다. 소립자와 중력은 보편타당한 법칙에 의해 움직인다[出入无疾]. 친구가 와야 허물이 없다[朋來无咎]는 것은 초효가 아직 양 기운이 하나밖에 없기 때문에 또다른 지원자나 동참자가 곁들여질 때 비로소 좋은 상황이 전개될 수 있다는 말이다.

생명의 돌림 노래는 오직 새로움의 창조와 순환을 찬양한다.

3. 단전 : 생명의 신비는 돌아감과 돌아옴에 있다

彖曰 復亨은 **剛反**이니 **動而以順行**이라
단왈 복형 강반 동이이순행

是以出入无疾朋來无咎니라 **反復其道七日來復**은
시이출입무질붕래무구 반복기도칠일래복

天行也오 **利有攸往**은 **剛長也**일새니
천행야 이유유왕 강장야

復에 **其見天地之心乎**인저
복 기견천지지심호

단전에 이르기를 '복은 형통한다'는 것은 강이 돌아옴이니, 움직여서 순함으로써 행함이다. 이런 까닭에 '나아가고 들어감에 병통이 없어서 벗이 와야 허물이 없으리라.' '그 도를 반복해서 7일만에 돌아온다'는 것은 하늘의 운행이요, '갈 바를 둠이 이롭다'는 것은 강이 자라는 것이니, 복에 그 천지의 마음을 볼 수 있는 것인저.

'복'은 음에게 등떠밀렸던 양이 소생하여 원래의 자리로 되돌아오는 이치를 뜻한다. 날수로는 7일이 걸린다고 했다. 7일에 대한 해석에는 이견이 분분하다. ① 하나의 음이 생겨난 박괘 초효로부터 하나의 양이 생기는 복괘 초효까지의 일곱 단계를 가리킨다. ② 하늘의 운행을 척도질한 천간天干으로 풀이하는 경우이다. '갑을병정무기경甲乙丙丁戊己庚'으로 헤아리면 일곱 번째의 고치다, 바꾼다는 의미의 '경庚'에 닿는다. ③ 괘기설의 입장에서 풀이한 내용이다. 밑에서 하나의 음이 생긴 구괘로부터 일곱째 복괘에 이르는 과정을 도표화하면 다음과 같다. 5월의 천풍구괘天風姤卦(䷫) → 6월의 천산돈괘天山遯卦(䷠) → 7월의 천지비괘天地否卦(䷋) → 8월의 풍지관괘風地觀卦(䷓) → 9월의 산지박괘山地剝卦(䷖) → 10월의 중지곤괘重地坤卦(䷁) → 11월(동지冬至)의 지뢰복괘地雷復卦(䷗)가 바로 그것이다. 이처럼 하늘의 운행은 7일을 한 주기로 삼아 언제나 일정한 코스에 따라 움직인다. ④ 64괘 중 18번의 산풍고괘 단사彖辭에 나오는 '선갑삼일先甲三日, 후갑삼일後甲三日'과 57번의 중풍손괘重風巽卦 5효의 '선경삼일先庚三日, 후경삼일後庚三日'에서 말하는 7일의 경우가 있다.

기독교에 "태초에 말씀이 있었다"는 금언이 있었다면, 동양에는 6갑이라는 조직론이 있었다. 『주역』에서 본격적으로 괘와 6갑을 논의한 것은 고괘와 손괘이다. 고괘에서 '신辛'유酉· '임壬'술戌· '계癸'해亥가 '갑甲'자子의 앞 3일이요, '을乙'축丑·'병丙'인寅·'정묘'卯는 갑자의 뒤 3일이다. 신유辛酉, 임술壬戌, 계해癸亥, 갑자甲子, 을축乙丑, 병인丙寅, 정묘丁卯까지의 '선갑 3일과 후갑 3일'은 선천의 종언을 뜻한다. 이는 『주역』 57번에 나오는 중풍손괘重風巽卦 5효의 "처음은 없고 마침은 있다. 경庚에 앞서 3일 하고, 경庚에 뒤져 3일 하면 길吉하리라"[5]는 명제와 연관해서 읽어야 제대로 파악될 수 있다. 즉 '정丁'유酉·'무戊'술戌· '기己'해亥가 '경庚'자子의 앞 3일이요, '신辛'축丑·'임壬'인寅·'계癸'묘卯는 '경庚'자子의 뒤 3일이다. 갑의 3일 전인 신辛에서 새롭게 출발하여 정丁에서 분명하게 끝난다는 것이다.

고괘가 선천의 종언을 얘기한다면, 손괘는 후천의 계승을 말한다고 할 수 있다. '갑甲'에서 시작하는 선천은 그 맡은 바 소임을 다했기 때문에 '경庚'으로 바뀐다는 필연성을 얘기한 것이다. 후갑 3일의 '정丁'묘卯를 선경3일의 '정丁'유酉가 이어받아 후천이 시작되는 것이다. 여기에는 커다란 물리적 비약이 전제되어 있다. 한편 선갑3일의 신유辛酉를 선경 3일의 정유丁酉가 이어받는다고도 할 수 있다.

『주역』을 비롯한 동서양 문명사에는 '7'에 대한 다양한 견해가 있다. "지혜의 기둥인 7은 바람과 계절과 인간의 나이뿐 아니라 인간의 삶을 자연적으로 구분할 수 있는 근거이다. 중국에서 7은 특히 여자의 일생과 관련이 있다. 여자 아이는 일곱 달이 되면 젖니가 났다가 일곱 살이 되면서 빠지며, 다시 7년이 지나 열 네 살이 되면 '음陰의 길'이 열린다. 14살부터 여자는 성적으로 성숙해지다가, 7과 7을 곱한 49세가 되는 해에는 폐경기를 맞는다. 이러한 과정은 의학적인 견지에도 보더라도 상당히 정확하게 들어맞는다. 게다가 월경은 7×4일을 주기로 하며, 임신 기간도 마지막 월경의 첫날로부터 7×40일 동안으로 잡는다. 이처럼 7은 인간의 삶 곳곳에 나타난다."[6]

7은 연결과 단절의 역할을 모두 담당한다. 1×2×3×4×5×6×7은 7×8×9×10(=5040)과 같다는 점에서 연결의 역할을 하지만, 7을 빼고 1×2

5) 『周易』 重風巽卦 五爻, "无初有終. 先庚三日, 後庚三日, 吉."
6) 프란츠 칼 엔드레스/오석균, 『수의 신비와 마법』(서울: 고려원, 1996), 132-134쪽.

×3×4×5×6이 8×9×10(=720)과 같다는 점에서는 단절의 역할을 한다. 7의 값은 존재할 때에나 존재하지 않을 때에나 그 위치는 10의 균형을 이루는 중심점의 역할을 한다. 서구 문명의 7음 온음계(피아노에서 흰색 건반에 해당하는 음들)는 까마득한 옛날부터 사용되어 왔다. 고대에는 현들을 하늘에서 내려오는 것처럼 위에서 아래로 배열하는 것이 전통적 방법이었다. 옛사람들은 신과 인간 모두에게 듣기 좋은 천상의 화음, 천구의 음악을 연주하기 위해 음계를 디자인하고 사용하였다. 따라서 음악은 지상에서 조화를 만들어내는 위대한 힘을 가진 것으로 여겨졌다. 자연은 7이라는 수에 매우 기뻐한다. 가장 교묘한 모습으로 우리 눈앞에 나타나는 헵타드의 표현은 무지개이다. 그것은 항상 영원한 것과 세속적인 것을 이어주는 큰 깨달음의 상징였다. 일곱 겹의 패턴은 소리나 결정, 빛에만 국한된 것이 아니고 진동하는 모든 현상의 특징이다. 뉴턴은 놀랍게도 프리즘을 통과한 한 줄기의 햇빛이 넓은 폭의 무지개 스펙트럼으로 나타나는 것을 발견했다. 세계 각지의 전통에서는 인간이 자연의 원리와 일치하도록 빚어졌으며, 우주의 형상으로 만들어졌다고 본다. 우리 내면의 삶에 대한 유용한 은유는 프리즘과 스펙트럼이다. 이 내면의 스펙트럼 위에 일곱 가지 내분비선에서 나오는 강한 호르몬에 의해 지배되면서 신체가 응결한다. 피타고라스학파는 7을 '생명의 운반체'라고 부르면서 우리 내면에 존재하는 일곱 단계의 동기를 암시하였다. 인간을 하나의 에너지 체계로 인식하는 것은 '땅'과 '하늘'을 잇는 무지개 다리에 이르는 자신의 길을 찾는 것으로 상징되었다. 윌리엄 세익스피어는 "모든 세상은 하나의 무대이고, 모든 남녀는 배우에 불과하다. 그들에게는 각자의 출구와 입구가 있다. 평생 동안 한 사람은 많은 역할을 연기할 수 있지만, 그의 연기는 일곱 시기로 나누어져 있다"고 말했다.[7)]

7) 마이클 슈나이더/이충호, 『자연, 예술, 과학의 수학적 원형』(서울: 경문사, 2002), 221-266쪽 참조.

사람은 어머지 자궁에서 나와 육갑을 한 바퀴 여행하고는 대지의 자궁으로 돌아간다. 자연의 질서에 맞게 조화를 이루면서 살아가는 것이 최상의 삶[利有攸往]이다. 동양인들은 지상에서의 삶의 질서와 원리를 밝히기 위해 천문학과 수학에 관심을 기울였다. 그 결과물이 순환하는 시간과 공간을 결합한 60진법의 6갑 시스템이다. 그 뒤에 『주역』의 괘와 6갑을 결합시켜 하늘의 규칙성을 설명하는 납갑설納甲說이 창안되었던 것이다.

하늘이 운행하는 순환 과정에서 천지의 마음을 들여다볼 수 있다는 명제는 수많은 논의를 남겼다. 천지를 인격적 존재로 파악했는가, 천지의 궁극적 이치를 깨달았다는 심정을 고백한 것인 지에 대한 논쟁이 끊이지 않았다. 하늘의 문이 열리고 닫히는 시작과 끝을 전문적으로 다루는 상수학파, 하늘문의 근거를 인간 내면의 본성에서 찾으려는 학파도 생겼다. 시간을 자연의 본성으로 보는가, 아니면 인간의 실존성에서 찾으려는가의 두 갈래로 나뉘었다. 객관적 시간관과 실존적 시간관이 동양 학문의 축을 형성했다.

천문의 조직과 질서에 바탕한 천문학과 역법은 복괘의 이치에 근거하여 24절기라는 시간표를 만드는 기초를 제공했다.

4. 상전 : 새로운 시대는 새로운 마음가짐으로

象曰 雷在地中이 **復**이니 **先王**이 **以**하여
상 왈 뇌 재 지 중　복　선 왕　이
至日에 **閉關**하여 **商旅不行**하며 **后不省方**하니라
지 일　폐 관　상 려 불 행　후 불 성 방

상전에 이르기를 우레가 땅 속에 있는 것이 복이니, 선왕은 이를 본받아 동짓날에 관문을 닫아서 상인과 나그네가 다니지 못하도록 했으며, 후(后: 임금)는 지방은 살피지 않는다.

우레가 땅 속에 잠겨 있다가 우렁차게 소리치는 위엄은 새로움의 창조를 뜻한다. 새 술은 새 부대에 담으라고 했다. 마음가짐을 새롭게 다진다는 말이다. 진리를 객관화시켜 그 첫날을 기념일로 알렸다. 옛날의 선왕은 동짓날에는 국경을 폐쇄하여 사람들의 왕래를 통제했다. 선왕 자신도 지방 순시를 삼갔다.

원소 주기율표는 입자의 정연한 질서를 정리했다면, 24절기는 태양의 주기적 순환을 해명한 스케쥴이다. 순환과 반복은 생명의 법칙이자 시간의 법칙이며 자연의 질서이기 때문이다. 24절기의 시작점은 동지冬至이다. 동지는 역법 계산의 출발점이다. 괘기설卦氣說 역시 동지를 24절기의 원점으로 삼는다. 이들을 종합 정리하면 다음과 같다.

괘명	복復	임臨	태泰	대장大壯	쾌夬	건乾	구姤	돈遯	비否	관觀	박剝	곤坤
괘상	䷗	䷒	䷊	䷡	䷪	䷀	䷫	䷠	䷋	䷓	䷖	䷁
12地支	자子	축丑	인寅	묘卯	진辰	사巳	오午	미未	신申	유酉	술戌	해亥
12月	11	12	1	2	3	4	5	6	7	8	9	10
절기	동지 소한	대한 입춘	우수 경칩	춘분 청명	곡우 입하	소만 망종	하지 소서	대서 입추	처서 백로	추분 한로	상강 입동	소설 대설
순서	1	2	3	4	5	6	7	8	9	10	11	12

동짓날에는 국경과 세관마저도 공휴일이다. 여행자와 보따리 장사꾼들도 이 날은 쉰다. 고요한 시각에 명상을 하면서 자연의 궁극적 질서와 자신의 삶을 뒤돌아보면서 반성한다. 내면에 깊이 잠든 도덕적 본성을 일깨우는 절호의 기회이다.

'하나의 양이 생겨나는[一陽始生]' 동지를 축하하는 의례에서 벌건 팥죽을 끓여 먹는 풍속이 있다. 우리나라에서는 고려 때부터 동지를 설날로 삼았다고 한다. 시골에서는 아직도 동지를 '애기설'이라고 부르고 있다. 설날은 묵은 해를 매듭짓고 새해가 시작되는 첫날이다. 설날이 드는 정월은 캘린더 체계의 기준이다. 입춘立春도 계절이 바뀌는 분기점이다. 과거에는 겨울에서 봄으로 바뀌는 계절인 입춘이 든 달을 정월로 삼았던 경우도 있다. 12달 가운데 어느 달도 정월로 삼을 수 있으나, 정월을 정하는 데는 합리적인 근거가 있다. 우주 원리적으로 보면 '일양시생一陽始生'하는 동지가 드는 달을 정월로 삼는 것이 가장 합당하다.

'24절기'라는 용어는 『회남자淮南子』에 최초로 나타난다. 24절기는 동지에서 출발하여 다시 동지에 이르는 1년을 준거로 한다. 여기에는 명확한 천문학적 지식이 뒷받침된 학문이 필요하다. 동지가 역법 계산의 시작점으로 여기는 것은 동양 천문의 불문율이었다.

선후천론에서 보는 24절기는 계절에 알맞는 농사짓기의 메모장에 그치지 않는다. 그 핵심은 양력과 음력의 실질적 통합에 있다. 그것은 태음태양력의 혼합형이 아니라, 천지의 변화에 따른 양력에 의해 음력이 통합됨으로써 음양력이 일치되는(이는 물리적으로 지구가 태양을 중심으로 타원궤도에서 정원궤도로 돌아감으로써 이루어진다) 책력을 뜻한다. 양력이 음력으로 도킹하고, 음력이 양력으로 도킹함으로써 하나로 통일된 만고 불변의 캘린더가 이 세상에 사용될 것임을 시사한다.

통합된 새책력은 동지[8]가 설날이다. 앞으로는 양력과 음력을 억지로 짜맞추는 번거로운 일이 필요 없다. 언제 어디서나 동지, 춘분, 하지, 추분의 틀이 바뀌지 않는 진정한 사분력四分曆이 형성되는 것이다. 이는 24절기를 기초로 성립되는 1년 360일 캘린더의 출현을 제안한다.

『도전』에는 시간의 정신과 24절후문의 중요성을 밝히고 있다. "하루는 상제님께서 말씀하시기를 '24절후문節候文이 좋은 글인 줄을 세상 사람이 모르느니라. 시속에 절후를 철이라 하고 어린아이의 무지몰각한 것을 철

8) 동지는 낮이 가장 짧아졌다가 다시 길어지기 시작하는 전환점이다. 하지로부터 낮의 길이가 점점 짧아져서 동지가 되면 밤이 가장 길어진다. 이불을 뒤집어쓰고 엄니가 동치미 국물에 말아주는 냉면을 먹으면서 따뜻한 봄이 빨리 오기를 기다렸던 조상님들의 지혜가 정겹다.

부지라 하여 소년으로도 지각을 차린 자에게는 철을 안다 하고, 노인도 몰지각하면 철부지한 아이와 같다' 하느니라." "어느 해 동짓날 상제님께서 말씀하시기를 '동지가 후천 설이니라' 하시니라."[9]

동지冬至	소한小寒	대한大寒	입춘立春	우수雨水	경칩驚蟄
춘분春分	청명淸明	곡우穀雨	입하立夏	소만小滿	망종芒種
하지夏至	소서小暑	대서大暑	입추立秋	처서處暑	백로白露
추분秋分	한로寒露	상강霜降	입동立冬	소설小雪	대설大雪

『주역』은 24절기라는 자연 질서에서 행위 법칙을 도출하는 지혜의 토대를 마련했다. 당위 법칙의 근거는 자연 법칙이지만, 자연과 도덕을 하나로 묶는 체계가 바로 유교의 이론이다.

우레가 땅 속에 잠겨 있다가 우렁차게 소리치는 위엄은 새로운 생명의 창조를 알리는 신호탄이다.

5. 초효 : 천지의 뜻은 돌아옴에 있다

初九는 **不遠復**이라 **无祗悔**니 **元吉**하니라
초구 불원복 무지회 원길

象曰 不遠之復은 **以修身也**라
상왈 불원지복 이수신야

초구는 머지않아 돌아옴이다. 뉘우치는데 이르지 않으니 크게 길할 것이다. 상전에 이르기를 '머지않아 돌아옴'은 수신함이다.

박괘의 상효에 있는 '석과碩果'는 열매였지만, 복괘로 내려와서는 씨앗이 된다. 어제 씨앗을 심었다고 열매가 금방 열리지 않는다. 때가 무르익어야

9) 『도전』, 2:138:1-5

한다. 돌아올 날이 눈에 보인다. 그때까지 기다려야 한다. 마냥 기다려서는 안 되고, 잘잘못을 발견해야 한다. 그래서 「계사전」은 '복괘를 덕을 쌓는 근본'이라고 했다.

『주역』은 사물의 양면성을 동시적으로 들여다볼 것을 강조한다. 박괘의 상효와 복괘의 초효는 하나의 사물의 두 측면이다. 만약 인식의 진정한 눈이 열려 정화된다면 만물은 그 자체의 얼굴을 드러낼 것이다. 그럼에도 어두운 동굴의 좁은 틈을 통해 사물은 접하는 이상 인간은 스스로를 감옥에 가둔 꼴이 되기 때문이다. 제임스 조이스James Aloysius Joyce(1882-1941)는 소설 『율리시스Ulysses』[10]에서 'DOG'라는 단어를 거울을 통해 비춰보니 'GOD'로 전도되더라고 하여 사물을 상반적 시각으로 보는 편협성을 지적했다. 하늘은 이치를 만물과 현상에 펼쳤는데도 인간은 전혀 알아채지 못할 따름이다.

'돌아옴[復]'에서 천지의 위대한 생명 의지를 포착할 수 있다. 만물을 새롭게 일궈내는 천지의 의지를 본받아 후회할 일을 저질러서는 안 된다. 잘못을 뉘우친 다음에는 반드시 회개하라. 그러면 크게 길할 것이다. 인생 최고의 방향 전환이 이루어지는 순간이다. 돌아옴의 이치를 깨달은 뒤에는 천지에 대한 적대적 관계가 우호적 관계로 바뀌는 극적인 전환이 일어난다. 뉘우침이란 진리에 대한 즉각적 반응이다. 진리가 개시되어야 시비곡절을 알 수 있고, 개선할 수 있다.

뉘우침은 마음 속 깊은 심층에서 일어나는 본질적 변화의 표출이다. 진리에 대한 깨달음의 지식이 내 안의 영혼에 파고들 때 뉘우침의 효능은 커진다. 진리에 대한 지성과 감성과 의지라는 세 요소의 종합적 반성이 동원되면 더욱 좋다. 진리를 '보고' '듣고' '알고' '체험하는' 뉘우침[悔]에서 『주

10) 제임스 조이스는 '의식의 흐름'이라는 새로운 수법으로 인간의 복잡 미묘한 내면 심리의 세계를 묘사하여, 20세기 심리 소설의 형성에 영향을 미쳤다. 대표작으로 "율리시스", "젊은 예술가의 초상", "더블린 사람들" 등이 있다. 그리스 신화에 나오는 최고의 지략가인 율리시즈를 그리스인들은 오디세우스(Odysseus)라 불렀고, 로마인들은 율리시즈라 불렀다.

역』의 그윽한 종교적 경지에 다가설 수 있다.

공자는 제자인 안연의 덕성을 복괘에 비유하여 말했다. "안씨의 아들[顏淵]은 거의 도에 가까울 것이로구나. 선하지 않은 일이 있으면 일찍이 모른 적이 없으며(일찍 깨달았으며), 그것을 알면 다시 행하지 않았으니 역에 이르기를 '머지 않아 돌아옴이라. 뉘우치는데 이르지 않으니, 크게 길하다'고 하였다."[11)]

유교는 '수신'을 최상의 덕목으로 삼는다. 자기의 몸과 마음을 닦는 것을 사회화의 첫걸음으로 여겼다. 수신의 방법에 대해서 『대학』은 격물格物, 치지致知, 성의誠意, 정심正心이라 했다. 단순히 벽을 향하여 명상에 잠기거나 공상에 빠지는 것이 아니라, 사물의 이치를 궁구하여 진리에 대한 외경심과 올바른 마음가짐을 통해 스스로의 덕성을 키우는 것이 최고의 공부이다. '수신'을 중심으로 개인의 지성과 사회의 도덕화를 겨냥했던 것이다.

만물을 새롭게 일궈내는 천지의 뜻에서 몸과 마음을 닦고 덕성을 키워야 한다.

6. 2효 : 아름다움의 근거는 어짐이다

六二는 **休復**이니 **吉**하니라
육이 휴복 길

象曰 休復之吉은 **以下仁也**라
상왈 휴복지길 이하인야

육이는 아름답게 돌아옴이니 길할 것이다. 상전에 이르기를 '아름답게 돌아와 길함'은 어짐을 아래로 베푸는 것이다.

'아름다움[休]'은 미학과 가치론의 언어이다. 하늘의 순환은 기계적으로 돌아가는 과학적 탐구의 대상이 아니라, 심미의 대상이라고 밝히고 있다.

11) 『周易』「繫辭傳」 하편 5장, "子曰 顏氏之子 其殆庶幾乎, 有不善, 未嘗不知, 知之未嘗復行也, 易曰 不遠復, 无祇悔, 元吉."

초효에서는 이성적 사유로 순환을 말했다면, 2효는 감성과 가치의 차원에서 언급했다. 사물은 항상 양면성을 띠기 마련이다. 누구나 젊음을 부러워하고 늙음은 싫어한다. 흰머리를 보고 세월의 덧없음을 한탄한다. 사랑과 증오, 젊음과 늙음, 부와 가난 등은 삶의 한 과정이다. 사물을 양분하는 인식은 상대적, 분석적 앎이며, 사물의 두 측면을 동시적으로 보는 관점은 과정적 사고이다.

사람이 늙는 현상 역시 밤낮이 바뀌는 하늘의 운행 과정과 별로 다르지 않다. 흰머리에는 연륜이 묻어나기 때문에 아름답다. 조선의 화담 서경덕徐敬德(1489-1546)은 늙는 것을 서러워하지 않고 무덤덤하게 받아들였다. "천도는 항상 흘러서 바뀌니, 이 몸 역시 차츰 늙어가누나. 곱던 얼굴은 나이와 더불어 뒤로 물러나고, 흰 귀밑머리는 날마다 늘어나네"[12] 자연 법칙을 알면 죽음의 두려움은 조금 해소된다. 죽음에 대해 알면 알수록 죽음 또한 삶의 일부임을 깨닫게 된다.

과거에는 생존율에만 집착했다면, 요즈음은 '얼마나 오래 사느냐'와 함께 '어떻게 사느냐'가 중요한 문제로 떠오르고 있다. '어떻게 하면 잘 살 수 있을까'는 모든 사람의 화두이다. 하지만 '어떻게 하면 잘 죽을 수 있을까'라는 물음 역시 건강한 사람들의 물음이기도 하다. 웰빙well being만큼이나 웰다잉well dying도 중요한 문제이다. 자연은 언제나 뒤바뀌듯이 건강과 질병은 한 몸이기 때문이다. 인생은 삶과 죽음의 두 측면으로 이루어져 있다. 태극이 음과 양으로 이루어진 것처럼 말이다.

유교의 존재론과 가치론과 실천론의 핵심은 '어짐, 사랑[仁]'이다. 효사에는 보기 드물게 '사랑'이 등장하는데, 복괘 2효가 대표적이다. 건괘 「문언전」에서 "군자는 인을 체득하여 사람을 길러낸다[君子體仁, 足以長人]"라고 했듯이, 군자가 가장 먼저 터득해야 할 덕목이 바로 '인'이다. 아름다움

12) 『花潭集』 「冬至吟」, "天道恒流易, 悠悠老此身, 韶顔年共謝, 衰鬢日復新."

의 근거는 어짐[仁]이기 때문에 효사는 그 공덕을 초효로 돌린다. 특히 초구는 주효主爻로서 복괘에 단 하나뿐인 양효이다. 나머지 모든 음효들이 따라야 하는 모범이다. 그래서 2효의 아름다움이 돋보인다. 원형이정 4덕 가운데 으뜸인 '원'은 동방[震: ☳]이기 때문에 복괘는 초효에서 '어짐[仁]'을 강조했던 것이다.

하늘의 순환은 과학적 탐구의 대상이 아니라 심미의 대상이다.

7. 3효 : 상대방을 용서하는 포용력이 가장 위대하다

六三은 **頻復**이니 **厲**하나 **无咎**리라
육삼 빈복 여 무구
象曰 頻復之厲는 **義无咎也**니라
상왈 빈복지려 의무구야

육삼은 자주 돌아옴이니, 위태로우나 허물이 없을 것이다. 상전에 이르기를 '자주 돌아와 위태로움'은 의리가 허물이 없음이다.

3효는 음이 양 자리에 있고[不正], 이미 하괘의 중용을 벗어났다[不中]. 상괘로 넘어가기 직전이고, 초효로 돌아가기에는 2효가 가로막고 있는 까닭에 갈팡질팡하는 모습이다. 태도를 결정하기가 쉽지 않다. 자주 잘못을 저질러 후회하는 일에 익숙할까봐 우려된다[厲]. 종종 실수를 저지르면서도 어짐을 잃지 않으려는 의지는 있다. 그러니까 허물이 없다.

자신의 잘못을 솔직히 인정하고 회개하면 누구든지 용서한다. 용서는 최대의 무기이다. 아량은 포근한 마음씨에서 비롯된다. 포용력이 없는 의리는 냉엄하기 짝이 없다. 상대방의 잘못을 너그럽게 받아들이는 의리에 대해 손가락질 하는 사람은 아무도 없다. 포용하는 의리가 가장 힘이 있다.

개과천선에는 고통의 과정이 뒤따른다.

8. 4효 : 진리를 동반자로 삼는 군자는 외롭지 않다

六四는 **中行**하되 **獨復**이로다
육사 중행 독복
象曰 中行獨復은 **以從道也**라
상왈 중행독복 이종도야

육사는 중도로 행하되 홀로 돌아오도다. 상전에 이르기를 '중도로 행하되 홀로 돌아옴'은 도를 따르는 것이다.

괘의 구조상, 4효를 중심으로 위의 두 효도 음이고, 아래의 두 효도 음이므로 4효는 중도를 걷는다. 또한 4효만이 초효와 상응한다. 상괘의 아래에 있음에도 불구하고(부중不中), 짝꿍인 초효에 뿌리를 두고 중도를 실천한다[中行].

모든 행위의 근거는 도이다. 질병과 고독과 가난에 시달려도 도를 따르는 것이 군자이다. 군자는 외롭지 않다. 도는 영원한 동반자이기 때문이다. 사람들이 샛길로 들어서더라도 군자는 홀로 중용[獨復]을 지향한다. 군자는 사회의 소금같은 존재이다.

주자는 『주역본의』에 동중서董仲舒의 유명한 말을 실었다. "인자는 의를 바로잡을 뿐 그 이익을 도모하지 않으며, 도를 밝힐 뿐 그 공을 따지지 않는다."[13] 의리와 이익, 도와 공로는 상반된 가치이다. 무엇을 선택하느냐에 따라 명분과 실리가 나뉜다. 순간의 이익과 영원한 생명은 동일한 길을 갈 수 없다.

눈물과 가난에 시달려도 진리를 따르는 것이 군자의 길이다.

9. 5효 : 중용은 진리의 준거이자 행위의 근거

六五는 **敦復**이니 **无悔**하니라
육오 돈복 무회

13) 『周易本義』, "仁人者, 正其義不謀其利, 明其道不計其功."

象曰 敦復无悔는 **中以自考也**라
상왈 돈복무회 중이자고야

육오는 두텁게 돌아옴이니 뉘우침이 없다. 상전에 이르기를 '두텁게 돌아와 뉘우침이 없다'는 것은 중도로써 스스로 살피는 것이다.

초효는 천지의 마음, 2효는 어짐[仁], 3효는 의리[義], 4효는 도道, 5효는 중中을 얘기한다. 5효는 비록 음이 양 자리에 있으나[不正], 상괘의 중앙[中]에 있다. 두텁다는 것은 깊은 믿음[信心]으로 돌아온다는 뜻이다. 오늘날은 진리에 대한 믿음이 경박해졌다. 서적은 산더미처럼 쏟아져 나오지만 진리에 대한 경건한 의식은 없다. 의사 소통의 수단은 좋아졌지만, 의사 소통의 내용은 빈약해졌다. 『주역』의 진리관을 잃어 비린 비극적 사태가 아닐 수 없다.

『주역』에서 말하는 중용은 진리의 준거이자 행위의 근거이다. 사람은 진리를 깨닫고 자아를 완성시켜야 한다[中以自考也]. 중용은 시공간의 원형이며, 정도正道의 이정표이다. 중도는 자기 혁신의 표본이며, 천도에 순응하는 방법이다. 중용의 정신은 항상 현실에 투영되어 있다. 중용에 대한 외경심은 전적으로 자신에 달려 있다.

중용(중도)는 시공간의 원형이며 정도의 이정표다. 사람은 중용을 깨닫고 자아 완성에 힘써야 한다.

10. 상효 : 길 아닌 길은 가지 말라

上六은 **迷復**이라 **凶**하니 **有災眚**하여 **用行師**면 **終有大敗**하고
상육 미복 흉 유재생 용행사 종유대패
以其國이면 **君**이 **凶**하여 **至于十年**히 **不克征**하리라
이기국 군 흉 지우십년 불극정
象曰 迷復之凶은 **反君道也**일새라
상왈 미복지흉 반군도야

상육은 아득히 돌아옴이다. 흉하니 재앙이 있어서 군사를 일으키면 마침내 크게 패함이 있고, 그 나라로 하면 인군이 흉하여 10년에 이르기까지 능히 치지 못할 것이다. 상전에 이르기를 '아득히 돌아옴이 흉하다'는 것은 인군의 도리에 반대되기 때문이다.

상효는 음이 음 자리에 있으나[正] 상괘의 끝에 있다[不中]. 더욱이 생명의 씨앗[仁, 元]인 초효와 가장 멀리 떨어져 있다. 돌아가기가 아련하다. 음이 양에 앞서 가거나, 달이 해보다 앞서 갈 경우를 곤괘(복괘의 상괘는 곤(☷)이다)에서는 '먼저 가면 아득하고, 뒤에 가면 얻는다[先迷後得]'고 했다. 또한 음이 극성해지면 양과 싸움이 일어나 재앙이 생기게 마련이다.[14]

길 잃은 양떼처럼 헤매다가 방황하면 흉하다. 돌아갈 길은 이미 정해져 있다. 원래의 자리인 초효로 돌아가야 한다. 길 아닌 길은 아예 가지 말아야 한다. 처지도 모르고 큰 일을 벌이면 낭패보기 일쑤이다. 심지어 국가의 총력을 기울여 전쟁을 벌인다 해도 승리를 장담할 수 없다. 지도자에게도 재앙이 미친다. 권력에 누수 현상이 뒤따름을 『주역』은 경고한다.

왜 상효에 '십년'의 10이라는 수가 등장할까? "상괘가 곤삼절坤三絶(☷)이므로 아득할 '미迷'가 나오고, 상괘를 후천팔괘(문왕팔괘)로 볼 때 2곤[二坤]이 되고, 상육이 움직이면 8간八艮이 되므로 이를 합한 10에서 '십년에 이르기까지[至于十年]'의 뜻이 나온다."[15] 이처럼 『주역』의 밑바탕에는 상수론이 짙게 깔려 있는 것이다.

돌아갈 길은 이미 정해진 원래의 자리(초효初爻)이다. 정도를 지키지 않고 갈팡질팡하면 흉하다.

14) 밖에서 오는 재난은 災이고, 안에서 생겨나는 재난은 眚이다. 곤괘 "上六, 龍戰于野, 其血玄黃. 象曰龍戰于野, 其道窮也.(용이 대지 위에서 싸우니 그 피가 검고 누렇다. 상전에 이르기를 '용이 대지 위에서 싸우는 것'은 그 도가 다했기 때문이다)"고 하여 피비린내가 진동하는 상황을 말했다.
15) 김석진, 앞의 책, 586쪽 참조.

정역사상의 연구자 이상룡李象龍은 복괘의 성격을 다음과 같이 설명한다.

復字는 取人能窮日之行과 而反命之義也라 夫先天之陽一爻가
복자 취인능궁일지행 이반명지의야 부선천지양일효

成度於子月이니 有七日來復之理與后天亥月이
성도어자월 유칠일래복지리여후천해월

當日復正相反이라 盖地雷長子는 幹母之事요 太陰之道也며
당일복정상반 개지뢰장자 간모지사 태음지도야

天雷宗長은 承父之統이오 太陽之一元也라
천뢰종장 승부지통 태양지일원야

而窮象反下剝復之理가 故次於剝也라
이궁상반하박복지리 고차어박야

'복'의 글자는 사람이 날마다 일하여 천명으로 돌아가는 뜻을 취한 것이다. 선천은 일양一陽이 자월子月에서 시작한다. '7일만에 되돌아오는 이치'와 후천의 해월亥月에 솟아오르는 것은 정반대의 뜻이다. 어머니를 모시는 복괘의 주인공이 태음의 도수라면, 아버지를 잇는 무망괘의 주인공은 태양의 근원이다. 극도의 경지에 도달하면 아래로 돌아가는 것은 박괘와 복괘의 이치이므로 박괘 다음에 위치하는 것이다.

彖曰 復, 亨, 出入, 无疾은 一會之循環也오 朋來, 无咎는
단왈 복 형 출입 무질 일회지순환야 붕래 무구

當日而成六位也오 反復其道, 七日, 來復, 利有攸往은
당일이성육위야 반복기도 칠일 래복 이유유왕

太陽度成하여 己日乃復也라
태양도성 기일내복야

단전 "복은 형통하여 나아가고 들어감에 병통이 없다"는 말은 우주의 커다란 순환을 뜻하며, "벗이 와야 허물이 없을 것이다"는 말은 새로운 태양이 솟아오름에 의해 육효六爻가 완성됨을, "그 도를

반복해서 7일만에 돌아오니 갈 바를 둠이 이롭다"는 말은 태양의 도수가 기일己日에 완성되어 순환하는 것을 뜻한다.

象曰 先王, 以, 至日, 閉關, 商旅不行, 后不省方은
상왈 선왕 이 지일 폐관 상려불행 후불성방
君子在下而固窮하여 衆小人誤我幼沖之辟이니 防微杜漸하여
군자재하이고궁 중소인오아유충지벽 방미두점
不可不愼也라
불가불신야

상전 "선왕은 이를 본받아 동짓날에 관문을 닫아서 상인과 나그네가 다니지 못하도록 했으며, 후(임금)는 지방을 살피지 않는다"는 말은 군자는 밑에서 곤궁하고, 뭇 소인들이 아직 어린 나의 마음이 편벽되었다고 오해하므로 근심하지 않을 수 없다는 뜻이다.

初九, 不遠復, 无祗悔, 元吉은 全復不遠이니 吉莫大焉이라
초구 불원복 무지회 원길 전복불원 길막대언

초효 "머지않아 돌아옴이다. 뉘우치는데 이르지 않으니 크게 길할 것이다"는 모두가 머지않아 회복하여 길함이 막대하다는 뜻이다.

六二, 休復, 吉은 四象成而來復하니 大善之道也라
육이 휴복 길 사상성이래복 대선지도야

2효 "아름답게 돌아옴이므로 길하다"는 사상四象이 완성되어 돌아오는 이치가 회복하여 선도善道가 밝혀진다는 뜻이다.

六三, 頻復, 厲, 无咎는 三變而易하여 始危終吉也니라
육삼 빈복 여 무구 삼변이역 시위종길야

3효 "자주 돌아옴이니 위태로우나 허물이 없을 것이다"는 역도가 세 번 바뀌어(복희팔괘도 → 문왕팔괘도 → 정역팔괘도) 처음은 위태롭지만 마침내 길하다.

六四, 中行, 獨復은 配耦已成이니 何必獨復乎잇가
육사 중행 독복 배우이성 하필독복호

4효 "중도로 행하되 홀로 돌아오다"는 말은 음양이 완성되는 까닭에 홀로 회복하는 이치가 있겠는가?

六五, 敦復, 无悔는 復理換革이니 敦仁者存也라
육오 돈복 무회 복리환역 돈인자존야

5효 "두텁게 돌아옴이므로 뉘우침이 없다"는 것은 회복하는 이치는 혁신을 불러오므로 인仁에 힘써야 살 수 있다는 뜻이다.

上六, 迷復, 凶, 有災眚, 用行師, 終有大敗는 復當退位일새
상육 미복 흉 유재생 용행사 종유대패 복당퇴위
爭之何益也리오 以其國, 君, 凶, 至于十年, 不克征은
쟁지하익야 이기국 군 흉 지우십년 불극정
己日乃正也라
기일내정야

상효 "아득히 돌아옴이다. 흉하니 재앙이 있어서 군사를 일으키면 마침내 크게 패한다"는 것은 회복한 다음에는 마땅히 자리에서 물러나므로 다투는 것이 어찌 도움이 있으리오. "나라로써 하면 인군이 흉하여 10년에 이르기까지 능히 치지 못할 것"이라는 말은 기일己日에 올바르게 됨을 뜻한다.

천뢰무망괘
天雷无妄卦

진실의 속살

1. 진리의 힘은 무한하다 : 무망괘

정이천은 지뢰복괘地雷復卦(䷗) 다음에 천뢰무망괘天雷无妄卦(䷘)가 오는 이유를 다음과 같이 말한다.

> 无妄은 序卦에 復則不妄矣라 故受之以无妄이라 하니라
> 무망　서괘　복즉무망의　고수지이무망
> 復者는 反於道也니 旣復於道면 則合正理而无妄이라
> 복자　반어도야　기복어도　즉합정리이무망
> 故復之後에 受之以无妄也라 爲卦乾上震下하니 震은 動也니
> 고복지후　수지이무망야　위괘건상진하　진　동야
> 動以天은 爲无妄이오 動以人欲則妄矣니 无妄之義大矣哉라
> 동이천　위무망　동이인욕즉망의　무망지의대의재
>
> "무망괘는 「서괘전」에 '돌아오면 망령되지 않으므로 무망괘로 이어받았다'고 했다. 복은 도로 돌아옴이니 이미 도로 돌아오면 올바른 이치에 합하여 망령됨이 없게 된다. 그러므로 복괘 뒤에 무망괘로 받은 것이다. 괘 형성은 건이 위에 있고 진이 아래에 있다. 진은 움직임이니 움직이기를 천도로써 하면 무망이 되고, 인욕으로 움직이면 허망이 되니, 무망의 뜻이 크도다."

복괘와 무망괘를 비교하면 무망괘의 위는 하늘(☰), 아래는 우레(☳)로서 우레가 하늘에서 위엄을 자랑하는 모습이다. 그것은 복괘의 상괘가 곤괘(☷)에서 건괘(☰)로 바뀐 것이다. 하늘의 운행은 망령됨이 없다. 천도는 거짓이 없기 때문에 지공무사至公無私하고 공명정대公明正大하다. 만물의 모범에 되기에 충분하다는 뜻이다. 천도의 순수성(건괘)이 그대로 만물에 전개되는 까닭에 '무망'은 전혀 흠잡을 데 없는 것이다.

진실의 힘은 무한하다. 잠시 거짓이 승리하는 것처럼 보일 수 있지만, 세상일은 항상 사필귀정으로 돌아간다. 껍데기를 아무리 벗겨내도 진실의 속살은 진실일 뿐이다. 괘명 자체도 가식 없다는 진실이다. 건괘(☰)가 아버지라면, 진괘(☳)는 아들이다. 아들은 아버지의 뜻을 현실에서 대행하는 사명을 띠었다. 아들은 아버지의 명을 어긋나게 행동해서는 안 될 것이다.

하늘의 운행은 언제 어디서나 일정불변한다. 봄, 여름, 가을, 겨울이 휴가 받아 쉰 적이 있는가? 밤낮의 주기적 교체 또한 하늘과 땅이 열린 이래로 한 번도 멈춘 적이 없다. 건괘에서는 하늘의 움직임을 '원형이정元亨利貞'이라 했는데, 무망괘 역시 원형이정을 언급한다. 원형이정은 『주역』에서 말하는 진리의 원형이다.

손바닥으로 하늘을 가릴 수 없다. 가식은 진실 앞에서 꼼짝 못한다. 정이천은 무망의 뜻을 『중용』의 '지극한 성실성[至誠]'으로 풀이했다. "무망은 지극한 성실함이니, 지극한 성실성은 하늘의 도이다. 하늘이 만물을 화육하여 낳고 낳아 다하지 않아서 각각의 성명을 바르게 하는 것이 무망이다. 사람이 무망의 도에 합하면 이른바 '천지와 더불어 그 덕을 합하는 것이다.'"[1] 이 밖에도 주자는 무망을 '원래 진실한 이치의 스스로 그러함[无妄, 實理自然之謂]'이라고 하여 한 터럭만큼의 거짓도 없는 천지의 원리라고 규정했다.

2. 무망괘 : 원형이정은 진리의 원형

无妄은 **元亨**하고 **利貞**하니 **其匪正**이면 **有眚**하릴새
무망 원형 이정 기비정 유생
不利有攸往하니라
불리유유왕

무망은 크게 형통하고 올바름이 이로우니, 올바르지 않으면 재앙이 있기 때문에 가는 바를 둠이 이롭지 않다.

『주역』은 '진실무망'을 핵심으로 삼아 뜻을 성실하게 다지고 마음을 올바르게 추스르는 자세를 촉구한다. 『중용』은 "지극한 성실함이 아니면 사

1) 『易程傳』 无妄卦. "无妄者, 至誠也, 至誠者, 天之道也. 天之化育萬物, 生生不窮, 各正其性命, 乃无妄也, 人能合无妄之道, 則所謂與天地合其德也."

물도 없다[不誠, 無物]"고 하여 진리로의 여행을 내세웠다. 태양은 스스로의 연료를 태우면서 열과 빛을 쏟아내 만물을 키운다. 천지의 분신인 태양을 비롯한 행성들 또한 원형이정의 덕목으로 만물을 낳고 길러내는 보조 역할을 한다. '성실성[誠]'의 내용이 바로 원형이정인 것이다.

괘사는 하늘의 덕성을 이어받을 때의 원칙을 '올바름[正]'이라고 단정한다. 인간 삶의 법칙을 정의에 두었던 것이다. 정의로운 행위에서 벗어날 때는 반드시 재앙이 뒤따른다. 정의에 어긋나는 행동을 할 경우는 하늘도 어쩔 수 없다는 것이다. 무망괘는 거짓 없음 = 진실 = 원형이정 = 올바름의 삶을 가르치고 있다.

'올바름[正]'은 유학의 근간이다. 맹자의 사유는 "만물의 이치를 나의 마음이 근원적으로 정립한다는 것이 아니라, 그 이치를 나의 마음이 모시고 있다는 종교성을 회임하고 있다. 종교성을 풍기는 철학일수록 실재론적인 진리의 속성을 강하게 나타내고 있다. 또한 초월적인 하늘[天]의 내재론과 직결되는 진리와 지식을 추구한다."[2] 성선설은 맹자의 진리관에서 찾아야 한다.

맹자의 진리관	순자의 진리관
① 天에 대한 신성함 인정	① 天에 대한 신성함 부정
② 天에 대한 신비주의적 견해	② 天에 대한 자연주의적 견해
③ 天/心의 초월과 내재의 관계성	③ 天/心의 이원적 분리
④ 자연적 감각 기관의 불신	④ 자연적 감각 기관의 신뢰
⑤ 마음의 실천 행위의 우위	⑤ 마음에 대한 이론 인식의 우위
⑥ 유심론적 실재론	⑥ 개념적 유명론
⑦ 본질과 현상의 불가분리론	⑦ 심리와 논리의 불가분리
⑧ 관여적 진리	⑧ 변별적 진리

2) 김형효는 맹자와 순자의 진리관을 다음과 같이 정리했다.(김형효, 『物學, 心學, 實學』서울: 청계. 2003, 360-369쪽 참조.)

맹자의 성선설 자체가 『주역』에 근거하고 있으며, 그 구체적 이론은 무망괘와 연관되어 있다고 할 수 있다. 유교의 이념은 천도天道 → 천명天命 → 천성天性의 구조를 갖는다. 천도는 원형이정이고, 천명은 올바름[正]의 이행이고, 천성은 인의예지의 도덕적 본성이다. 자연과 행위와 인간을 관통하는 논리다. 다시 말해서 천도의 내면화 과정을 설명하고 있는 것이다.

3. 단전 : 대형이정, 하늘이 생명을 낳는 목적

彖曰 无妄은 **剛**이 **自外來而爲主於內**하니 **動而健**하고
단왈 무망 강 자외래이위주어내 동이건
剛中而應하여 **大亨以正**하니 **天之命也**라
강중이응 대형이정 천지명야
其匪正有眚不利有攸往은 **无妄之往**이 **何之矣**리오
기비정유생불리유유왕 무망지왕 하지의
天命不祐를 **行矣哉**아
천명불우 행의재

단전에 이르기를 무망은 강이 밖으로부터 와서 안의 주체가 되었으니, 움직이면서 건실하고, 강이 중용에 있고 부응하여 크게 형통하여 올바르니 하늘의 명령이다. '올바르지 않으면 재앙이 있기 때문에 가는 바를 둠이 이롭지 않다'는 말은 무망의 가는 길이 어디겠는가. 천명이 돕지 않는 것을 행할 수 있겠는가.

'무망은 강이 밖으로부터 와서 안의 주체가 되었다[无妄, 剛自外來而爲主於內]'는 명제에 대해서는 세 가지 풀이가 있다. 첫째, 주자에 따르면, 무망괘는 송괘訟卦로 비롯되었다. 송괘(䷅) 2효가 아래로 내려와 초효로 변질된 것을 가리킨다. 양이 음 자리에 있는 부정不正의 상태에서 양이 양 자리에 있는 초효로 자리잡는다. 거짓의 가면을 벗고 진실로 돌아섰음을 뜻한다. 둘째, 무망괘는 비괘否卦(䷋) 초효가 양효로 변하여 생겨났다는 견해다. 밖으로부터 강건한 양효가 와서 하괘의 주효가 되어 이끌어가기 때문

에 망령됨이 사라지는 이유를 설명한 것이다. 셋째, 외형으로 보아 복괘(䷗)의 상괘인 곤(☷)이 건으로 바뀌었을 뿐, 하괘의 우레[震: ☳]가 밖으로부터 이동한 것이다. 우리는 이 세 가지를 모두 겸비해서 무망괘를 이해해도 무방하다.

'밖으로부터 왔다'는 말은 하늘의 진리가 내 안의 주인(주체)이 되었다는 뜻이다. 인간의 도덕적 본성의 근거는 하늘이다. 하늘은 그 진리를 나 혼자에게만 준 것이 아니라, 모든 생명체에게 각각의 존재 의미와 가치를 부여했다. 진리와 본성이 별개가 아니라는 뜻이다. 그것은 일종의 철학적 신앙이다. 『중용』의 "하늘이 명령으로 부여한 것을 일컬어 본성이라 한다[天命之謂性]"는 말의 하늘은 생명의 본원이자 가치의 근거를 뜻한다.

임괘에서는 '올바름으로 크게 형통하는 것은 하늘의 도[大亨以正, 天之道也]'라 했으며, 무망괘는 '올바름으로 크게 형통하는 것은 하늘의 명[大亨以正, 天之命也]'라 했다. 전자는 본질 규정이고, 후자는 실천에 대한 규정이다. 한마디로 존재와 당위의 일치를 뜻한다. 천도 = 천명 = 무망의 논리가 성립한다. 천도는 음과 양이 만나 생명을 창조하고 성숙하게 하는 원리이다. 5효의 강건한 양과 2효의 유순한 음이 상응하여 형통한다. 만사형통은 천도의 고유 권한이다. 『주역』에서 천명의 내용을 구체적으로 언급한 곳은 무망괘이다.

"진실무망眞實无妄한 인간 본유의 천부적인 덕성으로서의 '본성[性]'이 곧 '성실성[誠]'이며 천명天命이다. 따라서 성誠과 천명天命 그리고 性은 하나이면서 셋의 원리이다. '성誠'은 우주만물에 구유된 생성의 원동력의 뜻이며, 천명의 자기동인自己動因에 의한 자기실현으로서의 만유의 생명이요 질서와 조화의 원리가 된다. 『중용』은 '성실함 그 자체는 하늘의 길이다. 성실하려고 하는 것은 사람의 길이다'라고 했다.[3] 진실무망한 존재로서의 성誠이 인간

3) 『中庸』 20장, "誠者, 天之道也. 誠之者, 人之道也."

의 본질뿐 아니라 천지 만물을 화생하는 소이연所以然으로 파악된다. 성은 하늘의 도이고. 이 성을 본받아 자기의 양심을 철저히 발휘하고 인간의 인간다움을 남김없이 발현하는 것이 사람의 존재 방식이요, 사람다운 삶의 길이다. '성자誠者'는 존재의 원리요, '성지자誠之者'는 당위의 원리이다."[4)]

주자는 '성실성[誠]'과 무망괘를 연결시켜 해석한 바 있다. "성실함 그 자체는 진실하여 망령됨이 없는 것을 말하는 것으로서 하늘의 이치가 원래 그러한 것이다. 성실하려고 하는 것은 능히 진실하고 망령됨이 없지 아니하여 그 진실하고 망령되는 것이 없게 하고자 함을 말하는 것으로서 사람의 일이 마땅히 그러한 것이다."[5)]

새롭게 거듭 태어나기 위한 자기 개혁은 반드시 필요하다. 그러나 천명에 대한 정신적 테러를 범해서는 안 된다. 만약 천명을 거역하거나 어긋나면 하늘도 어쩔 수 없는 재앙을 내리기 때문이다.

원형이정은 시공간에 편재하는 보편적 원리로서 자연과 역사와 문명을 관통하는 힘이다. 자연은 '원형이정'으로 돌아가기 때문에 인간은 '대형이정'의 방식으로 실천해야 한다.

4. 상전 : 진리, 하늘의 시간표로 나타나다

象曰 天下雷行하여 **物與无妄**하니 **先王**이 **以**하여 **茂對時**하여
상왈 천하뇌행 물여무망 선왕 이 무대시
育萬物하니라
육만물

상전에 이르기를 하늘 아래에 우레가 쳐 사물마다 무망(진리)을 준다. 선왕은 이를 본받아 천시(하늘의 시간)에 무성하게 짝하여 만물을 길러낸다.

4) 송인창, 『先秦儒學에 있어서 天命思想에 관한 연구』(충남대 박사학위논문, 1987), 83-84쪽 참조.

5) 『中庸』 20장의 주석, "誠者, 眞實无妄之謂, 天理之本然也. 誠之者, 未能眞實无妄而欲其眞實无妄之謂, 人事之當然也."

서양의 논리학이 겨냥한 것은 이론의 정합성에 있다면, 「상전」의 삼단 논법은 자연과 인간 주체와 행위의 일관성을 지향한다. 하늘과 우레는 사물마다에 진실을 주입했다[物與无妄]는 것이다. 소와 돼지에게는 소와 돼지에게 적합한 정보가, 소나무에는 소나무에 걸맞은 진실이 주어진다. 토끼는 산에서, 숭어는 물에서 살 수 있게 유전자 정보가 주어졌다. 숭어는 산에서 살 수 없고, 토끼는 물속에서 살 수 없다. 이처럼 하늘은 만물에게 생명의 본성이라는 보편성과 아울러 각각의 특수성을 부여했다.

『주역』의 진리관은 하늘이 진리를 모든 생명체에게 부여했다는 자연주의적 측면, 하늘은 명령으로 인간에게 도덕적 본성을 부여했다는 내면주의적 측면, 이 양자를 종교적 심성으로 받들고 실천해야 한다는 당위론적 측면이 있다. 내면적 도덕론자가 천명을 부정하면 자기 스스로를 부정하는 일이며, 종교적 경건론자가 천명을 인간 본성의 근거로 받아들이지 않는다면 스스로 모순에 빠지게 된다.

천명을 거부하는 인간 본성[天性]은 하늘의 보편성이 결여된 본능의 세계로 타락할 위험이 있고, 인격성을 배제한 천명은 얼음처럼 차가운 세금 고지서로 변질되고 만다. 이런 점에서 동양의 도덕학은 항상 동기주의의 성격이 강하게 나타날 수밖에 없는 것이다.

「상전」의 내용은 '자연의 질서 = 인간의 법칙 = 당위 법칙'으로 정리할 수 있다. 그것은 시간의 질서에 근거한 실천과 행위가 진리를 구현하는 방법이다.

5. 초효 : 올바름, 무망괘의 주제

初九는 **无妄**이니 **往**에 **吉**하리라
초구 무망 왕 길

象曰 无妄之往은 **得志也**리라
상왈 무망지왕 득지야

초구는 무망이다. 가는 길이 길할 것이다. 상전에 이르기를 '무망의 감'은 뜻을 얻은 것이다.

나라에서 '바르게 살기 운동'을 펼친 적이 있다. 옛말에 부지런하면 어디를 가나 굶어죽지 않는다고 했다. 무망이 가는 길, 즉 진실하면 어디에서나 환영받는다. 초효는 5효와 함께 무망괘의 주효主爻로서 양이 양 자리에 있는 올바름[正]을 주장한다. 무망괘의 주제는 옳음[正]이다.

지성이면 감천이라 했다. 『중용』은 성실성[誠]에 대해 "성은 스스로 이루어지는 것이요, 도는 스스로 행하여야 할 것이다. 성은 사물의 끝과 시작이니 성실하지 않으면 사물이 존재할 수 없다. 그러므로 군자는 성실함을 귀하게 여기는 것이다."[6] 초효의 내용은 '정도正道 = 무망无妄 = 성誠'로 압축할 수 있다. 정도는 진리의 파수꾼이요, 성실성은 진리의 원동력인 것이다.

초효는 '성誠이 무망无妄이고 정도正道'라고 밝힌다.

6. 2효 : 결과도 중요하지만 동기와 과정은 더 중요하다.

六二는 **不耕**하여 **穫**하며 **不菑**하여 **畬**니 **則利有攸往**하니라
육이 불경 확 불치 여 즉이유유왕

象曰 不耕穫은 **未富也**라
상왈 불경확 미부야

육이는 밭 갈지 않고 거두며 1년된 밭을 개간하지 않고도 3년된 밭이 되니, 가는 바를 두어 이롭다. 상전에 이르기를 '밭 갈지 않고 거둠'은 부라 할 수 없다.

2효는 음이 음 자리에 있고[正], 하괘의 중앙에 있다[中]. 그리고 양인 5효와도 상응하는 이상형이다. 그러니까 밭 갈지 않아도 기대 이상의 수확

6) 『中庸』 25장, "誠者自成也, 而道自道也. 誠者物之終始, 不誠無物. 是故君子, 誠之爲貴."

물이 생기고, 개간에 소홀했던 밭 역시 저절로 비옥한 밭이 된다. 2효가 중정인데다가 5효와 상응하기 때문이다. 시공간과 외부 여건의 3박자가 조화를 이루어 생각지도 않았던 행운이 깃드는 것을 말한 것이다.

농부는 이른 봄부터 땅을 갈아 씨뿌리며, 여름에는 땀 흘려 김매고 가을에 농작물을 거둔다. 새롭게 개간한 밭은 3년이 지나야 비로소 좋은 밭이 되어 수확물도 많아진다. 하지만 개간하지 않아도 옥토가 된다는 말은 인위적으로 획득되는 것이 아니라 하늘이 도와준다는 뜻이다.

흘린 땀에 비례해서 더 많은 농작물을 수확한 것은 하늘의 도움으로 얻는 것이므로 '부富'로 간주해서는 안 된다. 수익이라는 결과를 위해서 일하는 것이 아니라, 농사 자체라는 행위와 과정을 중시여긴다는 뜻이 담겨 있다.

『주역』은 결과주의보다는 동기주의를 앞세운다. 부의 축적을 위해서 펀드에 가입하는 것보다는 진리에 흠뻑 취하는 것이 훨씬 낫다.

7. 3효 : 재앙도 하늘의 손길

六三은 **无妄之災**니 **或繫之牛**하나 **行人之得**이 **邑人之災**로다
육삼 무망지재 혹계지우 행인지득 읍인지재

象曰 行人得牛 邑人災也라
상왈 행인지득 읍인재야

육삼은 무망의 재앙이다. 혹시 소를 매어놓았으나, 길 가던 나그네가 얻게 됨은 동네사람의 재앙이다. 상전에 이르기를 '길 가던 나그네가 소를 얻음'은 동네사람의 재앙이다.

3효는 음이 양 자리[不正]에, 하괘의 중용도 아니다[不中]. 무망괘의 2효를 제외한 나머지 다섯 효에서는 전부 무망을 말한다. 똑같은 무망이지만 시간과 공간과 상황에 따라 달라지기 때문에 3효는 뜻밖의 재앙을 말한

다. 재災는 밖으로부터 오는 재앙이고, 화禍는 스스로 초래하는 재앙이다.

마을 어귀에 매어 있는 소를 끌고 가다 잡힌 도둑놈이 '내가 소를 훔친 것이 아니라, 고삐를 잡았더니 소가 절로 따라 왔다'고 하는 우스개 말이 있다. 소도둑 때문에 동네에 날벼락이 떨어졌다. 소는 없어졌고, 도둑놈 역시 말이 없다. 동네사람들이 누명을 쓰고 괴롭힘을 당한다. 고을 사또는 연대 책임을 묻는다. 애매한 사람들이 이유 없는 죄명을 뒤집어쓰고 고통을 받는다는 것이다.

의외로 소를 줍는 행운 혹은 동네사람들이 경찰에 소환당해 심문 받는 불행 역시 하늘의 조화라고 할 수밖에 없다. 하늘의 조화에 대한 불가항력을 말하려는 것이 아니라, 망령된 현실의 인심을 간접적으로 언급한 것이다. 쓰나미는 선과 악, 죄수와 판사, 미녀와 야수를 가리지 않고 갑자기 모든 것을 휩쓸어 간다.

뜻밖의 변고는 하늘의 소관이지 인간이 관여할 사항이 아니라는 말이다.

8. 4효 : 정도를 지키면 끝이 좋다

九四는 **可貞**이니 **无咎**리라
구사 가정 무구

象曰 可貞无咎는 **固有之也**일새라
상왈 가정무구 고유지야

구사는 가히 올바르니 허물이 없을 것이다. 상전에 이르기를 '가히 올바르니 허물이 없다'는 것은 굳게 소유하기 때문이다.

4효는 양이 음 자리에 있고[不正], 상괘의 중용을 차지하지 못했고[不中], 초효와도 상응하지 않는다. 하지만 '올바름[正]'은 무망을 지키는 수호 천사이다. 정도를 지키면 허물이 없고, 정도를 벗어나면 허물이 있다는 것은 만고불변의 원칙이다. 무망의 정신은 구멍가게에 널려 있는 싸구려 물건이거나, 잠시 사용할 수 있는 약속 어음은 더욱 아니다. 무망의 정신은 배워서 얻는 것이 아니라, 원래부터 지니고 있는 것을 발휘할 수 있는 내면의 영혼이다.

아무리 추위와 배고픔이 고통스럽더라도 불의와 타협해서는 안 된다. 남이 알아주지 않더라도 타인을 원망하지 않는다. 불평은 만사형통에 나아가는 걸림돌이다. 진리에 충실하면 된다. 하늘이 지켜보는데 어찌 거짓된 행동을 할 수 있겠는가.

망령된 행동을 벌이지 않아야 허물이 생기지 않는다.

9. 5효 : 진리를 향한 열정

九五는 **无妄之疾**은 **勿藥**이면 **有喜**리라
구오 무망지질 물약 유희
象曰 无妄之藥은 **不可試也**니라
상왈 무망지약 불가시야

구오는 무망의 질병에 약을 쓰지 않으면 기쁨이 있을 것이다. 상전에 이르기를 무망의 약은 가히 시험할 수 없다.

5효는 양이 양 자리에 있고[正], 상괘의 중용[中]이다. 중정으로서 2효와도 상응한다. 좋은 일에 마가 낀다고 무망에도 고뇌가 있다. 그 병은 약으로 치료할 수 있는 질병이 아니다. 백약이 무효이다. 스스로 현실을 딛고 넘어서야 치유가 가능하다. 최신 의료 장비인 MRI로도 찍히지 않고, 특정한 처방전도 효과가 없다. 오직 마음의 찌꺼기를 털어내고 가다듬어야 낫는 병이다.

무망의 병은 저절로 낫는 병이다. 온몸에 퍼지는 바이러스형 질병이 아닌 까닭에 약이 필요없다. 육체의 병이 아니기 때문에 보약 역시 쓸모없다. 무망의 병의 실체는 무언가를 기대하는 유망有妄이다. 그것은 욕망에

서 비롯된 일종의 마음병인 것이다. 불타는 욕망에 약을 투여하면 부작용만 일으킬 뿐 아무 소득이 없다.

공부하다 생긴 병은 질병이 아니다. 시간이 지나면 저절로 낫기 때문에 약이 필요 없다.

10. 상효 : 지나친 행동, 부작용을 낳는 원인이다

上九는 **无妄**에 **行**이면 **有眚**하여 **无攸利**하니라
상구 무망 행 유생 무유리
象曰 无妄之行은 **窮之災也**라
상왈 무망지행 궁지재야

상구는 무망에 행하면 재앙이 있어서 이로울 바가 없다. 상전에 이르기를 '무망의 행'은 궁해서 일어나는 재앙이다.

상효는 양이 음 자리에 있고[不正], 상괘의 중용도 아니다[不中]. 더 나아갈 수 없는 막다른 골목에 있다. 처지가 어려움에 불구하고 앞으로 전진한다면, 재앙이 기다린다고 했다. 지나친 예의는 형식에 치우칠 우려가 있고, 지나친 공손은 비굴하게 보인다. 중용을 벗어난 행위는 공허하다는 뜻이다.

너무 깨끗한 물에는 고기가 살지 않는다고 했듯이, 거짓 없음에 집착하면 결벽증에 걸리기 쉽다. 거짓보다는 진실을 외면하는 것이 더 큰 죄악이다. '지나침은 모자람만 못하다[過猶不及]'라 했듯이, 중용을 어기고 무작정 앞만을 고집한다면 재앙이 뒤따른다.

사람이 만드는 재앙이 유망有妄이다. 그러니까 하늘의 법도를 따르는 것이 무망无妄의 길이다.

정역사상의 연구자 이상용李象龍은 무망괘의 성격을 다음과 같이 설명한다.

䷘ 无는 有之對니 取大刀貫天之夫字로 而縮擊之直下하니
무 유지대 취대도관천지부자 이축내지직하

象觀天固无形跡也라 且天人化无於火位하고 十一歸體然后에
상관천고무형적야 차천인화무어화위 십일귀체연후

土得中正이니 故로 一作无이오 示火土化人이니
토득중정 고 일작무 시화토화인

禪家所謂南无是也라 妄在文爲亡女니 女若動不以禮면
선가소위남무시야 망재문위망녀 여약동불이례

則自亡其身也라 爲卦宗長承乾主器하여
즉자망기신야 위괘종장승건주기

政於上元而進之有漸이 不可遽爲니 故次於漸也라
정어상원이진지유점 불가거위 고차어점야

'무'는 '유'의 짝으로 큰 칼로 하늘을 뚫은 '부夫' 자가 줄어들어 아래로 뻗은 것을 취하여 하늘은 원래 형체와 흔적이 없음을 상징한 것이다. 하늘과 사람은 불의 위치에서 무无의 극치로 변화되고[7] 10무극과 1태극이 하나되는 경지에 이른 뒤에 토가 중정을 얻기 때문에 1을 무无로 쓴 것이요, 불과 토가 주체화된 것이 인간임을 보여준 것이 바로 선가에서 말하는 '남무'이다. 허망할 망은 문자로는 망녀亡女로서 여자가 만일 예로써 움직이지 않으면 스스로 몸을 망치는 것이다. 괘의 구성은 맏아들이 하늘의 물건을 계승하여 상원上元의 정사를 펼쳐 점진적으로 나아감이 재빠르지 않기 때문에 점괘 다음이 된 것이다.

彖曰 无妄, 元亨, 利貞은 子承父道也오 其匪正, 有眚은
단왈 무망 원형 이정 자승부도야 기비정 유생

7) 『正易』「十五一言」"日極體位度數"에 "우주를 주재하는 조화옹께서는 일정한 자리가 없고 원래부터 선후천을 관통하는 하늘의 영원한 불이시니 땅의 10己土를 낳는다[化翁无位, 原天火, 生地十己土.]"라고 조화옹의 마음을 깨닫는 것이 최고의 인식이라 했다.

誠具循理也오 不利有攸往은 一止於正易會上也라
계구순리야 불리유유왕 일지어정역회상야

단전 "무망은 크게 형통하고 올바름이 이롭다"는 것은 자식이 아비의 도를 계승함이요, "올바르지 않으면 재앙이 있다"는 것은 이치에 순응할 것을 경계한 것이고, "가는 바를 둠이 이롭지 않다"는 것은 정역 시대에 한결같이 머무는 것을 말한다.

象曰 先王, 以, 茂對時, 育萬物은 聖人之極功也라
상왈 선왕 이 무대시 육만물 성인지극공야

상전 "선왕은 이를 본받아 천시(하늘의 시간)에 무성하게 짝하여 만물을 길러낸다"는 것은 성인의 지극한 공덕이다.

初九, 无妄, 往, 吉은 雷薄亥天也라
초구 무망 왕 길 뇌박해천야

초효 "무망이다. 가는 것이 길할 것이다"라는 것은 우레가 해천亥天을 엷게 한다는 뜻이다.

六二, 不耕, 穫, 不菑, 畬는 地皆肥沃也오 利有攸往은
육이 불경 확 불치 여 지개비옥야 이유유왕
愈久愈好也라
유구유호야

2효 "밭 갈지 않고 거두며, 1년된 밭을 개간하지 않고도 3년된 밭이 된다"는 것은 땅이 비옥한 것이요, "가는 바를 두어 이롭다"는 것은 오래 될수록 좋다는 뜻이다.

六三, 无妄之災, 或繫之牛, 行人之得, 邑人之災는
육삼 무망지재 혹계지우 행인지득 읍인지재
天壞牛出하니 子宮退位也라
천괴우출 자궁퇴위야

3효 "무망의 재앙이다. 혹시 소를 매어놓았으나, 길 가던 나그네

天雷无妄卦 천뢰무망괘

가 얻게 됨은 동네사람의 재앙이다"라는 것은 하늘이 무너져 소가 나와 자궁이 물러나는 것[8]을 뜻한다.

九四, 可貞, 无咎는 行之有常也라
구사 가정 무구 행지유상야

4효 "가히 올바르니 허물이 없을 것이다"라는 것은 행실에 떳떳한 도리가 있다는 것이다.

九五, 无妄之疾, 勿藥, 自喜는 老成君主하여 壽而且康也라
구오 무망지질 물약 자희 노성군주 수이차강야

5효 "무망의 질병에 약을 쓰지 않으면 기쁨이 있을 것이다"는 것은 늙어서 군주가 되어 오래 살고 건강하다는 뜻이다.

上九, 无妄, 行, 有眚, 无攸利는 極於无妄하면 復何求也리오
상구 무망 행 유생 무유리 극어무망 부하구야

상효 "무망에 행하면 재앙이 있어서 이로울 바가 없다"는 것은 무망이 극한에 이르면 다시 무엇을 구할 수 있겠는가?

8) 子에서 시작하던 선천이 끝나고, 후천에는 '소'가 앞장서는 丑 10의 세상이 된다는 뜻이다.

산천대축괘
山天大畜卦

지혜의 벽돌 쌓기

1. 강건함과 독실함의 융합 : 대축괘

정이천은 천뢰무망괘天雷无妄卦(䷘) 다음에 산천대축괘山天大畜卦(䷙)가 오는 이유를 다음과 같이 말한다.

> 大畜은 序卦에 有无妄然後可畜이라 故受之以大畜이라 하니라
> 대축 서괘 유무망연후가축 고수지이대축
> 无妄則爲有實이라 故可畜聚니 大畜所以次无妄也라
> 무망즉위유실 고가축취 대축소이차무망야
> 爲卦艮上乾下하여 天而在於山中하니 所畜至大之象이라
> 위괘간상건하 천이재어산중 소축지대지상
> 畜은 爲畜止요 又爲畜聚니 止則聚矣라
> 축 위축지 우위축취 지즉취의
> 取天在山中之象則爲蘊蓄이오 取艮之止乾則爲畜止니
> 취천재산중지상즉위온축 취간지지건즉위축지
> 止而後有積이라 故止爲畜義니라
> 지이후유적 고지위축의
>
> "대축은 「서괘전」에 '망령됨이 없은 뒤에 모을 수 있으므로 대축괘로 이어받았다'고 하였다. 무망이면 진실이 있다. 그러므로 축적할 수 있으니, 대축이 무망괘의 다음이 된 것이다. 괘 형성이 간은 위에 있고 건은 아래에 있어서 하늘이 산 가운데에 있으니, 모인 바가 지극히 큰 모습이다. 축은 모이고 멈춤이요 또한 모임이니 멈추면 모인다. 하늘이 산 가운데 있는 모습을 취하면 온축함이 되고, 간이 건을 저지함을 취하면 축지가 되니, 멈춘 뒤에 쌓임이 있으므로 '지止'가 쌓는 뜻이 되는 것이다."

무망괘(䷘)를 180° 뒤집으면 대축괘(䷙)가 된다. 정이천은 대축을 '멈춤, 그침[止]'과 '쌓음, 축적[聚]'의 두 가지로 풀이했다. 상괘의 간艮(☶)과 하괘의 건乾(☰)의 뜻이 바로 그것이다. 하늘의 뻗쳐나가는 성질을 산이 속도를 조절시켜 멈추려는 모습이다. 하괘의 강건한 힘을 상괘의 독실함으로 융

화하는 정신이 대축괘의 가르침이다. 멈춤과 모음의 노하우가 쌓이면 당연히 '기른다[養]'는 의미도 보태질 것이다.

진실을 안으로 쌓아야 덕이 될 수 있다. 낡고 묵은 덕은 날마다 새로워져야 한다. 새로워진 덕의 축적은 점점 커져 그 힘은 극대화된다. 세상에는 천천히 적게 쌓아야 하는 때가 있고, 많이 쌓아야 할 때도 있다. 전자는 『주역』 9번 풍천소축괘風天小畜卦(☴☰), 후자는 산천대축괘山天大畜卦(☶☰)의 뜻이다. 전자는 음인 4효 하나가 나머지 양효들을 조절하지만 워낙 양 에너지가 넘쳐 '바람'에 의해 서서히 멈추는 형상이며, 후자는 상괘의 우뚝한 산이 하괘의 양 에너지를 콘트롤하여 쌓기가 쉬운 양상이다. 전자는 상괘가 장녀長女, 후자는 소남小男이 괘의 전체 성격을 결정한다. 『주역』은 시간과 공간과 상황에 따라 행위 양식이 바뀐다고 말한다. 소축괘는 하나의 음이 다섯 양을 멈추게 하고, 대축괘는 두 개의 음이 네 양을 멈추게 하는 강도가 다른 것이다.

2. 대축괘 : 군자, 천하사에 뜻을 두다

大畜은 **利貞**하니 **不家食**하면 **吉**하니 **利涉大川**하니라
대축　이정　불가식　길　이섭대천

대축은 올바르게 함이 이롭다. 집에서 먹지 않으면 길하니, 큰 내를 건너는 것이 이롭다.

지식의 종류에는 두 가지가 있다. 하나는 잘 살기 위한 지식이며, 다른 하나는 참된 삶을 살기 위한 지식이다. 전자가 말하는 수단적 지식은 '올바름[貞 = 正]'이라는 가치가 배제되어 있기 때문에 순수성이 의심된다. 올바름은 부와 명예로 바꿀 수 없는 목적 그 자체인 도덕적 정의를 가리킨다. 올바름이 굳건하지 않으면 기초가 흔들리기 마련이다. 『주역』은 항상 올바름을 행위의 시발점으로 삼는다. 군자학은 정의가 핵심인 것이다.

지성인은 결코 방안퉁수가 되어서는 안 된다. 식솔들의 안위에만 얽매이면[家食], 지성의 반열에 오를 수 없다. 반드시 흙탕물 튕기는 역사에 발을 들여놓아야 한다[不家食]. 작은 일에 완전을 기하는 것이 소축이라면, 큰 일에 나서는 것은 대축이다. 더욱이 보통사람이 꿈꾸지 못했던 천하의 일[利涉大川]에 참여해야 한다. 큰 일에는 고난과 역경이 뒤따른다. 어려움을 마다않고 뛰어들어 사람들의 고통을 해결해야 한다.[1] 대축괘는 가을의 이로움[利]과 겨울의 저장[貞]을 동시에 얘기한다. 결실과 성숙의 계절인 가을철에 알찬 열매를 맺는 것처럼 큰일을 하도록 권고한다.

대축의 원칙은 '강건', '독실', '빛남', '새로움'이다. 성인은 옛 스타일을 고집하지 않는다. 겉으로는 굳건한 뚝심, 안으로는 변하지 않는 마음씨, 빛나는 성스러움, 역동적인 창조력을 골고루 발현한다. 비록 하늘 아래 새로운 것이 없다고 할지라도, 성인은 언제 어디서나 창조적 진리를 설파한다. 드높은 기개와 온화한 감화력으로 세상을 돌본다. 이런 준비 과정을 마스터한 존재가 바로 성인이다.

대축괘는 하늘과 산의 궁합이 잘 맞는다. 강건함과 빛남은 하늘의 덕목이고, 독실함과 새로움은 산의 덕목을 이미지화한 것이다. 세상에는 아름다운 것이 수없이 많다. 빨간 꽃은 푸른 잎이 있어 아름답고, 농익은 술 거르는 소리는 어떤 음악보다 즐겁듯이, 책 읽는 소리는 세상의 어떤 아름다움을 압도한다.

학문을 통하여 강건함과 독실함을 풍부하게 하고, 날마다 지혜를 쌓아 내면의 아름다움을 키우면 눈부시게 빛날 것이다.

3. 단전 : 지식은 현실 개혁에 도움되어야

彖曰 大畜은 **剛健**코 **篤實**코 **輝光**하여 **日新其德**이니
단왈 대축 강건 독실 휘광 일신기덕

1)『도전』1:67:4, "천하사를 하는 자는 不顧家事가 公道니라."

剛上而尙賢하고 **能止健**이 **大正也**라 **不家食吉**은 **養賢也**오
강상이상현 능지건 대정야 불가식길 양현야
利涉大川은 **應乎天也**라
이섭대천 응호천야

단전에 이르기를 대축은 강건하고 독실하고 환하게 빛나서 날마다 그 덕을 새롭게 하니, 강한 것이 올라가서 어진이를 드높이고, 능히 건실한 것을 멈추게 함이 크게 올바르다. '집에서 먹지 않으면 길하다'는 것은 어진이를 길러냄이요, '큰 내를 건너는 것이 이롭다'는 것은 하늘의 섭리에 부응하는 것이다.

학문의 목표는 천상의 세계를 아는 것에 있다. 강건한 양효가 가장 높은 곳에 올라가 산이 되어[上九], 바로 아래 5효의 어진 이를 떠받들고 숭상한다. 전체적으로는 강건한 하괘의 상승을 상괘의 에너지로 서서히 멈추게 하는 일이 바로 크게 올바르게 되는 첩경이기 때문이다. 상괘와 하괘의 움직임은 능동적인 창조력['能'止健]을 뜻한다. 대축의 창조와 멈춤(그침)은 생명의 능동성과 지속성에 있다. 창조의 지속은 올바름[正]을 향해 나아간다. 그래서 '정正'이라는 글자는 '하나에서 그친다, 한결같이 그친다, 하나를 지향한다'는 의미의 '일一'과 '지止'로 합성된 것이다.

강도가 센 금속일수록 부러지기 쉽다. 버들가지는 꺾이지 않는다. 부드러움과 강건함을 겸비하려면 잠시 멈추어 쉬어 가는 것이 특효약이다. 사람은 멈출 줄도 알아야 한다. 그렇다고 멈추기 위한 건실함은 자기 항상성을 훼손하고 만다. 건실함에 도달하기 위해서 유연성을 기르라는 말이다. 강건함과 독실함은 학문의 기본 자세일 뿐만 아니라 인간 심법의 근간이다. '건실함[健]'은 『대학』 3강령 8조목에서 말하는 '지극한 선의 경지에 도달한다[止於至善]'의 그침[止]과 최고선[至善 = 건실함]이다.

집 '가家'라는 말은 돼지들이 집안에 몰려 있다는 뜻글자다. 집안에 쑤셔 박혀 있으면 세상 물정을 모른다. 억지로 가두어 키우면 시야가 좁아진다.

주인이 주는 떡밥에 안주하면 들판에 나가도 자생력이 없다. 큰 인물이 되기 위해서는 모험에 뛰어들어야 한다. 직접 경험하지 못한 일은 책을 통해 진리의 눈을 틔울 수 있다. 자격을 갖춰야 세상을 구원할 수 있고, 고난도 극복할 수 있기 때문이다.

날마다 덕을 새롭게 한다[日新其德]는 말은 『대학』에 나온다. "탕임금의 반명盤銘에 '진실로 날마다 새로워지면 나날이 새로워지고, 또한 날마다 새롭게 하라.'[苟日新, 日日新, 又日新]" '반명'은 제사 지내기 전에 손을 씻는 대야에 자신을 뒤돌아보는 경구를 새겨 넣은 일종의 좌우명을 가리킨다. 탕임금은 날마다 잘못을 고쳐 덕을 쌓는데 게으르지 않았다. 개혁하지 않고는 자신은 물론 사회의 발전은 기대할 수 없기 때문에 자기 혁신은 새로운 나로 거듭나게 하는 지름길이다.

학문을 통해 날마다 정도를 기르고, 내면의 덕을 키우는 것이 바로 천명을 실천하는 길이다.

4. 상전 : 성인의 언행을 익혀 인격 완성에 힘써라

象曰 天在山中이 **大畜**이니 **君子以**하여 **多識前言往行**하여
상왈 천재산중 대축 군자이 다식전언왕행
以畜其德하나니라
이축기덕

상전에 이르기를 하늘이 산 가운데 있음이 대축이다. 군자가 이를 본받아 과거의 말씀과 지난 행위을 많이 알아서 덕을 쌓는다.

하늘이 산 가운데 들어 있다는 말은 하늘의 원리가 땅에 아로박혀 있다는 뜻이다. 달리 말해서 진리의 원형이 인간 몸 속에 내면화, 주체화되었다는 얘기다. 인간은 하늘과 땅의 축소판이다. 진리가 내 몸에 내재되어 있다고 할지라도 배워야 한다. 사람은 배워야 할 것이 너무 많다. 과거의

역사를 비롯한 문화 영웅들의 행적 등은 삶의 이정표이기 때문이다.

지혜는 미래를 꿰뚫어 볼 수 있는 능력을 키운다. 진리에 대한 선배들의 업적을 귀감으로 삼아 지식을 쌓아야 한다. 옛 성인들의 말씀을 기록한 경전을 많이 읽고[多識], 지나간 행동들을 수록한 역사적 업적[往行]을 알아야 한다. 역사와 문명의 노른자를 뽑을 수 있는 혜안을 넓혀야 한다. 학식을 넓히고, 덕행을 길러 미래의 비전을 세워야 한다. 과거를 살펴서 오늘로 되살리고 미래에 투자해야 한다. 이것이 바로 자기 혁신 프로그램의 알맹이인 것이다.

지나간 과거는 경험을 통해 배우고, 성인들의 말과 언행을 익혀 인격 도야에 힘쓴다. 과거는 현재의 거울이고, 현재는 미래의 발판이다. 「계사전」은 "신의 경지에서 미래를 알고, 감추어진 과거의 일을 안다"[2]고 했다. 미래의 일을 알려면 과거에 대한 기록물을 철저히 검토해야 하며, 신에 대한 믿음의 경지에 들어가야 한다고 했다. 신성에 대한 깨달음이 미래를 아는 첩경이다. 미래는 신을 통해서 밝혀지는 까닭에 과거의 의미가 현재의 지식으로 갈무리될 수 있는 것이다.

노자는 지식의 축소를 겨냥했다면, 대축괘는 지식의 축적을 강조했다. 소축괘가 윤리적 덕목을 제시했다면, 대축괘는 지식 차원을 천도에까지 높였다. 지식은 일상적인 삶을 윤택하게 하는데 도움을 준다. 천도에 대한 앎은 참되고 위대한 삶의 길로 인도한다. 작은 성공에 목매지 말고, 큰 성공을 지향해야 한다. 소축을 디딤돌로 삼아 대축의 길로 나서야 할 것이다. 때로는 작은 일을 포기하고 큰 일을 도모해야 큰 사람이 될 수 있다.

유교에서 말하는 대부분의 고전은 성인이 지었다. 이러한 고전은 후대에 와서 사서삼경이라는 경전[聖經]으로 정착되었다. 경전은 인간 삶의 정신적 본보기로서 꺼지지 않는 불꽃이다.

2) 『周易』 「繫辭傳」 상편 11장, "神以知來, 知以藏往."

۞ 동양의 고전을 읽고도 진리[道]를 모른다면, 독서는 한갓 신문 쪼가리에 지나치지 않을 것이다.

5. 초효 : 위험을 알아채면 멈추어야

初九는 **有厲**니 **利已**니라
초구 유려 이이
象曰 有厲利已는 **不犯災也**라
상왈 유려이이 불범재야

초구는 위태로움이 있으리니, 그만둠이 이롭다. 상전에 이르기를 '위태로움이 있으리니, 그만둠이 이롭다'는 것은 재앙을 범하지 않는 것이다.

초효는 양이 양 자리에 있으나[正], 4효와 상응함에도 불구하고 왜 위태롭다고 했을까? 하괘[乾]의 강건함이 상괘[艮]에 의해 브레이크당하기 때문이다. 정지되는 까닭에 나아가는 것은 좋지 않다. 차라리 그만두는 것이 옳다는 것이다. 밖으로 나아가는 일을 중지하고 안에서 실력을 키우며 시간을 기다리는 것이 최상책이다. 이는 건괘 초효의 '잠룡물용'의 내용과 일치하는 가르침이다.

물은 낮은 곳으로 흐르고, 사람은 높은 곳에 뜻을 둔다. 세상사에 정통하면 위태로움을 미리 알아챌 수 있다. 작은 것에 욕심내다 큰 것을 잃는 어리석음을 저질러서는 안 된다. 큰일에 집중하기 위해서는 힘을 길러야 한다. 잠시 기다릴 줄 아는 지혜와 시간이 필요하다. 위험을 알고도 일을 진행하는 것은 스스로 재난을 불러들이는 꼴이다. 어느 누가 감히 횃불을 들고 기름 속에 뛰어들겠는가. 무모한 짓이다. 머물 때는 머물 줄 알아야 성공할 수 있다.

۞ 내면의 성찰을 통하여 내일을 대비해야 할 것이다.

6. 2효 : 중용에 의거하여 진퇴를 조절하면 실패가 없다

九二는 **輿說輻**이로다
구이 여탈복

象曰 輿說輻은 **中**이라 **无尤也**라
상왈 여탈복 중 무우야

구이는 수레의 복토를 벗김이다. 상전에 이르기를 '수레의 복토를 벗김'은 적중하므로 허물이 없는 것이다.

작은 지식은 계책만 꾀하고, 큰 지식은 야망을 실현하는데 도움을 준다. 앞으로 나아감과 멈춤의 지혜를 알려면 '중도中道'가 무엇인지 알아야 한다. 2효는 양이 음 자리에 있으나[不正], 하괘의 중용[中]이고 5효와 상응한다. 타의가 아닌 자율 의지에 따라 멈추기 때문에 허물이 없는 것이다.

수레는 몸통[輿]과 바퀴[輪]와 바퀴살을 하나로 묶는 나무인 굴대[輻]가 있어야 한다. 복토를 벗겼다는 말은 수레가 저절로 굴러가지 않도록 바퀴를 빼어놓았다는 뜻이다. 굴러가지 못하는 수레는 이미 제구실을 할 수 없다. 『주역』 9번 소축괘 3효는 "구삼은 수레의 바퀴살을 벗김이며, 부부가 서로 반목함이로다[九三, 輿說輻, 夫妻反目]"라고 했다. 앞으로 돌진하다가 진흙에 빠져 계속 헛바퀴 도는 형국을 얘기했다. 소축괘는 수레가 고장나는 바람에 앞으로 굴러갈 수 없었다면, 대축괘는 운전자가 자동차를 세운 다음에 사고가 나지 않도록 자의로 사이드 브레이크 장치를 조작한 점이 다르다.

자연 분만과 임신 중절의 차이는 엄청나다. 스스로 깨어나면 병아리가 되지만, 깨어나지 못하면 계란 프라이가 되는 이치와 똑같다. 무작정 나아가다 사고치는 것보다는 미리 요모조모 따져서 실천하는 것이 훨씬 낫다. 타율에 의한 성장은 물거품되기 쉽지만, 자력에 의한 성숙은 오래 간다.

스스로 나아갈 때와 멈출 때를 조절하기 때문에 중용에 어긋나지 않는다.

7. 3효 : 준비된 자에게 기회는 반드시 온다

九三은 **良馬逐**이니 **利艱貞**하니 **日閑輿衛**면 **利有攸往**하리라
구삼 양마축 이간정 일한여위 이유유왕
象曰 利有攸往은 **上**이 **合志也**일새라
상왈 이유유왕 상 합지야

구삼은 좋은 말이 뛰이니, 어렵고 올바르게 함이 이롭다. 날마다 수레 모는 방법과 지키는 것을 익히면 나아가는 바를 두는 것이 이로울 것이다. 상전에 이르기를 '나아가는 바를 두는 것이 이롭다'는 말은 위에서 뜻을 합하기 때문이다.

'양마良馬'는 빼어난 말[駿馬],[3] '축逐'은 빨리 달리는 것, '한閑'은 연습하는 일[習], '위衛'는 방어 훈련과 또는 방비를 뜻한다. 3효는 양이 양 자리[正], 하괘의 맨끝에 있고[不中], 하괘에서 상괘로 넘어가는 문턱에 있다. 초효와 2효의 힘을 딛고 적토마처럼 힘껏 달려 앞으로 나아가는 형상이다.

빨리 달리는 말 앞에 '멈춤'의 덕목인 산이 기다리고 있다. 그리고 3효는 하괘의 중앙에서 한 단계를 넘어섰다. 이런 어려운 상황을 극복하기 위한 훈련과 올바른 마음씨를 다지라고 권고한다. 안으로는 인내심을 기르고, 밖으로는 기회를 엿본다. 기회는 무턱대고 기다리는 것이 아니라, 만들면 온다는 것이다. 기회는 외부 여건과의 결합을 뜻하기 때문이다. 기회를 포착하기 위해서는 시간(때)의 정신을 알고 행동해야 한다.

운전면허증이 없는 사람이 자동차를 몰고 도로에 나가면 자동차는 문명의 이기가 아니라 무기로 돌변한다. 수레를 모는 방법과 정비술에 익숙하지 못하면 수레를 끌 수 없다. 마부는 항상 닦고 조이고 기름쳐야 한다. 날마다 수레를 이끄는 기술을 훈련하여 외부 여건[上爻]과 뜻을 합하여 앞으로 나아가면 이롭다.

3) 乾을 『周易』 「說卦傳」 11장에서는 '良馬'라 했다.

8. 4효 : 조기 교육의 효과는 엄청나다. 투자가 인재 양성의 핵심

六四는 **童牛之牿**이니 **元吉**하니라
육사 동우지곡 원길

象曰 六四元吉은 **有喜也**라
상왈 육사원길 유희야

육사는 송아지의 횡목이니, 원래 길하다. 상전에 이르기를 '육사가 원래 길하다'는 것은 기쁨이 있는 것이다.

'동우童牛'는 아직 뿔이 돋지 않은 어린 소를, '곡牿'은 아무데나 들이받지 못하도록 소뿔에 가로된 나무를 뜻한다. 4효는 음이 음 자리에 있고[正], 초효와 잘 부응한다. 초효는 힘이 미약하기 때문에 상괘[艮]가 멈추도록 하는데 어렵지 않다. 어린 소에게 가로막대를 걸어 매는 것처럼, 어렸을 때 잘 길들어야 한다는 얘기다. 어릴 때의 교육이 늙어서도 유효하다는 말과 똑같다.

세상에 완벽한 인재는 존재하지 않는다. 인재는 키워야 하는 것이다. 어린 소는 장차 크게 쓰일 동량이다. 횡목[牿]은 송아지가 함부로 몸을 굴리지 않도록 여러 장치를 갖추어 바로잡는 타율적인 규제인 것이다. 큰 재목은 크게 쓰고[大畜], 작은 재목은 작게 쓴다[小畜]. 투자가 인재를 만드는 관건이다.

4효는 백성을 어린 소에 비유했다. 백성에 대한 교육 역시 어렸을 때부터 바로잡아 주어야 효과가 크다. 한 번 나쁜 길로 빠지면 바로잡기가 힘들다. 발본색원拔本塞源이란 말이 있다. 나쁜 싹이 트기 전에 도려내야 한다.

시기를 놓치면 악의 씨앗은 점점 자라나기 때문이다.

山天大畜卦 산천대축괘

9. 5효 : 부드러움으로 강함을 제어하는 것이 훨씬 효력이 크다

六五는 **豶豕之牙**니 **吉**하니라
육오 분시지아 길
象曰 六五之吉은 **有慶也**라
상왈 육오지길 유경야

육오는 불알 깐 돼지의 어금니이니, 길하다. 상전에 이르기를 '육오의 길'은 경사가 있다는 것이다.

'시豕'는 어떤 먹이든지 마구 먹어치울 수 있는 강인하고 날카로운 이빨을 가진 멧돼지를 가리킨다. 돼지는 먹이감을 가리지 않는다. 질긴 칡뿌리를 캐기 위해 듬직한 돌도 파낸다. '분豶'은 거세한 돼지를 가리킨다. 소나 돼지는 불알을 까면 암컷처럼 온순해진다. 거세한 돼지는 새끼를 많이 낳는 용도보다는 식용 돼지로 쓰인다. 돼지가 몸집을 불리기 위해서는 튼튼한 이빨이 필요하기 때문이다.

5효는 음이 양 자리에 있으나[不正], 상괘의 중용에 있고[中], 2효와 상응한다. 초효가 아직 뿔 나지 않은 어린 소였다면, 2효는 에너지를 주체하지 못할 정도로 억센 이빨을 소유한 돼지를 상징한다. 강력한 어금니를 자랑하는 돼지를 힘으로 붙들어 매지 않고, 불알을 까서 온순하게 만든다. 강한 것을 강한 것으로 막는 것보다는 부드러운 것으로 제어하는 것이 훨씬 효과적이기 때문이다.

2효가 수레의 바퀴살을 스스로 벗겨내는 것처럼, 5효는 돼지를 거세하는 방법으로 힘들이지 않고 대처하는 지혜를 가르치고 있다. 인간 관계의 극치를 보여주는 대목이다. 당근과 채찍은 사람 다루는 두 가지의 방법이다. 당근 줄 때 채찍질하고, 채찍이 필요할 때 당근을 주면 실패작이다. 이들을 적절하게 섞어서 쓰는 것이 생활의 유효한 범절이다. 채찍을 남벌하면 사회는 냉엄해지고, 당근에 익숙하면 유약하기 짝이 없다. 『주역』은 채찍을 당근으로 바꾸라고 권장한다.

인간은 거세당한 돼지 신세가 되어선 안 된다. 내시內侍한테 남은 것은 욕심밖에 없다는 말이 있다. 거세를 당한 내시가 욕심만 부린다는 것은 흉하다는 뜻이다. 시심豕心이 바로 그런 말이다. 돼지처럼 욕심 많고 부끄러워할 줄 모르는 인간의 마음을 일러 시심豕心이라고 한다. 시시豕視도 같은 말이다. 욕심사납게 노려보는 마음 속을 일러 시시豕視라고 한다. 돼지의 마음[豕心]이나 돼지의 눈꼴[豕視]은 흉하다. 거세당한 돼지의 이빨을 두고 좋다고 한 것은 살찌게 해줄 것이기 때문이다. 결국 잡아먹을 돼지를 살찌게 하려면 돼지의 이빨이 좋아야 한다는 것뿐이다. 자랑할 것 없다.[4)]

기쁨과 경사는 모두가 누려야 한다. 상대의 불행이 곧 나의 행복이라는 발상은 이기주의에서 비롯된 것이다. 순리대로 걸어가면 아무 탈이 없다. 억지로 상대편을 나의 입맛에 맞추려니까 갈등이 생기는 것이다. 말을 물가로 데려갈 수 있지만, 억지로 물을 먹일 수 없다는 속담이 있다. 타율로 상대를 강압하면 반발한다. 푸근하게 대할 때 비로소 상대방 역시 호의로 대응함은 인생의 불문율이다. 그래서 '원길元吉'이라 했던 것이다.

너도 좋고 나도 좋은 윈윈(win-win)이야말로 싸움하지 않고도 승리하는 최고의 전략이다.

10. 상효 : 하늘의 그윽한 경계

上九는 **何天之衢**오 **亨**하니라
상구　하천지구　형

象曰 何天之衢는 **道大行也**라
상왈 하천지구　도대행야

상구는 어느 하늘의 거리인가. 형통한다. 상전에 이르기를 '어느 하늘의 길인가'라고 한 것은 도가 크게 행해진다는 것이다.

4) 윤재근, 『주역』(서울: 동학사, 2001), 204쪽.

'구衢'는 하늘의 거리, 무한하게 펼쳐진 시간과 공간의 네거리, 신호등이 전혀 필요 없는 천상의 질서, 십자가로 이루어져 사방이 훤하게 뚫린 사거리 등을 의미하는 궁극의 경지를 의미하는 용어다. 가는 곳마다 형통하지 않음이 없다. 넓은 시야가 확보된 거리를 걸으면 상쾌하다.

상효는 양이 음 자리에 있고[不正], 상괘의 끝자락에 있으나[不中], 상괘의 주효主爻다. 주효는 나머지 다섯 효의 모체로서 괘의 성격을 결정짓는다. 간괘는 성숙한 열매 맺음에 특징이 있다. 지난 시대의 역사와 문물과 경전을 배워 익힌 군자가 상효에 비유된다. 군자는 하늘의 메시지를 깨달은 존재다. 하늘이 걸어가는 시간의 정신을 감지했기 때문에 크게 형통하여 '대축'을 수행할 수 있다. 군자는 하늘의 섭리를 지상에서 실현하는 중차대한 소임을 떠맡은 자이다.

이 얼마나 위대한 능력인가! 하늘나라의 섭리는 막힘이 없다. 완전무결하다. 완벽한 하늘의 도리가 실현된다는 것은 간괘艮卦의 원리가 구현된다는 말이다. 「설괘전」에서 "하늘의 말씀이 간에서 이루어진다[成言乎艮]"고 했다. "만물의 끝마침을 이루고 다시 시작됨을 이루는 까닭에 '하늘의 말씀이 간에서 이루어진다')." 또한 "만물을 끝맺고 만물을 새롭게 시작하게 하는 것은 간의 원리보다 극성한 것은 없다"고 단언했다.[5]

소축괘는 단 하나의 음효가 주효이지만, 대축괘는 상괘[艮]의 끝인 상효가 주인공이다. 소축괘는 초효와 2효가 길하고, 3효 역시 수레를 잘 고치면 갈 수 있는 것[輿說輻]은 조그맣게 쌓은 결과 때문이다. 대축괘의 초효는 이미 전진을 포기하여 재앙을 미연에 방지했으며, 2효는 수레의 바퀴살이 빠져 전진이 불가능하다. 3효는 적토마일지라도 어려운 상황임을 인식하여 멈출줄 알아야 이롭다고 했다. 4효에서 어린 소와 5효의 불알 깐 돼지를 언급한 것은 초반부터 억세고 사나운 기질을 순화시킬 필요성을

5) 『周易』 「說卦傳」 5장과 6장, "萬物之所成終而所成始也, 故, 曰成言乎艮", "終萬物始萬物者, 莫盛乎艮."

제기한 반면에, 상효는 하늘의 섭리로 매듭지었다. 소축괘가 윤리 도덕의 차원에 머물렀다면, 대축괘는 지식 쌓기의 방법을 강건과 독실이라고 하여 하늘과 '하나되기'를 독려했다.

초효부터 5효에 이르기까지의 다양한 경험과 지식 쌓기를 통하여 천상의 질서와 같은 길을 걷는 경지를 제시했다. 하늘문을 두드리면 반드시 열릴 것이다. 장엄한 하늘의 세계에서 활보한다면 얼마나 통쾌할까?

『주역』의 그윽한 경지를 깊이 새겨 느끼고 동참해야 할 것이다.

정역사상의 연구자 이상룡李象龍은 대축괘의 성격을 다음과 같이 설명한다.

> ☶ 畜은 在文爲玄田玄水之正色이오 流行之紋也라
> 축 재문위현전현수지정색 유행지문야
> 水入田中하여 止而畜聚之義니 大字見上이라 爲卦艮上乾下하니
> 수입전중 지이축취지의 대자견상 위괘간상건하
> 象水出山下하여 灌漑天下之田而所畜至大也라
> 상수출산하 관개천하지전이소축지대야
> 且度回无妄然后에 畜道乃極이니 故로 次於无妄也라
> 차도회무망연후 축도내극 고 차어무망야
>
> 축은 문자적으로 검은 밭과 검은 물의 본래 색깔이며, 유행하는 문양이다. 물이 밭 가운데로 들어가 멈추어 모이는 뜻으로서 클 대 자는 앞에서 나왔다. 괘의 형성은 간이 위고, 건은 아래에 있어 물이 산 아래서 나와 천하의 밭에 물을 관개하여 모여서 크게 된다는 것을 형상화한 것이다. 또한 도수가 한 바퀴 돌아 망령되지 않게 된 뒤에 모이는 도가 완결되므로 무망괘 다음이 된 것이다.
>
> 彖曰 大畜, 利貞, 不家食, 吉은 化家爲國也오 利涉大川은
> 단왈 대축 이정 불가식 길 화가위국야 이섭대천

克濟艱險也라
극제간험야

단전 "대축은 올바르게 함이 이롭다. 집에서 먹지 않으면 길하다"는 것은 가정이 변해서 국가가 되는 것이요, "큰 내를 건너는 것이 이롭다"는 것은 능히 험난함과 위험을 건넌다는 뜻이다.

象曰 君子以, 多識前言往行, 以畜其德은 文獻足徵이니
상왈 군자이 다식전언왕행 이축기덕 문헌족징
可以養性情也라
가이양성정야

상전 "군자가 이를 본받아 과거의 말씀과 지난 행위를 많이 알아서 덕을 쌓는다"는 것은 문헌과 증거가 많아 성정을 기를 수 있다는 말이다.

初九, 有厲, 利已는 天下初定하여 己位獨尊也라
초구 유려 이이 천하초정 기위독존야

초효 "위태로움이 있으리니 그만둠이 이롭다"는 것은 천하는 처음부터 정해져 기위己位가 홀로 존귀하다는 뜻이다.

九二, 輿說輹은 億國息肩也라
구이 여탈복 억국식견야

2효 "수레의 복토를 벗김이다"라는 말은 많은 나라가 무거운 책임을 벗는다는 것이다.

九三, 良馬逐, 利艱貞은 牛適其半하여 利在耐窮守正也며
구삼 양마축 이간정 우적기반 이재내궁수정야
日閑輿衛, 利有攸往은 閑習戰陣이면 往必正之也라
일한여위 이유유왕 한습전진 왕필정지야

3효 "좋은 말이 뛰이니 어렵고 올바르게 함이 이롭다"는 것은 소가 그 반을 가서 어려움을 인내하고 옳음을 지켜 이롭다는 것이며, "날마다 수레 모는 방법과 지키는 것을 익히면 나아가는 바를 두는 것이 이로울 것이다"라는 것은 날마다 전쟁의 진법을 익히면 나아가 반드시 올바르게 할 수 있다는 뜻이다.

六四, 童牛之牿, 元吉은 丑乃蕃順하니 偕之大道也라
육사 동우지곡 원길 축내번순 해지대도야

4효 "송아지의 횡목이니 원래 길하다"는 것은 (후천) 축의 도가 크게 번성하여 모두가 함께하는 대도라는 뜻이다.

六五, 豶豕之牙, 吉은 亥宮之和柔也라
육오 분시지아 길 해궁지화유야

5효 "불알 깐 돼지의 어금니가 길하다"는 것은 (후천이 시작하는) 해궁亥宮의 조화와 부드러움을 뜻한다.

上九, 何天之衢, 亨은 四極正宇하여 先天之衢歟와
상구 하천지구 형 사극정우 선천지구여
后天之衢歟가 亨通无涯也라
후천지구여 형통무애라

상효 "어느 하늘의 거리인가. 형통한다"는 것은 (동서남북) 4극이 올바른 집이 되어 선천의 거리와 후천의 거리가 형통하여 걸림이 없다는 말이다.

山天大畜卦 산천대축괘

산뢰이괘
山雷頤卦

평범 속의 진리, 생활의 지혜

1. 천지의 목적은 생명을 길러냄에 있다 : 이괘

정이천은 산천대축괘山天大畜卦(䷙) 다음에 산뢰이괘山雷頤卦(䷚)가 오는 이유를 다음과 같이 말한다.

> 頤는 序卦에 物畜然後可養이라 故受之以頤라 하니라
> 이 서괘 물축연후가양 고수지이이
> 夫物旣畜聚면 則必有以養之니 无養則不能存息이니
> 부물기축취 즉필유이양지 무양즉불능존식
> 頤所以次大畜也라 卦上艮下震하여 上下二陽爻가
> 이소이차대축야 괘상간하진 상하이양효
> 中含四陰하고 上止而下動하여 外實而中虛하니 人頤頷之象也라
> 중함사음 상지이하동 외실이중허 인이함지상야
> 頤는 養也니 人口는 所以飮食하여 養人之身이라 故名爲頤라
> 이 양야 인구 소이음식 양인지신 고명위이
> 聖人設卦하여 推養之義大至於天地養萬物하고
> 성인설괘 추양지의대지어천지양만물
> 聖人養賢以及萬民하며 與人之養生養形養德養人이
> 성인양현이급만민 여인지양생양형양덕양인
> 皆頤養之道也라 動息節宣은 以養生也오 飮食衣服은
> 개이양지도야 동식절선 이양생야 음식의복
> 以養形也오 威儀行義는 以養德也오 推己及物은 以養人也라
> 이양형야 위의행의 이양덕야 추기급물 이양인야

"이괘는 「서괘전」에 '사물이 모인 이후에 기를 수 있으므로 이괘로 받았다'고 하였다. 대저 사물이 이미 모이면 반드시 길러줌이 있어야 하니, 길러줌이 없으면 생존하고 번식할 수 없으니 이괘가 대축괘의 다음 차례가 된 것이다. 괘 형성이 위는 간이고 아래는 진이다. 위아래의 두 양효가 가운데에 네 음효를 머금고 있으며, 위로는 멈추고 아래는 움직여 밖은 충실하고 안은 비었으니 사람의 턱 모습이다. '이'는 기름이니 사람의 입은 마시고 먹어서 인체를 기르는 것이므로 '이'라 이름붙였던 것이다. 성인이 괘를 베풀어 기르는 뜻을 추구함에 크게는 천지가 만물을 양육하고, 성인이 현인을 길러 만

민에 미치는 데까지 이르며, 이와 함께 사람이 생명을 기르고 형체를 기르고 덕을 기르고 다른 사람을 길러냄은 모두 턱이 기르는 도리이다. 움직이고 쉼을 절제하고 펼침은 생명을 기름이요, 음식과 의복은 형체를 기름이요, 위엄의 자세와 행동규범은 덕을 기름이요, 자신을 미루어 사물에게 미침은 사람을 길러주는 것이다."

이괘의 위는 간괘(☶)이고, 아래는 우레(☳)이다. 마치 위턱과 아래턱의 모습과 유사하다. 신체 의학적으로 위턱은 움직이지 않고 아래턱이 움직이면서 입안의 음식물을 씹는다. 위아래 턱 사이에 있는 네 개의 음효는 이빨의 형상이라 할 수 있다. 위턱은 부동不動, 아래턱은 운동[動]의 관계를 형용한다. 또한 위턱과 아래턱은 양陽이고 그 사이에 있는 네 개의 효는 음陰이다. 음양 운동에 의해 자연과 인간과 문명이 성장하는 이치를 설명하는 것이 이괘의 가르침이다.

이괘는 형이상학적 진리의 체계를 시각화하는(visual view) 장점을 극명하게 드러낸다. 위의 상효는 하늘, 아래의 초구는 땅을 표상한다. 그 안에 있는 음효들은 천지에서 이루어지는 갖가지 생명체들이다. 천지는 생명을 낳는 것을 목적으로 삼는다. 천지의 분신인 인간 역시 천지와 똑같은 방식으로 생명 활동하는 존재이다.

위턱과 아래턱[天地] 사이에 있는 텅 빈 공간은 이빨이 돋아난 입안에 해당된다. 여기에서 만물의 갖가지 생성이 이루어진다. 입은 몸을 유지하기 위한 에너지를 만들기 위해 음식물을 씹는 기능과 아울러 말하는 기능이 있다. 저작咀嚼 활동과 언어 활동이 입의 주요 기능이다. 전자는 육체의 영역, 후자는 정신 영역이라 할 수 있다. 이는 심신 이원론을 부추기는 논리가 아니라 심신 일원론에 기초한 설명이다.

위에는 몸집을 맘껏 자랑하는 산이 바위처럼 우뚝 솟아 있고[艮 = 止], 아래에서는 우레가 사방을 향해 우렁차게 소리 지른다[震 = 動]. 멈춤과 움직임을 한마디로 압축하면 음양이다. 고요하고 움직임에서 만물이 탄생하고 성장을 반복한다. 생명체를 낳기만 하고 길러냄이 없다면 생명의 지속은 기대할 수 없다. 길러냄이 있어야 생명의 지속이 가능하다. 정이천은 이괘의 가르침을 '삶과 형체와 덕과 사람을 기르는 것[養生養形養德養人]'으로 요약한 바 있다.

2. 이괘 : 천지는 올바름으로 만물을 기른다

頤는 **貞**하면 **吉**하니 **觀頤**하며 **自求口實**이니라
이 정 길 관이 자구구실

이頤는 올바르면 길하니, 길러냄의 이치를 깨달아 스스로 입의 실물(먹이)**을 구하는 것이다.**

천지는 말없이 바쁘다. '일하는' 천지의 존재 이유는 생명의 길러냄[養]에 있다. 천지가 만물을 빚어내고 길러내는 목적과 내용은 무엇이며, 어떻게 무엇을 길러내는가를 주목해야 한다. 천지는 각각의 사물을 합당한 방식으로 길러낸다. 목적과 수단이 정당하다는 것이다. 따라서 먹는 행위 자체도 옳아야 하며, 인재 양성 역시 정당한 방법으로 수행되어야 한다는 것을 가르친다. 먹음과 교육을 일관하는 가치는 바로 올바름[正]에 있는 것이다.

사람은 태어나면서부터 먹을 것을 가지고 나온다고 했다. 굶어 죽지 않는다는 말이다. 주위는 온통 먹거리가 널려 있다. 날것을 먹던 인류는 불을 발견하여 익혀서 먹는 다양한 요리를 개발했다. 밥에는 물질적인 밥과 정신적인 밥이 있다. 영양분을 섭취하는 신성한 밥과, 진리를 전달하는 언어는 입을 통해서만 가능하다. 인간은 이 두 가지를 겸비한 존엄한 존재이다.

음식을 골라 먹어야 소화에 부담이 없고 영양의 분배에 이상이 생기지 않는다. 노동은 신성하다. 하루 일하지 않으면 하루 먹지 말라는 격언이 있다. 먹거리는 스스로 구해야 한다. 병자를 제외한 모든 사람은 제구실

[自求口實] 하면서 자력 갱생해야 한다. 육체의 양식뿐만 아니라 정신의 양식을 풍부하게 하여 마음을 살찌우고 사회에 눈을 돌려야 한다.

흔히 기독교는 타력 종교이고 불교는 자력 종교라 한다. 기독교는 절대자인 하나님에 순종해야 구원받을 수 있기 때문에 개인의 의지는 그다지 중요하지 않다. 구원의 주체와 대상이 확연히 나뉜다. 하지만 불교는 스스로의 노력에 의해서 부처가 될 수 있다고 강조한다. 이 점에서 『주역』은 마음에서 모든 것을 찾는 불교의 가르침에 손을 들어준다.[1] 스스로 삶의 목표를 정하고 해탈에 나서야 한다. 『주역』은 성인이 만들어낸 경전을 읽고 익히며, 성인의 가르침을 이 세상에 펼쳐야 한다고 가르친다.

이괘는 천지가 만물을 길러내는 과정을 시각화하여 인간 주체성의 확보를 촉구한다.

3. 단전 : 생명을 길러냄이 천지의 존재 이유

彖曰 頤貞吉은 **養正則吉也**니 **觀頤**는 **觀其所養也**오
단 왈 이 정 길　양 정 즉 길 야　관 이　관 기 소 양 야
自求口實은 **觀其自養也**라 **天地養萬物**하며 **聖人**이
자 구 구 실　관 기 자 양 야　천 지 양 만 물　성 인
養賢하여 **以及萬民**하나니 **頤之時大矣哉**라
양 현　이 급 만 민　이 지 시 대 의 재

단전에 이르기를 '이는 올바르면 길하다'는 것은 올바른 것을(올바르게) 기르면 길하니, '기름의 이치를 깨달음'은 그 길러지는 바를 깨닫는 것이요, '스스로 입의 실물을 구함'은 그 스스로 기르는 것을 깨달음이다. 천

1) 마음찾기는 불교의 화두이다. 한 제자가 혜가 선사를 찾았다. 무릎을 꿇어 앉아 스승에게 도를 구했다. "번뇌를 싹둑 끊는 법을 가르쳐주십시오." "그 번뇌가 어디에 있다고 끊겠다는 것이냐?" "어디에 있는 지 전혀 모르겠습니다." "어디에 있는 조차 모른다면 허공과 똑같을진대 어떻게 끊어버리겠다는 것이냐? 네 집 앞에 큰 바위가 있다. 평소 너는 그 바위에 앉아 쉴 수 있었을 터이다. 만약 그 바위에 부처를 새겨넣거나 불상을 만들어 빌었다면 너는 어쩌겠느냐. 평소처럼 그 바위에서 편안히 쉴 수 없었을 것이다. 그 바위는 본래 돌일 따름이다. 네 마음이 바위를 경외하게 만든 것이다."

> 지가 만물을 기르며 성인이 현인을 길러서 만민에까지 미치니, 길러냄의 때(이괘의 시간의 정신)가 위대하도다.

무엇을 먹고 어떻게 살아야 하는가? 진리와 정의를 먹고 살아야 사람다운 사람이 될 수 있다. 이괘는 진리와 정의의 근거를 천지에 둔다. 천지는 만물을 길러낸다. 만물 중에서 가장 영험한 존재는 인간이다. 인간 중에서 가장 위대한 존재는 성인이다. 성인은 현인(군자)을 길러낸다. 군자는 다른 사람을 길러냄을 평생의 사명으로 삼는다.

천지가 만물을 빚고, 성인이 현자를 길러냄에는 일정한 원칙이 있다. 천지는 '생장수장生長收藏'이라는 시간의 정신을 지키면서 만물을 길러내는 까닭에 만물은 각각의 존재 의미를 누릴 수 있으며, 성인 역시 군자를 길러낼 적에 시간의 정신에 어긋나지 않게 양육한다. 이러한 혜택을 만민에게 베풀기 때문에 이괘는 시간의 본성과 그 위대함을 찬탄한다.

「단전」에는 이괘를 포함하여 시간 본성의 현묘함[時大矣哉]을 규정한 곳이 네 군데가 있다. 27번 산뢰이괘山雷頤卦(䷚), 28번 택풍대과괘澤風大過卦(䷛), 40번 뇌수해괘雷水解卦(䷧), 49번 택화혁괘澤火革卦(䷰)가 바로 그것이다. 그리고 시간 흐름의 목적성의 위대함[時義大矣哉]을 규정한 곳 또한 네 군데가 있다. 16번 뇌지예괘雷地豫卦(䷏), 33번 천산돈괘天山遯卦(䷠), 44번 천풍구괘天風姤卦(䷫), 56번 화산여괘火山旅卦(䷷)가 또한 그것이다. 전자는 하나의 특정한 괘가 지시하는 시간성 자체를 가리키고, 후자는 특정한 시간대에 펼쳐지는 시간의 의의를 가리키고 있다.

산뢰이괘(䷚)는 산(☶)과 우레(☳)로 구성되었다. 이를 선후천의 시각에서 보면, 문왕팔괘도의 '만물의 시초인 제가 동방 진에서 나온다[帝出乎震]'는 3진[三震]이 '하늘의 말씀이 간에서 이루어진다[成言乎艮]'는 8간[八艮]에 와서 그침을 뜻한다. 그것은 문왕괘의 끝이 바로 정역괘의 시작임을 시사한다. 또한 진震이 180도 전도되면 간艮이 된다. 시간 흐름의 극적인 전환에 의해 새로운 가치관과 문명이 수립되는 이유와 그 위대함을 숨기고 있다.

천지는 합당한 방식으로 만물을 빚어내므로 그 목적과 수단 역시 정당하다.

4. 상전 : 절제된 언행은 군자의 필수 덕목

象曰 山下有雷頤니 **君子以**하여 **愼言語**하며
상왈 산하유뢰이 군자이 신언어
節飮食하나니라
절음식

상전에 이르기를 산 아래에 우레가 있음이 '이'니, 군자는 이를 본받아 언어를 삼가고 음식을 조절한다.

『주역』과 유교는 진리관과 가치관, 인식론과 수행론의 과제에 대해 동일한 길을 걷는다. 문화 의식의 기반이 같다는 말이다. 「상전」은 진리와 언어와 음식을 언급한다. 이 세 문제에 대해서 『주역』은 철학적 담론을 전개하는 것이 아니라, 인간은 문화의 영웅으로 다시 태어나야 됨을 말한다. 독일의 하이데거는 '언어란 존재의 집이다'라고 했다. 하지만 『주역』은 진리와 그 표현 수단인 언어의 관계를 존재론과 인식론적의 문제로 환원시키지 않는다. 이괘는 부적절한 말의 남용으로 발생하는 폐단을 예방하기 위하여 언어 사용의 신중성을 지적했다.

음식 역시 마찬가지이다. 폭식은 소화불량을 낳고, 부패한 음식은 배탈을 가져 온다. 희귀 식품만을 찾는 편식도 좋지 않다. 그만큼 마시고 먹는 일에도 중용과 조화가 중요하다. 금식이 아니라 욕구의 조절과 절제가 필요하다. 맹자와 동시대를 살았던 고자告子에 따르면, 인간은 맛난 음식과 성욕을 추구하는 존재이다.[2] 맹자가 성선설性善說을 주장했다면, 고자는

2) 『孟子』「告子章」 상, "生之謂性.… 食色性也, 仁內也, 非外也. 義外也, 非內也."

인간 본성에 대해 가치 중립적인 태도를 견지했다. 고자는 기름지고 맛깔난 음식을 찾고, 예쁜 여자를 좋아하는 것은 인간의 본능이라 했다. 어쩔 수 없는 동물적인 본능에 대한 가치 평가는 불가하다. 본능적 행위를 도덕적 잣대로 평가하는 것은 무의미하다는 것이다.

『주역』을 이해하는 황금율은 올바름[正], 적절함[中]과 시간의 정신에 알맞은 합당한 행위[中正]이다. 묶어서 얘기하면 중용과 조화의 정신을 마음속에 새기고 현실에 구현하라는 것이다. 사람은 발로 걸어서 장소 이동을 한다. 또한 입으로 먹어서 영양분을 보충하고, 의사를 소통한다. 입은 양면성을 갖는다. 언어를 어떻게 사용하느냐에 따라 칼이 될 수도 있고, 보물이 될 수도 있는 것이다.

일부 서양인의 구강관은 지독히 부정적이고 비관적이다. "입이란 이빨에게는 일종의 악이다. 구강은 치아에게 안전한 피난처 같은 곳이 아니라 일종의 고문실이자 싸움터요, 또 페스트균이 창궐하는 구덩이 같은 곳, 한마디로 지옥이다. 이빨은 치석에 자리잡고 있는 불량배들에게 끊임없이 위협을 받는다. 연쇄상구균들은 시멘트라도 배겨나지 못할 독한 산을 이빨의 목부분인 치경齒頸에 뿌려댄다. 그렇게 해서 생긴 구멍은 급속하게 커져서 결국은 온통 균들이 벌이는 축제의 장소로 변한다. 여기에 매일같이 치약의 도움을 받게 되면 화학전이 치러지는 셈이어서 그 골목에선 치열한 살육전이 벌어지고, 곧이어 이빨에게는 혈액과 침을 통한 무기물질의 공급이 다시 원활하게 이루어진다. 결국 이빨은 하나하나 상하게 되고 또 광란의 축제라도 벌이는 듯한 미생물의 활동을 거치면서 사라지게 되어 마침내 단 한 개의 어금니만 마치 전쟁터에 우뚝 세워진 탑처럼 솟아 있게 되고 만다. 자연은 사람이 죽어서 어차피 더 이상 이빨이 필요 없게 되는 바로 그때에 이빨을 잃어버리게 되어 있다는 말이다."[3]

3) 오윤희·정재경/미다스 데커스, 『시간의 이빨』(서울: 영림카디널, 2005), 225-226쪽.

동물의 왕, 사자는 배부르면 더 이상 먹지 않기 때문에 소화불량에 걸린 적이 없다고 한다. 이 세상에서 소화제를 삼키면서까지 맛있는 음식을 마구 먹는 존재는 인간 뿐이다. 지나친 식욕은 과식을 부르고, 지나친 언어는 폭력을 초래한다. 금식 자체는 생명 원리에 위배된다. 음식에 대한 절제가 바로 생명에 대한 외경심이다. 이괘는 음식 조심과 말조심을 가르친다. 인간은 빵만으로 못 산다. 오히려 정신이 인간의 존엄성을 지탱하는 본질적 요소로 작용한다.

"공부는 입공부가 가장 크니라."[4] "공부는 입공부가 가장 크니라. 세 번은 권하여 보아라. 공은 포덕布德보다 더 큰 공이 없느니라."[5]

"천하사는 생사양도生死兩道에서 그치나니 우리의 부단한 노력은 하루에 밥 세 때 벌이 하는 일이니라."[6] "불사약은 밥이요, 불로초는 채소니라."[7] "배 고픈 사람 밥 주고, 옷 없는 사람 옷 주는 내 마음을 바르게 하고, 그 바른 마음을 일상으로 유지해야 극락을 가는 것이지. … 사람이 마음을 먹으면 되는 것이지, 극락이 따로 있느냐? 다 내 마음에 있는 것이니라."[8]

동양인들은 입공부의 중요성을 다각도로 강조하였다. 입은 밥먹고, 말하고, 진리를 전달하고, 생사를 결정하는 등의 순기능과 역기능을 담당한다. 입은 음식이 들어가고 말이 나오는 출입구이다. 출입구는 항상 깨끗해야 한다. 드나드는 출입구를 어떻게 이용하느냐는 순전히 사용자의 몫이다. 말에 의한 영광과 재앙은 입 쓰기에 달렸다.

공자 역시 「계사전」 상편 8장 풍택중부괘風澤中孚卦 2효에 대한 풀이에서 "언행은 군자의 지도리와 기틀이니 지도리와 기틀의 시작이 영예와 치욕의 주인공이 되느니라. 언행은 군자가 천지를 움직이는 바이니 가히 삼가

4) 『도전』 5:434:5
5) 『도전』 8:24:1-2
6) 『도전』 8:117:3
7) 『도전』 9:21:2
8) 『도전』 9:93:3-5

지 아니하랴!"[9]고 했다. 『주역』은 단연코 침묵이나 복지부동을 강요하지 않는다. 언어와 행위는 영예와 치욕의 시발점이자 천지와 하나되는 열쇠이기 때문에 절제된 언행은 군자의 필수 덕목이다.

진리에 대한 정제된 언어 사용을 통해 인간은 문화 영웅으로 태어날 수 있다.

5. 초효 : 욕망의 껍질을 벗어 던져라

初九는 **舍爾靈龜**하고 **觀我**하여 **朶頤**니 **凶**하니라
초구 사이영귀 관아 타이 흉

象曰 觀我朶頤하니 **亦不足貴也**로다
상왈 관아타이 역부족귀야

초구는 너의 거북의 신령함을 버리고 나를 보고 입을 벌리니 흉하다.

상전에 이르기를 '나를 보고서 입을 벌리니' 역시 귀한 것이 부족하다.

초효는 양이 양 자리에 있고[正], 하괘의 첫머리에 있고[不中], 4효와 잘 부응한다. 이괘의 초효와 상효는 양효로서 나머지 음효를 먹여 살려야 하는 막중한 책임이 있다. 하지만 초효는 자신의 능력은 내팽개치고 외부의 4효에 입맛을 돋구는 형상이다. 우리는 4효가 나를 보고서 입을 벌리는 모습[觀我, 朶頤]에서 이솝 우화에 나오는 교훈을 배울 수 있다. 남의 떡이 커보인다고 내 떡을 버리는 어리석음을 저질러서는 안 된다. 내가 보물인 줄 모르고 나 밖에서 보물을 찾아 헤매는 꼴이다. 꺼질 줄 모르는 욕심이 아닐 수 없다.

불교에는 '나를 찾아 떠나는 여행'이라는 제목의 심우도尋牛圖(= 십우도十牛圖)가 있다. 진리를 찾아 밖으로 나섰다가 결국에는 자신의 내면으로 돌아오는 열 단계를 통해 불교의 진리관을 드러내는 화두이다. 소를 찾아 나서

9) 『周易』 「繫辭傳」 상편 8장, "言行, 君子之樞機, 樞機之發, 榮辱之主也. 言行, 君子之所以動天地也, 可不愼乎."

다[尋牛] → 소의 자취를 발견하다[見跡] → 소를 보다[見牛] → 소를 얻다[得牛] → 소를 기르다[牧牛] → 소를 타고 집에 돌아오다[騎牛歸家] → 집에 도착해서는 소을 잊다[到家忘牛] → 사람도 소도 모두 잊다[人牛俱忘] → 근원으로 돌아가다[返本還源] → 저자거리에 들어가 손을 드리우다[入鄽垂手]. 심우도는 참된 자아가 자기 실현을 위해 고뇌하는 과정을 소의 모습으로 표현하고 있는 것이다. 자기를 버리고 바깥으로 한 바퀴 돌고 보니까 결국은 자신에게로 돌아온다는 불교의 진리관을 엿볼 수 있는 대목이다. 인간의 내면은 진리의 창고이자 영성의 자궁인 동시에 사유의 발전소인 셈이다.

동양에서는 일찍부터 거북을 장생불사의 표본으로 인식했다. 거북은 아무 것도 먹지 않고도 1년을 지낸다고 한다. 옛날에 어떤 사람이 널찍한 거북이 등껍질이 식탁으로 삼을 만 하다고 생각하여 집안에 들여놓았다. 10년이 지나 이제는 죽었겠지 하고 다리를 만지니까 거북이가 살아서 움직이더라는 얘기가 있다. 거북은 장수를 상징하는 신성한 동물이다. 거북의 등껍질에는 하늘의 섭리를 들여다볼 수 있는 숫자가 새겨져 있다. 동양에서는 그 숫자 체계를 우주의 암호라고 간주하여 상수론의 실마리로 삼는 전문적인 학파가 생겼다. 이것이 바로 하도의 짝인 낙서이다. 낙서는 동양적 세계관을 반영한다. 또한 낙서의 도상은 인간 실존성을 그린 '만다라'였다.

초효에는 진정으로 귀중한 것이 무엇인가를 깨우치는 물음이 담겨 있다. 바깥의 화려한 대상에 영혼을 빼앗기지 말라는 깨우침이다. 영원한 세계질서는 내 안에 본래 내재되어 있기 때문에 하찮은 물질의 노예가 되어서는 안 된다. '나'로부터 진리를 파지해야 한다. 깊이 잠들어 있는 본성을 일깨워 빛나는 보석으로 가꾸어야 한다. 무턱대고 남의 것을 모방하거나 흉내내는 버릇에서 벗어나야 한다. 이런 연유에서 유교의 학문관은 자신에서 출발하여 타인에게 미치는 '수기치인修己治人'을 요체로 삼았던 것이다.

물질의 유혹에 영혼을 빼앗기지 말고, 내면에서 나의 보물을 찾아야 군자의 요건을 갖출 수 있다.

6. 2효 : 눈치 살피면서 살길 찾는 모습은 궁색하다

六二는 **顚頤**라 **拂經**이니 **于丘**에 **頤**하여 **征**하면 **凶**하리라
육이 전이 불경 우구 이 정 흉
象曰 六二征凶은 **行**이 **失類也**라
상왈 육이정흉 행 실류야

육이는 거꾸러져 길러냄이다. 법도를 거스르니 언덕에 길러줌을 구해서 가면 흉할 것이다. 상전에 이르기를 '육이의 가서 흉함'은 행함이 동류를 잃음이다.

2효는 음이 음 자리에 있고[正], 하괘의 중심[中]에 있어 매우 이상적이다. 하지만 음식과 인재 양성의 도리에는 어긋난다. 왜냐하면 위에서 아래의 초효에게 고개를 숙이고 먹이를 얻으려는 태도이기 때문이다. 이에 자존심이 상한 2효는 다시 맨 위의 상효에게 기웃거린다. 상하의 눈치를 살피면서 살길을 찾는 것은 궁색한 처지이다. 원칙을 어기면서 소득을 얻으려는 것은 온갖 불법과 부조리를 낳는 원흉이다. 한 번 무너진 기강은 바로세우기가 쉽지 않다. 무너지기 전에 자신의 위상을 가다듬는 정신이 아쉽다.

거지에게 동냥해야 함에도 불구하고 오히려 거지의 것을 빼앗으려는 추악한 근성이다. 단재 신채호선생은 일제에 나라를 빼앗기자 중국으로 망명했다. 선생은 아침에 일어나 세수할 때, 고개를 숙이지 않고 얼굴을 씻으려다 옷을 적셨다고 한다. 나라를 팔아 부귀영화를 누리는 매국노들의 행태에 구역질을 느낀 나머지, 춥고 배고픈 역경 속에서도 지조와 절개와 자존심을 지킨 존경할 만한 몸부림이었다.

2효의 동료는 음인 3, 4, 5효이다. 동료들과 더불어 평생 슬픔과 기쁨을 나눠야 함에도 바깥으로 눈을 돌리고 있다. 동료들의 곱지 않은 시선은 아랑곳하지 않고 이익을 쫓아 초효나 상효에게 추파를 던진다. 동료들의 신임을 잃었기 때문에 흉할 수밖에 없다. 안에서 권위를 잃으면 바깥으로는 더욱 조롱거리가 되기 마련이다.

엄동설한에 피는 매화처럼 역경 속에서 지조와 절개 지키는 아름다움이 돋보인다!

7. 3효 : 수기에 집중하라

六三은 **拂頤貞**이라 **凶**하여 **十年勿用**이라 **无攸利**하니라
육삼 불이정 흉 십년물용 무유리
象曰 十年勿用은 **道大悖也**라
상왈 십년물용 도대패야

육삼은 길러냄에 올바름을 거스름이다. 흉하여 10년을 쓰지 말라. 이로운 바가 없다. 상전에 이르기를 '10년을 쓰지 말라'는 것은 도가 크게 패함이다.

3효는 음이 양 자리에 있고[不正], 하괘의 끝에 있으므로[不中], 2효보다도 상황이 좋지 않다. 하지만 상효와 상응하는 까닭에 도움을 받을 수 있다. 여기에는 조건이 있다. 스스로의 힘을 길러야 하는 것이다. 3효는 음양짝인 상효의 원조를 믿고 경거망동을 일삼기 때문에 10년이라는 고통의 기간이 필요하다.

'불拂'은 먼지를 털어낸다는 뜻이다. 3효는 자신을 닦는데, 타인의 힘을 빌리려 한다. 첫 단추가 잘못 꿰지면 옷 스타일을 망친다. 제살 깍기로 인해 묵은 정신이 몸집보다 더 커졌다. 목표를 상실함으로써 제자리로 돌아오기에는 너무 늦었다. 오랜 세월의 자기 정화가 있어야 한다. 한 번 망가진 생태계가 회복되기 위해서는 수많은 시간이 걸린다고 한다. 애당초 자연을 오염시키지 않으면 자연은 인간에게 아무런 이유 없이 재앙을 내리지 않는다. 인간이야말로 자연의 가장 큰 재앙이란 말은 매우 설득력 있는 말이 아닐 수 없다.

2효는 신령한 거북이를 상징하는 '낙서'가 언급되어 있으며, 3효의 '10'

에서는 하도를 추론할 수 있다.[10] 낙서는 9수, 하도는 10수로 구성되어 각각 선천과 후천을 상징한다. 낙서는 상극의 세상, 하도는 상생의 세상을 뜻한다. 상극과 상생으로 돌아가는 거대한 시간을 소강절은 129,600년으로 규정했다. 그는 선후천의 시간표를 작성하여 우주 시간대의 메카니즘을 밝혔다. 10은 1에서 시작한 수가 매듭지어지는 최종의 단계를 뜻한다.

전세계의 신화와 종교에서는 완성과 확대된 힘과 새로운 시작의 상징으로 데카드가 사용된 예가 풍부하다. 10의 출현은 종종 여행과 완결과 정화를 위한 아홉 겹의 경험 뒤에 근원으로 돌아가는 전체의 반복을 나타낸다. 10은 그 속에 수들의 두 부모(1과 2)와 그 일곱 자식(3에서 9까지)을 포함하고 있다. 모든 수들의 성질을 나타내는 10은 수 자체의 문턱을 넘어서서, 각 부분들을 합한 것보다 더 큰 공동 상승 작용(synergy)을 묘사한다. 10의 성질을 이해하는 것은 곧 모든 것을 아는 것과 같다. 데카드는 모나드에서 엔네아드에 이르기까지 모든 원형들을 담고 있는 창조 과정의 패러다임이다. 10의 숫자의 근은 1이다. 즉 10 = 1+0 = 1. 따라서 데카드는 1로 다시 흘러가 새로운 모나드가 탄생한다. 피타고라스 학파는 10을 "하나가 펼쳐지는 더 높은 1(unity)이라고 불렀다." 에드먼드 윌러는 "새로운 세계의 입구에서 구세계를 떠날 때, 그들은 두 세계를 동시에 보았다"고 했으며, 필롤라오스는 "수의 행동과 본질은 10의 개념에 담겨 있는 힘으로 측정해야만 한다. 왜냐하면 이것(힘)은 매우 크고, 모든 것을 포용하고, 모든 것을 이루고, 인간의 삶뿐만 아니라 신과 하늘의 삶의 근본이자 안내자이기 때문이다"라고 하였다.[11]

경거망동은 일을 망치는 지름길이다.

10) 물론 후대에 논의된 하도낙서와는 연관이 없다는 비판이 나올 수도 있다.
11) 마이클 슈나이더/이충호, 『자연, 예술, 과학의 수학적 원형』(서울: 경문사, 2002), 324-329쪽.

8. 4효 : 현자에게 정도를 물어 스스로를 단련하라

六四는 **顚頤**나 **吉**하니 **虎視耽耽**하며 **其欲逐逐**하면 **无咎**리라
육사 전이 길 호시탐탐 기욕축축 무구

象曰 顚頤之吉은 **上施光也**일새라
상왈 전이지길 상시광야

육사는 거꾸러져 길러냄이나 길하니, 호랑이가 노려 보듯이 하며, 쫓고 쫓고자 하면 허물이 없을 것이다. 상전에 이르기를 '거꾸러져 길러냄이 길함'은 위에서 베푸는 것이 빛나기 때문이다.

4효는 음이 음 자리에 있고[正], 상괘의 첫머리를 장식한다[不中]. 2효와 똑같이 '거꾸러져 길러냄[顚頤]'이 등장하지만 상황이 바뀌었다. 2효에서는 나쁜 의미로 사용되었으나, 4효에서는 좋은 의미로 사용되었기 때문이다. 2효가 초효에게 구걸하는 모습이라면, 4효는 초효와 상응하여 아래의 도움으로 위기를 벗어나는 형상이다.

문왕팔괘도와 정역팔괘도에는 간艮이 동북방 혹은 동방에 배열되어 있다. 동방은 지지로는 '인寅'이기 때문에 4효에 호랑이가 나오는 것이다. 호랑이는 먹잇감이 나타나면 눈이 뚫어지라고 본다. 먹잇감이 여럿이더라도 한 눈을 팔지 않고 하나만을 응시하다가 기회를 엿보아 낚아챈다. 지도층은 호랑이가 먹잇감을 노리듯이, 백성들이 잘 사는 방안을 고려하면서 호시탐탐 살필 책무가 있다. 하층민들의 애환을 하나도 빠짐없이 들여다보아야 한다. 4효는 초구의 움직임을 빠짐없이 살펴 그들의 도움을 얻을 수 있다.

호랑이는 위엄을 상징하는 백수의 왕이다. 호랑이는 동물에게 함부로 상채기를 내지 않는다. 단 하나의 사냥감에 만족한다. 여러 먹잇감에 욕심을 버리면[其欲逐逐] 허물이 없다. 그래서 위엄과 권위를 잃은 적이 없다. 4효는 나라와 백성에 대한 위정자의 사랑을 가르치고 있다. 길러냄[養]은

윗사람이 아랫사람에게 베푸는 것이 원칙이기 때문이다.

⚙ 진정한 리더쉽은 백성을 보호하여 길러내는 것에 있다.

9. 5효 : 천지의 도리에 순응하는 삶이 군자의 길

六五는 **拂經**이나 **居貞**하면 **吉**하려니와 **不可涉大川**이니라
육오 불경 거정 길 불가섭대천

象曰 居貞之吉은 **順以從上也**일새라
상왈 거정지길 순이종상야

육오는 법도를 거스리나 올바른 데 거처하면 길하려니와 큰내를 건널 수 없다. 상전에 이르기를 '올바른 데 거처하면 길함'은 순의 법칙으로써 위를 좇기 때문이다.

5효는 음이 양 자리에 있고[不正], 상괘의 중앙[中]에 있다. 5효 자체는 하나의 괘에서 가장 중추적인 위치를 차지한다. 하지만 2효와 상응 관계를 이루지 못하는데다가, 자체의 힘도 모자라기 때문에 상효에게 의지하려는 속셈이다. 법도에 어긋나지만 올바름을 지킨다면 길하다. 그렇다고 큰일을 벌여서는 안 된다.

5효는 부드러운 음효로써 재능이 부족하다. 산뢰이괘의 주효인 상효의 지도를 받아야만 난국을 돌파할 수 있는 지혜가 생긴다. 다른 이의 지도나 도움을 받는 것 자체가 5효의 도리에 어긋난다. 자질이 부족한 5효는 상효의 가르침으로 올바른 도리를 지키면 길하다. 인생에서 거스르는 태도는 고난으로 나아가는 지름길이고, 순응하는 삶은 자연의 도리와 부합한다고 『주역』은 가르친다.

⚙ 천지를 거슬리는 삶에는 고난이, 정도를 걷는 삶에는 행복이 기다리고 있다.

10. 상효 : 시간의 강[大川]을 건너는 지혜

上九는 **由頤**니 **厲**하면 **吉**하니 **利涉大川**하니라
상구 유이 여 길 이섭대천

象曰 由頤厲吉은 **大有慶也**라
상왈 유이려길 대유경야

상구는 스스로 길러감이니, 위태롭게 여기면 길하니 큰내를 건넘이 이롭다. 상전에 이르기를 '스스로 길러감이니 위태롭게 여기면 길하다'는 것은 큰 경사가 있는 것이다.

상효는 산뢰이괘의 주효로서 나머지 효들의 모태이다. 사람을 길러내는 주체라는 뜻이다. 어린 생명체의 삶을 거머쥔 모태는 스스로를 조심조심 한다. 두 사람의 생명이기 때문이다. 군자는 뽐내지 않는다. 가슴에 꽃을 달고 자랑하지 않는다. 오히려 잘못은 없는지 스스로를 돌이킨다. 무엇이 모자라고, 어떻게 보충해야 하는지를 걱정한다. 그러면 보이지 않는 힘이 생겨 어떤 일이든 거뜬히 감당할 수 있다.

군자는 가슴에 꽃을 달고 자랑하지 않는다.

정역사상의 연구자 이상룡李象龍은 이괘의 성격을 다음과 같이 설명한다.

頤字는 象頁下有口니 虛而受物也라 爲卦上止下動하니
이자 상혈하유구 허이수물야 위괘상지하동

則凡天下之事物이 各止其所當止하고 而動作云爲實副는
즉범천하지사물 각지기소당지 이동작운위실부

求食之正道也라 且噬之以頤瓔之然象之著이니
구식지정도야 차서지이이영지연상지저

故此卦次於噬嗑也라
고차괘차어서합야

"'이' 자는 머리, 목덜미 혈頁 아래에 입 구口가 있는 모습으로 비어

山雷頤卦 산뢰이괘

있기 때문에 물건을 받아들일 수 있는 것을 형상한 글자다. 괘의 구성은 위는 멈추어 있고 아래는 움직이므로 천하의 사물은 모두 마땅히 멈춰야 할 곳에 멈추고, 움직여서는 실질적 존재나 부차적 존재가 되는 것은 먹거리를 구하는 올바른 이치이다. 씹어서 기르는 것은 이법 자체이며 형상이 드러나는 것인 까닭에 이괘가 서합괘 다음이 된 것이다.

彖曰 頤, 貞, 吉, 觀頤, 自求口實은 天生万物이 各有養正也라
단왈 이 정 길 관이 자구구실 천생만물 각유양정야

단전 "올바르면 길하니 길러냄의 이치를 깨달아 스스로 입의 실물(먹이)을 구하는 것이다"라는 말은 하늘이 만물을 낳을 때는 각각 올바르게 길러지도록 했다는 뜻이다.

象曰 君子以, 愼言語, 節飮食은 動止有節也라
상왈 군자이 신언어 절음식 동지유절야

상전 "군자는 이를 본받아 언어를 삼가고 음식을 조절한다"는 것은 움직이고 멈춤에 절도가 있다는 뜻이다.

初九, 舍爾靈龜, 觀我, 朶頤는 匪无藝智하여 而溺於求食也라
초구 사이영귀 관아 타이 비무예지 이닉어구식야

초효 "너의 거북의 신령함을 버리고 나를 보고 입을 벌린다"는 것은 기예와 꾀가 아님이 없이 먹거리 찾는 것에 빠진 것을 형용한다.

六二, 顚頤. 拂經, 于丘, 頤, 征, 凶은 貞正自守하여
육이 전이 불경 우구 이 정 흉 정정자수
可以趨吉也라
가이추길야

2효 "거꾸로 길러냄이다. 법도를 거스르니 언덕에 길러줌을 구해서 가면 흉할 것이다"라는 것은 곧고 올바름으로 자신을 지키므

로 길吉에 도달할 수 있다.

六三, 拂頤貞, 凶은 始汐漭蒼也오 十年勿用. 无攸利는
육삼 불이정 흉 시석망창야 십년물용 무유리
紀乃耕食은 不利于過去會也라
기내경식 불리우과거회야

3효 "길러냄에 올바름을 거스름이다. 흉하다"라는 것은 최초의 밀물에 물이 질펀하게 넓고 넓은 모양이다. "10년을 쓰지 말라. 이로운 바가 없다"는 말은 벼리를 잡아 먹거리를 경작하는 것은 과거의 시간대에 불리하다는 뜻이다.

六四, 顚頤, 吉, 虎視耽耽, 其欲逐逐은 養威如虎가
육사 전이 길 호시탐탐 기욕축축 양위여호
其欲无量也라
기욕무량야

4효 "거꾸로 길러냄이나 길하니 호랑이가 노려보듯이 하며, 쫓고 쫓고자 하면"이란 말은 위엄 기르는 것이 마치 호랑이의 끝없는 욕심과 같음을 뜻한다.

六五, 拂經, 居貞, 吉, 不可涉大川은 守文中辟이 睿非平險也라
육오 불경 거정 길 불가섭대천 수문중벽 예비평험야

5효 "법도를 거슬리나 올바른 곳에 거처하면 길하려니와 큰 내를 건널 수 없다"는 것은 색깔 지키고 허물을 치우치지 않도록 하는 것이 깊고 밝아 위험한 것만은 아니다.

上九, 由頤, 厲, 吉은 頤之在土而始闢也요 利涉大川은
상구 유이 려 길 이지재토이시벽야 이섭대천
濟世而安民也라
제세이안민야

상효 "스스로 길러감이니 위태롭게 여기면 길하다"는 것은 토土

에서 길러내는 것이 곧 최초의 열림이라는 뜻이다. "큰 내를 건넘이 이롭다"는 말은 세상을 구제하여 백성을 편안하게 한다는 뜻이다.

| 택풍대과괘 |
澤 風 大 過 卦

혁신을 통해 허물벗기

1. 큰 허물을 줄여라 : 대과괘

정이천은 산뢰이괘山雷頤卦(䷚) 다음에 택풍대과괘澤風大過卦(䷛)가 오는 이유를 다음과 같이 말한다.

> 大過는 序卦曰 頤者는 養也니 不養則不可動이라
> 대과 서괘왈 이자 양야 불양즉불가동
> 故受之以大過라 하니라 凡物養而後能成이니 成則能動하고
> 고수지이대과 범물양이후능성 성즉능동
> 動則有過하나니 大過所以次頤也라 爲卦上兌下巽하니
> 동즉유과 대과소이차이야 위괘상태하손
> 澤在木上은 滅木也라 澤者는 潤養於木이어늘
> 택재목상 멸목야 택자 윤양어목
> 乃至滅沒於木하니 爲大過之義라 大過者는 陽過也라
> 내지멸몰어목 위대과지의 대과자 양과야
> 故爲大者過와 過之大와 與大事過也니 聖賢道德功業이
> 고위대자과 과지대 여대사과야 성현도덕공업
> 大過於人과 凡事之大過於常者皆是也라 夫聖人은 盡人道하니
> 대과어인 범사지대과어상자개시야 부성인 진인도
> 非過於理也오 其制事以天下之正理하나니 矯失之用에
> 비과어리야 기제사이천하지정리 교실지용
> 小過於中者則有之하니 如行過乎恭 喪過乎哀用過乎儉이
> 소과어중자즉유지 여행과호공 상과호애용과호검
> 是也라 蓋矯之小過而後能及於中이니 乃求中之用也오
> 시야 개교지소과이후능급어중 내구중지용야
> 所謂大過者는 常事之大者耳니 非有過於理也라 唯其大라
> 소위대과자 상사지대자이 비유과어리야 유기대
> 故不常見이니 以其比常所見者大라 故謂之大過라
> 고불상견 이기비상소견자대 고위지대과
> 如堯舜之禪讓과 湯武之放伐은 皆由道也니
> 여요순지선양 탕무지방벌 개유도야
> 道는 无不中无不常이로되 以世人所不常見이라
> 도 무부중무불상 이세인소불상견
> 故謂之大過於常也라
> 고위지대어상야

"대과괘는 「서괘전」에 '이頤는 길러냄이니 기르지 않으면 움직일 수 없으므로 대과괘로 이어받았다'고 하였다. 무릇 사물은 길러진 뒤에 이루어지니, 이루어지면 움직이고 움직이면 지나침이 있으니 대과괘가 이런 까닭에 이괘의 다음이 된 것이다. 괘 형성이 위는 태이고 아래는 손이니, 연못이 나무 위에 있음은 나무를 없애는 것이다. 연못은 나무를 윤택하게 하고 길러주는 것인데, 마침내 나무를 멸하여 없애는데 이르니 대과의 뜻이 된다. 대과는 양이 과한 것이다. 그러므로 큰 것이 지나침과 지나침이 큰 것과 큰 일이 지나침이 되니, 성현의 도덕과 공업이 일반인보다 크게 뛰어난 것과 모든 일이 보통보다 크게 뛰어난 것이 모두 이것이다. 대저 성인은 인도를 다하니 이치에 지나친 것이 아니요, 일을 할 때는 천하의 올바른 도리로써 한다. 잘못을 바로잡는 작용에 중보다 조금 지나치는 경우가 있으니, 예컨대 행실에 공손을 과하게 함과 죽음에 슬픔을 과하게 함과 씀에 검소함을 과하게 함과 같은 것이 바로 그것이다. 바로잡기를 조금 과하게 한 뒤에야 중에 미칠 수 있으니, 이는 바로 중을 구하는 작용이다. 이른바 '대과'라는 것은 평상적인 일 가운데 큰 것이니, 이치에 과함이 있는 것은 아니다. 오직 크기 때문에 항상 볼 수가 없으니 항상 보는 바에 비하여 크기 때문에 '대과'라 부르는 것이다. 예컨대 요순의 선양과 탕무의 방벌은 모두 도에 말미암은 것이니, 도는 중과 보통이 아님이 없으나 세상 사람들이 항상 보지 못하는 바이기 때문에 보통보다 크게 과하다고 이른 것이다."

괘의 구조는 위가 연못(☱), 아래는 바람 또는 나무(☴)이다. 전체적으로 초효와 상효는 음이고, 나머지 2, 3, 4, 5효는 양이다. 이는 버팀목이 허약한 반면에 알맹이가 너무 강력한 모습이다. 하지만 대과괘의 사촌격인 『주역』 62번 뇌산소과괘雷山小過卦(䷽)는 위 아래쪽에 각각 두 개씩의 음효가 버티고 있고 가운데에 두 개의 양효가 있다. 소과괘는 대과괘에 비해 아주 조금 지나치다는 뜻이 담겨 있는 것이다.

대과는 '크게 지나쳤다', '커다란 실수, 큰 잘못'이라는 뜻이다. 한편으로 양은 네 개이고, 음이 두 개이므로[陽多陰小 = 三天兩地 = 상극의 논리] 양이 음보다 지나치게 많다는 뜻도 된다. 대과괘는 위아래(상효와 초효)가 허약하고, 가운데(2, 3, 4, 5효)는 강하다. 산뢰이괘(䷚)가 음식을 말했다면, 택풍대과괘는 남녀의 문제를 얘기한다. 남녀는 윤리 도덕의 근간을 이루는 핵심이다. 『주역』에서 말하는 윤리의 타락은 하늘의 섭리인 원형이정을 부정하는 것에서 비롯된다. 기독교가 원죄설에서 출발한다면, 『주역』은 애당초 하늘과 땅은 선하다는 가치의 문제에서 출발한다. 기독교의 신은 창조주로서 창조주로부터의 추방은 죽음을 뜻한다. 창조주는 진리 자체이다. 진리로부터의 추방은 어둠과 거짓에 머무는 삶이다. 창조주의 경계를 뛰어넘은 행위는 절대 금기 사항이지만, 『주역』은 진리와 하나되기를 적극 권장한다.

2. 대과괘 : 낡은 습관을 고집 말고 시대에 적응하라

大過는 **棟**이 **橈**니 **利有攸往**하여 **亨**하니라
대과 동 요 이유유왕 형

대과는 기둥이 휨이니, 가는 바를 두는 것이 이로워 형통한다.

대과의 시기는 기둥이 휘는 것처럼 큰 고비가 있다. 자연과 문명과 역사 차원에서 커다란 굴곡을 거쳐야 하는 전환기라는 것이다. 대들보가 지붕의 무게를 버티지 못해 기둥이 휘듯이, 자연에는 양 기운이 흘러넘치는 현상이 있고, 어둠의 상극 문명이 세상을 지배하고, 윤리에서도 남성 위주의 문화가 여성을 억누르는 현상이 있기 마련이다. 이는 근본과 지엽의 불균형[本末, 弱也]에서 비롯되는 불행이다.

우리 주위에는 분수에 넘치는 행위가 너무 많다. 재주가 너무 뛰어나거

나, 충성이 지나쳐 아부로 비쳐지고, 지나친 겸손 등은 보기에 썩 좋지 않다. 이 세상의 문명을 진보시키는 요인은 지나친 행위에서 비롯되는 경우가 종종 있다. 상극은 진화의 추동력이지만, 지나친 진보는 문명과 역사에 저해 요소로 작동한다. 여기서 중용의 지혜가 돋보인다. 중용은 A와 B의 중간 지점을 가리키지 않는다. 중용을 공간적 시각에서만 바라보면 안 된다. 시공간의 상황을 입체적으로 들여다보아야 할 것이다.

허물 지은 다음에 반성하지 말고, 먼저 혁신하면 허물 짓지 않을 것이다.

3. 단전 : 강유의 조절은 중용이 특효약

彖曰 大過는 **大者過也**오 **棟橈**는 **本末**이 **弱也**라
단왈 대과 대자과야 동요 본말 약야
過剛而中하고 **巽而說行**이라 **利有攸往**하여 **乃亨**하니
과강이중 손이열행 이유유왕 내형
大過之時大矣哉라
대과지시대의재

단전에 이르기를 '대과'는 큰 것이 지나침이요, '기둥이 휨'은 본말이 약한 것이다. 강한 것이 지나치되 중용이고, 공손하여 기쁨으로 행한다. 가는 바를 두는 것이 이로워 이에 형통하므로 대과의 때가 크도다.

중용은 획일성을 경계한다. 홍수로 넘치는 강물에 형수가 빠지면 손을 잡아야 하는가 아니면 잡지 말아야 하는가? 목숨을 건질 것인가, 목숨보다 더 중요한 도덕을 지킬 것인가? 이는 성인의 말을 빌리지 않더라도 생명 차원에서 형수의 손을 잡아 목숨을 건져야 마땅하다. 강할 때는 강해야 되고, 약할 때는 약해야 되는 것이 중용이다. 강할 때는 약하고, 약할 때는 강한 것은 중용이 아니다. 지나칠 때는 지나치고, 모자랄 때는 모자라는 것이 중용의 정신이다. 나라가 위험에 빠졌을 때의 충성도는 약간 지나쳐도 흠이 되지 않는다. 나라가 무너지는 상황에서 넘치거나 모자라지

않는 중용의 도리를 꼼꼼히 따지는 것은 옳지 않다.

2효와 5효는 각각 하괘와 상괘의 중용이다. 하괘의 2효는 '중'이기 때문에 양이 음 자리에 있음에도 불구하고 양이 지나쳐도 크게 흠이 되지 않는다[過剛而中]. 안으로는 겸손하여 공손함이 더욱 빛나고, 밖으로는 기쁨이 넘쳐흐르는 것이다.

大 대과괘는 변화의 고비를 얘기한다. 전환기일수록 중용의 지혜가 필요하다.

4. 상전 : 군자는 난세를 평정할 품성과 능력을 갖추어야

象曰 澤滅木이 **大過**니 **君子以**하여 **獨立不懼**하며 **遯世无悶**하나니라
상왈 택멸목 대과 군자이 독립불구 둔세무민

상전에 이르기를 연못이 나무를 멸하는 것이 대과이다. 군자는 이를 본받아 홀로 서도 두려워하지 않으며, 세상을 멀리 떠나 있어도 번민하지 않는다.

물 속에 있는 나무는 썩기 쉽다. 그런데 대과괘의 「상전」은 자연 현상을 5행으로 인식하려는 틀이 형성된 것을 알려준다. 연못과 바람이라 부르지 않고, 연못과 '나무[木]'라 한 것이 그 증거다. 나무가 동방이라면, 연못은 서방이다. 이는 문왕팔괘도의 형상을 지적한 것이다.

『주역』은 영웅을 칭송한다. 무력의 영웅이 아니라 문화의 영웅을 드높인다. 문화 영웅이라고 해서 나약하면 안 된다. 칼을 찬 장수보다 더 뛰어난 용기를 지녀야 혼자 있어도 두려워하지 않는다. 두려워하지 않기 위해서는 용기와 정의로 무장해야 한다. 그리고 때를 만나지 못하여 은둔하더라도 세상을 원망하지 않고, 남 탓하지 않아야 한다. 때를 기다리면서 정신 무장을 새롭게 다지면 되기 때문이다.

대과괘는 앞으로 나아가니 깊은 연못이 있고, 뒤로 물러나자니 거센 바람이 기다리고 있는 진퇴양난의 상황을 말한다. 동양에서는 꺾이지 않는 불굴의 정신을 금과옥조로 삼는 전통이 있다. 조선조에 당쟁의 희생물이 되어 유배당했던 선비들은 『주역』의 대과괘를 읽으면서 허전한 마음을 달랬다. 아무도 찾아올 수 없는 유배지에서 믿을 수 있는 존재는 바로 자신뿐이기 때문이다. 자신감을 잃지 않고 스스로를 반려자로 삼으면서 두려워말아야 한다. 홀로서기에 성공하면 용기가 솟구친다. 비록 은둔했지만 세상이 나를 알아주지 않아도 번민에 휩싸이지 않는다. 그래서 공자는 일찍이 남이 알아주지 않는다고 해서 화내지 않으면 군자라 했다[人不知而不慍, 不亦君子乎].

공자는 『주역』 건괘 초효에 대한 설명에서 '준비된 사람의 품성과 행실'을 제시했다. "'잠겨진 용이니 쓰지 말라'는 것은 무엇을 말함인가. 용의 덕을 갖추고 있으면서 세상에 드러내지 않고 숨어 있는 사람이니, 세속적 가치에 영합하여 마음을 바꾸지 아니하며, 세상에 이름이 알려지는 것을 구하지도 않는다. 세상을 피해서도 불평거리가 없으며, 자기의 옳음을 세상이 몰라줘도 전혀 속상함이 없기 때문에 즐거우면 행하고 걱정되면 그만둔다. 그 뜻이 확고부동하여 뽑을 수 없는 것이 잠룡이다."

『주역』에는 '무구'라는 용어가 총 139번 나타난다. 64괘 384효는 '허물을 잘 보완하는 것'에 있다. 잘못이나 과실을 저지르는 것 자체는 큰 문제가 아니다. 고의로 저지르는 죄과는 스스로가 톡톡히 대가를 치를 수밖에 없다. 과실을 되풀이하지 않으려는 뚜렷한 의지가 개입되어야 한다.[1] 공자는 "나에게 몇 년의 시간이 주어져 50이 되어서 역을 배우면 큰 허물이 없을 것이다."[2]라 했다. 그 요체는 중정中正에 있다. 그러니까 '무구无咎 = 무대과無大過 = 중정中正'이라는 등식이 성립한다. 허물을 짓지 않으려면 64괘

1) 『도전』 11:198:3-5. "元亨利貞에 두 길이 있으니 功은 닦은 데로 가고 罪는 지은 데로 가느니라. … 時時로 지은 죄는 하늘이 벗기려 해도 못 벗기고, 시시로 닦은 공은 하늘이 뺏으려 해도 못 뺏느니라."

2) 『論語』「述而」, "加我數年, 五十而學易, 可以無大過矣."

384효가 지시하는 방향으로 나아가야 한다. 그 길이 바로 중용이다.

'큰 지나침[大過]'은 곧잘 죄와 벌로 직결된다. 큰 잘못을 저지름에도 불구하고 허물 없는 까닭[无咎]은 무엇인가? '무구'라고 해서 인간은 원래부터 결핍된 존재임을 뜻하지 않는다. 『주역』은 맹자의 성선설과 똑같은 입장이므로 인간은 선천적, 보편적으로 도덕적 선을 갖추었다. 태어나는 순간부터 본능과 감각의 영향을 받아 허물을 짓는다. 그것을 어떻게 고치고 보완했는가의 결과물이 바로 '무구'이다.

대과괘는 부단한 자기 성찰을 통한 '개혁'을 말한다.

5. 초효 : 어려울수록 스스로를 낮추어야

初六은 **藉用白茅**니 **无咎**하니라
초육 자용백모 무구

象曰 藉用白茅는 **柔在下也**라
상왈 자용백모 유재하야

초육은 자리를 까는 데 흰 띠풀을 쓰니 허물이 없다. 상전에 이르기를 '자리를 까는 데 흰 띠풀을 쓰는 것'은 부드러움이 아래에 있는 것이다.

초효는 음이 양 자리에 있고[不正], 하괘의 시초로서 중中도 아니다. 가장 아래에 있기 때문에 힘이 미약하고 부드럽다. 지금은 험난한 대과의 시기인 까닭에 스스로를 낮추고 정성을 들여야 하는 때이다. 보통의 삶을 살기도 어려운 데, 고난의 세월을 지혜롭게 버티는 것은 목숨을 담보로 하지 않으면 안 된다.

제사를 드리는데, 맨땅에다 제물을 진열해도 무방하지만 깨끗한 흰 띠풀을 깔고 그 위에다가 제물을 올려놓은 것은 지극히 공손한 태도인 것이다. 험난한 시기에 이러한 정성만으로도 허물 짓지 않고 살 수 있다. 「계사전」은 "'초육은 (제사를 지내는데) 흰 띠풀을 쓰니 허물이 없다' 하니 공자가 말씀하시기를 "진실로 그냥 저 땅바닥에 놓더라도 괜찮거늘 그 밑에 흰 띠풀을 쓰니 무슨 허물이 있겠는가? 신중함의 지극함이다. 대저 흰 띠풀의 물건됨이 하찮지만 그 쓰임은 매우 중요한 것이니 이 방법을 삼가 써 간다면 잃는 바가 없을 것이다."[3]라고 했다.

제물을 그냥 땅에 놓고 지내는 제사도 갸륵한 일인데, 거기다가 흰 띠를 깔고서 제사를 지내는 것은 정성스런 마음이다. 제사 지내는 행위는 사람의 도리인데, 비록 형식일지는 몰라도 귀한 띠풀로 만든 자리를 깔고 모시는 마음은 지극한 정성이다. 그러니까 허물이 생기지 않는다.

6. 2효 : 중용의 위력

九二는 **枯楊**이 **生稊**하며 **老夫得其女妻**니 **无不利**하니라
구이 고양 생제 노부득기여처 무불리

象曰 老夫女妻는 **過以相與也**라
상왈 노부여처 과이상여야

구이는 마른 버들에 움이 트며, 늙은 지아비가 아내를 얻으니 이롭지 않음이 없다. 상전에 이르기를 '늙은 지아비가 아내를 얻음'은 지나침으로써 서로 더불어 사는 것이다.

말라비틀어진 버드나무 그루터기에서 새싹이 돋는다는 것은 생기를 얻어 다시 성장함을 뜻한다. 마른 버들[枯楊]은 2효, 새싹[稊]은 초효를 가리킨다. 상괘 태兌(☱)는 연못, 하괘 손巽(☴)은 부드러운 나무[柔木]이다. 그것은 대과괘에 연못가 주변의 부드러운 버들[楊]이 등장하는 이유다. 그리고 2효는 양이 음 자리[不正]에 있으나, 하괘의 중앙[中]에 있어 자체가 조화를 이루는 형상이다.

초효와 2효는 서로 돕는다[相比]. 양이 음 위에서 생기를 북돋는 모습이

3) 『周易』 「繫辭傳」 상편 8장, "初六 藉用白茅, 无咎. 子曰 苟錯諸地, 而可矣, 藉之用茅, 何咎之有, 愼之至也. 夫茅之爲物, 薄而用, 可重也, 愼斯術也, 以往, 其无所失矣."

다. 이미 시들기 시작한 버드나무의 오래된 뿌리에서 새싹이 돋아나 다시 왕성하게 성장 활동하는 것과 비슷하다. 예컨대 지긋한 나이의 중년 남자(2효)가 젊은 아내(초효)를 얻어 아이를 낳아 자손을 번성시키는 일과 유사하다. 젊은 사내가 젊은 여자를 만나는 것은 보통의 일이다. 역사의 변혁기인 대과의 시기에는 비정상적인 일이지만, 중늙은이가 젊은 여인을 만나 새로운 인생의 절정기를 맞는다는 것이다.

환자에 투여하는 약 처방에 비상약이 있다. 목숨이 경각에 처했을 때는 극약 처방이 도움이 될 때가 있다. 꺼져가는 생명을 살리는 충격 요법 역시 특효약이다. 충격 요법이 나쁜 처방만은 아니다. 하괘의 중용을 얻었기 때문에 마른 버들에 새싹이 돋고, 늙은이가 젊은 여인을 아내로 얻는 행운이 있다. 중용의 위력을 실감하는 대목[過以相與也]이다.

7. 3효 : 너무 지나치면 중용의 조절도 소용없다

九三은 **棟**이 **橈**니 **凶**하니라
구삼 동 요 흉

象曰 棟橈之凶은 **不可以有輔也**일새라
상왈 동요지흉 불가이유보야

구삼은 기둥이 휨이니 흉하다. 상전에 이르기를 '기둥이 휘어 흉함'은 도움이 없기 때문이다.

3효는 양이 양 자리에 있고[正], 하괘의 중용을 벗어났을 뿐만 아니라[不中] 하체가 허약하기 때문에 기둥이 휘는 형상이다. 3효는 양 기운이 넘쳐흘러 대들보가 그 무게를 견딜 수 없기 때문에 기둥이 흔들리고 휠 수밖에 없다.

뿌리가 깊은 나무는 흔들리지 않는다. 상체가 튼튼한 반면에, 하체가 빈약한 사람은 오래 걷지 못한다. 다리에 힘이 쏠려 관절에 이상이 생긴다. 관절에 이상이 오면 정상적인 걸음을 유지할 수 없다. 하체가 상체를 버텨

낼 수 있는 힘이 부족하기 때문이다. 땅 속에 빠져 죽는다는 의미의 '흉凶'이라는 글자는 혼자의 힘으로는 벗어날 수 없음을 상징한다. 타인의 도움이 반드시 필요하다는 뜻이다.

3효는 양 에너지가 넘쳐 대들보가 견디지 못하는 모양이다.

8. 4효 : 균형과 절도를 잡으면 흔들리지 않는다

九四는 **棟隆**이니 **吉**커니와 **有它**면 **吝**하리라
구사 동륭 길 유타 인

象曰 棟隆之吉은 **不橈乎下也**일새라
상왈 동륭지길 불요호하야

구사는 기둥이 높으니 길하거니와 다른 것을 두면 인색할 것이다. 상전에 이르기를 '기둥이 높아 길함'은 아래에서 흔들지 못하기 때문이다.

4효는 양이 음 자리에 있고[不正], 상괘의 맨아래에 있다[不中]. 하지만 하괘를 지탱했던 기둥이 상괘로 넘어와 높아졌다. 초효와 잘 상응한다. 들보가 높이 솟았음에도 흔들리지 않는다. 스스로 균형을 이루어 절도를 잃지 않기 때문이다.

지나치게 초효에 관심을 기울인다면 음양의 조화가 깨져 기둥은 흔들리기 마련이다. 기둥은 무게를 이겨낼 수 있도록 굽지 않아야 한다. 기둥은 지붕과 벽을 지탱할 수 있는 근간이다. 소임을 잊고 고개를 숙인다면 기둥이 흔들려 집은 무너지기 직전의 상태에 돌입할 것이다.

4효 기둥은 하괘 양인 2효와 3효를 거쳤기 때문에 튼튼하다. 다만 초효에게 모든 것을 올인하는 어리석음을 저지르지 않으면 흔들리지 않는다.

초효의 유혹이 심하더라도 쉽게 넘어가서는 안 된다.

9. 5효 : 지나치게 왕성한 양은 허약한 음으로 치유하기는 어렵다

九五는 **枯楊生華**하며 **老婦得其士夫**니 **无咎**나 **无譽**이라
구오 고양생화 노부득기사부 무구 무예

象曰 枯楊生華何可久也며 **老婦士夫亦可醜也**로다
상왈 고양생화하가구야 노부사부역가추야

구오는 마른 버드나무에 꽃피고 늙은 여자가 젊은 남자를 얻으니, 허물은 없으나 명예도 없다. 상전에 이르기를 '마른 버드나무에 꽃핌'이 어찌 오래갈 것이며, '늙은 여자가 젊은 남자를 얻음'은 또한 추한 일이다.

5효는 양이 양 자리에 있는데다[正], 상괘의 중앙[中]에 있다. 특히 초효와 상효를 제외한 가운데 양효들의 최상층(☰)에 자리잡고 있다. 심지어 2효와 상응하지도 않는다. 2효는 음인 초효가 아래에 있기 때문에 '싹'이라 했으나, 5효는 상효 음이 위에 있기 때문에 금방 피고지는 꽃에 해당된다.

상효는 5효 위에 있는 늙은 여자를 상징한다. 늙은 여인이 젊은 사내를 데리고 사는 형상이다. 말라비틀어지기 직전의 버들이 꽃을 피우고, 늙은 마누라가 힘 좋은 젊은 사내와 함께 사는 모습이다. 이는 눈이 맞아서 동거 생활하는 것이므로 큰 허물은 아닐지언정 크게 칭찬받을 일도 결코 아니다. 결혼식을 치루고 정식으로 사는 관계가 아니라, 둘이 좋아서 한 이불을 덮는 격이다.

2효처럼 늙은 사내가 젊은 여인을 얻어 살면 자식을 낳을 수는 있다. 하지만 상효의 늙은 아낙이 5효의 젊은 사내와 같이 살면 자식을 낳을 수 없기 때문에 그 관계를 오래 유지할 수 없다는 것이다. 개인적으로는 허물도 없고 명예도 없지만, 사회적으로는 추한 행위이기 때문에 비난받아 마땅하다.

10. 상효 : 동기와 결과 중에서 무엇이 중요한가?

上六은 **過涉滅頂**이라 **凶**하니 **无咎**하니라
상육 과섭멸정 흉 무구

象曰 過涉之凶은 **不可咎也**니라
상왈 과섭지흉 불가구야

상육은 지나치게 건너다가 이마를 멸함이다. 흉하니 허물이 없다. 상전에 이르기를 '지나치게 건넘의 흉함'은 허물할 수 없는 것이다.

상효는 대과의 막다른 골목을 상징한다. 신분과 능력의 범위를 벗어나 깝죽거리면서 맨발로 강물을 건너려다 이마까지 물속에 퐁당 빠지는 형국이다. 어리석기가 한량없다. 비록 흉하지만, 옳은 일을 위해서 그랬다면 책임 추궁은 면할 수 있다는 것이다.

혹독한 죄과를 치른다고 하면서도 왜 허물이 없을까? 어떤 일을 하느냐에 달려 있다. 올바른 일과 그릇된 일에 대한 처신 결과는 다르기 때문이다. 주자에 따르면[4] '살신성인殺身成仁'과 연관된 의리의 문제라면 일이 다소 지나쳤다라도 허물을 물을 수 없다는 것이다. 이와는 다르게 도에 넘치는 행위를 하다가 다친 경우는 누구를 원망할 수도 없다고 했다.

옳은 행위와 그릇된 처신에 대한 결과는 다르게 평가된다.

정역사상의 연구자 이상룡李象龍은 대과괘의 성격을 다음과 같이 설명한다.

䷛ 大字見上이라 過는 在文從咼從辵이니 有尋訪經過之義요
대자견상 과 재문종와종착 유심방경과지의

又有口戾不正之義일새 故誤失曰罪過라 하니
우유구려부정지의 고오실왈죄과

4) 『周易本義』 大過卦, "處過極之地, 才弱不足以濟, 然於義爲无咎矣, 蓋殺身成仁之事."

傳所謂言語薄過是也라 爲卦上澤下風하니
전소위언어박과시야 위괘상택하풍

風起澤橈而坤折上下요 水折于歸之象也라
풍기택요이곤절상하 수절우귀지상야

且上元之頤養天下之道니 有大過於古昔者니
차상원지이양천하지도 유대과어고석자

故로 此卦次於頤也라
고 차괘차어이야

'대'는 위에 보인다. 허물 '과'는 문자적으로 움집 '와'와 쉬엄쉬엄 갈 착辵의 합성어로 찾아 방문하여 지나간다는 뜻이다. 또한 입으로 짓는 허물이 부정한 의미인 까닭에 오류와 실수를 '죄과'라 하는 것이다. 전傳에서 말하는 언어가 어긋나 허물짓는다는 것이 바로 그것이다. 괘의 형성은 위가 연못이고 아래는 바람으로 바람이 일어나 연못이 휘어짐은 곤이 상하를 꺾음이요, 물이 돌아갈 곳으로 꺽이는 모습이다. 또한 상원에서부터 천하를 길러내는 도이니, 옛날보다 크게 지나친 것이 있으므로 대과괘가 이괘 다음이 된 것이다.

彖曰 大過, 棟, 橈, 利有攸往, 亨은 橈極出地하여 水有所往也라
단왈 대과 동 요 이유유왕 형 요극출지 수유소왕야

단전 "대과는 기둥이 휨이니, 가는 바를 두는 것이 이로워 형통한다"는 것은 꺽이는 것이 극심하여 땅에서 나온 물이 갈 방향이 있다는 뜻이다.

象曰 君子以, 獨立不懼, 遯世无悶은 奉天順命하여
상왈 군자이 독립불구 둔세무민 봉천순명

所立卓爾也라
소립탁이야

상전 "군자는 이를 본받아 홀로 서도 두려워하지 않으며, 세상을 멀리 떠나 있어도 번민하지 않는다"는 것은 하늘을 받들고 천명에 순응하여 자립하는 것이 탁월함을 뜻한다.

初六, 藉用白茅, 望秩于山川也라
초육 자용백모 망질우산천야

초효 "자리를 까는 데 흰 띠풀을 쓴다"는 말은 (천자가) 산천에 제사를 지낸다는 것이다.

九二, 枯楊, 生稊는 逢春回甦也오 老夫得其女妻, 无不利는
구이 고양 생제 봉춘회소야 노부득기여처 무불리
乃生子하여 子晩受福无量也라
내생자 자만수복무량야

2효 "마른 버들에 움이 튼다"는 것은 봄에 회생하는 것이요, "늙은 지아비가 아내를 얻으니 이롭지 않음이 없다"는 것은 자식을 낳아 그 자식이 나이 먹은 다음에 무량한 복을 누린다는 것이다.

九三, 棟, 橈, 凶은 南北激盪하여 物其魚矣라
구삼 동 요 흉 남북격탕 물기어의

3효 "기둥이 휨이니 흉하다"는 것은 남북이 서로 격렬하게 씻기 때문에 물고기처럼 동류라는 것이다.

九四, 棟隆, 吉은 塞下而處高也라
구사 동륭 길 세하이처고야

4효 "기둥이 높으니 길하다"는 것은 요새 밑이면서 높은 곳에 있다는 말이다.

九五, 枯楊生華는 衰世之元良也오 老婦得其士는
구오 고양생화 쇠세지원량야 노부득기사
夫陽陰淫泆하여 失其待對也라
부양음음일 실기대대야

5효 "마른 버드나무에 꽃핀다"는 것은 쇠미한 세상의 으뜸가는 아름다움이요, "늙은 여자가 젊은 남자를 얻는다"는 것은 음양이 너무 음탕하여 서로 짝을 잃는 것이다.

上六, 過涉滅頂은 逆天冒險이라가 火熄輪破也라
상육 과섭멸정 역천모험 화식륜파야

상효 "지나치게 건너다가 이마를 멸한다"는 것은 하늘을 거슬려 모험하다가 아궁이에 나무를 불을 너무 지펴 배가 파손되는 것을 뜻한다.

중수감괘
重 水 坎 卦

고난은 굳센 의지로 뚫어라

1. 구원의 길 : 감괘

정이천은 택풍대과괘澤風大過卦(䷛) 다음에 중수감괘重水坎卦(䷜)가 오는 이유를 다음과 같이 말한다.

習坎은 序卦에 物不可以終過라 故受之以坎하니 坎者는
습감 서괘 물불가이종과 고수지이감 감자

陷也라 하니라 理无過而不已하고 過極則必陷이니
함야 이무과이불이 과극즉필함

坎所以次大過也라 習은 謂重習이니 他卦雖重이나
감소이차대과야 습 위중습 타괘수중

不加其名이어늘 獨坎加習者는 見其重險이니 險中復有險하여
불가기명 독감가습자 견기중험 험중부유험

其義大也라 卦中一陽이오 上下二陰이니 陽實陰虛하여
기의대야 괘중일양 상하이음 양실음허

上下无據하여 一陽이 陷於二陰之中이라 故爲坎陷之義라
상하무거 일양 함어이음지중 고위감함지의

陽居陰中則爲陷이오 陰居陽中則爲麗라 凡陽在上者는
양거음중즉위함 음거양중즉위리 범양재상자

止之象이요 在中은 陷之象이오 在下는 動之象이며 陰在上은
지지상 재중 함지상 재하 동지상 음재상

說之象이오 在中은 麗之象이오 在下는 巽之象이니 陷則爲險이
열지상 재중 리지상 재하 손지상 함즉위험

라 習은 重也니 如學習溫習이 皆重複之義也오
습 중야 여학습온습 개중복지의야

坎은 險也니 卦之所言은 處險難之道라 坎은 水也니
감 험야 괘지소언 처험란지도 감 수야

一始於中하여 有生之最先者也라 故爲水니 陷은 水之體也라
일시어중 유생지최선자야 고위수 함 수지체야

"습감은 「서괘전」에 '사물은 끝내 지나칠 수 없으므로 감괘로 받았으니, 감은 빠짐이다'라 하였다. 이치는 지나치고서 그치지 않음이 없고, 지나침이 지극하면 반드시 빠지니 감괘가 이 때문에 대과괘 다음이 된 것이다. 습은 거듭 습함을 일컬으니 다른 괘는 비록 거

듭했더라도 그 이름을 더하지 않았는데 유독 감괘에만 '습'자를 더한 것은 거듭 험함이라서 험한 가운데에 다시 험함이 있어 그 의미가 큼을 나타낸 것이다. 괘 가운데에 하나의 양이 있고, 상하에 두 음이 있으니 양은 실하고 음은 허하여 상하에 의거할 곳이 없어 하나의 양이 두 음의 가운데에 빠져 있는 것이다. 그러므로 감험의 뜻이 된 것이다. 양이 음 가운데에 있으면 빠짐이 되고, 음이 양 가운데에 있으면 걸림이 된다. 무릇 양이 위에 있는 것은 멈추는 형상이요, 가운데에 있는 것은 빠지는 형상이요, 아래에 있는 것은 움직이는 형상이며, 음이 위에 있는 것은 기뻐하는 형상이요, 가운데에 있는 것은 걸려 있는 형상이요, 아래에 있는 것은 공손한 형상이니 빠지면 험난함이 된다. 습은 거듭함이니 예를 들어 학습과 온습함이 모두 중복하는 뜻이요, 감은 빠짐이니 괘에서 말한 것은 험난함에 대처하는 도리이다. 감은 물이니 양효 하나가 가운데에서 비롯하여 태어남에 가장 먼저 시작하는 것이므로 물이 되었으니, 함은 물의 본체이다."

『주역』 상경은 천지 자연의 생성과 기원을 비롯한 우주론적 문제를 다루고 있으며, 하경은 상경에 근거하여 인간의 도덕과 수양과 윤리적 측면, 즉 묶어서 얘기하면 인사人事를 다루고 있다.

『주역』 우주론의 정수는 '천지수화天地水火'의 문제로 압축된다. 왜냐하면 상경은 천지天地(건곤乾坤)에서 시작하여 수화水火(감리坎離)로 끝나고, 특히 하경의 마지막은 상경 마지막 감괘坎卦(수水)·이괘離卦(화火)가 분화되어 성립된 수화기제괘水火旣濟卦와 화수미제괘火水未濟卦로 종결되기 때문이다. 한마디로 천지天地는 생명을 낳고, 수화水火(감리坎離는 곧 일월日月)는 생명을 길러내고, 기제旣濟와 미제未濟는 생명을 분열 성장시켜 최종적으로는 마무리 짓는다는 것으로 요약할 수 있다.

천지의 분신이 일월日月[수화水火]이며,[1] 일월의 분신이 만물이라는 것이 상경의 요지이다. 그리고 일월의 분열과 통일 운동에 의해 천지는 새로운 천지로 거듭 태어난다는 것이 『주역』 서괘序卦에 숨겨져 있다.

감괘坎卦는 생명의 '물'을 근거로 생성과 진화의 이치를 설명한다. 물은 하늘에서 내려와 땅 속으로 스며든다. 물은 하늘의 아들인 셈이다. 물은 땅 위의 생명체를 길러내는 생명수이다. 반면에 불은 땅의 딸이다. 불은 곁에 있는 물건까지도 태워서 하늘로 올라가는 특성을 갖기 때문이다.

감괘는 3효 단괘單卦(☵)가 중첩되어 구성된다. 감괘는 상괘와 하괘가 모두가 구덩이에 빠진 험난한 상태를 상징한다. '감坎'은 빠질 감, 험난할 감, 구덩이 감, 생명 잉태의 집인 북방을 가리킨다. 문자적 의미에서 감坎은 '하품 흠欠 + 흙 토土'로 구성된다. 한동석은 감괘의 상수론적 의미를 다음과 같이 풀이한 바 있다. "수水는 유有의 기본이며, 형상계形象界의 모체이다. 무無의 상象에서 유有가 창조되는 것이므로 역易은 이것을 감위수坎爲水[坎卦]라고 한다. 다시 말해서 '감坎' 자의 개념은 '토土'의 작용이 결핍되어 '수水'가 된다."[2]

자연의 험난한 길에는 목적이 있다. 자연은 스스로의 재조정 과정을 거쳐 올바른 길로 접어드는데, 그것은 천체 이동에 의한 28수宿의 변동으로 나타난다. 그래서 『주역』은 30번에 일월 운행의 재조직을 언급한 리괘離卦를 배치했던 것이다. 즉 한 달 30일이 되려면 천지도 뼈아픈 몸부림의 과정(감坎)을 거쳐 태양계의 천체가 새로운 궤도로 도는 내용으로 마무지었던 것이다.

---

1) 김일부는 '嗚呼! 日月之德, 天地之分.'(『正易』「十五一言」"金火五頌")라고 하여 천지의 무한한 사랑과 일월 운행의 덕분에 생명이 탄생하고, 생명은 그 본질이 구현된다는 것을 강조한다.

2) 한동석, 『우주변화의 원리』, 서울: 대원출판, 2001, 44쪽. 이를 보충해서 설명한다면, 원초적으로 土作用 자체에(선천은 5土로 충분하지만, 후천이 열리기 위해서 10土의 작용일 필수적이다) 결함이 있어서가 아니라, 시간적인 의미에서 '아직'은 十未土가 작용하는 시기가 아니라는 것이 감괘에 숨겨진 뜻이다.

2. 감괘 : 난관은 믿음으로 풀어라

習坎은 **有孚**하여 **維心亨**이니 **行**하면 **有尙**이리라
습감 유부 유심형 행 유상

거듭된 험난함은 믿음이 있어서 오직 마음이 형통하니, 가면 숭상함이 있을 것이다.

'습習'이란 『논어』 첫 구절의 '날마다 배우고 때때로 익히면 또한 기쁘지 아니한가[學而時習之, 不亦說乎]'에서의 거듭 '습'과 같은 의미이다. 새가 자주 날기 위해서는 거듭거듭 날개짓을 해야만 날 수 있는 것과 마찬가지로 자주 반복하여 배움을 몸에 익히는 것을 뜻한다.

거듭 물로 겹쳐져 있다는 뜻의 '습감習坎'은 앞에도 물이 있고, 뒤에도 물이 있어 사방이 온통 위험한 감괘坎卦의 형상이다. 보통 사람들은 뜨거운 불은 무서워하는 반면에 물은 두려워하지 않는다. 불길은 두려워하여 조심하지만, 물의 손길은 부드럽다가도 한순간의 방심을 허용하지 않는다. 성난 물길은 모든 것을 순식간에 삼키고 지나간다. 물은 항상 흐르고 있다. 하지만 물꼬가 막히면 썩는다. 물이 웅덩이에 고이는 험난한 곤경에 빠지더라도 사람은 '믿음'을 가져야 한다.

어려운 환경일수록 무모한 뚝심보다는 진리에 대한 믿음의 엔진으로 돌파해야 한다. 정성과 공경의 열매가 믿음이다. 믿음의 순수성이 전제되면 정성과 공경은 저절로 꽃핀다. 따라서 성경신誠敬信은 고난에서 영광의 길로 나가는 문이다. 무지한 정성과 공경은 맹목적인 믿음이요, 지극한 정성과 공경은 믿음에서 우러나오는 신성한 행위이다. 진리에 대한 믿음과 확신이 있으면 지식의 효능과 실천이 병행될 수 있다.

난관을 극복하는 길은 '진실한 믿음'에서 비롯된다.

3. 단전 : 우주사에 뿌리박힌 변화 원리

彖曰 習坎은 **重險也**니 **水流而不盈**하며
단왈 습감 중험야 수류이불영
行險而不失其信이니 **維心亨**은 **乃以剛中也**오 **行有尙**은
행험이불실기신 유심형 내이강중야 행유상
往有功也라 **天險**은 **不可升也**오 **地險**은 **山川丘陵也**니
왕유공야 천험 불가승야 지험 산천구릉야
王公이 **設險**하여 **以守其國**하나니 **險之時用**이 **大矣哉**라
왕공 설험 이수기국 험지시용 대의재

단전에 이르기를 '습감'은 거듭 험난한 것이다. 물이 흘러서 가득 차지 아니하며, 험난한 속에서도 행함은 믿음을 잃지 않으니, '오직 마음이 형통함'은 강의 중도로써 실천하는 것이요, '가면 숭상함이 있음'은 가서 공덕이 있는 것이다. 하늘의 험한 것은 오를 수 없고 땅의 험한 것은 산천과 구릉이니, 왕공은 험난한 것을 설치하여 나라를 지키니, '험난함'의 때와 쓰임이 크구나!

감괘의 주인공[主爻]는 2효이다. 2효는 양이 음 자리에 있지만 중용이다. 중효는 초효와 3효의 음에 둘러싸여 있으나, 실속 있게 중앙에 버티고 있는 까닭에 믿음이 있다. 중심이 흐트러지면 무너지기 쉽다. 중심이 부실하면 험난한 상황에서 빠져 나오기 힘들다. 하괘의 2효가 험난한 상황을 상징하지만, 상괘 5효의 양 역시 중용이기 때문에 5효는 2효의 등대 역할을 하고 있다.

이처럼 2효의 5효에 대한 믿음이 두터워 중심이 쉽게 흔들리지 않는다. 아무리 험난한 처지에 있더라도 마음은 시원스레 형통할 수 있다. 믿는 대상이 있으면 즐겁고 기쁨이 넘칠 수밖에 없다. 험난한 환경에 대처하는 인간형은 여럿일 수 있다.

우리가 지향하는 것은 성웅의 인간상이다. 요즈음 '아침형 인간' 또는 '저녁형 인간'이란 말이 뜨고 있다. 개인의 육체적 컨디션이나 정신적 관리

를 강조하는 지침들이다. 하지만 성웅聖雄(성인과 영웅의 결합형 인간)의 지혜와 용기만큼 감동을 일으키는 교훈은 없다. 사람은 모름지기 믿음이 있어야 할 것이다. 믿음은 마음의 평정과 불굴의 정신력의 원동력이기 때문이다. 그 믿음은 무엇인가? 이는 스스로 깨치고 다져야 할 문제이다.

세상이 굴러가는 과정에서 인생의 고통과 굴곡이 생긴다. 평생 동안의 삶에서 행복한 순간을 시간으로 잰다면 얼마나 될까? 인류학자들은 일생에서 차지하는 행복은 불과 3시간 이상을 넘지 않는다고 발표했다. 나머지는 불안과 고통과 고민으로 얼룩진 것이 인생이라는 것이다. 세상은 온통 불행과 험난함의 연속이다. 험난함의 궁극적 원인은 어디에 있을까? 험난함은 자연이 빚어내는 것이 있고, 문명의 부산물이 낳을 수도 있고, 인간의 죄악에서 비롯되는 경우도 허다하다. 이 세상에 존재하는 험난함 중에서 가장 근원적인 것은 보이지 않는 자연의 이치일 것이다. 그래서 감괘는 우주사(좁게는 인류사)에 뿌리박힌 자연의 이치를 '습감習坎'이라 했다.

자연과 문명과 역사를 관통한 고난의 수레바퀴를 돌리는 이치는 무엇이며, 왜 인간은 고난의 긴 행군을 걸을 수밖에 없는가? 이것은 상생과 상극, 또는 선천과 후천의 순환론으로 설명이 가능하다. 선천과 후천은 우주의 두 얼굴이다. 정역사상正易思想은 그 이유를 역도수逆度數와 순도수順度數로 풀어낸다. 역도수는 상극 질서, 순도수는 상생 질서를 표상한다. 낙서는 상극의 이치, 하도는 상생의 이치를 뜻한다. 역도수가 발동하는 까닭에 자연과 문명과 역사에 불균형이 존재한다는 것이 선후천론의 요지이다. 그것의 구체적 작용이 물과 불의 운동이다. 이런 연유에서 감괘와 리괘가 서로 맞물려 존재하는 것이다.

29번 감괘가 물[水]이라면, 30번 리괘는 불[火]이다. 낙서는 1수2화一水二火에서 시작하는 형상(역도수)이라면, 하도는 2화1수二火一水로 끝맺는 형상(순도수)이다. 『주역』 상경이 선천이라면, 하경은 후천이다. 감괘와 이괘가 선천의 끝맺음이라면, 기제괘와 미제괘는 후천의 끝맺음이다. 이렇듯 『주역』의 밑바탕에는 수리론이 짙게 깔려 있다고 하겠다.

🀄 험난함의 근원적인 뿌리는 눈에 보이지 않는 자연의 이치이다. 감괘는 우주사에 뿌리박힌 원리를 '습감習坎'이라 했다.

4. 상전 : 고난을 벗어나는 지혜 - 덕행과 교육

象曰 水洊至習坎이니 **君子以**하여 **常德行**하며
상 왈 수 천 지 습 감 　 군 자 이 　 상 덕 행
習教事하나니라
습 교 사

상전에 이르기를 물이 거듭해서 자꾸 밀려오는 것이 '습감'이니, 군자는 이를 본받아 덕행을 항상되게 실천하고 가르치는 일을 익힌다.

'천洊'은 물이 계속해서 다가오는 것을 뜻한다. 동남아를 휩쓸었던 쓰나미처럼 고난이 연달아 일어나 험난함이 큰 산맥처럼 앞을 가로막는 형상이다. 산맥은 넘으라고 존재한다. 불굴의 의지로 정상을 정복했을 때에 비로소 보람을 느낄 수 있다. 어려움을 겪지 않으면 물질의 유혹에 쉽게 빠지거나, 불의에 굴복하기 쉽다.

인간은 물이 계속 흐르는 성질을 본받아 끊임없이 노력하고 항상된 덕성을 쌓아야 할 것이다. 쌓은 지식은 반드시 사회에 공헌해야 한다. 자신을 위한 지식이라기보다는 작게는 가정에서부터 이웃, 넓게는 천하의 이익에 도움이 되어야 한다. 그렇다고 혼자 모든 것을 완수할 수는 없다. 인재 양성이 필요한 것이다. 인재 양성은 많은 시간이 필요하다. 투자한 만큼 거둬들이는 것이 교육의 효과이자 힘이다.

교육은 '백년지대계百年之大計'라 했다. 장시간에 걸쳐 이루어지는 교육의 특성상 체계적인 프로그램과 인내와 기다림이 필요하다. 안으로는 내면적인 덕성을 쌓고, 바깥으로는 사회적인 교화의 필요성을 감괘는 강조한다.

꽃 중에서 가장 아름다운 꽃이 사람인 이유는 스스로의 노력에 의해 목표를 달성할 수 있고, 스스로의 존엄성을 발휘할 수 있기 때문이다. 영웅적 기질을 발휘하여 고난을 극복함으로써 타의 모범이 될 수 있는 필수 덕목은 믿음과 노력과 실천과 배움이다.

덕행과 지혜쌓기가 고난을 물리치는 관건이다.

5. 초효 : 혹독한 시련기의 도래

初六은 **習坎**에 **入于坎窞**이니 **凶**하니라
초육 습감 입우감담 흉
象曰 習坎入坎은 **失道**라 **凶也**라
상왈 습감입감 실도 흉야

초육은 거듭된 험난에다가 구덩이에 들어감이니, 흉하다. 상전에 이르기를 '거듭된 험난에다가 구덩이에 들어감'은 도를 잃어서 흉하다.

초효는 음효가 음 자리[正]에 있고, 또한 하괘의 아래에 있다[不中]. 이런 까닭에 시공간의 형세가 좋지 않다. 극도의 고난이 기다리고 있는 형국이다. 물의 속성은 흘러감이다. 물이 구덩이 갇혀 흘러가지 못하면 썩으니까 흉할 수밖에 없는 것이다.

앞뒤가 꽉 막혀 있는 물은 물의 본래적 가치를 잃는다. 변질된 물은 오염되기 마련이다. 물이 막히면 썩는다는 것을 말하려는 것이 아니라, 주어진 여건과 조건이 돌이킬 수 없는 극한 상황임을 지적한 얘기이다. 언덕을 넘으니 높은 산이 가로막고, 개울을 건넜더니 깊은 강이 기다리고 있다는 뜻이다.

음이 양 자리에 있고[不正], 하괘의 중도[中]도 아니고, 4효와도 상응하지 못하는 혹독한 시련기를 상징한다.

6. 2효 : 위기 극복의 방법론 - 중용

九二는 **坎**에 **有險**하나 **求**를 **小得**하리라
구이 감 유험 구 소득

象曰 求小得은 **未出中也**일새라
상왈 구소득 미출중야

구이는 험난함에 위험이 있으나, 구하는 것을 조금 얻을 것이다. 상전에 이르기를 '구하는 것을 조금 얻음'은 중용에서 벗어나지 않기 때문이다.

2효는 양이 음 자리에 있으나[不正], 하괘의 중앙에 있다[中]. 구덩이 빠져 위험이 도사리고 있지만, 숨통이 트여 여유가 있다. 중용의 가치를 확보하고 있기 때문이다. 중용의 자리에 있다고 반드시 행운이 오는 것은 아니다. 그것을 실천하려는 의지가 더욱 중요하다.

위기는 위험과 기회의 합성어다. 위기 극복의 전제는 중용이다. 중용의 가치를 망각하고 저지르는 극복은 고난의 구렁텅이일 따름이다. 2효는 위아래의 음효로 둘러싸인 외로운 양효이다. 호수에 빠져 허덕이고 상황에서 힘껏 물가로 나가려는데, 물가에 악어가 입을 벌리고 있는 사면초가의 모습이다. 이때는 한 올의 지푸라기도 훌륭한 지원군이 될 수 있다. 험난한 구덩이에 빠졌으나, 중용을 실천하려는 의지 때문에 죽지 않고 회생할 수 있다.

위기 탈출의 유일한 방도는 중용中庸이다.

7. 3효 : 변화의 조짐을 주목하라

六三은 **來之**애 **坎坎**하며 **險**에 **且枕**하여 **入于坎窞**이니
육삼 내지 감감 험 차침 입우감담

勿用이니라
물용

象曰 來之坎坎은 **終无功也**리라
상왈 내지감감 종무공야

육삼은 오고 가는 길에 구덩이 투성이고, 험한 데에 또한 베개하여 구덩이에 들어감이니, 움직이지 말라. 상전에 이르기를 '오고 가는 길에 구덩이 투성이'는 끝내 공이 없을 것이다.

3효는 음이 양 자리에 있기 때문에 부정不正이고, 하괘의 끝자락에 있을 뿐만 아니라[不中], 상효와도 부적응이며, 더욱이 하괘에서 상괘로 넘어가는 길목에 있는 까닭에 구덩이가 겹쳐 있는 형국이다. 『주역』에는 고난과 험남함을 얘기하는 곳이 네 개가 있다. 3번 수뢰둔괘水雷屯卦(䷂), 29번 중수감괘重水坎卦(䷜), 39번 수산건괘水山蹇卦(䷦), 47번 택수곤괘澤水困卦(䷮)가 그것이다. 이들은 공통적으로 물[水]이 들어가 있다. 그 중에서 감괘는 물이 거듭 존재하여 사면초가의 상태를 나타낸다. 특히 3효는 하괘에서 상괘로 넘어가는 문턱에 존재하기 때문에 하괘에서 멀어지려 하고, 그렇다고 아직은 상괘에 도달하지 못했기 때문에 3효 자체의 소속감마저도 불투명하다.

하늘과 땅은 생태계가 파괴되어 오염되었고, 인류사는 강자의 힘과 배반으로 점철되었고, 문명사 역시 불균형이 심화되었다. 국가는 내우외환에 시달리고, 가정 윤리는 붕괴되어 새로운 대안이 마련될 시간이 없고, 인간 관계 또한 불신과 혐오로 대립되어 싸움이 그칠 날이 없고, 신용이 마비되어 불임의 사회로 변질된 지 오래다. 삶의 터전 전체가 위험으로 둘러싸였음을 시사한다.

3효는 아래로 내려와도 물이 놓여(감괘) 험난하고, 위로 올라간들 물을 만나(감괘) 험난하다. 험난한 속에 다시 베개를 베고 누워 있는 모습이다[險且枕]. 몸부림치면 칠수록 더욱 늪에 빠지는 꼴이다. 그러니까 아무런 쓸모가 없기 때문에 공을 이룰 수가 없는 것이다.

3효에서 '온다[來]'는 뜻은 무엇일까? 괘의 명칭은 상괘를 먼저 부른 다음에 하괘를 부르는 것이 원칙이다. 그것은 어머니 뱃속에서 머리가 먼저 나온 다음에 다리가 나오는 이치와 비슷하다. 태어나는 순간부터는 다리로 땅을 걸으면서 하늘을 머리에 짊어지고 살아가는 것이 우리네 인생사다. 진리는 하늘에서 계시된다는 뜻과 같다. 즉 물이 위에서 아래로 흐르는 원칙에서 보면 상괘가 선천이고, 하괘는 후천이다. 시간적인 의미의 선후천이 오고가는 시기(교체기)에는 감감坎坎(깜깜)할 수밖에 없는 것이다.

극심한 고난의 시기에는 편안한 마음으로 때를 기다려야 한다.

8. 4효 : 구원을 얻는 길

六四는 **樽酒**와 **簋貳**를 **用缶**하고 **納約自牖**면 **終无咎**하리라
육사 준주 궤이 용부 납약자유 종무구

象曰 樽酒簋貳는 **剛柔際也**일새라
상왈 준주궤이 강유제야

육사는 동이술과 대그릇 둘을 질그릇에 담아, (서남쪽으로 난) 들창문으로 간단하게 들이면 끝내 허물이 없을 것이다. 상전에 이르기를 '동이술과 대그릇 둘'은 강과 유가 만나기 때문이다.

'준樽'은 술을 담는 자그마한 그릇, '궤簋'는 마른 안주를 담는 대그릇을 뜻한다. 험난한 시기에는 상다리가 휠 정도의 산해진미를 즐기면 안 된다. 소박하기 짝이 없는 동이술과 간단한 먹거리를 준비하여 하늘과 땅에 제사지내면 된다. 왜냐하면 하늘과 땅이 특별하게 서로 만나는 계절에는 허물이 있어서는 안 되기 때문이다[剛柔際也]. 소박하게 차린 제물이 정성을 증명하는 본보기이다.

하늘과 땅의 일은 공공의 사업이므로 널리 알려질 수밖에 없다. 다만 그것을 깨닫느냐 못하느냐는 사람의 몫이다. 고대인의 하늘에 대한 교접 행위는 제사를 통해 의사소통이 이루어졌다. 정성을 다한 제물을 받치면, 이를 하늘이 허락하는 의례가 성립되었다. 제사를 올리는 이유는 '구원의 길'을 찾기 위해서일 것이다. 따라서 구원은 감괘의 중요한 명제로 부각되

는 것이다.

왜 구원의 방향이 서남쪽으로 튼 문[牖]으로 연결될까? 이는 선후천론의 시각에서 살피면 분명하다. 하나는 곤괘坤卦에 나오는 '서남득붕西南得朋'의 결과를 전제한 발언이다. 곤괘의 "[西南得朋, 東北喪朋, 安貞, 吉]"는 명제는 분명히 『정역』에서 말하는 '이서남이교통理西南而交通, 기동북이고수氣東北而固守'라는 명제에 비추어 해석해야 제대로 매듭이 풀린다. 하도와 낙서는 서방과 남방이 바뀌어 있다. 그것의 실상이 바로 '금화교역金火交易'이다. 서남이 후천을 가리킨다면, 동북은 선천을 가리킨다. 따라서 서남을 가리키는 '유牖'는 선후천 교체의 열쇠가 되는 방향과 공간임을 시사하는 묵직한 언어인 것이다.

'강유가 만난다'는 것은 근원적인 변화의 조짐을 시사한다.

9. 5효 : 중도를 지켜야 허물이 없다

九五는 **坎不盈**이니 **祗既平**하면 **无咎**리라
구오 감불영 지기평 무구

象曰 坎不盈은 **中**이 **未大也**라
상왈 감불영 중 미대야

구오는 구덩이가 가득 차지 않으니, 이미 평평함에 이르면 허물이 없을 것이다. 상전에 이르기를 '구덩이가 가득 차지 않음'은 중도가 크지 못함이다.

5효는 양이 양 자리에 있고[正], 상괘의 중앙[中]에 있으며, 하괘의 2효와는 상응하지 않는다. 중정中正의 위상을 확보했지만, 파트너인 2효와의 결합은 중용의 에너지가 지나치게 넘치고 있음을 상징한다. 지나친 것은 오히려 모자람만 같지 못하다는 말이 있다. 애틋한 사랑이 오래가는 것처럼 과도한 애정은 위험하기 짝이 없다는 뜻이다.

구덩이 꼭대기까지 물이 차올라 찰랑찰랑 넘칠 지경이다. 이미 평평한 상태에 이르렀다는 말이다. 그러면 왜 '길하다'라고 하지 않고, '허물이 없다'고 했는가? 5효는 중용의 덕을 갖추고 있음에도 불구하고 그 중용의 혜택이 널리 퍼지지 않았음을 지적한 말이다. 아직은 중용의 힘이 미약할 따름이다.

중용의 도를 지키면 위험이 닥쳐도 무섭지 않다. 고난이 끝날 시간이 머지않음을 말한다.

10. 상효 : 밝음의 세상으로

上六은 **係用徽纆**하여 **寘于叢棘**하여 **三歲**라도 **不得**이니 **凶**하니라
상육 계용휘묵 치우총극 삼세 부득 흉

象曰 上六失道는 **凶三歲也**리라
상왈 상육실도 흉삼세야

상육은 노끈으로 만든 동아줄로 꽁꽁 묶어 가시덩굴에 가두어 3년이라도 면하지 못하니, 흉하다. 상전에 이르기를 '상육이 도를 잃음'은 흉함이 3년이더라.

상효는 음이 음 자리[正]에 있고, 상괘의 중앙을 벗어나[不中] 있을 뿐만 아니라 험난함의 극치를 걷는 모양새이다. 흐르는 물마저 더 이상 흐를 곳이 없는 막다른 골목에 다다랐다. 그것도 두겹[纆] 세겹[徽]으로 꼰 새끼줄로 꽁꽁 묶이고, 다시 가시나무가 우거진 감옥에 갇힌 형상이다. 외부로부터의 정보와 인연이 끊긴 상태는 암울하여 흉하기 짝이 없다. 정보가 차단된 형무소에 갇혀 세상일에 관여할 수 없는 처지이다.

3년이란 기나긴 고통의 삶은 곤혹스럽다. 몸은 포승줄에 묶이고, 마음 역시 가시에 찔려 벗어날 수 없다. 망각이 차라리 편할 수도 있다. 차갑고

어두운 나날은 끝이 없다. 어둠이 죽음이라면 빛은 생명이라 했던가. 칠흑같이 어두운 밤이 지나야 새벽이 온다. 어둠을 지나치지 않고는 밝음은 오지 않는다.

연암燕巖 박지원朴趾源(1737-1805)은 조선의 시대상을 다음과 같이 비꼬았다. 칠흑같이 어두운 밤, 눈먼 소경이 애꾸눈 말을 타고 천길 낭떠러지 앞에 선 꼴이라고. 옛날부터 오랑캐라고 천시하던 청나라의 발전된 문물을 받아들이지 않으려했던 지식인들의 잠꼬대를 조롱했다. 삼전도의 굴욕을 당하고서도 청나라의 힘을 부정하고 실체를 몰랐던 당시 권력층의 우둔함이 조선의 비극을 불러왔다는 비판이다.

밝은 세상이 되려면 적어도 3년이라는 오랜 세월이 걸린다고 했다. 기성세대가 신세대에게 자리를 비켜주듯이, 어둠은 밝음에 의해 밀려나는 것이 세상사다. 어둠에서 광명으로, 북방의 감괘[물水]에서 남방의 리괘[불火]가 곧이어 나오는 이치를 밝힌 것이다. 세상의 존재 방식과 작동 방식이 물과 불로 구성됨을 어둠과 밝음으로 대비시켜 설명하고 있는 것이다.

밤이 지나야 새벽이 온다. 오랜 고통의 기간을 거치지 않고는 위험 지대에서 벗어날 수 없다. 밝음과 희망을 표상하는 리괘離卦를 전제한 설명이다.

정역사상의 연구자 이상룡李象龍은 감괘의 성격을 다음과 같이 설명한다.

坎은 在文爲土欠이오 欠은 人之張口也라 土水土는
감 재문위토흠 흠 인지장구야 토수토

同宮而深險之地也일새 衆人陷深險하여 驚而張口也니라
동궁이심험지지야 중인함심험 경이장구야

習字는 從羽從白이니 象飛鳥始生白羽와 重複馴習也니라
습자 종우종백 상비조시생백우 중복순습야

爲卦上有先天之月二十九日之天心月也며
위괘상유선천지월이십구일지천심월야

下有后天之月三十日之皇中月是也라 且坎之離而爲日이오
하유후천지월삼십일지황중월시야 차감지리이위일

離之坎而爲月이니 大明於天下之理와 前聖后聖闡之詳矣요
리지감이위월 대명어천하지리 전성후성천지상의

而匪習慣於推衍者不克繼之일새 故次於離也라
이비습관어추연자불극계지 고차어리야

감은 문자적으로 흙 토土와, 모자라다 또는 입이 크게 벌어진 모습을 형상화한 하품 흠欠의 합성어다. '감'은 수토水土가 동일한 근원지에 자리잡은 깊고 험난한 곳을 상징한다. 많은 사람이 깊고 험한 구덩이에 빠져 놀라서 입을 벌린 글자가 바로 '감'이다. 익힐, 배울 습習은 날개 우羽와 흰 백白 자의 합성어로서 훨훨 나는 새에 처음으로 흰 깃털이 생겨나는 모습을 본뜬 것으로 반복하여 연습한다는 뜻이다. 괘의 형성에서 상괘는 한 달이 29일인 선천의 천심월天心月이며, 하괘는 한 달이 30일이 되는 후천의 황중월皇中月을 가리킨다. 그리고 감坎이 리離로 변화하여 해가 되고, 리가 감으로 변화하여 달이 되는 것에서 세상의 이치가 밝혀진다. 이는 옛날의 성인들이 모두 천명하였던 것이다. 그럼에도 이를 미루어 익히지 않으면 계승할 수 없기 때문에 감괘를 리괘 다음에 놓은 것이다.

彖曰 習坎, 有孚, 維心亨, 行, 有尙은 月合于中也오 天險,
상왈 습감 유부 유심형 행 유상 월합우중야 천험

不可升, 地險, 山川丘陵은 表裡裨瀛也오 王公, 設險,
불가승 지험 산천구릉 표리비영야 왕공 설험

以守其國은 球少相爭하여 制險而禦之也니라
이수기국 구소상쟁 제험이어지야

단전 "거듭 험난함에 믿음이 있고, 가면 숭상함이 있음"은 달의 위상이 새로운 중도中道에 부합하는 것에 있다. "하늘의 험한 것은 오를 수 없고 땅의 험한 것은 산천과 구릉이다"라는 말은 (지구의) 겉과 속이 바다에 도움을 줄 것이라는 뜻이다. "왕공은 험난한 것을 설치하여 나라를 지킨다"는 말은 지구에 작은 쟁탈이 일어나므로 험난한 것을 제어하여 대비하는 것을 뜻한다.

象曰 君子以, 常德行, 習教事는 文武幷用이니 重複習熟也라
상왈 군자이 상덕행 습교사 문무병용 중복습숙야

상전 "군자는 이를 본받아 덕행을 항상되게 실천하고 가르치는 일을 익힌다"는 말은 문무文武를 겸비하여 거듭 배워서 익혀야 한다는 뜻이다.

初六, 習坎, 入于坎窞, 凶은 泄下益深이니 溢其澤隩也라
초육 습감 입우감담 흉 설하익심 일기택오야

초효 "거듭된 험난에다가 구덩이에 들어감이므로 흉하다"는 것은 아래로 물이 새는 것이 더욱 깊어지고 넘쳐서 연못 또는 강물이 되는 것을 말한다.

九二, 坎, 有險, 求, 小得은 處險而收衆하여 終必大也니라
구이 감 유험 구 소득 처험이수중 종필대야

2효 "험난함에 또 위험이 있으나, 구하는 것을 조금 얻는다"는 말은 험난함에도 불구하고 많은 것을 얻어 마침내 커질 것이라는 뜻이다.

六三, 來之, 坎坎, 險, 且枕, 入于坎窞, 勿用은 水溢益深이니 治匪其人也라
육삼 내지 감감 험 차침 입우감담 물용 수일익심 치비기인야

3효 "오고 가는 길에 구덩이 투성이고, 험한 데에 또한 베개하여 구덩이에 들어감이니, 움직이지 말라"는 것은 물이 넘쳐 흘러 더욱 깊어져 사람의 힘으로 다스릴 수 없는 상황이다.

六四, 樽酒, 簋貳, 用缶는 飮食以禮하여 而尤尙質慤也오
육사 준주 궤이 용부 음식이례 이우상질각야
納約自牖, 終无咎는 啓其聰明也라
납약자유 종무구 계기총명야

4효 "동이술과 대그릇 둘을 질그릇에 담아 제물을 올리는 것"은 음식물을 바쳐 예를 다하여 더욱 근원을 숭상하고 삼가는 것이며, "들창문으로 간단하게 들이면 끝내 허물이 없다"는 것은 그 총명함을 밝히는 것이다.

九五, 坎不盈, 祗旣平, 无咎는 退之大瀛일새 水土抵平하여
구오 감불영 지기평 무구 퇴지대영 수토저평
縱厲无怨也라
종려무원야

5효 "구덩이가 가득 차지 않으니, 이미 평평함에 이르면 허물이 없을 것이다"라는 말은 물이 물러나 큰 바다가 되는 것은 수토水土가 균형을 이루어 마침내 원망이 사라짐을 뜻한다.

上六, 係用徽纆, 寘于叢棘, 三歲, 不得, 凶은 行險而僥倖者는
상육 계용휘묵 치우총극 삼세 부득 흉 행험이요행자
終受殛刑也니라
종수극형야

상효 "노끈으로 만든 동아줄로 꽁꽁 묶어 가시덩굴에 가두어 3년이라도 면하지 못하므로 흉하다"는 말은 험난함에서도 요행을 바란다면 극형을 면하지 못할 것이다.

중화리괘
重 火 離 卦

어둠에서 밝음으로

1. 새로운 질서로의 몸짓 : 리괘

정이천은 중수감괘重水坎卦(䷜) 다음에 중화리괘重火離卦(䷝)가 오는 이유를 다음과 같이 말한다.

> 離는 序卦에 坎者는 陷也니 陷必有所麗라 故受之以離하니
> 리　서괘　감자　함야　함필유소리　고수지이리
> 離者는 麗也라 하니라 陷於險難之中이면 則必有所附麗는
> 리자　리야　　함어험란지중　즉필유소부리
> 理自然也니 離所以次坎也라 離는 麗也오 明也니
> 리자연야　리소이차감야　리　리야　명야
> 取其陰麗於上下之陽이면 則爲附麗之義요 取其中虛면
> 취기음리어상하지양　즉위부리지의　취기중허
> 則爲明義라 離爲火하니 火體虛하니 麗於物而明者也오
> 즉위명의　리위화　화체허　리어물이명자야
> 又爲日하니 亦以虛明之象이라
> 우위일　역이허명지상

> "리괘는 「서괘전」에 '감은 빠짐이니 빠지면 반드시 붙는 바가 있다. 그러므로 리괘로 받았으니, 리는 붙음이다'라고 하였다. 험난한 가운데에 빠지면 반드시 붙는 바가 있음은 이치의 자연스러움이니 리괘가 이런 까닭에 감괘 다음이 된 것이다. 리는 붙음이요 밝음이니 음이 상하의 양에 붙은 것을 취하면 붙음의 뜻이 되고, 가운데 허함을 취하면 밝은 뜻이 된다. 리는 불이 되니 불의 실체는 비었으니 사물에 붙어 밝은 것이며, 또한 해가 되니 역시 허명의 모습이다."

상경의 마지막 괘는 불火로 이루어진 리괘離卦이다. 상경은 천지天地로부터 시작해서 수화水火로 매듭짓는 천도天道원리를 설명하고 있다. 『주역』 '천도론의 구체적 내용은 천지수화론天地水火論'이다. 감괘坎卦(☵)가 하늘의 아들인 물水에 대한 설명이라면, 리괘離卦는 땅의 딸(☲)이기 때문에 2효의 음이 중심[主爻]이 되고 있다.

리괘離卦는 하괘와 상괘 모두가 불로 이루어져 있다. 문자적 의미에서 '리離'는 떠날 리, 붙을 리, 밝고 빛난다는 세 가지의 뜻이 있다. 리괘가 말하는 리離는 음과 양이 붙어서(선후천론에서의 양陽 선천先天, 음陰 후천後天[캘린더로는 선천은 태음, 후천은 태양]이라는 조양율음調陽律陰의 과정을 거친 정음정양正陰正陽의 세계) 밝고 빛나는 문명이 수립되는 것을 시사하고 있다.

동양 문화는 두 개의 축으로 이루어진다. 하나는 태양을 숭배하는 밝음의 문화[陽 文化 = 動的 文化]요, 다른 하나는 달을 신성시하는 어두움의 문화[陰 文化 = 靜的 文化]이다. 밝음과 어둠은 하나의 기둥의 두 끝이다. 즉 한 기둥의 양끝이 밝음과 어둠인 것이다. 기둥은 밝음과 어둠으로 지탱된다. 어느 하나가 결핍되면 다른 하나도 저절로 기우뚱거릴 수밖에 없다.

자연만 변하는 것이 아니라 인간을 비롯하여 역사 등 유형 무형의 모든 것들이 변화한다. 생명체는 시간의 먹이감이다. 시간은 유형 무형의 모든 것을 마구 먹어치운다. 시간 앞에는 천하장사도 소용없다. 시간은 변화를 수반하기 때문이다. 밤과 낮이 바코드를 찍으면서 2교대 근무를 한다. 그리하여 밝음과 어둠은 하나의 싸이클을 이루면서 돌아간다. 음양의 시작과 끝이 대극성을 이루면서 순환한다. 양괘인 감괘와 음괘인 리괘는 서로가 시작과 끝이 되어 한없이 순환한다.

생명 잉태의 집인 북방의 감괘는 안으로 믿음을 굳게 다지는 형상이라면, 생명이 활짝 꽃피는 남방의 리괘는 밖을 환하게 비추는 형상이다. 불은 태양이다. 동서양 원시 신화의 원형은 태양 숭배였다. 태양은 스스로의 에너지를 자급자족하는 유일한 천체이다. 자신을 불태우면서 다른 생명체를 살찌운다. 그래서 태양은 영원한 생명의 불꽃으로 불리었던 것이다. 불의 생명 에너지는 어마어마한 저주일 수도 있지만, 질적인 비약을 가져오는 행운일 수도 있다.

리괘는 질적인 변화가 양적인 변화를 가져온다는 메시지를 전달한다. 천도의 내부 구조인 율려도수가 작동함으로써 (자연 현상에는) 가시적인 양적 변화로 나타난다. 그것은 대격변 혹은 대재앙으로 끝나는 종말론이 아니라, 새로운 질서가 세워지려는 일종의 몸짓이다. 물리적 힘에 의한 변화를 통해서 한 달은 30일로 드러나는 극적인 전환을 얘기하는 것이 리괘의 가르침이다.

감괘坎卦는 역도수逆度數의 발동으로 인해 세상은 온통 질곡의 나날로 이어지는 가운데에서도 '믿음[孚]'을 잃지 말라고 가르쳤다. 이를 이어서 리괘離卦는 '극즉반極則反의 원리'에 따라 희망을 노래한다. 따라서 우리는 리괘를 해석하는 데 있어서 캘린더 구성의 근원적 근거에 포인트를 맞추어야 할 것이다. 그 이유는 괘사에서 설명하고 있다.

2. 리괘 : '축판'의 세상을 향하여

> **離**는 **利貞**하니 **亨**하니 **畜牝牛**하면 **吉**하리라
> 리 이정 형 휵빈우 길
>
> **리는 올바르게 함이 이롭고 형통하니, 암소(와 같은 유순함)를 기르면 길할 것이다.**

리괘의 주효主爻는 2효이다. 2효는 음 자리에 음이 있고[正] 하괘의 중앙[中]에 있다. 리괘 2효의 뿌리는 곤괘 2효이다. 왜 리괘의 2효가 곤괘에서 비롯되었을까. 건곤괘가 부모라면 감리괘는 중남중녀의 괘이다. 리괘는 위아래가 양효로 둘러싸인 2효가 음효이다. 촛불이 밝게 타는 형상과 유사하다. 2효는 가운데가 비어 있다. '비어 있음[空]'은 만물을 빚어내는 무형의 궁극적 근거이다. 이것이 바로 음양 조화의 신비성이다.

곤괘에서는 유순한 동물인 '소[牛]'를 얘기했다. 소는 지지地支로는 축丑이다. 이는 선천이 '자子'의 세계라면, 후천은 축丑의 세계임을 암시하는 대목이다.

🔯 올바름을 굳게 지키고, 유순함을 기르는 일이 밝음[離]으로 형통하는 길

이다.

3. 단전 : 정음정양의 세계상

彖曰 離는 **麗也**니 **日月**이 **麗乎天**하며 **百穀草木**이
단 왈 리 　 리 야 　 일 월 　 리 호 천 　 　 백 곡 초 목

麗乎土하니 **重明**으로 **以麗乎正**하여 **乃化成天下**하나니라
리 호 토 　 　 중 명 　 　 이 리 호 정 　 　 내 화 성 천 하

柔麗乎中正故로 **亨**하니 **是以畜牝牛吉也**라
유 리 호 중 정 고 　 형 　 　 시 이 휵 빈 우 길 야

단전에 이르기를 리는 붙음이니, 해와 달이 하늘에 붙어 있고(밝게 빛나며) 백곡과 초목은 땅에 붙어 있으니, 거듭 밝음으로 올바름에 붙어 천하를 조화하여 완수한다. 부드러운 것이 중정에 붙는 까닭에 형통하니, 이 때문에 암소를 기르면 길하다.

리괘는 하나의 음이 두 양 사이에 걸린(붙어 있는) 형상으로서 밝게 빛난다[文明]는 뜻이 함축되어 있다. 천지가 생긴 이래로 선후천을 막론하고 해와 달이 하늘에 붙어 있는 현상은 지극히 당연한 사실이며, 백곡초목이 땅에 붙어 있는 것도 당연한 이치이다. 그러면 하필 '땅地'라 하지 않고 왜 '흙[土]'이라 했을까? 상식적으로 보아서 위를 '하늘[天]'이라 했으면, 아래는 마땅히 '땅地'이라고 하는 것이 문법적으로도 매끄럽다. 이것이 바로 수수께끼이다. '토土'는 십미토十未土를 가리킨다. 10토의 세계가 이룩되는 것이 바로 무극대도이다.

그래서 하늘의 세계가 '거듭 밝아짐으로써[重明]' 올바른 세계로 정착되어[麗乎正] 천하를 조화造化로써 완성시킨다는 발언이 뒤따르는 것이다. 태양의 속성은 밝음이고 그 이미지가 바로 '해'인 것이다.[1)]

1) 일반적 해석으로서는 하괘도 밝고 상괘도 밝음이니까 두루뭉실하게 '이중의 밝음'이라고 평면적으로 풀이한다. 아무리 『주역』의 가르침이 평범한 것에 기초하고 있더라도, 그 밑바탕에는 치밀한 논리 체계와 이치가 담겨 있다고 할 때, 우리는 후자를 지향해야 할 것이다.

하괘의 2효는 음이 음 자리에 있기 때문에 올바르고[正], 또한 하괘의 중효中爻인 까닭에 중도의 길을 걷는다. 그리고 상괘의 5효는 음이 양 자리에 있는 까닭에 비록 올바르지 않지만[不正], 상괘의 중효中爻인 까닭에 중도中道(중中은 정正을 내포할 수 있으나, 정正은 중中을 내포할 수 없다)를 걷는다. 2효와 5효가 똑같이 중정中正이므로 형통할 수밖에 없는 것이다. 그러니까 새로운 축판丑板[2]으로 열린 정음정양正陰正陽의 세계, 즉 곤도坤道로 펼쳐진 새로운 세상의 생명체(암소[牝牛])들은 길하다고 한 것이다.

일월은 천지에 근거하여 변함없는 항상성[中]과 올바름[正]을 지향하면서 운행한다.

4. 상전 : 대인- 천지의 속살을 드러내는 위대한 선각자

象曰 明兩이 **作離**하니 **大人**이 **以**하여 **繼明**하여
상 왈 명 양 작 리 대 인 이 계 명
照于四方하나니라
조 우 사 방

상전에 이르기를 밝은 것 둘이 '리'를 지었으니, 대인은 이를 본받아 밝음을 계승하여 사방에 비춘다.

건괘의 2효가 변하여 생긴 것이 바로 13번 천화동인괘天火同人卦이다. 그리고 건괘의 5효가 변하여 생긴 것이 14번 화천대유괘火天大有卦이다. 따라서 건괘의 2효와 5효가 동시에 변해서 생긴 것이 리괘離卦이다. 그래서 밝다는 말이 두 번이나 언표된 것이다. 이런 관점에서 보면 '대인大人'은 건괘 5효에 나오는 대인이라 하겠다.

그러면 '밝음이 두 개[明兩]'를 어떻게 해석할 것인가? 달력에는 음력陰曆

2) 『도전』 5:155:4, "子여 子여 하늘이 열리고, 丑이여 丑이여 땅이 열리도다. 寅이여 寅이여 사람이 일어나고 卯여 卯여 기묘하도다.[子兮子兮天開하고 丑兮丑兮地闢이라. 寅兮寅兮人起하니 卯兮卯兮奇妙로다]"

과 양력陽曆이 있듯이, 역에는 윤역閏易[=閏曆]과 정역正易[=正曆]이 있다. 윤역의 세계이든 정역의 세계이든 간에 태양은 언제나 밝은 빛을 쏟아낸다. 천지 개벽 이래로 언제나 밤은 어둡고 낮은 밝았다. 자연사는 음양의 규칙적 교체인 밤낮의 기록이고, 우주사는 윤역과 정역의 역사이다. 왜 선천에는 음양의 관계가 기우뚱한 불균형이었으며, 또한 음양은 어떤 과정을 거쳐 분리되었는가의 문제가 김일부의 최대 관심사였다. 윤역은 1년 360일[3]에 5¼일이라는 시간의 꼬리가 덧붙여진 세계이고, 정역은 1년 365¼일에서 5¼일의 시간의 꼬리가 떨어져 나간 캘린더이다. 따라서 '두 개의 밝음이 리괘를 만들었다[明兩作離]'는 조양율음調陽律陰[음양의 근원적 재조정]의 과정을 거쳐 윤역과 정역이 하나로 붙어 일치된다로 해석하면 되는 것이다.

대인이 본받는 밝음[繼明]의 대상은 현재 우리가 사용하는 캘린더의 구체적인 구성 법칙을 밝히라는 의미가 아니다. 그것은 그 이면에 숨겨진 정역의 이치, 즉 천지의 속살이 드러나는 광명의 세계를 밝히라는 것이다.

밝음의 이치인 천도를 본받아 밝은 덕으로 세상을 교화해야 한다.

5. 초효 : 천도에 대한 공경심

初九는 **履錯然**하니 **敬之**면 **无咎**리라
초구 리착연 경지 무구
象曰 履錯之敬은 **以辟咎也**라
상왈 리착지경 이피구야

초구는 발자국이 뒤섞였으니, 공경하면 허물이 없다. 상전에 이르기를 '발자국이 뒤섞였으나 공경함'은 허물을 피하려는 것이다.

重火離卦 중화리괘

3) 음양력의 기준은 360일이다. 양력은 360을 기준으로 약 5일 정도 남고(플러스), 음력 또한 약 5일 정도 모자란다(마이너스). 현재는 360일에서 대략 5¼일이라는 시간의 꼬리(閏曆)가 생겼다. 그러니까 플러스 마이너스 방향으로 5일이 작동하는 시스템이 현행의 캘린더이다. 그러니까 360은 플러스 방향이든 마이너스 방향이든 5일 이상의 범위를 넘지 않도록 중앙에서 조정하는 시간의 파수꾼[正曆]인 셈이다.

초효는 막 밝은 세상으로 되어가려는 과정의 첫 단계이다. 아직은 정리정돈이 제대로 되지 않았기 때문에 신발[履]이 뒤섞여 엉망진창된 모습이다. 그러니까 내면적으로 삼가 공경하는 태도를 유지하여 미래의 사태에 대비하라는 교훈이다.

내면적으로 공경한다고 할 때, 불교와 명상가들이 외치는 내면으로의 여행을 떠나 '내가 신이다' 또는 '신이 곧 나이다'라는 유심론적인 신비의 경지에 도달하라는 말이 아니다. 그것은 천도[하늘의 소리, 즉 진리]에 대한 경건성을 가지고 항상 준비된 자세를 확보하라는 뜻이다. 그러면 암울한 상태에서도 허물을 피할 수 있다는 것이다.

공경한 자세로 일을 시작하고, 미래에 대비하라.

6. 2효 : 땅 위에 펼쳐지는 하늘의 뜻

六二는 **黃離**니 **元吉**하니라
육이 황리 원길
象曰 黃離元吉은 **得中道也**라
상왈 황리원길 득중도야

육이는 황색의 빛남이니(걸림, 붙음이니), 크게 길하다. 상전에 이르기를 '황색의 붙음이 크게 길함'은 중도를 얻었기 때문이다.

2효는 음이 음 자리에 있고, 하괘의 중도이다. 상수론에서 중이란 하도낙서의 중앙 '토土'를 뜻한다. 중앙의 5토와 10토의 색깔은 누렇다. 2효는 하늘의 불이 땅으로 내려와 좋은 징조를 보인다. 즉 하늘의 뜻이 지상에서 이루어짐을 암시하고 있다.

곤괘 5효에서는 '황중통리黃中通理'라 했다. '가장 으뜸가는 최적의 정황[元吉]'이라는 개념도 곤괘 5효에서 비롯되었다. 그러므로 리괘 2효는 곤괘 5효에서 온 것이다. 이런 의미에서 불은 땅의 딸인 것이다.

7. 3효 : 선후천의 변화

九三은 **日昃之離**니 **不鼓缶而歌**면 **則大耋之嗟**라 **凶**하리라
구삼 일측지리 불고부이가 즉대질지차 흉

象曰 日昃之離 何可久也리오
상왈 일측지리 하가구야

구삼은 해가 기울어져 걸림이니, 장구를 두드려 노래하지 않으면 노쇠한 늙은이의 탄식함이라 흉할 것이다. 상전에 이르기를 '해가 기울어져 걸림'이 어찌 오래 가겠는가.

3효는 양이 양 자리에 있고, 하괘에서 상괘로 넘어가기 직전의 상태에 있기 때문에 매우 불안정하고 어두운 내용으로 가득 차 있다. 여기서는 황혼기에 접어든 80대 늙은 노인의 슬픔을 얘기하고 있지만, 그 배후에는 자연의 변화가 도사리고 있음을 유의해야 한다.

감괘 4효에서는 질그릇 부缶를 제시하고 있는데 비해, 리괘 3효에서는 장구 부缶[4]를 언급한다. 감괘坎卦는 믿음의 대상인 절대자에게 정성스레 제사 올리는 것을 말하며, 리괘離卦는 선천에서 후천으로 넘어가기 직전에 장구를 치면서 마음 속 깊은 곳부터 흥에 겨워 노래하는 심정을 토로하고 있다.

'해가 기울어지는 때의 걸림[日昃之離]'에서 해가 기울어진다는 뜻은 하루의 저녁 무렵이거나 혹은 태양 운행의 변동을 시사하는 발언이다. 왜 '걸림[離]'이란 용어가 뒤에 붙을까? 그것은 원래 기울어졌던 태양권 천체 운행이 정상적인 운동으로 전환되는 것을 암시한다. 구체적으로 말해서 윤역閏曆이 정역正曆으로 바뀐다는 것이 이 대목의 요지인 것이다.

'어찌 오래 갈 수 있겠는가'라는 말은 천체 운동의 변화가 눈 깜짝할 사

4) 缶는 '午와 山'의 합성어다. 이는 午火가 未土로 바뀌는 시간대에 접어들었으며, 아울러 그것은 艮方(艮은 山이기 때문)에서 이루어짐을 시사한다.

이에 일어나는 순간적인 변동을 의미한다. 질적인 변동은 어느 날 갑자기 일어나는 사태를 지적한 내용이라 하겠다. 즉 그것은 급격하고도 대규모로 이루어지는 선후천 변화의 내용을 예시한 것이다.

탄식하는 노인의 노래 뒤에 왜 자연의 변화를 얘기하는가를 살펴야 한다.

8. 4효 : 공포로 다가오는 대재앙

九四는 **突如其來如**라 **焚如**니 **死如**며 **棄如**니라
구사 돌여기래여 분여 사여 기여

象曰 突如其來如는 **无所容也**니라
상왈 돌여기래여 무소용야

구사는 돌연히(문득, 갑자기) 오는 듯이 온다. 불사른 듯, 죽은 듯, 버려진 듯 할 것이다. 상전에 이르기를 '갑자기 오는 듯이 온다'는 것은 용납할 바가 없는 것이다.

이 구절은 노스트라다무스의 예언에 나오는 공포의 대왕이 불칼을 가지고 와서 지상을 심판하는 듯한 상황이 연상되는 대목이다. 아주 긴박하게도 갑자기 닥쳐오는[突如] 불의 힘은 모든 것을 태우고[焚如], 죽은 시체가 계곡을 가득 채우는 것과 흡사하여[死如] 하늘이 모든 것을 포기한 것 같은 실제 상황[棄如]을 적나라하게 묘사하고 있다. 무섭다고 하지 않을 수 없는 공포의 대재앙이다.

3효에서 4효로 건너가는 시점이기 때문에 '올 래來' 자가 씌였다. 과연 대재앙은 어디서 오는 것일까? 그것은 아무도 모른 채 다가온다. 하늘의 재앙은 자연 현상의 조짐으로 나타난다.[5] 그것은 시초부터 엄청난 파괴력을 갖는 징험인 것이다.

'용납되는 것은 어디서도 찾을 수 없다(용서의 대상이 없다[无所容])'는 뜻

5) "천지는 말이 없으되 오직 뇌성과 지진으로 표징하리라."(『도전』, 5:414:8)

은 무엇인가? 선천이 후천으로 바뀔 때 질적 변화는 량적 변화를 수반하므로 아무도 그것을 비껴갈 수 없다. 그러한 변화는 천지의 섭리에서 비롯된 우주의 보편적 변화 현상이기 때문에 종교와 신분과 성별과 국적, 선악 등을 초월하여[6] 심판한다는 뜻이다.

주자朱子는 3효를 '앞의 밝음', 4효를 '뒤의 밝음'이라고 추상적으로 말한 바 있다.[7] 그는 『주역』에서 간접적 어투로 말하는 선후천 변화에 대해서, 아무런 예고 없이 갑자기 물밀 듯이 오는 것으로 추상적으로 말했다. 또한 정역사상도 이를 원론적 차원에서 언급하고 있다.

하늘이 내리는 재앙은 누구도 비껴갈 수 없는 종말현상이다.

9. 5효 : 지도자에게 이로움이 있다

六五는 **出涕沱若**하며 **戚嗟若**이니 **吉**하리라
육오 출체타약 척차약 길

象曰 六五之吉은 **離王公也**일새라
상왈 육오지길 리왕공야

육오는 눈물이 줄줄 흘러내리며 슬퍼하고 탄식하니, 길할 것이다. 상전에 이르기를 '육오의 길함'은 왕공에 붙어 있기 때문이다.

대부분의 번역서들은 한결같이 음이 양 자리에 있는 임금은 천하와 백성을 위해서 노심초사 걱정하고 성심껏 최선을 다하는 자세로 풀이한다.

하지만 왜 눈물을 흘리면서까지 슬퍼하고 탄식하는지에 대한 물음에 대

6) 『도전』 8:62:3-4, "천지의 大德이라도 春生秋殺의 恩威로써 이루어지느니라. 의로움(義)이 있는 곳에 道가 머물고, 도가 머무는 곳에 德이 생기느니라." 불교는 죽음을 화두로 삼아 죽음의 공포로부터 해탈한 영원한 삶을 꿈꾸어 살생을 터부시하는 종교이다. 그러나 증산도의 '春生秋殺'의 근본정신은 영원히 살리기 위한 전제조건으로서의 '죽임'을 뜻한다. 다시 말해 분열로 치닫는 모든 생명체의 죽임을 막고, 통일된 보편적 '살림'을 위한 숭고한 정신을 내포하는 패러독시컬한 논리이다.

7) 『周易本義』 "(九三)重離之間, 前明將盡, 故有日昃之象, … (九四)後明將繼之時, 而九四以剛迫之, 故其象如此."

해서는 시원스런 대답이 없다. 눈물을 흘리고 슬퍼하고 탄식하는 행위는 가슴에서 사무치는 믿음으로부터 우러나오는 영혼의 울음이다. 그리고 자신의 힘으로는 눈 앞에 벌어지는 어려움을 극복하기가 불가능하다고 판단하여 결국에는 슬퍼하고 탄식한다고 해석해야 옳다. 이처럼 선후천 변화에 대한 시각이 전제되지 않고는 평범한 윤리 도덕적 수준의 번역에 머물고 말 것이다.

리괘의 주효는 2효인 까닭에 2효에서는 '원초적인 좋음[元吉]'이라 했으며, 5효에서는 단순히 '좋음[吉]'이라 했다. 2효는 신하의 자리이면서도 중도(주효主爻인 동시에 음이 음 자리를 지키는 양상)로써 5효를 보필하기 때문이다.

두려워할 줄 아는 영혼의 울음 뒤에는 좋은 일이 기다린다.

10. 상효 : 지도자의 통치- 천하사

上九는 **王用出征**이면 **有嘉**니 **折首**코 **獲匪其醜**면 **无咎**리라
상구 왕용출정 유가 절수 획비기추 무구

象曰 王用出征은 **以正邦也**라
상왈 왕용출정 이정방야

상구는 왕이 출정하면 좋은 일이 있을 것이니, 우두머리를 치되 잡는 것이 무리가 아니면 허물이 없을 것이다. 상전에 이르기를 '왕이 출정하면 좋은 일이 있다'는 것은 천하를 바로잡는 것이다.

상효는 리괘의 마지막이자 『주역』 상경을 끝맺는 중요한 자리이다. 각 괘의 상효는 좋지 않은 일로 끝나는 내용이 대부분인데도 불구하고 리괘의 상효는 예외로서 '허물이 없다'거나 '천하가 안정될 것'이라는 긍정적인 말로 장식하고 있다.

왕이 천하사를 위해 몸소 정치 현실에 뛰어드는 사건 자체부터가 지극히 아름다운 일이다. 직접 출정해서 혼란을 일으키는 무리들을 진압시켜

민심을 안정시키되, 그 주동자만 처벌하고[折首], 명령에 죽고사는 조무래기까지 모조리 징벌하지 않기 때문에 허물이 없을 것이라고 단정했다.

왕이 직접 정치 참여[親政]하는 까닭은 작게는 국가 안정을 도모하고, 넓게는 천하사를 관장하여 평화를 이루려는 것에 목적이 있다. 그러면 천도天道를 논하는 상경의 끝에 왜 왕을 등장시키는가?

천하사를 위해 직접 현장에 뛰어드는 지도자는 칭찬받아 마땅하다.

정역사상의 연구자 이상용李象龍은 리괘의 성격을 다음과 같이 설명한다.

離는 在文從离從隹니 隹物之火類也오
리 재문종이종치 치물지화류야

离는 象六爻陰陽之老少動變也라 爲卦上有先天之日과
이 상육효음양지노소동변야 위괘상유선천지일

下有后天之日로 日一而已也이나 而生成數度는
하유후천지일 일일이이야 이생성수도

各不同於先后天之理也니라 且天地日月有差過於數度는
각부동어선후천지리야 차천지일월유차과어수도

則必推測而正之라 故次於小過也라
즉필추측이정지 고차어소과야

'리'는 문자적으로 짐승 또는 산신 이离와 불[火]을 상징하는 꿩 치隹의 합성어다. 리괘의 상괘는 선천의 태양을, 하괘는 후천의 태양을 표상하는데 태양은 하나일 뿐이다. 만물을 생성시키는 도수는 각각 선천과 후천의 이치가 다르다. 또한 천지와 일월이 운행하는 도수가 다르다는 것을 밝혀야 하므로 소과괘 다음에 놓은 것이다.

彖曰 離, 利貞, 亨, 畜牝牛, 吉은 日月貞明이니 丑會之吉運也라
단왈 리 이정 형 휵빈우 길 일월정명 축회지길운야

단전 "'리'는 올바르게 함이 이롭고 형통한다. 암소를 기르면 길

할 것이다"는 일월이 올바르게 빛나는 축회丑會의 길운을 뜻한다.

象曰 大人, 以, 繼明, 照于四方은 天下歷一明无不照也니라
상왈 대인 이 계명 조우사방 천하역일명무불조야

상전 "대인은 이를 본받아 밝음을 계승하여 사방에 비춘다"는 말은 천하의 역법이 통일되어 그 밝음이 비추지 않은 곳이 없다는 뜻이다.

初九, 履錯然, 敬之, 无咎는 道雖不同이나 誠敬何咎乎리오
초구 리착연 경지 무구 도수부동 성경하구호

초효 "발자국이 뒤섞였으니, 공경하면 허물이 없다"는 것은 비록 도가 다를지언정 정성을 다하고 공경하면 어찌 허물이 있겠는가.

六二, 黃離, 元吉은 火熾文明이니 地政大吉也라
육이 황리 원길 화치문명 지정대길야

2효 "황색의 빛남이니(걸림, 붙음이니), 크게 길하다"는 밝은 불기운 문명을 일으켜 땅의 정사政事가 크게 길하다는 것이다.

九三, 日昃之離, 不鼓缶而歌, 則大耋之嗟.
구삼 일측지리 불고부이가 즉대질지차
凶은 歷數窮而欲終이니 雖善必敗也라
흉 역수궁이욕종 수선필패야

3효 "해가 기울어져 걸림이니, 장구를 두드려 노래하지 않으면 노쇠한 늙은이의 탄식함이다. 흉할 것이다"는 하늘에 새겨진 역수曆數가 다하여 마칠 즈음에는 선善도 쇠퇴할 것이라는 뜻이다.

九四, 突如其來如. 焚如, 死如, 棄如는 應天乘幾氣焰赫懍也라
구사 돌여기래여 분여 사여 기여 응천승기기염혁름야

4효 "돌연히 오는 듯이 온다. 불사른 듯, 죽은 듯, 버려진 듯 할 것이다"는 뜻은 하늘이 내리는 불기운의 징조가 왕성하고 엄숙한